Iris Hille

Der Teufelspakt in den frühneuzeitlichen Verhörprotokollen

Studia Linguistica Germanica

Herausgegeben
von
Christa Dürscheid
Andreas Gardt
Oskar Reichmann
Stefan Sonderegger

100

Walter de Gruyter · Berlin · New York

Iris Hille

Der Teufelspakt in frühneuzeitlichen Verhörprotokollen

Standardisierung und Regionalisierung im Frühneuhochdeutschen

Walter de Gruyter · Berlin · New York

∞ Gedruckt auf säurefreiem Papier,
das die US-ANSI-Norm über Haltbarkeit erfüllt.

ISBN 978-3-11-021894-7
ISSN 1861-5651

Bibliografische Information der Deutschen Nationalbibliothek

Die Deutsche Nationalbibliothek verzeichnet diese Publikation in der Deutschen Nationalbibliografie; detaillierte bibliografische Daten sind im Internet über http://dnb.d-nb.de abrufbar.

Printed in Germany

Einbandgestaltung: Christopher Schneider, Laufen

Vorwort

Die vorliegende Arbeit wurde im Sommersemester 2008 von der Philosophischen Fakultät der Westfälischen Wilhelms-Universität Münster als Dissertation angenommen und für die Veröffentlichung geringfügig überarbeitet. Sie lässt sich in den Rahmen des von der Deutschen Forschungsgemeinschaft geförderten Projekts „Kanzleisprache des 17. Jahrhunderts" einordnen, das unter der Leitung von Prof. Dr. Jürgen Macha am Germanistischen Institut der Westfälischen Wilhelms-Universität Münster durchgeführt wurde.

Auf dem Weg von der Entstehung bis zur Vollendung und schließlich Veröffentlichung dieser Arbeit haben mich viele Menschen begleitet, denen ich für ihre Unterstützung, ihren Rat und ihr fortwährendes Interesse an mir und meiner Arbeit danken möchte:

Allen voran danke ich meinem Doktorvater Prof. Dr. Jürgen Macha, der mein Interesse an sprachgeschichtlichen Themen geweckt und mich über viele Jahre gefördert hat. Seiner steten Freundlichkeit und Hilfsbereitschaft sowie seinem Vertrauen in meine Fähigkeiten verdanke ich sehr viel. Indem er es mir ermöglichte, in seinem Forschungsprojekt mitzuarbeiten, hat er nicht nur den wissenschaftlichen Rahmen und die finanzielle Grundlage für mein Promotionsvorhaben geschaffen, sondern mir auch ein stets positives und motivierendes Arbeitsumfeld geboten.

Letzteres wurde geprägt durch zahlreiche liebe Kollegen, von denen viele über die Jahre zu Freunden geworden sind. Ich danke ihnen allen für ihre große Hilfe, die sich manchmal nur in ein paar freundlichen und aufmunternden Worten zur richtigen Zeit, manchmal aber auch in langen Gesprächen und aufopfernden Taten gezeigt hat. Namentlich hervorheben möchte ich Dr. Anja Wilke, die mir bei den Transkriptionen, der Erstellung der Karten und in vielerlei anderer Hinsicht mit fachkundigem Rat beiseite stand und immer ein offenes Ohr für meine Probleme und Zweifel hatte. Gleiches gilt für Dr. Markus Denkler, der sich nahezu täglich über die Fortschritte meiner Arbeit berichten ließ, und Dr. Elvira Topalović, die mich von Beginn an begleitet und mir den Zugang zu meinem Thema in zahlreichen fruchtbaren Gesprächen geebnet hat.

Prof. Dr. Tomas Tomasek danke ich dafür, dass er das Korreferat übernommen hat. Dr. Anja Wilke und Dr. Markus Denkler sei nochmals für ihr aufmerksames Korrekturlesen gedankt.

Ich freue mich sehr, dass die Arbeit nun in der Reihe „Studia Linguistica Germanica“ erscheint und danke den Herausgebern für ihre wohlwollende Aufnahme in die Reihe sowie dem Verlag de Gruyter, namentlich Frau Angelika Hermann und Frau Manuela Gerlof, für die Hilfe und Unterstützung.

Zu guter Letzt möchte ich mich noch bei meiner Familie bedanken, meinen Eltern Hildegard und Egon Hille und meinem Bruder Dr. Björn Hille, die mir immer geduldig zur Seite gestanden haben. Sie haben mir den Rückhalt und die Kraft gegeben, diese Arbeit zu einem glücklichen Ende zu bringen.

Lüneburg, im August 2009 Iris Hille

Inhalt

Anhang

1. Einleitung

1.1. Untersuchungsgegenstand und Forschungsvorhaben

Die frühneuzeitliche Hexenverfolgung, die den historischen Rahmen für die vorliegende Untersuchung bildet, stellt ein düsteres Kapitel der europäischen wie auch speziell der deutschen Geschichte dar. Dennoch oder vielleicht gerade deswegen erfreut sich dieses Thema bereits seit Jahrzehnten – um nicht zu sagen Jahrhunderten[1] – eines ungebrochenen Interesses, und dies sowohl im wissenschaftlichen als auch und vor allem im nicht-wissenschaftlichen Bereich.[2] Die Zahl an Publikationen ist kaum überschaubar, die thematische Bandbreite ist groß, die disziplinäre Verwurzelung komplex. Neben den Geschichtswissenschaften sind es insbesondere die Rechtsgeschichte, die Theologie und die Volkskunde, die sich mit dem facettenreichen Thema auseinanderzusetzen hatten und haben, wobei interdisziplinäre Verwebungen durchaus die Regel sind.

Die germanistische Sprachwissenschaft hat den Themenbereich ‚Hexenverfolgung' erst in den letzten Jahren und somit vergleichsweise spät für sich entdeckt. Dabei sind die Texte, die im Rahmen der Hexenverfolgung entstanden sind, für Germanisten gleich in mehrfacher Hinsicht von großem Interesse:

Durch den relativ abgeschlossenen Zeitrahmen ihrer Entstehung vom Ende des 16. bis zur Mitte des 17. Jahrhunderts eröffnen die Texte den Blick auf eine sprachhistorisch bewegte Epoche, nämlich die Endphase

1 Bereits für das 19. Jahrhundert ist eine intensive Beschäftigung mit dem Thema Hexenverfolgung zu verzeichnen, wovon die zahlreichen, teils sehr emotional geprägten Beiträge in Zeitschriften, Jahrbüchern und Städtechroniken zeugen. Nicht selten fußen sie auf einem intensiven Quellenstudium, das sich zudem in einer vergleichsweise großen Zahl von frühen Editionen von Hexenakten niedergeschlagen hat (vgl. hierzu die Bibliographie und Quellen-CD-ROM in Kanzleisprache 2005).

2 In Deutschland zeichnet sich gerade der nicht-wissenschaftliche Bereich durch ein reges Interesse am Thema der Hexenverfolgung aus; die „Masse der Literatur über Hexenprozesse entstand […] außerhalb der Universitäten" (Schormann 1996: 5). Dass diese Form von Literatur teils skurrile Blüten trieb und noch treibt, erklärt sich aus der speziellen Konstitution der Hexereithematik: „Die Verbindung von Frau und Folter läßt sich nur zu leicht in das Gemisch von Sex und Sadismus umsetzen. Aber auch die unscharfen Grenzen zu allen möglichen Randgebieten erleichtern die Verzerrung zum Okkulten und Obskuren, und schon das Wort ‚Zauberei' verbreitet einen Hauch von Varieté" (ebd.: 5 f.).

des Frühneuhochdeutschen und somit die Phase der Entwicklung einer überregionalen Schriftsprache.

Durch die vergleichsweise gute Überlieferungslage ermöglichen sie neben profunden Lokalstudien auch regional vergleichende Betrachtungen des gesamten deutschsprachigen Raumes.

Durch die Heterogenität an Textformen bieten sie Einblick in mehrere Ebenen der Schriftlichkeit, von hoch elaborierten Texten (Traktate, Predigten) über formalisierte rechtssprachliche Texte (Edikte, Urkunden) und juristische Gebrauchstexte (Protokolle, Prozesskostenaufstellungen) bis hin zu Dokumenten privater Schriftlichkeit (Kassiber).

Unter der Vielzahl der Dokumente sind es insbesondere die Protokolle der Angeklagtenverhöre, die zu einer intensiven Beschäftigung herausgefordert haben, und dies nicht ohne Grund: Als Zeugnisse einer real stattgefundenen mündlichen Kommunikation stoßen sie in gewisser Weise ein „Fenster zur Mündlichkeit" (Macha 2003: 182) einer vergangenen Epoche auf und wecken die Hoffnung, zumindest ansatzweise einen Einblick in die gesprochene Sprache einer Zeit zu gewinnen, deren Mündlichkeit ansonsten kaum noch rekonstruierbar ist. Und so ist es auch das Verhältnis von Mündlichkeit und Schriftlichkeit, das im Blickpunkt zahlreicher Untersuchungen steht; anzuführen sind hier unter anderem die Beiträge von Rösler (1997), Nolting (2002 und 2003), Topalović (2003c) und Hagenthurn (2005). Neben der Dokumentation und Analyse primär gesprochensprachlicher Erscheinungen (Kontraktionen, Pleonasmen, Interjektionen etc.) rückte dabei auch die Sprachwahl ins Blickfeld. Insbesondere das in den norddeutschen Protokollen noch in mehr oder minder starkem Umfang anzutreffende Niederdeutsche als Sprache der Angeklagten kann unter Umständen als Indikator für (konzeptionelle) Mündlichkeit gelten, ähnlich wie in den mittel- und oberdeutschen Protokollen dialektale Einflüsse berücksichtigt werden müssen.

Doch nicht nur das Verhältnis von Mündlichkeit und Schriftlichkeit sondern auch die Schriftlichkeit an sich ist von Interesse. So erlauben die Protokolle einen Einblick in frühneuzeitliche Schreibtraditionen, dokumentieren auf synchroner Ebene Charakteristika frühneuhochdeutscher Kanzleisprachlichkeit und lassen, im diachronen Vergleich, Aussagen über schreibsprachliche Entwicklungstendenzen auf einer „mittleren Ebene" von Schriftlichkeit zu, wie z. B. die Analyse einer seriellen Quelle bei Macha (1991) gezeigt hat.

In der spezifischen, den Protokollen zugrunde liegenden Kommunikationssituation (Verhör) und ihrer Abbildung im Text liegt das Interesse an einem weiteren, mittlerweile gut erforschten Untersuchungsgebiet begründet, dem Gebiet der Redewiedergabe. Allen voran sind hier die Arbeiten von Macha (2003a und 2005) und Wilke (2005) zu nennen. Neben den verschiedenen Formen der Wiedergabe von Rede rücken dabei insbesondere die Moduswahl und Modusverwendung (Indikativ – Konjunktiv, Konjunktiv I – Konjunktiv II) ins Blickfeld, wobei auch und gerade der Aspekt der Regionalität Berücksichtigung findet.

Dass Regionalität bzw. Regionalsprachlichkeit für die teils noch in starkem Maße regionalsprachlich geprägten Hexenverhörprotokolle ein lohnendes Untersuchungsgebiet darstellt und darüber hinaus eine Komponente ist, die in vielen Bereichen der linguistischen Beschäftigung mit den Texten berücksichtigt werden muss, haben viele der bisher durchgeführten Untersuchungen gezeigt. Insbesondere im graphematischen Bereich, wie er z. B. bei Macha (1998) untersucht wird, lässt das Aufscheinen regionalsprachlicher Schreibtraditionen kulturelle Bezüge in der Ausrichtung der Texte erkennen, so z. B. wenn in rheinischen Texten bairisch-oberdeutsche Graphien auftreten.

Um die bislang nur wenig erforschte Textsorte ‚Verhörprotokoll' hat sich insbesondere Topalović (2003a und b) verdient gemacht. Anhand von Osnabrücker Protokollen legt sie eine detaillierte Textsortenbestimmung vor, die der spezifischen Heterogenität frühneuzeitlicher Hexenverhörprotokolle Rechnung trägt und so in gewissem Rahmen auch allgemeine Gültigkeit beanspruchen kann.

Wie die hier gebotene kurze Übersicht über bereits durchgeführte Studien andeutet, eröffnet die Wahl von Hexenverhörprotokollen als Textgrundlage für empirische Arbeiten ein breites Spektrum an Untersuchungsmöglichkeiten, von denen bislang erst ein Bruchteil realisiert wurde. Die bisherigen Untersuchungen operieren im Wesentlichen auf syntaktisch-stilistischer und graphematischer Ebene. Daneben fließen regelmäßig auch lexikalische Aspekte ein, sie bilden jedoch selten das Zentrum einer Arbeit. Als Ausnahmen können hier allein zwei kurze Beiträge angeführt werden: Rösler (1996) und Rösler/Moeller (1999) versuchen einen primär lexikologischen Zugriff von thematisch-inhaltlicher Seite, indem sie auf der Grundlage mecklenburgischer Hexenprotokolle einzelne Wortfelder aus dem Themenkomplex ‚Hexerei', wie z. B. die Bezeichnungen für die Angeklagten, für Hexereidelikte, für den Teufel oder auch die Teufelsnamen erarbeiten. Thematisch-inhaltliche Aspekte sind darüber hinaus noch in zwei weiteren kurzen Studien ins Blickfeld gerückt: Während bei Fischer (1999) anhand der Teufelsbuhlschafts- und Hexentanzschilderungen in rheinischen, westfälischen und mecklenburgischen Protokollen das Verhältnis von Authentizität und Fiktion beleuchtet wird, stehen bei Topalović (2004) die sprachliche Umsetzung des Teufelspaktes in westfälischen Verhörprotokollen und die in diesem Zusammenhang zu beobachtenden „Vereinheitlichungstendenzen" (ebd.: 80) im Zentrum.

Ein Zugriff auf die Texte von thematisch-inhaltlicher Seite, wie er in den letzten angeführten Arbeiten vorgenommen wurde, soll auch in dieser Arbeit versucht werden. Im Zentrum steht dabei die sprachliche Realisierung von Elementen des Teufels- und Hexenglaubens, wobei insbesondere dem Teufelspakt als zentralem Element der kirchlichen Hexenlehre eine große Bedeutung zukommen wird. Angestrebt wird dabei keine Lokal- oder Regionalstudie, wie sie z. B. bei Topalović (2004) für den Raum Westfalen durchgeführt wurde, sondern die Erarbeitung überregionaler Tendenzen und Strukturen, wobei dem Faktor der überregionalen Vereinheitlichung in ebenso großem Maße Rechnung getragen wird wie dem der regionalen Varianz.

Wie die Mehrzahl der oben angeführten Untersuchungen ist auch diese Arbeit eine Frucht des DFG-Projekts zur „Kanzleisprache des 17. Jahrhunderts", das von 2001 bis 2005 am Germanistischen Institut der Universität Münster unter der Leitung von Jürgen Macha durchgeführt wurde. Im Fokus dieses Forschungsprojektes stand die systematische Sammlung und Aufarbeitung von Hexenverhörprotokollen aus dem deutschsprachigen Raum des 16./17. Jahrhunderts mit dem übergeordneten Ziel, ein umfassendes Textkorpus zu erstellen, das „eine generelle Vermessung der deutschen Kanzleisprache zur Zeit des Dreißigjährigen Krieges, soweit sie sich in den Verhörprotokollen manifestiert hat" (Macha 1998: 53) ermöglicht. Neben der reinen Dokumentation stand dabei auch stets die sprachbezogene Analyse im Vordergrund (vgl. Kanzleisprache 2005: XIV).[3]

Die Beschäftigung mit den mehr als 200 Texten des münsterschen Projektkorpus führte bald zu einer Beobachtung auffälliger Stereotypen in den Aussagen der Hexereiangeklagten, wie sie auch von Seiten der historischen Fachliteratur bereits mehrfach getroffen wurde.[4] Hinweise darauf, dass die Geständnisse der Hexen sich ‚alle gleich lesen', finden sich in der Literatur zuhauf, die Offenkundigkeit der Uniformität ist zu groß, um nicht in den Blick zu geraten. Schon bei der Durchsicht weniger Protokolle springen in der Regel starke inhaltliche Parallelen ins Auge. Hat man mehrere Protokolle eines Ortes und Schreibers vorliegen, werden teils gar wörtliche Übereinstimmungen erkennbar (vgl. hierzu weiter unten Abschnitt 4.2.2.). Eine Verbindung zu frühneuzeitlichen Verhörmethoden, zur Folter und zum ‚Herauspressen' von schematisierten Geständnissen ist in allen Untersuchungen schnell gezogen, und auch die Hexenlehre als ideologischer Überbau und Grundlage der Geständnisinhalte wird regelmäßig angeführt. Dass es jedoch nicht nur ein übergeordnetes ‚Hexen-

3 Zum münsterschen ‚Hexenprojekt' und seinen Ergebnissen vgl. auch Abschnitt 2.1.

4 Vgl. z. B. Biesel 2002: 123 f.; Irsigler 1998: 13 f.

muster' (vgl. auch Dülmen 1987: 98) gibt, sondern dass sich bei aller Stereotypie zugleich systematische Unterschiede innerhalb dieses Musters feststellen lassen, ist bislang weniger in den Blick der Untersuchenden geraten. Diese Variantenbildungen, die teils deutliche regionale Bezüge aufweisen, werden erst durch ein extensives vergleichendes Studium von Quellen verschiedener Herkunft deutlich, wie das münstersche Projektkorpus es ermöglicht. Auch hat die sprachliche Seite des ‚Musters' bislang nur wenig Berücksichtigung gefunden (eine Ausnahme bildet Topalović 2004), so dass die Frage nach der genauen Konstitution des Teufelspaktes in seiner Funktion als ‚Teiltext' oder ‚Textbaustein' innerhalb der Protokolle bislang ebenso wenig geklärt ist wie seine Entstehung, denn mit Folter allein ist hier nicht zu argumentieren.

Als konkretes Forschungsvorhaben dieser Arbeit lässt sich daher das folgende formulieren: Auf der Basis einer breiten, überregional angelegten Textgrundlage soll eine systematische Erschließung des ‚Aussagemusters Teufelspakt' in Hexenverhörprotokollen des 16. und 17. Jahrhunderts vorgenommen werden.[5] Neben dem Nachweis überregionaler Strukturen und Tendenzen in der inhaltlichen und sprachlichen Ausformung der Paktschilderungen sollen dabei vor allem regionengebundene Charakteristika einen Schwerpunkt bilden. Die sprachliche Analyse wird auf mehreren Beschreibungsebenen stattfinden, d. h. es werden sowohl textlinguistische als auch syntaktische als auch lexikalische Analysen Eingang in die Untersuchung finden, wobei letzteren ein besonderes Augenmerk zukommen wird. Einige der leitenden Fragestellungen werden sein:

- Wie kam es überhaupt zur Entstehung eines derartigen ‚Musters' in den protokollierten Aussagen der Angeklagten? – Hier spielen sowohl Fragen nach frühneuzeitlichen Verhör- und Befragungsmethoden eine wichtige Rolle als auch Fragen nach der Rolle des Schreibers und der Angeklagten selbst.
- Wie ist das Muster im Allgemeinen beschaffen, wie ist es aufgebaut, aus welchen Teilelementen setzt es sich zusammen? Wodurch wird die Musterstruktur hervorgerufen? – Hier wird sowohl lexikalischen als auch syntaktischen und textlinguistischen Fragen nachzugehen sein, d. h. das Muster wird sowohl im Ganzen betrachtet, als auch in seine Einzelteile zerlegt und sehr kleinschrittig nach einzelnen Vari-

5 Unter ‚Mustern' verstehe ich Strukturen bzw. Teiltexte, die in allen Protokollen des Korpus in ähnlicher Form auftreten und die durch ihre regelmäßige Wiederkehr einen stereotypen Charakter aufzeigen. Sie können durch gemeinsame Merkmale auf Wort-, Satz- und Textebene bestimmt sein. Als ‚Aussagemuster' werden sie aus dem Grund bezeichnet, dass es sich um parallele Erscheinungen in den protokollierten Aussagen der Angeklagten aus dem Bereich des Hexen- und Teufelsglaubens handelt.

ablen analysiert, so z. B. im Hinblick auf die Teufelsbezeichnungen, die Verben der Buhlschaft etc.

- Welche regionalen (kulturellen, konfessionellen) Besonderheiten lassen sich feststellen und wie wirken sie sich sprachlich aus, bzw. umgekehrt: Worauf lassen sich Unterschiede in der Sprachform und -verwendung zurückführen? – Hier wird der Fokus auf das Verhältnis von Sprache und Kultur, von Sprachräumen und Kulturräumen gerichtet, wobei insbesondere wortgeographischen Beobachtungen ein hoher Stellenwert zukommen wird.

Wie bereits die Formulierung der Fragestellungen erkennen lässt, handelt es sich beim vorliegenden Ansatz um einen gewissermaßen ‚mehrperspektivischen'. Im Sinne einer kulturbezogenen Sprach(geschichts)betrachtung, wie sie in den letzten Jahren zunehmend in das Blickfeld der Sprachgeschichtsschreibung geraten ist,[6] sollen gleich mehrere Ebenen kulturellen Handelns und Denkens in die sprachliche Analyse einbezogen werden: So werden theologisch-dogmatische und volkstümliche Vorstellungen ebenso Eingang in die Untersuchung nehmen wie konfessionelle, regionale und institutionelle Aspekte, wobei die Sprache als zugleich kulturreflektierendes und kulturkonstituierendes Mittel begriffen wird.[7]

Als zu Beginn der Frühen Neuzeit erst entstehendes und sich im Verlauf der Jahrhunderte entwickelndes Phänomen hat die Hexenverfolgung mit ihren geistigen Grundlagen, der sogenannten ‚Hexenlehre', deutliche Auswirkungen auf die Sprache und den Sprachgebrauch in einem klar umrissenen Kulturbereich. So sind z. B. insbesondere im Bereich des Wortschatzes Änderungen und Erweiterungen vonnöten, um das ‚neue' Themengebiet der Hexerei von älteren Gebieten wie dem der Zauberei oder Ketzerei abzugrenzen – man denke hier allein an die Bezeichnung *Hexe*, die sich erst ab dem 15. Jahrhundert langsam als Name für eine im Sinne des Hexereiverbrechens verdächtige Person zu etablieren begann (vgl. hierzu Kapitel 6.). Dass die Sprache dabei den (im Grunde fiktiven) Bereich der Hexerei erst konstituiert, muss als die andere Seite der Medaille gelten: Erst im dämonologischen Diskurs, erst im Schreiben bzw. Sprechen über ‚Hexerei' erhält diese ihr Profil, denn als gedankliches Konstrukt ist sie mehr als alles andere abhängig von Sprache.[8]

---

6 Zum ‚cultural turn' und der daraus erwachsenen kulturbezogenen Form der Sprachbetrachtung vgl. z. B. den Überblick in Macha (2006).

7 In Analogie zu Gardt u. a. (1999: 1) wird ‚Kultur' hier in einem sehr weiten Sinne verstanden als „ein Netz von Bedeutungssystemen, anhand dessen sich Menschen die Welt und ihre Situation in ihr deuten und an dem sie ihr Handeln orientieren".

8 Vgl. hierzu nochmals Gardt u. a. (1999: 1f): „Sprachgeschichtsschreibung bedeutet danach, den Wandel sprachlicher Phänomene vor dem Hintergrund der Geschichte u. a. der Philosophie, der Religion, des politischen Denkens, der gesellschaftlichen Institutionen, selbstverständlich auch der Kunst (speziell der Literatur) und der Sozialgeschichte, bis hin zu ei-

Im Falle der Hexereidebatte spielt zudem der Aspekt der Regionalität eine große Rolle, der zugleich für die allgemeine sprachliche Situation im deutschen Sprachraum der Frühen Neuzeit kennzeichnend ist: Zur Zeit der Herausbildung der dämonologischen Hexenlehre und damit der Grundsteinlegung für die Verfolgungen, also in der Zeit vom 14. bis zum Ende des 15. Jahrhunderts, war der deutsche Sprachraum durch ein hohes Maß an Heterogenität und sprachlicher Vielfalt gekennzeichnet. Neben der grundlegenden Untergliederung in einen hoch- und einen niederdeutschen Sprachraum existierten in den jeweiligen Gebieten zahlreiche regionale Varianten nebeneinander. Mit zunehmender Verdrängung des Lateinischen als dominierender Schriftsprache drangen diese zunächst primär mündlichen Varietäten sukzessive in den Bereich der Schriftlichkeit vor und entwickelten sich zu sogenannten ‚Schreibsprachen', die sich, ihrer regionalen Bindung entsprechend, verschiedenen Schreiblandschaften zuordnen lassen, welche wiederum in Großgruppen zusammengefasst werden können. Reichmann (1989: 118) unterscheidet das Norddeutsche „als hochdeutsch-niederdeutsche Varietätenmischung und als geschriebenes Hochdeutsch auf niederdeutschem Dialektgebiet", das Mitteldeutsche, welches sich in die Bereiche des West- und Ostmitteldeutschen untergliedert, sowie das Oberdeutsche, welches – je nach zugrunde gelegter Gliederung – in drei (nord-, west- und ostoberdeutsch) resp. zwei Gebiete (west- und ostoberdeutsch) unterteilt werden kann.[9]

Der dämonologische Diskurs, der zur Ausbildung einer systematischen Hexenlehre führte, kam zunächst – von Frankreich ausgehend – primär im oberdeutschen, genauer noch im westoberdeutschen Raum auf. Er fand seinen vorläufigen Höhepunkt im 1487 erschienenen Hexenhammer („Malleus Maleficarum"), dem berühmten Hexereitraktat und Verfolgungshandbuch des Schlettstädter Dominikanermönchs Heinrich Kramer, der als „Inquisitor für Oberdeutschland" (Schormann 1996: 31) die ersten groß angelegten Hexenverfolgungen auf deutschen Gebieten entscheidend mitprägte. Da es sich beim süddeutschen Raum um das Kern- und Ur-

ner Geschichte der ‚Mentalitäten' und einer ‚Alltagsgeschichte' zu beschreiben und zu beurteilen. Dabei sind diese Gegenstände und ihre Entwicklungen der Sprache nicht einfach nur vorgegeben, so dass Sprachgeschichte lediglich Spiegel der Kulturgeschichte wäre, sondern sie werden im gesellschaftlichen Diskurs, d. h. indem über sie sprachlich, mittels bestimmter Wörter und Redeweisen gehandelt wird, konstituiert."

9 Zur genauen geographischen Abgrenzung der Sprachgebiete vgl. Reichmann (1989): 117–120, Hartweg/Wegera (1989): 24–27, Stopp (1976): 29. In den Karten der vorliegenden Arbeit wird eine an Wiesinger (1983; Karte 47,4, ausklappbar, o. S.) orientierte Einteilung des hochdeutschen Sprachraums zugrundegelegt (vgl. Abschnitt 2.2.), wie sie auch in den Publikationen des DFG-Projektes durchweg verwendet wird (vgl. Kanzleisprache 2005, Bd. 1 und 2). Sie dient im Wesentlichen als grobe Orientierungshilfe. Bei der Analyse selbst wird in der Regel zur genaueren Darstellung auf kleinräumigere Dialektgebiete Bezug genommen.

sprungsgebiet der Hexereidebatte und zugleich um die ‚Wiege' der Hexenverfolgung in den deutschsprachigen Gebieten handelt, steht zu vermuten, dass es primär der oberdeutsche Raum war, der einen großen Einfluss auf die sprachliche Ausformung des Hexereidiskurses hatte, dass also sprachliche Neuerungen und Charakteristika von diesem Gebiet aus ihren Ursprung nahmen und dem ‚Hexenmuster' im Allgemeinen sowie dem Muster ‚Teufelspakt' im Besonderen ihr Gepräge gaben. Mit der nachfolgenden Ausbreitung der Hexenverfolgungen in den mittel- und norddeutschen Raum trafen damit nicht allein Ideen einer neuartigen Hexenlehre auf alte Zauberei- und Hexereivorstellungen, es trafen auch sprachliche Innovationen auf regionalsprachliche Konventionen. Die regionalen Unterschiede und Spezifika in der gedanklichen und sprachlichen Ausformung des Hexen- und Teufelsglaubens herauszuarbeiten soll daher eines der grundlegenden Ziele der Untersuchung sein.

1.2. Aufbau der Arbeit

(1.1) Es were ein Jahr, bald hernacher, es weren fünff Jahr, daß sie das Zaubern gelernet Ihr Mann hette sie geschlagen, darüber sie sich sehr bekümmert und geweinet Sey damahls zur Frühlingszeit in ihren Garten, hart am Dorf gelegen, ins Groß gangen, da were der böse Feind, welcher sich Hans genennet und einen gelben Bart gehabt, in Leinenkleidern zu ihr kommen, sie angeredet und gesagt, sie solte sich zu ihme versprechen, er wolte sie nicht schlagen; sie gesaget, ja sie wolle sein seyn, hette ihm darauf die rechte Hand geben und uf Gemist, so er im Garten zusammen gescherret, treten und sagen müssen: ich tret auf diß Gemist und verschwere den Herrn Jesum Christ, hette sie in seinem, des Teufels Nahmen, mit Waßer, so im Garten gewesen, getaufft und ihr einen Thaler geben, welchen sie, weil er alßbald zu einer Kohlen worden, hingeworffen, hette darauf und nachmals öffters Unzucht mir ihr getrieben, so ihr gar seltsam vorkommen, worauf er Abschied von ihr genommen. (Meiningen 1659: 114)[10]

Ein Teufel in Menschengestalt, der Versprechungen macht, eine formelle Gottesverleugnung, Geld, das sich in Kohle verwandelt – was die der Hexerei angeklagte Meiningerin Else von der Linden nach ihrem ersten ‚pein-

10 Längere Quellenzitate sind kapitelweise durchnummeriert und werden mit Hilfe eines Verweises auf den Herkunftsort des Protokolls, das Entstehungsjahr und die Seitenzahl im Original bzw. in der zugrunde gelegten Edition nachgewiesen. Der genaue Archivnachweis ist über das Quellenverzeichnis zu ermitteln (vgl. Abschnitt 8.3.). Auf eine Markierung unterschiedlicher Schrifttypen mit Hilfe typographischer Mittel wurde der Übersichtlichkeit halber verzichtet, da sie für diese Arbeit nicht relevant ist. Gleiches gilt für die zeilengetreue Wiedergabe.

lichen' Verhör[11] unter dem Eindruck von Daumenschrauben, Zug und psychischem Terror schildert, liest sich aus heutiger Sicht wie eine phantastische Erzählung, eine fiktive Episode bar jeder Realität. Nach dem Verständnis frühneuzeitlicher Untersuchungsbehörden jedoch handelt es sich um die Schilderung eines nicht allein denkbaren, sondern sogar wahrscheinlichen realen Vorfalls, um eine logische und in sich kohärente Darstellung eines Teufelspaktes, die den geistigen Inhalten der kirchlichen Hexenlehre vollauf entspricht und zugleich den juristischen Straftatbestand der Hexerei erfüllt. Auf der Grundlage eines solchen Geständnisses wurde im 16. und 17. Jahrhundert eine Vielzahl von Frauen, Männern und Kindern als ‚Hexen' verurteilt und dem Henker überstellt.[12]

Das Geständnis der Else von der Linden kann als geradezu prototypisch für die zahlreichen, in den Protokollen des vorliegenden Textkorpus verzeichneten Aussagen zum Teufelspakt gelten: Fast immer spielt sich der Paktschluss den Aussagen zufolge wie im obigen Beispiel ab, fast immer setzen sich die Schilderungen aus den gleichen Bestandteilen zusammen (Verführung, Pakt und Gottesverleugnung, Entlohnung, Buhlschaft etc.), weisen einen analogen Aufbau, eine vergleichbare Struktur, sogar einen ähnlichen Wortlaut auf. Das sich derartig konstituierende ‚Aussagemuster Teufelspakt' zieht sich wie ein roter Faden durch die Verhörprotokolle des Textkorpus und trägt in hohem Maße zur beobachteten Gleichförmigkeit und Uniformität der Hexereigeständnisse bei.

Für eine sinnvolle Analyse des Teufelspaktmusters ist es unumgänglich, zunächst den Blick auf seine geistigen Grundlagen zu richten. In Kapitel 3. wird daher eine kurze Übersicht über die Entstehung und Entwicklung des frühneuzeitlichen Hexenglaubens hin zu einer systematischen Hexenlehre gegeben, wobei zugleich ihre Wirkung im Rahmen der Hexenverfolgung besprochen werden soll. Neben der Darstellung der Grundelemente des ‚kumulativen Hexereikonzeptes' sollen dabei insbesondere die komplexen Verwurzelungen der einzelnen Komponenten in den entgegengesetzten Bereichen des Volksglaubens und der Dämonologie zur Sprache kommen, da diese für den speziellen Charakter der Hexereigeständnisse in besonderem Maße prägend sind.

Nach dieser bewusst kurz gehaltenen theoretischen Einführung in die frühneuzeitliche Hexenlehre wird Kapitel 4. einen Schritt weiter in die praktische Umsetzung der Theorien in den Hexereiverhören gehen. Im ersten Teil soll zunächst die Frage geklärt werden, wie sich der Teufels- und Hexenglaube in den Verhörprotokollen konkret darstellt. Hierzu wird

11 Mit dem Ausdruck ‚peinliches Verhör' wurde – im Gegensatz zum ‚gütlichen Verhör' – das Verhör unter Folter bezeichnet.

12 Auch im Falle der Else von der Linden lautete das Urteil auf Tod durch Verbrennen, wie ein Rechtsgutachten des Jenaer Schöffenstuhls bezeugt.

seine übergreifende Grundstruktur analysiert und an exemplarischen Textauszügen erläutert. In einem zweiten Teil wird der Frage nachgegangen, welche Faktoren im Entstehungsprozess eines Verhörprotokolls zur Entwicklung eines übergreifenden Musters beitragen, d. h. es wird die Frage zu beantworten sein, wie es zur Entstehung standardisierter Aussagemuster in den Protokollen kommen konnte. Neben den Charakteristika des frühneuzeitlichen Inquisitionsprozesses im Allgemeinen und des Hexenprozesses im Speziellen werden dabei insbesondere Verhör- und Protokollierungsarten und -methoden sowie bis zu einem gewissen Maße auch Aussagestrategien zu berücksichtigen sein.

Der in Kapitel 4. ermittelten übergreifenden Gliederung folgend wird in Kapitel 5. eine detaillierte Analyse der einzelnen Teilmuster vorgenommen, wobei insbesondere die sprachliche Umsetzung des Teufels- und Hexenglaubens im Fokus der Untersuchung stehen wird. Neben der Herausarbeitung allgemeiner Grundzüge werden dabei insbesondere regionale Bezüge und Gebundenheiten sowie kulturelle Differenzen in der Darstellung des Teufelspaktes in den Blick rücken, wie sie sich auf den Ebenen von Lexik und Syntax darstellen. Das Ineinandergreifen von Kultur- und Sprachgebieten, ihre reziproke Beeinflussung und Konstituierung sichtbar zu machen soll als ein übergeordnetes Ziel der Analyse gelten. Dass dies insbesondere auf wortgeographischer Ebene möglich und sinnvoll ist, wird auch das nachfolgende Vertiefungsgebiet (Kapitel 6.) zeigen: Anhand der Diffusion von Wortbildungen mit dem Stamm *hex* (*Hexe, Hexerei, hexen* etc.) kann der enge Zusammenhang zwischen der Entwicklung eines spezifischen Hexenglaubens, seiner Verbreitung im Rahmen der Hexenverfolgung und der Ausbildung und Verbreitung eines entsprechenden Wortschatzes sichtbar und nachvollziehbar gemacht werden.

Bevor mit der eigentlichen Analyse begonnen wird, sollen in Kapitel 2. einige Erläuterungen zur Anlage und zum Aufbau des zugrunde gelegten Textkorpus gegeben werden. Da es sich bei der vorliegenden Arbeit um eine regional vergleichende handelt, kommt dem Aspekt des Umfangs sowie der räumlichen und zeitlichen Gliederung des Korpus eine bedeutende Rolle zu. Ferner ist es, insbesondere aufgrund der Heterogenität der frühneuzeitlichen Verhörprotokolle, unumgänglich, das Problem der Textsorte zumindest kurz anzureißen, um eine Einordnung der Texte zu ermöglichen.

2. Das Untersuchungskorpus: Beschreibung und statistische Auswertung

2.1. Umfang, Herkunft und Qualität der Quellen

Das dieser Arbeit zugrunde gelegte Untersuchungskorpus basiert auf dem im Rahmen des oben erwähnten DFG-Projekts zur ‚Kanzleisprache des 17. Jahrhunderts' (vgl. Abschnitt 1.1., S. 4) erstellten ‚münsterschen Korpus', einer überregional angelegten, umfassenden Sammlung frühneuzeitlicher Hexereiakten aus dem gesamten deutschen Sprachraum.[1] Aus dem münsterschen Korpus wurden für die vorliegende Arbeit insgesamt 222 Quellen ausgewählt, die Aussagen von 233 der Hexerei angeklagten Personen verzeichnen.[2] Die 233 Prozesse wurden in 134 verschiedenen Orten geführt, die sich nicht allein über das heutige bundesdeutsche Gebiet, sondern über die angrenzenden Gebiete der Schweiz, Österreichs und Polens erstrecken (vgl. Abschnitt 2.2.). Bei der Auswahl der Texte stand als übergeordnetes Ziel die Erstellung eines möglichst homogenen Textkorpus im Vordergrund, wobei Homogenität im Wesentlichen auf drei Ebenen erreicht werden sollte: 1. auf geographischer Ebene, 2. auf zeitlicher Ebene und 3. auf textlicher Ebene.

Während Homogenität auf geographischer Ebene durch eine möglichst breite und regelmäßige Streuung der Texte über das gesamte Untersuchungsgebiet erreicht werden soll, wird Homogenität auf zeitlicher Ebene durch die Festlegung eines abgeschlossenen Untersuchungszeitraums innerhalb der Epoche des Frühneuhochdeutschen bewirkt. Ein größtmögliches Gleichmaß auf textlicher Ebene schließlich resultiert daraus, dass aus den Hexereiakten, die eine Vielzahl unterschiedlicher Texte

---

1 Die Hexenprozessakten umfassen eine Reihe unterschiedlicher Textsorten, wie z. B. Briefe, Verhörprotokolle, Protokolle von Zeugenvernehmungen, Edikte, Urteile, Kostenaufstellungen etc. (vgl. Abschnitt 2.3.). Bei der Sammlung wurde der Schwerpunkt auf die auch für diese Arbeit grundlegenden Verhörprotokolle gelegt.

2 Die abweichende Zahl von Quellen und Angeklagten ist dem Umstand geschuldet, dass in zehn der Quellen die Aussagen von zwei bzw. drei Angeklagten in einem Protokoll (teils alternierend) festgehalten wurden (vgl. Quellenverzeichnis, Abschnitt 8.3.). Aus methodischen Gründen war es notwendig, die Aussagen der einzelnen Angeklagten zu separieren, so dass – analog zur Zahl der Angeklagten – im Folgenden der Einfachheit halber stets von 233 Texten bzw. Protokollen die Rede sein wird.

enthalten können, nur Texte eines Typs, nämlich Protokolle von Angeklagtenverhören, herausgelöst wurden.[3]

Da es sich bei der vorliegenden Arbeit um eine primär sprachwissenschaftliche handelt, war ein weiteres Kriterium bei der Auswahl der Texte von großer Bedeutung: die linguistische Verlässlichkeit des Materials. Das münstersche Korpus umfasst Quellen unterschiedlicher Qualität, d. h. sowohl Quellen, die in Handschrift vorliegen, als auch solche, die nur in Edition vorliegen und bei denen die Originale teils nicht mehr vorhanden sind. Bei Quellen, die in Handschrift vorliegen, ist eine Kontrolle der transkriptorischen Verlässlichkeit sehr gut möglich, da die Originale bei Zweifelsfällen jederzeit herangezogen werden können. Bei Editionen, zu denen keine Originale greifbar sind, ist die Lage komplizierter. Je nachdem, zu welchem Zweck die Texte ediert wurden, weisen Editionen unterschiedliche Grade an transkriptorischer Genauigkeit auf: Während Texte, die zum Zweck der sprachlichen Untersuchung transkribiert wurden, oft sehr genau und zeichengetreu wiedergegeben werden, sind Texte, die für historische Untersuchungen ediert wurden, häufig mit dem Ziel der besseren Verständlichkeit und leichteren Lesbarkeit sprachlich an das Neuhochdeutsche angeglichen. In diesen Fällen ist eine Kontrolle der linguistischen Verlässlichkeit aus der Kenntnis frühneuhochdeutscher Schreibkonventionen heraus möglich. Anhaltspunkte bieten hierbei insbesondere die vom heutigen normierten Neuhochdeutschen abweichenden, für das Frühneuhochdeutsche typischen Schreibungen, wie z. B. auffällige Konsonantenverdopplungen (*dorff, gebenn, hanndt*), auffällige Groß- und Kleinschreibung (*wehre der Böse geist Zu ihr Kommen*), initiales <v> anstelle von <u> (*vnndt, vnrath, vber*) etc.

Für das Untersuchungskorpus wurden nur Texte ausgewählt, die einen hohen Grad an sprachlicher Verlässlichkeit aufweisen, d. h. also Texte, zu denen Originale vorliegen oder Editionen, bei denen davon ausgegangen werden kann, dass sie nicht oder nur in sehr geringem Maße sprachlich angeglichen sind.[4] Kern des Korpus bilden die im Rahmen der Publikation „Deutsche Kanzleisprache in Hexenverhörprotokollen der Frühen Neuzeit" veröffentlichten Texte, und zwar sowohl die Texte der Auswahledition als auch die auf der zugehörigen CD-ROM veröffentlichten Editionen (vgl. Kanzleisprache 2005). Hinzu kommen weitere im Rahmen des

---

3 Zu den Aspekten Raum, Zeit und Textsorte vgl. die folgenden Abschnitte 2.2. und 2.3.

4 Absolute Sicherheit bezüglich der sprachlichen Verlässlichkeit kann bei der Beurteilung von Fremdeditionen ohne Original natürlich nie erlangt werden, so dass sich die Frage stellt, ob es nicht für eine linguistische Arbeit sinnvoller wäre, auf die Verwendung solcher Editionen gänzlich zu verzichten. Da die vorliegende Untersuchung jedoch primär mit syntaktisch-lexikalischen Fragen befasst ist und graphematische Aspekte nur am Rande einfließen werden, kann das Risiko einer im Einzelfall eventuell leicht angepassten Schreibung in Kauf genommen werden.

DFG-Projekts erstellte Transkriptionen sowie eigene Transkriptionen, von denen einige im Anhang dieser Arbeit abgedruckt sind (vgl. Anhang B), und bereits veröffentlichte Editionen. Über die genaue Herkunft und Überlieferungsform der einzelnen Quellen gibt das Quellenverzeichnis (Abschnitt 8.3.) Auskunft.

Die Texte im Korpus weisen einen unterschiedlichen Umfang auf; sie reichen von sehr kurzen, nur wenige Seiten umfassenden Bekenntnisniederschriften bis hin zu langen und ausführlichen, gleich mehrere Verhöre dokumentierenden Protokollen. Auf den ersten Blick scheint der variable Umfang der Quellen im Widerspruch zur angestrebten Homogenität des Korpus zu stehen. Da in dieser Arbeit jedoch weniger ein Vergleich der Texte als Ganze, sondern vielmehr ein Vergleich einzelner Textpassagen angestrebt wird, relativiert sich der Längenunterschied. Für die einzelnen Musteruntersuchungen werden in der Regel nur bestimmte Textsequenzen, und zwar die Aussagen zum Teufelspakt, aus den Gesamttexten herausgelöst und einander vergleichend gegenübergestellt. Lediglich bei einigen lexikalischen Untersuchungen wird auf das Datenmaterial des gesamten Korpus zurückgegriffen. Um die Ergebnisse zwecks größerer Aussagekraft auf einer möglichst großen Datenmenge fußen zu lassen, wurde der unterschiedliche Umfang der einzelnen Texte in diesen Fällen in Kauf genommen.[5]

2.2. Räumliche und zeitliche Gliederung

Bei der Auswahl der Texte nach den Kriterien Raum und Zeit musste zwei konträren Aspekten Rechnung getragen werden: zum einen der Forderung nach einer möglichst gleichmäßigen räumlichen Verteilung der Protokolle über den Untersuchungsraum, um ein für den Zweck der regionalen Vergleichbarkeit aussagekräftiges Korpus zu erhalten. Zum anderen mussten jedoch auch die historischen Realitäten der frühneuzeitlichen Hexenverfolgung berücksichtigt werden. Da diese weder räumlich noch zeitlich gleichmäßig verlief, konnte nicht aus einem für alle Regionen und Zeiten gleichmäßig bestückten Materialfundus geschöpft werden. Das Untersuchungskorpus stellt somit einen Kompromiss dar: Es wurde eine möglichst breite räumliche Verteilung und ein einheitlicher Untersuchungszeitraum angestrebt, gleichzeitig spiegelt das Korpus jedoch auch

5 Da die lexikalischen Untersuchungen stets einen regionalen Vergleich anstreben, ist es in vielen Fällen ohnehin unerheblich, wie oft ein Wort in einer Quelle eines bestimmten Ortes vorkommt – hier würde natürlich die Länge des Textes eine Rolle spielen –, sondern einzig und allein, ob es überhaupt verwendet wird, wobei dem unterschiedlichen Textumfang weniger Bedeutung zukommt.

zu einem gewissen Maße räumliche und zeitliche Konzentrationen der frühneuzeitlichen Hexenverfolgung und die daraus resultierende Überlieferungslage der Protokolle wider.

Als Untersuchungszeitraum wurde eine Zeitspanne von der Mitte des 16. bis zur Mitte des 17. Jahrhunderts gewählt, genauer die Jahre 1565–1665. Dieser Zeitraum wurde sowohl aus sprachlichen, als auch aus historischen Gründen gewählt: In historischer Hinsicht handelt es sich bei dem gewählten Untersuchungszeitraum um die Kernzeit der Hexenverfolgung in deutschen Gebieten, also um die Phase der gerichtlichen Hexenverfolgung, in der die großen Massenprozesse stattfanden und somit auch um die Zeit, aus der die meisten Protokolle überliefert sind. In sprachlicher Hinsicht handelt es sich bei dieser Zeitspanne um die Spätphase des Frühneuhochdeutschen, also um das Jahrhundert, das für die Entwicklung und Normierung unserer heutigen neuhochdeutschen Schriftsprache in besonderem Maße bedeutsam ist.[6] Während das Frühneuhochdeutsche in seiner ersten Zeit, also etwa zwischen 1350 und 1500, noch durch ein Nebeneinander zahlreicher regionaler Schreibsprachen gekennzeichnet ist, die eine überaus starke landschaftliche Bindung aufweisen, lässt sich in den Texten ab 1500 eine stärker werdende Tendenz zur Überregionalität feststellen, wobei in komplexen Ausgleichsprozessen landschaftliche Varianten sukzessive abgebaut werden. Das Ende der frühneuhochdeutschen Epoche ist ein fließendes und kann schwer mit einer genauen Zeitangabe versehen werden. Fest steht jedoch, dass keinesfalls vor 1650, und, wie das vorliegende Korpus zeigt, im Bereich der kanzleisprachlichen Gebrauchstexte auch kaum vor 1665 von einer normierten neuhochdeutschen Schriftsprache gesprochen werden kann. Die Texte des Korpus sind zwar in ihrer sprachlichen Entwicklung auf dem Weg zum Neuhochdeutschen teilweise bereits weit fortgeschritten, jedoch noch in mehr oder minder starkem Maße durch regionale Merkmale geprägt.[7]

6 Zur Periodisierung der deutschen Sprache im Allgemeinen und zur zeitlichen Abgrenzung des Frühneuhochdeutschen im Besonderen existiert eine Vielzahl von Lehrmeinungen, die in der Forschung ausführlich diskutiert wurden (vgl. insbesondere Roelcke 2001).

7 Von den 233 Texten des Korpus stammen 226, also ca. 98 % der Texte, aus dem angestrebten Zeitraum. Lediglich 7 Texte wurden aus Gründen der geographischen Streuung noch aus späteren Jahren (1667, 1668, 1670, 1677, 1689) hinzugenommen (zu den Gründen hierfür vgl. weiter unten S. 16). Dies wurde insofern als vertretbar angesehen, als der Übergang zum Neuhochdeutschen ein fließender ist und die ausgewählten Texte mit denen aus der Mitte des 17. Jahrhunderts sprachlich noch gut zu vergleichen sind.

Der Untersuchungszeitraum ist also weitgehend abgeschlossen und in sich homogen, innerhalb des Zeitraums sind die Texte jedoch nicht gleichmäßig verteilt. Zwar tun sich zwischen den Entstehungszeiten der einzelnen Protokolle keine größeren Lücken auf, durch den gesamten Zeitraum sind also durchgängig Protokolle belegt, es lassen sich jedoch zu einer bestimmten Zeit deutliche Konzentrationen erkennen, und zwar in den Jahren 1628–30 (vgl. Abbildung 2.1). Während sonst die Belegzahlen der Protokolle pro Jahr selten über fünf hinausgehen, weist das Korpus 13 Protokolle aus dem Jahr 1628, 21 aus dem Jahr 1629 und 33 aus dem Jahr 1630 auf, also insgesamt 67 Protokolle aus einem Zeitraum von nur drei Jahren. Dies entspricht einem Anteil von etwa 30% an der Gesamtzahl der Protokolle. Dass eine derartige Konzentration kaum als Zufall gewertet werden kann, liegt auf der Hand.

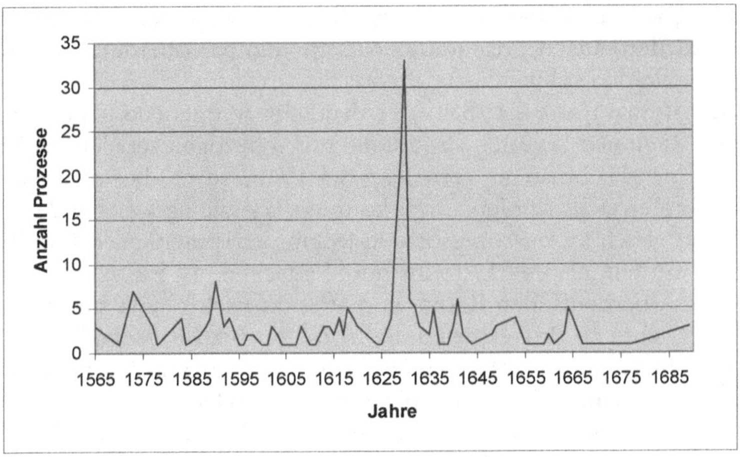

Abb. 2.1: Zeitliche Verteilung der Protokolle

In der Hexenforschung herrscht allgemeiner Konsens darüber, dass die Hexenverfolgung in den deutschen Gebieten in ihrer Intensität über die Jahrhunderte nicht konstant verlief, sondern dass es Zeiten sehr intensiver Verfolgung gab, die mit Zeiten weniger starker Verfolgung wechselten. Große Verfolgungswellen, also Zeiten, in denen es gehäuft zu Massenprozessen kam, werden allgemein für die Jahre um 1590, die Jahre um 1630 und für die 1650/60er Jahre angenommen, wobei lokale Verschiebungen nicht ausgeschlossen sind. Insbesondere die Jahre um 1630 jedoch gelten als punktuelle Spitze, als Höhepunkt der Verfolgungswut in deutschen Gebieten und somit Kernzeit der Verfolgungen (vgl. Schormann 1996: 55). Dass gerade aus dieser Zeit die größte Zahl an Quellen überliefert ist,

ist eine logische Folge, ebenso wie die Tatsache, dass sich die Konzentration von Prozessen und somit auch Protokollen aus diesen Jahren im Korpus niedergeschlagen hat.[8]

Der zu beobachtenden zeitlichen Konzentration entspricht auch eine räumliche: So wie es Kernzeiten der Verfolgung gegeben hat, zu denen verstärkt Prozesse geführt wurden, hat es auch Kernregionen gegeben, in denen die Hexenverfolgung besonders intensiv betrieben wurde. Auch diese räumlichen Bündelungen haben zwangsläufig ihren Niederschlag im Korpus finden müssen.

Der Untersuchungsraum umfasst das Gebiet der heutigen Bundesrepublik Deutschland sowie die angrenzenden Gebiete der Schweiz, Österreichs und Polens, also einen großen Teil des im 16. und 17. Jahrhundert deutschsprachigen Gebietes. Bei der Korpuserstellung wurde eine möglichst breite Verteilung der Protokolle über das gesamte Untersuchungsgebiet angestrebt, wobei alle sprachlichen Großregionen, also das norddeutsch-niederdeutsche, das mitteldeutsche und das oberdeutsche Gebiet, abgedeckt werden sollten.

Dies ist, wie Karte 2.1 (S. 17) verdeutlicht, weitgehend gelungen, d. h. aus allen Regionen konnten Protokolle miteinbezogen werden, es konnte jedoch keine gleichmäßige Verteilung der Prozessorte über den gesamten Sprachraum erreicht werden. Zwar konnten, wie die nachstehende Tabelle zeigt, etwa gleich viele Prozessorte in jedem der sprachlichen Großräume ermittelt werden, also 44 Orte im norddeutschen, 44 im mitteldeutschen und 46 im oberdeutschen Raum, von Westen nach Osten hin nimmt jedoch die Dichte an Prozessorten und somit auch an Protokollen stark ab. Während im Süden das Missverhältnis von Westen und Osten durch die Hinzuziehung von fünf etwas späteren Protokollen aufgehoben werden konnte,[9] war dies im Falle des Ostmittel- und Nordostdeutschen nicht möglich.[10] Um ein möglichst vollständiges Bild vom deutschen Sprachraum im 16. und 17. Jahrhundert zu erhalten, werden die Texte dieser Gebiete trotz dünnerer Beleglage in den Vergleich miteinbezogen, wobei dem Faktor Repräsentativität stets Rechnung getragen wird.

8 Das Sammeln von Verhörprotokollen im Rahmen des DFG-Projektes erstreckte sich auf Protokolle aus dem Zeitraum von 1580 bis 1650, es wurde also nicht gezielt nach Protokollen um das Jahr 1630 herum gesucht. Bei der Konzentration von Protokollen im Projekt- und auch im Dissertationskorpus um das Jahr 1630 handelt es sich also nicht um eine intendierte, sondern tatsächlich um eine realhistorisch bedingte.

9 Hinzugenommen wurden je ein Protokoll aus Coburg (1670) und Golling (1677), sowie drei Protokolle aus Riegersburg (1689).

10 Im Ostniederdeutschen konnte lediglich ein späteres Protokoll aus Schwerin (1668) hinzugezogen werden.

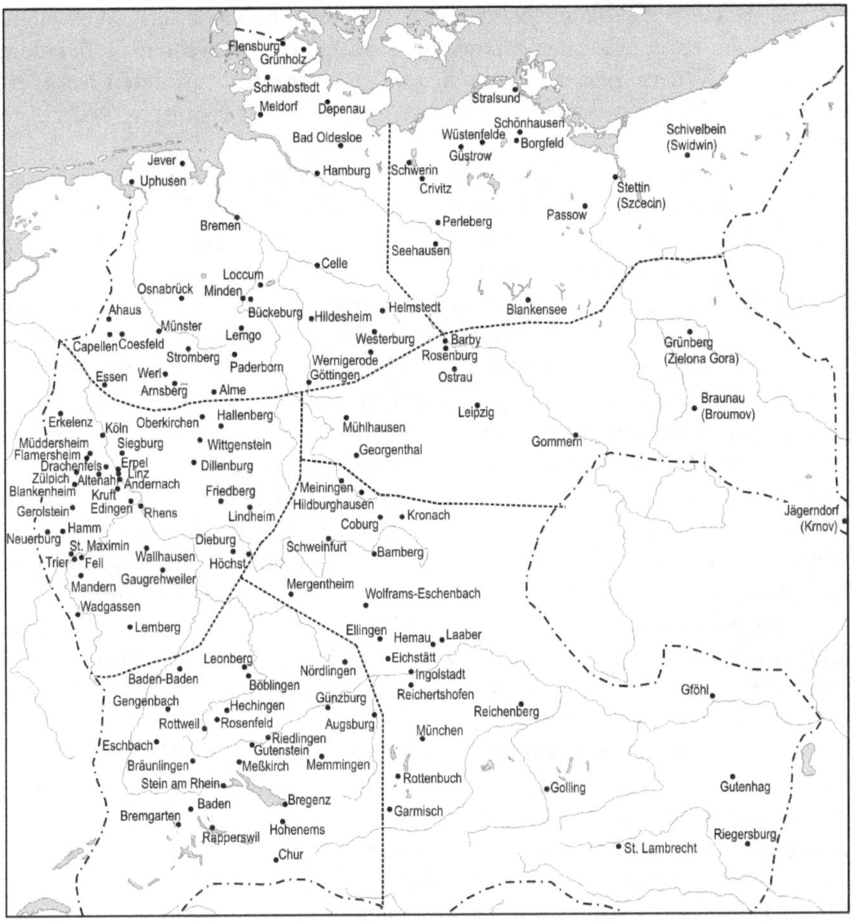

Region	Anzahl Prozessorte	Anzahl Protokolle
norddeutsch	44 (31 wnd, 13 ond)	72 (54 wnd, 18 ond)
mitteldeutsch	44 (34 wmd, 10 omd)	73 (57 wmd, 16 omd)
oberdeutsch	46 (23 wobd, 23 oobd)	88 (42 wobd, 46 oobd)

Karte 2.1: Räumliche Verteilung der Prozessorte

Die Ursachen für die abnehmende Dichte an Prozessorten und somit auch Verhörprotokollen nach Osten hin sind, wie oben bereits angedeutet, historischer Natur. Nicht in allen Territorien des deutschen Reichsgebietes wurde die Verfolgung von Hexen gleich stark betrieben, wobei die größten Unterschiede bezüglich der Verfolgungsintensität tatsächlich zwischen westlichen und östlichen Territorien festzustellen ist. Zu den verfolgungsreichen Gebieten zählen im Westen insbesondere Westfalen, Kurköln, Kurtrier, Kurmainz sowie der komplette Südwesten (außer dem Herzogtum Württemberg). Hinzu kommen ferner im Nordosten das Herzogtum Mecklenburg sowie in der Mitte die Bistümer Bamberg, Würzburg und Eichstätt.

Vergleichsweise verfolgungsarm waren die großen Territorien im Osten, also Kurbrandenburg, Kursachsen, Kurbayern, sowie die norddeutsche Tiefebene und der Niederrhein, die Kurpfalz und das Herzogtum Württemberg. Auch in Österreich wurde – insbesondere im Verhältnis zur Größe des Gebietes – vergleichsweise wenig verfolgt, insgesamt wurden dort etwa 900 Menschen hingerichtet. Verfolgungen in größerem Stil setzten dort zudem erst im späten 17. und frühen 18. Jahrhundert ein, also außerhalb des hier zugrunde gelegten Untersuchungszeitraums. In Polen kam es ebenfalls erst nach 1650 zu größeren Verfolgungen, hier wurde insbesondere zwischen 1676 und 1725 intensiv verfolgt. [11]

Alles in allem wird die Zahl an Prozessen in den deutschsprachigen Reichsländern auf über 30 000 geschätzt, hinzu kommt die Schweiz als ein Kerngebiet der Verfolgung mit etwa 10 000 Hinrichtungen aufgrund von Hexerei (vgl. Levack 2003: 182ff.).

Ob und wie stark in einem Gebiet Hexenverfolgung betrieben wurde, hing von mehreren Kriterien ab, wobei wohl insbesondere politische und juristische Aspekte eine große Rolle spielten. Levack (2003) führt u. a. die „Schwäche der Zentralgewalt" (182) als einen der Hauptgründe für die Häufung von Hexenprozessen in einigen Gebieten des Römischen Reiches an: Das Reich bestand aus einer nahezu unüberschaubaren Menge territorialer Herrschaften – zur Zeit des Dreißigjährigen Krieges gab es „über 2000 Herrschaften im Reich, davon allein ca. 1500 der Reichsritter, etwa 100 Reichsstädte und an die 400 kleinere und größere Territorien" (Boldt 1994: 289) –, die weitgehende Rechtshoheit besaßen und nur wenig durch das Reich, das weder die finanziellen noch die personellen Mittel hierzu besaß, kontrolliert wurden.[12] Dies hatte zur Folge, „daß Hexenjagden in Deutschland relativ unkontrolliert ablaufen konnten" (Levack 2003: 183) und ihre Intensität in hohem Maße von der Verfolgungsbereitschaft des jeweiligen Landes- und Gerichtsherrn abhing. Insbesondere die territorial sehr zersplitterten Regionen taten sich durch eine intensive Ver-

11 Zu den Verfolgungsintensitäten vgl. u. a. Füssel (2003): 15, Levack (2003): 183f. und Schormann (1996): 65.

12 Zwar wurde mit der Carolina im Jahr 1532 ein für das ganze Reich einheitliches Recht erlassen, die Durchsetzung des Rechts war jedoch durch den fehlenden Verwaltungsunterbau und die unklare Zuständigkeitsteilung zwischen Reich und Territorien erschwert: „Deutlich herrschte die Tendenz, in der obwaltenden Konkurrenzlage sich möglichst vor Eingriffen des Reiches, z. B. durch Eximierung von seiner Gerichtsbarkeit, abzuschirmen" (Boldt 1994: 268).

folgungspraxis hervor, wohingegen in den größeren und somit etwas stärker zentralisierten Territorien – und dies waren im Wesentlichen die großen Territorien im Osten des Landes, also Kurbrandenburg, Kursachsen und Kurbayern – eher mäßig verfolgt wurde (vgl. ebd., sowie Schormann 1996: 65).[13]

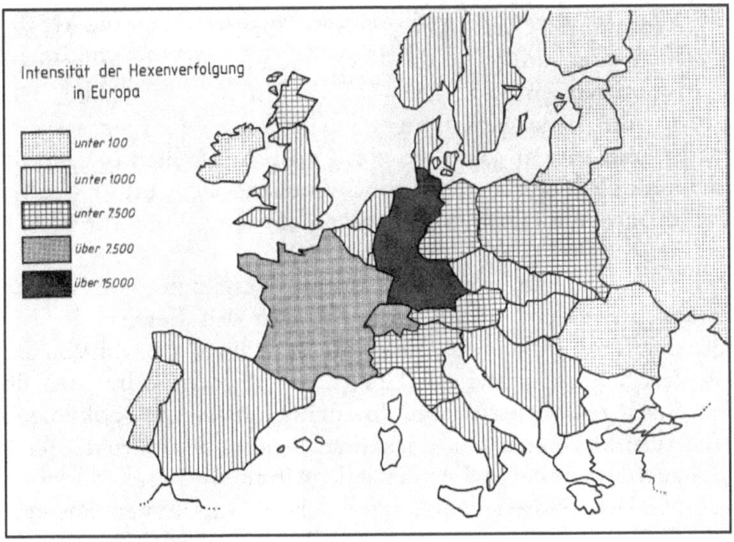

Abb. 2.2: Intensität der Hexenverfolgung in Europa (aus Behringer 1987: 154)

Natürlich kann die Raumverteilung der Prozessorte dieser Untersuchung, wie sie sich in Karte 2.1 darstellt, nicht als getreues Abbild der Intensitäten der frühneuzeitlichen Hexenverfolgungen gelten, da auch andere Faktoren, wie z. B. die möglicherweise nicht einheitliche Überlieferungslage der Quellen, ihren Teil zur hier beobachtbaren Raumstruktur beigetragen haben.[14] Nichtsdestoweniger spiegeln sich gewisse Schwerpunkte und Konzentrationen wider, die – wie ein Vergleich mit Behringers Ergebnissen, dargestellt in Abb. 2.2, zeigt – als durchaus typisch für die Hexenverfolgung im deutschsprachigen Raum gelten können.

13 Ähnliches gilt auch für die Schweiz, deren Kantone ebenfalls in bezug auf die Rechtsprechung autonom waren (vgl. Levack 2003: 184 f.).

14 So weist auch Wilke (2006) mit Bezug auf Schormann (1996) darauf hin, dass ein Teil der Hexenprozessakten nicht bis in die heutige Zeit Bestand hatte. Die Ursachen hierfür sind vielfältig, sei es, dass Akten nicht sorgfältig archiviert wurden, oder dass sie sogar gezielt vernichtet wurden: „Auch überstanden nicht alle Akten die zahlreichen Kriege – nicht zuletzt den Dreißigjährigen Krieg sowie die beiden Weltkriege des letzten Jahrhunderts – oder nicht-kriegsbedingte Katastrophen wie Brände oder Überschwemmungen" (Wilke 2006: 189).

2.3. Texte und Textsorten

Mit der Einführung des Inquisitionsprozesses in deutschsprachigen Gebieten begann zugleich die Zeit der gerichtlichen Aktenführung. Gemäß dem Grundsatz „Quod non est in actis non est in mundo" wurden sämtliche im Rahmen eines Prozesses erstellten Schriftstücke gesammelt und in einer Akte zusammengefasst. Die „Acta" enthielt nach Dülfer (1957) zwei Sorten von Texten: zum einen die Texte, die im Rahmen des schriftlichen Verfahrens entstanden sind, also z. B. schriftliche Eingaben, Dekrete, Urteile usw., die in der Kammergerichtsordnung von 1548 sogenannten „Producte", und zum anderen die von Notaren erstellten Niederschriften über die mündlich geführten Verhandlungen, die „Protocolle": „Erst schriftliche und mündliche Verhandlung, Producte und Protocolle zusammen ergeben den Begriff der ‚Acta'" (19).

Auch die frühneuzeitlichen Hexenprozessakten setzen sich aus Schriftstücken beider Bereiche zusammen. In den Bereich der schriftlichen Prozessführung fallen u. a. eine meist größere Anzahl von Briefen, die z. B. den Schriftwechsel der Untersuchungsgerichte mit den übergeordneten Instanzen (Obergerichte, Juristenfakultäten etc.) dokumentieren, sowie die zum konkreten Fall erlassenen Dekrete und Urteile, ferner für die Untersuchung erstellte Fragenkataloge bzw. Inquisitionalartikel, Extrakte aus anderen Untersuchungsakten, die in Zusammenhang mit dem jeweiligen Fall stehen, Besagungslisten,[15] Prozesskostenaufstellungen, Vermächtnisse usw. In den Bereich des mündlichen Verfahrens fallen sämtliche die Voruntersuchungen sowie den eigentlichen Prozessverlauf dokumentierende Protokolle, so z. B. Protokolle von Zeugenvernehmungen, Angeklagtenverhören oder Gegenüberstellungen von Zeugen und Angeklagten. Protokolliert werden konnten ferner alle im Prozess stattfindenden Handlungen, wie z. B. die Durchführung diverser Proben (Nadelproben, Wasserproben, Wiegeproben etc.), die Anwendung der Folter sowie abschließend der Ablauf des Endlichen Rechtstages.

Dem Forschungsvorhaben dieser Arbeit entsprechend kommen als Untersuchungsgrundlage aus der Vielzahl der in einer Prozessakte kompilierten Texte nur diejenigen in Frage, in denen die Kernpunkte des kumulativen Hexereikonzepts ausführlich thematisiert werden, wodurch sich die Materialvielfalt im Wesentlichen auf eine Textsorte reduziert: auf die Protokolle der Angeklagtenverhöre. Nur in den Verhören der Angeklagten fand eine umfassende, detaillierte Besprechung aller vier Hauptpunkte der

15 In Besagungslisten wurden die Personen verzeichnet, die in einem Prozess von den Angeklagten als Mittäter denunziert wurden. Sie dienten als Grundlage für die Einleitung zahlreicher Folgeuntersuchungen, die teils in regelrechten Massenverfolgungen kulminierten.

Lehre statt, die dann in den zugehörigen Protokollen ihren Niederschlag gefunden hat. Zwar kann auch in anderen Teilen der Akte auf die Inhalte des Hexereikonzepts Bezug genommen werden, jedoch geschieht dies nie in der Ausführlichkeit und Vollständigkeit wie in den Verhörprotokollen. Insbesondere Schilderungen von Teufelspakten und -buhlschaften sind fast ausschließlich in diesen Texten zu finden, während weitere Texte, wie z. B. Protokolle von Zeugenvernehmungen oder Extrakte aus den Verhören früherer Angeklagter, allenfalls Schadenzaubervorfälle oder Hexentänze zur Sprache bringen.

Dass sich die Angaben und Beschuldigungen der Zeugen, größtenteils Nachbarn, Bekannte und Verwandte der Angeklagten, im Wesentlichen auf den Vorwurf des Schadenzaubers gründen, hat Irsigler (1998: 13) in seiner Analyse von Zeugenaussagen in den Voruntersuchungen zu Trierer Hexenprozessen gezeigt: „Elemente der dämonologischen Theorie begegnen in diesen Aussagen oder Beschuldigungen nur am Rande, etwa im Hinweis auf den schlechten Ruf einer Person, die eben als Hexe gelte oder, und das war besonders gefährlich, von der bekannt sei, daß sie von bereits hingerichteten Hexen oder Zauberern als Komplizin besagt worden war". Die Aussagen der Zeugen beruhten im Wesentlichen auf ihren persönlichen Erfahrungen mit (vermeintlichen) Schadenzauberdelikten und dem allgemein kursierenden ‚Dorfklatsch', also Elementen ihrer konkreten Umwelt und Lebenserfahrung. Ereignisse wie der Teufelspakt oder die Teufelsbuhlschaft konnten schon deshalb kaum bezeugt werden, weil sie der allgemeinen Vorstellung nach entweder heimlich, also ohne das Beisein eventueller Zeugen, oder in der Hexengesellschaft auf dem Hexensabbat stattgefunden haben. Eine Bezeugung des Hexensabbats würde die Zeugen somit selbst in die Nähe des Hexereiverdachtes rücken.[16]

Extrakte aus Verhören früherer Angeklagter hingegen beziehen sich im Wesentlichen auf den Vorwurf der Teilnahme am Hexentanz und nur selten auf Teufelspakte und Buhlschaften. Die Schilderungen von Hexentänzen waren die Aussageteile, die in der Regel die größte Anzahl von Denunziationen mit sich brachten, da von den Angeklagten im Verhör eine lückenlose Aufzählung aller weiteren Tanzteilnehmer gefordert wurde. Unter der Bedrohung durch die Folter wurde oft eine Vielzahl von Personen bezichtigt, bei den Tänzen anwesend gewesen zu sein und dort an verschiedenen Handlungen teilgenommen zu haben. Die Namen der so ermittelten mutmaßlichen Hexen wurden in Besagungslisten erfasst,

16 Deutlich wird dies z. B. in einem Günzburger Prozess aus dem Jahr 1613: Die Angeklagte Grett Gözin hat eine andere Frau besagt und bezeugt, dass diese zum Hexentanz gefahren wäre, woraufhin sie selbst in den Verdacht rückt, beteiligt gewesen zu sein: „*Woherr Ir bewust, Das die Thornwärttin bey selbigem Tanz sich befunden habe, ob sie selbst auch darbey geweßen, sie gesehen, oder wer es Ir angezaigt habe*" (Günzburg 1613: 17).

welche als Grundlage für die Einleitung weiterer Verfahren dienten. Die Extrakte selbst dienten als erste Anklagepunkte, die durch Zeugenaussagen ergänzt wurden.[17]

In vielen weiteren Texten des schriftlichen Verfahrens wird auf die Hexenlehre allenfalls sehr kurz verwiesen, so können z. B. in Urteilsverkündungen die wesentlichen Geständnispunkte kurz angeführt werden.[18] Ähnliches gilt auch für die schriftliche Korrespondenz zwischen Untersuchungsgericht und beratender Instanz: Zwar wird in den Briefen auf die Vergehen der Angeklagten und somit auch auf die Hexenlehre Bezug genommen, ausführliche Schilderungen finden sich aber in Protokollauszügen bzw. -abschriften, die den Briefen zur Verdeutlichung der Sachlage beigefügt wurden.

Die einzigen Texte, die neben den Protokollen teils ausführlicher Bezug auf die Punkte der kirchlichen Hexenlehre nehmen, sind die den Angeklagtenverhören zugrunde gelegten Fragenkataloge bzw. Kataloge von Beweisartikeln, in denen vor Beginn des Verhörs schriftlich festgehalten wurde, auf welche Punkte hin die Angeklagten zu verhören sind. Die Kataloge, die gewissermaßen ein Bindeglied zwischen schriftlichem und mündlichem Verfahren darstellen, sind insofern interessant, als sie Aufschluss darüber geben können, wie die gelehrten Hexereivorstellungen in die Aussagen der oft wenig gebildeten, aus einfachen Verhältnissen stammenden Angeklagten kommen konnten, wie das Verhör und die Aussagen der Angeklagten gesteuert wurden, wie Themen verknüpft wurden etc. Da sie somit Licht in die Entstehung der Muster bringen können, wurde ihnen in dieser Arbeit ein eigenes Kapitel gewidmet (vgl. Abschnitt 4.2.1.).

Die Protokolle, die im Rahmen der Angeklagtenverhöre entstanden sind, sind es also letztlich, die den Schwerpunkt der vorliegenden Arbeit darstellen, die also die Grundlage für die Untersuchung der Muster bilden sollen. Vor Beginn der Untersuchungen sind einige Ausführungen zu den Texten und zur Textsorte unabdingbar. Eine umfassende Textsortenanalyse hat bereits Topalović (2003) im Rahmen ihrer Untersuchung zu Os-

17 Wie ein solcher Extrakt aussehen konnte, soll das folgende Beispiel aus dem Prozess gegen Georg Köbbing zeigen: *Extractus ex actis criminalibus fisci contra Gertrudem Nibers. Anno 1631 ahm 17 Juny hatt Rea Gertrudt Nibers auffm Schwesternturn coram Dominis Camerarijs et Scabinis mittel aidts so sie würcklich geleistet bekandt, vnd vnter andern ihren zauberischen Mitgespielen, welche iederzeit mit ihr aufm tantze erschiennen, benennet Jürgen Kobbinck. - Anno eodem den 3. July hat obg[eme]lte Gertrudt Nibers coram præfatis Dominis in tortura vnter andern abermahlig bekandt (welchs sie auch nachgehents mit ihrem Thodte bestettigt) dass ahn den zauberlaster gleichfahls schuldig vnd mit ihr allezeit vfm Tantze gewehsen sei. Jurgen Kobbingh* (Coesfeld 1632: 33).

18 So heißt es z. B. in einem Hechinger Urteil, *daß die beklagtin wegen Verläugnung der Göttlichen Mayestät vnd des gantzen Himmlischen höres, vergebung ahn den bösen Feündt, Veryebten Teüflischen Vermüschuing vnd Zauberey, auch Zuegefüegten schaden an Menschen vnd Büech, wider Götlich - Gaist - vnd Weltliche Satzungen schwärlich gesündiget vnd Mißhandlet* hat, weshalb sie *mit dem Feür Lebendig vom Leben zum Todt zu Puluer vnd Asche Verzert werden* soll (vgl. Hechingen 1648: 42).

nabrücker Verhörprotokollen vorgelegt. Es sollen daher im Folgenden lediglich einige grundlegende Charakteristika von Protokollen im Allgemeinen und den frühneuzeitlichen Protokollen im Besonderen herausgestellt und die vielfältigen Erscheinungsformen dieser Texte vor Augen geführt werden.

2.3.1. Protokoll und Verhörprotokoll

Dem heutigen, allgemeinen Verständnis nach handelt es sich bei einem Protokoll um eine „Niederschrift von öffentlichen oder privaten Verhandlungen, die Verlauf und Inhalt beurkundet und in beweiskräftiger Form festlegt" (Brockhaus 1998: Bd. 11, 214f., s.v. Protokoll). So allgemein gehalten diese Brockhausdefinition auch ist, umfasst sie doch einige der wesentlichen Merkmale von Protokollen: Zunächst einmal ist ein Protokoll eine Niederschrift, also eine schriftliche Aufzeichnung einer Verhandlung. Es handelt sich also um eine spezifische Textform, die dadurch gekennzeichnet ist, dass bei ihrer Erstellung eine nicht-schriftliche (d. h. mündliche oder nonverbale) Handlung in Schrift transponiert wird. Die grundlegende Technik der Texterstellung ist das Niederschreiben, das Protokollieren. Beim Protokollieren handelt es sich um einen „Transformationsprozeß", in welchem der Protokollant die Rolle des „Transformators, der Mündlichkeit in Schriftlichkeit überführt", einnimmt: „Der Protokollant tritt nicht als Autor in Erscheinung, sondern als schreibende Instanz; er verfaßt kein Werk, sondern verleiht der Kontingenz stattgehabter Kommunikation Dauer" (Niehaus/Schmidt-Hannisa 2005b: 16).

Die in Schriftform gebrachten Verhandlungen können öffentlicher oder privater Natur sein, die Technik des Protokollierens kann also in unterschiedlichen Handlungsbereichen zur Verwendung kommen und ist nicht strikt auf einen Bereich festgelegt. Ein Protokoll kann bei jeder Art von Verhandlung, sei sie juristisch, wirtschaftlich, politisch oder privat motiviert, geführt werden. Insbesondere im institutionellen Bereich ist die Protokollführung in vielen Bereichen, bei Sitzungen, Versammlungen, Prüfungen etc., unabdingbar: Erst das Protokoll verleiht den im Rahmen dieser Anlässe getätigten sprachlichen Äußerungen „den zu ihrer institutionellen Weiterverarbeitung notwendigen Status: Ein nichtprotokolliertes Verhör ist kein Verhör, eine nichtprotokollierte Mitgliederversammlung ist keine satzungsgemäße Mitgliederversammlung" (ebd.: 8). Die Protokollierungstätigkeit erstreckt sich zudem auf zwei grundlegende Teile der Verhandlungen, auf den Verlauf und den Inhalt. Fokussiert und festgehalten werden also sowohl der Ablauf, d. h. die Chronologie des

Geschehens und das ‚Wie' der Verhandlung, als auch der Inhalt, das Thema, das ‚Was' der Verhandlung. Beide Teile sind eng miteinander verknüpft.

Das Protokoll erfüllt zudem zwei Funktionen: Zum einen beurkundet es Verlauf und Inhalt der Verhandlungen, d. h. die Verhandlungen werden nicht einfach nur schriftlich fixiert, sondern sie werden zugleich bezeugt und beglaubigt. Das Protokoll wird somit zum „Wahrheitsbürgen", es übernimmt „die Zeugenschaft für geschehene und vollzogene *acta*" (Vismann 2001: 86). Zugleich bringt es, indem es die ansonsten unwiederbringlich vergangene Handlung festhält und beurkundet, diese in eine beweiskräftige Form, in ein Dokument mit Rechtskraft: „Ein zu den Akten genommenes Protokoll beendet die Handlung zwar, aber sie bleibt noch als Handlung adressierbar und damit quasi aktuell und tatsächlich aktualisierbar, nämlich wiederverlesbar" (ebd.: 87). Erst durch das Protokoll wird die Handlung nachträglich beweisbar, erst durch das Protokoll erhält sie einen Status von Wahrheit und Wirklichkeit: „Denn wahr im Sinne der Inquisitoren ist, was am Ende in den Akten steht – eine Maxime, die ein auf Schriftlichkeit basierendes juristisches System immer betont. Genau genommen, existiert alles andere außerhalb der schriftlichen Aufzeichnung gar nicht" (Scharff 1999: 161).[19]

Obschon es sich bei der angeführten Definition um eine moderne (d. h. neuzeitliche) und zugleich allgemeine (d. h. nicht-textlinguistische) Definition handelt, erfasst sie doch die grundlegenden Merkmale, die die Texte dieses Untersuchungskorpus einen:

- Es handelt sich um schriftliche Texte, die aus der Protokollierungstätigkeit eines Schreibers entstanden sind.
- Den institutionellen Anlass für ihre Entstehung bilden öffentliche, genauer gerichtliche Verhandlungen, in diesem speziellen Fall Angeklagtenverhöre im Rahmen eines Inquisitionsprozesses.
- Zweck der Texterstellung ist neben der reinen Dokumentation von Verlauf und Inhalt des Verhörs zugleich die Schaffung eines rechts-

19 Dass das Verhältnis von Wahrheit und Fiktion nicht nur in den Protokollteilen, die den Redeinhalt, also die forcierten Aussagen der Angeklagten festhalten, problematisch ist, sondern auch in den Teilen, die den Verlauf dokumentieren, zeigt ein Beispiel aus eine Georgenthaler Prozess, in dem eine Interpretation der Todesumstände der Angeklagten Christina Thymen dargeboten wird, die mit den Begriffen Wirklichkeit und Wahrheit nur noch bedingt in Einklang zu bringen ist: *Hiruber ist nach dem Vrtheil zu Jena geschickt word[en]. Vnd wie das ghen Weymar Inn die Cantzley kommen, das man sie verbrennen sollt hat ihr der Geist Inn derselb[en] Nacht zu Georgenn Thal den halß umbgedrehet, das ihr das angesicht vffm Rück gestand[en] denn er hatt ihr müssen zu sagen, sie sollte nicht durch menschen hende vmbgebracht werd[en] welches er ihr Auch gehallt[en], Vnnd wie man das vrtheil Inn der Cantzley hat nach Georgen Thal schick[en] wöll[en] hatt eß Ihr Geist vom Tisch hinweg genommen, vnd daruon gefüret* (Georgenthal 1597: 7).

gültigen Dokuments mit Beweiskraft, auf das – wenn nötig – rekurriert werden kann.

All diese Merkmale, die auf ein homogenes Untersuchungskorpus mit einheitlichen, gleich gearteten Texten einer Textsorte (Verhörprotokoll)[20] hindeuten, werden durch die realen Erscheinungsformen der Texte deutlich relativiert. Die einzelnen Texte sind „durchaus unterschiedlich angelegt und strukturiert" (Kanzleisprache 2005: XVII), die Ursachen hierfür sind vielfältig und hängen insbesondere mit Unterschieden in der Entstehungssituation der Texte zusammen. Wilke (2006) hat im Rahmen ihrer Untersuchung frühneuhochdeutscher Hexenprozessakten festgestellt, dass es im Wesentlichen fünf Variablen sind, die zu Unterschieden in der Textform der Protokolle führen können. Angeführt werden von ihr die Kategorien „Art des Gerichts", „Art der Kanzlei", „Person des Schreibers", „Verhörsituation" und „Überlieferungsform" (vgl. 167). Alle angeführten Punkte haben in der Tat großen Einfluss auf die Erscheinungsform der Texte:

Im 16. und 17. Jahrhundert war die Gerichtslandschaft in den deutschen Territorien durch Vielfalt und nicht durch Einheit geprägt. Da kraft der Gerichtshoheit der Landesherren die Gerichtsorganisation Landessache war (vgl. Fehr 1962: 147), variierten die Gerichtsformen, ihre Zuständigkeiten und Hierarchien von Territorium zu Territorium teils deutlich. Auch innerhalb der Territorien waren die jeweiligen Zuständigkeiten oft nicht klar getrennt. Verfahren in Hexereisachen konnten daher vor unterschiedlichen Gerichten stattfinden. Zwar unterstand das Hexereidelikt als Kapitalverbrechen der Hochgerichtsbarkeit, die Urteilsfindung und -fällung war also grundsätzlich Sache der höheren gerichtlichen Instanzen (Obergerichte, Schöffenstühle, Juristenfakultäten), das Untersuchungsverfahren selbst konnte jedoch auch an den verschiedenen Formen von Untergerichten (Dorfgerichten, Zentgerichten, Gogerichten etc.) durchgeführt werden. Den Untergerichten oblag allein die grundlegende Feststellung des Tatbestandes, für alle wichtigen Verfahrensentscheidungen, wie z. B. die Anordnung der Folter, waren sie gehalten, sich zwecks Rechtsbelehrung an höhere gerichtliche Instanzen zu wenden. Teils wurde ihnen die Feststellung des Tatbestandes auch durch einzelne landesherrliche Beamte aus der Hand genommen, so z. B. durch den Fiskal bzw. den Amtmann oder durch extra bestellte Hexenkommissare, die die Untersuchungen eigenverantwortlich zu führen hatten (vgl. Döhring 1953: 17f.). Mit den zahlreichen verschiedenen Gerichtsformen müssen auch die in den unterschiedlichen Territorien jeweils gültigen Gerichtsordnungen in

20 Zur Festsetzung einer eigenständigen Textsorte ‚Verhörprotokoll' sei hier erneut auf Topalović (2003: 95–161) verwiesen.

Betracht gezogen werden, die den Hexenprozessen und somit auch den in ihrem Rahmen entstandenen Protokollen verschiedener Orte und Gegenden ihren jeweils eigenen Stempel aufgedrückt haben.

Abhängig von Art und Größe des Gerichts war auch die Größe der zugehörigen Kanzlei und der Bildungsstand des Schreibers, der mit der Protokollierung der Verhöre betraut war. Grundsätzlich handelte es sich bei den Protokollanten um professionelle, vereidigte Schreiber, die neben der Protokollführung auch die Aufgabe hatten, den Richter bei seiner Amtstätigkeit mit zu überwachen. Ihre Anwesenheit bei den Angeklagtenverhören war Pflicht. Protokolle, die nicht von einem vereidigten Schreiber erstellt wurden, besaßen schlichtweg keine Gültigkeit (vgl. Döhring 1953: 179–87). Die Aufgaben eines Gerichtsschreibers waren nicht wenig anspruchsvoll: Er hatte den Hergang des Verfahrens zu dokumentieren und die mündlichen Aussagen der Angeklagten in schriftliche Form zu bringen, wobei er eigenverantwortlich zu entscheiden hatte, was von dem Gesagten und Verhandelten relevant und somit protokollbedürftig war und was nicht. Zur Abfassung der Texte musste er nicht nur über umfassende sprachliche Kompetenzen verfügen, da er in der Regel die Rede der Angeklagten nicht direkt verschriftlichen konnte, sondern sie zunächst vom Dialekt in eine annähernd hochsprachliche Form bringen und sie zugleich in indirekter Redewiedergabe präsentieren musste, er hatte zudem den rechtssprachlichen Anforderungen nach juristischer Eindeutigkeit und Klarheit Rechnung zu tragen und das entsprechende, teils lateinische Fachvokabular zu beherrschen. Es verwundert daher nicht, dass viele der Schreiber, die in größeren Kanzleien und an Obergerichten tätig waren, studiert hatten und eine profunde juristische Ausbildung besaßen. Der Bildungsgrad der Schreiber war jedoch keinesfalls einheitlich: Neben studierten Schreibern gab es im mittleren Justizwesen auch solche, die ihre Fähigkeiten vornehmlich in der Praxis, also durch die Arbeit in der Kanzlei erworben haben, während die kleinen Untergerichte auf dem Lande unter Umständen auf noch weniger geschultes Personal zurückgreifen mussten (vgl. ebd.: 182f.). Dass der Grad von Bildung, sprachlicher und juristischer Kompetenz der Schreiber einen unmittelbaren Einfluss auf die Qualität der Protokolle hatte, versteht sich von selbst. Hinzu kommt, dass die verschiedenen landesherrlichen oder städtischen Kanzleien, was Sprachwahl, Protokollierungspraktiken etc. angeht, von unterschiedlichen Maximen geleitet sein konnten, welche sich wiederum auf Aufbau, Struktur und Sprache der Protokolle auswirken konnten.

Bei der Variable „Verhörsituation" muss insbesondere die Komponente Folter als die Protokollierungsart beeinflussend berücksichtigt werden: Aussagen im peinlichen Verhör, also nach (oder im schlimmsten Falle: unter) Anwendung der Folter, waren wohl grundsätzlich verschieden von Aussagen im gütlichen Verhör, wobei zu vermuten steht, dass die Protokollierung der Folterverhöre erhöhte Anforderungen an den Schreiber stellte. Zum einen mussten verstärkt verfahrenstechnische Abläufe, also Art, Anwendung und Verlauf der Folter, zu Papier gebracht werden, zum anderen mussten die Aussagen der Angeklagten, die sich durch Schmerz, Angst, Panik und Erschöpfung in einem körperlichen und geistigen Ausnahmezustand befanden, welcher sich zweifelsohne auf die Form ihrer Rede ausgewirkt haben muss, geordnet und verständlich erfasst werden. Auch rückten wohl nonverbale Aspekte wie Tränen, Ohnmacht etc. stärker in den Fokus der Protokollierung als dies im gütlichen Verhör der Fall war.[21]

Der letzte von Wilke (2006: 167) angeführte Punkt, die sogenannte „Überlieferungsform", meint den jeweiligen Bearbeitungsstand der Texte, der grundlegend verschieden sein kann und sich unter Umständen sehr deutlich auf Form, Sprache und Inhalt der Protokolle auswirken kann. Topalović (2003) unterscheidet insgesamt drei Arten der Überlieferung von Protokollen: die Überlieferung als Mitschrift, als Reinschrift und als Abschrift (vgl. 124 f.).

Die Mitschrift ist die erste und ursprünglichste Fassung eines Protokolls. Sie wird parallel zum Verhör, also gewissermaßen in Echtzeit und in unmittelbarer Kopräsenz des Schreibenden erstellt (vgl. Niehaus/Schmidt-Hannisa 2005b: 8). Trotz des teils erheblichen Zeitdrucks unter dem die Protokollanten standen, wurden die Protokolle in der Regel in ausformulierten Sätzen und – soweit aus den überlieferten Texten ersichtlich – nur selten stichwortartig verfasst. Dass es sich bei Mitschriften dennoch ihrem Charakter nach um konzeptartige Gebrauchstexte handelt, die primär als Grundlage für die Erstellung sauberer, „ausgeputzter" Rein- bzw. Abschriften dienten, verdeutlicht Caspar von Stieler (1681) in seiner ‚Deutschen Sekretariatskunst'. Er bezeichnet das Protokoll als „ein geschwindes Aufzeichnen / Niederschreib- und Verfassung vorgehender Geschäfte / zu fernerer Ausbutzung in Eil zusammen gebracht. Wird auch von denen Rechtsgelehrten die erste Klitterung[22] genennet" (1062). Der Eile bei dieser Klitterung entsprechend sind Mitschriften formal durch ein häufig fahriges, ungleichmäßiges

21 Caspar von Stieler (1681: 1063) empfiehlt in seiner ‚Deutschen Sekretariatskunst', bei der Protokollierung auch „die euserliche Gebehrden / Farbe / Zittern (sonderlich in peinlichen Sachen) eigentlich zubeschreiben", also auch die nonverbalen „Aussagemodi" (Niehaus 2003: 38) ins Protokoll aufzunehmen. Niehaus (2003: 39) weist jedoch darauf hin, dass in der Praxis „von der Verschriftlichung unwillkürlicher Körperzeichen – den Strafprozeßrechtslehrern zum Trotz – nur sehr sparsam Gebrauch gemacht worden ist".

22 Unter *Klittern* versteht man ein 'besonders eiliges und schlechtes Schreiben' (vgl. DWB 11: 1213, s.v. klittern), ein 'Schmieren und Klecksen' (vgl. Kluge 2002: 498, s.v. klittern). Eine *Klitterung* ist somit ein schnell und unordentlich dahingeworfener Text.

Schriftbild sowie ein vermehrtes Auftreten von Streichungen, Korrekturen und Abkürzungen erkennbar. Mitschriften eines sehr geübten und routinierten Schreibers können aber möglicherweise nur schwer von Reinschriften zu unterscheiden sein.

Bei Reinschriften handelt es sich um überarbeitete Fassungen von Protokollen, die auf der Grundlage der Mitschriften abgefasst werden. Die Reinschrift ist somit eine ‚ins Reine geschriebene' Mitschrift. Sie zeichnet sich formal durch einen gleichmäßigen Schriftstil und ein sauberes Schriftbild mit möglichst wenigen Spätkorrekturen aus. Neben der Beseitigung graphischer Unsauberkeiten werden bei der Erstellung einer Reinschrift auch sprachliche Änderungen zugunsten einer grammatisch und stilistisch hochwertigeren und vor allem eindeutigen Sprachform vorgenommen (vgl. Topalović 2003: 130), so dass Reinschriften insgesamt flüssiger zu lesen sind.

Verhörprotokolle in Mit- und Reinschrift wurden in erster Linie für den inneren Kanzleibetrieb erstellt. Sie dienten als „schriftliches Zeugnis für erbrachte Geständnisse und die Urteilsfindung" und als „Informationsträger für Denunziationen" (ebd.: 126). Mitschriften und Reinschriften haben somit die gleiche Textfunktion, unterscheiden sich jedoch in der Form der Textproduktion – im Fall der Mitschriften unmittelbare „Verschriftlichung gesprochener Sprache", im Fall der Reinschriften „Verschriftlichung bzw. Reformulierung der Protokollmitschrift" (ebd.).

Unter Protokollabschriften versteht man für spezifische Zwecke angefertigte Kopien von Mit-/Reinschriften bzw. Auszüge aus denselben. Im Gegensatz zu Mit- und Reinschriften wurden sie nach Topalović (2003: 126) primär für den äußeren Kanzleibetrieb, insbesondere für den Schriftverkehr mit übergeordneten juristischen Instanzen erstellt und dienten diesen u. a. als „Dokumentation für den ordnungsgemäßen Ablauf des Gerichtsverfahrens" und als „Grundlage für Rechtsgutachten". Sie sind also häufig Teil von Versendungsakten. Abschriften sind bezüglich ihrer Form keinesfalls einheitlich: Sie können teils originalgetreue Kopien von Reinschriften darstellen und sind in diesem Fall kaum von letzteren zu unterscheiden, teils handelt es sich aber auch um zusammenfassende, deutlich verkürzte Fassungen von Protokollen oder nur um einzelne kurze Protokollauszüge. Auch ihre zeitgenössischen Bezeichnungen variieren: Falls sie überhaupt betitelt sind, werden sie teils mit *Copia*, teils mit *Extract*, in einem Fall sogar mit *Abschrifft* überschrieben; oft weisen sie jedoch auch im Titel nur ein einfaches, allgemeines *Prothocollum* auf. Die Entscheidung, ob es sich bei einem Protokoll um eine Mitschrift, eine Reinschrift oder eine Abschrift handelt, ist nicht nur aufgrund der variierenden zeitgenössischen Bezeichnungen oft schwierig, sondern auch aufgrund ihrer jeweils sehr individuellen Realisationsformen. Die Mitschrift eines guten Schreibers kann einer Reinschrift ähneln, die Reinschrift eines nicht ganz so versierten Schreibers hingegen einer guten Mitschrift, und auch Abschriften sind in vielen Fällen nicht von Reinschriften zu unterscheiden. Wie Wilke (2006: 159) feststellt, lässt sich eine sichere Entscheidung häufig nur dann treffen, wenn man unterschiedliche Fassungen desselben Protokolls vorliegen hat.[23]

Als eine besondere Form von Abschriften sind schließlich solche Texte hervorzuheben, die oft mit den Bezeichnungen *Urgicht*[24], *Bekenntnis*, *Aussage* oder *Confessio* versehen sind. Sie sind, wie die verschiedenen Bezeichnungen bereits andeuten, schwerpunktmäßig auf das Geständnis der Angeklagten und weniger auf das Verhör selbst und dessen konkreten Verlauf ausgerichtet und werden daher im Folgenden als ‚Bekenntnisprotokolle' bezeichnet.[25] Da sie sich in einigen Merkmalen grundlegend von Verhörprotokollen unterscheiden, werden sie hier als eigene Gruppe aus der Menge der Abschriften hervorgehoben und sollen genauer betrachtet

23 Zum genauen Verhältnis der Überlieferungsformen von Verhörprotokollen sei an dieser Stelle auf Topalović (2003: 124–49) verwiesen, die im Rahmen ihrer Textsortenbestimmung von Osnabrücker Verhörprotokollen ausführlich die jeweils spezifischen soziopragmatischen, graphischen, sprachlichen und inhaltlichen Merkmale von Mitschriften, Reinschriften und Abschriften besprochen und zueinander in Relation gestellt hat.

24 Das Substantiv *Urgicht* mit der Grundbedeutung 'Aussage, Bekenntnis' wurde gebildet zu mhd. *urgiht*, aus ahd. *irgehan*, mhd. *erjehen* (vgl. DWB 24: 2425, s.v. Urgicht).

25 Es wird hier bewusst die Bezeichnung ‚Bekenntnisprotokoll' eingeführt und nicht eine der oben aufgelisteten zeitgenössischen Bezeichnungen gewählt, um die Textform (in Anlehnung an die Bezeichnung ‚Verhörprotokoll') begrifflich von der ihr zugrunde liegenden Kommunikationssituation zu trennen. Auf diese Weise soll Missverständnissen vorgebeugt werden, wie sie z. B. durch die Verwendung des Wortes ‚Urgicht', das in der heutigen Literatur bevorzugt verwendet wird, entstehen können. Die Bezeichnung ‚Urgicht' hatte im Frühneuhochdeutschen mehrere Bedeutungen. Sie wurde variierend sowohl für das Geständnis im Allgemeinen als auch für das endgültige, unter der Folter erzwungene Geständnis (vgl. Sellert 1998: 571), für das Protokoll des Geständnisses, für eine bestimmte schriftliche Form des Geständnisses, nämlich die zur öffentlichen Verlesung erstellte Fassung (vgl. DWB 24: 2425, s.v. Urgicht) etc. verwendet (vgl. hierzu ausführlicher Wilke 2006: 161 f.). Durch diese Verwendungsvielfalt ist der jeweilige Bezug des Wortes nicht immer klar. Auch in den Texten des hier zugrunde gelegten Korpus wird es keinesfalls einheitlich verwendet. Eine kursorische Durchsicht der Wortbelege lässt darauf schließen, dass die Bezeichnung in der Regel eher für die konkrete Redehandlung und weniger für die Textform verwendet wurde. Oft wird ‚Urgicht' synonym zu ‚Bekenntnis' oder ‚Aussage' benutzt (so z. B. in den häufigen Paarformeln *Vrgicht und Bekantnus*, *Außsage vnd Vhrgicht* etc.) und bezeichnet die ursprünglichen Redehandlungen, über die ein *Prothocollum der urgichte und bekentnussen* (Rhens 1630: 14) verfasst werden kann. Sie bezeichnet zudem meist weniger das konkrete, endgültige Geständnis als vielmehr – insbesondere, wenn das Wort im Plural verwendet wird – Aussagen im Allgemeinen; so ist z. B. in Osnabrück (1636: 94v) von *verschiedentlich gethanen Vrgichtten* die Rede, in Meldorf (1619: 96) werden *allerhandt wangkelbar Uthsage oder Urgicht gedan*. Ein klarer Verweis auf die ‚Urgicht' als Textform kann hingegen in einem Eichstätter Protokoll festgestellt werden, wenn der Angeklagten *daß verfaßte Urgicht* (Eichstätt 1628: 67) vorgelesen wird.

werden. Ihre Einordnung und Klassifizierung ist nicht ganz unproblematisch; insbesondere die Frage, ob es sich bei Bekenntnisprotokollen um eine eigene Textsorte handelt, ist bislang nicht geklärt. In der Textsortenanalyse von Topalović (2003) tauchen sie weder bei der Besprechung der Abschriften noch an anderer Stelle auf, da sie nicht Teil des Untersuchungskorpus sind. In den vorhandenen Überblicken zur Textsortenklassifikation des Frühneuhochdeutschen (so z. B. Kästner/Schütz/Schwitalla 2000, Wegera 1991) werden sie bislang ebenfalls nicht aufgeführt, weder als eigene Textsorte noch als Überlieferungsform oder Variante von Verhörprotokollen. Bei Wilke (2006) werden sie zwar unter dem Namen ‚Urgicht' angeführt und im Hinblick auf ihren möglichen Status genauer betrachtet, Urgichten und Fragenkataloge werden jedoch von ihr letztendlich – wohl nicht zuletzt aufgrund des noch unbefriedigenden Forschungsstandes, der eine ausführliche Textsortenanalyse erfordern würde – „in Abgrenzung zur Textsorte Verhörprotokolle ohne weitere, theoretische Grundlage als eigenständige Textsorten betrachtet" (ebd.: 166).

Eine umfassende Analyse würde auch den Rahmen dieser Arbeit sprengen und wird daher nicht bezweckt. Es sollen jedoch einige Punkte angeführt werden, die ein wenig Licht in das Verhältnis von Verhörprotokoll und Bekenntnisprotokoll bringen werden.

2.3.2. Verhörprotokoll und Bekenntnisprotokoll

Das Verhältnis von Verhörprotokollen und Bekenntnisprotokollen hängt unmittelbar mit dem Verhältnis von Verhör und Geständnis im frühneuzeitlichen Inquisitionsprozess zusammen. Dem Geständnis kam im Inquisitionsprozess und somit auch im Hexenprozess des 16. und 17. Jahrhunderts eine zentrale Bedeutung zu: Es war „die unabdingbare Voraussetzung für die Verurteilung" einer oder eines Angeklagten, und hatte somit eine „formal-prozessuale Funktion, die die Untersuchungsbehörde zwang, auf die Ablegung des Geständnisses fast um jeden Preis hinzuarbeiten" (Kleinheyer 1979: 378). Das Geständnis hatte dabei weniger den Status eines Beweismittels, es ging also nicht primär um den Nachweis der Wahrheit, sondern es hatte vielmehr den Status einer rechtsgestaltenden „Prozesshandlung", d. h. allein die Tatsache, dass es abgelegt wurde, war von Bedeutung, denn nur nach abgelegtem Geständnis konnte der Prozess zur nächsten Stufe fortschreiten (vgl. ebd.: 382ff.). Als Mittel zur Erwirkung des Geständnisses diente das Verhör. Dem Charakter und der Funktion des Geständnisses entsprechend handelte es sich beim Verhör ebenfalls nicht um ein Mittel der Wahrheitsfindung, sondern es war allein darauf angelegt, das Geständnis – sei es nun wahr oder fingiert – zu erwirken. Geständnis und Verhör stehen in doppelter Relation zueinander: Zum einen ist das Geständnis ein Teil des Verhörs, zum anderen ist es das Ergebnis des Verhörs.

Analog verhält es sich auch mit den beiden korrespondierenden Protokollarten, dem Bekenntnis- und dem Verhörprotokoll: Das Verhörprotokoll ist in der Regel ein Protokoll des gesamten Verhörs, also eine chronologische Verzeichnung des kompletten Verlaufs und Inhalts. Beim Bekenntnisprotokoll hingegen handelt es sich um ein Protokoll allein der Teile des Verhörs, die das Geständnis ausmachen. Das Bekenntnisprotokoll verzeichnet somit nur das Ergebnis des Verhörs. Da es eine Art Extrakt aus dem Verhörprotokoll darstellt, nämlich indem aus der Gesamtmenge der im Verhörprotokoll notierten Aussagen diejenigen herausgefiltert werden, in denen sich der oder die Angeklagte geständig zeigt, ist es zugleich Teil und Ergebnis bzw. Folge des Verhörprotokolls.

Das Bekenntnisprotokoll ist also eine spezifische Art von Abschrift, es ist auf der unmittelbaren Grundlage eines Verhörprotokolls entstanden und stellt eine überarbeitete Fassung auf einer höheren Bearbeitungsstufe dar. Es handelt sich also nicht um eine parallele, chronologische Verschriftlichung von Rede auf der Grundlage einer originalen, mündlichen Kommunikationssituation, sondern um einen nachträglich verfassten Text, der die für den weiteren Prozessverlauf wesentlichen Teile, also die Geständnispunkte, zusammenfasst. Dabei werden in mehr oder minder starkem Maße Eingriffe in den Originaltext vorgenommen, d. h. die Vorlage wird in der Regel nicht eins zu eins übernommen, sondern es werden Aussagen sortiert, selektiert, reformuliert und in eine neue Form gebracht. Das Bekenntnisprotokoll unterscheidet sich von anderen Formen von Abschriften im Wesentlichen durch zwei Dinge: zum einen durch die klare Fokussierung auf das Geständnis der Angeklagten und zum anderen durch eine spezifische, erweiterte Textfunktion, nämlich die eines speziell für die öffentliche Verlesung am Endlichen Rechtstag erstellten Schriftstückes. Durch die Verlesung wird das Protokoll von einem rein dokumentarischen Text, der eine konkrete Prozesshandlung, das Geständnis, festhält und bezeugt, zu einem Teil des Prozesses selbst, und noch dazu zu einem absolut notwendigen Pflichtteil: Nur durch die öffentliche Verlesung und anschließende Bestätigung des Geständnisses durch den Angeklagten konnte seine endgültige Verurteilung vorgenommen werden. Ein Endlicher Rechtstag und somit der Abschluss des Verfahrens waren ohne das Bekenntnisprotokoll quasi nicht möglich.

Um den Unterschied von Verhör- und Bekenntnisprotokollen ein wenig plastischer zu machen, sollen als Beispiele zwei im Anhang befindliche Texte aus Stein am Rhein aus dem Jahr 1667 vorgestellt werden. Beim ersten der beiden handelt es sich um ein Verhörprotokoll, beim zweiten um ein Bekenntnisprotokoll aus dem Prozess gegen Catharina Olbrechtin (vgl. Anhang B.5, S. 367 ff. und S. 371 ff.). Einige Unterschiede sind auf den ersten Blick schnell erkennbar: Das Verhörprotokoll verzeichnet chronologisch mehrere aufeinander folgende Verhöre, und zwar ein gütliches Verhör am Morgen des 10. August, ein peinliches am Nachmittag des 10. August, mehrere nicht genauer spezifizierte Verhöre der Angeklagten und zweier weiterer Verdächtiger am 12. August sowie als weitere Prozesshandlungen die Ratifizierung der Aussagen am Nachmittag des 12. August und drei Erlasse vom 13. August. Dem sauberen Schriftbild nach zu urteilen handelt es sich bei dem Protokoll um eine Reinschrift oder eine Abschrift, wobei Letzteres aufgrund der relativen Kürze des immerhin fünf Verhöre umfassenden Protokolls und des teils gerafft dargestellten Prozessverlaufs (*d[ie] anderen beid wollend gar nichts gsthan, begehr[en] d[as] man Sie zu der ander[en] führen solle*) wahrscheinlicher ist.

Das Bekenntnisprotokoll stellt, wie das Deckblatt mit dem Text *Vrgicht Catharina Olbrechten im Oberdorff vom 10.ten Aug[usti] biß auff d[en] 15. A[nn]o 1667* bereits verrät, eine Zusammenfassung der in mehreren Verhören geleisteten Aussagen dar. Im Gegensatz zum Verhörprotokoll verzeichnet es die Aussagen nicht chronologisch sondern thematisch geordnet, beginnend mit den Aussagen zu Teufelspakt und -buhlschaft über die Hexentanzaussagen bis zu den Geständnissen von Schadenzaubereien. Die Aussagen sind durchnummeriert und der Text somit graphisch klar gegliedert. Die einführende Situierung (und hier insbesondere der Verweis auf die Angeklagte, *daß arme Mentsch, so allhier gegenwerthig stath*) wie auch der Vermerk *Ausgelaßen* neben Punkt 3 zeigen an, dass das Bekenntnisprotokoll für die öffentliche Verlesung am Endlichen Rechtstag erstellt wurde. Sprachlich und stilistisch handelt es sich um einen durchaus elaborierten Text, was darauf schließen lässt, dass größere Veränderungen im Vergleich zum Original (das leider nicht vorliegt) vorgenommen wurden.

Bei beiden Texten handelt es sich also mit ziemlicher Sicherheit um nachträglich erstellte Texte, welche die gleichen Verhöre abbilden. Die Abbildung erfolgt jedoch auf durchaus unterschiedliche Weise: Während der erste Text insbesondere durch den Faktor der chronologischen Darstellung die ursprüngliche Kommunikationssituation zumindest dem Anschein nach mehr oder minder getreu nachzeichnet, hat der zweite Text viele der für Protokolle charakteristischen Merkmale (Verschriftlichung einer Verhandlung, chronologische Aufzeichnung etc.) eingebüßt. Die im letzten Abschnitt aufgeworfene Frage, ob es sich bei Verhör- und Bekenntnisprotokollen um Vertreter verschiedener Textsorten handelt (was aufgrund der deutlichen Unterschiede bezüglich Textproduktion und Textfunktion nicht unwahrscheinlich erscheint), könnte somit in die Frage münden, ob es sich bei beiden Textformen überhaupt noch um Repräsentanten des gleichen Texttyps handelt, ob das Bekenntnisprotokoll also überhaupt noch ein ‚Protokoll' im eigentlichen Sinne ist.

Eine Einordnung beider Textarten als ‚Protokolle' ist nur dann möglich, wenn man den Protokollbegriff als solchen weiter fasst und verschiedene Realisationsformen bzw. Protokollierungsarten zulässt. Hierzu ist zunächst einmal nötig, den Protokollbegriff dahingehend zu erweitern, dass das Protokoll auch eine nicht-chronologische Verzeichnung von Aussagen darstellen kann, dass es sich einzig und allein auf bestimmte Teile des Inhalts einer Verhandlung konzentrieren kann ohne zwangsweise deren Verlauf nachzeichnen zu müssen. Da schon für Mitschriften, also die direkteste, unmittelbarste Form von Protokollen, gilt, dass sie die Verhöre nie eins zu eins wiedergeben und somit nie den Status einer Transkription erlangen, sondern immer durch Auswahl bestimmt sein müssen, ist eine Erweiterung des Protokollbegriffs in diese Richtung durchaus denkbar. Beim Protokollieren ist grundsätzlich „nicht die selektionslose Aufzeichnung all dessen, was geredet wird, sondern die überlegte und kritische Verschriftlichung dessen, was die Aussageperson in Wahrheit zu sagen hat" (Niehaus 2005: 42) gefragt. Abschriften und somit auch die Bekenntnisprotokolle treiben das Mittel der Selektion, der ‚überlegten und kritischen Verschriftlichung' ein Stück weiter, indem sie nur noch die für ihre spezifischen Zwecke, für ihre Textfunktion relevanten Aussageteile festhalten.

Ein größeres Problem bei der Einordnung als Protokoll stellt die Form der Textproduktion dar: Bekenntnisprotokolle stellen keine direkte Verschriftlichung von mündlichen Verhandlungen dar sondern spiegeln sie nur indirekt, über die zugrunde liegenden Verhörprotokolle wider. Der Textproduzent ist also kein Protokollführer mehr, der mündliche Rede in schriftlicher Form niederlegt, sondern er ist jemand, der einen vorhandenen Text neu organisiert und in eine zweckgerichtete Form bringt, der aus der Menge der protokollierten Aussagen ein Geständnis macht, das öffentlich verlesen und von den Angeklagten bestätigt wird. Ein Bekenntnisprotokoll ist so gesehen ein konstruiertes, fast schon fiktives Protokoll. Es verzeichnet keine reale Sprechhandlung, da das Geständnis von Seiten der Angeklagten in dieser Form und Abfolge in der Regel nicht in einer konkreten Sprechsituation geäußert wurde,[26] sondern eine zwar auf realen Äußerungen der Angeklagten basierende, aber letztendlich doch kon-

26 Hier soll nicht in Abrede gestellt werden, dass ein Geständnis nicht auch von den Angeklagten selbst formuliert und von den Schreibern protokolliert werden konnte. Dies geschah jedoch immer im Rahmen eines Verhörs, das hierüber erstellte Protokoll ist somit ein Verhörprotokoll und muss vom Bekenntnisprotokoll, das stets nachträglich zum Zweck der öffentlichen Verlesung erstellt wurde, formal getrennt werden.

struierte Sprechhandlung, die ihre Realität erst durch die Verlesung und anschließende Ratifizierung erhält.

Lässt man nur die ‚Verschriftlichung einer mündlichen Verhandlung' als einzig mögliche Form der Textproduktion von Protokollen zu, können Bekenntnisprotokolle wie auch jede weitere Form von Abschriften, die nicht reine Kopien darstellen, nicht zur Textsorte Protokoll gerechnet werden, sondern können allenfalls als protokollähnliche Texte bezeichnet werden. In diesem Fall müssten also andere Textformen in Betracht gezogen werden. Bei Abschriften, die zur Versendung an übergeordnete gerichtliche Instanzen gedacht waren, wäre vielleicht eine Kategorie „Bericht im Protokollstil" denkbar, wie sie von Eckhardt/Stüber/Trumpp (1999) angeführt – jedoch leider nicht genauer definiert – wird. Ähnliches könnte auch für Bekenntnisprotokolle gelten, die für die öffentliche Verlesung erstellt wurden. Auch ihnen ist neben der Protokollfunktion eine Berichtsfunktion inhärent. Gleichzeitig weisen sie, sowohl formal-stilistisch – insbesondere in den teilweise vorhandenen Publikationsformeln (*Kund und zu wissen sei jedermänniglich* u. ä.)[27] – als auch funktional – als beglaubigtes, rechtsgültiges Dokument (vgl. Frenz 1998a: 574) – , verstärkt Züge von Urkunden auf. Es darf jedoch nicht vergessen werden, dass die beurkundende Funktion, wie gezeigt wurde, auch ein Merkmal von Protokollen ist.

Dass es sich bei Verhör- und Bekenntnisprotokollen um Vertreter unterschiedlicher Textsorten handelt, ist aufgrund der aufgezeigten Unterschiede anzunehmen. Eine letztendliche Entscheidung, ob es sich bei ihnen zudem um Vertreter unterschiedlicher Texttypen handelt, kann und soll an dieser Stelle nicht gefällt werden. Wichtig für diese Arbeit ist allein Folgendes: Alle Texte stammen aus dem Bereich Gericht, lassen sich also der Gruppe der juristischen Texte zuordnen, mit Busse (2000: 672) genauer den Textsorten der Rechtsfindung bzw. des Rechtsfindungsverfahrens. Der institutionelle Anlass ihrer Entstehung ist stets derselbe: ein Angeklagtenverhör im Rahmen eines Hexenprozesses. Alle Texte verzeichnen die in diesem Zusammenhang geleisteten Aussagen der Angeklagten, und zwar auf ähnliche Weise, nämlich (in der Regel) in indirekter Redewiedergabe. Sie enthalten also gleichartige Teiltexte. Da es im We-

27 Derartige Kundmachungsformeln, die als typische Bestandteile von Urkunden angesehen werden können (vgl. u. a. Frenz 1998: 587; Schmidt-Wiegand 1998: 597) sind in insgesamt 12 ober- und mitteldeutschen Protokollen belegt. Formal sind sie meist gleich aufgebaut, d. h. sie setzen sich durchgängig aus der eigentlichen Publikationsformel, der Promulgatio (*kund und zu wissen sei*), und der Adresse, der Inscriptio (*jedermänniglich*), zusammen, sie weisen jedoch unterschiedliche Formulierungsvarianten auf: In zwei Grünberger Protokollen lauten sie *Kundt vndt zue wißen Sey in krafft dieses JederMänniglichen*, in 7 Gengenbacher Protokollen *Zu wissen und khundt gethan seye allermeniglichen*, in Bremgarten schlicht *Zúówüssen Menigklichem*. In zwei Badener Protokollen wird der Kundmachung *Kundt Vnd Zúó wüssen Seie Jedermeniglichen* zudem die Inscriptio *Alle meine Herrn Arm und Reich* vorangestellt.

sentlichen die Aussagen der Angeklagten, genauer noch ihre Aussagen bezüglich der Hauptelemente der kirchlichen Hexenlehre sind, die im Blickpunkt dieser Arbeit stehen, lassen sich die Texte somit sehr gut vergleichen. Die Anordnung und sprachlich-stilistische Wiedergabe der Aussagen können variieren, jedoch – und das ist wichtig festzuhalten – nicht nur zwischen Verhör- und Bekenntnisprotokollen, sondern auch innerhalb der einzelnen Protokollarten. Die chronologische Anordnung der Aussagen ist typisch für Verhörprotokolle, sie kann aber auch in Bekenntnisprotokollen zur Anwendung kommen. Beide Protokollarten weisen teils durch Nummerierungen, Absätze u. ä. einen stark gegliederten, listenförmigen Aufbau auf, teils können sie jedoch auch als kompakte Fließtexte erscheinen. Sprache und Stil variieren vermutlich oft weniger nach Textart, als vielmehr nach den Fähigkeiten und Gewohnheiten des jeweiligen Schreibers. Kopfinformationen oder Situierungen, die eine Einordnung der Texte erleichtern, sind teils extrem knapp gehalten und geben nur wenig Aufschluss über die intendierte Textfunktion, und auch das Kriterium des Präsignals, d. h. der selbstreferenziellen Bezeichnung von Texten in der Überschrift, das schon allgemein nur wenig Aussagekraft hat (vgl. Busse 2000: 658f.), ist gerade bei den frühneuzeitlichen Protokollen kaum hilfreich. Mit den Wörtern *Prothocollum, Urgicht, Aussage, Bekenntnis, Confessio* sowie den hieraus gebildeten zahlreichen Paarformeln und Syntagmen können sowohl Verhör- als auch Bekenntnisprotokolle überschrieben sein, eine allgemeingültige Bezeichnungsvorgabe hat es wohl nicht gegeben.

Eine Unterscheidung von Verhörprotokollen und Bekenntnisprotokollen, wie sie hier vorgenommen wurde, ist m. E. grundsätzlich als sinnvoll anzusehen, da die grundlegenden Unterschiede bezüglich Textfunktion und Textproduktion zu groß sind, um sie zu ignorieren. Was den formalen Aufbau und die sprachliche Ausgestaltung der Texte angeht, kann die Grenze zwischen Verhör- und Bekenntnisprotokollen jedoch nur als fließend bezeichnet werden: Ein Text, der den Bekenntnisprotokollen zugerechnet wird, kann unter Umständen formal und sprachlich mehr Ähnlichkeit mit einem Text aus dem Bereich der Verhörprotokolle haben als mit einem Text aus seinem eigenen Bereich. Nicht zuletzt aus diesem Grund bereitet die konkrete Zuordnung der Texte innerhalb des Korpus teilweise Schwierigkeiten. Da im Rahmen dieser Studie aber nur mit Teiltexten der Protokolle gearbeitet wird, die in beiden Textarten vorhanden sind, und zudem primär ein regionaler Vergleich angestrebt wird, spielt die Frage nach der genauen Zuordnung der jeweiligen Gesamttexte ohnehin nur eine marginale Rolle. Damit auch dieser Aspekt jedoch, falls nötig, berücksichtigt werden kann, wurde natürlich auf eine Zuordnung der im

Korpus befindlichen Texte nicht verzichtet. Genaue Einzelheiten hierzu sind der entsprechenden Tabelle in Anhang C.1, S. 383 ff. zu entnehmen.

2.4. Angeklagte, Verhörformen und -inhalte

Um den Charakter des Textkorpus sowie der dahinterstehenden Hexenverfolgung genauer erfassen zu können, sollen hier noch einige ‚statistische' Angaben zu den Angeklagten, zu Verhörformen und -inhalten gemacht werden.

Von den insgesamt 233 Angeklagten sind 196 weiblichen und 37 männlichen Geschlechts, was einem Verhältnis von 84 % Frauen zu 16 % Männern entspricht. Dieses Verhältnis liegt im Rahmen der allgemeinen Schätzungen zum Frauen- und Männeranteil an den Opfern der Hexenverfolgungen, wie sie in der historischen Fachliteratur vorgenommen werden.[28] Die Prozesse gegen die 37 männlichen Angeklagten wurden durch den gesamten Untersuchungszeitraum hindurch, jedoch schwerpunktmäßig in den Jahren 1628–32 geführt. Im Hinblick auf die räumliche Verteilung fällt auf, dass keiner dieser Prozesse in südwestdeutschen Gebieten geführt wurde, was jedoch vermutlich als Zufall zu werten ist.

Angaben zur Altersstruktur der angeklagten Personen sind nur schwer zu machen, da in vielen Fällen das Alter nicht mitgeteilt wird oder die Angeklagten schlichtweg nicht genau wissen, wie alt sie sind. Vage Altersangaben wie *sey ungefehr zwischen fünfzig und sechzig Jahre alt* (Siegburg 1636/2: 2), *Ires Alters ob den 40 Jarren* (Garmisch 1590: 1), *ires Alters bei 10 oder 12 Jaren* (St. Lambrecht 1602: 131) etc. sind nicht nur häufig, sondern die Regel.[29] Grundsätzlich sind wohl alle Altersstufen vertreten, in der Mehrzahl handelt es sich jedoch um Personen mittleren bis höheren Alters, also aufwärts der 50. Als ältestes Opfer kann wohl Anna Maria Keller aus Reichenberg gelten, die ihr Alter mit 98 Jahren angibt. Die wohl jüngsten Angeklagten sind Greschl, ein etwa 10–12-jähriges Mädchen aus St. Lambrecht, und Johann Krämer, ein 10–11-jähriger Junge aus Zülpich. Neben ihnen werden insgesamt acht weitere Kinder (vier Mädchen und vier Jungen) wegen Hexereiverdachts verhört.

---

28 Schormann (1996) z. B. verweist auf einen Vergleich des Frauenanteils an den Opfern der Hexenverfolgung in verschiedenen Gegenden Europas, der einen Durchschnitt von 80 % Frauen an der Gesamtopferzahl zum Ergebnis hatte. Midelfort (1972) gibt für Südwestdeutschland einen Anteil von 82 % Frauen an, Behringer (1997) für die Verfolgungswelle um 1590 in Bayern einen Anteil von 80 %.

29 Zur meist weniger stark ausgebildeten Alterswahrnehmung der Menschen in der Frühen Neuzeit und den daraus resultierenden Formen von Altersangaben vgl. Fuchs (2001).

Das Schicksal der Angeklagten ist in vielen Fällen aufgrund der Quellenlage ungewiss. Sichere Aussagen über den Prozessausgang können lediglich in 125 Fällen gemacht werden. Die überlieferten Urteile umfassen insgesamt 107 Todesurteile, von denen 47 auf Tod durch Verbrennen lauten. In 26 Fällen wurde das Urteil zum Tod durch das Schwert, in 17 Fällen zum Tod durch den Strang abgemildert, wobei die Verbrennung in den meisten Fällen nachträglich erfolgte. In weiteren 17 Fällen ist die Hinrichtungsart nicht überliefert. Sechs der Angeklagten starben zudem in der Untersuchungshaft, vermutlich an den Folgen der Folter. Einen glücklichen Ausgang nahm der Prozess nur für 12 Angeklagte, von denen 10 freigelassen wurden und einer Angeklagten (Elisabeth Hilgenhaupt aus Linz) die Flucht gelang. Die kleine Greschl aus St. Lambrecht wurde zudem der Obhut ihrer ebenfalls verdächtigten Mutter Bärbel entzogen und in ein Kloster verwiesen, *darmit sy irer posshafftigen Muetter nit widerumben in die Hennt khomen vnnd dannoch erger noch vbler mögt werden, vnnd alzeit seines Lebens zu aller Gottsforcht khonnt vnnd mögt aufferzogen werden* (St. Lambrecht 1602/2: 133).[30]

Von den 233 Angeklagten wurden mindestens 163 im Laufe des Prozesses der Folter unterzogen, mit hoher Wahrscheinlichkeit sind es jedoch sehr viel mehr. Eine genaue Zahl kann hier insofern nicht angegeben werden, als oft nicht die gesamte Akte sondern nur ein Auszug vorliegt und nicht ausgeschlossen werden kann, dass die Angeklagten im früheren oder späteren Prozessverlauf der Tortur unterstellt wurden. Fest steht jedoch so viel: 157 der 222 Quellen dieses Korpus verzeichnen Aussagen nach dem (gütlichen und) peinlichen Verhör, sind also unter Einwirkung der Folter entstanden. In 20 Fällen ist die Verhörart nicht explizit genannt, in 45 Fällen wird das Verhör bzw. Geständnis als gütlich bezeichnet, die Aussagen der Angeklagten werden mit den Attributen *frei, freiwillig* oder *gutwillig* versehen. Dass es sich jedoch dabei aus heutiger Sicht um keinesfalls freiwillige Äußerungen handeln muss, hebt Fried (1985: 404) deutlich hervor: „Der moderne Psychologe, Jurist oder Historiker beurteilt als freiwillig nur jene Handlung, die ohne auf sie hinwirkenden, fremden psychischen oder körperlichen Zwang, aus eigenem Entschluß, vollzogen wird, und der Tatbestand gilt nur dann als ohne Folter festgestellt, wenn Verfahrensumstände und -verlauf frei von Folter sind". Im frühneuzeitlichen Inquisitionsprozess galt jedoch jedes in einem gütlichen Verhör abgelegte Geständnis als freiwillig, ungeachtet der Tatsache, dass die Angeklagten vielleicht schon in vorherigen Verhören durch die Folter zermürbt wurden. Auch die massive psychische Einschüchterung der Angeklagten,

30 Nicht immer wurde bei Kindern, die der Hexerei geständig waren, ein derart mildes Urteil gefällt. Der etwa gleichaltrige Johann Krämer aus Zülpich wurde trotz seines jungen Alters zum Tod durch das Schwert verurteilt und öffentlich hingerichtet (vgl. Zülpich 1629/2).

das Androhen der Tortur und vielleicht schon ein erstes Zeigen und Anlegen der Folterinstrumente, die sogenannte Territion, geschahen noch im Rahmen eines gütlichen Verhörs.

Zieht man zudem die Aussagen Friedrich von Spees, des Verfassers der Cautio Criminalis, hinzu, muss man feststellen, dass die Angabe *gütlich* auch im zeitgenössischen Sinne in den Protokollen nicht in jedem Fall der Wahrheit entsprechen muss, denn das Verständnis von gütlicher Befragung schien zu divergieren:

> Ists aber nicht zu verwundern / daß man der sprach sich so weit mißbraucht? dann alß ich daruff gefragt / wie es dann mit solcher gůtlichen Bekantnuß hergangen? haben sie gestanden dasselbige Persohnen zwar gefoldert / aber allein mit den außgehőhleten oder gezåhnten beinschrauben vor den schienen [...] seyen angegriffen oder *tentiret* worden. Vnd dennoch muß jhnen dasselbig heissen gutwillig / vnd ohne Folter bekennen / also bringen sie es beim gemeinen Mann an / daß schreiben sie an ihre Fůrsten vnd Herren vnd vergewissen sie darbey / daß sie doch ja nicht zweifeln sollen / daß diese vnd jene der Hexerey schuldig seyen / weil ihrer so sehr viel / ohne Pein vnd folterung bekennet haben (Spee 1649/1992: 65/281).

3. Zwischen Aberglaube und Dämonologie: Der Teufels- und Hexenglaube in der Frühen Neuzeit

Die erste Feststellung, die man im Rahmen einer Untersuchung zum Hexenglauben in der Frühen Neuzeit treffen muss, ist die, dass es zu dieser Zeit nicht nur eine einzige Form des Hexenglaubens gab, sondern dass sich mindestens zwei verschiedene Ausprägungen gegenüberstanden, die deutlich unterschieden werden müssen: auf der einen Seite der volkstümliche Hexenglaube und auf der anderen Seite die kirchliche Hexenlehre. Das Verhältnis dieser beiden Formen des Hexenglaubens ist laut Blauert (1989: 127) durch einen „eher komplementären als Gegensatzcharakter" gekennzeichnet. Beide Formen können also nicht hundertprozentig voneinander abgegrenzt werden, sondern beeinflussen sich wechselseitig: Die kirchliche Hexenlehre baut gewissermaßen auf dem Volksglauben auf, indem sie einzelne seiner Elemente übernimmt und im Sinne christlicher Maximen umdeutet, während der Volksglaube im Gegenzug späterhin durch den Einfluss von Kirche und Inquisition ebenfalls Elemente der kirchlichen Lehre übernehmen und adaptieren muss, wodurch sich mit der Zeit beide Konzepte immer mehr aneinander annähern und im Kontext der Hexenprozesse zu einem ‚kumulativen Hexereikonzept' verschmelzen (vgl. ebd.: 128).

3.1. Der volkstümliche Hexenglaube

Die volkstümlichen Zauberei- und Hexereivorstellungen haben eine sehr lange Tradition. Ihre Wurzeln reichen nicht nur weit in vorchristliche Zeiten zurück, sondern sie stellen auch ein Konglomerat von Elementen ganz verschiedener Kulturbereiche dar. Wie Jilg (1988: 40 f.) feststellt, sind „orientalische Einflüsse, altindische, altpersische und altägyptische Religionssysteme, außerdem keltischer, germanischer und slawischer Zauber- und Gespensterglauben, nicht zuletzt auch die Mythologie der griechisch-römischen Antike, von entscheidender Bedeutung für den Hexenaberglauben geworden".

Älter noch als der Glaube an Hexerei ist der Glaube an Zauberei, der, „so alt als das Menschengeschlecht" (Roskoff 1991: 206), gewissermaßen die Grundlage für jegliche Form von Hexenglauben bildet. Zauberer und Zauberinnen können sowohl im positiven als auch im negativen Sinne Magie ausüben. Bei der positiven Magie handelt es sich um die sogenannte weiße Magie, die Gutes bewirken soll und z. B. benutzt wird um Krankheiten zu heilen, Unheil abzuwenden oder die Fruchtbarkeit von Pflanzen, Tieren und Menschen zu steigern. Sie wurde das ganze Mittelalter hindurch bis in die Frühe Neuzeit von einer Vielzahl von Menschen ausgeübt und vom ganzen Volk, bis hinein in die gesellschaftlichen Oberschichten, als legitimes Heil- und Hilfsmittel anerkannt und in Anspruch genommen (vgl. Behringer 2002: 26). Bei der negativen Magie handelt es sich um unheilbringende schwarze Magie, die Krankheiten, Tod, Armut oder jede Form von Unglück über ihre Opfer bringen kann. Diese Form der Magie wird auch als Schadenzauber oder Maleficium bezeichnet (vgl. Levack 1999: 16 ff.). Der Übergang zwischen beiden Magieformen ist fließend und die Entscheidung, ob sich eine Person weißer oder schwarzer Magie bedient, ist oft Interpretationssache. Ein missglückter Heilungsversuch mittels weißer Magie z. B. kann von den Betroffenen schnell als Schadenzauber ausgelegt werden.

So schwierig es also ist, die weiße Magie strikt von der schwarzen zu trennen, so schwierig ist es auch, die Zauberei von der Hexerei zu trennen. In der Fachliteratur herrscht nicht immer Einigkeit darüber, wo genau die Trennlinie gezogen werden sollte, und dies unter anderem aus dem Grund, dass die Bezeichnungen *Hexerei* und *Hexe* erst verhältnismäßig spät in den erhaltenen Quellen auftreten und die traditionellen Bezeichnungen *Zauberei* und *Zauberin* im zeitgenössischen Sprachgebrauch lange Zeit undifferenziert beibehalten wurden (vgl. Schormann 1996: 23).[1] Doch nicht nur in den historischen Quellen, auch in der neueren Fachliteratur selbst herrscht Unsicherheit in der Verwendung der beiden Begriffe. So spricht z. B. Behringer (1997: 89 ff.) ganz allgemein von „volksmagischer Kultur" und verwendet im Folgenden *Hexerei* und *Zauberei* nebeneinander, ebenso wie Jilg (1988) und Levack (1999). Schormann (1996) geht so weit, die Bezeichnung *Hexe* konsequent nur für die Gruppe von Personen zu verwenden, deren vermeintliche Vergehen allein den Vorgaben der kirchlichen Hexenlehre entsprechen. Dies würde den Begriff der Hexerei sehr eng fassen, da somit im Prinzip keine volkstümliche Vor-

1 Auch in den Texten des hier untersuchten Korpus werden beide Begriffe verwendet, wobei insbesondere der ältere Begriff der *Zauberei* mit äußerst hoher Frequenz auftritt. Zur genauen Verwendung und Verteilung der verschiedenen Bezeichnungen vgl. Kapitel 6. dieser Arbeit.

stellung von Hexerei existiert hätte, sondern man im volkstümlichen Sinne nur von Zauberei sprechen könnte.

Dass jedoch auch in der volkstümlichen Vorstellung ein – wenn vielleicht auch nicht genau abgegrenzter und im allgemeinen Sprachgebrauch differenzierter – Unterschied zwischen Zauberei und Hexerei existierte, hat Labouvie (1991) in ihrer Untersuchung zum ländlichen Hexenglauben in der Frühen Neuzeit zu zeigen versucht. Sie bezeichnet den ländlichen Hexenglauben gewissermaßen als das Ergebnis einer „Verknüpfung traditioneller Vorstellungen aus dem Bereich der Volksmagie und des alten Zauberglaubens mit Elementen der neuen Hexenlehre", das „vom 16. bis zur Mitte des 17. Jahrhunderts einem Prozess der Ausdifferenzierung, der Transformation einzelner seiner Bestandteile und schließlich der qualitativen Veränderung unterworfen" war:

> Spielten in der Anfangsphase Vorstellungen des traditionellen Zauberglaubens über Schadenzauber und Tierverwandlungen eine entscheidende Rolle, so versuchte die Bevölkerung in der Hauptverfolgungszeit die dogmatischen Elemente der Hexenlehre, ihrer eigenen Sicht entsprechend, in den dörflichen Hexenglauben miteinzubeziehen (Ebd.: 15).

Die Vermutung, dass sich der stets im Wandel befindliche volkstümliche Hexenglaube somit nicht nur zeitlich, sondern auch regional recht unterschiedlich gestaltet hat, liegt nahe und macht eine allgemeingültige Beschreibung des ländlichen Glaubens schwer, wenn nicht sogar unmöglich. Allein zwei Punkte, die allgemein für die Differenzierung der volkstümlichen Vorstellung von der Hexe von der des Zauberers bzw. der Zauberin grundlegend sind, sollen angeführt werden: Zum einen sind, wie Levack (1999) feststellt, die Taten der Hexe „eher schadenstiftend als wohltätig" (14), ihr zauberisches Wirkungsgebiet ist also vornehmlich auf das bösartige Maleficium, den Schadenzauber beschränkt. Zum anderen besitzt sie laut Labouvie (1991) „körpereigene magische Kräfte" (221), die es ihr im Unterschied zu Zauberern und Zauberinnen erlauben, „ohne zusätzliche Hilfsmittel diverse Schadenzauber zu verursachen" (224).[2] Diese Kräfte sind zudem von Generation zu Generation vererbbar, die Hexerei liegt einer Person der volkstümlichen Vorstellung nach also gewissermaßen „im Blut" (224; vgl. auch Dülmen 1993: 106). Der Teufel spielte hierbei zunächst gar keine Rolle; er stand dem volkstümlichen Glauben nach in keiner speziellen Beziehung zur Hexe: „Die den Zauber ausführende Person war nicht Teufelswerkzeug, sondern galt als eine besondere Spezialistin unter den volksmagischen Professionellen" (Labovie 1991: 227). Der Teufel selbst galt eher als „unpersönliche Gestalt und körperlose Macht" (ebd.: 233), er war ein Geist oder Dämon unter vielen und wurde kaum als

2 Man denke z. B. an die allgemein bekannte Vorstellung vom „bösen Blick" u. ä.

besonders bedrohlich wahrgenommen. Erst mit zunehmendem Einfluss der kirchlichen Hexereivorstellungen konnte er auch im ländlichen Hexenglauben Fuß fassen.

3.2. Die kirchliche Hexenlehre

Im Gegensatz zum Volksglauben ist die kirchliche Hexenvorstellung sehr viel eindeutiger und konkreter zu fassen. Zwar hat auch sie eine sehr lange Tradition und ihre einzelnen Inhalte sind über mehrere Jahrhunderte im theologischen Diskurs gewachsen, aber erst im Spätmittelalter erreichte dieser Diskurs seinen Höhepunkt und schlug sich in einer systematischen Hexenlehre nieder.

Um den Hexenbegriff der kirchlichen Lehre zu erläutern, muss nochmals auf den Volksglauben zurückgegriffen werden, da dieser gewissermaßen die Grundlage für den neu entstehenden Hexenbegriff bildete, wobei einzelne Elemente übernommen und umgedeutet wurden, während andere als Aberglauben verworfen und bekämpft wurden. Betrachtet man nochmals die beiden Hauptmerkmale der volkstümlichen Hexe, also den Schadenzauber und die körpereigenen magischen Kräfte, wird dies schnell deutlich:

Der Schadenzauber ist das Element, das ein „Bindeglied zwischen der alten Zaubereivorstellung und der neuen Hexenlehre" (Labouvie 1991: 219) darstellt, laut Schormann (1996) bildet er gar die „Grundlage" der neuen Lehre (vgl. 30). Die körpereigenen magischen Kräfte hingegen sind ein Teil der Vorstellungen, die Volksglaube und kirchliche Hexenlehre klar voneinander trennen und die von der Kirche regelrecht bekämpft wurden. Statt körpereigen sind die zauberischen Kräfte gemäß den theologischen Vorstellungen vom Teufel verliehen, es kam also zu einer deutlichen „Diabolisierung der Magie" (Behringer 2002: 25) von Seiten der Kirche und somit zu einer Umdeutung des Volksglaubens.[3]

3 Obschon von den Massenprozessen des 16. und 17. Jahrhunderts ganze Familienstränge, und zwar insbesondere die weiblichen, erfasst wurden, wurde nicht von einer Vererbung körpereigener Kräfte ausgegangen. Dominierend war vielmehr die Vorstellung, dass das Wissen von Generation zu Generation weitergegeben wurde, dass also die Tochter durch die Mutter in die Welt der Hexerei und Zauberei eingeführt und mit dem Teufel in Kontakt gebracht wird. Vgl. hierzu Bodin/Fischart (1586: 285): „Vnd ist sonderlich wol zumercken / daß ein eintziger Zauberer oder Hexe[n]meyster gnugsam ist fünff hundert Zauberer vnnd Hexen zumachen. Dann wann sie dem Teuffel ein gefallens thun / vn[d] nach dem sie sich einmal jm ergeben / jnen frid vnd gonst gegen jhm schaffen woellen / so bringen sie jhm viel Kunden vnd zupflichtige Vnderthanen zu. Vnd gemeinlich bringt das Weib jhren Man darzu / die Muter jre Tochter / vn[d] bißweilen das gantz Haußgesind:

Schon Augustinus (354–430) hat in seiner Dämonenlehre die These vertreten, dass jede Form von Magie auf einem ausdrücklichen oder stillschweigenden Pakt mit dem Teufel beruht (vgl. Behringer 2002: 9). Seine Theorien wurden im 13. Jahrhundert u. a. von Thomas von Aquin (1225–1274) in seiner *Summa contra gentiles* wieder aufgegriffen, die den Anstoß für eine lange Reihe theologischer Diskurse gab, welche das ketzerische Vergehen des Teufelspaktes zunehmend auch in Bezug zu Zauberei bzw. Hexerei stellten (vgl. ebd.: 25). Es kam somit schließlich zu einer Verbindung des mittelalterlichen Ketzerbildes, „dem zufolge Ketzer kollektiv auftreten, unter Verleugnung Gottes einen Pakt mit dem Teufel schließen und sich nächtens an abgelegenen Orten mit Dämonen zu scheußlichen Orgien treffen“ (Schormann 1996: 31), mit dem volkstümlichen Bild der Schadenzauber ausübenden Hexe. Diese Verbindung wurde im 14. Jahrhundert mit weiteren Elementen des Volksglaubens, wie z. B. der Vorstellung fliegender weiblicher Nachtgespenster, angereichert und im 15. Jahrhundert, genauer um 1430, zu einer geschlossenen systematischen Hexenlehre zusammengeführt (vgl. ebd.: 30 f.).

Die neu entstandene Hexenlehre fand 1487 im *Malleus Maleficarum*, dem sogenannten *Hexenhammer* des Inquisitors Heinrich Kramer (Institoris) ihren Niederschlag.[4] Diese ausführliche Abhandlung zum Problem der Hexerei entwickelte sich bald zu einem Standardwerk der Hexenverfolgung und trug dazu bei, den neuen Hexenbegriff zu verfestigen und zu verbreiten. Dem Hexenhammer zufolge sind es im Wesentlichen vier Hauptelemente, die das Vergehen der Hexerei konstituieren:

- Der Teufelspakt
- Die Teufelsbuhlschaft
- Die Teilnahme am Hexensabbat
- Der Schadenzauber. [5]

Diese vier Elemente der kirchlichen Lehre sind es, die in den Hexereiverhören ab der Mitte des 16. Jahrhunderts immer wieder auftauchen und durch ihre regelmäßige Präsenz die Grundlage für die Entstehung der zu untersuchenden Muster in den Protokollen bilden. Sie sollen daher Punkt für Punkt kurz erläutert werden.

Dem Element des Teufelspaktes liegt die Vorstellung zugrunde, dass die Hexe ein Bündnis mit dem Teufel eingeht, das sie befähigt, Schadenzauber zu verüben. Dieser Bund wird von der Hexe stets freiwillig

Henckens vnnd erbens offt also von Geschlecht zu Geschlecht auff einander: Inmassen diß durch vnzalig vil Gerichtliche Proceß ist kundbar worden.“

4 Während lange Zeit von einer gemeinsamen Autorschaft der Inquisitoren Heinrich Kramer und Jakob Sprenger ausgegangen wurde, wird die alleinige Autorschaft Kramers in der neueren Forschung kaum mehr bezweifelt. Vgl. Behringer/Jerouschek (2001): 31–37.

5 Vgl. u. a. Schormann (1996): 23; Jilg (1988): 42.

eingegangen und beinhaltet neben der Hingabe an den Teufel immer auch die Verleugnung Gottes.

Der Teufelspakt ist das zentrale Element der Hexenlehre. Er findet sich, wie oben erwähnt, bereits in den Schriften des heiligen Augustinus, populär wird er jedoch erst im 9. Jahrhundert durch die Verbreitung von Teufelsbündnerlegenden, wie der des heiligen Basilius oder der des heiligen Theophilus.[6] In diesen Legenden ist die Möglichkeit des Teufelspaktes ursprünglich den Gelehrten vorbehalten, die ihn nutzen, um „tiefere, dem Menschen sonst verschlossene Einsichten in die Naturvorgänge zu bekommen" (Haag 1974: 458). Der Magier ist dem Teufel beim Paktschluss gleichgestellt und gewinnt sogar eine gewisse Macht über ihn, da er ihn zwingen kann, ihm zu dienen. Mit der bereits beschriebenen Verknüpfung der Zaubereivorstellung mit der von der Ketzerei wurde der Pakt zunehmend als Verbrechen gegen die Kirche angesehen und zudem auf alle Formen der Magie, also auch auf die niedere der armen und ungelehrten Landbevölkerung, ausgeweitet, wodurch es zu einer Umkehrung der ursprünglichen Machtverhältnisse kam: Im Gegensatz zum hohen Magier ist die Hexe dem Teufel klar untergeordnet, ihre Verehrung des Teufels ist „sehr viel freiwilliger, unterwürfiger und bedingungsloser" (Levack 1999: 47) als die des Magiers. Der ehemalige Teufelsbeschwörer wurde in der kirchlichen Hexenlehre somit zum Diener des Teufels, und, was fast noch schwerer wiegt, er wurde vornehmlich zur Frau gemacht, die nach Ansicht der mittelalterlichen Gelehrten als das schwache Geschlecht deutlich anfälliger für die Verführungen des Teufels war und deren rückhaltlose Hingabe an den Teufel als sehr viel verdammenswerter angesehen wurde. Aus dem rein intellektuellen Bündnis von Magier und Teufel wurde ein körperliches Bündnis von Frau und Teufel, was eine weitergehende Kriminalisierung des Paktes von Seiten der Kirche begünstigte: „Denn jetzt war aus dem Teufelspakt die Teufelsbuhlschaft geworden, und diese sexuelle Vereinigung mit dem Teufel wog unendlich viel schwerer als die geistige der Zauberer. Erst die Hexerei ist ein Verbrechen" (Haag 1974: 458).

Bei der Teufelsbuhlschaft handelt es sich um die Vorstellung des geschlechtlichen Umganges der Hexe mit dem Teufel zur Bekräftigung bzw. Vollziehung des geschlossenen Paktes. Diese Vorstellung ist nicht allein auf weibliche Hexen beschränkt, wenn sie auch im Zusammenhang mit Frauen im Allgemeinen üblicher ist. Der Teufel kann als *Incubus* bzw. *Succubus* sowohl die Rolle des Mannes als auch die der Frau annehmen (vgl. ebd.).

---

6 Vgl. Harmening (1988): 181 f.; Levack (1999): 44 f.; zum Einfluss der Legenden auf die Protokolle vgl. Abschnitt 5.2.1.3.

Die Vorstellung von der Teufelsbuhlschaft geht auf die in der Antike weit verbreitete Vorstellung von der Vermischung von Menschen und Göttern zurück, wie sie sich z. B. in den Werken Homers und Ovids darstellt (vgl. Jilg 1988: 53). Die heidnischen Götter der griechisch-römischen Mythologie wurden in der Folge im Judentum und frühen Christentum zu Dämonen umgedeutet (vgl. ebd.; Haag 1974: 458), wodurch die Idee einer sexuellen Verbindung dieser Wesen mit dem Menschen einen negativen, sündhaften Charakter erhielt.

Bis ins 13. Jahrhundert stand dieVorstellung von der fleischlichen Vermischung mit Dämonen in keinem Zusammenhang mit Zauberei oder Häresie. Mit der neuen Paktvorstellung, nach der die Hexe in einem klaren Abhängigkeitsverhältnis zum Teufel stand und „zu jeglicher Dienstleistung verpflichtet werden" (Honegger 1978: 69) konnte, und der schon existierenden Vorstellung vom Ketzersabbat als einem „Ort ritueller Unzucht" (ebd.), konnte sie jedoch schnell in derartige Zusammenhänge gebracht werden. Aufgrund ihrer Widernatürlichkeit stellt die Teufelsbuhlschaft in Verbindung mit dem Teufelspakt „das größte aller Hexenverbrechen" (Haag 1974: 459) dar: „Da die Vereinigung mit einem bösen Geist nur als Unzucht, Hurerei oder Sodomie aufgefaßt werden konnte, galt die Hexe als Teufelshure" (Ahrendt-Schulte 1995: 68).

Der Begriff Hexensabbat umfasst die Idee von regelmäßigen Versammlungen der Hexengemeinschaft an meist abgelegenen Orten zu einem großen, ausschweifenden Fest. Den gelehrten Vorstellungen gemäß sind die üblichen Elemente dieser Feier die Aufnahme der Neulinge in die Gemeinschaft durch die Taufe und das Anbringen eines Teufelsmals, die Feier der schwarzen Messe, welche als Perversion der christlichen Eucharistiefeier zelebriert wird, der Hexentanz, das Hexenmahl, welches eine kannibalistische Orgie darstellt, bei der bevorzugt kleine Kinder verzehrt werden, das Homagium, also die Verehrung des Teufels, sowie diverse sexuelle Aktivitäten, in deren Zentrum der geschlechtliche Umgang mit dem Teufel steht (vgl. Haag 1974: 461; Jilg 1988: 52 f.).

Unmittelbar entstanden ist die Vorstellung vom Hexensabbat aus der Umdeutung des mittelalterlichen Ketzersabbats. Ihr eigentlicher Ursprung geht jedoch noch viel weiter zurück und findet sich bereits in vorchristlichen Zeiten (vgl. Jilg 1988: 52). Als übliche Termine für größere Hexenversammlungen galten stets die Nacht vor dem 1. Mai, die sogenannte Walpurgisnacht, und die Nacht vor dem 1. November, die Nacht des Samhain-Festes, eines Festes keltisch-angelsächsischen Ursprungs zu Ehren des Totengottes Samhain, an dem der Sage nach viele Geister, Hexen und Dämonen umherschweiften, die durch Feuer und Opfer vertrieben werden sollten. Beide Feste fallen traditionell in die Zeit der heidnischen Vegetationsriten und des Erntedankfestes (vgl. Haag 1974: 462).

Mit der Vorstellung vom Hexensabbat eng verbunden ist die Vorstellung vom Hexenflug, die sich u. a. aus der Notwendigkeit ergab, eine Möglichkeit für die Hexen zu finden, die oft sehr weit abgelegenen Versammlungsorte zu erreichen. Der Hexenflug gehört laut Harmening (1988: 180) zu den „umstrittenen und ungeklärten Fragen der Hexenvorstellung". Die Ideen von seiner Ausformung weisen eine große Vielgestaltigkeit auf: so kann er als Flug durch Verwandlung in Tiergestalt, als Ritt auf verschiedenen Tieren oder Gegenständen, als geistige Entrückung oder als dämonischer Transport dargestellt werden und wird in vielen Fällen durch den Gebrauch einer speziellen Hexensalbe bewirkt (vgl. ebd.).

Im Gegensatz zum Teufelspakt und zur Teufelsbuhlschaft ist der Hexenfluggedanke eindeutig volkstümlicher Herkunft und geht gleich auf mehrere allgemein verbreitete und bekannte Vorstellungen zurück: Zum einen hat er vermutlich seine Wurzeln im altgermanischen bzw. altnordischen Volksglauben, der sowohl die Verwandlung in Tiere als auch den Stabritt kennt, welcher an germanischen Fruchtbarkeits- und Initiationsfesten vollführt wurde und „bei dem Frauen, auf einem Steckenpferd reitend, hohe Sprünge machten, damit das Getreide hoch aufschieße" (Haag 1974: 460). Zum anderen geht er wohl ebenfalls zurück auf die ursprünglich römische Striga-Vorstellung, bei der es sich um eine Sage handelt, „nach der Frauen sich nachts in fliegende Schreieulen oder *strigae* verwandeln könnten, die Kinder fraßen" (Levack 1999: 53). Verknüpft wurde dieser Glaube mit der griechischen Vorstellung von kinderraubenden Lamien, also „alp- und vampirartigen Gespensterwesen" (Jilg 1978: 46), und der Sage von der nächtlichen wilden Jagd der römischen Göttin Diana, die oft mit der griechischen Göttin der Unterwelt Hekate gleichgesetzt wird und im Deutschland des Mittelalters als Holda oder Perchta bezeichnet wurde (vgl. Jilg 1978: 46; Levack 1999: 53). All diese Elemente setzten sich schließlich zu dem Glauben zusammen, dass „Frauen nachts umherfliegen, um auf Liebesabenteuer auszugehen, um gemeinsame Gelage zu feiern, um kleine Kinder und Erwachsene zu töten und diese auf ihren Gelagen zu verspeisen" (Jilg 1978: 46).

In der theologischen Diskussion ist die Vorstellung vom Hexenflug seit jeher ein Streitpunkt gewesen und immer geblieben. Es hat nie Einigung darüber erzielt werden können, ob die Hexen wirklich körperlich von einem Ort zum anderen transportiert werden, oder ob es sich lediglich um eine geistige Entrückung, eine Entrückung der Seele, eventuell unterstützt durch die Anwendung von Halluzinogenen u. ä., handelt (vgl. Levack 1999: 55 f.).

Der Schadenzauber, also die Ausübung niederer schwarzer Magie mit dem Ziel der Schädigung anderer Personen, kann äußerst vielgestaltig sein. Als einige für die Hexen der Frühen Neuzeit besonders typische Formen des Maleficiums gelten das Wettermachen, also das Hervorrufen von Unwettern, Stürmen, Hagel oder Regen zur Schädigung der Ernte des Nachbarn, der Milchzauber, der den vermeintlichen Hexen die Aneignung der Milch fremder Tiere durch Zauberei ermöglichte, und das Veneficium, d. h. das Giftmischen und der Giftmord (vgl. Jilg 1978: 45). Die Vorstellung vom Maleficium hat, wie alle anderen bereits aufgeführten Elemente, ebenfalls eine sehr lange Tradition. Laut Jilg (1978: 45) galt es „bereits im Pentateuch als Götzendienst und wurde mit dem Tod durch Steinigung bestraft". Zudem wurde es seit dem Zwölftafelgesetz um 450 v. Chr. im Strafrecht Roms erwähnt (vgl. ebd).

Obgleich der Schadenzauber ein wichtiges Bindeglied zwischen der volkstümlichen und der kirchlichen Hexereivorstellung darstellt und auch in der Praxis der Hexenverfolgungen eine große Rolle spielt, tritt seine Bedeutung in der christlichen Lehre weit hinter die des Teufelspaktes zurück.

3.3. Das kumulative Hexereikonzept: Entwicklung, Verbreitung und Wirkung im Rahmen der Hexenverfolgung

Der größte Teil der dieser Arbeit zugrunde gelegten Protokolle stammt aus den Jahren 1565 bis 1665. Diese Zeitspanne wird im Allgemeinen als eine der wichtigsten und intensivsten Phasen der Hexenverfolgungen bezeichnet, in die gleich zwei große Verfolgungswellen fallen, nämlich die der 1590er und die der 1630er Jahre.[7] Kultur- und kirchengeschichtlich gesehen fällt sie mit der Epoche der Reformation und Gegenreformation zusammen, die gerade in deutschen Gebieten eine sehr bewegte und unruhige Zeit der Glaubensunsicherheiten und -kämpfe darstellte. Eine Verbindung zwischen den reformatorischen Bewegungen und dem Anstieg der Hexenverfolgungen ist schnell gezogen und in vielfacher Hinsicht auch gerechtfertigt. Die Reformation kann jedoch nicht allein als Ursache für diesen Anstieg angesehen werden, da auch und gerade Veränderungen im Bereich der weltlichen Gesetzgebung einen nicht zu unterschätzenden Beitrag zur Verschärfung und insbesondere Vereinfachung der Verfolgung von der Zauberei verdächtigen Personen leisteten. Ein Punkt, der jedoch sicher auf dem Konto der Reformatoren und Gegenreformatoren zu verbuchen ist, ist die Verschiebung des Schwerpunktes der Verfolgun-

7 Vgl. u.a. Levack (1999): 103; Haag (1974): 440; Schormann (1996): 52 ff.

gen in Bezug auf den Tatbestand der Hexerei bzw. Zauberei, die sich schon lange vor Beginn der Reformation in der theoretischen Entwicklung der neuen Hexenlehre angebahnt hatte, jedoch erst ab der Mitte des 16. Jahrhunderts ihre volle Wirkung entfaltete.

Bis weit ins 16. Jahrhundert hinein stand der Schadenszauber als Hauptverbrechen der verdächtigen Personen im Zentrum des Interesses der Verfolger. Die durch unzählige wirtschaftliche und soziale Krisen und Probleme wie Armut, Hungersnot, Pest und Kriege geplagte Bevölkerung suchte einen Sündenbock als Ursache für ihr Leid und fand ihn in der Hexe. Ein wenig überspitzt, aber doch recht treffend formuliert Haag (1974: 457):

> Grundsätzlich gab es nichts, was eine Hexe nicht hätte tun können. Wurde ein Kind krank, vernichtete ein Unwetter die Ernte, scheiterte eine Ehe, ging ein Schiff unter, brach sich jemand ein Bein – sogleich ließ sich eine Frau finden, die eine lange Nase oder einen Buckel hatte, die besonders hübsch oder häßlich, besonders dumm oder klug war. Sie wurde verdächtigt, an dem Unglück Schuld zu sein, und als Hexe an die Öffentlichkeit gezerrt.

Doch nicht nur die Bevölkerung, auch die Kirche wurde in dieser Zeit zunehmend von Krisen geschüttelt. Neumann (1997) führt unter anderem die innerkirchliche Schwächung und die Spaltung der Papstkirche, den Zerfall der mittelalterlichen Weltordnung und die Entfremdung der Gläubigen von der Kirche als Ursachen dafür an, dass schon Anfang des 14. Jahrhunderts der Teufels- und Dämonenglaube und ab Mitte des 15. Jahrhunderts auch der Teufelspakt in den Inquisitionsprozess übernommen wurden (vgl. 110 ff.).

Um einer weiteren Schwächung der kirchlichen Macht entgegenzuwirken, wurden die Ketzerverfolgungen verschärft und die Inquisition auf das Verbrechen der Zauberei ausgeweitet, die gemäß der neuen Hexenlehre als eine Form der Häresie angesehen wurde (vgl. ebd.: 113). Durch die Verknüpfung von Ketzerei und Zauberei boten sich nun also nicht nur neue Möglichkeiten und Objekte der Verfolgung, es wurde zudem möglich, „mit Hilfe unverzeihlicher Verbrechen eine Befreiung der Häretiker durch Reueleistungen auszuschließen und die Verbrennung von Häretikern zu forcieren" (ebd.: 117). So kam es zwischen 1430 und 1450, zur Zeit des Konzils von Basel, in den französisch-westschweizerischen Waldenserprozessen zu ersten Geständnissen von Teufelspakten (vgl. ebd.: 119).

Während des Konzils und in der Folgezeit entstanden zahlreiche Schriften und Abhandlungen, die die neue Hexenlehre weiter entwickelten und nach und nach den Teufelspakt in ihr Zentrum stellten. Das bekannteste und wohl auch bedeutendste Werk ist der bereits erwähnte *Malleus Maleficarum*, der einen Höhepunkt der Traktatliteratur und, laut Neumann

(1997: 120 f.), auch „den Endpunkt der mittelalterlichen Teufelspaktentwicklung“ darstellte.

Mit der Reformation schließlich begann die Phase der Hexenverfolgungen, in deren Verlauf sich der Teufelspakt als fester Bestandteil des Hexenglaubens etablierte und nach und nach prozessbestimmend wurde (vgl. ebd.: 289). Der ausgeprägte Teufelsglaube und das wachsende „Bewußtsein von der Präsenz Satans auf Erden“ (Levack 1999: 105) verbreitete sich durch den aktiven Predigerdienst der Reformatoren sehr schnell. In der gesamten Bevölkerung schürten die Glaubensspaltungen und die daraus entstehenden rivalisierenden Konfessionen Angst und Unsicherheit. Nicht selten wurde als Ursache für den Konfessionswechsel das Wirken des Teufels gesehen, weshalb es verstärkt galt, die eigene Gemeinde vor seinem Einfluss zu schützen und seine vermeintlichen Paktierer, die Hexen, gezielter zu verfolgen (vgl. ebd.: 120).

Der Predigerdienst wurde durch den im 15. Jahrhundert entwickelten Buchdruck unterstützt, der nicht nur die zahlreichen Traktate zur Hexerei-Problematik publik machte, sondern darüber hinaus auch einer breiten Masse der Bevölkerung die ersten Bibelübersetzungen zugänglich machte. Insbesondere die Stellen, die nach allgemeiner Auslegung und gezielt interpretierender Übersetzung den Teufel und die Hexerei betreffen, rückten ins Zentrum des Interesses. Zu erwähnen ist hier vor allem der Vers Exodus 22.17: „Eine Hexe sollst du nicht am Leben lassen“, der gewissermaßen als göttliche Erlaubnis, um nicht zu sagen als göttlicher Befehl zur Verfolgung der Hexerei verdächtiger Personen angesehen wurde, wobei unbeachtet blieb, dass das mit ‚Hexe‘ übersetzte hebräische Wort eigentlich einen ‚Giftmischer‘ bezeichnete (vgl. ebd.: 114).

Mit der Verbreitung und Verfestigung des Teufelspaktgedankens wurde es von den Gläubigen in zunehmendem Maße als Christenpflicht empfunden, „die Hexen und Hexer aus der Gewalt des Bösen zu befreien und ihnen durch die Todesstrafe (auch die qualvolle des Feuers) die ewige Seeligkeit zu sichern“ (Grössing 1998: 95). Da es der Kirche gemäß dem Grundsatz „Ecclesia non sitit sanguinem“ (zitiert nach ebd.: 88) nicht erlaubt ist, Blut zu vergießen, also körperliche Strafen zu verhängen oder gar einen Menschen zum Tode zu verurteilen, war sie bei der Verurteilung der verdächtigen Personen stets auf die Unterstützung durch weltliche Gerichte angewiesen. So verwundert es nicht, dass es im Laufe der Zeit mit dem Anstieg der Intensität der Hexenverfolgungen zu einer Umkehrung des Verhältnisses von kirchlicher und weltlicher Gerichtsbarkeit kam, die durchaus im Sinne beider Seiten war: Während die Rolle der weltlichen Gerichte bei den Verfolgungen immer größer wurde, nahm der Klerus mehr und mehr eine nur unterstützende Funktion ein (vgl. Levack 1999: 90 f.). Diese Entwicklung führte so weit, dass mit dem Beginn der Reformation in den deutschen Gebieten Hexenprozesse schließlich nicht mehr von der päpstlichen Inquisition, sondern nur noch von weltlichen Gerichten vorgenommen wurden (vgl. Grössing 1998: 96).

In der vom Bischof Georg von Bamberg im Jahre 1507 veröffentlichten *Bambergensis*, der Bambergischen Halsgerichtsordnung, wurden erstmals Gesetze zum nunmehr auch weltlichen Verbrechen der Zauberei verankert. „Da der Bamberger Landesherr zugleich geistlicher Fürst war, standen die Verbrechen gegen die Religion, also Blasphemie, Meineid, Ketzerei und Zauberei, an der Spitze aller Verbrechen" (Haag 1974: 455).

Auf dem Vorbild der *Bambergensis* baute die 1532 verabschiedete *Constitutio Criminalis Carolina*, die Peinliche Halsgerichtsordnung Kaiser Karls V., auf, die allen nun folgenden Hexenprozessen als rechtliche Grundlage diente (vgl. ebd.). Von den insgesamt 219 Artikeln betreffen vier explizit die Zauberei (Artikel 21, 44, 52 und 109), ohne dass jedoch der eigentliche Tatbestand derselben genau abgegrenzt wird, wodurch er von den einzelnen Gerichten im Sinne des neuen Hexenbegriffes erweitert werden konnte. Die sich hieraus ergebenden Konsequenzen beschreibt Grössing (1998: 95) wie folgt:

> Während in den ersten Zeiten der Rechtskraft der ‚Carolina' Zauberei ohne Schadenswirkung nicht mit dem Feuertod bestraft wurde, radikalisierte sich die Rechtspraxis in der 2. Hälfte des 16. Jahrhunderts. Teufelsbündnisse auch ohne Malefizium brachten die Angeklagten bereits auf den Scheiterhaufen.

Vorschub zur harten Bestrafung von Hexerei ohne Schadenszauber leistete die Tatsache, dass das diesbezügliche Verfahren in der Carolina nicht direkt geregelt wird. So hält Artikel 109 lediglich fest:

> Item so jemandt den leuten durch zauberey schaden oder nachtheyl zufuegt, soll man straffen vom leben zum todt, vnnd man soll solche straff mit dem fewer thun. Wo aber jemandt zauberey gebraucht, vnnd damit niemant schaden gethan hett, soll sunst gestrafft werden, nach gelegenheit der sach; darinnen die vrtheyler radts geprauchen sollen, wie vom radt suchen hernach geschriben steht (Carolina 1532/2000: 73).

Wurde nicht durch die zumeist recht unabhängigen und wenig kontrollierten lokalen Gerichte nach eigenem Gutdünken eine Strafe verhängt, bei der es sich, u. a. durch den Druck der verängstigten und oft hysterischen Bevölkerung, in vielen Fällen um die Todesstrafe handelte, kam es zum Mittel der Aktenversendung an die Obergerichte, die sich für die betroffenen Personen zwar in einigen Fällen, jedoch sicherlich nicht immer als vorteilhafter erweisen musste.[8]

8 Ob es sich bei der Aktenversendung für die Angeklagten um einen Vor- oder Nachteil handelt, ist umstritten. Grössing (1998) z. B. sieht sie als Nachteil, da die Bearbeiter der Akten keinen unmittelbaren menschlichen Kontakt zu den Angeklagten, über deren Schicksal sie entscheiden mussten, hatten (vgl. 94 f.). Levack (1999) sieht sie als Vorteil, da

Überhaupt wurde mit der Ablösung des bislang üblichen Akkusationsprozesses durch den Inquisitionsprozess, der zu einer deutlichen Vereinfachung der Verfolgung und Verurteilung der Verdächtigen führte,[9] laut Haag (1974: 456) „das Prinzip der Öffentlichkeit und Mündlichkeit vom Grundsatz der Nichtöffentlichkeit und des Protokolls verdrängt", wodurch „der Willkür Tür und Tor geöffnet" wurden. Das einzige Relikt des alten öffentlichen und mündlichen Gerichtsverfahrens war der Endliche Rechtstag, an dem das volle Geständnis der Angeklagten öffentlich verlesen und von diesen bestätigt wurde. Dieser Rechtstag besaß zwar keine eigentlich juristische Funktion mehr, da er mehr und mehr zu einer bloßen Zeremonie verkommen war, dafür nahm er nun, wie Schormann (1996: 33) erläutert, eine wichtige Funktion in der Verbreitung der kirchlichen Hexenlehre ein: „Als öffentliche Zeremonie aber hatte er eine Publikumswirksamkeit, die für die Verbreitung der Hexenlehre geradezu ideal war. Aus der Verlesung der in klarer und einfacher Sprache abgefaßten Geständnisse konnte jeder die Einzelheiten entnehmen".

Da zudem der Pakt mit dem Teufel den gelehrten Vorstellungen nach nahezu immer mit der Teufelsbuhlschaft, also mit dem geschlechtlichen Verkehr mit einem unnatürlichen Wesen, einherging, leistete Artikel 116 der Carolina, der die „Straff der unkeusch, so wider die natur beschicht" regelt, alles weitere, um vermeintlichen Teufelspaktierern die Todesstrafe zu sichern:

> Item so eyn mensch mit eynem vihe, man mit mann, weib mit weib, vnkeusch treiben, die haben auch das leben verwürckt, vnd man solle sie der gemeynen gewonheyt nach mit dem fewer vom leben zum todt richten (Carolina 1532/2000: 76).

---

die Richter der Obergerichte sich dem geltenden Prozessrecht stärker verpflichtet fühlten und zudem nicht in die Massenhysterie der Bevölkerung involviert waren (vgl. 96 f.).

9 Die Anklage erfolgte im Inquisitionsprozess, wie auch schon im Akkusationsprozess, durch einen privaten oder öffentlichen Ankläger, mit dem Unterschied, dass dieser nun nicht mehr für die Prozessführung verantwortlich war und somit nicht mehr Gefahr lief, im Falle eines Freispruches Schadenersatz leisten zu müssen oder selbst in Haft zu kommen. Zur Verurteilung reichte nunmehr ein glaubwürdiges Geständnis des Angeklagten oder die Aussage zweier glaubwürdiger Zeugen. War beides nicht gegeben, lagen aber genügend Indizien vor, konnte die Folter, das sogenannte peinliche Verhör, zur Erwirkung eines Geständnisses eingesetzt werden, das jedoch nachträglich freiwillig, also im gütlichen Verhör, noch einmal vom Angeklagten bestätigt werden musste; vgl. Grössing (1998): 90 f.; Levack (1999): 78.

4. Der Teufels- und Hexenglaube in Verhörprotokollen: Zur Entstehung stereotyper Aussagemuster

Im vorausgegangenen Kapitel wurden die beiden Hauptformen des frühneuzeitlichen Hexenglaubens, der Volksglaube und die kirchliche Hexenlehre, sowie ihre Zusammenführung zu einem ‚kumulativen Hexereikonzept' im Rahmen der Hexenverfolgungen beschrieben. Die Hexenprotokolle, die die Grundlage dieser Untersuchung darstellen, spiegeln wie keine andere Textsorte dieses ‚kumulative Konzept' aus volkstümlichen und gelehrten Elementen wider. An der Schnittstelle zwischen dem ländlich-folkloristischen Glauben der Angeklagten und den theologisch-gelehrten Vorstellungen der höheren Untersuchungsinstanzen, die im Verhör aufeinander treffen, stellen die Protokolle eine Kompromissform dar, da in ihnen beide Vorstellungswelten unter einen Hut gebracht werden müssen, wobei die kirchliche Lehre sich in den Hauptpunkten als durchaus dominant erweist, jedoch auch regionalspezifische Ausprägungen des ländlichen Hexenglaubens berücksichtigt. Extremata, d. h. theologische Vorstellungen oder volkstümlicher Glaube ‚in Reinform', finden sich in den Protokollen nur selten: So wird nur in äußerst wenigen Fällen der Hexensabbat tatsächlich als kannibalistische Orgie und pervertierter Gottesdienst beschrieben, sondern meist als eine Art Volksfest mit Musik, Tanz und einem üppigen Festessen. Der dämonologische Einfluss äußert sich in Elementen wie der Teufelsverehrung, der Hexentaufe oder der sexuellen Vereinigung mit dem Teufel und anderen Hexen; extreme Sabbatvorstellungen wie der Verzehr von Kindern o. Ä. treten in der Regel nicht auf, sie waren für das Volk nahezu unvorstellbar (vgl. Dülmen 1993: 109).

Im Folgenden sollen zunächst die Grundelemente des kumulativen Hexereikonzeptes, wie es sich in den Hexenprotokollen aller Regionen widerspiegelt, kurz vorgestellt werden. Sie werden das Zentrum der nachfolgenden Musteruntersuchungen und somit den Schwerpunkt der Arbeit bilden. In einem zweiten Schritt soll beleuchtet werden, wie es überhaupt zum Niederschlag des Hexereikonzeptes in Form von Aussagemustern in den Protokollen kommen konnte. Mit anderen Worten soll also der Frage nachgegangen werden, welche Faktoren dazu beigetragen haben, ein überregional beobachtbares standardisiertes Aussagemuster in den Protokollen zu erwirken.

4.1. Das Aussagemuster ‚Teufelspakt': Grundstruktur und Grundelemente

Die vier Hauptelemente der kirchlichen Hexenlehre, also der Teufelspakt, die Teufelsbuhlschaft, der Hexensabbat und der Schadenzauber, bilden den Grundstock für die in den Hexenprotokollen nachweisbaren Aussagemuster. Sind alle vier Elemente in einem Protokoll vorhanden, kann man von einem voll ausgebildeten ‚Hexenmuster' sprechen. Der Schwerpunkt der vorliegenden Analyse wird auf dem Teufelspakt und der Teufelsbuhlschaft liegen und somit auf den zwei Elementen, die nicht nur den innersten Kern der kirchlichen Hexenlehre bildeten und daher auch in den Protokollen eine zentrale Stellung einnehmen, sondern die zugleich sehr eng miteinander verknüpft sind, und zwar sowohl nach den Vorstellungen der kirchlichen Lehre als auch als textliche Einheiten innerhalb der Protokolle. In der Literatur zur Hexereiproblematik, sei es in der historischen oder linguistischen, werden sie häufig als „eine relativ geschlossene Einheit" (Dülmen 1993: 101) begriffen und unter dem Schlagwort ‚Teufelspakt' gemeinsam behandelt. Dies ist insofern sinnvoll, als die Buhlschaft in ihrer Funktion als körperlicher Vollzug und Bekräftigung des Paktes einen Teil des gesamten Paktschlussverfahrens darstellt, weshalb auch in dieser Arbeit auf eine Trennung verzichtet und der Teufelspakt als Ganzes, d. h. inklusive Buhlschaft, betrachtet wird.

Trotz der klaren Fokussierung auf den Teufelspakt (samt -buhlschaft) wurden sämtliche Protokolle auf das Auftreten aller vier Elemente hin untersucht (vgl. hierzu die tabellarische Übersicht in Anhang C.2, S. 389). Als Ergebnis lässt sich festhalten, dass in insgesamt 123 Texten alle vier Grundelemente, also Pakt, Buhlschaft, Hexensabbat und Schadenzauber, enthalten sind. Hinzu kommen weitere 72 Texte, in denen mindestens eins der Elemente Pakt, Buhlschaft und Hexensabbat zu finden ist.[1] Alles in allem kann somit in 195 von 233 Texten, d. h. in 83 % aller Texte, ein deutlicher Einfluss der kirchlichen Lehre verzeichnet werden. Von diesen 195 Texten enthalten 184 Pakt- und Buhlschaftsbeschreibungen und so-

1 Das vierte Element, der Schadenzauber, muss hier ausgeklammert werden, da er als Bindeglied zwischen kirchlichem und volkstümlichem Hexenglauben in nahezu allen Protokollen auftritt und somit nicht als alleiniges konstitutives Merkmal für die kirchliche Hexenlehre fungieren kann.

mit die Textstellen, die die Hauptgrundlage der hier angestrebten Untersuchungen bilden werden. Es verbleiben 39 Protokolle, in denen zwar von Schadenzaubereien, jedoch nicht von Teufelspakten und -buhlschaften oder von Hexentänzen berichtet wird.

Werden von den Angeklagten im Verhör Aussagen zum Teufelspakt getätigt, bilden diese in den Protokollen fast immer den Auftakt des Geständnisses und stehen somit oft an erster Stelle vor den Schilderungen von Hexentänzen oder Schadenzaubereien. Diese Initialstellung in den Protokollen und zugleich Vorrangstellung gegenüber den anderen Punkte der Hexenlehre liegt im Wesentlichen darin begründet, dass der Vollzug eines Teufelspaktes im Sinne christlicher Maximen zum einen das größtmögliche Verbrechen gegen Gott darstellt und zum anderen den Ausgangspunkt und die Grundlage für alle weiteren den Hexen zur Last gelegten Verbrechen bildet. Erst wenn der Pakt geschlossen und vollzogen ist, wird die Hexe in der Regel in die Hexengesellschaft auf dem Hexentanz eingeführt, erst jetzt erhält sie die Befähigung, Schadenzauber auszuüben. Das Geständnis eines Teufelspaktes war somit eine Grundvoraussetzung für die Ermittlung weiterer Straftaten und somit in höchstem Maße prozessrelevant.

Das ‚Aussagemuster Teufelspakt', wie es in der Folge bezeichnet werden soll, setzt sich stets aus mehreren Teilelementen zusammen. Eingeleitet wird es in der Regel durch eine Schilderung der Verführung zum Pakt, die entweder durch den Teufel selbst oder durch eine andere Hexe vorgenommen wird. Hierauf folgt die eigentliche Paktschilderung, die sich aus maximal vier verschiedenen Arten des Paktschlusses zusammensetzt: 1. der verbale Paktschluss, 2. der symbolische Paktschluss, 3. der materielle Paktschluss und 4. der körperliche Paktschluss (d. h. die Teufelsbuhlschaft). Die Reihenfolge der einzelnen Elemente ist grundsätzlich variabel, auch müssen nicht in jedem Fall alle vier Formen des Paktschlusses geschildert werden. Auffällig ist jedoch, dass wenn ein symbolischer Pakt enthalten ist, dieser in der Regel eng mit dem verbalen verknüpft ist und beide gewissermaßen eine Einheit bilden. Die Schilderung des Paktes erfolgt in der Regel ohne größere Unterbrechung in einem Textblock; nur in wenigen Fällen wird dieser Block aufgebrochen, so z. B. wenn der körperliche Paktschluss laut Aussage erst zu einer späteren Zeit, z. B. auf dem Hexentanz vollzogen wird.

Anhand zweier Textbeispiele soll nun deutlich gemacht werden, wie das Aussagemuster Teufelspakt in seinen Grundzügen aussieht:

Beispiel 1: Meiningen 1659 (ostoberdeutsch)	**Beispiel 2: Lemgo 1632 (nordwestdeutsch)**
Verführung	
Es were ein Jahr, bald hernacher, es weren fünff Jahr, daß sie das Zaubern gelernet Ihr Mann hette sie geschlagen, darüber sie sich sehr bekümmert und geweinet Sey damahls zur Frühlingszeit in ihren Garten, hart am Dorf gelegen, ins Groß gangen, da were der böse Feind, welcher sich Hans genennet und einen gelben Bart gehabt, in Leinenkleidern zu ihr kommen, sie angeredet und gesagt, sie solte sich zu ihme versprechen, er wolte sie nicht schlagen;	Darauff sie guithwillig außgesagtt, das die Niebaursche so alhie gewohnet, vnd zue Heruordt verbrant, sie einsmall zu heruordt imb Keller da sie alda gewohnet, vnd mit ihr brandtwein getruncken vnd dabei das zaubern gelehrett.
verbaler und symbolischer Paktschluss	
sie gesaget, ja sie wolle sein seyn, hette ihm darauf die rechte Hand geben und uf Gemist, so er im Garten zusammen gescherret, treten und sagen müssen: ich tret auf diß Gemist und verschwere den Herrn Jesum Christ, hette sie in seinem, des Teufels Nahmen, mit Waßer, so im Garten gewesen, getaufft	Vnd ihr gesagt sie solle Gott verleugnen vnd die stern amb himmell, summa die gantze h[eilige] dreifaltigkeitt, welches sie dan alßpalt gethan, mit zuruck-trettungh 3. fuiße; darauff ihr buhle zu ihr kommen hanß Fedderbusch genant, bekleidet mit schwarzen wandt kleideren, hette klauwen gehapt wie ziegen klauwen, Zu ihr gesprochen sie solle seine sein, sie ihme geantwortet Ja, sie wolle seine sein,
materieller Paktschluss	
und ihr einen Thaler geben, welchen sie, weil er alßbald zu einer Kohlen worden, hingeworffen,	darauff ihr gegeben 4 groschen,
körperlicher Paktschluss	
hette darauf und nachmals öfters Unzucht mir ihr getrieben, so ihr gar seltsam vorkommen, worauf er Abschied von ihr genommen. (114)	vnd mit ihr buhlirt were gantz kalt gewesen, aber nicht woll ihr bekommen were Teuffels Werck, (48v f.)

An diesen beiden Beispielen von Teufelspaktschilderungen wird Folgendes deutlich: Obschon es sich bei den zugrunde liegenden Protokollen um Texte aus zwei verschiedenen Orten handelt, die noch dazu aus zwei weit auseinander liegenden Regionen stammen, sind klare Parallelen im Aufbau der Beschreibungen zu erkennen, die eine eindeutige Zuordnung der Textpassagen zum Aussagemuster Teufelspakt zulassen. Die Grundelemente (Verführung, verbaler und symbolischer, materieller und körperlicher Pakt) sind die gleichen, sogar die Abfolge ist in diesen beiden Fällen identisch, so dass zunächst im Wesentlichen Unterschiede in der inhaltlichen Ausgestaltung der Teilelemente zu beobachten sind: Die Verführung wird in einem Fall durch den Teufel, im anderen Fall durch eine Hexe vorgenommen, die Absage von Gott wird in einem Fall durch das Treten auf Mist, im anderen Fall durch das dreifache Zurücktreten symbolisiert etc. Während die Grundstruktur also identisch ist, weist die konkrete inhaltliche Gestaltung leichte Varianzen auf. Mit den inhaltlichen Varianzen gehen zugleich sprachliche Variationen einher: So wird der Teufel in einem Fall als *der böse Feind* bezeichnet und nennt sich *Hans*, im anderen Fall ist er der *buhle* und trägt den Namen *hanß Fedderbusch*; die Lossagung von Gott wird im Meininger Protokoll durch das Verb *verschwören* ausgedrückt, im Lemgoer durch *verleugnen*; beim körperlichen Paktschluss hat der Meininger Teufel *Unzucht mit ihr* [der Angeklagten] *getrieben,* der Lemgoer hingegen *mit ihr buhlirt.*

Eine Durchsicht aller Teufelspaktschilderungen im Korpus hat bald sichtbar gemacht, dass diese inhaltlichen und sprachlichen Variationen innerhalb eines formalisiert einheitlichen und zudem überregional gültigen Aussagemusters Teufelspakt nicht rein zufällig auftreten. Im Gegenteil ist in vielen Fällen ein klarer Regionalbezug erkennbar, der die Protokolle einzelner Gegenden sowohl in inhaltlicher als auch sprachlicher Hinsicht deutlich als geschlossene Gruppe konstituiert und von Protokollen anderer Gegenden abhebt. Anhand der Varianzen lassen sich somit einzelne, teils klar umrissene Kulturräume erkennen, die sich in bestimmten lokal- bzw. regionalspezifischen Ausprägungen des frühneuzeitlichen Hexenglaubens konkretisieren. Diese Kulturräume geben sich zugleich als mehr oder minder klar abgrenzbare Sprachräume im Hinblick auf die sprachliche Realisierung des Hexenglaubens zu erkennen und eröffnen so die Möglichkeit zu einer detaillierten, regional vergleichenden Sprachanalyse. Durch die Untersuchung einzelner Variablen im Sinne einer kulturbezogenen Sprachgeschichtsbetrachtung kann ein Blick auf frühneuzeitliche Regionalsprachlichkeit in einem eng umrissenen thematischen Gebiet geworfen und durch kulturhistorische Zusammenhänge erklärbar gemacht werden. Bevor mit der Untersuchung der Variablen[2] und somit der Heterogenität und Varianz im Aussagemuster Teufelspakt begonnen wird, soll zunächst ein Blick auf die Entstehung der überregional homogenen und wenig variablen Musterstruktur geworfen werden.

4.2. Faktoren zur Entstehung stereotyper Aussagemuster

In Abschnitt 3.1.3. wurde gezeigt, wie es zur Bildung des sogenannten ‚kumulativen Hexenglaubens', also der für die frühneuzeitlichen Hexenverfolgungen maßgeblichen Vorstellung von Hexerei kam und wie dieser sich über die Jahrhunderte entwickeln und verbreiten konnte. Es wurde jedoch zugleich festgehalten, dass im Volk ein volkstümlicher Hexen- und Zauberglaube weiterexistierte, der sich höchstens in Teilen mit den durch die Hexenverfolgung verbreiteten Vorstellungen deckte. Nun sind es gerade Menschen aus dem einfachen Volk, die in großer Zahl zu Opfern der Verfolgungen wurden, und somit gerade die Menschen, deren Glaube unter Umständen von dem neugebildeten, im theologischen Diskurs entwickelten ‚kumulativen Hexenglauben' abwich. Dennoch spiegeln sich in den Verhören der absoluten Mehrzahl der Angeklagten die Elemente des neuen Glaubens, wie oben dargestellt, wider, und dies obwohl davon ausgegangen werden kann, dass ein Teil der Angeklagten diesen Glauben weder genau kannte noch teilte. Dieser Umstand wirft nun mehrere Fragen auf: Wie konnten die Elemente der Hexenlehre in die Verhörprotokolle gelangen und sich dort in wiederkehrenden, stereotypen Aussagemustern manifestieren, wenn nicht davon ausgegangen werden kann, dass alle Verhörten ausreichende Kenntnisse der Lehre besaßen? Wie konnten die Angeklagten Aussagen über etwas machen, was sie weder getan hatten noch glaubten? Wie konnten sie sicher sein, das ‚Richtige' zu gestehen? Und woher rührt die teils frappierende Gleichförmigkeit der Aussagen?

Natürlich ist es der Aspekt der Folter, das einem bei der Suche nach einer Antwort als erstes in den Sinn kommt, und dies sicherlich nicht unbegründet: Ohne die Folter wäre es zu einem Großteil der Geständnisse gar nicht erst gekommen, erst durch die Tortur oder deren Androhung sahen sich die Angeklagten genötigt, auch die absurdesten Dinge zu gestehen. Die Protokolle geben hiervon offen Zeugnis: Es finden sich sowohl konkrete Folterbeschreibungen als auch massive Einschüchterungsversuche, sogenannte *Territionen*, die teils durch Vorzeigen der Folterinstrumente, teils rein verbal vollzogen wurden. Auch in gütlichen Verhören

2 Auf eine Auflistung aller bei der Untersuchung berücksichtigter Variablen wurde verzichtet, da sie ohne Weiteres dem Inhaltsverzeichnis zu entnehmen sind.

wurden die Angeklagten den Protokollen zufolge *ermahnt, erinnert* (im Sinne von 'ermahnt') und *bedroht* und somit einem enormen psychischen Druck ausgesetzt, so dass allein die Angst vor Schmerzen und Tod viele Menschen zum Geständnis zwang.[3]

Was aus heutiger Sicht unverständlich, unmenschlich und barbarisch erscheint, war aus damaliger Sicht keine „Grausamkeit um der Grausamkeit willen" (Spicker-Beck 1995: 263), sondern schlichtweg ein Mittel der Wahrheitsfindung: Die „Auffassung, daß nur ein ungebrochener Mensch die Kraft haben kann, wissentlich die Unwahrheit zu sagen und daß ein völlig zermürbter Mensch nicht mehr in der Lage ist, verstockt zu leugnen" (ebd.: 260), war das gesamte Mittelalter hindurch bis weit in die Frühe Neuzeit hinein vorherrschend. Nach der mittelalterlichen Willenslehre kann die Folter den Willen eines Menschen nicht brechen; sie kann jedoch „die äußeren Umstände des Wollens so arrangieren, daß sich der tatsächliche Wille wahrhaft äußern kann" (Fried 1985: 420 f.). Damit kann die Tortur einen Menschen zwar zum Reden zwingen, nicht aber zur Falschaussage.[4] Im Gegenteil sichert der den Gefolterten im späteren ‚gütlichen' Verhör abverlangte und von ihnen geleistete Eid – *Auf diese bekendtnues wil sie auch leben vnd sterben* (Passow 1677/2) – die Aussagen als wahr, wodurch sich die Folter als ein effektives Mittel der Wahrheitsfindung konstituiert. Zwar gab es auch schon zeitgenössische Stimmen, allen voran Friedrich von Spee, die die Rolle der Tortur bei der Wahrheitsfindung als sehr kritisch ansahen, durchsetzen konnten sich diese Ansichten jedoch bis zum Ende des 17. Jahrhunderts nicht.[5]

---

3 Vgl. hierzu auch weiter unten Abschnitt 4.2.1.2.

4 Zur mittelalterlichen Willenslehre, zum Verhältnis von Wille und Geständnis sowie der Rolle der Folter im mittelalterlichen Inquisitionsprozess vgl. ausführlich Frieds Untersuchung zum Templerprozess gegen Jaques de Molay (Fried 1985).

5 Schon Ende des 16. Jahrhunderts äußerten sich Johann Weier und Georg Gödelmann in ihren Hexereischriften sehr kritisch zur Erwirkung von Geständnissen mit Hilfe der Folter. So stellt Weier (1586: 454) zur Beweiskraft des Geständnisses eines Teufelsbündnisses fest: „Daß aber die Lamie [= Hexen, I.H.] etwan ein ding / als haben sie es begangen / bekennen / das geschicht entweder daß sie darzu gewungen werden / oder thun es fůrsetziglich: ist es erzwunge[n] / so ist es ein nichtige bekanntnuß / denn es wegen grosser Tortur vnd angelegter Pein außgetrungen ist worden. Was ist aber greuwelichers oder gefehrlichers auff dem bekanntnuß eines alten / thōrichtn / verblendeten / vnd vom Teuffel betrogenen Weibes / besonders in solchen Teuffelischen sachen / also hart bestehen / so viel darauff geben / so doch ein solches Bekanntnuß durch grosse Marter erzwungen ist worden / vnd kein warhafftiges zeugnuß / darmit sie der Zauberey were vberwunden / vorhanden". Auch Gödelmann (1597: 171) bezeichnet ein derartiges Geständnis als „gestůmmelt vnnd nichtig / weil es durch die vntrågliche Pein der Foltern herauß gezwungen" sei. Friedrich von Spee (1649/1992: 95) schließlich bringt seine Auffassung vom Verhältnis von Folter und Wahrheit im Hexenprozess wie folgt auf den Punkt: „Die Folter kann nicht das rechte Mittel sein / die Warheit dardurch zu ergrůnden / es sey dann daß die worte welche der jenig so *torquiret* wird oder ist / außspricht / vor war gehalten werden: Nun

Die Komponente ‚Folter' kann erklären, wie es grundsätzlich zum Ablegen der Geständnisse kam, also die Tatsache des Geständnisses an sich. Der stereotype Inhalt der Bekenntnisse und die Herkunft des erforderlichen Wissens kann mit ihrer Hilfe jedoch zunächst nicht begründet werden. Um diesen Phänomenen auf den Grund zu gehen, scheint es unabdingbar, die Verhörsituation genauer ins Visier zu nehmen, um dabei alle möglichen Ursachen zu eruieren.

Bei Verhören bzw. bei der Entstehung von Verhörprotokollen sind grundsätzlich drei Personen bzw. Personengruppen von Bedeutung: 1. der Verhörende, 2. der Verhörte und 3. der Protokollant. Alle drei Gruppen haben mehr oder minder großen Einfluss auf den Verlauf des Verhörs sowie auf Inhalt und Form der Verhörprotokolle, alle verfügen über ein spezifisches Wissen (oder Nicht-Wissen) und über bewusste oder unbewusste Taktiken, mit denen sie die Vorgänge auf eine bestimmte Weise beeinflussen oder sogar steuern können. Diese Taktiken oder Methoden sind es, die nun genauer betrachtet werden müssen. Den Personengruppen entsprechend sind es dreierlei: die Verhörmethoden, die Aussagemethoden und die Protokollierungsmethoden.

4.2.1. Verhör- und Aussagemethoden

Bei Hexenverhören handelte es sich, wie oftmals festgestellt wurde,[6] um einen asymmetrischen kommunikativen Akt, um eine Form der institutionellen Zwangskommunikation,[7] bei der einer der Kommunikationspartner, nämlich die angeklagte Person, dem anderen Kommunikationspartner, dem Gericht, in mehrerlei Hinsicht klar unterlegen war: Nicht nur stand er als einzelne Privatperson den schon rein zahlenmäßig überlegenen Vertretern einer offiziellen Behörde gegenüber und war ihrer institutionellen Macht weitgehend ausgeliefert, das Gericht verfügte ihm gegen-

wird dirs aber schwer zu erweisen stehen / wann du sagen woltest / ja waß der *torquirte* Aussagt wird vor war gehalten. Dann gesetzt daß er sagt **Er sey vnschuldig [etc.]** Meinestu daß man diese worte für wahr halten werde / ach Nein / die heutige *Praxis* bringts viel anderst mit sich / wie kurtz zuvor angezeigt. In summa es sey dem allem wie jhme wolle / es ist alles miteinander ein vngewisses Ding / vnd nichts dann Finsternuß".

6 Vgl. z. B. Beyer (1986): 147 ff.; Fischer (1999): 90 f.; Topalović (2003b): 56.

7 Dies gilt im Übrigen nicht nur für Hexenverhöre, sondern für Verhörsituationen im Allgemeinen. So stellt z. B. Holly (1981: 276) fest: „Verhöre sind quälend. Als Beobachter – mehr noch als Betroffene – erleben wir die Übermacht des Verhörenden, der die mögliche Schuld des anderen oder auch einfach seine Position als moralischen oder institutionellen Machtfaktor einzusetzen weiß. Die ungleiche Verteilung der Machtmittel, sei es aufgrund institutionalisierter oder persönlicher Kompetenz, ermöglicht die Ausübung von Zwang. Das Verhör nimmt teilweise schon vorweg, was dem Betroffenen möglicherweise erst drohen soll, nämlich Strafe oder Unannehmlichkeiten in irgendeiner Form."

über auch noch über einen immensen Wissensvorsprung (vgl. Beyer 1986: 136f.). Durch die umfassenden Voruntersuchungen, die im Rahmen von Inquisitionsprozessen geführt wurden, hatte das Gerichtspersonal schon vor dem Verhör ein genaues Bild von den Angeklagten sowie ihren vermeintlichen Vergehen, wohingegen für die Angeklagten selbst die Gründe für ihre Verhaftung wohl oft noch im Dunkeln lagen. Nicht selten wurde daher ein Angeklagter zu Beginn der Untersuchung erst einmal gefragt, *Ob er wisse, warum er herauff gefihrt worden?* (Eichstätt 1630: 69).

Während zwar den meisten Angeklagten wohl aus der Kenntnis der über sie kursierenden Gerüchte bewusst war, dass sie wegen Hexereiverdachts verhaftet wurden – *sagt, wiß anderst nit, allß daß sie fuer ein Vnholden moecht herauf khommen seyn* (ebd.) –, waren ihnen die Verdachtsmomente im Einzelnen vermutlich weniger bekannt, so dass sie weitgehend unvorbereitet und unwissend auf eine genauestens informierte und instruierte Untersuchungskommission trafen. Um ein Verhör überhaupt durchführen zu können, musste der Wissensvorsprung von Seiten des Gerichts daher erst einmal abgebaut werden, d. h. den Angeklagten musste übermittelt werden, wessen sie konkret verdächtigt wurden, damit sie zu den Vorwürfen Stellung nehmen und weitere Fragen beantworten konnten. Zu Beginn der Untersuchung wurde ihnen daher in aller Regel zunächst einmal die Anklage verlesen, die sich im Wesentlichen auf die im Rahmen der Voruntersuchungen ermittelten Denunziationen und Indizien stützte. Quelle dieser Denunziationen waren Zeugenaussagen sowie Besagungen, die aus den Protokollen früherer Angeklagter entnommen wurden. Sie wurden häufig in die Form sogenannter *articuli inquisitionales* – auch *Inquisitionalarticul, Positional Articuln* oder einfach nur *Indicia, Indicionales* oder *articul(i)* genannt – gebracht und bildeten in ihrer Gesamtheit die *articulirte Criminal Clagh* (Coesfeld 1632: 4). Die Verlesung der einzelnen Klagepunkte diente jedoch nicht allein der formalen Prozesseröffnung und der Information des Angeklagten, sondern wurde zugleich zu dessen Befragung verwendet, sie war also bereits Teil des Verhörs, genauer des sogenannten „artikulierten Verhörs", das als typisch für den frühneuzeitlichen Inquisitionsprozess gelten kann (vgl. Buchda 1971: 235).

4.2.1.1. Das artikulierte Verhör: Konfrontation und Suggestion

Beim artikulierten Verhör handelt es sich um ein „Verhör über Fragen, welche nicht eine zusammenhängende Erzählung von Seiten des Beschuldigten, sondern nur kurze Antworten bezweckten. Dabei wurde zwischen allgemeinen (articuli generales), den Lebenswandel, die Verhältnisse etc. des Inquisiten betreffenden und besondern (articuli speciales), lediglich auf die Anschuldigungspunkte gerichteten Artikeln unterschieden" (Meyers Konversationslexikon Bd. 1: 883, s.v. Artikuliertes Verhör). Aufgrund seiner speziellen Struktur war das artikulierte Verhör in besonderem Maße dazu geeignet, den Angeklagten mit der Frage zugleich das zugehörige Wissen zu vermitteln: In meist langen, ausführlichen Artikeln wird ein Sachverhalt geschildert, zu dem die Angeklagten im Prinzip nur kurz Stellung nehmen müssen.

Das Verhör auf die Anklagepunkte hin stellt formal eine besondere Form des artikulierten Verhörs dar. Es ist im vorliegenden Korpus nur in vergleichsweise wenigen Fällen ausführlich überliefert. Oft finden sich nur kurze Hinweise darauf, dass den Angeklagten zu Prozessbeginn die Denunziationen und Indizien vorgelesen wurden sowie ein kurzes Verzeichnis ihrer Antworten bzw. ein Vermerk, wie sie darauf reagiert haben:

(4.1) Nach allen starkhen aber unbeweglichen vnd unfruchtlichen Zusprechen, vnd ermahnen, sind ihr alle auf sie erwachsene denunciationes, vnd reiffe indicia vorgelesen, vnd was sie hierzu sage, absonderlich bespracht worden. Die sagt, auff die 1ste Persohn (interea aber meldt sie, sie wolle gar gern sterben, vnd lacht herziglich daher) wie sie es hab angeben, da sie doch nie nirgends gewesen. Die 2te habs wol khend. 3te, 4te, 5te, 6te sagts, sie sey ihr lebtag nie bei teuflischen Taenzen gewesen. 7. 8. 9. 10 vnd 11te sagts, sie wiß nichts. 12. 13. 14. vnd 15te spricht sie abermals, sie sey nie dabei gewesen. (Eichstätt 1637: 91)

(4.2) Eodem die Vormittag, præsentibus iisdem Ist gleichfalls abgehört worden, Vrsula daunsin Johann Schalcken Frauw zu Wicker hat ebener gestallt, ohnerachtet man Ihr die zu Hochheim vff Sye ergangene Indicia vnndt bekantnussen ernstlich vorgehallten vnndt zu gemuth gefuhrt nichts | bekenn+ gestehen oder aussagen wollen. (Höchst 1631: 165r)

Ausführlich überlieferte Verhöre nach Anklagepunkten bzw. ‚Beweisartikeln' (vgl. Fuchs 2001: 141) finden sich auffälligerweise fast ausschließlich in Protokollen aus der nördlichen Hälfte des Untersuchungsgebietes, also aus dem norddeutschen sowie dem nördlichen west- und ostmitteldeutschen Raum (vgl. Karte 4.1, S. 63). Sie zeichnen sich durch einen auffallend ähnlichen, fast schon schematischen Aufbau aus, der insbesondere durch eine fast durchgängig verwendete einheitliche Form der Redeeinleitung, nämlich die adjektivische Einleitung *wahr, dass* hervorgerufen wird. Bei dieser Art der Redeeinleitung können zwei grundlegende Realisationsformen unterschieden werden, und zwar zum einen Variante 1 mit einfachem *wahr, dass* und zum anderen eine erweiterte Variante 2 der Form *ob nicht wahr, dass*:

Variante 1:

1 Wahr das eine alte fraw Trine Vielhueten Claus Polchowen witwe zu Glaseuitz in einem hofe, so Ihr eheman vor Jahren vnnd itzo von Paull Hoikendorffenn bewohnet wirdt, ihren aufenhalt habe,

2 Wahr das dieselbe eine geraume Zeitt wegen Zauberey, sowol auch Ihre beide tochtere, dauon die eine Claus Sandtmans hausfrawe, die andere noch eine Magtt ist vnnd Trine Polchowen heist, beruchtigt, vnd von menniglich im dorffe Glaseuitz vnnd andern negst vmbliggenden dorfern darfuer gehalten vnnd des halb gemiedet worden,

3 Wie dan wahr das die Trine Vielhueten, sonsten die alte Polchowsche genandt, mit boeten biß dahero offentlich vmbgangen, vnnd solches offentlich vorm Jahre vor einem erbaren Rahte gestendigk sein, [...] (Güstrow 1615: 11r)

Variante 2:

1 Ob nicht war, das dorothea dunckers eine geraume Zeit hero der zauberey halber beruchtigt gewesen,

2 Ob nicht war, das sie von Greta Iden offentlich notiret vnd bekandt worden.

3 Ob nicht war, das dieselbe bekandt vnd ausgesagt, das sie dorothea dunckers Caspar Helfferts frawen angethan, das sie an händen vnd fueßen eine Zeitlangk Lamb gewesen, vnd ihr einen Hundt fur die Tuehre, welchen die Helffertsche zum vngluck ansichtig geworden, gewiesen. (Crivitz 1642: 1)

Variante 1 ist die häufigere der beiden. Sie ist, wie Karte 4.1 zeigt, insbesondere in Westfalen stark verbreitet und tritt, wie eine Durchsicht der Protokolle zeigte, auffällig häufig in Untersuchungen auf, die durch einen fiskalischen Anwalt geführt wurden. Da all diese Untersuchungen sowohl zeitlich als auch geographisch sehr eng beieinander liegen,[8] geht der analoge formale Aufbau der Kataloge mit hoher Wahrscheinlichkeit auf eine obrigkeitliche, also zentrale Form der Standardisierung zurück.

Variante 2 tritt insgesamt etwas seltener auf, nur in drei Fällen (Blankensee 1619, Crivitz 1642 und Stettin 1620) sind komplett schematisierte Kataloge überliefert, sie stammen alle aus dem nordostdeutschen Bereich. Die Frageeinleitung *ob nicht wahr, dass* findet sich ansonsten (ebenfalls nur im nördlichen Teil des Untersuchungsgebiets) in einigen Katalogen mit

---

8 Nachweislich unter der Leitung eines fiskalischen Anwalts fanden die Verhöre in Alme (1630), Coesfeld (1632), Hallenberg (1628) und Werl (1630) statt, aus denen teils mehrere Indizienkataloge des Schemas *wahr, dass* belegt sind. Aus Capellen (1629) sind ferner Antworten auf nicht überlieferte Indizienkataloge belegt, die aufgrund ihrer Form (*Ad 1. bekennet wahr* etc.) darauf schließen lassen, dass ebenfalls nach dem genannten Schema verhört wurde.

gemischten Frageeinleitungen (in Karte 4.1 durch Einklammerung gekennzeichnet), von denen später noch die Rede sein wird.

Bei beiden Varianten der Redeeinleitung handelt es sich augenscheinlich um elliptische Konstruktionen, weshalb Wilke (2006: 223) sie auch zu den „afiniten Einleitungstypen" rechnet. Worin genau die Ellipse besteht, was also aus heutiger Sicht ausgelassen wurde, ist nicht in jedem Fall sofort offensichtlich. Da zudem ein Unterschied zwischen Variante 1 und 2 bestehen könnte, sollen beide Varianten im Folgenden einzeln betrachtet werden.

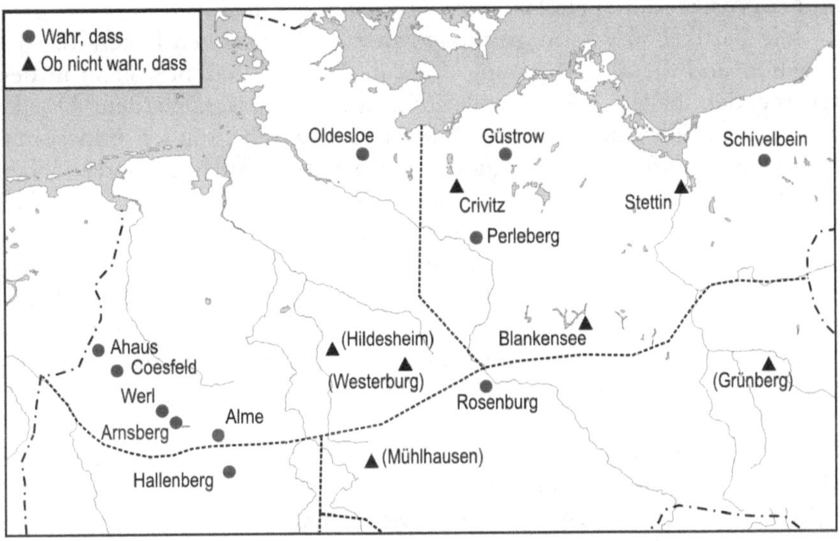

Karte 4.1: Räumliche Verteilung der überlieferten Beweiskataloge

Bei Variante 2 ist der formale Aufbau der einzelnen Artikel recht klar: Es handelt sich um indirekte Fragesätze, wobei nur die abhängigen Nebensätze wiedergegeben werden, die einleitenden Hauptsätze hingegen ‚fehlen'. Da in keinem der drei Protokolle vollständige, also nicht-elliptische Artikel überliefert sind, kann nur gemutmaßt werden, welche Einleitung stillschweigend vorausgesetzt wird. Da es sich bei den Beweiskatalogen um Kataloge handelt, die von außen gewissermaßen als Anweisung für die Verhörenden eingegeben wurden, wäre eine Art Aufforderungssatz denkbar, wie z. B. *Die Angeklagte ist zu fragen, ob es nicht wahr sei, dass …* Vorstellbar wäre zudem, wie auch Wilke (2006: 222) vorschlägt, ein indirekter Fragesatz der Form *Der fiscalische Anwalt fragt/ lässt fragen, ob es nicht wahr sei, dass …* In jedem Fall sollte wohl durch die Form der Fragen, wie Dülmen (1995) feststellt, ein gewisses Maß an „Objektivität und Unparteilichkeit"

(28) demonstriert werden: Nicht der Verhörende selbst war derjenige, der die Fragen stellte, sondern ein unparteiischer Außenstehender, der fiskalische Anwalt. Der Verhörende hat dem Fragenden in der konkreten Verhörsituation also gewissermaßen nur seine Stimme geliehen.

Dass es sich bei dieser ‚Objektivität' nur um eine sehr vordergründige handelt, wird jedoch ebenfalls bereits durch die Form der Beweisartikel, genauer durch die Verwendung der Partikel *nicht* in der adjektivischen Einleitung *ob nicht wahr*, deutlich. Diese wird in den Artikeln aller drei Kataloge durchgängig und konsequent verwendet. Nicht ein einziges Mal wird ein Artikel durch ein einfaches *ob wahr* eingeleitet.

Die Partikel *nicht* kann grundsätzlich zwei Funktionen haben, die der Negation und die der Abtönung. Eine negierende Funktion kann in den vorliegenden Fällen jedoch vollständig ausgeschlossen werden: Da die einzelnen Artikel auf Denunziationen und Indizien gründen und somit, nach frühneuzeitlichem Verständnis, auf bereits gesicherten, verlässlichen Zeugenaussagen, ist gewissermaßen bereits bekannt, dass der im Artikel geschilderte Sachverhalt ‚wahr' ist. Das primäre Ziel des inquisitorischen Verhörs war zudem, wie oben in Abschnitt 2.3.2. erläutert, die Erwirkung eines Geständnisses. Es ging also schon grundsätzlich nicht darum, herauszufinden, ob etwas ‚nicht wahr', d. h. ‚unwahr' ist, es wurde also keine Widerlegung der Indizien und somit eine mögliche Entlastung des Angeklagten angestrebt, sondern im Gegenteil deren Bestätigung (vgl. Dülmen 1995: 25).

Die einzige hier mögliche Funktion der Partikel *nicht* ist somit die der Abtönung, also der Kenntlichmachung der Sprecherposition zum Sachverhalt (vgl. z. B. Helbig 1999: 97). Die Partikel *nicht* ist als Abtönungs- oder Modalpartikel ausschließlich in Interrogativ- und Exklamativsätzen anzutreffen, genauer sogar nur in Entscheidungsfragesätzen und w-Ausrufesätzen der Art „Kannst du mir nicht helfen?" und „Was weiß er nicht alles!"[9].

In Entscheidungsfragesätzen, wie sie auch in den Beispielen des hier untersuchten Korpus auftreten, hat *nicht* die Funktion, die Erwartung des Sprechers hinsichtlich der Antwort zu verdeutlichen. Bei Fragen mit der Partikel *nicht* handelt es sich also nicht mehr um reine Entscheidungsfragen, also Fragen, die die Möglichkeit einer positiven oder negativen Antwort vollkommen offen lassen (Frage: Ist es wahr, dass …? Antwort: Ja/Nein), sondern es handelt sich um „tendenziöse Fragen" (vgl. Dahl 1988: 110), die nur eine Antwortmöglichkeit nahelegen, und zwar eine positive (Frage: Ist es nicht wahr, dass …? Erwartete Antwort: Ja, es ist

9 Vgl. Dahl (1988): 109 und Thurmaier (1989): 160. Die Beispielsätze stammen aus Helbig/Buscha (2001): 559.

wahr). Durch die Partikel *nicht* wird aus der Entscheidungsfrage eine Vergewisserungsfrage, also eine Frage mit geringem Unsicherheitsgrad, auf die der Sprecher eine bestätigende Antwort erwartet (vgl. Helbig/Buscha 2001: 616):

(4.3) 1) Ob nicht wahr, das Sie zeubern kônne und solchs von Lehnen als auch Wolden in ihren Katen zu Marienfließ fůr 4 oder 5 Jahren alß auch fůr 5 oder 6 Jahren gelernet

[…]

Ad I Art. Sagt Ja, daß Sie von Ihnen zeubern lernen, habe eß vor Ihrem Beichtvater auch dermassen bekanndt, will es auch nicht wiederruffen, (Stettin 1620: 7)

Wie Thurmair (1989: 161) feststellt, sind Fragen mit *nicht* „demnach Fragen mit starker Antworterwartung, sind Suggestivfragen". Mit ihrer Hilfe wird den Angeklagten in den frühneuzeitlichen Hexenprozessen das Wissen darüber, was ihnen zu Last gelegt wird, suggeriert und ihre Antworten zugleich in die für das Gericht ‚richtige' Richtung gelenkt. Die Position des Gerichts wird dabei unmissverständlich klar gemacht: Die Wahrheit ist bereits bekannt, es geht nur noch um ihre Bestätigung. Das Verhör hat somit weniger einen Frage-Antwort-Charakter, als vielmehr eine Aussage-Bestätigung-Struktur. Der Hauptredeanteil liegt beim Verhörenden und nicht beim Verhörten, die Artikel übertreffen die Antworten hinsichtlich Länge und Ausführlichkeit meist um ein Vielfaches. Dies geht so weit, dass als Antworten unter Umständen nur noch kurze Vermerke wie *Affirmat* oder *Negat* notiert werden. Wenn es sich bei den *Ob nicht wahr*-Artikeln auch formal um indirekte Fragesätze handelt, ihre semantische Nähe zum Aussagesatz ist doch deutlich spürbar.[10] Noch deutlicher wird sie, wenn man die Belege der Variante 2 mit denen von Variante 1, also den einfachen *Wahr*-Artikeln vergleicht.

Auf den ersten Blick könnte man meinen, dass es sich bei den Artikeln der Variante 1 um eine verkürzte Form von Variante 2 handelt, dass sich die Ellipse also über den einleitenden Hauptsatz hinaus auch noch auf die Konjunktion und die Partikel im ersten abhängigen Nebensatz erstreckt. Die Belege im Korpus zeigen jedoch, dass dies nicht oder nur sehr selten der Fall ist. Als Verkürzungen von *ob nicht wahr*-Artikeln sind *wahr*-Artikel wohl nur in den Fällen zu werten, in denen sie als Variationen in Katalogen auftreten, die in ihrer Grundstruktur der Variante 2 zuzuord-

10 Die *Ob nicht wahr*-Artikel enden im Übrigen nie mit einem Fragezeichen, sind also graphisch nicht als Frage markiert. Als Schlusszeichen wird, wenn überhaupt, ein Punkt oder Komma gesetzt. Natürlich kann die Zeichensetzung im Frühneuhochdeutschen in keiner Weise als normiert gelten, ihr Aussagewert ist also eingeschränkt. Auffällig ist diese Tatsache jedoch allemal.

nen sind.[11] In allen anderen Fällen muss eine grundsätzlich verschiedene Vollform angenommen werden. Aufschluss über die Art der Ellipse geben einige Kataloge, in denen der erste Artikel eine vollständige Redeeinleitung aufweist:

(4.4) Praemissis praemittendis sagt inquirirender Fiscus contra Inquisitam die Muscherdische anfangs wahr, daß … (Arnsberg 1629: 341)

(4.5) Erstlich sagt wahr, dass … (Coesfeld 1632: 4)

(4.6) Irstlich setZt Churf[ü]r[stlich]er Fiscus whar, daß … (Werl 1630/1: 1)

(4.7) Irstlich Sagt Churf[ü]r[stlich]er Fisc[us] Whar daß … (Werl 1630/4: 19)

(4.8) Irstlich setzt churf[ü]r[stliche]r Fisc[us] whar daß … (Werl 1630/5: 35r)

(4.9) Zum ersten sagt fiscus, wahr sein, das … (Hallenberg 1628: 149)

Wie die Beispiele zeigen, sind die *wahr*-Artikel anders als die *ob nicht wahr*-Artikel nicht als Frage- sondern als Aussagesätze zu werten. In den Beispielen 4.4–4.8 ist das Adjektiv *wahr* dabei Teil einer Verbalklammer, deren erster Teil durch die Verben *sagen* oder *setzen* gebildet wird. Das Adjektiv *wahr* steht in den *wahr, dass*-Artikeln der Variante 1 somit stellvertretend für einen redeeinleitenden Hauptsatz. Bei Beispiel 4.9 verhält sich der Fall ein wenig anders: Hier bildet das Adjektiv *wahr* in Verbindung mit *sein* eine satzwertige Infinitivphrase, die von der Redeeinleitung *Zum ersten sagt fiscus* abhängt.

Alle hier angeführten Vollformen weisen einen deutlichen rechtssprachlichen Charakter auf. Die Verben *wahr sagen* und *wahr setzen* sind bei Grimm in der Bedeutung 'sagen dasz es wahr ist, als wahr bekräftigen' belegt (vgl. DWB 27: 704, s.v. wahr). Da die Nachweise sämtlich aus niederdeutschem bzw. niederdeutschnahem Gebiet stammen, sind Verbindungen zu dem aus der mittelniederdeutschen Rechtssprache stammenden Verb *wârseggen* 'die Wahrheit aussagen, bekräftigen' (vgl. Schiller/Lübben 5: 608, s.v. wârseggen) sehr wahrscheinlich. Das Adjektiv *wahr*, wie es in den verkürzten Artikeln der Variante 1 auftritt, muss somit in klar rechtssprachlichem Kontext gesehen werden. Es schafft eine Form von Rechtsverbindlichkeit in dem Sinne, dass es nicht mehr länger eine allgemeine Wahrheit, sondern eine rechtlich abgesicherte Wahrheit beschreibt. Es beinhaltet also die Bedeutungskomponente 'rechtlich anerkannt, rechtlich unumstößlich' (vgl. DWB 27: 690, s.v. wahr). Die Formulierung als Aussagesatz lässt keinen Zweifel mehr an der Gültigkeit der Indizien und Denunziationen zu, das Verhör auf die Beweisartikel hin wird somit zur reinen Formsache, negative Stellungnahmen von Seiten der Angeklagten

11 Dies ist z. B. im oben besprochenen Protokoll aus Blankensee der Fall. Der 25 Artikel umfassende Katalog beginnt mit Artikeln der Form *ob nicht wahr vnndt Zeugen bewust*, ab Artikel 5 wird verkürzt zu einfachem *wahr vnndt Zeugen bewust*, die letzten Artikel werden schließlich wieder mit *ob nicht wahr* eingeleitet. Wie die Form zeigt, wurde der Katalog nicht nur zur Befragung der Angeklagten, sondern auch zur Befragung von Zeugen benutzt.

können nur noch als Verleugnungen und nicht mehr als Richtigstellungen gewertet werden. Besonders deutlich wird dies im Coesfelder Protokoll, dessen Grundstruktur die der Variante 1 ist, das jedoch in den Einleitungen der einzelnen Artikel einen großen Variantenreichtum aufweist. Neben einfachen *wahr, dass*-Einleitungen finden sich u. a. folgende Variationen:

(4.10) So ist wahr, [...]
Nun ist in der Geschicht wahr [...]

Wahr vnd männiglichen hieselbst bekandt [...]

Wahr, vnd wirdt es verstrickter mit auffrichtigem frommen Gemüthe nicht abredig sein können [...]

Wahr vnd erweisslich [...]

Wahr, vnd muss es Beklagter gestehen [...]

Wahr, vnd kan es Reus nicht abredig sein [...] (Coesfeld 1632: 5 ff.)

Der überaus ausführliche Katalog schließt ab mit dem definitiven Vermerk: *Obgenannte Articuln sein wahr, vnd darab ein gemein geschrei vnd leumuth* (ebd.: 17).

Auch die Infinitivphrase *wahr sein* muss dem rechtssprachlichen Kontext zugeordnet werden. Während sie in den überlieferten Beweisartikeln nur ein einziges Mal, nämlich im Hallenberger Protokoll, auftritt, erscheint sie in den notierten Antworten auch anderer Protokolle mit vergleichsweise hoher Frequenz. In der Form mit einfachem Infinitiv[12] konnte sie insgesamt 50-mal nachgewiesen werden, davon 22-mal in der negierten Form *nicht wahr sein*, 3-mal in der negierten Form *vnwahr sein*. Als Bezugswort dient in aller Regel das Verb *sagen*, seltener *glauben*:

(4.11) Sagt Wahr sein, das Sie gegen Vrsula Bacherin obern Thorwärttin dergleichen reden gethan (Günzburg 1613: 77)

(4.12) Primum sagt wahr sein, aber dass ers vergeben sacht nicht wahr sein. (Coesfeld 1632: 29)

(4.13) Ad 1. glaubt denselb[en] wahr sein (Wittgenstein 1629: 5v)

(4.14) Ad decimum octauum respondit: Er wisse vom Handel nicht zu sagen, glaubt nicht wahr sein. (Coesfeld 1632: 19)

Wie die Beispiele zeigen, wird die Phrase *wahr sein* sehr formelhaft und stereotyp zur Bestätigung der Beweisartikel verwendet, was bereits auf

12 Mit erweitertem Infinitiv der Form *wahr zu sein* konnte die Phrase nur neunmal nachgewiesen werden. Sie tritt seltener im eigentlichen Verhör als vielmehr in der abschließenden Ratifizierung des Geständnisses auf. Formal unterscheidet sie sich von den nicht erweiterten Formen auch insofern, als sie in nahezu allen Fällen dem finiten Verb vorangestellt wird: *Demnach fleißigst erinnert, ob alles in sich wahr, darauff leben unnd sterben wolle, [...], warauff dieselbe alles beschrieben und ihro vorgeleßener maßen wahr zu sein sich außdrucklich erclert* (Drachenfels 1630: 11r). Als Bezugswörter dienen u. a. die Verben *bekennen, bekräftigen, vermelden, ratifiziern.*

ihren rechtssprachlichen Charakter hindeutet. Ihren Ursprung wird sie in der lateinischen Rechtssprache als analoge Bildung zur lat. AcI-Konstruktion *verum esse* haben, worauf u. a. einige entsprechende Belege aus dem Protokoll Erpel hindeuten:

(4.15) Etiam verum, das stante matrimonio die ehe gebruchen [...]
Mit dem leuchter fatetur esse verum. [...]
recapitulando dicit omnia esse vera [...]
Mit dem amptman Dietherichen Kessell verum esse dicit. (Erpel 1631: 4)

Die für das Lateinische übliche Form der indirekten Redewiedergaben mit Hilfe eines AcI, wie sie in den Beispielen aus Erpel noch auftritt, spiegelt sich in der deutschen Infinitivphrase *wahr sein* wider (vgl. hierzu auch Wilke 2006: 218). Die hohe Frequenz, mit der die Phrase verwendet wird, sowie das ansonsten recht seltene Auftreten ähnlich gestalteter satzwertiger Infinitivphrasen in der Redewiedergabe der Protokolle lassen darauf schließen, dass es sich bei der Verwendung der Phrase *wahr sein* zum Schreibzeitpunkt nicht mehr um eine bewusste Anlehnung an Traditionen der lateinischen Grammatik handelt, sondern um eine stereotyp verwendete Formel mit rechtssprachlicher Gültigkeit. Als solche wird sie z. B. auch in Artikel 54 („Von nachfrag und erkundung der bösen genanten vmbstenden") der Carolina verwendet:

> So soll alsdann der richter an die end schicken, vnnd nach den vmbstenden, so der gefragt, der bekanten missethtat halber erzelt hat souil zu gewißheyt der warheyt dienstlich, mit allem fleiß fragen lassen ob die bekantnuß der obberürten vmbstende war sein oder nit, [...] (Carolina 1532/2000: 49).

Sowohl die Beweiskataloge der Variante 1 wie auch die der Variante 2 weisen durch die stereotypen Redeeinleitungen einen sehr formelhaften, standardisierten Aufbau auf. Als von außen, von Seiten unparteiischer, objektiver Kommissare nach formalen Richtlinien erstellte Dokumente beinhalten sie rechtlich abgesicherte ‚Wahrheiten', die im Verhör nicht mehr überprüft sondern nur noch – aus formal-rechtlichen Gründen – bestätigt werden müssen. Die für ein Verhör erwartbare Frage-Antwort-Struktur, die in den Verhören der Variante 2 zumindest formal durch die Formulierung als indirekte Fragesätze noch angelegt ist, wird zugunsten einer Aussage-Bestätigung-Struktur aufgegeben. Aufgrund seiner Struktur war das artikulierte Verhör nach Anklagepunkten somit in besonderem Maße dazu geeignet, Wissen zu suggerieren und den Angeklagten Informationen zukommen zu lassen. Da die einzelnen Artikel nahezu ausschließlich auf Zeugenaussagen basieren, werden den Angeklagten zunächst im Wesentlichen Informationen über allgemein kursierende Gerüchte und konkrete Schadenzauberverdächtigungen vermittelt. Aus den Denunziationen anderer Angeklagter werden darüber hinaus jedoch auch

Informationen zu Anschuldigungen aus dem Bereich des kumulativen Hexenglaubens wie z. B. zu Hexentänzen, Teufelsbuhlen etc. bereitgestellt:

(4.16) Wahr, und kanss Reus mit vnuerletzten reinen Gewissen nicht leuchnen, dass er mit gedachter Schuermanschen vnd andern mitgespielen, wie auch seiner Frawen vfm Vosskampfe, vfm Mahnenberg, vnd vfr Münsterstrassen vfm Tantze gewehsen.

Wahr, dass Beklagter dahselbst iederzeit in seiden vnd satienen Kleidern, seine Buelinne aber, welche er Christina genennet, in stattlichen seinen gleich glenzenden Kleidern gleichfahls erschiennen.

Wahr, vnd wirdt es verstrickter keines wegen dörffen in Abred sein, dass er mit dückernenter Schüermanschen, Fabritio vnd andern zu Cöln in den Weinkeller, welchen sie loess vnd zumachen können, gewehsen, vnd dahselbst den Wein aus steinen Beckens gesoffen. (Coesfeld 1632: 11)

Neben den hier vorgestellten, formal stark vereinheitlichten Beweiskatalogen sind zwei weitere Kataloge (aus dem mecklenburgischen Ort Borgfeld und dem rheinischen Erpel) überliefert, die in ihrer Form abweichen, jedoch den gleichen Zweck erfüllen. In beiden Texten werden die Anklagepunkte analog zu den Katalogen der Variante 1 in Form von Aussagesätzen präsentiert, wobei jedoch auf eine Redeeinleitung völlig verzichtet wird:

(4.17) Folgen die Inditional Articul Furzeichnus worinne Steffan wodergk zeuberie halben vordacht wirdt.

1. Ihm vorgangen winter A[nn]o[perge] kurtz vor wynachten haben die knorrendörffschen holtz von Borchfelde nach Treptow gefhuret, do Ist Hans kohagen ein strangk auf dem wege entzwey gebrochen, vnd die wiele Steffan wodergken Shone fur Ihme gefhuret zu dem ehr gesagt ehr solte doch ein wenich still halten so langk das ehr den strangk wied[er]umb zusamen geknupfett, d[er] Junge aber hatt Hans kohagen mit spöttyschen vnd vnfledigen worten geantwortet, derowegen d[er] Hans kohagen den Jungen mit d[er] Schwepen vber die Schuldeter gehowen, hatt Steffan wodergken seine hauß frawe sich horen lassen, es solte Hans kohagen ein schwer howend werden, darvff Ihme zwe valen vnd ein groß pferdt abgestorben, darnach vier pferde vf einen tagk wiederumb kranck worden, darnach alle pferde semptlich kranck worden. (Borgfeld 1587: 296v)

(4.18) Indicia cum denu[n]ciationibus super personam Catharinam Nurbergs von Bruchaussen.

1. Ist diese persohn je und alle weg eineß lichtfertigen lebens gewest, und quasi, bei der ehe in hurerey gelebt, wie allen nachpauren zu Bruchaussen wissi.

2. Item mit ihrem schwager Roberten von der Broch ein lange zeit in unkuscheit gelebt, ein kindt mit ihme gezilt und zur weldt bracht.

> 3. Bei ihrem man h. L. Roberten Spe sich mit dem pferdtz knecht angelegt, welchen nach todt ihres mans, gegen ihrer kinder willen zur ehe genommen. (Erpel 1631: 1)

Wie die Beweisartikel auch formuliert waren, ob als indirekte Frage, als eingeleitete Aussage in indirekter Rede oder als einfacher, direkter Aussagesatz: Mit der Verlesung der Anklagepunkte war der Angeklagte in jedem Fall bereits recht gut darüber ins Bild gesetzt, was ihm vorgeworfen wurde, wie auch darüber, was im Folgenden von ihm erwartet wurde, nämlich die Anerkennung und Bestätigung sowie gegebenenfalls Ergänzung der ‚Wahrheiten'. In den nachfolgenden Verhören konnte das aus der Anklageschrift bekannte Wissen nun nochmals abgehört und erweitert werden. Eine Wissenserweiterung fand dabei auf beiden Seiten, also sowohl auf Seiten des Gerichts als auch auf Seiten der Angeklagten statt. Das Gericht vertiefte seine Kenntnisse über den Tatbestand, indem die Angeklagten zu einzelnen Punkten genauer befragt wurden, indem also ‚interrogiert' wurde. Das Wissen der Angeklagten um den Tatbestand Hexerei wurde – wie schon im Verhör auf die Beweisartikel – mit Hilfe von Suggestivfragen verbreitert. Zwar war das Mittel der Suggestion im Angeklagtenverhör rechtlich untersagt – so setzt Artikel 56 der Carolina fest:

> Item in vordern artickeln ist klärlich gesetzt, wie man eynen, der einer missethat die zweifellig ist, auß marter oder bedrohung der marter bekent, nach allen vmbstenden derselben missethat fragen, vnd darauff erkündigung thun, vnd also auff den grundt der warheyt kommen etc. solchs würdet aber etwa damit verderbt, wenn den gefangen jn annemen oder fragen, die selben vmbstende der missethat vorgesagt vnd darauff gefragt werden. Darumb wollen wir daß die richter solchs fürkommen, daß es nit geschehe [...] (Carolina 1532/2000: 50).

In der Praxis waren Suggestivfragen jedoch eine gängige Methode, wie die im Korpus überlieferten Fragenkataloge, auch *Interrogatorien, Fragstücke, Articul* u. ä. genannt, zeigen.

Wie die oben dargestellten Beweiskataloge wurden auch die Fragenkataloge, die als Grundlage des Verhörs dienten, dem Untersuchungsgericht in der Regel von außen, also von höhergestellter Seite, eingegeben. Es handelte sich also um vorgefertigte Listen von Fragen, nach denen das Verhör chronologisch durchgeführt wurde. Sie basieren ebenfalls auf den Erkenntnissen, die aus den Voruntersuchungen gewonnen wurden (also auf Gerüchten und Denunziationen),[13] sowie auf allgemeinen Kenntnissen um die Inhalte der Hexenlehre und unter Umständen auf bereits getätigten Aussagen von Seiten der Angeklagten. Die Interrogatorien können in

---

13 Im Böblinger Protokoll z. B. ist die Quelle für die Frageartikel explizit ausgewiesen. Auf die Auflistung der Fragen, nach denen die 13-jährige Agatha Wollhartin verhört werden soll, folgt der Vermerk: *Dise Artickhel seind eins gut[en] Theyls (sonnd[er]lich da ad speciem gegang[en] wirt) auss Ires Vatters Bericht vnd Supplication gezog[en]* (Böblingen 1590: 4).

der Akte sowohl im Block, d. h. als abgeschlossene Kataloge enthalten sein – in diesem Fall sind im eigentlichen Verhörprotokoll nur die Antworten auf die einzelnen Frageartikel verzeichnet –, sie können jedoch auch im Sinne einer alternierenden Frage-Antwort-Sequenz direkt in das Verhörprotokoll aufgenommen sein. Inhaltlich sind sie meist in mehrere Themenbereiche gegliedert: Begonnen wird häufig mit allgemeinen Fragen zur Person und zur Sache, den *General-Interrogatoria*, worauf dann *Special-Interrogatoria* zu konkreten Verdachtspunkten (*Malefacta, Sacrilegia, Complices, Ausfahren, Wettermachen, Kellerfahren* etc.) folgen.[14] Nach den zentralen Punkten der kirchlichen Hexenlehre, also Pakt und Buhlschaft mit dem Teufel, wird in vielen Fällen gleich zu Beginn des Verhörs, also nach den allgemeinen Fragen zur Person, zu kursierenden Gerüchten und Denunziationen gefragt, wohl nicht zuletzt deshalb, weil das Teufelsbündnis als Grundlage für die weiteren Straftaten angesehen wurde.

Formal stellen die überlieferten Fragenkataloge in der Regel Mischungen aus indirekten Entscheidungs- und Ergänzungsfragen dar. Die Entscheidungsfragen, welche nur kurze Ja/Nein-Antworten von Seiten der Angeklagten erforderlich machen, sind, wie bereits bei den Indizienartikeln deutlich wurde, in besonderem Maße geeignet, Wissen zu vermitteln. Mit ihrer Hilfe kann den Angeklagten das Bekenntnis bestimmter strafbarer Handlungen gemäß der Hexenlehre nahegelegt und deren konkrete Ausformung wenn nötig bis ins Detail vorgegeben werden:

(4.19) Ob sie nicht einen Buhlen habe, der ein Teuffel sei vndt Hans heiße. (Ostrau 1628: 80v)

(4.20) Ob nit die zauberischen personen, wenn sie dem vieh schaden zufügen wollen, vom bösen feind stecken oder bengel oder aber eine sonderbare teufelische schmier gesotten und zugericht worden. (Wallhausen 1628: 197)

(4.21) Ob Sy sich dem bösen veindt ergeb[en]? Got vnd alle seine heyligen, vatter vnd muetter [ver]laugnet habe? wo? vnd wann es beschehen seye? (Augsburg 1625: 113)

Wie die Beispiele zeigen, werden den Angeklagten mit den Fragen zugleich Elemente des regionalen Hexenglaubens wie z. B. Teufelsnamen und Zaubermittel sowie allgemeine gelehrte Vorstellungen vom Teufelspakt und der Gottesverleugnung mitgeliefert. Dass ihnen zudem in vielen Fällen bereits die korrekte Antwort nahegelegt wird, zeigt erneut der auffällig häufige Gebrauch der Abtönungspartikel *nicht*, wie sie hier in den Beispielen 4.19 und 4.20 verwendet wird. Von den insgesamt 748 im Korpus überlieferten indirekten Entscheidungsfragen weisen fast die Hälfte,

14 Die thematischen Gliederungen sind teilweise explizit durch Zwischenüberschriften, kommentierende Marginalien u. Ä. graphisch markiert, teilweise jedoch auch nur aus dem Inhalt zu erschließen.

nämlich 326 Fragen, eine derart abgetönte Frageform auf. Die Funktion ist hier wiederum die Nahelegung einer positiven Antwort von Seiten des Fragestellers, der sich als bereits informierte Person zu erkennen gibt, der also über Wissen verfügt, dessen er sich mit Hilfe des Angeklagten vergewissern möchte. Durch die klare Markierung der Sprechereinstellung und den suggestiven Gehalt der Fragen kann somit nicht von einer neutralen, objektiven Befragung, wie sie die Carolina fordert, die Rede sein. Im Gegenteil werden die Aussagen eindeutig in die gewünschte Richtung gelenkt.

Eine weitere Form von Aussagesteuerung wird durch die geschickte Kombination von Entscheidungs- und Ergänzungsfragen im Verhörverlauf bewirkt. Eine gängige Befragungsmethode ist die in Beispiel 4.21 verwendete: Zunächst wird mit Hilfe von Entscheidungsfragen das Thema, in diesem Fall der Teufelspakt, vorgegeben, woraufhin durch Ergänzungsfragen genauere Details eingefordert werden. Obwohl die Entscheidungsfrage in diesem Fall nicht abgetönt ist, also keine konkrete Erwartungshaltung von Seiten des Fragestellers hinsichtlich einer positiven Antwort markiert ist, macht die unmittelbare Folge der Ergänzungsfragen noch im gleichen Artikel, die nur bei einer Bejahung der Entscheidungsfragen zum Tragen kommen können, die implizit vorhandene Sprechereinstellung und -erwartung deutlich. Dass diese Befragungsmethode durchaus üblich war, zeigen die folgenden Beispiele:

(4.22) Ob sie mit der Furtnerin nicht in die kuhe stall gefahren, Vnd d[as] Viech darinn todt geritten, Wann, Wo Vnnd wem? (Hemau 1616: 1v)

(4.23) 2. Ob sie Annen, Andres Wieners Weib, kenne? 3. Ob sie mit derselben des Nachts uff den Hexentänzen gewesen, wo und welchem Orte? (Meiningen 1659: 111)

(4.24) 4. Art[icul] Ob sie nicht einen Buhlen habe, der ein Teuffel sei vndt Hans heiße.

5. Art[icul] Ob sie mit demselben Vnzucht vndt Hurerej getrieben.

6. Art[icul] Wie offt sie mit ihme zu thuen gehabt.

7. Art[icul] Wie lange sie solche Teuffelische hurerej getrieben (Ostrau 1628: 80v)

Der grundsätzliche Tatbestand ist somit von Seiten des Gerichts bereits festgelegt, die Angeklagten sollen ihn lediglich noch bestätigen und mit zusätzlichen Informationen, insbesondere bezüglich Ort und Zeit der Tat, unterfüttern. Durch die sequentielle Verwendung von Entscheidungs- und Ergänzungsfragen werden der Verhörverlauf und die Aussagen der Angeklagten also in hohem Maße gesteuert. Ein noch größerer Eingriff in die Aussagefreiheit der Angeklagten wird durch die umgekehrte Reihung der Fragetypen bewirkt, wenn also das Thema in der Ergänzungsfrage eingeführt wird, auf die eine konkretisierende Entscheidungs- bzw. Vergewisserungsfrage folgt:

(4.25) 23. Wer sie also zuegericht, das sie vf ain zeit, ain so zerschlagen blaw |angesichicht+ angesicht gehabt,
24. Ob sie nit Ir böser gaist vnd also Tractiert vnd warumben (Günzburg 1613: 19 f.)

(4.26) 12. Ob Sie den kuhen die Milch nicht verderbet, wie Vnnd Wardurch?
13. Ob sie nicht das stinckhende Barin Krauth darzue gebraucht, Vnd daselbe den kuhen Inn des Teuffels Nahmen, Inn den hallß geschoben, Vnd dordurch die Milch so dieg Vnnd zehe gemacht, das man dieselbe, wie einen darm ziehen können? (Hemau 1616: 2r)

(4.27) 2. Art[icul] Von welchem Menschen oder sonsten sie es gelernt.
3. Art[icul] Ob sie nicht von einem Weibes Bilde die zauberey gelernet. (Ostrau 1628: 80r f.)

Mit der jeweils zweiten Frage, der Vergewisserungsfrage, wird, wie die Beispiele zeigen, quasi die Antwort auf die erste Frage, die Ergänzungsfrage, gegeben: *Wer sie also zuegericht – Ir böser gaist; Wardurch – das stinckhende Barin Krauth; Von welchem Menschen – von einem Weibes Bilde.* Falls also die Angeklagten von sich aus die Ergänzungsfrage nicht oder nicht in der gewünschten Weise beantworten kann, wird ihnen die korrekte Antwort untergeschoben. Dass diese Befragungsmethode nichts mehr mit Neutralität und Objektivität zu tun hat, versteht sich von selbst. Mit der Umkehrung der Frageabfolge wird zugleich eine umgekehrte Sprechereinstellung deutlich. Statt einer positiven Erwartungshaltung drückt die Frageweise nun eine negative Erwartung des Fragenden aus: Der Verfasser der vorgefertigten Fragenkataloge geht schon vor dem Verhör davon aus, dass auf die Ergänzungsfrage nicht die gewünschte Antwort gegeben wird, dass also ein Anstoß von Seiten des Fragenden und somit die Suggestion von Wissen nötig ist, um ein entsprechendes Geständnis zu erlangen, weshalb direkt die entsprechende Entscheidungsfrage nachgesetzt wird. Der Wissensvorsprung des Gerichts äußert sich also hier nicht allein in der vermeintlichen Kenntnis der ‚Wahrheit', sondern zudem in der Antizipation der Antwort des Angeklagten, von dem erwartet wird, dass er zunächst einmal leugnet.

Das artikulierte Verhör, wie es hier beschrieben wurde, eignet sich somit insgesamt in hohem Maße dazu, den Angeklagten Wissen zu suggerieren und ihre Aussagen geschickt zu steuern. Viele der Protokolle zeigen, dass es oft zu Beginn der Untersuchung eingesetzt wurde, also zunächst im gütlichen Verhör. Wurden im gütlichen Verhör nicht die erwünschten Ergebnisse erzielt, konnten die Artikel jedoch auch als Grundlage für das peinliche Verhör verwendet werden. Durch den enormen psychischen Druck und den physischen Schmerz unter der Folter wurde der Widerstand von den Angeklagten in den meisten Fällen früher oder später aufgegeben und das suggerierte Wissen bestätigt.

4.2.1.2. Das nicht-artikulierte Verhör: Suggestion, Reproduktion und Repetition

Neben dem artikulierten Verhör konnte es im Verlauf eines Prozesses auch zu nicht-artikulierten, also gewissermaßen ‚freien' Verhörsequenzen kommen (vgl. Topalović 2003: 154), d. h. die Angeklagten wurden nicht mehr allein anhand vorgegebener Fragenkataloge befragt, sondern es wurde von Seiten der Verhörenden eigene Fragen gestellt. Diese ‚eigenen' Fragen konnten sowohl als Zwischenfragen in einem artikulierten Verhör gestellt werden,[15] sie konnten aber auch selbständige Verhörteile bilden und wurden wohl insbesondere dann eingesetzt, wenn das artikulierte Verhör nicht die gewünschten Ergebnisse lieferte. Da die Fragen im nicht-artikulierten Verhör nicht von außen vorgegeben sind, da der Verhörende also nun tatsächlich der Fragende und nicht mehr allein der Übermittler von Fragen ist, muss davon ausgegangen werden, dass das nicht-artikulierte Verhör eine Befragung auf einer ‚persönlicheren' Ebene war. Nicht selten kannten sich der Verhörende und der Verhörte, da sie aus dem gleichen Ort oder der gleichen Gegend stammten, der Verhörende war unter Umständen schon durch die am Ort kursierenden Gerüchte voreingenommen, auf jeden Fall war er aber stärker persönlich involviert als die Richter eines ortsfremden, aus der Distanz operierenden Gerichts. Man darf zudem nicht vergessen, dass das Verhörpersonal in der Regel der festen Überzeugung war, es mit einer echten ‚Hexe' zu tun zu haben, also mit einer Person, die mit dem Teufel im Bund steht, die zaubern und verfluchen kann und die somit auch für die Untersuchungskommission selbst eine konkrete Bedrohung darstellen kann.[16] Ihr Eifer, die ‚Hexen' ihrer

15 Vgl. z. B. das Protokoll Crivitz 1642: Bei Punkt 8 des artikulierten Verhörs werden der Angeklagten Dorothea Dunckers von Seiten der Verhörenden ergänzende Fragen gestellt, die im Protokoll explizit durch den Vermerk *Interrogata* markiert sind: *8. Ob nicht war, das sie vnd Anna Berchmans, neben ihren beiderseits buhlen, bei der Mordskuhlen vff ihrem gehaltenen Tantzplatze gewesen, Aber die Vier allezeit alleine zusammen gegeßen, vnd auch zusamen getantzet hetten […]Ad 8. Sagt ia, das sei war, vnd hette der Lazaruschen ihr grawe kleider angehabt, so Thies geheißen, der Ideschen ihr aber hette gruene kleider, deß Sontags aber ein Roht wambs angehabt so bunte Thim geheißen, Interrogata ob sie ihren bulen, neben der Lazaruschen ihrem hingeschickt die Idesche vffm Thurm vmbzubringen? Respond[et]: das hette der Ideschen eigner Teuffel gethan, Interr[ogata] woher sie solches wiße? Respond[et]: Ihr Teufel so do nocheins alhie vffs Rahthauß zu ihr gekommen hette es ihr gesagt* (2; 7 f.).

16 Was für Folgen ein Hexenverhör für das Untersuchungspersonal selbst haben konnte, zeigt z. B. das Verhör der Anna Mazet aus Mergentheim. Nachdem sie sich zunächst im gütlichen Verhör standhaft gegen alle Vorwürfe zur Wehr setzt, gibt sie unter der Folter den

Tat zu überführen und zu einem Geständnis zu bringen, war daher – nicht zuletzt durch ein gewisses Maß an persönlicher Motivation – nicht gering.

Neben der Bedrohung durch die Tortur war auch die verbale Bedrohung ein Mittel, das vermutlich insbesondere in den nicht-artikulierten Verhörteilen verstärkt zum Einsatz kam. Die Protokolle geben hiervon jedoch nur bedingt Zeugnis. Konkrete Drohungen wurden selten im Wortlaut, d. h. als Rede des Verhörenden, protokolliert. Dass sie jedoch durchweg zum Einsatz kamen, zeigen die vielen von den Schreibern festgehaltenen Hinweise auf derartige Sprachhandlungen. Zu Beginn und im Verlauf eines Verhörs wurden die Angeklagten teils mehrfach *mit allem fleiß erinnert* (Blankenheim 1627) und *trewlich ermahnet* (Kruft 1629), ihnen wurde *starckh zugesprochen* (Bamberg 1628) und sie wurden *mit der Tortur bedrawet* (Gerolstein 1633,2), um das gewünschte Geständnis zu erzielen. Unter den Verben des Drohens, die von den Schreibern verwendet wurden, treten insbesondere die Verben *ermahnen*/*vermahnen* (125/20 Nachweise) und *erinnern* (95 Nachweise) durch einen hohen Gebrauch hervor, letzteres in der Bedeutung 'mahnen, warnen' (vgl. DWB 3: 858, s.v. erinnern). Beide werden quasi synonym verwendet und häufig zu einer Paarformel kombiniert: *Ermelte behaffte jn der guete ernstlichen fleißes erinnert vndt ermahnet worden, Weß sie sich seithero bedacht, die warheit außzusagen* (Blankenheim 1627, 2: 15). Ferner finden sich die Verben *bedrohen* (29x), *zusprechen* (18x), *zureden* (8x) und *warnen* (7x), die ebenfalls häufig in Kombination auftreten, so z. B. in den Präpositionalphrasen *vber alles erinneren vnnd zuesprechen* (Meßkirch 1644), *nach vielem treurherzlichen Vermanen, Verwarnen* (Lindheim 1631) etc.

Um den Charakter der Drohung hervorzuheben, werden die Verben – wie schon die obigen Beispiele zeigen – häufig durch qualifizierende und quantifizierende Adjektive und Präpositionalphrasen adverbial erweitert. Sie können sowohl die Verhörart kennzeichnen (*gütlich, peinlich*) als auch den Grad, die Eindringlichkeit der Ermahnung (*stark, hart, scharf, ernstlich, fleißig*/*mit Fleiß*/*zum allerfleißigsten, inständig, hoch*/*aufs höchste*) und die Frequenz (*vielfältig, vielmals*). Als Druckmittel diente wohl in den meisten Fäl-

Widerstand auf und nennt als ihre Komplizin unter anderem die Frau des Bürgermeisters Braun, der im Prozess als Schöffe fungiert. Dieser versucht in einem späteren Verhör nochmals nachzuhaken und die Vorwürfe zu entkräften, was ihm jedoch nicht so recht gelingt: *Hieruf er Braun sie selbsten erinnert ob diß So sie außgesagt vf sein frau die warheit* R*[espondit] illa ia wassie außgesagtt d[as] seie wahr druf wolle sie beharren wolle rechenschafft bei Gott dem Almechtig[en] darüber geben verhoffe auch eß werden eß andere thun, vnd Wie ihr nit zweiffle biß hero allen Recht geschegen Sein Do endtlich H[err] Braun, nit weitters gekindt hat er Neidt vnd feindtschafft prætendirt vnd vorgewent hieruf er befragt worden ob sie dan hiebeuorn Neüdtschafft Zu samen getrag[en] Sagt er wisse anderst nichts dan dassie welsche Petterin iedeßmalß ein Neidische frau gewesen vnd wan er etwan ein Pfenning mehr alsie wälsch Petterin gelöst dahero ein feindtschafft vf sie Geworffen haben möchte. Sonsten hat hin geg[en] wälsch Petterin b[eri]cht daß Meniglich vorgibt d[as] sein Braunenß Frau Ein Ahlraun* (Mergentheim 1629: 16).

len die Tortur; so wurde z. B. die Angeklagte im Neuerburger Prozess *zum vberfluß zu verschönungh ihrer glieder ermahnt, daßjenig, so ihro bewußt vnd sich schuldig erkent, ultro vnd vngezwungen von sich zu thun* (Neuerburg 1614: 156).

Neben der Bedrohung wurde auch das Mittel der Bestechung eingesetzt, um den Widerstand der Angeklagten zu brechen und sie zum Geständnis zu bringen. Auch hier spielte als Druckmittel die Folter eine große Rolle, jedoch mit dem Unterschied, dass nicht mit ihrem Einsatz gedroht wurde, sondern dass im Verlauf des peinlichen Verhörs ihr Ende in Aussicht gestellt wurde: *Ferners ihro zugeredt, wann sie von dem Stuell gern wollte ab sein, so solte sie sagen, wo sie das letztemal ufm Tanz gewesen?* (Siegburg 1636/2: 74). In Flamersheim wird der Angeklagten gar *zugesagt, das kein Folter mehr außstehen* müsse, weshalb sie *desto freier mit hindansetzung aller forcht die warheit* sagen könne (Flamersheim 1629: 160). Andere Bestechungsmittel sind selten dokumentiert, lediglich in Blankenheim (1627/2: 16) ist ein Versuch verzeichnet, die Angeklagte durch Aussicht auf Nahrung zum Geständnis zu bewegen, was aber scheitert: *Alß sie einen Trunckh begert, jhr derselbe gereicht worden. Vndt dannach erinnert, daß sie fein wecker* [‘Weißbrot’] *bekommen wollte. Antwortt, Wehre gleich viel ob sie wecker bekomme, oder nit, hette genug bekandt.*

Führen Bedrohung und Bestechung der Angeklagten zum gewünschten Ergebnis, geben sie also ihren Widerstand auf und verbleiben nicht in ihrer *Halsstarrigkeit*, folgt in den Protokollen die Verzeichnung der Aussagen der Angeklagten. Das Protokoll des nicht-artikulierten Verhörs kann sowohl eine Frage-Antwort-Struktur aufweisen, es kann jedoch auch als reiner Fließtext, als komplexer Redeteil des Angeklagten verfasst sein und macht in diesem Fall den Anschein eines quasi ‚freien‘ Geständnisses:

(4.28) Alß hierauff der h[err] Stadtvoigt die gefangne fleißig ermahnet, weinete sie anfangs bitterlich, vnd alß sie sich etwas wider erholet, Bekante sie, das die Lazarusche Anna Berchmans, sie einsmalß mit bei Gömetow vff den bergk, nicht weit von der Mordtkulen, genommen alda die Idesche Ihr einen Teuffel, Hans genandt, vertrawet, vnd sie mit guten worten da zu verleitet, Es were solches in aller eil geschehen, Sie hette an einen stock greiffen vnd also nachsagen mußen, Hie greiffe ich an diesen stock, vnd verlaße Marien vnd den lieben Gott, darauff hette die Idesche ihr ihren Bulen gewiesen, welcher Schwartz gewesen, hette ihn nicht offt gesehen, hette auch keine vnzucht mit ihr getrieben (Crivitz 1642: 7).

Ob es sich nun tatsächlich um ein von der Angeklagten selbständig entwickeltes Geständnis handelt oder ob eventuelle anleitende Fragen von Seiten des Verhörenden schlichtweg nicht notiert und die Antworten der Angeklagten zu einer kompakten Aussage zusammengefasst wurden, ist nicht mehr nachvollziehbar. Letzteres ist jedoch wahrscheinlicher.

Woher stammt nun das von den Angeklagten im nicht-artikulierten Verhör zu Protokoll gegebene Wissen um die zentralen Punkte der kirchlichen Hexenlehre? Dass die Angeklagten ganz ohne Anleitung Dinge wie den Teufelspakt und die Teufelsbuhlschaft gestehen und bis ins Detail über die erwarteten stereotypen Paktarten und Schwurformeln, über Teufelsnamen und Aussehen und Gestalt des Teufels Auskunft geben können, ist unwahrscheinlich. Wie bereits eingangs erläutert wurde, handelte es sich bei dieser Art des Hexenglaubens ursprünglich nicht um den Glauben des einfachen Volkes, sondern um ein Produkt des gelehrten Diskurses der Theologen, Philosophen und Rechtsgelehrten. Dass durch die rege Verbreitung hexentheoretischer Schriften entsprechende Kenntnisse auch beim höheren Gerichtspersonal vorausgesetzt werden können, stellt Irsigler (1998) heraus: „Gerade die an führender Stelle tätigen Juristen – ob mit oder ohne Universitätsabschluß –, kannten diese Schriften und nutzten sie offenbar intensiv“ (12). Da die Untersuchungsgerichte dazu angehalten waren, die höheren Instanzen zwecks Rechtsbeistand zu konsultieren, kann man wohl davon ausgehen, dass auch das Verhörpersonal der Niedergerichte über die entsprechenden Inhalte der Lehre weitaus besser informiert war als die Angeklagten, weshalb der Faktor Suggestion auch im nicht-artikulierten Verhör eine große Rolle spielte. Da nichtartikulierte Verhörsequenzen zudem häufig auf artikulierte folgten, konnten sowohl die Verhörenden als auch die Angeklagten auf das in den Beweis- und Fragekatalogen vermittelte Wissen zurückgreifen. Deutlich wird dies z. B. anhand einer Aussage der Angeklagten Ermgard Roleffs. Nachdem sie sich im Verhör zunächst weigert, weitere Aussagen zu machen, werden ihr die Beinschrauben angelegt, woraufhin sie bekennt, *daß sie dem Manne, dauon ihr vorgelesen in articulis, gifft beigepracht* (Lemgo 1632: 50v). Die Informationen aus dem Beweisartikel dienten hier als Grundgerüst für ihre eigene Aussage, sie wurden wiederaufgenommen und im Folgenden – vermutlich durch eigene Einfälle – weiter ausgeschmückt.

Einfallsreichtum war für die Angeklagten im Hexenverhör sicherlich ein weiterer wichtiger Punkt: Da von den Verhörenden gerade im nichtartikulierten Verhör immer weitere und detailliertere Aussagen gefordert wurden, mussten die unschuldig Angeklagten sich mögliche Taten einfallen lassen und diese mit glaubhaften Orts-, Zeit- und Personenangaben versehen.[17] Dies ist schon unter normalen Umständen keine leichte Aufgabe, in einer Verhörsituation, die von permanentem psychischen und physischen Druck bestimmt ist, jedoch besonders schwierig. Die Verhöre

17 Wie Beyer (1989: 150) hervorhebt, darf auch ein Geständnis von Hexerei „nichts ‚Unmögliches‘ enthalten“: „Die Beschuldigten dürfen nicht Unwetter gestehen, die niemals stattgefunden haben, sie dürfen in ihren Geständnissen nicht von toten Tieren sprechen, die nicht gestorben sind, oder von kranken Menschen, die nicht an einer Krankheit leiden“. Die erfundenen Angaben mussten somit in sich schlüssig sein und noch dazu den realhistorischen Gegebenheiten entsprechen.

wurden daher oft unterbrochen, um den Angeklagten Bedenkzeit zu geben.[18] Dass die Angeklagten nicht umhin kamen, etwas zu erfinden, zeigt z. B. eine entsprechende Bemerkung im Brief des Bamberger Angeklagten Johannes Junius an seine Tochter Veronica: *dan wer in d[as] hauß kompt, der muß ein druttner* [= Hexer, I.H.] *werden oder wirdt so lang gemarttert biß d[as] er etwas auß seinem kopff erdichten muß vnd sich erst, d[as] got erbarme,* [INT] ⌈*vf*⌉ *etwas bedenken* (Kassiber Bamberg 1628: 1r; zitiert nach Topalović/Hille 2007).

Es soll hier jedoch nicht der Eindruck erweckt werden, dass die Aussagen der Angeklagten allein auf ihrem Einfallsreichtum und auf Suggestion von Seiten des Gerichts beruhten. Zweifelsohne waren sie insbesondere zu den Hauptzeiten der Verfolgung und in verfolgungsreichen Gegenden durch Predigten und Flugblätter, durch allgemeines Gerede, durch kursierende Gerüchte und Erzählungen und nicht zuletzt durch die öffentlichen Hinrichtungen mehr oder weniger gut über die neuen Vorstellungen von den Taten der Hexen informiert und konnten in den Verhören auf dieses Wissen zurückgreifen (vgl. Biesel 2002: 123). Irsigler (1998) spricht von einem regelrechten „Lernprozeß" (13), der sowohl auf Seiten der Hexentheoretiker als auch im Volk stattfand und der zur Entwicklung und zunehmenden Verbreitung kollektiven dämonologischen Wissens im Sinne eines regional einheitlichen Hexenkonzeptes führte. Explizite Belege dafür, dass die Angeklagten bei ihren Aussagen auf dieses kollektive Wissen zurückgegriffen haben, finden sich in den Protokollen insbesondere an den Stellen, an denen die Angeklagten ihr Geständnis widerrufen und die Herkunft ihrer falschen Angaben zu erläutern versuchen. So gibt Dietrich Heerßkamp, ein Essener Hexereiverdächtiger, als er sein Geständnis widerruft, Folgendes an: *Diweilh er etwas hette bekennen müssen da er aus der Pein gewillt, hette er bekennt, was Idermann gemeinlich alhie von den Zauberschen reden. Er hette aber sein Lebtagh keinen Teuffell gesehen oder einige Gemeinschaft damit gemacht oder von Jemand zaubern gelernt* (Essen 1589: 125). Als Rechtfertigung führt er also die Kenntnis allgemein verbreiteten Wissens an, auf das er unter den Schmerzen der Folter zurückgreifen musste. Ähnlich argumentiert auch die Friedberger Angeklagte Elisabeth Geyer: *Dan was sie bekandt, hette sie wegen großer schmertzen*⌉ *vnd forcht vor der voltter*⌉ *gethan. Vndt was sie von der Zauberey bekandt, hette sie auß der Hirttin so vor etzlichen Villen iarn Zauberei halben verbrandt worden, mundt gehorret* (Friedberg 1620: 10 f.).

18 In einem Bamberger Prozess aus dem Jahr 1628 werden der Angeklagten gar nach jedem Verhör genaue Themen aufgegeben, über die sie bis zum nächsten Verhör nachdenken soll. Auf jede einzelne Verhörsequenz folgt daher im Protokoll ein entsprechender Vermerk, so z. B.: *Hierueber abgefuehrt, vnd ein Bedacht uff das Wettermachen geben worden. [...] hierueber abgefihrt, vnd ein Bedacht uffs Kindter ausgraben gegeben worden. [...] Hierueber abgefihrt, vnd daß Kellerfahren uffgeben worden. [...] Hierueber abgefihrt, vnd ein Bedacht uff das Stall vnd Kammerfahren uffgeben worden.* (Bamberg 1628: 64 f.).

Hier könnte auch die Teilnahme an der Hinrichtung, also am öffentlichen Rechtstag der früheren Angeklagten und das Anhören ihres Geständnisses zur Erlangung von hexentheoretischen Kenntnissen beigetragen haben.

Mit ihren Begründungen sprechen die Angeklagten wohl nicht nur für sich, sondern für den Großteil der Angeklagten in Hexenprozessen, die sämtlich, wenn sie den unerträglichen Schmerzen der Folter entgehen wollten, gezwungen waren, etwas zu bekennen, und zwar etwas, was von den Verhörenden auch geglaubt wurde. Nichts lag also näher, als das zu bekennen, was sich ohnehin jedermann im Dorf erzählte oder was bereits aus früheren Prozessen bekannt geworden war. Dass sich auf diese Weise ein regionales Hexenkonzept verbreiten und zunehmend festigen konnte und sich dieses in den Protokollen in Form von stereotypen Aussagemustern widerspiegelt, ist eine logische Konsequenz.

Neben den Faktoren Suggestion und Reproduktion spielt als ein dritter entscheidender Faktor das Mittel der Repetition eine große Rolle bei der Entstehung homogener Aussagen. In mehreren aufeinander folgenden Verhören wurden die Angeklagten immer wieder zu den gleichen Dingen befragt, bis schließlich der gewünschte Aussagestand erreicht war und ein für die Untersuchungskommission annehmbares Geständnis vorlag. Die Wiederholung von Aussagen war für die Angeklagten nicht einfach: Sie mussten mehrfach und in gleicher Weise eine außerordentliche Vielzahl von Gegebenheiten schildern, die größtenteils real gar nicht stattgefunden haben, und durften noch dazu in kleinsten Details wie der Kleiderfarbe des Teufels nicht abweichen, um nicht ihre Glaubwürdigkeit zu verlieren und damit eine weitere Folterung zu riskieren. Die Memorierung von Aussagen wurde noch dazu dadurch erschwert, dass der körperliche und geistige Zustand der Angeklagten durch den permanenten psychischen Druck und die durch die Folter verursachten Schmerzen schwer beeinträchtigt war. So gibt die Angeklagte Elisabeth Geyer an, sie sei durch die Folter *in ihrem Kopf gantz irr geweßen, den sie nit mehr wiste was sie bekandt hette* (Friedberg 1620: 7). Eine Hilfestellung von Seiten des Gerichts war bei der Wiederholung von Aussagen und Geständnissen somit in vielen Fällen unumgänglich. Sie konnte sowohl durch die gezielte, teils suggestive Frageweise gegeben werden, teils wurden Auszüge aus den Geständnissen oder das komplette Geständnis als Erinnerungsstütze vorgelesen: *naochmalen wie in ihrem Unfall gerathen auszusagen ermahnt, erzehlt denselben wie vorhin ordentlich, ernennt auch wiedrum ihre denuntiirte Complices, und als zu haesitiren begonnte, seynd ihro fort alle vorgelesen, affirmirt, daß dieselbe alle uf den Taenzen, da sie gewesen, gesehen, und wie vorhin gekannt* (Altenahr 1649: 480).

Wie die bisherigen Untersuchungen gezeigt haben, ist die Entstehung stereotyper Strukturen und Aussagen im artikulierten Verhör deutlich klarer zu erkennen und genauer zu bestimmen als im nicht-artikulierten

Verhör. Während in den Protokollen der artikulierten Verhörsequenzen die direkte Konfrontation des Angeklagten mit bereits vorhandenem, allgemeinem Wissen sowie die Suggestion desselben als klar erkennbare Ursachen für das Auftreten des Hexereimusters festgemacht werden können, greifen in den nicht-artikulierten Verhörteilen diverse Faktoren wie z. B. Suggestion, Reproduktion, Invention und Repetition ineinander, so dass die Herkunft des präsentierten Hexenwissens meist nicht eindeutig zu bestimmen ist. Es muss zudem ein weiterer Faktor in den Blick genommen werden, der einen großen Einfluss auf die Entstehung stereotyper Aussagemuster in den Protokollen hat: der Schreiber und seine Protokollierungsmethode. Insbesondere in den nicht-artikulierten Verhörpassagen, in denen Form und Aufbau nicht durch von außen eingegebene Kataloge vorgegeben und festgelegt sind, hat der Schreiber eine Vielzahl von Möglichkeiten, auf Inhalt, Sprache und Gestalt der Protokolle Einfluss zu nehmen.

4.2.2. Protokollierungsmethoden

Verhörprotokolle bieten zweifelsohne den aus heutiger Sicht unmittelbarsten und direktesten Zugriff auf frühneuzeitliche Hexenverhöre: Als in der Regel parallel oder doch zumindest sehr zeitnah zum Verhör erstellte Texte haben sie die schriftliche Fixierung von Verhörverlauf und -inhalt zum Ziel, wobei ihr Schreiber der konkreten Verhörsituation in persona beigewohnt und diese für juristische Zwecke dokumentiert hat. Im Verhör nimmt er die Position eines weitgehend passiven Beobachters ein, der zwar durch seine Präsenz und Schrifttätigkeit die Verhörsituation mitbeeinflusst und mitbegründet, der aber – anders als der Verhörende und der Verhörte – nicht aktiv in das konkrete Verhörgeschehen involviert ist und somit den Verlauf von außen verfolgen und niederlegen kann.

Trotz dieser für eine objektive und authentische Dokumentation günstigen Rahmenbedingungen kann und darf man nicht davon ausgehen, dass es sich bei den Protokollen um wahrheits- und wortgetreue Abbildungen der realen Verhöre handelt. Zwar bilden sie wohl von allen im Rahmen eines Hexenprozesses entstandenen Texten das Verhör am getreuesten nach, sie können jedoch in keiner Weise als hundertprozentig verlässliche Quellen für die Eruierung der ursprünglichen Verhörsituation und der getätigten Aussagen gelten. Zwischen dem realen Verhör und seiner Dokumentation steht stets der Schreiber als eine Art Filter, der – wenngleich vielleicht um Objektivität bemüht – naturgemäß mal mehr und mal weniger stark aussiebt, glättet und färbt. Sein Einfluss auf Form und Inhalt der Protokolle ist groß, seine Wahrnehmung und Interpretation des Gesehenen und Gehörten, sein fachliches Wissen im Hinblick auf die zu produzierende Textsorte wie auch sein juristisches und hexentheoretisches Hintergrundwissen sind maßgeblich für die schriftliche Umsetzung der Verhöre im Allgemeinen und die Entstehung von Aussagemustern im Besonderen.

Die Erstellung eines Protokolls ist schon per se ein äußerst komplexer Transformationsprozess, bei dem auf mehreren Ebenen sprachlich-stilistische Umformungen stattfinden. In der Frühen Neuzeit jedoch ist der gerichtliche Protokollierungsprozess ein noch sehr viel komplizierterer als der heutige, was zum einen auf die nicht vorhandenen technischen Hilfsmittel zurückzuführen ist – von Schreibmaschinen oder gar Tonbandaufnahmen konnte im 16./17. Jahrhundert naturgemäß keine Rede sein –, und zum anderen auf die grundsätzlich verschiedenen Anforderungen, welche die Textsorte an ihre Schreiber stellte.

Den heute wie damals grundlegenden Teil des Transformationsprozesses stellt die Überführung sprachlicher Äußerungen von der gesprochenen in die geschriebene Sprache dar. Mit diesem Übertritt in ein neues Medium, das Medium der Schrift, findet zugleich ein Übertritt in eine andere Textsorte, nämlich die des Protokolls, statt. Eine rein abbildende Übertragung im Sinne einer Transkription ist damit weder praktisch möglich noch theoretisch intendiert.[19] Im Gegenteil erfordert die Verschriftlichung eines Verhörs bei aller Variabilität und Heterogenität der frühneuzeitlichen Protokolle die Einhaltung spezifischer Kriterien, die weitere sowohl sprachlich-stilistische als auch inhaltliche Transformationsprozesse nach sich zieht.

Eines dieser Kriterien ist die Wiedergabe der im Verhör getätigten Aussagen in indirekter Rede. Bis auf sehr wenige Ausnahmen – angeführt sei hier z. B. das Protokoll Minden 1614, das über weite Teile in direkter Rede gehalten ist[20] – stellt die indirekte Rede die Normalform der Redewiedergabe in Hexenverhörprotokollen des 16./17. Jahrhunderts dar, während „die direkte Rede nur in rechtsrelevanten Ausnahmefällen Eingang in die Aussagendokumentation findet“ (Nolting 2003: 37).[21] Die

19 Vgl. u. a. Rösler 1997: 15; Mihm 1995: 53 f.

20 Vgl. hierzu die ausführlichen Arbeiten von Nolting (2002; 2003), die die Mindener Protokolle als einen „seltenen Glücksfall“ erhaltener Verhörmitschriften bezeichnet, welche „auf Grund ihrer starken Abhängigkeit vom Gesprochenen gleichsam ein Fenster zur ansonsten verschlossenen Mündlichkeit vergangener Sprachperioden eröffnen“ (Nolting 2003: 34) und sich daher in besonderer Weise zu einer Untersuchung gesprochensprachlicher Charakteristika eignen.

21 Macha (2005: 426) führt in diesem Zusammenhang zum Beispiel „Verbalinjurien (Schmähungen, Beschimpfungen etc.)“ oder – speziell für die Hexenprozesse – „magische bzw. sakral-ritualisierte Redeweisen“ an, deren Wiedergabe im Wortlaut ihrer großen juristischen Relevanz innerhalb des Prozesses Rechnung trägt. Meist ist es daher die ‚Rede in der Rede‘,

Umformung in indirekte Rede stellt stets einen großen Eingriff in die Form der Originaläußerung dar:

> Sie wird syntaktisch integriert, indem sie in einen Nebensatz umgewandelt wird, der von der Redeeinleitung im Hauptsatz abhängt. Dieser Nebensatz kann durch eine Konjunktion wie *dass* oder *ob* eingeleitet werden. Der Modus des finiten Verbs kann vom Indikativ in den Konjunktiv umgewandelt werden. Der Reportersprecher ist das deiktische Zentrum, es werden also alle deiktischen Ausdrücke entweder an seinen Standpunkt angepasst oder aber auf eine neutrale, nicht deiktische Weise ausgedrückt. Vieles kann nicht aus der Originaläußerung in die indirekte Rede übernommen werden und muss gegebenenfalls umschrieben werden (Wilke 2006: 23 f.).

Von den Redewiedergaben im Protokoll auf die ursprünglichen Äußerungen der Angeklagten im Verhör zurückzuschließen, ist durch die zahlreichen sprachlich-stilistischen Eingriffe, welche die Umformung in indirekte Rede erfordert, schon per se nicht einfach. Erschwert wird die Rekonstruktion jedoch noch durch eine Reihe weiterer Eingriffe, durch welche sich die protokollierte Äußerung von der Originaläußerung immer weiter entfernt. An erster Stelle muss hier die Umwandlung von mundartlichen Redebeiträgen in hochsprachliche angeführt werden: Mit Ausnahme einiger – vor allem aus niederdeutschem Gebiet stammender – Protokolle sind die Texte dieses Korpus hochdeutsch, wenn sie auch in unterschiedlichem Maße dialektale Sprachmerkmale aufweisen. Das Hochdeutsche in den Protokollen ist das Hochdeutsch der Kanzleien und Gerichte, also das Hochdeutsch der gebildeten Schicht. Es spiegelt in erster Linie den Bildungsstand des Schreibers und den Sprachstand der Kanzlei wider, nicht jedoch die Sprache der Angeklagten. Wie Hartweg/Wegera (2005: 101) feststellen, kamen „die meisten Menschen der frnhd. Zeit über die Grundstufe des Kommunikationsmittels Sprache, d. h. die Mdaa. [Mundarten], nicht hinaus[...]". Während das Frühneuhochdeutsche als regionale Ausgleichssprache auf dem Weg zu einem normierten Hochdeutschen im 16. und 17. Jahrhundert den Bereich offizieller Schriftlichkeit zunehmend beherrschte, kann im mündlichen Bereich, und zwar insbesondere in der gesprochenen Sprache der Menschen aus ländlichen Gegenden und aus den unteren sozialen Schichten, noch lange nicht von einer Überwindung

---

also die Redewiedergaben zweiten Grades, die zur Vermeidung von Missverständnissen und zur rechtlichen Absicherung in direkter Form wiedergegeben wird. Daneben können jedoch auch rein sprachliche Gründe zur Wahl der direkten Rede als Form der Redewiedergabe führen. Wie Topalović (2003a: 187) feststellt, entziehen sich Äußerungen wie „Beschimpfungen, Anreden und Interjektionen, teilweise gepaart mit vokativischen Konstruktionen" der indirekten Redewiedergabe, da sie „keine referentielle, sondern eine diskursive Funktion [haben], sie sind nicht Teil der Aussage/Proposition, die es wiederzugeben gilt, sondern prägen den Gesprächs- bzw. Interaktionsverlauf". In diesem Fall sind es also im Wesentlichen hochemotionale, oft unter der Folter getätigte Äußerungen, die in direkter Rede wiedergegeben werden müssen.

des dialektalen Status gesprochen werden.[22] Man kann oder besser noch muss davon ausgehen, dass die Angeklagten in Hexenprozessen, bei denen es sich häufig um Menschen ‚einfacher' Herkunft und geringen Bildungsgrades handelte, im Verhör tiefsten Dialekt gesprochen haben. Die mundartlichen Äußerungen wurden dann vom Schreiber gemäß seiner Kenntnisse und gemäß dem Standard seiner Kanzlei in die „Zielsprache Hochdeutsch" (Macha 1991: 40), d. h. also eine hochdeutschorientierte Regional-/Kanzleisprache, übertragen, wobei neben vergleichsweise kleinen lautlich-graphischen Veränderungen auch größere Eingriffe in Syntax und Lexik vorgenommen werden mussten. Gerade im Falle der norddeutschen Protokolle z. B. war es mit leichten Anpassungen nicht getan, hier mussten die Aussagen vom Niederdeutschen ins Hochdeutsche übersetzt werden. Bei den frühneuhochdeutschen Hexenprotokollen handelt es sich also in der Regel um „Produkte eines Übersetzungs- bzw. Transponierungsprozesses [...], in dem dialektale Redeketten in hochdeutsche Texte verwandelt wurden" (ebd.).

Hält man sich nun noch vor Augen, dass die Protokollierung nach dieser extrem anspruchsvollen Protokollierungsart zusätzlich unter einem großen Zeitdruck erfolgte und die mündlichen Aussagen der Angeklagten – und zwar insbesondere die, die von den erschöpften und gequälten Angeklagten unter bzw. nach der Folter getätigt wurden – wohl oft wirr und wenig kohärent waren, ist es nur verständlich, dass sich bei der Übertragung zwangsläufig ‚Fehler', seien sie nun sprachlicher oder inhaltlicher Natur, einschleichen mussten.[23] Bei der Verfassung einer Abschrift wurde dann, wie Topalović (2003a: 144) in ihrer vergleichenden Analyse von Mit- und Abschriften zeigt, häufig versucht, die ‚Fehler' im Protokoll wieder zu beheben und sie „auf der Grundlage von schriftlichen Normvorstellungen und im Hinblick auf eine leichtere Verständlichkeit der Texte und Eindeutigkeit der Aussage" zu korrigieren, wodurch sich der Text zwangsläufig immer weiter von der Originalaussage entfernen musste. Mit dem primären Ziel, einen juristisch verwertbaren Text zu schaffen, der u. a. als Arbeitsgrundlage für die Urteilsfindung und somit auch für die Einsichtnahme von Seiten höherer Gerichtsinstanzen geeignet ist, wurden die Protokolle zudem gleich auf mehreren Ebenen bearbeitet: Unter Aufhebung der ursprünglichen Chronologie wurden die Aussagen der An-

22 Nach Besch (2003: 2253) drang die vornehmlich vom 16.–18. Jahrhundert sich entwickelnde Schriftsprache erst gegen Ende des 18. Jahrhunderts „in den Alltag, in die Domänen gesprochener Sprache" ein, so dass vor dem 19. Jahrhundert nicht von einer deutschen Standardsprache gesprochen werden kann.

23 ‚Fehler' bei der Mitschrift von Verhören entstehen nach Topalović (2003a: 144) z. B. häufig dann, „wenn der Schreiber versucht, die Aussage der Angeklagten in eine komplexe Syntax zu ‚packen', oder Schwierigkeiten hat, den Äußerungen der Angeklagten zu folgen".

geklagten unter Umständen gegliedert und strukturiert, thematisch gebündelt und zusammengefasst. Einfache, unklare oder ‚fehlerhafte' Satzkonstruktionen wurden zugunsten eines gehobeneren, syntaktisch komplexeren Schriftstils reformuliert, wobei insbesondere die in den Mitschriften noch zahlreich vorhandenen sprechsprachlichen Merkmale (geringe syntaktische Komplexität, affektive Ausdrücke, Wiederholungen, Pleonasmen, Interjektionen etc.)[24] reduziert wurden.[25] Da die in den Protokollabschriften verzeichneten Aussagen außerdem juristisch eindeutig sein mussten, wurde insbesondere in den Geständnisprotokollen in hohem Maße auf standardisierte Formulierungen zurückgegriffen. Deutlich wurde dies bereits in der obigen Untersuchung des artikulierten Verhörs, bei dem gehäuft auftretende stereotype Wendungen wie z. B. die Infinitivphrase *wahr sein* auf eine rechtssprachliche Überformung hindeuten (vgl. Abschnitt 4.2.1.1.). Wie weit diese Reformulierungs- und Standardisierungsmaßnahmen gehen konnten, zeigen zudem die folgenden Auszüge aus drei Werler Bekenntnisprotokollen, in denen die Aussagen dreier unterschiedlicher (!) Angeklagter zum Teufelspakt wiedergegeben werden:

Werl 1630/1: 4	**Werl 1630/2: 9**	**Werl 1630/3: 15**
[...] bekent Daß der hingrichteter Lamer Adam fur vngefehr 2. Jahrn alß er die Wacht [fur] gehapt, vnd in Zweifelmuet gewes-s(en) Ihme die Zauberkunst gelehrnet	[...] bekendt Wie d(a)z die hingrichtete Dieke Trina fur vngefehr 4 Jahrn in Linentiaten Hupers schüren im kuehestalle des morgens Ihr die Zauberkunst glehrnet,	[...] bekendt, Weß gestaldt fur vngefehr 5 oder 6 Jahrn Trina die hingerichteten Middelmeyerschen [togter] ihr an der Sawekhulen die Zauberkunst gelehrnet,
vnd gesagt Er wolt Ihme wol etwaß lehrnen daß Ihme guet thuen solt,	vnd gesagt, Sie wolte Ihr eine kunst lehrnen sie soltte Reich werden,	vnd gesagt, Sie wolt Ihr wol eine kunst lehrnen die Ihr Ihr lebtage guet thuen sollt,
Er solt [Gott] vnnd seine heiligen versachen 3 fuoß ins teufelsnahmen Zurhuck tretten	Sie solte Got vnd seine heiligen versachen 3 fuoß ins teufels nahmen Zurhuek tretten,	[sie] Solt Gott vnd seine heiligen versachen 3 fuoß ins teufels namen Zurhuek tretten

24 Zu sprechsprachlichen Merkmalen in Hexenverhörprotokollen vgl. Nolting (2002): 105–112.

25 Vgl. hierzu die ausführliche Arbeit von Topalović (2003a), die in Abschnitt 4.3.2.2. (vgl. 142–147) ihrer Untersuchung zur Textsorte von Osnabrücker Verhörprotokollen einen detaillierten Vergleich von Mit- und Abschriften vornimmt und zahlreiche plastische Beispiele für syntaktische Veränderungen anführt.

Wilchs er Auch gethaen,	wilchs sie auch gethaen,	wilchs sie auch gethaen,
Warauf allßpaldt der teufel in Weibs gestaldt so eine Hulle vf dem kopf gehapt so sich Leene nennen laess(en) erschienen vnd einen schwartZen rhock annegehaPt,	Warauf allßPaldt der teufell in manß gestaldt so gruene kleider annegehapt vnnd eine gelbe Plume vfm huet so sich hanß fedderbusch nennen lae-ßen erschienen,	Warauff alsoPaldt der teufell in manß gestaldt in schwartZen kleidern so eine schwartZe vogel vfgehapt, vnd sich Hanß fedderbusch nennen laeßen erschienen,

Die Analogien im Hinblick auf Themenfolge, Satzbau und Wortwahl sind so klar erkenntlich, dass sie schon nicht mehr einzeln hervorgehoben werden müssen: Hier wurde den Aussagen der Angeklagten ein vorgefertigtes Schema übergestülpt, das den Wortlaut der originalen Äußerungen nicht einmal mehr ansatzweise erahnen lässt. Das so geschaffene Muster ist Ergebnis eines Selektions- und Standardisierungsprozesses, der eng an den Vorgaben der kirchlichen Hexenlehre zum Teufelspakt in seiner regional nordwestdeutschen Ausprägung orientiert ist (vgl. hierzu ausführlich Kapitel 5.). Vom zugrunde liegenden Verhör und den originären Aussagen bleibt hier nicht mehr viel übrig.[26]

Dass mit den formalen und sprachlichen Vereinheitlichungen auch inhaltliche Standardisierungen im Sinne von regelrechten Inhaltskorrekturen vorgenommen wurde, ist mit Sicherheit anzunehmen. Zwar wurde den Angeklagten vermutlich schon durch die Verhörenden die gewünschten Inhalte – wie oben in Abschnitt 4.2.1. beschrieben – eingegeben, es kann jedoch kaum angenommen werden, dass sie zu derart lehrekonformen Aussagen wie den obigen gebracht werden konnten. Die Vorstellung, dass vom Schreiber im Hinblick auf eine inhaltskonforme Aussage ein wenig nachgeholfen wurde, ist daher nicht unwahrscheinlich: Gerade die routinierteren Gerichtsschreiber verfügten mit der Zeit sicherlich über gute bis sehr gute Kenntnisse der Hexenlehre, die es ihnen ermöglichten, bei ihrer Arbeit gezielt korrigierend, interpretierend und selektierend vorzugehen, indem von den Angeklagten vielleicht ausführlich geschilderte Nebensächlichkeiten gekürzt oder weggelassen, hingegen Aussagen zu zentralen Punkten der Hexenlehre fokussiert, zielgerichtet

26 Natürlich stellen Bekenntnisprotokolle die generell am stärksten überarbeitete Form von Protokollen dar, und in den drei hier ausgewählten Werler Texten wurde die sowohl sprachliche als auch inhaltliche Standardisierung auf die Spitze getrieben. Nichtsdestoweniger weisen auch Protokolle, die enger am eigentlichen Verhör orientiert sind, derartige Standardisierungen auf, wenn auch natürlich nicht derart gebündelt.

interpretiert und dem allgemeinen Standard angepasst wurden.[27] Da der Inhalt der Protokolle nach ihrer Abfassung von den Angeklagten bestätigt werden musste, waren vermutlich keine grundlegenden inhaltlichen Änderungen möglich, wohl aber ist denkbar, dass kleine Schönheitskorrekturen von den Angeklagten, die nach der Tortur durch die ins Unerträgliche gesteigerten Schmerzen wohl ohnehin oft nicht mehr wussten, was sie im Detail gestanden hatten,[28] akzeptiert wurden.[29]

Abschließend lässt sich festhalten, dass die frühneuzeitlichen Protokollierungsmethoden die Entstehung stereotyper Aussagemuster in den Protokollen stark begünstigten, wenn auch der genaue Grad ihres Einflusses nicht immer leicht bestimmt werden kann. Auffällige sprachliche Analogien, wie sie in den obigen Beispielen auftreten, sind mit großer Sicherheit durch den Schreiber und seine Protokollierungstätigkeit bestimmt und können als Folge von Selektion, Reformulierung und Standardisierung gelten, wohingegen die Herkunft inhaltlicher Parallelen variieren kann: Teils liegen die Ursachen bereits im Verhör und lassen sich durch Stichworte wie Suggestion, Repetition und Reproduktion beschreiben, teils liegen sie in der Protokollierung begründet (vgl. Abbildung 4.1, S. 87). Alles in allem ist es wohl die Mischung von direkt und indirekt, gewollt und ungewollt aussagesteuernden Verfahren im Entstehungsprozess eines Verhörprotokolls, die für das Aufscheinen von Aussagemustern, wie sie im Folgenden herausgearbeitet und untersucht werden, verantwortlich sind.

27 Wie Mihm (1995: 53 f.) in seiner Untersuchung frühneuzeitlicher Zeugenaussagen in Gerichtsprotokollen feststellt, kam dem Gerichtsschreiber „im Hinblick auf den Protokollinhalt eine Schleusenwärterfunktion zu", die sich sowohl auf die Auswahl der wiederzugebenden Aussagen, als auch auf die Wiedergabeform erstreckte: „So stand es ihm frei, für einen vom Zeugen vorgetragenen Dialog eine verkürzende Wiedergabe in indirekter Rede zu wählen oder den Inhalt in einem knappen Hauptsatz oder sogar in einer Nominalkonstruktion zusammenzufassen".

28 Vgl. oben (S. 79) die dementsprechende Aussage der Friedberger Angeklagten Elisabeth Geyer.

29 Verwiesen sei an dieser Stelle auf Topalović (2003a: 146 ff.), die gleich mehrere Belege für inhaltliche Korrekturen anführt, so z. B. einen Fall, in dem der mitprotokollierte Teufelsname *Hanß Fredderich* in der Abschrift zu *Hanß Fedderbusch* korrigiert wurde.

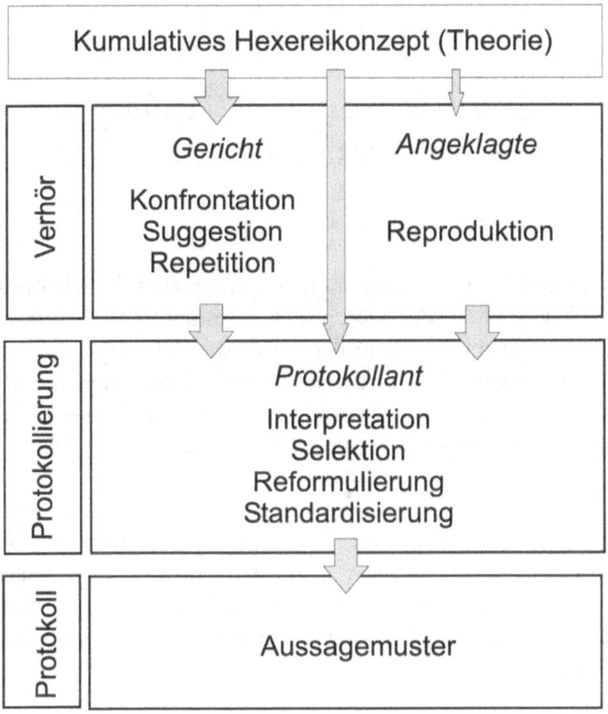

Abb. 4.1: Faktoren zur Entstehung stereotyper Aussagemuster

5. Das Aussagemuster Teufelspakt: Dokumentation und Analyse

Wie bereits in den vorangegangenen Kapiteln ausführlich erläutert, stellt der formale Paktschluss den Kern des kumulativen Hexenglaubens dar und bildet die spirituelle Grundlage für die Verfolgung mutmaßlicher ‚Hexen'. Als Hauptvergehen und Basis aller weiteren den Angeklagten zur Last gelegten Verbrechen wurde sein Geständnis in hohem Maße forciert, was zur Ausbildung eines überregional zu beobachtenden Aussagemusters in den Protokollen führte. In Abschnitt 4.1. wurde bereits ausführlich auf den Aufbau des Musters und seine Gliederung in die Teilmuster Verführung, verbaler und symbolischer Pakt, materieller Pakt und körperlicher Pakt Bezug genommen. Wie diese Teilmuster nun im Einzelnen aufgebaut und gestaltet sind, soll in der folgenden Analyse herausgearbeitet werden. Dabei wird insbesondere dem Aspekt der regionalen Varianz ein hoher Stellenwert zukommen.

5.1. Die Verführung

Das Teilmuster, das mit dem Titel Verführung überschrieben ist, bildet nahezu immer den Auftakt der Teufelspaktschilderungen und hat geradezu die Funktion einer kurzen Einleitung, mit deren Hilfe zunächst eine grundlegende Situierung der Paktbeschreibung im Hinblick auf Ort, Zeit und die beteiligten Personen vorgenommen wird. Daneben werden in der Regel teils ausführliche Informationen zu den genauen Entstehungsumständen des Paktschlusses geliefert, d. h. es wird geklärt, auf welche Weise die angeklagte Person das erste Mal mit dem Teufel in Berührung gekommen ist, wie genau und von wem dieser Kontakt hergestellt wurde, wie sich das Treffen gestaltete und welche Umstände dazu geführt haben, dass von den Angeklagten in ein Bündnis eingewilligt wurde. Es geht also zunächst um eine Klärung der grundlegenden w-Fragen (wann, wo, wer, wie, warum), wie sie z. B. der Gerolsteiner Angeklagten Gerda Deutz zu Beginn ihres Verhörs gestellt wurden:

(5.1) Ob sie zu ihren Magd Jahren oder bei ihrem ersten oder letzten Man darzu komen?
[...]
Gefraget, wie sie darzu kommen und verführet worden?
[...]
Wo der Feiandt daß erstemal zu ihr kommen?
[...]
In waß Gestalt er zu ihr kommen? (Gerolstein 1633: 116).

Eine Durchsicht aller Belegstellen des Teilmusters Verführung hat schnell gezeigt, dass mindestens zwei grundsätzlich verschiedene Arten von geschilderten Verführungen unterschieden werden müssen, die sich unter anderem an der Person des Verführers festmachen lassen: Während in einem Teil der Schilderungen die Verführung durch einen Gehilfen bzw. eine Gehilfin des Teufels vorgenommen wird, die als Vermittler den Kontakt zum Teufel herstellen, tritt im anderen Teil der Teufel selbst als Verführer in Aktion. Die Wahl des Verführers und somit der Verführungsart erfolgt bei der Schilderung nicht rein zufällig, sondern lässt recht klare regionale Präferenzen und Bezüge erkennen. Wie die nachstehende Karte 5.1 zeigt, weisen die Protokolle des gesamten norddeutschen Raumes mehrheitlich Verführungsschilderungen mit einem Teufelsgehilfen in der Rolle des Verführers auf, wohingegen der Raum unterhalb der Benrather Linie, und hier insbesondere der äußerste Westen und Süden, den Teufel selbst ins Zentrum der Verführung stellt.

Mit der Person des Verführers variiert auch die inhaltliche Ausgestaltung der Verführung selbst: Wird sie durch einen Teufelsgehilfen, d. h. also eine bereits mit dem Teufel verbündete Hexe vorgenommen, dient als Lockmittel in aller Regel die Lehre der Zauberei. Durch die Erlernung der magischen Künste sollen den Opfern laut Angabe der Verführer, bei denen es sich oft um Nachbarn, Verwandte oder Bekannte der Angeklagten und somit um Vertrauenspersonen handelt, gewisse materielle Vorteile erwachsen. In der Folge werden die Verführten in die Hexengemeinschaft eingeführt bzw. es wird ihnen ein teuflischer Buhle vermittelt.[1]

1 In einem Fall, nämlich im Ostrauer Protokoll, weist die Angeklagte dem Teufel die Funktion des Lehrmeisters zu und widerspricht so der im artikulierten Verhör vorgesehenen Version: *3. Art[icul] Ob sie nicht von einem Weibes Bilde die zauberey gelernet. [...]Vfn 3. Art[icul] Saget Nein, Sondern von ihrem Buhlen dem Teuffel* (Ostrau 1628: 80v, 83r).

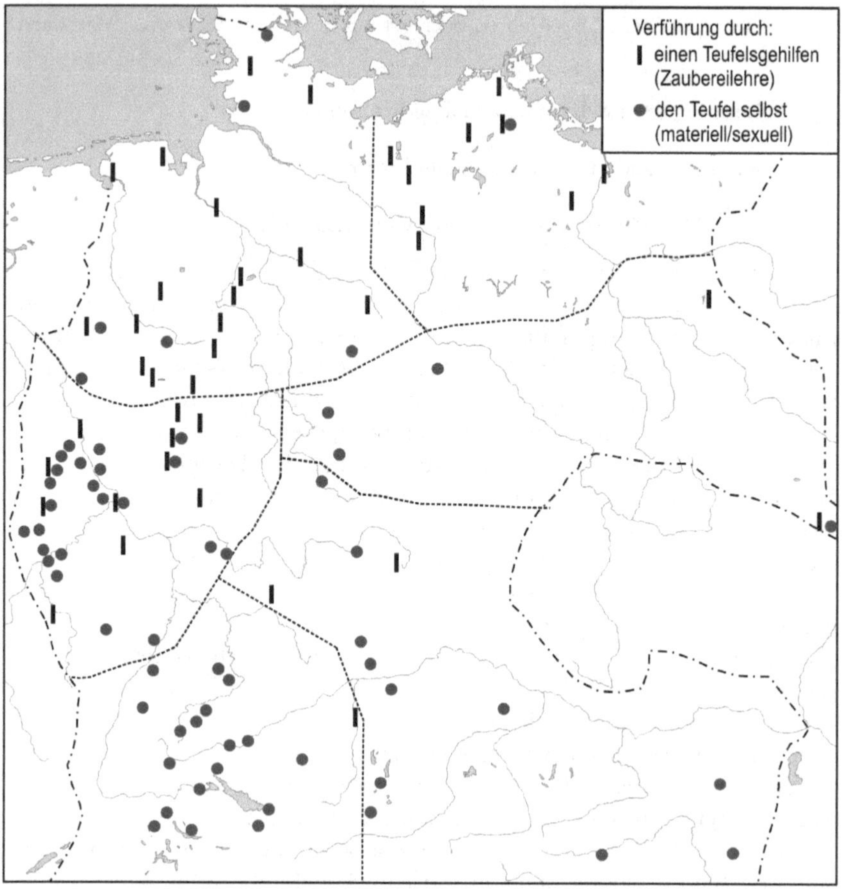

Karte 5.1: Verführungsarten

(5.2) Vnnd saget zum Ersten, das ein Weib, Trina genandt, Ihres nicht anderen wißens, daßelbe also geheißen, zwischen Coldenbüttel vnd Carnelius von der Lohe, auffm Theiche in einem kleinen Heußlein Wohnende, ihr solche Kunst vngefehr für dreyen Jharen gelernet, daß Sie viel Korn bekommen solte dauon sie ihre Reichliche Nahrung haben könte (Schwabstedt 1619: 100).

(5.3) 1. Die Beisterfeldesche habe Ihr In dem beisterfeldschen hause gelernet fur 2 Jahren vngefehr Ihr einen buhlen Zugehandelt heiße vehling habe gelb Zeug rum gehabt mit einem roten Fedderbusche vfm seinen haupte (Bückeburg 1604: 2r).

Auch bei der Verführung durch den Teufel selbst spielen häufig materielle Anreize eine große Rolle. In den meisten Fällen tritt der Teufel gleichsam als ‚Retter in der Not' in das Leben der Angeklagten und bietet seinen verzweifelten Opfern Geld, Nahrung oder sonstige Hilfe an:

(5.4) Erstlicher alß Sie Anno 626. alß eben wegen des Frosts, die Fruechten also theuerer worden, Sie anheimbs weil Sie kein Gelt vndt doch Korn hochvonnoethen gehabt, sehr bekuemmert geweßen, wehre angezogene MannsPersohn so Sie verfuehrt zu Ihr kommen, Ihr etwas an gelt zugestelt, welcher Sie mit mehrerm vertroestet, da Sie seines willens Pflegete, so Sie gethan (Bamberg 1628/30: 213).

In anderen Fällen erweist er sich jedoch auch als listiger Betrüger, der die Angeklagten, indem er sich dem äußeren Anschein nach als eine bekannte und vertraute Person, oft sogar als der Ehemann oder Geliebte der Angeklagten ausgibt, zum Beischlaf verführt:

(5.5) Inmaßen einmahll In specie bekennet der deuffell wehre Vor zweien Jahren zu Ihro, alß Ihr Man Vber Rhein nach der Graffschafft Auß Außgewesen Ahm Abend In gestalt Ihres Mans ahns bed kommen zu Ihro Sich gelegt vnd vermischet daruber Sie Sich bedrog[en] vermercket weill ein Vnnaturlich geschefft befunden Keld und Klein, bald aber von Ihro wid[er]umb Verschwunden (Linz 1631/2: 10 f.).

Während in diesen Fällen der Beischlaf zwar durch eine List herbeigeführt, von den Angeklagten jedoch mehr oder minder freiwillig eingegangen wurde, gibt es einige wenige weitere Fälle, in denen der Teufel gleich einem Vergewaltiger über sein Opfer herfällt und es durch Drohungen und körperliche Gewalt gefügig macht:

(5.6) Bekendt, alss sye balt darauf bey St. Lienhardt in des Lamperditsch Hauss getrunkhen, da sie nach Hauss gangen, sey ihr der böse Feindt schwarzer Gestalt mit einem schwarzen Khlaidt verkleidter vnd an denen Henden habenden Khrempl begegnet. Dazumalen habe er ihr die Spän, die sye bey ihro habe gehabt, auss den Henden gerissen vnd sye damit vmb den Khopf geschlagen, sye gleich nider gerissen vnd bey dem Armbstorfferischen Creiz vndter einem Aychpaumb mit ihro zu thuen gehobt, damallen auch die Seel von ihr begerdt, wellihe sye ihme versprochen, dafür er ihr, wass sye von ihm begehrn werde, hinwider zu thuen anerpotten (Gutenhag 1661: 141 f.).

Beide hier vorgestellten Grundarten von Verführung, also sowohl die durch einen Teufelsgehilfen als auch die durch den Teufel selbst, stehen durchaus in Einklang mit den Vorstellungen der dämonologischen Theoretiker, wie ein Blick in den Hexenhammer deutlich macht. Nach Kramer tritt bisweilen „der Dämon auf Männer oder Frauen zu, die durch irgendeine körperliche oder zeitliche Betrübnis in Bedrängung geraten sind, manchmal sichtbar, manchmal redet er durch Mittelsmänner. Und wenn sie nach seinem Rat handeln wollten, verheißt er, daß ihnen alles zufallen wird" (Hexenhammer 1487/2001: 377 f.). Dennoch lässt sich im Hinblick auf die Rezeption der gelehrten Vorstellungen ein gewisser qualitativer Unterschied zwischen den Verführungsarten feststellen:

Die verstärkt im Norden des Untersuchungsgebietes verbreitete Verführungsvariante ist in ihrer Ausformung sehr eng an die Erfahrenswelt der Angeklagten angelehnt und steht deutlich stärker in der Tradition der alten Zaubereiprozesse. Das Anbieten der Zaubereilehre, wie es in den Protokollen geschildert wird, ist vor dem Hintergrund einer kulturellen Tradition, in deren Rahmen naturheilkundliches bzw. naturmagisches Wissen um die Wirkung von Segenssprüchen, Heilkräutern und diversen Hausmitteln insbesondere in ländlichen Gegenden von Generation zu Generation weitergegeben wurde, nicht als übermäßig ungewöhnlich anzusehen. Das Erlernen und Verwenden ‚magischer' Praktiken diente als probates Mittel, um in schweren Zeiten sich selbst und seine Familie, sein Vieh und sein Hab und Gut zu schützen. So gesehen konnte das Eingehen auf das Angebot der Zaubereilehre, das in den Versprechungen der Lehrmeister und Lehrmeisterinnen ja auch primär darauf ausgelegt war, den Angeklagten zu nutzen (und nicht eventuelle Dritte zu schädigen), zunächst in relativer Unschuld geschehen. Erst mit der Bedingung des Paktschlusses, die an die Zaubereilehre geknüpft wurde, kam ein dämonologischer Aspekt ins Spiel, der den Übergang von alten Vorstellungen der Zauberei zu neuartigen Hexereivorstellungen kennzeichnet. Auch die mehrfach geschilderte Vermittlung eines teuflischen Geliebten kann als ein Reflex ländlicher Erfahrungswelten gelten. Hier standen wohl Vorstellungen von Kuppelei und Ehestiftung Pate, die in kleinen Dorfgemeinschaften durchaus üblich gewesen sein dürften und die sich gut mit dem dämonologischen Bild von der Hexe als Teufelshure verbinden ließen. Eine in Aussicht gestellte vorteilhafte Verbindung mit einem wohlhabenden Mann war in Zeiten von Teuerung und Armut für die häufig verwitweten Angeklagten eine attraktive Perspektive und ein Angebot, das – auch im Hinblick auf die Versorgung eventuell vorhandener Kinder – nicht ausgeschlagen werden konnte. Als treibende Kraft der Verbindung wird in den Protokollen fast immer die verlockende materielle Absicherung in den Vordergrund gestellt und nie die sexuelle Komponente der Buhlschaft, die in dämonologischer Hinsicht von Bedeutung ist.

Im Gegensatz zu den in Norddeutschland dominierenden Vorstellungen weisen die mittel- und süddeutschen Protokolle, in denen der Teufel selbst die Position des Verführers einnimmt, einen deutlicheren gelehrtkirchlichen Hintergrund auf. Der Teufel ist hier der biblische Verführer,[2] der seine Opfer umgarnt und ihnen, wenn auch nicht größten Reichtum

2 Vgl. Matthäus 4, 8–11: „Wieder nahm in der Teufel mit sich und führte ihn auf einen sehr hohen Berg; er zeigte ihm alle Reiche der Welt mit ihrer Pracht und sagte zu ihm: Das alles will ich dir geben, wenn du dich vor mir niederwirfst und mich anbetest."

und Macht, so doch ihren Verhältnissen entsprechend ein gesichertes Auskommen verheißt. Als Gegenleistung für einen Paktschluss verspricht er ihnen das, was sie am dringendsten benötigen oder sich am sehnlichsten wünschen: Elementare Dinge wie *gelts genueg* (Reichenberg 1653: 4r), *Brotts und sunst gnuck* (Essen 1589/3: 123), *fleisch genueg* (Gengenbach 1573/5: 392), *herberg* (Rottweil 1629: 442) oder auch körperliche und seelische Unversehrtheit: *und sey solle mehr nit von Salmon ihrem manne geschlagen noch betrubet werden* (Edingen 1630: 46). Er bietet ihnen die Aussicht auf ein dauerhaft sicheres, sorgenfreies Leben, was für die einfache Landbevölkerung bereits einem unermesslichen Reichtum gleichkommt.

Auch in der Rolle als sexueller Verführer weist der Teufel in den mittel- und süddeutschen Protokollen klar dämonologische Züge auf: Die körperliche Vereinigung mit dem Teufel ist einer der Hauptaspekte der kirchlichen Hexenlehre, nach der die Frau zudem als schwaches und wollüstiges Wesen gilt, das nur zu leicht und geradezu bereitwillig auf die Listen des Teufels hereinfallen kann. Dass der Teufel über die Fähigkeit verfügt, seine Opfer durch das Annehmen oder besser noch Vorspiegeln einer fremden Gestalt zu täuschen, „daß er manchmal in einem angenommenen Körper erscheint" (Hexenhammer 1487/2001: 271), war in dogmatischer Hinsicht durchaus anerkannt.[3] Er galt als ein Blender und Gaukler, der sich gut verstellen und seine Opfer in ihrer Wahrnehmung beeinflussen konnte. Allein die wenigen Fälle, in denen der Teufel Drohungen und Gewalt anwendet, um seine Opfer zu ‚verführen', stehen in klarem Gegensatz zu den Vorstellungen der kirchlichen Hexenlehre, nach denen der Paktschluss von den Angeklagten freiwillig eingegangen werden musste und nicht erzwungen sein durfte. So erläutert z. B. Petrus Binsfeld im fünften Präludium seines Hexerei-Traktats:

> Sol es aber ein volko[m]ne Zauberey seyn / vn[d] geheissen werden / ist nöthig daß darzu komme ein mitzusti[m]mender freyer Will deß Menschen / welche im Willen zwar / [...] / der Teufel anwegen / vn[d] reytzen / aber nicht zwingen kan (Binsfeld 1590: 6r–6v).

Dass die Angeklagten sich in den von ihnen geschilderten Verführungsszenen als Opfer darstellen, das nur durch Zwang oder durch andere widrige Umstände in die Fänge des Teufels geraten konnte, ist mehr als verständlich. Wie van Dülmen (1993: 102) feststellt, spielte die Verführung grundsätzlich „eine entscheidende Rolle, auch zur Entlastung der eigenen Person". Zumindest ein Teil der Schuld konnte so auf andere Personen oder die schwierigen Lebensumstände übertragen werden, wodurch das vermeintlich eigene Handeln verständlicher erscheinen sollte. Verführun-

3 Vgl. auch Binsfeld (1590): „Die Teuffel vermögen Leiber annemen / vnd den Menschen in den angenommenen Leiber [!] erscheinen" (11v).

gen wurden jedoch von den Angeklagten nicht ausschließlich zu persönlichen Entlastungszwecken geschildert, denn in diesem Fall wären keine auffällig gleichgestalteten Textsequenzen zu erwarten. Als Teil der gelehrten Vorstellungen wurden sie von den Verhörenden konkret eingefordert, wie nicht nur das oben angeführte Beispiel aus der Befragung der Gerda Deutz (vgl. oben Beispiel 5.1, S. 89) zeigt, sondern auch eine Aussage der Dieburger Angeklagten Anna Padt. Nachdem sie bekannt hat, dass ihre Mutter sie verführt habe, antwortet sie auf Punkt 2 der (nicht verzeichneten) Spezialinterrogatorien: *Hab keine gedanken gehapt wiße auch Von keiner traurigkeit od. dergl. Ursachen* (Dieburg 1627: 74). Hier wurde also explizit nach den Gründen und Ursachen gefragt, wobei mit Sicherheit von Seiten der Verhörenden keine Entlastung der Angeklagten, sondern eine lehrekonforme Aussage angestrebt wurde.

Das Teilmuster Verführung soll im Folgenden im Hinblick auf seine sprachliche Ausformung näher betrachtet werden. Dabei werden die beiden Hauptvarianten getrennt voneinander untersucht.

5.1.1. Verführung durch den Teufel: Verbale und physische Verführung

Für die Verführung durch den Teufel konnten insgesamt 101 Textstellen berücksichtigt werden, davon beschreiben 57 eine verbale Verführung, d. h. also ein Verführung durch das mündliche Versprechen von Geld oder anderen Werten, und 35 eine physische Verführung, d. h. also eine Verführung über den Beischlaf. Weitere 9 Textstellen ließen sich aufgrund der sehr knappen Beschreibung keiner der beiden Verführungsarten sicher zuordnen. Regionale Bezüge sind bei der Verteilung der Belege von materieller und sexueller Verführung nicht zu erkennen, beide treten im gesamten ober- und westmitteldeutschen Raum auf.

Wie oben bereits erwähnt wurde, dienen die Verführungsschilderungen im Wesentlichen als eine Art Einleitung zu den nachfolgenden Paktschilderungen. Inhaltlich bieten sie eine Beschreibung der äußeren und inneren Umstände, die die Angeklagten zum Abschluss eines Paktes bewegt haben sollen. Sowohl die Schilderungen der verbalen als auch die der physischen Verführungen weisen jedoch nicht nur inhaltlich, sondern auch in ihrer formalen Struktur eine sehr große Einheitlichkeit auf, die sich in einem auffällig ähnlichen syntaktischen Aufbau niederschlägt. Anhand eines Beispiels von materieller Verführung soll dieser Aufbau verdeutlicht werden:

(5.7) [Merch, die alte schmieden, von Neunkirchen sagt in der guete, war sein,] nachdem ihr man zu St. Niclas gezogen vur 23 jaren, deßhalben sie in ein

> groß beschwernuß kommen, sei der teufel in mansgestalt und grouer kleidung und breiden hoet eins mals des nachtz ahn ihr beth zu ihr kommen und sie getroesten und ihr vil geltz und guetz verheischen, da sie ime folgen und gott absagen und verleuknen wolle (Fell 1588: 4).

Folgende syntaktische Merkmale können als typisch für die Verführungsschilderungen gelten:

- Subjekt und Agens ist stets der *Teufel* (bzw. *er, der böse Feind, ihr Buhle* etc.)
- er wird in der Regel mittels eines Präpositionalattributs oder eines Relativsatzes näher bestimmt (*in mansgestalt und grouer kleidung und breiden hoet*)[4]
- das Prädikat wird durch ein Bewegungsverb, und zwar in der Regel *kommen* (seltener *erscheinen, begegnen* o. ä.) gebildet, das zugehörige Präpositionalobjekt, in der Regel realisiert durch die Präposition *zu* + Personalpronomen (*zu ihr/ihm,* seltener auch *bei ihr/ihm*), verweist auf den oder die Angeklagte
- das Geschehen wird oft durch Adverbiale näher bestimmt, und zwar in erster Linie durch
    - temporale *(nachdem ihr man zu St. Niclas gezogen vur 23 jaren; eins mals des nachtz)* und
    - lokale *(ahn ihr beth)*
- optional wird zudem der geistig-seelische Zustand der Angeklagten, der die Ursache des Paktschlusses begründen soll, geschildert; dies wird auf unterschiedliche Weise syntaktisch realisiert, in diesem Fall durch einen dem temporalen Adverbialsatz untergeordneten Konsekutivsatz *(deßhalben sie in ein groß beschwernuß kommen)*
- in meist parataktischer Reihung werden ein oder mehrere indirekte Aussagesätze angeschlossen *(und sie getroesten und ihr vil geltz und guetz verheischen)*
    - im Falle der verbalen Verführung folgt eine Sprachhandlung des Teufels, die durch verba dicendi eingeleitet wird und direkt oder indirekt wiedergegeben werden kann; sie drückt in der Regel Bedingung aus *(und sie getroesten und ihr vil geltz und guetz verheischen, da sie ime folgen und gott absagen und verleuknen wolle)*

---

4 Da die Teufelsbeschreibung wie auch die Teufelsbenennung zwar häufig, jedoch nicht ausschließlich im Teilmuster Verführung vorgenommen werden (sondern u. U. auch beim Pakt, bei der Buhlschaft, beim Hexentanz etc.) werden sie an dieser Stelle nicht näher untersucht. Stattdessen wurde diesen Aspekten ein eigenes, vertiefendes Kapitel (vgl. Kapitel 6.) gewidmet.

- im Falle der physischen Verführung folgt die Schilderung einer körperlichen Handlung *(zu Ihro Sich gelegt vnd vermischet,* vgl. oben Bsp. 5.5)

- in beiden Fällen wird auch hier die Position des Subjekts durch den Teufel besetzt, der zudem stets als Agens fungiert

Die Rolle des Teufels bei der Verführung kann aufgrund der syntaktischen Struktur als zentral bezeichnet werden. Als Agens nimmt er stets den handelnden Part ein, wodurch den Angeklagten die Position des Patiens, des durch die Handlung Betroffenen zukommt, so dass von Beginn an die Täter-Opfer-Struktur festgelegt wird: Der Teufel ist der Aktive, der Handelnde, der Täter, die Angeklagten hingegen sind die Erleidenden, die Opfer. Stets ist es der Teufel, der sich auf sein Opfer zubewegt, nie umgekehrt. Die lexikalischen Übereinstimmungen bei der Besetzung des Prädikats sind frappant: In 66 Fällen fällt die Wahl auf das Verb *kommen*, das in 60 Fällen durch das Präpositionalattribut *zu ihr/ihm*, in 6 Fällen durch *bei ihr/ihm* (sämtlich wmd. und wnd. Belege) ergänzt ist. Weitaus seltener finden sich die Verben *erscheinen* (6-mal), *begegnen* (4-mal), *entgegengehen/-kommen* (2-mal), *vorkommen* (1-mal), *sich erzeigen* (1-mal), *sich befinden* (1-mal), *aufstoßen* (1-mal), *sich repräsentieren* (1-mal) und *eingehen* (1-mal).

Der in der Regel parataktisch, teils syndetisch, teils asyndetisch angeschlossene zweite Gliedsatz verstärkt den musterhaften Charakter der Teufelspaktschilderungen:

Verbale Verführung

- zu Ir kommen und gesagt (Essen 1589/2: 122)
- zu ir komen und gesagt, (Gengenbach 1573/5: 392)
- zu ihr kommen, vnd gesagt, (Georgenthal 1597: 2)
- Zu Ir […] khommen, vnd gesagt (Riedlingen 1596: 626r)
- Zu Ihr […] kommen […] vnd Zu Ihr gesagt (Rhens 1629: 99)
- zu Ir […] khommen hab gesagt (Rosenfeld 1603: 1)
- zur Ir khommen […] gesagt (Augsburg 1590: 1)
- zu Ir Khom[m]en, […], gesagt (Ellingen 1590: 1)
- to er gekommen und hebbe to er gesach (Stromberg 1565: 145)
- to er gekommen und se gewecket und gesacht (Stromberg 1565: 147)
- zu Ime kommen vnnd gesprochen, (Essen 1589/3: 123)
- zu ihr kommen vnd gefragt, (Neuerburg 1614: 154)
- zu ihr kohmen, und sie gefragtt (Wernigerode 1583/2: 5)
- bey sie […] khommen, vndt gefragt, (Müddersheim 1630: 2)
- zu Ir Kommen […], sy gefragt (Ellingen 1590: 7r)

- zu ihr khummen[…], Sye gefragt (Riegersburg 1689/2: 212)
- zu ihr kommen, […], hette sie gefraget, (Gerolstein 1633: 117)
- zue Ir khom[m]en Sy angeredt (Bregenz 1628/1: 288r)
- zu Iro khommen, sie angeredt und befragt (Rottweil 1615: 431)
- zu ime khommen, ihme angerädt und gefragt, (Eichstätt 1629: 178)
- zu ihr kommen, sie angeredet und gesagt (Meiningen 1659: 114)
- zu ir […] komen, sie angesprochen, (Gengenbach 1573/3: 391)
- zu ir […] kommen und sie angesprochen, (Gengenbach 1573/4: 391)
- zu ihro […] kom[m]en, […], vnnd Sie angesproch[en] (Stein am Rhein 1667: 2 f.)
- zu ihr kummen, selbige getröst (Bräunlingen 1632/1: 9)
- zu ihr kommen […] sie getrostet (Drachenfels 1630: 4v)
- zu ihr kommen und sie getroesten (Fell 1588: 4)
- zu im […] kommen und inen getrosten und gesagten, (Fell 1588: 13)
- zu ihr kommen, sie getroest und gesagt (St. Maximin 1587: 308)
- zu ihr […] Kommen, undt begert, (Mandern 1625: 114)

Physische Verführung

- zu Ir kommen, Ir zu gemuttet, (Lemberg 1630: 9r)
- zu ir komen, ir zugemuettet, (Gengenbach 1573/1: 390)
- zu ir […] komen, ir zugemuethet (Gengenbach 1573/7: 394)
- zue ihro […] kom[m]en vnnd sie beschlaffen (Meßkirch 1644: 154r)
- Si tho […] gekamen […] Vnd hebbe mit ehr boleret (Flensburg 1607: 237)
- zu Ihro kommen Sie zum fall pracht (Linz 1631/1: 7)
- zu Ihro […] kommen zu Ihro Sich gelegt vnd vermischet (Linz 1631/2: 11)
- zu ihro kommen, […], und sich mit ihr vermischet, (Siegburg 1636/3: 79)
- zu ihr kommen, vnd so freündlich zugeredet, (Bamberg 1628/1: 2)
- zu Ihr komme, mit Ihr geschertzet, (Bamberg 1628/2: 203)
- Zu Ihr […] kommen, vnndt ihr erstes guthe wortt geben (Höchst 1631: 166r)

Auch die temporalen und lokalen Adverbialen zeichnen sich durch eine große Einheitlichkeit aus. Die Zeitangaben verweisen nie auf ein konkretes Datum der Verführung, sondern geben lediglich eine sehr grobe zeitliche Eingrenzung auf das Jahr, in dem die Verführung stattgefunden hat. Nur in drei Fällen wird das Jahr konkret mit Jahreszahl benannt: *Anno 1624* (Bamberg 1628), *Anno 626* (Bamberg 1628/30, 8), *Anno 1626* (Zülpich 1629). In den meisten weiteren Fällen wird die Anzahl der von der Verführung bis zum Sprechzeitpunkt verstrichenen Jahre angegeben, so dass zur Ermittlung des Jahres vom Sprechzeitpunkt aus zurückgerechnet werden müsste.[5] Realisiert wird diese Art der retrospektiven temporalen Bestimmung in der überwiegenden Zahl der Fälle (37) durch die Präpositionalphrase *vor ... Jahren*: *Erstlichen hatt sie bekandt, das ir buell heisse Grienlin, sey vor zehen Jaren zu ir komen* (Gengenbach 1573).[6] Da es sich bei diesen Zeitangaben um recht grobe handelt, werden sie in einigen Fällen durch einen näher bestimmenden temporalen Adverbialsatz ergänzt:

- vor vngefehr 22 Jahren, als Ihr mann in das Franckhenland verraist, vnnd Sie eben in der Kindthbeth gelegen (Bamberg 1628-30/1: 2)
- vor ein jahr 9 und 10, alß ihr zweiter man gestorben (Drachenfels 1630: 4r)
- vngefehr vor 40 oder 30 Jahren, we se ere dochter vhtgegeuen (Meldorf 1618/1: 64r)
- ungefehr vor 8 oder neun Jaren do er in Talßhaus gewohnt (Essen 1589: 120)
- vor ungefehr 24 Jahr, als die zu Erpell gerichtet worden (Siegburg 1636/1: 75)
- vor 3 Jarren ongefehr, Alß umb willen sie auß Irer Herberg beim Georg Hezinger dem Gerber, weil er bauen mieße, deß halber sie firters nit Herbergen khinnen, außziehen mieße (Rottweil 1629: 441)

Zur Einordnung dienen zumeist Ereignisse aus dem persönlichen Umfeld der Angeklagten (Sterbefälle, Geburten u. ä.), seltener auch gesellschaftliche Ereignisse (Hinrichtungen u. ä.).[7] Oft werden auch Seelenzustände

---

5 Auch Fuchs (2001: 156) stellt in seiner Analyse von Zeugenaussagen in Reichskammergerichtsakten fest, dass „das Bezugssystem der christlichen Jahreszählung keine tragende Funktion für die Zeitrechnung der Zeugen einnahm", sondern stattdessen retrospektive Angaben überwiegen.

6 Daneben finden sich einige wenige Konstruktionen der Form *es sey vhngefehr 20 Jar, d[as] ...* (Ellingen 1590: 1), *Eß sey ungefehr drie Jar verlitten, daß ...* (Essen 1589: 122) etc., also Konstruktionen mit dem Korrelat *es*, das auf einen nachfolgenden Subjektsatz verweist.

7 Dass es sich bei dieser Form der Zeitbestimmung um eine gängige Methode der ‚einfachen Leute' (im Gegensatz zum kalendarischen Zeitverständnis der gebildeteren Schicht) handelte, hält auch Fuchs (2001: 161) als ein Ergebnis seiner Untersuchung fest: „So bleibt festzuhalten, daß Ereignisse und Zeitpunkte auf verschiedenen Ebenen dazu beitrugen, die Vergangenheit in Abschnitte aufzuteilen. Vom Großereignis Krieg bis hin zu lokal und individuell bedeutenden Geschehnissen wurden verschiedene Daten aneinandergereiht, um eine retrospektive lineare Zeitmessung auch über längere Zeiträume zu gewährleisten".

geschildert, die den nachfolgenden Paktschluss erklären sollen: *als sie Kummer gehabt, da ihr die Pferde genommen worden* (Jägerndorf 1653: 446), *wie sie der Zeit in grossenn Nöttenn vnnd Armutt gesteckt, vnnd viel schuld gewesenn* (Georgenthal 1597: 2).[8]

Die Schwierigkeiten, die die Angeklagten bei der genauen zeitlichen Bestimmung eines fiktiven Vorfalls gehabt haben müssen, spiegeln sich in der häufigen Verwendung von Heckenausdrücken wider. Insbesondere das Adverb *ungefähr* wird, wie die obigen Beispiele zeigen, in auffällig hohem Maße verwendet. Es konnte bei den Zeitangaben zur Verführung insgesamt 35-mal nachgewiesen werden. Andere Möglichkeiten zum Ausdruck von Unsicherheit wie z. B. Konstruktionen mit der Konjunktion *oder* (*vor 8 oder neun Jaren*, s.o. Essen 1589: 120; *vor ein Jahr oder achtzehen*, Coesfeld 1632: 46; *vor einem halben Jahr oder länger*, Siegburg 1636/2: 79) oder die Verwendung anderer bedeutungsverwandter Adverbien wie *vmbtrint*[9] (*vmbtrint 4 Jaren*, Flamersheim 1629: 136) oder *beiläufig*[10] (*Eß seye beyleiffig 20 Jahr*, Baden-Baden 1627: 27r) werden nur selten genutzt. Gänzlich unspezifische Zeitangaben wie z. B. *uf ein Zeit* (Gengenbach 1573/5: 392) oder *einsmals* (St. Maximin 1587: 307) treten selten auf, eher wird ganz auf eine zeitliche Bestimmung verzichtet.

Im Gegensatz zu den meist ungenauen Zeitangaben sind die Ortsangaben sehr viel spezifischer. Auch hier dient im Regelfall eine Präpositionalphrase zur Bildung einer lokalen Adverbiale:

- in ihrem hauß (Neuerburg 1614: 154)
- auffs Bedd (Essen 1589: 120)
- in dem Kuestall (Eichstätt 1630: 75)
- in der Gassen bei ihrem Garden (Siegburg 1636/2: 74)
- im holz zwischen Rottenbuech vnd Staingaden (Rottenbuch 1665: 964)
- Am Zeller wege (Georgenthal 1597: 2)
- vp Hemmingsteder Felde (Meldorf 1618-19/1: 64r)

8 Die Angabe von Ursachen für den Paktschluss kann auf zahlreiche andere Arten realisiert werden, so z. B. durch eine Kausalsatz (*weilen sie uf ein Zeit wegen gehabter Armut etwas unmütig gewesen*, Bräunlingen 1632/1: 9), durch eine Präpositionalphrase (*aus mißmuet*, Edingen 1630: 46; *durch ellendt*, Drachenfels 1630: 4r) etc.

9 Das niederdeutsche Wort *umtrint* trägt als temporale Präposition die Bedeutung 'ungefähr', 'so um herum' (vgl. u. a. DWB 23: 1226, s.v. umtrent; Schiller/Lübben 5: 13, s.v. ummetrent). Es stellt eine Zusammenbildung der Phrase *umme den trent/trint* (trent = 'Rundung') dar (vgl. Lübben 1888/2005: 416, s.v. trent und 426, s.v. ummetrent; Schiller/Lübben 5: 13, s.v. ummetrent).

10 Das Adverb *beiläufig* wird hier ebenfalls im Sinne von 'ungefähr, etwa' verwendet (vgl. FWB 3: 919, s.v. beiläufig; Schwäb. Wb. 1: 798, s.v. beiläufig).

Bei den beschriebenen Orten dominieren deutlich das eigene Haus (und hier häufig konkret die Stube und das Bett) bzw. das nähere Umfeld des Hauses, d. h. der Garten, der Stall oder die Scheune, sowie Lokalitäten außerhalb von Hof und Ortschaft wie z. B. Wälder, Felder und Wiesen oder Wege. Es handelt sich sämtlich um Orte, die ein hohes Maß an Intimität und Privatsphäre bieten, in denen der Teufel also von anderen Menschen unbemerkt an sein Opfer herantreten kann.

Hinsichtlich der Stellung der Adverbialen ist festzuhalten, dass die Temporaladverbialen in aller Regel satzeinleitend fungieren, also das Vorfeld besetzen, wohingegen die Position der Lokaladverbialen variiert; sie können sowohl im Vor- als auch im Mittelfeld auftreten, in jedem Fall stehen sie jedoch erst nach der temporalen Bestimmung.

Im Folgenden soll ein genauerer Blick auf den eigentlichen Akt der Verführung geworfen werden. Die physische Verführung, also die körperliche Verführung durch den Beischlaf mit dem Teufel, fällt im Wesentlichen mit der Teufelsbuhlschaft zusammen. Als meist unbewusst vollzogener körperlicher Paktschluss stellt sie eine spezielle Form bzw. einen Teil der Teufelsbuhlschaft dar, weshalb sie auch erst an späterer Stelle im entsprechenden Abschnitt (5.4.) genauer untersucht werden soll. Anzumerken sei an dieser Stelle allein so viel:

Bei der körperlichen Verführung durch den Teufel kennt der Verführte die wahre Identität des Verführers in der Regel nicht, da er sich entweder als fremde Person, z. B. als *ein junger mann, schwarz bekleidet* (Hohenems 1630: 75) oder *in aines Paurn gestaldt* (Garmisch 1590: 1) präsentiert, oder aber als eine *wohlbekandte Persohn* (Bamberg 1630/5: 210) an sein Opfer herantritt und in der Gestalt des Ehepartners oder einer anderen, für das Opfer sexuell attraktiven Person den Beischlaf herbeiführt. Dem Opfer wird die Täuschung erst während bzw. nach Vollzug der Buhlschaft durch das Erkennen abnormer körperlicher Merkmale der vermeintlich bekannten Person (auffällige Kälte, Pferdefuß u. ä.) bewusst. In den selteneren Fällen, in denen dem Verführten die Identität des Teufels von Beginn an bekannt ist, wird die Verführung in der Regel als Gewaltakt geschildert (vgl. oben Bsp. 5.6). In jedem Fall kann die körperliche Verführung sowohl direkt geschildert sein (5.8), also als unmittelbar erfolgende Form der Kontaktaufnahme, als auch durch eine verbale Handlung von Seiten des Teufels eingeleitet werden. In letzterem Fall wird das Opfer entweder im Gespräch umgarnt, so dass es aus freien Stücken in den Geschlechtsverkehr einwilligt (5.9), oder es wird mit einer konkreten Forderung konfrontiert (5.10), der es sich nicht oder zumindest nicht lange widersetzen kann:

(5.8) der bose wehre vor einem Jahr vngfehr Im Sommer des nachmittags In Ihrem garden ahm Fald[er] In gstalt Ihres Jetzig[en] Ehmans zu Ihro kommen

Sie zum fall pracht ahn vngwonlicher Kelte aber vermerckht daß es nit recht gewesen vnd alß darüber den Nahmen JESVS genennet von Ihro verschwunden (Linz 1631/1: 7)

(5.9) Vor vngefehr 22 Jahren, als Ihr mann in das Franckhenland verraist, vnnd Sie eben in der Kindtbeth gelegen, seye zur Nachts ein frembdter mann, welchen Sie für einen Burger von Zeyl gehalten, dann Ihr Haußwirth viel mit ihme gehandtlet, vnd offt Gersten abgekhaufft, dessen nahmen ihr aber in so langer Zeit außgefallen, zu ihr kommen, vnd so freündlich zugeredet, daß sie ihme gar in das Beth hinein gelassen, vnd die Unzucht mit Ihme verübt, (Bamberg 1628-30/1: 2)

(5.10) Sagt, seye Lediger weiß Vnnd ungeveherlich vor 30 Jaren durch den Laidigen Sathan Zue dem Hexenwerckh gerathen. Nemblich alß sie von N. von ainem Dannz anheimbs nach N. alda sie bey dem Verwaltter gediennt, gehen woͤllen, der Boͤse geist zur Ir khommen, Ainen Schwarzen manttel, ein Bloder hoss, Schwarzen Huedl, und Federn darauf, Vnnd ein Boͤlzlein angehabt, gesagt, solle seines willens Pflegen, welches sie gethan, Vnnd also Bey Ime zwischen dem Taschen (ein Holz Also genannt) gelegen (Augsburg 1590: 1)

Die verbale Verführung, die nun ausführlich analysiert werden soll, ist insbesondere im Hinblick auf die ‚Teufelsrede' und somit auf den Aspekt der Redewiedergabe von Interesse. Wie oben bereits kurz angesprochen, wird die verbale Verführung grundsätzlich als eine Sprachhandlung von Seiten des Teufels dargestellt. Diese Sprachhandlung wird gewöhnlich in indirekter Rede zweiten Grades, also als ‚Rede in der Rede', wiedergegeben. Nur in zwei Fällen wird sie als eingebettete direkte Rede realisiert.[11] Die Teufelsrede zur Verführung ist zudem grundsätzlich zweigliedrig und beinhaltet stets ein Versprechen bzw. eine Absichtserklärung des Teufels, die an eine Bedingung bzw. Forderung geknüpft ist:

(5.11) und gesagt, wen sie seinen rhait folgen wolle, soll sie nimmer Mangell leitten (Essen 1589: 122)

(5.12) da habe er an sie begehrt, si soll es mit ihm halten, er wolle ihr Geld geben (Gutenstein 1641: 124)

Gemäß den beiden hier angeführten Beispielen lassen sich zwei verschiedene Formen der sprachlichen Realisierung der Verführung unterscheiden, und zwar insbesondere im Hinblick auf den die Forderung ausdrückenden Gliedsatz. Die Forderung kann zum einen, wie in Beispiel 5.11, durch einen eingeleiteten Konditionalsatz ausgedrückt werden. Als Einleitungen dienen die Konjunktionen *wenn/wann* und (seltener) *da*:

---

11 Direkte Redewiedergaben der Teufelsrede finden sich nur in den Protokollen Bremgarten 1584 und Reichenberg 1653; vgl. hierzu Fußnote 13.

(5.13) wann sie Ihme volgen wölle, so wölle Er ihren auß ihren nöthen helffen (Baden-Baden 1627: 26v)

(5.14) da er im folgen und von Gott abstehen wille, will er im geltz gnug geben (Fell 1588: 13)

Wie in den Beispielen ist der Konditionalsatz dem Matrixsatz in der Regel voran- und nur äußerst selten nachgestellt.[12] Der Matrixsatz kann sowohl mit, als auch ohne das Korrelat *so* angeschlossen sein, beide Möglichkeiten halten sich in etwa die Waage. Subjekt und Agens des Konditionalsatzes ist stets der bzw. die Angeklagte, im Matrixsatz ist das Subjekt wahlweise der Teufel (*will er im geltz gnug geben*) oder der/die Angeklagte (*soll sie nimmer Mangell leitten*). Im letzteren Fall ist das Subjekt jedoch stets Patiens. Als gängiges Satzbauschema ist also folgendes zu verzeichnen:

wenn sie [dieses tun] wolle,	(so) wolle er [jenes tun]
	(so) solle sie [jenes] (nicht) haben/sein/ erfahren

Schon bei den wenigen hier angeführten Beispielen fällt der gehäufte Gebrauch von Modalverben, und zwar insbesondere der Verben *wollen* und *sollen* ins Auge. Sie bilden nahezu durchgängig den finiten Prädikatsteil in Konditional- und Matrixsatz, nur in zwei Fällen wird er abweichend durch das Hilfsverb *werden* gebildet: *wann sie sich gottes seiner lieben Mutter u allen heiligen verlaeugnen, werde, woll er Iro wol umb ai herberg sehn* (Rottweil 1629: 441 f.). Dass als einzige Variante zum Modalverb *wollen* eine Konstruktion mit *werden,* also ein Futur I auftritt, ist kein Zufall. Im Gegenteil weist sie auf eine der beiden Grundfunktionen hin, die das Modalverb *wollen* in den vorliegenden Textbeispielen haben kann, nämlich die der Futurumschreibung. Bei der Umwandlung in die indirekte Rede wird das Futur I bzw. eine auf zukünftige Geschehen verweisende Präsensform zu einer Konstruktion mit Modalverb umgewandelt:

wann sie Ir follgen wolle,	←	wenn du mir folgst/folgen wirst,
so wöllte sie ir fleisch genueg geben	←	werde ich dir genügend Fleisch geben.

(Gengenbach 1573/5: 392)

Neben der Futurumschreibung kann das Modalverb *wollen* jedoch auch schlichtweg als Ausdruck von Bereitwilligkeit auf der Seite der Angeklagten dienen oder eine Absichtserklärung bzw. eine Erklärung des ‚guten Willens' des Teufels darstellen:

12 Ein Beispiel für einen nachgestellten Konditionalsatz bietet das Protokoll Georgenthal (1597: 2): *vnd gesagt, er wolle ihr Außhelff[en], wenn sie Im wölle volgen.*

wann sie Ir follgen wolle, ← wenn du mir folgen willst,
so wöllte sie ir fleisch genueg geben ← will ich dir genügend Fleisch geben.
(Gengenbach 1573/5: 392)

Für das Modalverb *sollen*, das nur im Matrixsatz auftritt, ist nur die Funktion der Futurumschreibung denkbar:

wann sie seinen willen thun wolte ← wenn du meinen Willen tun wirst/ willst,
so solte sie gros glück ihn keuffen und vorkeuffen haben ← wirst du großes Glück bei Käufen und Verkäufen haben
(Wernigerode 1583/2: 5)

Das Verhältnis von Bedingung und Bedingtem wird in dieser ersten Realisationsvariante der Teufelsrede durch die Konstruktion mit Hilfe eines Konditionalsatzes klar herausgestellt, die Konjunktionen *wenn/da* und das Korrelat *so* stellen einen eindeutigen Bezug her.

Auf den ersten Blick weniger eindeutig und klar ist der Bezug hingegen bei der zweiten Art der Realisation der Verführung (Beispiel 5.12). Zwar ist sie formal ähnlich aufgebaut, d. h. es gibt zwei Gliedsätze, der erste der beiden drückt eine Forderung von Seiten des Teufels aus, der zweite ein Versprechen oder Angebot; Subjekt und Agens ist im ersten Gliedsatz der/die Angeklagte, im zweiten der Teufel (bzw. der Angeklagte als Patiens); das Prädikat wird in beiden Sätzen mit Hilfe von Modalverben, und zwar ebenfalls der Verben *wollen* und *sollen* gebildet. Zwar drückt die Konstruktion im Ganzen ebenfalls Bedingung und Folge aus (*si solle es mit ihm halten ⇒ er wolle ihr Geld geben*), jedoch handelt es sich formal nicht um ein Verhältnis Konditional- und Matrixsatz, denn hierzu müssten beide Sätze eine Verberststellung aufweisen und das Modalverb *sollen* müsste im Konjunktiv II erscheinen (sollte sie es mit ihm halten, wolle er ihr Geld geben). Das durchgängig zu beobachtende Schema ist jedoch folgendes:

sie solle [dieses tun], er wolle [jenes tun]

Im Gegensatz zum ersten Fall wird das Prädikat im ersten Gliedsatz grundsätzlich mit Hilfe des Modalverbs *sollen* (und nicht *wollen*) gebildet, im zweiten Gliedsatz dominiert das Verb *wollen*. Während die Funktion von *wollen* die gleiche ist, wie im ersten Fall (nämlich Futurumschreibung oder Ausdruck von Bereitwilligkeit und Absicht), muss die Funktion von *sollen* hier klar von der im ersten Fall unterschieden werden: Das Verb *sollen* dient nicht der Futurumschreibung, sondern es ersetzt einen Imperativ in der zugrundeliegenden direkten Rede:

Sie solle ihm folgen,	←	Folge mir, [13]
er woll ihr aus allen Noeten helfen	←	ich will/werde dir aus allen Nöten helfen.

(St. Maximin 1587: 308)

Dass es sich beim Verhältnis der beiden Sätze um eine Verhältnis von Bedingung und Konsequenz handelt, muss somit allein aus der Kombination von Aufforderungs- und Aussagesatz geschlossen werden: Erst wenn die Angeklagte der Aufforderung Folge leistet, kann sie in den Genuss der Hilfe des Teufels kommen. Nur in sehr wenigen Fällen wird das Verhältnis der beiden Gliedsätze sprachlich näher bestimmt, und zwar durch die Adverbien *so* und *hingegen* als ein konsekutives bzw. adversatives:

(5.15) sie solle Gott den Allmechtigen und seine liebe Mueter und das gantz himlisch Heer verleugnen und seins willens pflegen, so wölle er ir gnug geben (Gengenbach 1573/1: 390)

(5.16) Sye solle ihm diennen, Vnd anbedten die H: Dreyfaltigkheith Verlaugnen, Vnd ihm ihr Seel Verheissen. Er wolle ihr hingegen Gelt Vnd Guetd Geben (Riegersburg 1689/1: 211)

Während also in der ersten Realisationsvariante der Teufelsverführung der Aspekt der Bedingung (wenn ... so) deutlich herausgestellt wird, hat die Rede in der zweiten Variante durch die Imperativumwandlung einen stärkeren Aufforderungscharakter. Letzterer wird zusätzlich durch die Wahl spezifischer redeeinleitender Verben verstärkt. Neben der Einleitung mit Hilfe einfacher verba dicendi, wie sie für die Konstruktionen der ersten Variante typisch sind (*gesagt, geredet, vermeldet* etc.), finden sich in hohem Maße Verben, die Bedrängung und Forderung ausdrücken, wie z. B. *zugemutet, angemutet, vermahnt, begehrt* etc.:

(5.17) Der Teuffel habe ihme angemuetet, er soll sich ihme ergeben, vnd ihm fleissig dienen, er soll reichlich die Kost haben (Coesfeld 1632: 46)

(5.18) undt begert, sie sollte ihme folgen undt anhangen, er wolte ihr ehr und gutt genug geben, muste aber Gott, seiner Mutter, undt allen Heyligen absagen, undt mit ihme allein zuhalten (Mandern 1625: 114)

Trotz der Ähnlichkeit der beiden Realisationsarten ist somit alles in allem ein leichter qualitativer Unterschied in der sprachlichen Verführung festzustellen: Im ersten Fall besteht die Verführung aus einem einfachen Angebot an das Opfer, dem es freigestellt ist, darauf einzugehen oder nicht, wohingegen im zweiten Fall ein stärkerer Druck von Seiten des Teufels ausgeübt wird. Da nach den Prinzipien der kirchlichen Hexenlehre der Teufelspakt von den Hexen grundsätzlich freiwillig eingegangen werden

13 Vgl. hierzu ein Beispiel direkter Redewiedergabe, wie sie im Protokoll Bremgarten 1584 erscheint: *Do sagte Er Jch bin Ein Düffel vsz der Hell vnd heyssen Hänj, vnd volg mir, du muost nüt manglen* (Bremgarten 1584: 2r).

soll, entspricht die Teufelsverführung, wie sie durch die erste Variante realisiert wird, den gelehrten Ansichten eher als die zweite, in der die Opferrolle der Angeklagten stärker hervorgehoben wird.

In jedem Fall kann man aber wohl davon ausgehen, dass die Wahl der Wiedergabeform bei der Teufelsrede in erster Linie auf die Schreiber zurückgeht und nicht auf die Angeklagten selbst. Aus heutiger Sicht ist nicht nachvollziehbar, ob die Teufelsrede durch die Angeklagten im Verhör in direkter oder indirekter Rede geschildert wurde, geschweige denn ob sie überhaupt selbsttätig geschildert oder den Angeklagten nur vorgegeben wurde. Die Tatsache, dass sie so häufig protokolliert ist, verweist jedoch auf ihren großen prozessrechtlichen Stellenwert, mit dem mit großer Wahrscheinlichkeit auch eine vorgeschriebene, von den Schreibern zu erfüllende Form einherging.

5.1.2. Verführung durch einen Teufelsgehilfen: Zaubereilehre

Die Schilderung einer Verführung durch einen Teufelsgehilfen, der sein Opfer durch die Lehre der Zauberei in den Bannkreis des Teufels zieht, ließ sich in insgesamt 68 Protokollen vornehmlich aus dem nord- und mitteldeutschen Raum nachweisen. In drei dieser Protokolle wird den Verführten mit dem Angebot der Zaubereilehre auch ein teuflischer Buhle vermittelt, in weiteren 5 Protokollen wird die Verführung allein durch die Vermittlung eines Buhlen vorgenommen.[14] Bei den von den Angeklagten angegebenen Verführern handelt es sich oft um ihnen bekannte Personen, um Nachbarn oder Verwandte. Häufig wurden zudem Personen angegeben, die bereits verstorben bzw. wegen Hexerei hingerichtet worden waren, so dass keine weiteren Unschuldigen belastet werden mussten und die Aussage keine negativen Konsequenzen für Dritte nach sich zog.[15] Daneben steigerte die Angabe einer bereits der Hexerei überführten Person als Lehrmeisterin sicher auch die Glaubwürdigkeit des Geständnisses.

Wie die oben untersuchte Verführung durch den Teufel weisen auch die Beschreibungen der Verführung mittels Zaubereilehre neben den inhaltlichen Analogien auffällige lexikalische und syntaktische Parallelen auf.

---

14 Mit den Belegorten Bamberg, Bückeburg, Crivitz, Dieburg, Dillenburg, Helmstedt, Mühlhausen und Wernigerode ist diese Verführungsvariante schwerpunktmäßig in einem Gebiet in der Mitte des nord- und mitteldeutschen Untersuchungsraumes vertreten.

15 So werden z. B. in den Werler Protokollen *der hingrichteter Lamer Adam* (Werl 1630/1: 4), *die hingrichtete Dieke Trina* (Werl 1630/2: 9) oder *die hingrichtete Vollische* (Werl 1630/4: 22) angegeben, in Gerolstein zwei Frauen, *so beide zu Prum verbrennet* (Gerolstein 1601: 39), in Passow die Mutter der Angeklagten, *welche vorbrandt* (Passow 1677/3: 108r) usw.

Anhand zweier Beispiele soll der Aufbau exemplarisch verdeutlicht werden:

(5.19) Erstligh Heerde Tonnies von Scharpenbergh hedte ihme uor 10 Jahren die ledige Zauberkunst gelert, auff der Mone, bauer der fahrt, Alßer willen groß kauffen welches er nicht hette bekommen konnen, so hette g[emel]t[e] heerde Tonnies gesagt er wolte ihme ein Kunst leren, das er deßen genuch bekommen (Alme 1630/5: 16v)

(5.20) Vor ungefehrlich 22 Jahren, alß sie und ihr Mann, der Sterbden halben, gehn Prum gefliehet, und ihre derhalben, daß sie ihre heußliche Nahung verlassen müssen elendig gewesen, habe sie daß Zauberwerck von Stauffen Plonien und Kirsten Vassen Fraw Ennen /: so beide zu Prum verbrennet :/ gelehrnet. Dann alß sie die Weiber, ihro Margrethen in Kirsten Vassen Hauß entbotten, und wegen ihrer Traurigkeit und Elendts, ein Helffgen mit ihro trincken willen, seie sie dahin gefolgt, und alß sie etwas miteinander getruncken, hetten die beide Weiber gesagt, was sie Traurens nötig, dan wo sie ihnen folgen wölte, so solte sie keine Noth noch Mangell haben. (Gerolstein 1601: 39)

Folgende syntaktische und lexikalische Merkmale können als typisch für die Schilderungen der Zaubereilehre gelten:

- die Handlung wird in der Regel mit Hilfe der Verben lehren *(hedte ihme […] die ledige Zauberkunst gelert)* oder lernen *(habe sie daß Zauberwerck […] gelehrnet)* ausgedrückt
- Subjekt und Agens der Handlung werden folglich entweder durch den Teufelsgehilfen (der sein Opfer etwas lehrt) oder das Opfer selbst (das als Schüler von seinem Lehrmeister etwas lernt) besetzt
- das direkte Objekt bezeichnet den Gegenstand, der gelehrt bzw. gelernt wird, in diesem Fall die ledige Zauberkunst bzw. daß Zauberwerck
- die Handlung wird – wie bei der ersten Verführungsvariante – in der Regel durch Adverbialen näher bestimmt, und zwar insbesondere durch
    - temporale *(uor 10 Jahren; Vor ungefehrlich 22 Jahren)* und
    - lokale *(auff der Mone, bauer der fahrt; in Kirsten Vassen Hauß)*
- optional wird zudem ebenfalls der geistig-seelische Zustand der Angeklagten, der die Ursache des Paktschlusses begründen soll, geschildert; dies kann sowohl im Rahmen einer Erweiterung der temporalen Bestimmung mittels eines Adverbialsatzes geschehen *(Alßer willen groß kauffen welches er nicht hette bekommen konnen; alß sie und ihr Mann, der Sterbden halben, gehn Prum gefliehet, und ihre derhalben, daß sie ihre heußliche Nahung verlassen müssen elendig gewesen)*, als auch durch eine kausale Adverbialbestimmung *(wegen ihrer Traurigkeit und Elendts)* o.ä.

- häufig wird zudem der vordergründige Zweck der Zaubereilehre – oft mit Bezug zum geistig-seelischen Zustand der Angeklagten – angegeben; dies wird in der Regel wie in den obigen Beispielen durch die indirekte Wiedergabe einer Rede des Teufelsgehilfen realisiert *(so hette g[emel]t[e] heerde Tonnies gesagt er wolte ihme ein Kunst leren, das er deßen genuch bekommen; und alß sie etwas miteinander getruncken, hetten die beide Weiber gesagt, was sie Traurens nötig, dan wo sie ihnen folgen wölte, so solte sie keine Noth noch Mangell haben)*

Wie die Schilderungen der Verführungen durch den Teufel selbst dienen auch die Beschreibungen der Verführungen durch Teufelsgehilfen als Einleitungen zur Paktschilderung, indem sie das Zustandekommen und die näheren Umstände des Paktschlusses erläutern. Der Teufel selbst spielt dabei zunächst noch keine Rolle, da sich die Handlung allein zwischen dem Teufelsgehilfen und seinem Opfer, zwischen Lehrmeister und Schüler entwickelt. Anders als bei den oben beschriebenen Teufelsverführungen finden Paktschluss und Teufel zumeist noch nicht einmal Erwähnung, im Zentrum steht zunächst allein das Erlernen der Zauberkünste und die daraus erwachsenden materiellen Vorteile für den Lernenden.

Die Handlung der Zaubereilehre wird, wie oben in der Liste angeführt, fast ausschließlich mit Hilfe der Verben *lehren* und *lernen* ausgedrückt, lediglich in einem Fall wird abweichend das Verb *unterrichten* verwendet.[16] Beide Verben werden dabei quasi synonym verwendet, und zwar sowohl im Sinne des heutigen 'lehren' (jm. etw. lehren/lernen, vgl. Bsp. 5.21 und 5.22) als auch im Sinne des heutigen 'lernen' (von jm. etw. lernen/lehren, vgl. Bsp. 5.23 und 5.24):

(5.21) Wessel N. habe sie die Zauberkunst gelehret (Paderborn 1615: 38)

(5.22) Wie daß die hingrichtete Vollische im HimmelsPfoetner velde fur etZlichen Jahrn alß sie kraut gePlueket, Ihr die Zauberkunst gelehrnet (Werl 1630/4: 22)

(5.23) er hette d[as] Zaubern von einer alten fraue zu Oberrolßhausen ⌈als Wageners Peters Mutter | es+⌉ gelehrnet (Dillenburg 1631: 19v)

(5.24) sagendt das Sie fur ungefehr dreij Jahren von einem, so In Weibs gestalt, Zu Ihr kommen, wavon Sie mit verleuchnung Gotts, unnd mit vier fueßs rugktrettung die Zauberkunst gelehrete, in specie von Trinen Buschmans ahn der Honheide (Capellen 1629: 5)

Dieser synonyme Gebrauch der beiden Lexeme ist als durchaus typisch für das Frühneuhochdeutsche anzusehen (vgl. u. a. FWB Bd. 9, Lfg. 2: Sp. 988 ff., s.v. [2]leren und Sp. 1009 ff., s.v. lernen). Eine Überprüfung der geo-

16 *Hanß Eggers deß vorstorbenen kuhirten zu Wesendorff Seligen witwe Alheit Eggers genant habe Ihr die zauberei vnderrichtet* (Celle 1570: 88r).

graphischen Verteilung der *lehren/lernen*-Belege, die auf das Auftreten der Wörter im gesamten Korpus (also auch außerhalb der Verführungsschilderungen) ausgeweitet wurde,[17] zeigt zudem eine klare Bevorzugung der Form *lernen* im oberdeutschen Raum, und zwar in beiden Verwendungsweisen, wohingegen die mittel- und norddeutschen Gebiete sich durch einen parallelen Gebrauch auszeichnen, wobei hier analog zum heutigen Gebrauch für 'lehren' die Form *lehren* und für 'lernen' die Form *lernen* dominiert (vgl. die Karten 5.2 und 5.3).

Natürlich stellt die hier beobachtbare deutliche Dominanz der *lernen*-Belege im oberdeutschen Raum keinen absoluten Befund dar, da die Zaubereilehre in oberdeutschen Protokollen nur selten thematisiert wird und die Belegdichte entsprechend gering ist. Sie korrespondiert jedoch mit den Beobachtungen Schmellers, der feststellt, dass das Wort *lêren* „der gemeinen altb[airischen] Sprache, wo lernen auch für docere gebraucht wird, wenig geläufig" (Schmeller 1/2: Sp. 1499, s.v. lêren) ist.

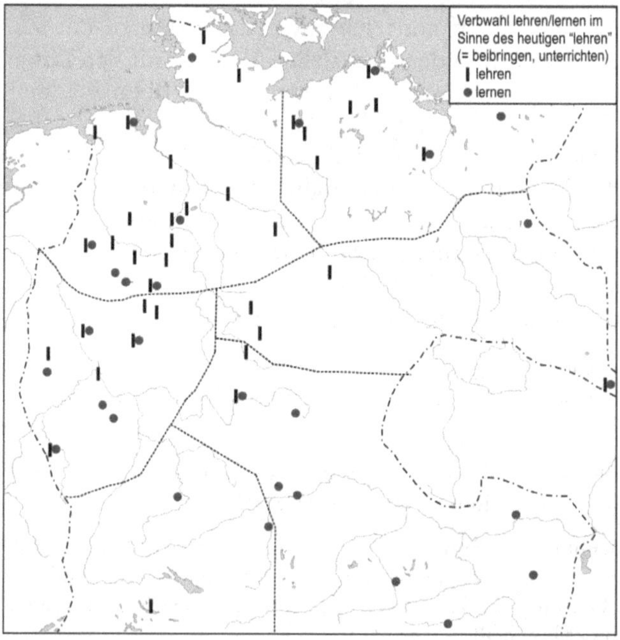

Karte 5.2: Verteilung von *lehren/lernen* im Sinne von „lehren"

17 Für beide Lexeme konnte eine Gesamtzahl von 358 Belegen ermittelt werden. Auf *lehren* entfallen dabei 189 Belege (133 i.S.v. 'lehren', 56 i.S.v. 'lernen'), auf *lernen* 169 (76 i.S.v. 'lehren', 93 i.S.v. 'lernen').

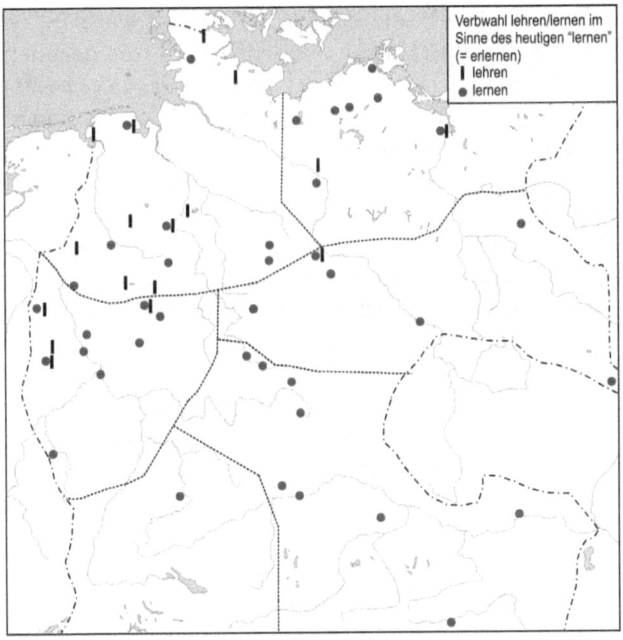

Karte 5.3: Verteilung von *lehren/lernen* im Sinne von „lernen"

Die Lexeme *lehren/lernen* in der Bedeutung 'lehren' werden zudem sowohl mit doppeltem Akkusativ als auch mit persönlichem Dativ verwendet, wobei die Formen mit Dativ klar überwiegen:

(5.25) Vnd bekendt Engelberth Hanschens Frawen S. Dathaecken Tochter so verstorben, habe ihr das Laster alhier zu Arsperg in ihrer Behaußung in der Kuch gelehrt (Arnsberg 1629: 352)

(5.26) It[em] das Alda ein Arbeiterin mit Nahmen Anna Schepffers wonhafft auff der Gierstraßen gewesen, so ihr die ledige Teüffelskunst gelernet (Alme 1630/2: 8r)

Im DWB wird der Gebrauch von *lehren/lernen* mit persönlichem Dativ als „neuerer Brauch" bezeichnet, der erstmals im 14. Jahrhundert belegt ist, jedoch erst ab dem 17. Jahrhundert mehrfach und im 18. Jahrhundert gehäuft auftritt (vgl. DWB 12: 559, s.v. lehren). Im vorliegenden Korpus finden sich sowohl in den früheren Protokollen des 16. Jahrhunderts als auch in den späteren des 17. Jahrhunderts Belege für *lehren/lernen* mit persönlichem Dativ. Der Dativ tritt hier nicht nur mehrfach, sondern – insbesondere im Fall von *lehren* – mit deutlich höherer Frequenz auf als der doppelte Akkusativ.

Im Hinblick auf das direkte Objekt und somit auf den Gegenstand, der gelehrt/gelernt wird, dominieren insbesondere 4 Varianten: gelehrt werden die *Zauberkunst* (13), die *Zauberei* (10), das *Zaubern* (8) oder einfach nur die *Kunst* bzw. *Künste* (10). Als Nebenformen treten zudem das *Zauberwerk* (1), das *Hexenwerk* (1), die *Teufelskunst* (1), das *Hexenrecht* (1) und *das Laster (der Zauberei)* (3) auf. In zwei Fällen wird der Vorgang verbal mit Hilfe des Verbs *zaubern* ausgedrückt.[18]

Dass Bildungen auf *Zauber* bei der Bezeichnung des vermittelten Wissens dominant sind, ist insofern nachvollziehbar, als es sich bei der Verführung mittels Zaubereilehre um ein, wie oben gezeigt wurde, primär norddeutsches Phänomen handelt, und somit in einem Gebiet auftritt, das zum einen noch stark durch den älteren Zauberglauben geprägt war und in dem sich zum anderen das neuere Wort *Hexe* erst vergleichsweise spät verbreiten konnte.[19]

Wie bei der verbalen Verführung wird auch den Opfern in den Zaubereilehre-Schilderungen das Erlernen der Künste oft in einem verbalen Akt von Seiten der Verführer nahegelegt. Grundsätzlich steht dabei der Aspekt des persönlichen Nutzens und nie der Aspekt der Schädigung im Vordergrund:

(5.27) geredet, Sie wolte ihr eine Kunst lehren, Sie sollte Geldt vnd Guts genug haben (Loccum 1638: 248)

(5.28) so gsagt, Sie wolte ihr was lehren, das sie nit bedürffte allein zugehen (Münster 1635: 77v)

(5.29) hette sie gesaget: Ihr, Inquisitinen, Man wehre alt, und köndte nicht arbeiten, sie wolte ihr waß lehren daß sie auch waß kriegte (Schwerin 1668: 2v)

Im Gegensatz zur Verführung durch den Teufel resultiert der persönliche Nutzen hier somit zunächst einmal nicht aus einem Pakt mit dem Teufel, sondern aus dem Erlernen der Zauberei. Es handelt sich also gewissermaßen um ein umgekehrtes Verhältnis: Während in den nord- und teilweise auch mitteldeutschen Protokollen das Erlernen der Zauberei dem Paktschluss vorangestellt ist, die Opfer somit erst durch die Zaubereilehre in den Bannkreis des Teufels gelangen, steht der Kontakt mit dem Teufel in den süddeutschen Protokollen an erster Stelle, das Erlernen zauberischer Fähigkeiten tritt erst in der Folge des Paktschlusses auf, und zwar mit dem konkreten Ziel der Schädigung anderer. Während in den nördlicheren Protokollen in den Verführungsschilderungen somit die Zaubereilehre als erster Geständnispunkt und als ein erstes, handfestes Indiz für Hexerei

---

18 Vgl. *die altte gurtelern hette sie [...] zaubern gelernet* (Friedberg 1620: 6); *es hab Ihnen sein Mumm [...] leren zaubern* (Wadgassen 1618: 361).

19 Sicherlich nicht zufällig stammen die beiden einzigen Belege mit dem Wortstamm *Hexe*, nämlich *Hexenrecht* und *Hexenwerk* aus den Orten Wadgassen und Augsburg und somit aus zwei im südlichen Westmitteldeutschen bzw. Oberdeutschen gelegenen Orten. Zur Verbreitung des Wortes *Hexe* vgl. auch ausführlich Kapitel 6.

angeführt wird, tritt dieser Punkt in den südlicheren Protokollen völlig in den Hintergrund. Hier hat die Vorstellung vom Teufelspakt die alten Zaubereivorstellungen nicht nur ergänzt, sondern überlagert.

5.2. Der rituelle und verbale Paktschluss

Der rituelle und der verbale Paktschluss stellen zusammen das Kernelement des Teufelspaktmusters dar, in dem die formale Besiegelung des durch die Verführung bewirkten Abkommens zwischen Hexe und Teufel beschrieben wird. Der verbale Paktschluss ist in zwei Teile gegliedert: Er umfasst zum einen den Abfall von Gott und zum anderen die Hingabe an den Teufel. Beide werden teils explizit formuliert, teils wird jedoch auch nur der Abfall von Gott geschildert, der die Hingabe an den Teufel als stillschweigende Konsequenz impliziert, und vice versa. Der rituelle Paktschluss ist eng mit dem verbalen verbunden und geht gewissermaßen mit ihm einher. Er kann sowohl als Mittel der Visualisierung des Lossagens von Gott dienen als auch eine formale Bestätigung und Bekräftigung des Paktes mit dem Teufel darstellen.

Obgleich nur in einem Teil der Teufelspaktschilderungen von einem rituellen Paktschluss berichtet wird – genaugenommen in 79 Protokollen –, ist dieser für die Ausprägung des Paktmusters von großer Wichtigkeit: Anhand der rituellen Paktarten ist deutlicher als in allen anderen Bereichen der sehr starke regionale Bezug der Teufelspaktschilderungen erkennbar.

5.2.1. Der rituelle Paktschluss: Regionale Paktarten

Von den insgesamt 79 rituellen Paktschlüssen lassen sich 70 allein vier Hauptpaktarten zuordnen. Diese vier Paktarten weisen, wie die nachstehende Karte 5.4, S. 113, zeigt, eine sehr deutliche regionale Verteilung auf:

Im Nordwesten, insbesondere im Bereich Westfalen, dominiert zur Verdeutlichung der spirituellen Loslösung von Gott das körperliche Zurücktreten um drei Schritte:

(5.30) hette Zu ihr gesagt sie solte 3. fuß zurucke tretten welches sie gethan vnd geredet Ich versake Gott den herrn hette solches inß teuffelß Nahmen gethan (Osnabrück 1636: 100v)

Im Westen, genauer im Rheinland, erfolgt der Paktschluss häufig an einem symbolträchtigen Ort, und zwar an einem Kreuz oder einer Kapelle. Zur Verdeutlichung des blasphemischen Akts der Gottesverleugnung wird zudem in vielen Schilderungen die Hexe vom Teufel dreimal mit dem Gesäß gegen das Kreuz bzw. die Kapelle gestoßen:

(5.31) Nach dessen verrichtung sie gestracks nach dem Mullen weg ahn das Creutz, so ahn der Aderich stehet, gefurt vnd gewilt, das Gott almechtig, seiner lieber Muttern vnd allen heiligen ab vndt Ime zusagen solle, So sie auch gethan vndt der feiendt sie dreimahl hinderrucks mit dem hinderen widder das creutz gestossen habe. (Flamersheim 1629/1: 137)

Als primär südwestliche, aber auch überregional gebräuchliche Form des rituellen Paktschlusses lässt sich der mit Handschlag besiegelte Pakt anführen. Wie aus der Karte ersichtlich, tritt er vom südlichen Garmisch bis zum nördlichen Bremen weit über das Untersuchungsgebiet versprengt auf:

(5.32) Nach welchem Sye ihme habe mussen die handt geben, von Gott dem Allmechtigen abschwehren, vnnd ihme verhayssen Sye wolle vnndt muße sein sein, [INT] ⌈[et] pleiben⌉ vnndt nimermehr von ihm ablassen (Höchst 1631: 166v)

Auf den Südosten des Untersuchungsgebietes schließlich ist die symbolische Hingabe an den Teufel mit Hilfe eines schriftlichen Vertrages, der in nahezu allen Fällen mit dem Blut des Opfers geschrieben oder unterzeichnet ist, beschränkt:

(5.33) doch habe sie Gott vnd allen Heilig[en] absag[en] müessen, vnd Ihr d[er] Teüffel die wortt vorgesproch[en], bluett aus de[m] rehten däumling genom[m]en vnd sie Inn ein buech geschrib[en] (Augsburg 1625: 110)

Neben diesen vier Hauptformen finden sich noch einige weitere bei den Paktschlüssen vollzogene rituelle Handlungen. So berichten die Angeklagten dreier nordostdeutscher Protokolle, dass sie aufgefordert wurden, während der Gottesverleugnung an einen Stock zu fassen (Schwerin und Crivitz)[20] bzw. an einen Ring (Stralsund)[21], eine ostmitteldeutsche Angeklagte will den Schwur mit erhobener Hand geleistet haben (Mühlhausen)[22] und in drei süddeutschen Protokollen aus Bräunlingen und Bregenz

---

20 *Sie hette an einen stock greiffen vnd also nachsagen mußen, Hie greiffe ich an diesen stock, vnd verlaße Marien vnd den lieben Gott* (Crivitz 1642: 7). – Beim Berühren eines Stabes handelt es sich um ein altes Rechtssymbol, das der Bekräftigung eines Abkommens diente: „der von der einen Seite entgegengestreckte Stab oder Ger wird von der Gegenseite mit der Hand oder ebenfalls mit dem Ger berührt, *manu firmatio*, Handfeste." (Erler 1971: 1960)

21 *Illa hette ein Ringe gehabt, daran sie greiff[en] vnd Drey mal sag[en] muß[en] Ich Greiffe an diesen ringk vnd verlaße Gott vnd Marien kindt* (Stralsund 1630/2: 12). – Auch das Berühren eines Rings wird vermutlich wie der Stab in der Tradition der Berührung eines Rechtssymbols zur Bestätigung eines Abkommens stehen (vgl. Anm. 20).

22 *Sie hette müßen 2 finger aufrichten und den lieben Gott inß Teuffelß Nahmen verschweren und demselben absagen* (Mühlhausen 1659: 112). – Die Gelöbnisgebärde des Handgelübdes tritt noch in einem weiteren Protokoll (Wallhausen 1628) auf, hier allerdings in Ergänzung zum Handschlag und mit nur einem erhobenen Finger (vgl. Bsp. 5.49). Beim Geloben mit einem Fin-

wird berichtet, dass der Teufel von seinen Opfern nach dem Paktschluss Haare als Pfand genommen hätte.[23]

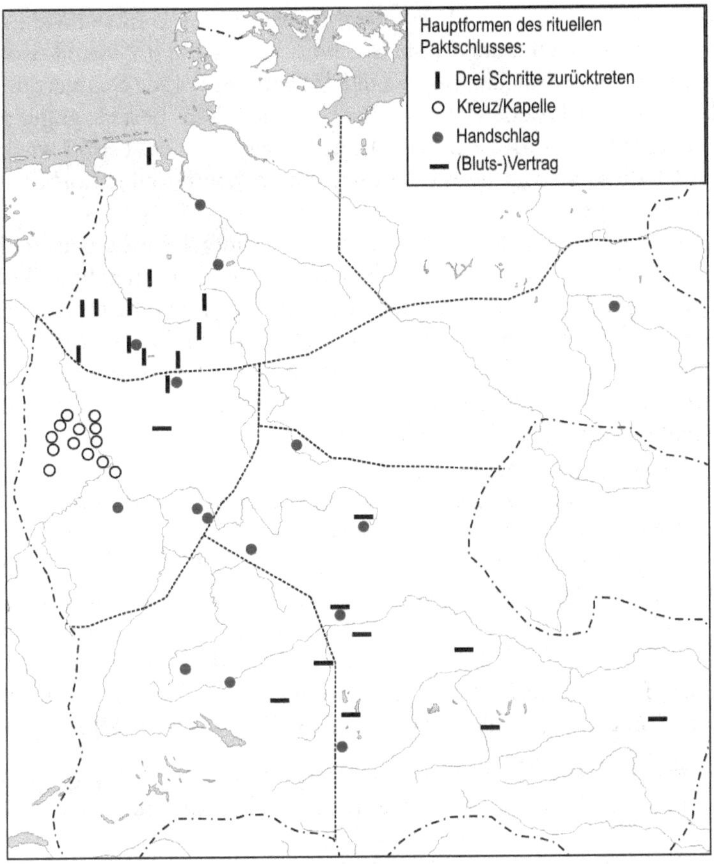

Karte 5.4: Hauptformen des rituellen Paktschlusses

ger, dem sogenannten Stupfen, handelt es sich um eine bereits im Sachsenspiegel belegte Handgebärde zur Bestätigung und Bejahung eines Sachverhalts. Sie wurde in späteren Zeit durch den Schwur mit zwei und schließlich drei Fingern abgelöst (vgl. Reincke 1919: 280 ff.).

23 *auch beneben zugesprochen Sy müeß sich Jez gott vnnd aller hailigen vnd Engel verlaugnen welches Sy gethan, ⌈Zum pfandt hab Er Ir haar vom Kopf genom[m]en [?]⌉* (Bregenz 1628/1: 288v). – Das Haarpfand könnte auf ein altes germanisches Ritual zurückgehen, demzufolge das Abschneiden des Haupthaares oder des Bartes ein Symbol für das „annehmen an kindesstatt" bzw. für die völlige Unterwerfung war: „Wer sich haar und bart abschneiden ließ unterwarf sich dadurch gleichsam der väterlichen gewalt des abschneidenden. Ein freier konnte sich durch übergabe seines abgeschnittenen haares in die knechtschaft eines anderen begeben" (Grimm 1922: Bd. 1, 202).

5.2.1.1. Nordwestdeutschland: solte in deüffels Nahmen drei fuß zuruck tretten

Die nordwestdeutschen Teufelspaktschilderungen sind in sich sehr homogen und schematisch aufgebaut. Sie weisen sowohl in syntaktischer als auch lexikalischer Hinsicht nur wenig Varianz auf. Der Schwerpunkt des norddeutsch-westfälischen Paktes liegt – wie oben bereits angedeutet – auf dem Abfall von Gott. Eine konkrete Zusage an den Teufel wird nur in 7 von 28 Fällen, also in gerade einmal einem Viertel aller norddeutschen Schilderungen, geleistet.

Die Untersuchung der Verführung im vorhergehenden Kapitel hat ergeben, dass die Angeklagten in norddeutsch-westfälischen Protokollen in der Regel angeben, durch eine Lehrmeisterin bzw. einen Lehrmeister zum Erlernen magischer Künste verführt worden zu sein. Dieser Teufelsgehilfe ist es auch, der seine Opfer in den meisten der hier vorliegenden Paktschilderungen zum Gottesabfall drängt. Gibt das Opfer dem Drängen nach, stellt sich in der Folge der Teufel ein:

(5.34) Anna, die Juttesche zum Winterberg, hette sie in irem haus daselbst vor 15 jar, als sie bei derselben salz geholet, angemutet, sie solte Gott und sein heiligen versaken, drei fueß zurucktretten ins teuffels namen und denselben sich ergeben, wilches sie auch getan hett. (Oberkirchen 1630/2: 18r)

Die formale Struktur der nordwestdeutschen Paktschilderungen ist stets sehr ähnlich. In über der Hälfte der Fälle ist der Paktschluss, wie im obigen Beispiel (5.34), als Aufforderung von Seiten des Verführers, der in der Regel der Lehrmeisterin bzw. dem Lehrmeister der ‚Hexe' entspricht, gestaltet. Von der zukünftigen Hexe wird verlangt (*angemutet*),

a) sich von Gott loszusagen (*sie solte Gott und sein heiligen versaken*),
b) im Namen des Teufels drei Schritte zurückzutreten (*drei fueß zurucktretten ins teuffels namen*) und
c) sich – in einem Teil der Fälle – dem Teufel zu ergeben (*und denselben sich ergeben*).

Leistet das Opfer der Aufforderung Folge, was stets der Fall ist, wird dies explizit bestätigt (*wilches sie auch getan hett*). Die Bestätigung mittels eines Relativsatzes, die sich schon durch das einleitende Pronomen *welches* als schriftsprachliche Konstruktion zu erkennen gibt (vgl. auch Topalović 2004: 77), hat wohl in erster Linie eine juristische Funktion, da erst mit ihrer Hilfe der wirkliche Vollzug des Paktes konstituiert wird. Zugleich stellt sie eine Form der Verkürzung und Komprimierung dar, da der eigentliche Akt des Paktschlusses nicht noch einmal im Detail dargestellt werden muss.[24] Die Aufforderung selbst wird in der Regel mit Hilfe des Modalverbs *sollen*, selten auch *müssen*, kenntlich gemacht, die geforderten Handlungen folgen als Aufzählung in parataktischer Reihung:

(5.35) sie solte dreimal ins teufels namen zuruck treten, Gott und seinen heiligen versagen und dem teufel zusagen, welches sie auch getan (Oberkirchen 1630/4: 20v)

(5.36) Sie solte Got vnd seine heiligen versachen 3 fuoß ins teufels nahmen Zurhuek tretten, wilchs sie auch gethaen (Werl 1630/2: 9)

(5.37) solte in deüffels Nahmen drei fuß zuruck tretten uerleuchnen Gott Vnd Aller seiner heiligen, welches er gethan. (Alme 1630/5: 16v)

Wie die obigen Beispiele zeigen, ist der Aufbau durchweg sehr schematisch und gleichförmig, was auf ein hohes Maß an Standardisierung von Seiten des Schreibers hindeutet. In den Fällen, in denen der Paktschluss nicht wie oben als Aufforderung durch die Lehrmeisterin, sondern als direkter Vollzug durch die ‚Hexe' geschildert wird, entfällt in der Regel der bestätigende Relativsatz:

(5.38) It[em] sie habe drei fueß zu ruck getredten Vnd Gott Verleüchnet. (Alme 1630/1: 5r)

(5.39) daruff er Gott verleughnet und zum Zeichen driemal innß Teuffells nhamen zorugkgetrotten. (Essen 1589: 123)

(5.40) Darnach habe sie Gott, vnd seine wercke verswerenn nuißenn, vnd 3. tritt zurugk getreden, (Jever 1592: 44r)

Innerhalb des Teilmusters ‚verbaler und ritueller Paktschluss' weist gerade die Versprachlichung des rituellen Rücktritts von Gott eine große Homogenität auf, und zwar sowohl in syntaktischer als auch in lexikalischer Hinsicht. Als Verb wird nahezu ausschließlich (25-mal) das Verb *zurücktreten* (meist noch in Getrenntschreibung) verwendet, lediglich dreimal steht *zurückgehen*. Als Maß des Zurücktretens dient in der Regel der *Fuß*: mit 21 Belegen dominiert er deutlich vor dem *Tritt*, der nur viermal genannt wird. In zwei Fällen wird etwas unspezifischer *dreimal* zurückgetreten, in einem Fall erfolgt überhaupt keine Angabe (*er druff zurugkgetretten*). Der Rücktritt erfolgt zudem stets um *drei* Schritte, lediglich in einem Fall wird abweichend von *vier* Schritten berichtet. Alles in allem kann damit das *Drei-Fuß-Zurücktreten*, das in dieser Form 17-mal auftritt, als die geläufigste Kollokation gelten (vgl. auch Topalović 2004: 77), deren regelhafte Verwendung

24 Lediglich in einem der Protokolle, Osnabrück 1636, wird auf eine vollständige Wiederholung nicht verzichtet: *hette Zu ihr gesagt sie solte sagen Ich keihe [!] in die Stern vnnd versake vnd versake [!] Gott den herrn vnd 3. tritt Zurucke tretten welches sie auch gethaen. Drei tritt Zuruck tretten Ins teuffels Nahmen vnd geredett Ick kike in die Stern vnd versake Gott den herrn* (99r).

für den musterhaften Charakter dieses rituellen Paktschlusses konstitutiv ist.

Wie die obigen Beispiele verdeutlichen, zeichnen sich die nordwestdeutschen Paktschilderungen durch eine große Bildhaftigkeit aus. Der Abfall von Gott, der das Zentrum bildet, wird als ritueller Akt zelebriert, der den spirituellen Wandel physisch sichtbar werden lässt und ihm zudem erst seine vollständige Gültigkeit verleiht. Dadurch, dass der Rücktritt von Gott nicht nur mit Worten, sondern auch mit dem Körper geschieht, wird die Ganzheitlichkeit des Abfalls von Gott betont: Die Loslösung erfolgt mit Körper und Geist, mit Leib und Seele. Die Dreizahl der Schritte verstärkt und festigt den rituellen Charakter des ganzheitlichen Abfalls zusätzlich: Als heilige Zahl im christlichen Kult wie auch als auch als magische Zahl im Volksglauben ist die Zahl 3 der „Inbegriff des Segenskräftigen und Mächtigen" (Erich 1936: 849) und gilt als Ausdruck für „Vollkommenheit" (Lurker 1983: 141). Sie verkörpert zum einen die göttliche Trinität, die Einheit von Vater, Sohn und Heiligem Geist, der hier Schritt für Schritt bis hin zur völligen Loslösung entsagt wird, zum anderen verleiht sie dank ihrer magischen Kraft dem Rücktritt eine weit über das rein Körperliche hinausgehende Bedeutung. Durch die Dreizahl in Verbindung mit der Formel *ins Teufels Namen* wird aus dem physischen Zurücktreten ein magischer Akt, eine ritualisierte Zauberhandlung, die unter Einwirkung teuflischer Mächte stattfindet. Mit dem Anrufen des Teufels beim Gottesabfall hat sich die ‚Hexe' bereits in dessen Machtbereich begeben und sich ihm unterstellt, womit sich eine explizite Zusage an den Teufel und ein zusätzlicher Paktschluss nahezu erübrigen.

Das dreifache Zurücktreten zur Symbolisierung des Abfalls von Gott lässt sich außerhalb der nordwestdeutschen Verhörprotokolle in keinen anderen Protokollen nachweisen, es weist also eine starke lokale Bindung auf. Es konnte zudem weder in den Exempeln der untersuchten Traktate und Predigten noch in volkstümlichen Quellen zum Teufels- und Hexenglauben (Märchen und Sagen etc.) nachgewiesen werden. Dass es sich bei dem dreifachen Rücktritt jedoch um eine tradierte Vorstellung handelt, zeigt der einzige Beleg, der außerhalb der westfälischen Protokolle für diese Form des Gottesabfalls gefunden werden konnte: Als szenisch wirksames Element findet es im mittelniederdeutschen Theophilusdrama seine Verwendung, einem geistlichen Drama des 14./15. Jahrhunderts, das auf einer mittelalterlichen Teufelsbündnerlegende beruht.[25] Das mittelniederdeutsche Theophilusdrama liegt in drei Handschriften vor, der Helmstädter (14. Jhd.), der Stockholmer (15. Jhd.) und der Trierer Handschrift (15.

25 Zur Theophilus- und weiteren Teufelsbündnerlegenden vgl. ausführlicher Abschnitt 5.2.1.4.

Jhd.). Es thematisiert die Lebensgeschichte des Geistlichen Theophilus, der sein Kirchenamt verliert und in der Folge einen Pakt mit dem Teufel schließt, um an Reichtum zu gelangen. Nach erfolgter Reue über seinen Gottesabfall wird er durch die Fürsprache der Gottesmutter Maria wieder befreit (vgl. Neumann 1997: 238 ff.).

In allen drei Fassungen findet sich eine Paktschlussszene, in der Theophilus unter der Anleitung Satans Gott abschwört und sich dem Teufel hingibt.

Helmstedter Handschrift[26]

Satanas sprak dat ga to scaden edder to lucke
So tret dre vote achter rucke
Sprek ek vor sake godes gar
Vnde siner moder de on ge bar
Ik haue eynen bref ge screuen
Ouer myn lif zele vne leuen

Stockholmer Handschrift[27]

Sathanas dicit:
[...]
Nu tret dre vøte to růgghe
Vnde trore nycht ene můgghe
Vnde sprek yk vorzake godes ghar
Vnde mariam de eynyghebar
Theophelus dicit
Ik wyl myt dy blyuen
Myt zele vnde myt lyue
Nu sytte nedder vnde scryf

Trierer Handschrift[28]

SATHANAS: Soe tred dry voete achter rucke,
Spreck: Ich versake Godis gar –
THEOPHOLUS: Ich versake Godis gar –
SATHANAS: Vnde syner moder dey in gebar –
THEOPHOLUS: Vnde syner moder dey in gebar –
SATHANAS: Dyn eygen dat ich blyue –
THEOPHOLUS: Dyn eigen dat ich blyue –
SATHANAS: Myt sele vnde ouch myt lyue –
THEOPHOLUS: Myt sele vnde ouch myt lyue –
SATHANAS: Nu sitte neder vnde schryf.

---

26 Zitiert nach Krobisch (1997): 328, Vers 232–37.

27 Zitiert nach Geeraedts (1984): 257, Vers 413–24.

28 Zitiert nach Neumann (1997): 241, Vers 732–41.

Die sowohl inhaltlichen als auch sprachlichen Parallelen zu den Paktschilderungen in den westfälischen Protokollen sind unverkennbar: Der Paktwillige wird dazu aufgefordert, drei Fuß zurückzutreten, Gott zu versagen und sich mit Leib und Seele dem Teufel zu ergeben:

(5.41) hette Zu ihr gesagt sie solte 3. fuß zurucke tretten welches sie gethan vnd geredet Ich versake Gott den herrn hette solches inß teuffelß Nahmen gethan, (Osnabrück 1636: 99r)

(5.42) vnd gesagt, Sie wolt Ihr wol eine guete kunst lehrnen damit sie reich werden solt, Sie solt Got vnd seine heiligen versachen 3 fuoß ins teufels nahmen Zurhuek tretten wilchs sie auch gethaen (Werl 1630/4: 22)

(5.43) habe 3 fueß ins Teuffelß Nahmen zuruck gehen Gott, Alle heiligen, seinen Rhadt Vnd thadt verleuchnen Vnd sich dem teuffel ergeben mußen, welches er gethan. (Alme 1630/4: 12r)

Wie im Theophilusdrama werden auch in den Verhörprotokollen die Opfer zum Abfall von Gott explizit aufgefordert, sie sollen symbolisch *drei Fuß zurücktreten* und Gott mündlich abschwören, *Gott versaken.* Anders als in den westfälischen Protokollen folgt jedoch im Theophilusdrama noch ein schriftlicher Paktschluss mit dem Teufel, der zentral für den weiteren Verlauf des Stückes ist: Der Schriftvertrag ist es, der Theophilus an den Teufel bindet, erst wenn er diesen zurückerlangt, kann er vom Teufel befreit werden. Diese Form des schriftlichen Paktschlusses, die typisch für die mittelalterlichen Teufelsbündnerlegenden ist und die sich – wie noch ausführlich gezeigt werden wird – auch in süddeutschen Hexenverhörprotokollen findet, tritt in keinem der westfälischen Protokolle auf.

Wie ist nun das Verhältnis vom mittelniederdeutschen Theophilusdrama zu den frühneuhochdeutschen Verhörprotokollen des nordwestdeutschen Raumes zu werten? Sicherlich kann davon ausgegangen werden, dass im norddeutschen Klerus wie auch im gebildeten Laientum des 16. und 17. Jahrhunderts der Theophilusstoff, der als „einer der beliebtesten Stoffe des Mittelalters" (Bächtold-Stäubli, Bd. 8 (1936/37): 758) gilt, bekannt und verbreitet war. Als Marienmirakel diente er über Jahrhunderte hinweg der geistlichen Erbauung des Klerus. Inwieweit der hohe Bekanntheitsgrad auch für die mittelniederdeutschen dramatischen Bearbeitungen angesetzt werden kann, ist fraglich. Fest steht, dass wohl nur eine der drei Handschriften, nämlich die Trierer Handschrift, zur Aufführung konzipiert war, bei den beiden anderen handelt es sich um reine Lesedramen. Dass das Spiel im 15. Jahrhundert tatsächlich aufgeführt wurde, ist heute nachgewiesen: Insgesamt konnten drei Spielbelege für die Orte Deventer (1436), Bocholt (1459) und Deinze (Flandern; 1483) ermittelt werden (vgl. Krobisch 1997: 135). Seine Bekanntheit bei der einfachen Bevölkerung, also bei der Gruppe, die den Hauptteil der Angeklagten in den Hexenprozessen ausmachte, ist jedoch vermutlich als eher gering einzuschätzen. Wie Neumann (1997) feststellt, ist die einfache Landbevölkerung mit Teufelsbündnissen höchstens durch Predigten in Kontakt gekommen (vgl. 130). Wenn das Motiv des dreifachen Rücktritts im Theophilusdrama somit Einfluss auf die Hexenprotokolle gehabt hat, dann wohl hauptsächlich auf dem Weg über den Klerus und die gebildete Schicht.

Topalović (2004) geht davon aus, dass es sich bei den Theophilusspielen um einen „kulturellen Multiplikator" handelt, „der die Entstehung eines späteren gelehrt-volkstümlichen Hexenbildes mit beeinflusste" (78). Dem ist jedoch nur bedingt zuzustimmen: Dreh- und Angelpunkt des niederdeutschen Theophilusdramas ist der Schriftvertrag mit dem Teufel, den es zurückzuerlangen gilt, um vom Teufel befreit zu werden. Dieser findet jedoch in keinem Fall Eingang in die westfälischen Protokolle. Hätte das Theophilusspiel größeren Einfluss auf die Entwicklung der gelehrt-volkstümlichen Hexereivorstellungen des norddeutschen Raumes gehabt, wäre sicherlich auch bzw. in erster Linie der Schriftvertrag in diese Vorstellungen eingegangen. Dieser tritt jedoch allein im süddeutschen Raum auf, dessen regionalspezifische Ausprägung des gelehrten Hexenkonzepts, wie die spätere Untersuchung zeigen wird, deutlich von den mittelalterlichen Teufelsbündnerlegenden beeinflusst ist.

Für den nordwestdeutschen Raum ist es daher wahrscheinlicher, dass sowohl die Theophilusspiele als auch die Verhörprotokolle in ihrer Darstellung des Teufelspaktes recht unabhängig voneinander auf die gleiche volkstümliche Grundlage zurückgehen. In beiden Fällen wurde wohl eine im Volksglauben verbreitete, sehr plastische Vorstellung eines körperlichen Rücktritts adaptiert, die sich auf der einen Seite sehr gut in die szenische Konzeption eines Schauspiels einfügt und die auf der anderen Seite dem bildhaften Denken des einfachen Volkes und somit der Angeklagten im Hexenprozess entspricht.[29]

29 Vgl. hierzu auch Ahrendt-Schulte (1995: 74): „Gelegentlich wurde die Abschwörung durch Gesten unterstützt, die den Rücktritt, das Abstand nehmen vom ehemaligen Glauben, konkret ausdrückten. Zum inneren geistigen Vorgang gehörte die äußere körperliche Bewegung, die im Ritual ausgeführt wurde. Die Angeklagten berichteten, sie seien drei Fuß zurückgetreten mit der Formel ‚Ich trete in des Teufels Namen zurück und verleugne Gott'. Dieser Vorgang liefert ein anschauliches Beispiel für die Mentalität der Menschen, deren Denken sich in Bilder vollzog. In der Wahrnehmung waren innere und äußere Bilder eng miteinander verknüpft." Der äußerlichen körperlichen Gebärde wurde zudem u. U. eine gewisse Macht zugesprochen, auch nach innen, auf den Geist und die Seele zu wirken: „Der äußeren Form soll (bes. nach katholischer Auffassung) die innerliche ethische Erfüllung durch getreue Observanz gleichsam einwachsen. Dem vielleicht nur konventionellen Mitmachen wird zugetraut, daß es auf die Dauer nach innen prägend wirken werde." (Mühlmann 1986: 1127 f.)

5.2.1.2. Westdeutschland: womit ihnen dreymall mit dem hinder widder daß Creutz gestoßen

Auch die westdeutschen Teufelspaktschilderungen weisen ein recht hohes Maß an Homogenität auf. Ähnlich wie beim norddeutschen Paktschluss dient auch hier der rituelle Teil im Wesentlichen zur bildhaften Verstärkung des Gottesabfalls. Anders als in den norddeutschen Protokollen wird jedoch zugleich der Zusage an den Teufel ein höherer Stellenwert beigemessen. Insgesamt weisen 18 der westdeutschen Protokolle Schilderungen eines rituellen Paktschlusses auf, der sich in der Regel wie folgt gestaltet:

(5.44) Ueber ein Tag oder acht ungefähr darnach den Nachmittag, als sie in ihrem Hove ware, sey der böse Fiand zu ihr kommen, sie an das Kreuzchen zu Pützfeld nit weit von ihrem Haus stehend gedrungen, und mit Bedreuung, daß ihr den Hals zerbrechen wolle, gezwungen, daß Gott ab und ihm dem Teufel zugesagt, als solches geschehen, hätte er sie ergriffen, darnacher verschwunden (Altenahr 1649: 458 f.)

- Das Opfer wird vom Teufel selbst dazu *gezwungen*, Gott zu verleugnen und sich dem Teufel zu ergeben (*daß Gott ab und ihm dem Teufel zugesagt*).
- Der Paktschluss findet an einem Ort mit starkem Symbolcharakter statt, nämlich an einem *Kreuz* oder einer *Kapelle*.
- Zur Bekräftigung des Paktes wird das Opfer in vielen Fällen vom Teufel *ergriffen* und mit dem Gesäß gegen das Kreuz oder die Kapelle gestoßen (*und mit dem Hindern, so wenig entblöset, wider das Kreuz gestossen*).

Anders als in den norddeutsch-westfälischen Protokollen werden die westdeutschen Paktschlüsse nicht als indirekte Rede eines Verführers dargestellt, der sein Opfer zum Abfall von Gott auffordert, sondern als eine vom Teufel und seinem Opfer konkret ausgeführte Tat. Dass es sich jedoch um keinen von der ‚Hexe' freiwillig vorgenommenen Akt handelt, verdeutlicht der auffällig häufige Gebrauch von Zwang ausdrückenden Verben: Das Opfer wird vom Teufel zum Pakt *gezwungen* (5x) oder *genötigt* (1x) und sogar konkret mit dem Tod *bedroht* (4x):

(5.45) Sie bedrewet wolte Ihro den halß brechen od[er] sie solte Gott ab- vnd Ihme zusag[en] also sie darzu gewzung[en] (Linz 1631/1: 7 f.).

Auch das Modalverb *müssen* tritt in den westmitteldeutschen Protokollen deutlich häufiger auf als in den norddeutschen, was den Zwangscharakter des Paktschlusses zusätzlich hervorhebt:

(5.46) Uff dz drittemahll ahn das crutz oder heilligen heuß gefuhrt, darselbst sie mit dem leib ergriffen und dreimahll achter rucks mit den kleideren widder das crutz in des teuffels nahmen gestossen und alle mahll Got und seinen heilligen ab- und ihme dem teuffell zusagen gemust (Erpel 1631: 6).

Mit sprachlichen Mitteln wird somit der Opfercharakter der Angeklagten deutlich hervorgehoben. Zugleich ist es jedoch auch das Ritual selbst, das durch seinen derben Charakter den Angeklagten die Rolle des Opfers einer Gewalttat zuschreibt: Die ‚Hexe' handelt nicht selbst, sondern es wird an ihr eine Handlung vollzogen: Sie wird vom Teufel *ergriffen* (4x) bzw. *gegriffen* (1x) oder *genommen* (1x) und mit Gewalt gegen das Kreuz *gestoßen* (11x), *gesetzt* (1x) oder *geführt* (1x). In einigen Fällen wird noch unmittelbar am Kreuz die Buhlschaft vollzogen, die in diesen Fällen eher einer Vergewaltigung gleichkommt: *und hab sie an das alt Creutz am Dellen Pesch morgens gleich frühe geführt, standfus seinen wüsten Willen mit ihr gethan* (Gerolstein 1633/2: 117).

Die rituelle Form des Paktschlusses in den westdeutschen Protokollen ist somit kein einfaches Zeremoniell, sondern ein erniedrigender Gewaltakt. Der Teufel tritt als Gewalttäter, die ‚Hexe' als Opfer auf. Zwischen beiden besteht ein starkes Ungleichgewicht: Die Hexe ist dem Teufel von Beginn an nicht gleichgestellt, sondern sie ist ihm klar untergeordnet. Sie hat keine Entscheidungsfreiheit und keine Wahl, sie muss den Pakt vollziehen, sie muss Gott verleugnen und sich dem Teufel ergeben, da dieser sie schon vor dem Vollzug des Paktschlusses in seiner körperlichen Gewalt hat. Damit widerspricht diese Paktform im Grunde den Prinzipien der gelehrten Hexereivorstellungen, wie sie sich z. B. bei Binsfeld darstellen: „Sol es aber ein volkom[n]e Zauberey seyn / vn[d] geheissen werden / ist nöthig daß darzu komme ein mitzustim[m]ender freyer Will deß Menschen / welche im Willen zwar / […] der Teufel anwegen / vn[d] reytzen / aber nicht zwingen kann" (Binsfeld 1590/2004: 6r–6v/30 f.). Nach der klassischen Hexenlehre muss die Hexe den Pakt aus freien Stücken eingehen, in den Protokollen wird der Zwang jedoch häufig schon bei der Verführung herausgestellt. Gödelmann (1592: 166) spricht sich daher dafür aus, klar zu unterscheiden und die „Zaͤuberer vnd Gifftbereitterin", die sich dem Teufel „fuͤrsetzlich / vnnd auß gutem Rath / auß vngebuͤrlichen Fuͤrwitz bewegt / mit Leib vnd Seel" ergeben und einen Pakt mit ihm schließen, von den „Vnholden / vnd alten Weiber[n]", die „vom Teuffel mit Betrug hindergangen / mit Gewalt vnd Furcht gedrungen / auff Irrthumb vnnd Vnwissenheit […] zu diesem ergaͤuckeltem / oder vermeinetem Zauberbund" gebracht werden, zu trennen. Erstere sind die wahren Teufelsbündner, wohingegen es sich bei letzteren lediglich um arme, verblendete alte Frauen handelt.

Der Zwangscharakter des rituellen Paktschlusses in den westdeutschen Protokollen stellt daher wohl eine Konzession der regionalen Hexenlehre an die Vorstellungen des Volkes dar, für das ein freiwillig eingegangener Paktschluss vermutlich undenkbar war. Wie bei den nordwestdeutschen Paktschlüssen wird der Aspekt der Körperlichkeit stark betont, der ganzheitliche Abfall von Gott mit Leib und Seele. Wieder symbolisiert eine Rückwärtsbewegung die Fortbewegung von Gott, in vielen Fällen ebenfalls verstärkt durch die Dreizahl, und zwar die Dreizahl der Stöße gegen das Kreuz. Im Gegensatz zu den norddeutsch-westfälischen Protokollen rückt jedoch der blasphemische Charakter, der sich in der Entweihung eines Sinnbilds des Christentums äußert, in das Zentrum.

5.2.1.3. Südwestdeutschland: darauf Sy Ime die Linckhe hand botten

Als südwestliches und teils überregionales Symbol des Paktschlusses zwischen Teufel und Hexe lässt sich in den Protokollen der Handschlag finden. Er besiegelt das zwischen beiden Parteien mündlich geschlossene Übereinkommen und verleiht ihm seine Rechtsgültigkeit:

(5.47) der böse feind Ir Abermal zugesprochen Sy solle sein; vnd sein Buol sein, vnd Er wolle Ir gnug geben, Vnd Sy soll sich Gotteß vnd Aller hayligen verzeihen, darauf Sy Ime die Linckhe hand botten, vnd also von Gott abgefallen (Riedlingen 1596: 626r).

Mit der Wahl des Handschlags als Form des rituellen Paktschlusses wird – im Gegensatz zu den bisher vorgestellten Varianten, die den Gottesabfall ins Zentrum stellen – der Bündnischarakter stärker in den Vordergrund gerückt. Dass er als einzige Variante auch überregionale Verbreitung fand, ist aus mehreren Gründen nicht erstaunlich: Zum einen handelt es sich beim Handschlag um ein zur Untersuchungszeit allgemein verbreitetes und bekanntes Rechtssymbol (vgl. Lurker 1983: s.v. Hand, 255). Als Zeichen der Vereinigung und Übereinstimmung fungierte das Reichen der Hände seit jeher als eine übliche Form der Besiegelung mündlich getroffener Abmachungen.[30] Es verhalf und verhilft teils noch bis in die heutige Zeit hinein Verträgen, Bündnissen und Gelöbnissen jedweder Art zu ihrer rechtlichen Gültigkeit. Mit dem Handschlag wird somit aus dem Teufelspakt ein rechtlich abgesichertes Geschäft, ein rechtsgültiger Vertrag, an den beide Vertragspartner gebunden sind.

Der Aspekt der rechtlichen Verbindlichkeit dominiert hier somit klar gegenüber dem bildhaften Charakter der zuvor gezeigten Paktarten. Dennoch kann die Ebene der Bildlichkeit nicht völlig zurückgestellt werden: Wie der körperliche Rücktritt und das Zurückstoßen impliziert auch das Reichen der Hand den Aspekt der Körperlichkeit und der Ganzheitlichkeit des Bündnisses, allerdings auf einer höheren Abstraktionsstufe. Im

30 Vgl. hierzu Grimm (1922: Bd. 1, 191): „allgemeine bekräftigung aller gelübde und verträge, denen die sitte kein feierliches symbol vorschrieb, war der handschlag“.

Sinne eines ‚pars pro toto' vertritt die Hand den gesamten Körper, die Person. Mit dem Reichen und somit symbolischen Verpfänden der Hand geht ein Verpfänden der eigenen Person einher (vgl. Puntschart 1905: 175; Erler 1971: 1974). Indem die Hexe dem Teufel die Hand reicht, ihm ‚Handtreue' leistet, überstellt sie sich ihm völlig, mit Körper und Seele. Durch die Doppelseitigkeit des Handschlags wird zudem die Zweiseitigkeit des Vertrags, die gegenseitige Verpflichtung von Teufel und Hexe verdeutlicht (vgl. Zelger 1996: 80 f.). Der Handschlag kann damit zugleich als Gemeinschaftssymbol dienen, als Zeichen der Vereinigung und Mittel zur Bekundung eines Identitätsbewusstseins (vgl. Erler 1971: 1974).

Abgesehen von seinem generell hohen Bekanntheitsgrad und seiner allgemeinen Gebräuchlichkeit hat der Handschlag als Form des rituellen Teufelspaktes wohl auch nicht zuletzt durch sein Auftreten in Kramers „Malleus Maleficarum" seine großflächige Verbreitung gefunden. In seinem Hexereitraktat beschreibt Kramer den feierlichen Paktschluss zwischen Teufel und Hexe wie folgt:

> Wenn der Dämon findet, daß die Novizin oder ein williger Schüler geneigt ist, den Glauben und den allerchristlichsten Kult abzuleugnen [...], dann streckt der Dämon die Hand aus, und ebenso verspricht der Schüler oder die Novizin mit Handschlag jene Dinge einzuhalten. (Hexenhammer 1487/2001: 373)

Als „das zentrale Buch in der Geschichte der europäischen Hexenverfolgung" hatte der „Hexenhammer" des Schlettstädter Dominikanermönchs und Inquisitors Heinrich Kramer mit über dreißig Auflagen zwischen 1486 und 1669 eine überaus lange und intensive Wirkungsgeschichte (vgl. Behringer/Jerouschek 2001: 11). Die genaue Entstehungsgeschichte des Malleus ist bis heute nicht völlig geklärt. Dass das Werk größtenteils im Jahr 1486 geschrieben wurde, gilt als gesichert. Wo genau Kramer sich zu diesem Zeitpunkt jedoch befand, ist unklar: Als mögliche Orte werden Salzburg, Augsburg und Speyer gehandelt. Letzterer Ort ist derjenige, an dem der Hexenhammer mit großer Wahrscheinlichkeit zur Vollendung gelangte und zugleich der Ort, an dem die ersten drei Auflagen gedruckt wurden (vgl. ebd. 64 ff.). Die Diözese Speyer ist es auch, die einen großen Einfluss auf die inhaltliche Ausgestaltung des Malleus hatte: Mehr als 10% aller aus Kramers eigener Erfahrung zitierter Exempel stammen aus Speyer und Umgebung, weitere Beispiele stammen aus seinem oberdeutschen Wirkungsgebiet, das u. a. die Diözesen Augsburg, Basel, Straßburg und Konstanz umfasste. Im Hexenhammer spiegeln sich damit zum einen entsprechend den Erfahrungen des Verfassers regionale Hexereivorstellungen des (west)oberdeutschen Raumes wider, zum anderen hat das Werk durch seine intensive Rezeption im oberdeutschen wie auch später im gesamtdeutschen Raum maßgeblich zur Verbreitung und Festigung dieser Vorstellungen – nun als Teil der kirchlichen Hexenlehre – beigetragen.[31]

Ein Beispiel für diese regionalen Vorstellungen ist der hier gezeigte Handschlag: Als ein volkstümlich gebräuchlicher Ritus hat er Eingang in die gelehrten Hexereivorstellungen gefunden und konnte sich in der Folge bei der Ausgestaltung des rituellen Paktschlusses mit dem Teufel zunehmend verbreiten. Anders als der dreifache Rücktritt oder das Zurückstoßen in den nord- und westmitteldeutschen Protokollen hat er jedoch – vermutlich auch und gerade durch die großflächigere Verbreitung – kein hohes Maß an Standardisierung gefunden. Im Gegenteil wird der Handschlag recht variabel gestaltet: teils wird dem Teufel die rechte, teils die linke Hand gereicht, teils sogar beide; die Hand des Teufels ist in einigen Fällen ungewöhnlich kalt oder schwer; der Teufel fasst u. U. nicht die ganze Hand, sondern nur einzelne Finger etc. In einigen Fällen findet zudem eine Verbindung mit anderen, lokal gebräuchlichen Paktformen statt: So wird im Protokoll aus Wolframs-Eschenbach (oobd.) der rituelle Akt des Handschlags mit dem des Blutschwurs verknüpft, indem der Teufel die Hand seines Opfers so stark drückt, das Blut austritt:

(5.48) darauf hab er dem Böesen die Hand hingeraicht, hab ihme die Handt gedruckht, daß Bluet heraus gangen sey, hab ihm aber nicht wehe gethan, der Bös hab dis Bluet an ihme selbsten vornen an seinen Kleidern abgewüscht (Wolframs-Eschenbach 1630: 126).

Im Wallhauser Protokoll (wmd.) wird die Hand zusätzlich zum feierlichen Schwur erhoben:

(5.49) Antwortet, daß sie auf dem mistacker dabey ihr baaß gestanden, sobald Gott ab und dem teufel zugeschworen, handtreue geben, er mit seiner hand ihr die drei letzte finger nur angerühret. Sie darauf ihre goth gefraget, warumb er nit die ganze hand ihr angegriffen, sie gesaget, es sei eben so viel mit der rechten hand in verhör gewesen, und den vordersten uffgerichten finger schwöre ich hiermit Gott ab und dem teufel zu (Wallhausen 1628: 200).

Die häufig vom normal gebräuchlichen, mit der rechten Hand vollzogenen Handschlag abweichenden Schilderungen in den Protokollen verdeutlichen den außergewöhnlichen Charakter des geschlossenen Bündnisses. Durch die Perversion des rituellen Aktes wird die Unnatürlichkeit des

31 Auch der Verfolgungsgegner Johann Weier, der in seinem bekannten Traktat „De praestigiis daemonum" die Lehre Kramers zu widerlegen versucht, thematisiert den Teufelspakt durch Handschlag und verweist ihn klar in den Bereich des Phantastischen: „Dann daß vom Teuffel gesagt wirdt / er strecke die Hånde auß / vnnd nem handtgelobe von den hexe[n] / wissen alle vernůnfftige Leuthe / daß erstuncken vnnd erlogen sey. Dann wie ko̊nte doch das immer mo̊glich seyn / da Chrstius den die warheit selber ist / außtrůcklich bezeuget / daß ein geist weder Feisch [!] oder bein (wie aber an den Menschen Hånden zusehen ist) an sich habe." (Weier 1586: 150)

Vertrages wie auch des Vertragspartners betont, zugleich wird der magische Charakter in den Vordergrund gestellt.

Durch die inhaltlich variable Ausgestaltung ist auch in sprachlicher Hinsicht keine übermäßig große Homogenität zu erkennen. Die Hand wird in den meisten Fällen *gegeben* (8x) oder *geboten* (3x), selten *gereicht* (1x) oder *gelegt* (1x). Die Besiegelungsfunktion des Handschlags wird zudem in einigen Fällen durch die Verwendung des Pronominaladverbs *darauf* (7x) verdeutlicht: *vndt ihme die rechte hanndt drauf geben* (Meiningen 1611: 65v f.); *Ime die Hanndt darauff gepotten* (Rosenfeld 1603: 2); *vndt darauf die Handt geben müßen* (Grünberg 1663/2: 41).[32] Die Phrase *die Hand auf etwas (darauf) geben* kann somit bei aller Variation als dominierend angesehen werden.

5.2.1.4. Südostdeutschland: vndt also sich mit seinem eigenen blutt verschrieben

Wie in den südwestdeutschen Teufelspaktschilderungen wird auch in den aus dem südöstlichen Raum stammenden Schilderungen der Paktschluss mit Hilfe eines gängigen Rechtsrituals besiegelt bzw. vollzogen, nämlich mit Hilfe eines schriftlichen Vertrages. Das Element des Schriftvertrags allein verleiht dem Pakt zwischen Teufel und Hexe bereits ein hohes Maß an Verbindlichkeit und Rechtsgültigkeit. Eine Steigerung erfährt die Intensität des Bündnisses zusätzlich dadurch, dass der Vertrag in der absoluten Mehrzahl der Fälle nicht mit einfacher Tinte, sondern mit dem Blut der Hexe geschrieben oder unterzeichnet wird:

(5.50) Welcher entlich, weil Sie Ihm aus gottlosem fürwiz zuuil stat geben, Sie soweit gebracht, daß Sie die H[eilige] dreyfaltigkeit abschewlicher weiß verlaugnet, hingegen sich Ihm dem bösen Feind durch vnderschreibung einer handtschrifft mit Ihrem aignen bluet, mit leib vnd Seel ergeben (Memmingen 1665/3: 120r)

Der Schriftvertrag als Form des rituellen Teufelspaktes hat seinen Ursprung zweifelsohne in einer verstärkten Rezeption und Reproduktion literarischer Teufelsbündnermotive. Bereits bei einem oberflächlichen Vergleich der bekanntesten und verbreitetsten Werke der mittelalterlichen Bündnisliteratur wie der Basilius- und der Theophiluslegende mit den in den Prozessprotokollen geschilderten Paktszenen fallen sofort deutliche Parallelen ins Auge. Schon in der vermutlich gegen Ende des 4. Jahrhunderts entstandenen griechischen Basiliuslegende ist von einem Schriftvertrag zwischen dem Teufel und dem Teufelsbündner Proterius die Rede,

32 Nicht immer kann sicher entschieden werden, ob das Pronominaladverb eine modale oder temporale Funktion hat, vgl. z. B. das Riedlinger Beispiel (5.47, S. 122).

welcher der vorausgehenden mündlichen Gottesverleugnung Rechtskraft verleihen soll (vgl. Neumann 1997: 144). Und auch das im 7. Jahrhundert entstandene griechische Theophilusmirakel, das, wie oben bereits erwähnt (vgl. Abschnitt 5.2.1.1.), im Mittelalter einen der bedeutendsten Teufelsbundstoffe darstellte, thematisiert einen Teufelspakt, der mittels eines schriftlichen Vertrages besiegelt wird. Für das Eindringen der griechischen Legende ins Abendland und ihre starke Verbreitung war insbesondere die frühe lateinische Übersetzung des Benediktinermönchs Paulus Diaconus aus dem 9. Jahrhundert (ca. 879–881) verantwortlich. Sie stellte auch in den nachfolgenden Jahrhunderten die wohl bekannteste und verbreitetste lateinische Prosafassung des Theophilusstoffes dar und bildete die Grundlage für die später zahlreich erscheinenden Dichtungen (vgl. Plenzat 1926: 19). Diaconus behält in seiner Fassung bei der Ausgestaltung des Paktschlusses zwischen Teufel und Teufelsbündner das Element des Schriftvertrages bei, obschon dieser im germanischen Kulturkreis zu dieser Zeit noch weitgehend ungebräuchlich ist (vgl. Neumann 1997: 157).

Es folgen eine Reihe lateinischer und ab dem 11./12. Jahrhundert auch volkssprachliche Bearbeitungen, in denen sich der Schriftvertrag nicht nur zu einem festen Bestandteil entwickelt, sondern zudem vielfach durch das Motiv des Blutes erweitert wird. Als Beispiel seien die Paktszenen zweier zeitgleich und wohl nicht ganz unabhängig voneinander entstandenen Theophilusbearbeitungen angeführt, und zwar a) die Bearbeitung des Wiener Laien Jansen Enikel in seiner Weltchronik und b) die Bearbeitung des Magdeburger Laien Brun von Schonebeck, die Teil seines Hohen Liedes ist. Beide Fassungen stammen aus dem Jahr 1276 und schildern den Paktschluss als einen Blutsvertrag zwischen Theophilus und dem Teufel:

a. der tiufel sprach: ‚des gip mir / dînen brief vil schier, / alsô daz ich mit dînem bluot / schrîb an einen brief guot, /daz der mîn wortzeichen sî, / daz dû sîst mîn und niht frî.‘ / Zehant dem schuolære / was diu red niht swære. / er stach in den vinger guot, / alsô daz im daz rôt bluot / dâ zuo dem vinger her ûz ran. / da schreip der vâlandes man / einen brief mit dem bluot. / daz was dem schuolær niht guot. (Vers 22399–22412)[33]

b. der tubel twank in also harte, / daz her gewan blut uz siner swarte / und schreib durch der rede urhaf / eine handfeste und gaf / si deme leidigen Sathanas. / Dar inne stunt: „du bist min vaz, / Theophilus, mit sele und libe, / Zu der helle ich dich schribe, / Dar umme geb ich dir richtum / An maniger wirde hoen rum.“ (Vers 44–53) [34]

Im 14./15. Jahrhundert wurde der Theophilus-Stoff schließlich in die Form des geistlichen Dramas gebracht. Auf das in drei Handschriften

33 Zitiert nach Strauch (1900): 436.

34 Zitiert nach Breucker (1904): 131.

vorliegende mittelniederdeutsche Drama wurde bereits oben, bei der Untersuchung des nordwestdeutschen Paktschlusses, ausführlich eingegangen (vgl. Abschnitt 5.2.1.1.). Alle drei Fassungen inszenieren den Teufelspakt ebenfalls als schriftlichen Vertrag, jedoch ohne das Element des Bluts. Da die niederdeutschen Dramen für die oberdeutschen Protokolle von vergleichsweise geringer Bedeutung sind, werden sie hier nicht weiter thematisiert.

Vergleicht man aber die oben zitierten Beispiele aus den Theophilusdichtungen Enikels und Schonebecks mit den in den süddeutschen Protokollen geschilderten Teufelspakten, sind deutliche Parallelen erkennbar. In den Dichtungen wie auch in den Protokollen wird nach der mündlichen Abschwur ein schriftlicher Vertrag über das Abkommen aufgesetzt, zu welchem Zweck der Teufel dem Teufelsbündner Blut entnimmt:

(5.51) doch habe sie Gott vnd allen Heilig[en] absag[en] müessen, vnd Ihr d[er] Teüffel die wortt vorgesproch[en], bluett aus de[m] rehten däumling genom[m]en vnd sie Inn ein buech geschrib[en] (Augsburg 1625: 110)

(5.52) Khünde schreiben vnd leßen, habe sich auch auf deß teüffels begehrn, wie vor gehört verschriben, d[as] er sein sein wölle, ihme die zeit seines lebens diennen, vnd waß er an ihne begehre, d[as] welle er auch thuen, auch Gott vnd allen heilligen abgesagt Die dinten seye roth geweßen, vnd habs solche am linkhen fueß, dem er ein griff geben, d[as] geblietet genom[m]en. (Reichertshofen 1629: 3v)

Beim Bild des Schriftvertrags handelt es sich um die gewissermaßen ‚klassischste' Form des Teufelspaktes, und zugleich um diejenige, die der Realität der Angeklagten in den Hexenprozessen wohl von allen geschilderten Paktarten am fernsten lag. Als literarisches Motiv hat sie, wie gezeigt, eine lange Überlieferungsgeschichte, und wurde früh Teil der frühneuzeitlichen gelehrten Hexereivorstellungen. So findet sich der schriftliche Blutsvertrag in diversen Hexereitraktaten des 16. Jahrhunderts wieder, wie z. B. in Fischarts deutscher Fassung der „Daemonomania" Bodins (vgl. Bodin/Fischart 1586)[35], bei Gödelmann (1592)[36], Lercheimer (1597/1888)[37] und,

35 „Betreffend dan[n] die außtruckliche vergleichung vnd Vbereinkom[m]nuß mit dem Sathan / da begibt sich dieselb zuzeiten allein mit Worten vnschrifftlich Zuzeiten / wann sich der Sathan besser will versicheren / so vermag er bei denen / so schreiben kônnen / vor allem ehe sie etwas jhres Begerens erlangen / daß sie jhm eine versigelte oder verpetschierte Handschrifft geben mûssen: Auch mûssen sie jm zu weilen mit jhrem eygenen Blut die Bekantnuß vnterschreiben" (Bodin/Fischart 1586: 282).

36 „Vnd mûssen solches etlich mit einem Eydtschwur / durch eines andern bekandten Teufels Namen / andere mit einer Handtschrifft von jhrem eygen Blut versprechen vnd bestetigen." (Gödelmann 1592: 17).

37 Lercheimer lässt in einem seiner Exempel einen Wittenberger Studenten einen Teufelspakt mit Schriftvertrag und Blutunterschrift schließen: „Auch war ein Student da bey Doctor G. M. der soff und spielte lieber dann er studirte. Da es dem an geld mangelte vnn eins tags auß dem thor spatzierte in schweren gedancken, wie er mochte geld bekommen, begegnet

laut Eerden (1995), im dritten Druck des Traktats „De confessionibus maleficorum“ des Trierer Weihbischofs Petrus Binsfeld aus dem Jahre 1596 (vgl. Eerden 1995: 64 f.). Bei Bodin/Fischart (1586) wird das literarische Motiv nicht nur adaptiert, es wird auch zugleich ein expliziter Bezug zur Theophiluslegende hergestellt: „Gleich wie man von einem Theophilo erzehlet / der auff ebenmaeßige weiß sich mit seim egenen Blut verschriben hat.“ (282). Mit der Aufnahme des Theophilusstoffes in die Traktatliteratur wird der Erzählung ein gewissermaßen wissenschaftlicher Status verliehen (vgl. Eerden 1995: 64 f.). Aus dem Legendenstoff um ein fiktives Teufelsbündnis erwachsen in der Hexereidebatte realhistorische, wissenschaftlich verbriefte Ereignisse, deren Glaubwürdigkeit nur von wenigen angezweifelt wird. Durch die starke Präsenz in der vornehmlich süddeutschen Traktatliteratur konnte sich die Vorstellung vom Blutsvertrag im Klerus und gelehrten Laientum vermutlich schnell durchsetzen. Und auch das Volk dürfte durch die bereits frühe Verbreitung des Theophilusstoffes in Predigten und Predigtexempeln von derartigen Teufelbündnissen gehört haben,[38] wenn auch zunächst nur als „ein oft und gern angeführtes Beispiel der Sünderbegnadigung“ (Plenzat 1926: 41), als erbauliches Marienmirakel und ohne Bezug zur Hexenverfolgung oder zur eigenen Lebenswirklichkeit. Dieser dürfte erst durch die Arbeit der Prediger und Untersuchungsgerichte hergestellt worden sein, und zwar schon allein aus dem Grund, dass der Abschluss eines schriftlichen Vertrages den größtenteils lese- und schreibunkundigen Angeklagten für ihre eigene Person fremd vorgekommen sein muss. Aus den Protokollen ist denn auch zu ersehen, dass die Schilderung eines schriftlichen Paktschlusses durchaus Probleme mit sich bringen konnte. In einigen Aussagen wird das Problem der fehlenden Schreibkompetenz sogar explizit thematisiert: So gibt der 13-jährige Angeklagte Georg Kilian an, von seiner Mutter gefragt worden zu sein, „*wie wilst dich dem Teifel verschreiben, khanst doch nit schreiben*“ (Rei-

jm einer der fraget, warumm er so traurig sey, ob jm geld gebreche? Er will jm gelds genug verschaffen, so fern er sich jm ergebe vnn verschreibe nicht mit dinten, sondern mit seinem eignen blute.“ (Lercheimer 1597/1888: 111). – Hingewiesen sei hier auch auf den Fauststoff, zu dem Lercheimer noch im gleichen Exempel einen Bezug herstellt. Auch das Faustbuch von 1587 kennt bereits den Blutsvertrag. So lautet der letzte Satz in Fausts Paktschrift: „Zu festem Vrkundt vnnd mehrer Bekråfftigung / hab ich diesen Receß eigner Hand geschrieben / vnderschrieben / vnd mit meinem hiefůr getrucktem eygen Blut / meines Sinns / Kopffs / Gedancken und Willen / verknůpfft / versiegelt vnd bezeuget / etc.“ (Faust 1587/1999: 22/23). – Zum Verhältnis von Hexenprozessen und Fauststoff vgl. Baron (1991).

38 Vgl. Plenzat (1926: 40): „Nun werden die Heiligenlegenden nicht mehr von Handschrift in Handschrift abgeschrieben, sie werden als Exempel in Predigten eingeflochten und in den Volkssprachen erzählt. Sie tauschen Züge und Motive aus, beeinflussen sich gegenseitig, verweltlichen und gleichen sich dem Volkscharakter an. Nun wandert auch die Theophiluslegende aus den Schreibstuben der Klöster ins Volk.“

chenberg 1655: 3v), und auch der Rottenbucher Angeklagte Simon Altseer erklärt, dass er dem Teufel auf sein Verlangen, sich ihm zu verschreiben, zunächst geantwortet habe, er „*khöndte nit schreiben*" (Rottenbuch 1665: 964). Eine Lösung ist jedoch in jedem Fall schnell gefunden: Teils ist es der Teufel, der selbst die Abfassung des Vertrags vornimmt und somit sein Opfer *verschreibt*, oder aber ein schriftkundiger Gespiele hilft aus; teils führt der Teufel seinen Opfern die Hand beim Schreiben, teils müssen sie nur unterschreiben. Wie in so vielen anderen Fällen wurde somit auch hier eine Anpassung der gelehrten Vorstellungen an den Wirklichkeitsbereich des einfachen Volks vorgenommen, die sich auch darin zeigt, dass der Teufel in den meisten Fällen nicht als ebenbürtiger oder gar dem Teufelsbündner untergeordneter Vertragspartner, wie dies im literarischen Bild der Fall ist, auftritt, sondern als gewalttätiger, übermächtiger Gegner:

(5.53) es hobs der Teuffl noch starkh dazue geschlagen, vnd sie in ihre beede Augen gerissen (welche alle blau vnd roth) vnd mit dem Blueth so darauß geflossen, sich ihme auff ein neues mit leib vnd seel mit Fleisch vnd Blueth zu underschreiben an sie begert, gestalltsame er ihr ein papier dargebotten, vnd die linkhe handt zu schreiben, gefihrt, vnd diser neuen Obligation Innhalt sey gewesen, ich Schinterin will dein seyn mitt leib vnd mitt seel, Fleisch vnd Blueth, haut vnd mit haar, vnd alleß waß an mir ist in ewigkheit. Darauff der Teufl solche verschreibung mit sich genommen, vnd begehrt solches mitt dem Mundt nochmal zu bekhraefftigen, diß sie gethan. (Eichstätt 1637: 103)

Wie der Handschlag in den südwestdeutschen Protokollen ist auch der Blutsvertrag eine Form der Selbstvergeiselung. Auch das Blut steht als ‚pars pro toto' stellvertretend für den gesamten Körper, bzw. noch darüber hinaus für die Gesamtheit von Körper und Seele. Schon immer kam dem Blut als Sitz der Seele und des Lebens eine überaus hohe Bedeutung zu,[39] schon immer wurden ihm – wie im Übrigen auch der Schrift – magische Kräfte zugeschrieben. Und auch seine paktbekräftigende Funktion hat eine lange Tradition in der griechischen und römischen Mythologie (vgl. Grimm 1926: 265) und zeugt im Blutopfer Moses auch von biblischen Wurzeln.[40]

In formaler und sprachlicher Hinsicht sind die Schilderungen von Blutsverträgen – ebenfalls ähnlich wie der Handschlag – weit weniger einheitlich und standardisiert als die Paktschilderungen in den nord- und westdeutschen Protokollen. Der agierende Part kann sowohl dem Teufel als auch dem Teufelpaktierer zukommen. Analog zur Schriftform domi-

39 Vgl. Levitikus 17, 14: „Denn das Leben aller Wesen aus Fleisch ist das Blut, das darin ist."

40 Vgl. Exodus 24, 6–8: „Mose nahm die Hälfte des Blutes und goß es in eine Schüssel, mit der anderen Hälfte besprengte er den Altar. Darauf nahm er die Urkunde des Bundes und verlas sie vor dem Volk. Sie antworteten: Alles was der Herr gesagt hat, wollen wir tun; wir wollen gehorchen. Da nahm Mose das Blut, besprengte damit das Volk und sagte: Das ist das Blut des Bundes, den der Herr aufgrund all dieser Worte mit euch geschlossen hat."

nieren bei der Verbwahl Ableitungen vom Verb *schreiben*, und zwar insbesondere das Verb *verschreiben*, das sowohl als Reflexivum (*sich verschreiben*) – Agens ist in diesem Fall die ‚Hexe', die sich selbst verschreibt – als auch als Transitivum (*jmd. verschreiben*) – in diesem Fall ist der Teufel derjenige, der die ‚Hexe' verschreibt – Verwendung findet. Als weitere Varianten finden sich einfaches *schreiben,* ferner *einschreiben* und *unterschreiben* (zur Verbwahl vgl. ausführlich Abschnitt 5.2.2.2.).

Das Verschreiben geschieht *in ein schwarzes buech* (Golling 1677: 366) bzw. *Inn ein buech* (Augsburg 1625: 110), *in einem zettelgen* (Dillenburg 1631: 20v) *bzw. auf ein zetl* (Reichenberg 1653: 4v) oder *papier* (Eichstätt 1637: 103) und *in sein Handt* (Gutenhag 1661: 142), d. h. in die Hand des Teufels. Das erstellte Schriftstück wird mit *handtschrifft* (Memmingen 1665: 120r, Dillenburg 1631: 21v), *Obligation* oder *verschreibung* (beide Eichstätt 1637: 103) bezeichnet.

5.2.2. Der verbale Paktschluss

5.2.2.1. Aufbau und Inhalt

Der verbale Paktschluss ist vom Grundprinzip her zweigliedriger Natur: Er umfasst zum einen die Verleugnung Gottes und zum anderen die Verschwörung mit dem Teufel.

(5.54) Domals sie uf des teufelz begeren und empfis anhalten gott dem alemechtigen abgesagten und verleuknet und allen heiligen und motter gottes, welche der teufel die Breiderin gnent, und habe ime dem teufel zugesagten. (Fell 1588: 4)

Nicht in allen Fällen werden jedoch – wie im obigen Beispiel – beide Teile explizit verbal vollzogen. Von den insgesamt 159 geschilderten verbalen Paktschlüssen umfassen 92 eine Ab- und Zusage, 42 nur ein Absage und 25 nur ein Zusage.

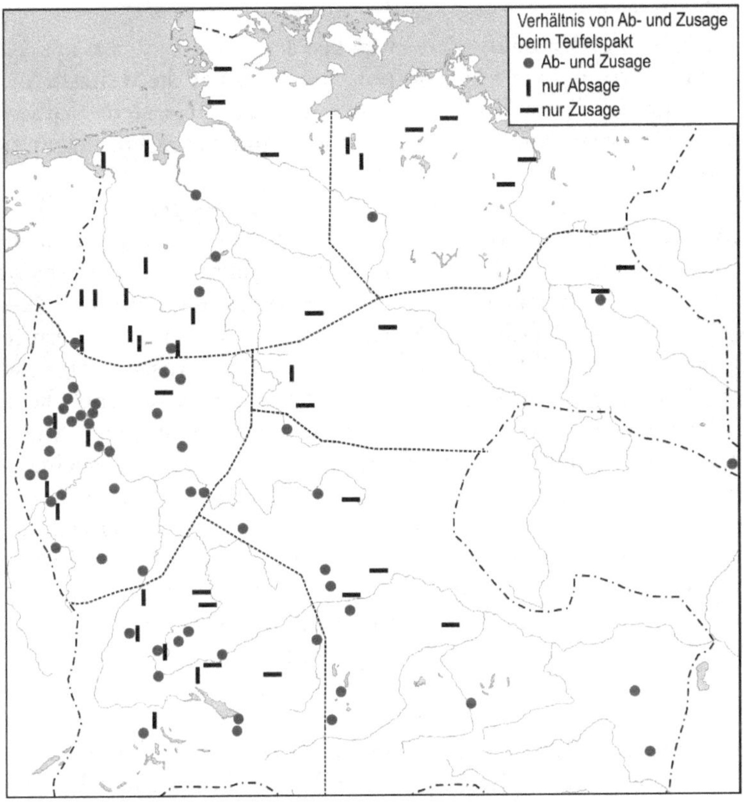

Karte 5.5: Das Verhältnis von Ab- und Zusage beim Teufelspakt

Wie schon durch die Form des rituellen Paktschlusses zu erwarten war, sind es insbesondere die norddeutschen Protokolle, die den Schwerpunkt allein auf die Absage legen, und auch die westdeutschen Protokolle weisen in keinem Fall einen Paktschluss ohne explizite Gottesverleugnung auf (vgl. Karte 5.5). Im gesamten südöstlichen Raum und somit in dem Raum, in dem der Blutsvertrag als rituelle Paktform dominiert, liegt der Schwerpunkt wie zu erwarten eindeutig auf dem Bündnis mit dem Teufel. Verbale Teufelspakte, die allein aus einer Absage bestehen, gibt es hier nicht. Pakte, die nur aus Zusagen ohne eine explizite Gottesverleugnung bestehen, finden sich – außer in den Kerngebieten Westfalens und des Rheinlands – über den gesamten Untersuchungsraum verbreitet. Einen Schwerpunkt bildet vielleicht der äußerste Norden und Nordosten, wo sie – wie es scheint – vermehrt auftreten. Die generell dünne Quellenlage im Osten lässt hier jedoch lediglich eine Tendenz vermuten und liefert kein verlässliches Ergebnis.

Die zahlenmäßig häufigsten zweigliedrigen Paktschlüsse aus Absage und Zusage weisen auch in geographischer Hinsicht die weiteste Verbreitung auf. Lediglich im Westfälischen sowie im äußersten Norden und Nordosten sind sie kaum belegt. Im Rheinland hingegen stellen sie die verbreitetste Form des verbalen Paktschlusses dar.

Zum Aufbau der zweigliedrigen Pakte kann festgestellt werden, dass die Abfolge von Ab- und Zusage variiert, wobei sich das Verhältnis als recht ausgewogen darstellt: In insgesamt 49 Fällen geht die Absage der Zusage voran, in 43 Fällen kann die umgekehrte Reihenfolge (Zusage – Absage) beobachtet werden. Regionale Spezifika sind hier insofern festzustellen, als in den westdeutschen Paktschlüssen die Absage der Zusage in der Regel vorangeht, wohingegen im süddeutschen Raum eher die umgekehrte Reihenfolge bevorzugt wird. Der Grund hierfür liegt – wie schon bei den rituellen Pakten deutlich wurde – in einer unterschiedlichen Schwerpunktsetzung: Während in den nördlichen und westlichen Protokollen durch die Initialstellung oder gar ausschließliche Verwendung der Absage wie auch durch die rituellen Akte des Rücktritts bzw. Rückstoßes der Aspekt der Gottesverleugnung verstärkt fokussiert wird, spielt in den südlichen Protokollen das eigentliche Teufelsbündnis durch Handschlag oder Schriftvertrag eine derart große Rolle, dass die Zusage an den Teufel in vielen Fällen an den Beginn gesetzt wird. Verbunden sind beide Teile in der überwältigenden Mehrzahl der Fälle durch die Konjunktion *und* (55x). Die einfache kopulative Aneinanderreihung betont die Einheit von Gottesverleugnung und Teufelshingabe im Paktschluss. Nur selten werden adversative Konjunktionen bzw. Konjunktionaladverbien wie *aber, hingegen, entgegen* u. ä. verwendet, die den Gegensatz Gott – Teufel stärker hervorheben.

Vergleicht man nun die Ab- und Zusagen hinsichtlich ihrer Form und ihres Umfangs miteinander, fällt auf, dass die Absagen von Gott meist sehr viel umfangreicher und ausführlicher ausgestaltet sind als die Zusagen an den Teufel. Insbesondere die Objekte der Ab- und Zusage unterscheiden sich immens im Umfang: Während in den meisten Fällen recht kurz und knapp *dem Teufel, dem bösen Feind* oder auch einfach nur *ihm* zugeschworen wird, findet sich eine einfache Absage an *Gott* nur in knapp einem Viertel der Fälle. Weitaus häufiger wird eine komplexe Absage vorgenommen, bei der nicht allein *Gott* verleugnet wird, sondern zugleich den *Heiligen* (61x) und der *Mutter Gottes* (27x) abgeschworen wird (vgl. oben Bsp. 5.54), dem *himmlischen Heer* (8x), den *Engeln* (6x), der *Dreifaltigkeit* (4x) etc.

Insbesondere die Absage an Gott und die Heiligen stellt, wie die Belegzahlen zeigen, eine überaus häufige Form der Absage dar. Nachgewiesen werden konnte sie vornehmlich im westlichen Teil des Untersuchungsgebietes (vgl. Karte 5.6). Der Form nach unterscheiden sich die Formeln nur wenig, sie weisen im Gegenteil ein recht hohes Maß an Standardisierung auf, wie die folgenden Beispiele zeigen sollen. Die Absagen erfolgen an:

- Gott vnd alle heiligen (Baden 1640/2: 1)
- Gott vnd all hailigen (Meßkirch 1644: 154r)
- Gott vnd allen Heyligen (Mandern 1625: 114 f.)
- Gott vnd allen Heilig[en] (Augsburg 1625: 110)
- Gott und seine Heiligen (Münster 1635: 77v)
- Got vnd seine heiligen (Werl 1630/2: 9)
- Got vnd seinen heilligen (Erpel 1631: 6)
- Gott Vnd Alle seine heiligen (Alme 1630/2: 8r)
- Gott vnd alle Liebe Heylligen (Eschbach 1630: 74r)
- Gott vndt allen seinen lieben heyligen (Müddersheim 1630: 3)
- Gott den Herrn und alle seine Heiligen (Arnsberg 1629: 349)
- Gott dem Allmächtigen vnndt allen hayligen (Höchst 1631: 166v)
- Gott den Allmechtigen, seine liebe heiligen vnd werde Muter Maria (Gengenbach 1573/6: 393)
- Gott allmechtig, seiner lieber Muttern vnd allen heiligen (Flamersheim 1629: 137)

Wie die Auflistung zeigt, wird das Substantiv *Heilige* stets von indefinitem *alle* oder possessivem *seine* bzw. von beiden begleitet. Insbesondere das Zahlwort *alle* ist mit 44 Nachweisen stark vertreten und tritt somit in mehr als zwei Drittel aller Belege in Kombination mit *Heilige*. Die Kollokation *alle Heiligen* kann somit als stark gefestigt und weit verbreitet gelten,[41] ist jedoch nicht so starr, dass sie nicht auch Durchbrechungen durch das Possessivpronomen *sein* (*alle seine Heiligen*) oder das qualifizierende Adjektiv *liebe* (*alle lieben Heiligen*) zulässt.

41 In einem der Protokolle, Baden-Baden 1627, äußert sich die Festigkeit des Syntagmas durch seine Zusammenschreibung (*Gotteß und Allerheyligen*), vielleicht analog zur katholischen Festtagsbezeichnung *Allerheiligen* (omnium sanctorum).

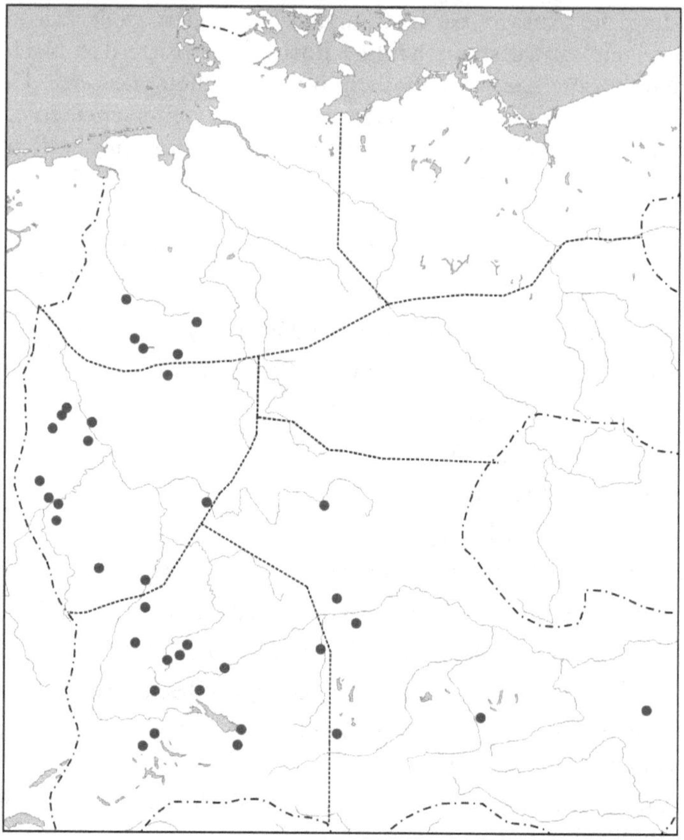

Karte 5.6: Absage von *Gott* in Verbindung mit *Heiligen*

Die schwerpunktmäßige Verbreitung im westdeutschen Raum ist nicht nur für die Absage an die Heiligen, sondern auch für die Absage an die Mutter Gottes festzustellen. Sie tritt insgesamt deutlich seltener auf und weist einen sehr viel geringeren Grad an formaler Standardisierung auf. Abgesagt wird u. a. der *Mutter Gottes,* der *Mutter Maria,* der *(heiligen) Jungfrau Maria,* sowie *seiner lieben Mutter* oder *unser lieben Frauen.* Die vergleichsweise geringe Belegzahl und die Vielfalt an variierenden Bezeichnungen machen deutlich, dass die Absage an die Mutter Gottes nicht dem Kernbereich der kirchlichen Teufelspaktvorstellungen entspricht.[42]

42 Verwiesen sei hier auch auf die in den mittelalterlichen Teufelsbündnerlegenden verbreitete Vorstellung, dass eine Verleugnung Marias die Rückkehr zum christlichen Glauben gewissermaßen unmöglich macht, da es in den Marienmirakeln stets die Mutter Gottes ist, die den Teufelsbündner aus den Fängen des Teufels befreit und seine Seele rettet. So erklärt

Neben diesen vergleichsweise stark standardisierten und vereinheitlichten Formeln finden sich in nicht ganz so hoher Zahl sehr viel freier und individueller gestaltete Formeln. Die Absagen erfolgen hier z. B. an

- Gott sampt allem was Gott anhengkt (Essen 1589: 120)
- Gott [...] vnd die stern amb himmell, summa die gantze h[eilige] Dreifaltigkeit (Lemgo 1632: 49r)
- Gott vnd d[er] Welt (Baden-Baden 1628: 70v)
- Gott, vnd seine wercke (Jever 1592: 44r)
- Gott vnd Marien kindt (Stralsund 1630: 12)
- Marien und den lieben Gott (Crivitz 1642: 7)
- Gott vndt sein Angesicht, auch die Sternen am Himmel (Loccum 1638: 249)
- Godt vnd de gemeenschup der Hilligen, de Christliche Karcke (Uphusen 1565: 79)
- den Herrn Jesum Christ (Meiningen 1659: 114)
- dem herrn Christo (Friedberg 1620: 4)
- den Christlichen Glauben, die Hey[ligen] Sacramenta, v[nd] den Bundt der Hey[ligen] Tauffe (Grünberg 1663/1: 37)
- die H[eilige] dreyfaltigkeit (Memmingen 1665/3: 20r)
- die H[eilige] Dreyfaltighkeith (Riegersburg 1689/1: 211)

Viele dieser Nachweise stammen, wie die Liste zeigt, aus dem nord- und ostdeutschen Raum, also genau aus dem Gebiet, in dem die Absage als Teil des Teufelspaktes generell nicht stark verbreitet ist, weshalb schon per se von einem geringeren Maß an Standardisierung ausgegangen werden kann. Nahe liegt zudem der Verdacht, dass die Unterschiede in den Formeln nicht allein regional, sondern auch bzw. in erster Linie konfessionell bedingt sind. Bereits Ahrendt-Schulte (1995: 74) hat in ihrer Arbeit diesbezügliche Unterschiede festgestellt:

> Je nach Konfession lauten die Formeln der katholischen Frauen, sie hätten „Gott und allen seinen lieben Heiligen entsagt" oder „Gott den Herrn, seine liebe Mutter, alle Apostel und lieben Heiligen verleugnet". In protestantischen Gebieten gestanden die Angeklagten, sie hätten „der heiligen Dreifaltigkeit abgeschworen und den Taufbund verleugnet" oder „Gott und den lieben Herrn Jesus Christus abgeschworen" oder „Gott und sein seligmachendes Wort verleugnet".

Während Ahrendt-Schulte die Absage an *Gott und seine Heiligen* und somit die standardisierten west- und süddeutschen Formeln also dem katholi-

---

sich auch die Aussage der Angeklagten Anna Küentzlerin, die explizit betont, sie *hab Gott vnd alle heyligen Verlaugnet, auserhalb der Muetter Gottes* (Hechingen 1648: 34).

schen Glauben zuordnet, was durch den hohen Stellenwert der Heiligenverehrung im katholischen Glauben und seine Ablehnung durch die Reformatoren nicht unwahrscheinlich ist, fallen die freier formulierten nord- und ostdeutschen Verleugnungen wohl größtenteils eher dem protestantischen Bereich zu. Eine Überprüfung dieser These gestaltet sich insofern als schwierig, als durch die teils mehrfachen Konfessionswechsel in den Zeiten von Reformation und Gegenreformation nicht bei jedem Protokoll sicher festgelegt werden kann, ob es vor katholischem oder protestantischem Hintergrund entstanden ist. Von den in der obigen Liste angeführten Orten waren jedoch mit großer Wahrscheinlichkeit die Orte Essen, Lemgo, Loccum, Jever, Stralsund, Crivitz, Friedberg und Memmingen zur Entstehungszeit der Protokolle reformiert, so dass hier ein protestantischer Einfluss durchaus wahrscheinlich ist.

Neben der variierenden Gestaltung der Objekte weisen auch die Verbwahl in den Ab- und Zusageformeln sowie die Formen der Redewiedergabe größere, teils regional geprägte Unterschiede auf. Sie sollen daher im Folgenden näher betrachtet werden.

5.2.2.2. Die Verbwahl bei der Ab- und Zusage

Die Untersuchung des rituellen Paktschlusses hat bereits klare regionale Unterschiede in der Ausgestaltung der Paktschlüsse sichtbar werden lassen, wobei sich insbesondere der Bereich Westfalen, das Rheinland und der Südosten bezüglich des regionalen Hexenglaubens als relativ abgeschlossene Kulturbereiche herauskristallisierten. Ähnliche Tendenzen lassen sich auch in sprachlicher Hinsicht feststellen, wie im Folgenden am Beispiel der Verbwahl beim Paktschluss, genauer bei der Gottesverleugnung und bei der Hingabe an den Teufel, deutlich gemacht werden soll.

Die Verbwahl bei der Gestaltung der Absage von Gott ist vergleichsweise homogen. Wie Karte 5.7, S. 138 zeigt, dominieren insbesondere zwei Verben: das Verb *verleugnen* mit 62 Nachweisen und das Verb *absagen* mit 44 Nachweisen. Als weitere, seltener gebräuchliche Varianten treten die Verben *versagen* (15x), *verschwören*, *verlassen* (je 5x), *abfallen*, *abschwören*, *widersagen* (je 3x), *ablassen* (2x), *abstehen* (1), *leugnen* (1x) und die negierte Form *nicht mehr anbeten* (2x) auf.[43]

Das Verb *verleugnen* ist insbesondere im gesamten Süden des Untersuchungsgebietes stark verbreitet. Neben einigen wenigen, teils parallel ver-

43 Der Übersichtlichkeit halber wird in Karte 5.6 nur die Verteilung der sechs häufigsten Verben (*verleugnen, absagen, versagen, verlassen, verschwören* und *abschwören*) abgebildet.

wendeten Nachweisen von *absagen*[44] stellt *verleugnen* hier gewissermaßen den Standard dar:

(5.55) Darein Sie Laider gewilligt, vnd Gott sambt dem himblischen Heer würckhlich verlaugnet (Bamberg 1628-30/1: 2)

(5.56) hab Gott vnd alle heyligen Verlaugnet, auserhalb der Muetter Gottes (Hechingen 1648: 34)

Über den Süden hinaus weist das Verb auch eine recht deutliche überregionale Verbreitung auf und findet sowohl im südlichen Teil des westmitteldeutschen Raumes als auch im norddeutschen Raum Verwendung. Die starke Verbreitung und häufige Verwendung des Verbs in den Protokollen lässt auf eine auch allgemeinsprachlich hohe Gebräuchlichkeit des Verbs *verleugnen* in Bezug auf Gott schließen. Und in der Tat weist z. B. das DWB eine Vielzahl von Belegen auf, in denen das Verb in der Kollokation *Gott* bzw. *Christus verleugnen* auftritt (vgl. DWB 25: 746, s.v. verläugnen), darunter auch auffallend viele Belege aus den Schriften Luthers.

So findet es sich beispielsweise in Luthers Bibelübersetzung von 1545, wenn Jesus seinem Jünger Petrus vorhersagt: „Wahrlich, ich sage dir, in dieser Nacht, ehe der Hahn krähet, wirst du mich dreimal verleugnen." (Matthäus 26, 34). Insbesondere im christlich-biblischen Kontext scheint die Kollokation somit große Verbreitung zu besitzen und hat von dort wohl ihren Weg in den allgemeinen Sprachgebrauch und in die Hexenprotokolle gefunden.

Ein Gebiet, in dem das Verb *verleugnen* nur sehr selten auftritt, ist das Rheinland. Hier hat eine anderes Verb die nahezu alleinige Vormachtstellung eingenommen, und zwar das Verb *absagen*. In der Bedeutung 'widersagen, abrenuntiare' (DWB 1: 93, s.v. absagen) nimmt es die gleiche Stelle und Funktion wie das Verb *verleugnen* ein:

(5.57) dhomalen Gott, seiner mutter und allen engelen ab- und ihme sathan zugesagt (Drachenfels 1630: 4v)

(5.58) daselbst[en] hette Gott abgesagtt vndt dem Teuffel zugesagtt (Blankenheim 1629: 4r)

44 Vgl. z. B. Eichstätt 1630: *vnnd entgegen Gott, unser lieben Frau vnnd allen Heiligen auch der ganzen Weldt abgesagt, vnd in Ewigkeit verlaugnet* (75).

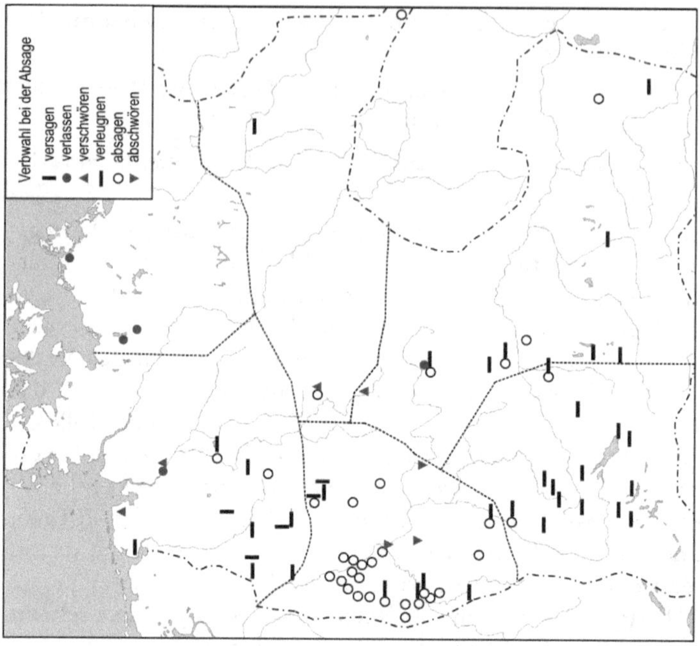

Karte 5.7: Verbwahl bei der Absage

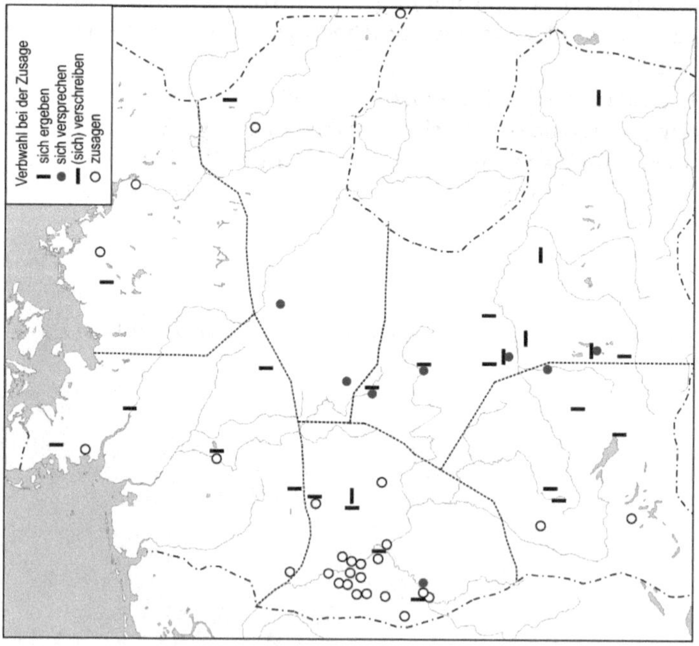

Karte 5.8: Verbwahl bei der Zusage

Abgesagt wird nach Grimm „dem teufel, dem tyrann, […] der sünde, der bösen lust“ (ebd.), also im Grunde allem Bösen und Schlechten. Eine Absage an Gott und somit an das Gute und Heilige stellt damit in gewisser Weise eine Perversion des üblichen Gebrauchs dar, die mit dem oben gezeigten pervertiven Charakter des westdeutschen rituellen Paktschlusses harmoniert.[45] Die starke Verbreitung von *absagen* in einem räumlich derart begrenzten Gebiet lässt nicht mehr allein auf einen eingebürgerten Sprachgebrauch, sondern auf ein hohes Maß an Vereinheitlichung und Standardisierung bei der Erstellung der Protokolle schließen, und dies auch insofern, als es meist nicht allein, sondern fast immer – wie auch schon in den obigen Beispielen 5.57 und 5.58 – in Verbindung mit dem Verb *zusagen* auftritt:

(5.59) vnd gewilt, das Gott almechtig, seiner lieber Muttern vnd allen heiligen ab vndt Ime zusagen solle (Flamersheim 1629: 137)

(5.60) gezwungen, daß Gott ab und ihm dem Teufel zugesagt (Altenahr 1649: 458)

(5.61) Sie solte Gott ab- vnd Ihme zusag[en] (Linz 1631, 1: 8)

(5.62) und mußte ihme folgen, Gott ab- und ihme zusagen (Siegburg 1636/3: 79)

(5.63) und darnach Gott ab- und dem Teuffel zugesagt (Gerolstein 1633: 117)

Wie die Beispiele zeigen, ist die Absage in der Regel der Zusage vorangestellt. Syntaktisch handelt es sich meist um eine parataktische Reihung mit kopulativer Konjunktion *und*, die gleich in zweifacher Hinsicht einen verkürzten Charakter aufweist: Zum einen durch die elliptische Konstruktionsweise, dank derer der Verbteil *sagen* im ersten Element eingespart wird (*ab- und zusagen*), zum anderen jedoch auch durch die relative Kürze der Objekte. In einer ganzen Reihe von Fällen wird – wie in den Beispielen 5.60–5.63 – *Gott ab- und ihm/dem Teufel zugesagt*. Während die Zusage, wie oben bereits erwähnt (vgl. Abschnitt 5.2.2.1.), in nahezu allen Protokollen sehr kurz gehalten ist – fast immer wird *dem Teufel/dem Bösen* etc. oder kurz *ihm* zugeschworen – , so dass die Wahl des Objekts hier dem allgemeinem Usus entspricht, ist die Absage in einer Vielzahl der westmitteldeutschen Protokolle auffällig kurz gehalten. Eine einfache Absage an *Gott* findet sich insgesamt nur in 27 Protokollen, davon stammen 19 aus dem westmitteldeutschen Raum. Von diesen 19 Nachweisen treten immerhin 13 in der Form *Gott ab- und dem Teufel zusagen* auf, so dass man hier von einer typisch westmitteldeutschen Standardisierung sprechen kann.

---

45 Als literarischer Beleg für das Verb *absagen* im Zusammenhang der Gottesverleugnung kann der Paktschluss Fausts im Volksbuch von 1587 angeführt werden, auf den auch das DWB verweist: „Hierauff absage ich allen denen / so da leben / allem Himmlischen Heer / vnd allen Menschen / vnd das muß seyn.“ (Faust 1587/ 1999: 22/23)

Trotz der relativen Nähe des rheinischen zum westfälischen Raum tritt das Verb *absagen* hier äußerst selten, im Kerngebiet sogar überhaupt nicht auf (vgl. Karte 5.7, S. 138), was darauf schließen lässt, dass es sich hier in Bezug auf die Gottesverleugnung um keine gebräuchliche Form handelt. Der Grund hierfür kann zweierlei Natur sein: Wie schon die Untersuchung des rituellen Paktschlusses gezeigt hat, weisen die nordwestdeutschen Teufelspaktschilderungen eine in sich geschlossene, von den mitteldeutschen klar abgegrenzte Form auf, was darauf schließen lässt, dass sie auf anderen Quellen basieren, die sich sowohl inhaltlich als auch sprachlich von denen des mitteldeutschen Raumes wie auch denen aller anderen Gebiete unterscheiden. Da es sich beim norddeutschen Raum zudem um autochthon niederdeutsches Sprachgebiet handelt, muss die Verbwahl auch und in erster Linie im Verhältnis zum Niederdeutschen gesehen werden. Nur wenn das Verb *absagen* eine niederdeutsche Entsprechung hat, kann es auch in eventuellen niederdeutschen Quellen auftreten, von den niederdeutschen Verhörten verwendet und von den niederdeutschen Protokollanten verzeichnet worden sein. Dies ist jedoch nur bedingt der Fall: Zwar existiert im Niederdeutschen ein Verb der Form *afseggen*, doch weist es andere Bedeutungen und eine andere Verwendungsweise auf. Bei Schiller/Lübben (Bd. 1: 34) ist es in der Bedeutung 'entscheiden, entscheidend aburtheilen, einen Ausspruch zum Vergleich thun' bzw. 'den Frieden aufkündigen' belegt, ähnlich wie auch bei Lasch/Borchling (Bd. 1: 38), wo neben den genannten Bedeutungen auch noch 'absprechen, aberkennen, abschlagen, verweigern, untersagen, verneinen etc.', 'verkündigen, Bescheid geben' und – in rechtssprachlicher Verwendung – 'ein Urteil aussprechen, Recht sprechen' angeführt werden. Im Gegensatz zu Schiller/Lübben wird bei Lasch/Borchling unter der Vielzahl der angegebenen Bedeutungen zwar auch die Bedeutung 'abschwören, verschwören' angeführt, doch leider ohne Hinweis auf den Verwendungszusammenhang. Durch das fast konsequente Fehlen des Verbs in den niederdeutschen Paktschilderungen steht indes zu vermuten, dass das Verb *afseggen* im Zusammenhang mit Gottesverleugnung oder Teufelswidersagung im Niederdeutschen nicht gebräuchlich war und daher nur äußerst selten in die Protokolle gelangen konnten.

Die Kompatibilität von Niederdeutsch und Hochdeutsch erscheint für die Verbwahl in den norddeutschen Protokolle somit von großer Bedeutung zu sein: Da wohl die absolute Mehrzahl der norddeutschen Angeklagten ihre Aussagen in niederdeutscher Sprache tätigten, ist die Wahrscheinlichkeit, dass ein hochdeutsches Wort ohne niederdeutsches Äquivalent in die Protokolle gelangen konnte, vergleichsweise gering, denn dies setzte einen starken Eingriff von Seiten des Protokollanten voraus. Betrachtet man nun die im norddeutschen Gebiet gebräuchlichen Verben der Absage stellt man folgerichtig fest, dass alle vier Verben Entsprechungen im Mittelniederdeutschen besitzen:

- *verlassen* entspricht mnd. *vorlaten* = 'verlaßen, aufgeben'
- *verleugnen* entspricht mnd. *vorlokenen, -loken, -louchenen, -lochenen* = 'verleugnen'
- *versagen* entspricht mnd. *vorsaken, -seken* = 'leugnen, verleugnen, verzichten, entsagen'
- *verschwören* entspricht mnd. *vorsweren* = 'eidlich abgeloben, eidlich auf etwas verzichten'[46]

Da es sich in den meisten Fällen zudem um keine rein hochdeutschen, sondern noch mehr oder minder stark niederdeutsch beeinflusste Texte handelt, steht zudem in einigen Fällen die niederdeutsche Form oder eine an das Hochdeutsche assimilierte Übergangsform, wie z. B. *verlahte* (Schwerin 1668: 2v), *vorlochnen vnd vorsaken* (Uphusen 1565: 79), *versachen* (Werl 1630/3: 15) und *verswerenn* (Jever 1592: 44r).

Als besondere Form muss das Verb *versagen*, auch in den Formen *versaken/versachen*,[47] hervorgehoben werden, da es sich hier um ein ausschließlich im Niederdeutschen gebräuchliches Verb handelt. Zwar ist auch für das Althochdeutsche ein Verb *fir-sahhan, for-sahhan* in der Bedeutung 'leugnen, abweisen; entsagen, abschwören' belegt, es wurde jedoch im 12./13. Jahrhundert aufgegeben und hat somit zum Untersuchungszeitpunkt außerhalb des norddeutschen Sprachraums keine Verwendung mehr (vgl. auch Topalović 2004: 79). Funktional kann das Verb *versagen* quasi als Pendant zum westmitteldeutschen *absagen* gesehen werden, da es sich ebenfalls dem Bereich der Abrenuntiation zuordnen lässt. Die Abrenuntiation war ursprünglich ein festes Element der Taufe. Zusammen mit

46 Vgl. Schiller/Lübben 5: 386; 396; 428; 469.

47 Die 15 Nachweise für das Verb *versagen* treten in folgenden Formen auf: *vorsaken* (1x), *versaken* (4x), *versachen* (5x) und *versagen* (4x). Es werden also etwa zu gleichen Teilen niederdeutsche Formen (*vor-, versaken*), eine lautlich verhochdeutschte Form (*versachen*) und eine vermutlich ans Hochdeutsche *absagen* angelehnte Form (*versagen*) verwendet (vgl. hierzu Topalović 2004: 79). Zeitliche oder regionale Unterschiede im Gebrauch der Formen lassen sich nicht feststellen (Ausnahme: die älteste Form *vorsaken* tritt im ältesten und nördlichsten der Protokolle, in Uphusen 1565, auf). Hingegen fällt auf, dass die niederdeutschen Formen verstärkt in mündlicher Rede auftreten, wohingegen die assimilierten Formen eher in indirekter Rede verwendet werden. Ein paralleler Gebrauch in den Protokollen ist dabei durchaus möglich, vgl. z. B. Coesfeld 1632: *Der Teuffel sei dohmahlss im gestaldt eines schöenen Manss ihme erschiennen, vnd dohmahls viele gutter Wörter geben, er solle fast angloben dass er ihme dienen wolle, ihme anhangen vnd anruffen, Gott den herrn seine Mutter vnd die h. Engelen versachen vnd leuchnen, wass er ihme anmuhtete dass soll er thun, den Menschen alles thuen. Er (Verstrickter) habe alsouort gesacht Ick versaeke Gott seine werdige Mutter vnd alle Heiligen, druf der Teuffel gesacht, damit wehre alles guedt* (46). Zu den Besonderheiten der Redewiedergabe beim Teufelspakt vgl. ausführlich Abschnitt 5.2.2.3.

dem Glaubensbekenntnis und dem eigentlichen Taufakt bildete sie den festen Kern der Taufhandlung. Erst mit der Einführung der Taufwasserweihe wurde sie abgetrennt und in die Nähe des Exorzismus gerückt, von Luther jedoch im Zuge seiner Taufreformation wieder in den Taufkern integriert (vgl. Kirsten 1960: 98 ff.). Die Ab- und Zusage haben traditionell die Form einer dreifachen Frage und Antwort, welche bereits im römischen Ritus entwickelt wurde. Aus altsächsischer und altfränkischer Zeit sind drei Taufgelöbnisse erhalten, die frühe Belege für *versagen/versaken* im Zusammenhang mit der Teufelsabsage vorstellen. Als Beispiel sei hier ein altsächsisches Gelöbnis angeführt: [48]

Forsachistû diobolae?	et respondet : ec forsacho diabolae
end allum diobolgelde?	respondet: end ec forsacho allum diobolgeldae.
end allum dioboles uuercum?	respondet end ec forsacho allum dioboles uuercum and uuordum, […]

(zitiert nach Mettke 1970: 33)

Wie beim Verb *absagen* in den westdeutschen Protokollen stellt die Verwendung des Verbs *versagen* somit, indem es statt auf den Teufel auf Gott bezogen wird, eine Perversion der Abrenuntiation dar,[49] die in symbolischer Hinsicht durch das dreifache Zurücktreten bzw. den dreifachen Rückstoß (vielleicht analog zur dreifachen Frage und Antwort im Taufritus) unterstützt und sichtbar gemacht wird.[50] Erinnert sei hier auch nochmals an das mittelniederdeutsche Theophilusdrama, in dem bei der Abschwur ebenfalls das Verb *versaken* in Verbindung mit dem dreifachen Rücktritt verwendet wird: „So tret dre vote achter rucke / Sprek ek vor sake godes gar" (vgl. Abschnitt 5.2.1.1.).

Die Verbwahl bei der Zusage gestaltet sich im Vergleich zur Absage sehr viel heterogener. Das Spektrum der verwendeten Verben ist nicht nur deutlich breiter, es sind auch in geringerem Maße regionale Bezüge er-

48 Zu den weiteren Gelöbnissen vgl. Mettke (1970): 33 f. sowie Maßmann (1969): 67 f.

49 Ein konkreter sprachlicher Bezug des Verbs *absagen* zum Taufritus ist ebenfalls möglich, wenn jedoch nur mit großer Vorsicht herzustellen. So sieht Kirsten (1960) in der Verwendung des Verbs *absagen* bei Lukas 14, 33 in der Lutherübersetzung („Also auch ein jeglicher unter euch, der nicht absagt allem was er hat, kann nicht mein Jünger sein") eine „direkte Linie zum Terminus der Taufwidersage" (24). Und auch in Luthers Taufbüchlein heißt es zwar „Darnach laß der priester das kind durch seyne paten dem teuffel absagen", in der eigentlichen Taufformel wird jedoch das Verb *entsagen* verwendet: „Entsagistu dem teuffel?" (Taufbüchlein 1523/1936: 45/8).

50 Die Nähe des rituellen Paktschlusses zum Taufritus wird auch durch zahlreiche weiteren in den Protokollen vorhandene Elemente unterstützt. In einigen Schilderungen wird explizit eine Hexentaufe vollzogen, bei der Taufpaten anwesend sind die u. U. ein Taufgeschenk überreichen. Ferner wird in vielen Fällen der neu aufgenommenen Hexe das bei der christlichen Taufe empfangene Chrisam von der Stirn gekratzt, woraufhin sie durch ein Hexenmal gekennzeichnet wird.

kennbar. Lediglich zwei Formen weisen klare regionale Schwerpunkte und Bindungen auf (vgl. Karte 5.8, S. 138): Dies ist zum einen das Verb *zusagen*, das, wie oben bereits erläutert, in Analogie zum Verb *absagen* verstärkt in den westdeutschen Protokollen auftritt. Mit insgesamt insgesamt 37 Nachweisen stellt es das am häufigsten verwendete Verb dar und ist auch überregional vertreten. Anders als beim Verb *absagen* scheint es außerhalb der Nachweise in den Protokollen keine typischen Kollokationen des Typs *Gott/dem Teufel zusagen* zu geben. Seine Häufigkeit in den hier vorliegenden Texten ist somit wohl in erster Linie der Analogiebildung zu *absagen* geschuldet. Wenn überhaupt, kann das Verb *zusagen* eher dem rechtssprachlichen Bereich zugeordnet werden, und zwar in dem Sinne, dass es ein förmliches Versprechen bezeichnet (vgl. DWB 32: 725, s.v. zusagen).

Beim zweiten Verb mit starker regionaler Bindung handelt es sich um das Verb *sich verschreiben.* Mit nur 5 Belegen ist es vergleichsweise selten und findet ausschließlich im bairisch-österreichischen Raum Verwendung, wo es als ein direkter Reflex auf die dort anzutreffende rituelle Paktform des schriftlichen Blutsvertrags zu werten ist (vgl. oben Abschnitt 5.2.1.4.). Laut DWB haftet das Verb *verschreiben* insbesondere den Teufelspakten an, wobei „die vorstellung des schreibens mehr und mehr zurücktritt“. Dies kann für seine Verwendung in den Hexenprotokollen jedoch noch nicht bestätigt werden. Im Gegenteil ist der Bezug zum realen schriftlichen Vertrag stets gegeben, die ursprüngliche Bedeutung ‘sich schriftlich verpflichten’ (vgl. DWB 25: 1153, s.v. verschreiben) ist somit in vollem Maße erhalten.

Zahlenmäßig bedeutsam sind nur noch zwei weitere Verben, und zwar die beiden Reflexiva *sich ergeben* (21x) und *sich versprechen* (9x):

(5.64) darauf sie mit Ime In die haganaw gangen, seines willens geplegt vnndt sich mit Leib vnnd seel ⌈Ime⌉ ergeben (Ellingen 1590: 1)

(5.65) Vor ein Achtzehen Jahren, hette sie sich im Gartten [INT] ⌈graß⌉ zue ihme versproch[en]. (Ostrau 1628: 83r)

Das Verb *sich ergeben* ist – nach *zusagen* – das am zweithäufigsten belegte Verb bei der Teufelszusage. Seine weite Verbreitung über nahezu den gesamten Sprachraum lässt darauf schließen, dass es sich bei der Kollokation *sich dem Teufel ergeben* um eine im Rahmen der Hexenprozesse weitgehend gebräuchliche handelt. Abgeleitet ist sie wohl von der allgemeinsprachlich verbreiteten Verbindung *sich Gott ergeben* (vgl. DWB 3: 816, s.v. ergeben), womit es sich um eine Perversion der Formel zum Dämonologischen hin handelt.

Das Verb *sich versprechen*, das teils mit dem Dativ der Person (*sich dem Teufel/ihm versprechen*), teils mit Präpositionalkasus (*sich zum Teufel/zu ihm versprechen*) verwendet wird, ist sowohl zahlenmäßig als auch regional weniger stark verbreitet. Es tritt im Wesentlichen in der Mitte und im Süden des östlichen Sprachraums auf. Anders als *sich ergeben* entstammt es nicht dem Bereich des Ausdrucks religiöser Frömmigkeit und Demut, sondern ist dem Kontext der Eheschließung entlehnt. Es hat eine ähnliche Bedeutung wie 'sich verloben', kennzeichnet jedoch einen weniger förmlichen Akt (vgl. DWB 25: 1448, s.v. *versprechen*). Mit der Wahl des Verbs *sich versprechen* wird damit der Schwerpunkt auf das eheähnliche Verhältnis von Teufel und Hexe gelegt, das durch den Paktschluss begründet wird.

Neben den vier vorgestellten Hauptvarianten der Teufelszusage treten eine Vielzahl weiterer Verben mit weniger als 6 Belegen auf, so z. B. *folgen* (6x) *anhängen* (5x), *dienen, sich halten an* (je 4x), *anloben, schwören, zuschwören* (je 3x), *die Ehe versprechen* (2x), *sich übergeben, sich unterwerfen, sich verbinden, sich anhängig machen, nachhängen, gehorsamen, anbeten, Zusage tun, für Gott erkennen, die Seele verheißen/zu Pfand setzen/verloben* (je 1x). Schon die große Zahl an Varianten macht deutlich, dass die Zusage an den Teufel weitaus weniger standardisiert und konventionalisiert ist als die Gottesverleugnung, dass sie im Gegenteil in vielen Fällen sehr individuell ausgestaltet erscheint. Auch bestätigt die regionale Verteilung der Belege (vgl. nochmals Karte 5.8, S. 138) die bereits bei der Untersuchung des rituellen Paktschlusses getroffene Beobachtung, dass in den nordwestdeutschen Protokollen der Schwerpunkt auf der Absage und nicht auf der Zusage liegt. Entsprechend sind im Raum Westfalen kaum Belege für die vier Hauptvarianten anzutreffen.

Eine Form, die bislang noch nicht besprochen wurde, die jedoch für die Darstellung der Zusage in den Texten von großer Bedeutung ist, ist die Formel *sein sein*. Mit insgesamt 29 Belegen tritt sie in auffällig häufigem Maß in den Paktschilderungen auf und hat eine den Verben der Zusage vergleichbare Funktion. Sie wird häufig in Verbindung mit Verben der Willensäußerung, also insbesondere den Modalverben *wollen* und *sollen* in indirekter Redewiedergabe zweiten Grades verwendet, oder aber in Ergänzung zu Verben des Versprechens (*versprechen, zusagen*); in letzterem Fall tritt sie im untergeordneten Nebensatz oder einer satzwertigen Infinitivphrase auf. Die häufige und analoge Verwendung lässt eine starke Musterbildung erkennen, wie die folgenden Beispiele zeigen:

- sie solle seine sein; sie wolle seine sein (Lemgo 1632: 49r)
- Sie solle sein sein (Baden-Baden 1628: 70r)
- Sy solle sein vnd sein Buol sein (Riedlingen 1596: 626r)
- sie soll sein werden (Golling 1677: 366)
- er soll sein sein (Eichstätt 1630: 75)

- er soll sein sein; er wöll sein sein (Ingolstadt 1618: 10)
- Sye wolle vnndt muße sein sein (Höchst 1631: 166v)
- solle hiermit sein sein; welle einmal sein sein vnd bleiben (Bräunlingen 1632/1: 10)
- welle einmal sein sein, heißen vnd bleiben (Bräunlingen 1632/2: 14)
- wen er ihr wolte sein (Oberkirchen 1630/3: 36)
- wenn sy sin wolle sin (Rapperswil 1595: 2r)
- wan er seiner sein welle; d[as] er sein sein wölle (Reichertshofen 1629: 3r; 3v)
- das sie sein wölle sein (Rhens 1629: 99)
- das sie wolle sein sein (Bamberg 1630/6: 211)
- das sie woelle sein sein (Bamberg 1630/7: 213)
- Ob sie sein wöllte sein (Dieburg 1627: 75)
- ob sie |sein+ wollen sein, sein (Böblingen 1590: 1)
- Ob sy |wolle+ sein wölle sein (Bregenz 1628/1: 288v)
- vndt sein zu sein (Meiningen 1611: 66r)
- vnd begert sein zu seyn (Eichstätt 1637: 93)
- begehrt sein zu sein (Bamberg 1628-30/1: 2)
- Ihme sein zu sein versprochen (Bamberg 1628-30/2: 203)
- das Sie sich zu ihme sein zu sein verprochen (Bamberg 1628-30/3: 207)
- vnd sein ewig zu sein versprochen (Dillenburg 163: 20r)
- hab er sie angesonnen, allein sein zu sein (Eichstätt 1628: 49)
- Weist Du nichtt, datt du 7 Jahr Min bist? (Bremen 1603: 45)
- sie wehre nun sein; due bist nun mein (Siegburg 1636/3: 79; 80)
- Ja sie wolle sein seyn (Meiningen 1659: 114)
- vnd mynen syn (Bremgarten 1584: 2r)

Dass es sich bei diesem wiederholten Gebrauch des Syntagmas um keinen reinen Zufall handeln kann, sondern dass hier eine konventionalisierte Formel Verwendung findet, ist äußerst wahrscheinlich. Unsicher ist jedoch die Herkunft der Formel. Während der häufige Nachweis in eingebetteter indirekter und direkter Redewiedergabe und der vergleichsweise einfache Aufbau und alltagssprachliche Charakter der Wendung zunächst einen sprechsprachlichen Einfluss vermuten ließ, erscheint jedoch allein schon durch die Häufigkeit und überregionale Verwendung auch und gerade ein rechtssprachlicher Hintergrund sehr wahrscheinlich. Als Vorlage könnte hier die lateinische Manzipationsformel gedient haben, eine Formel, die nach römischem Recht der Mancipatio, d. h. der formellen Besitzübernahme eines Lebewesens (Mensch oder Tier) oder einer Sache, zu ihrer Wirksamkeit verhalf. Bei der Mancipatio eines Sklaven hatte der Erwerber, während er die zu übereignende Person mit der Hand ergriff (manus capere), folgende Worte zu sprechen: „hunc ego hominem ex iure Quiritium m e u m e s s e aio isque mihi emptus est(o) hoc aere aenequa libra“ (Gaius I, 119, zitiert nach Hägerström 1927: 37; eigene Hervorhebung). Anschließend erfolgte ein symbolischer Scheinkauf, bei dem der Käufer ein Kupferstück auf eine Waage warf und damit dem Kauf seine endgültige Rechtskraft verlieh (vgl. Hägerström 1927: 35 ff.).

Die Parallelen zwischen den geschilderten Teufelspakten und der römischen Mancipatio sind in vielen Fällen klar erkennbar: Wie bereits gezeigt wurde, spielt das Berühren mit der Hand, sei es im konkreten Handschlag oder im Ritual des Ergreifens von Gegenständen (Stock, Ring) eine große Rolle, und auch der symbolische Scheinkauf findet sich im Geldgeschenk des Teufels, das noch besprochen werden wird (vgl. Abschnitt 5.3.), wieder. Sollte die Formel *sein sein* nun tatsächlich auf das lateinische *meum esse* zurückgehen, was aufgrund der Parallelen als wahrscheinlich gelten kann, hat sie jedoch in ihrer Verwendungsweise einen deutlichen Wandel und eine Anpassung an frühneuzeitliche Rechtsverhältnisse erfahren. Während nach römischem Recht allein die Aussprache der Formel durch den Käufer das Besitzrecht begründete, ist in den Protokollen stets die explizite Einwilligung der Person, die sich dem Teufel übereignet, von Nöten. Die Aussprache der Formel von Seiten des Teufels kann stets nur Aufforderung oder Wunsch sein und tritt daher auch meist in Aufforderungs- oder Fragesätzen (*Sie solle sein sein / ob sie wolle sein sein*), selten auch in Bedingungssätzen (*wenn sy sin wolle sin*) auf. Ihre Rechtskräftigkeit ergibt sich erst aus der Willensformulierung des Bündnispartners: *Zu ihr gesprochen sie solle seine sein, sie ihme geantwortet Ja, sie wolle seine sein* (Lemgo 1632: 49r).

5.2.2.3. Formen der Redewiedergabe

Der formalen mündlichen oder schriftlichen Ab- und Zusage wird in den Protokollen in unterschiedlichem Maße Bedeutung zugemessen. Teils wird sie ausführlich formuliert, teils nur in sehr verknappter Form wiedergegeben. Nur in vergleichsweise wenigen Fällen wird im Verhör Wert auf den genauen Wortlaut des Paktes gelegt.[51] Wichtiger scheint die Tatsache zu sein, dass überhaupt eine derartige Übereinkunft getroffen wurde und dass sie formal dem gängigen Muster entspricht. Je nach Schwerpunktsetzung lassen sich daher verschiedene Formen der Wiedergabe des verbalen Paktes unterscheiden: So wird er teils in einfacher indirekter Rede (Redewiedergabe 1. Grades, vgl. Bsp. 5.66), teils in eingebetteter Rede (Redewiedergabe 2. Grades) wiedergegeben. Letztere wird sowohl indirekt (Bsp. 5.67) als auch direkt (Bsp. 5.68) realisiert:

(5.66) darauf sie mit Ime In die haganaw gangen, seines willens geplegt vnndt sich mit Leib vnnd seel ⌈Ime⌉ ergeben Auch gottes almechtig[en] Alles himlischen hers verlaugnet (Ellingen 1590:1)

(5.67) auch beneben zugesprochen Sy müeß sich Jez gott vnnd aller hailigen vnd Engel verlaugnen welches Sy gethan (Bregenz 1628/1: 288v)

(5.68) gestalt der teufel Iro vor vnndt sie nach gesagt habe: „Ich sage Gott ab vndt dem boesen geist zu.“ (Flamersheim 1629/3: 168)

Den geringsten Grad an Markierung erfährt der verbale Paktschluss durch die Wiedergabe in einfacher indirekter Rede (5.66). Der verbale Akt des Schwurs wird hier in den Handlungsverlauf integriert, dem genauen Verlauf des Paktschlusses und dem Wortlaut des Schwurs kommt keine übermäßig hohe Bedeutung zu:

(5.69) Nachdeme sich Ime mit Leib und seel versprochen, Vnnd Gottes Allmechtigen verlaugnet. (Eichstätt 1590: 1)

(5.70) doch vff sein Zureden hette Sie sich auß schreckh. zu Ihme versprochen. Zum andtern hette Sie hernacher auch vff deß boeesen Feindts betrohen und noethigen Laider Gott im Himmel vnd alle Heilige vnchristlicher weiß verlaugnet. (Bamberg 1630/4: 209)

Gottesverleugnung und Teufelszusage werden bei dieser Präsentationsform als historisches Faktum dargelegt, es geht um keine genaue Rekonstruktion der Tat, sondern lediglich um ihre Feststellung. Insbesondere in Bekenntnisprotokollen ist diese Form der Wiedergabe häufig anzutreffen,

---

51 So wird nur in wenigen Fällen explizit nach dem Wortlaut des Paktes gefragt, vgl. die folgenden Beispiele: *Mit welchen Worten sie Gott ab- und dem Teuffel zugesagt!* (Gerolstein 1633: 117); *Gefragt waß für wortt |ten+ der teufel wiederumb zu ihr gebrauchet* (Stralsund 1630/2: 12); *was fur wort die Lenz Köpsche bey der traue gefuhrt?* (Seehausen 1633: 683)

wohl nicht zuletzt durch ihren verkürzenden und zusammenfassenden retrospektiven Charakter.

Eine deutlich stärkere Betonung erfährt der verbale Paktschluss in den Fällen, in denen er als ‚Rede in der Rede', also mit Hilfe der Redewiedergabe zweiten Grades dargestellt wird. Als redende Personen können dabei sowohl der Angeklagte selbst als auch der Teufel auftreten, ferner kann die Redewiedergabe sowohl in direkter als auch in indirekter Rede realisiert sein.

Die direkte Redewiedergabe ist, wie oben bereits erläutert wurde (vgl. Abschnitt 4.2.2.), in den Protokollen, deren Normalform die indirekte Rede ist, insgesamt nur äußerst selten anzutreffen. Tritt sie jedoch auf, stellt sie immer eine deutliche Form der Markierung dar. Obschon es sich beim Paktschluss um ein zentrales und herausragendes Element der kirchlichen Hexenlehre handelt, wird eine starke Hervorhebung des Paktes mit Hilfe einer direkten Redesequenz nur verhältnismäßig selten vorgenommen. Lediglich in 20 Fällen konnten derartige Schwüre nachgewiesen werden, wobei der Großteil aus dem nord- und mitteldeutschen Raum und nur wenige aus süddeutschen Gebieten stammen. Im Hinblick auf ihre sprachliche Ausgestaltung sind zwischen den Schwurformeln deutliche Unterschiede zu erkennen, d. h. es gibt keinen allgemein verbreiteten Eid, sondern individuell ausgestaltete Schwüre. Diese lassen jedoch aufgrund ihrer Form eine gewisse Gruppenbildung erkennen, die wiederum regionale Bezüge aufweist, und zwar können und müssen die norddeutschen Schwurformeln klar von den mittel- und oberdeutschen unterschieden werden.

Die norddeutschen Formeln (sowie eine der oberdeutschen Formeln) beschränken sich einzig und allein auf die Gottesverleugnung, eine explizite Zusage an den Teufel wird nicht vorgenommen. Die Form der Verleugnung ist sehr förmlich und feierlich, weist jedoch zugleich ein hohes Maß an Bildhaftigkeit auf:

- Hie greiffe ich an diesen stock, vnd verlaße Marien vnd den lieben Gott (Crivitz 1642: 7)
- Ick griepe an dießen stock und verlahte damit Gott (Schwerin 1668: 2v)
- Ich Greiffe an diesen ringk vnd verlaße Gott vnd Marien kindt (Stralsund 1630: 12)
- Ick kike in die Stern vnd versake Gott den herrn (Coesfeld 1632: 99r)
- ich tret auf diß Gemist und verschwere den Herrn Jesum Christ (Meiningen 1659: 114)

In allen Fällen wird der Bezug zum rituellen Paktschluss hergestellt, indem eine körperliche Handlung verbalisiert und mit einer geistigen in Beziehung gesetzt wird. Durch die Reimform und das Metrum erhalten die

Formeln einen stark magisch-rituellen Charakter, sie erscheinen als eine Art Zaubersprüche, deren Aussprache weniger rechtliche Konsequenzen als viel mehr magische nach sich zieht. Insbesondere die drei ostniederdeutschen Schwüre aus Crivitz, Schwerin und Stralsund weisen durch die analoge Verbwahl (*greifen, verlassen*) eine große Ähnlichkeit auf und lassen auf eine lokale Konvention sowie auf eine starke Verwurzelung im norddeutschen Zauberglauben wie auch in alten Rechtsgepflogenheiten schließen.

Während sich die norddeutschen Schwüre also in den Zusammenhang des Magisch-Rituellen einordnen lassen, weisen die westmitteldeutschen Protokolle einen stärker rechtlich-formellen Charakter auf. Bildhaftigkeit und Reim fehlen völlig, stattdessen wird in teils sehr verkürzter Form ein zweigliedriger Schwur geleistet, der auf ein hohes Maß an Standardisierung schließen lässt:

- Ich sage Gott ab vndt dem boesen geist zu. (Flamersheim 1629/3: 168)
- ich sagen Gott ab unnd machen mich dir anhengigh (Zülpich 1629/2: 2)
- ich sagen Gott ab, und will dir thienen. (Trier 1592: 76)
- Ich schwere Gott ab- und dir Classen zu. (Rhens 1630: 2)
- schwöre ich hiermit Gott ab und dem teufel zu. (Wallhausen 1628: 200)
- Hye stehe Ich vnndt schwere Gott dem Allmächtigen vnndt allen hayligen ab vnndt dem teuffel Zu (Höchst 1631: 166v)
- ich sagen Gott dem almechtig[en] seiner lieber Muttern |vnnd+ allen lieben heyligen ab vnnd |sich <...> sagen+ dir zu (Zülpich 1629/1: 2)
- Ich sage Gott im himel vnd seinem heer ab, vnd will hinfür den teüfel für meinen Gott erkennen. (Bamberg 1628: 3r)

Stets handelt es sich um eine kopulative Aneinanderreihung zweier Hauptsätze, verbunden durch die Konjunktion *und*, wobei die Absage der Zusage grundsätzlich vorangeht. Die größten Unterschiede sind in der Ausgestaltung des Dativobjekts im ersten Gliedsatz zu erkennen, das teils sehr knapp nur durch ein Substantiv (*Gott*) gebildet wird, teils jedoch ausführlicher als Aufzählung und durch Attribute erweitert (*Gott dem Allmächtigen vnnd allen hayligen*) gestaltet ist.[52]

---

52 Neben diesen standardisierten Formen finden sich noch einige sehr individuell gestaltete Schwüre in direkter Redewiedergabe, und zwar zum einen zwei mündliche Schwüre aus Bremen und zum anderen die Wortlaute zweier schriftlich abgelegter Eide aus Dillenburg und Eichstätt. Während der Eichstätter Eid ähnlich den mündlich geleisteten Schwüren eine Zusage der Hexe an den Teufel umfasst (*ich Schinterin will dein seyn mitt leib vnd mitt seel, Fleisch vnd Blueth, haut vnd mit haar, vnd alles waß an mir ist in ewigkheit*; Eichstätt 1637: 103), ist

Deutlich häufiger als die Wiedergabe der verbalen Paktschlüsse in direkter Rede ist ihre Wiedergabe in indirekter Rede. Während in direkter Rede in aller Regel Redeteile der Angeklagten selbst wiedergegeben werden, wird die eingebettete indirekte Rede in erster Linie zur Wiedergabe der Teufelsrede verwendet:

(5.71) vnd gesagt Solt Ihme folgen got absag[en] seiner lieben Mutter vnd allen heilig[en] er wolt Ihr gelts gnugh geben vnd außer allen nöthen verhelff[en], vff welches dweill sie In grossen betrubnußen gewessen, Auch sich nit wolbedacht, hett sie als gleich gesagt Ja (Hamm 1592: 49v)

(5.72) Bekent, der Jamer So sich Beltzebock genent, seye uber drey tag darnach in dem garten, alß sie darin geget, wieder erschienen, undt heftig begert, Gott undt allen Heyligen abzusagen, Welches sie, Leyder, gethan (Mandern 1625: 114)

(5.73) habe er Iro zugesprochen und gesagt, da Sie sich Gottes und seiner heyligen verlåugnen, woll er Ihro gelts genug geben, auf diß hin Sie Ime laider eingewilligt, und sich ahn Ine ergeben (Rottweil 1615: 432)

Die Teufelsrede ist, wie in den obigen Beispielen, nahezu immer eingeleitet, und zwar teils durch einfache verba dicendi wie *sagen, sprechen* oder *anreden*, teils durch Verben, die eine Aufforderung, einen Wunsch, eine dringliche Ansprache oder gar Zwang implizieren, wie z. B. *zumuten, anmuten, zusprechen, bedrohen, begehren, vorhalten, anlegen, verheißen.* Dem Aufforderungscharakter entsprechend dominieren im Redeteil Verbalkonstruktionen mit den Modalverben *sollen* und *wollen.*

Wie auch die Beispiele zeigen, deckt sich der Paktschluss in diesen Fällen weitgehend mit der Verführung durch den Teufel. Während Inhalte und Bedingungen des Bündnisses durch den Teufel formuliert werden, liegt der eigentliche Paktschluss erst in der Antwort oder Bestätigung durch sein Opfer begründet. Wird diese nicht durch einen aktiven Redebeitrag der Angeklagten in direkter oder (selten) indirekter eingebetteter Rede realisiert, folgt in der Regel, wie in den obigen Beispielen, eine kurze Bestätigung in einfacher indirekter Rede: *vff welches [...] hett sie als gleich gesagt Ja; Welches sie, Leyder, gethan; auf diß hin Sie Ime laider eingewilligt, und sich ahn Ine ergeben.* Bereits bei der Besprechung des nordwestdeutschen rituellen Paktschlusses wurde auf diese Form der Paktbestätigung hingewiesen,

---

der Dillenburger Pakt aus der Perspektive des Teufels formuliert: *Heut dato den [INT] |vndt den| Monats tag bin Ich erschienen dem Ersamen vnd wolvornehmen M. Hanß Steinmetzen albier zu Obershausen in beysein Peter wageners vnd seiner mutter, d[as] er Steinmetz mir ewiglich dienen [INT] |vndt| leben soll, vnd will, Gott seinem Schöpffer absag[en], vnd mir zu dienen von nuhn ahn, vnd ewiglich, des soll er haben zu einer Matreße die Schöne Sibillam hierzugegen, das soll ewiglich beschloßen sein, vnd pleiben, vndt mit seinem blutt vnderschrieben sein* (Dillenburg 1631: 21v). Durch die Schriftform, die Benennung des Datums und der anwesenden Zeugen erhält der hier formulierte Paktschluss einen sehr offiziellen, rechtsgültigen Charakter. An die Stelle des mündlichen Schwurs tritt die Blutunterschrift.

wobei zum einen ihr juristischer Wert und zum anderen ihre aussageverkürzende Funktion hervorgehoben wurde (vgl. Abschnitt 5.2.1.1.). Diese sind jedoch nicht allein in den norddeutschen, sondern auch in einer Vielzahl mittel- und oberdeutscher Texte zu beobachten. Die westfälischen Protokolle stellen aber insofern einen besonderen Fall dar, als sie sich durch ein auffällig hohes Maß an Vereinheitlichung und Standardisierung auszeichnen. In insgesamt 13 von 15 Fällen erfolgt die Paktbestätigung durch einen elliptischen Relativsatz des Typs *welches sie/er getan*:

- welches sie auch also gethaen (Alme 1630/2: 8r)
- welches er gethan (Alme 1630/4: 12r)
- welches er gethan (Alme 1630/5: 16v)
- welches alles sie gethan (Arnsberg 1629/1: 349)
- welches alles sie gethan hette (Arnsberg 1629/2: 352)
- welches sie dan alßpalt gethan (Lemgo 1632: 49r)
- welches sie gethan; welches sie auch gethaen (Osnabrück 1636: 99r, 100v)
- Wilchs er Auch gethaen (Werl 1630/1: 4)
- wilchs sie auch gethaen (Werl 1630/2: 9)
- wilchs sie auch gethaen (Werl 1630/3: 15)
- wilchs sie auch gethaen (Werl 1630/4: 22)
- wilchs sie auch gethaen (Werl 1630/5: 36r)

Auch in den Protokollen anderer Gegenden ist die Bestätigung des Paktschlusses durch einen mit dem Relativpronomen *welches* eingeleiteten Nebensatz häufig, jedoch nicht derart regelhaft anzutreffen. Von insgesamt 62 Paktbestätigungen weisen immerhin 31, also genau die Hälfte die Form eines derartigen Relativsatzes auf. Daneben finden sich u. a. Varianten mit den Relativpronomen *das* und *so*, mit relativisch verwendeten Demonstrativpronomen (*dieses, dasselbe*) und diversen Pronominaladverbien (*darin, worauf, darauf*):

- daß sie gleich gethon (Rosenfeld 1603: 2)
- deme sie in allem folg geleistett (Lemberg 1630: 9r)
- So sie auch gethan (Flamersheim 1629, 1: 137)
- so sie ime verwilliget (Gengenbach 1573, 4: 391)
- Dasselbig sie ihme Geist eingewilligt (Bräunlingen 1632: 10)
- diß sie gethan (Eichstätt 1637: 103)
- darin er dan gewilliget (Hallenberg 1628: 155)
- worauf sie gleich alß balden eingewilliget (Rottweil 1629: 442)
- darauf hette Sie solches gethan (Wittgenstein 1629: 2r)

Auch hinsichtlich der Verbwahl gestalten sich die nordwestdeutschen Protokolle deutlich einheitlicher als die anderer Gegenden: Das standardisiert verwendete Partizip *getan*, das hier fast ausschließlich auftritt und mit insgesamt 34 Nachweisen mit Abstand die allgemein häufigste Form darstellt, wird in den Protokollen anderer Gegenden insbesondere neben Partizipialformen von Verben des Einwilligens wie z. B. *eingewilligt* (4x), *gewilligt* (3x), *bewilligt* (2x), *verwilligt* (1x), *versprochen* (2x), *zugesagt* (3x), *verjahet* (1x), *bejachtzet* (1x) etc. verwendet.

5.3. Der materielle Paktschluss

Nach dem erfolgten Paktversprechen folgt in der Mehrzahl der Protokolle eine Besiegelung des Paktes durch eine Geldgabe von Seiten des Teufels. Bei dieser Geldgabe handelt es sich weniger um ein wirkliches Geschenk des Teufels als vielmehr um die sogenannte Arrha, d. h. das Angeld oder Draufgeld, das im Rahmen mittelalterlicher und frühneuzeitlicher Rechtsgeschäfte üblicherweise beim Abschluss eines Vertrages gezahlt wurde. Die Arrha bestand in der Regel aus einem kleinen, oft nur symbolischen Geldbetrag, der von nur einem der beiden Vertragspartner an den anderen gezahlt wurde. Durch die Hingabe und Annahme des Geldes wurde der zuvor vereinbarte Vertrag geschlossen und ein formal bindendes gegenseitiges Verpflichtungsverhältnis begründet. Die Arrha kam in verschiedenen Bereichen des Geschäftslebens wie z. B. bei Kauf- oder Gesindeverträgen als Bestärkungsmittel zur Verwendung, darüber hinaus jedoch auch im privaten Bereich z. B. bei der Verlobung und Hochzeit. Ihre ursprünglich schuldbegründende Funktion wurde im Laufe der Jahrhunderte immer mehr abgeschwächt. Außerhalb des Gesinderechts dominierte seit dem Spätmittelalter in erster Linie ihr „symbolhafter Charakter" und ihre Festigungs- bzw. „Beweissicherungsfunktion" (vgl. Ogris 1971: 230ff.).

Auch in den in den Protokollen geschilderten Verträgen zwischen Teufel und Hexe dominiert klar der symbolische Charakter der Geldgabe. Fast immer sind es kleine Beträge, die den Besitzer wechseln, wie z. B. *ein thaler* (Friedberg 1620: 4), *ein stuck silbers* (Werl 1630/5: 36r), *ein goltgulden* (Hallenberg 1628: 155), *4 oder 5 Kreutzer* (Braunau 1617: 289), *4 groschen* (Lemgo 1632: 49r) oder – unspezifisch – *etwas gelts* (Baden 1640/1: 8r), *etwas an Muntz* (Celle 1570: 88r). Nur selten ist von *viel Geldt* (St. Maximin 1587: 308) oder *ettlich gellt* (Rosenfeld 1603: 2) die Rede, von einer *schossell voller golts* (Hamm 1592: 49v) oder gar von *2 gelttruhen* (Höchst 1631: 167r). Dass es sich bei diesen ersten geleisteten Zahlungen um eine Form der Arrha handelt, wird jedoch nicht nur durch die häufig zu beobachtende Geringfügigkeit des Geldbetrages deutlich, sondern auch durch den in einigen Protokollen auftretenden expliziten Verweis auf ein Angeld mit Hilfe einer der zahlreichen für das Frühneuhochdeutsche nachzuweisenden Bezeichnungen. Trotz ihres in den Protokollen vergleichsweise seltenen Auftretens konnten insgesamt sechs verschiedene Lexeme mit der

Bedeutung 'Angeld, Draufgeld' nachgewiesen werden, was von dem hohen Variantenreichtum in diesem Bereich zeugt:

- Mietgelde (Bückeburg 1604: 2r)
- Hefftlgeld (Eichstätt 1630: 76)
- weinkauf (Münster 1635: 77v)
- drinckgelt (Celle 1570: 88r)
- gottespfennig (Seehausen 1633: 683)
- Arrha (Dillenburg 1631: 21r)

Alle sechs Bezeichnungen referieren auf ein symbolisches Draufgeld, jedoch mit leicht abweichenden Bedeutungsnuancen und Anwendungsbereichen: Das *Mietgeld,* auch Mietgroschen genannt, entstammt dem Bereich des Gesindewesens; es bezeichnet das Geld, das eine Herrschaft einem gerade verpflichteten Dienstboten als erste Anzahlung auf die Hand gibt (vgl. DWB 12: 2179, s.v. Mietgeld). Mit der Wahl dieser Bezeichnung wird somit das Herr-Diener-Verhältnis von Teufel und Hexe betont. Die Bezeichnungen *Haftgeld* (hier in der bairischen Form *Hefftlgeld*) und *Arrha* weisen demgegenüber ein breiteres semantisches Spektrum auf; sie bezeichnen allgemeiner das bei jeglicher Art von Vertragsschluss gezahlte Angeld, sei es im Rahmen eines Dienstvertrages, eines Kaufvertrages oder auch bei privatrechtlichen Übereinkommen wie dem Eheversprechen. Ähnliches gilt auch für die Bezeichnungen *Weinkauf, Trinkgeld* und *Gottespfennig,* deren Namen sich aus dem ursprünglichen Verwendungszweck des Geldes herleiten: Während *Weinkauf* und *Trinkgeld* dazu gedacht waren, mit den Zeugen des Rechtsgeschäftes nach dessen Abschluss vertrunken zu werden,[53] sollte der *Gottespfennig* zu frommen Zwecken gespendet werden (vgl. Sellert 1971: 1767).

Der geschäftliche Charakter des Paktschlusses wird in einigen Fällen zudem dadurch betont, dass das Geld dem Vertragspartner ‚auf die Hand' bzw. ‚in die Hand' gegeben wird, woher auch die Bezeichnung ‚Handgeld'[54] rührt (vgl. DWB 10: 324, s.v. Hand):

- Daruff Ihr auff die Handt silber gelt [INT] ⌈geben⌉ (Rhens 1629: 97)
- und damalß ihr mehr nicht, alß einen Reichsthaler an groschen (dafür Sie garn gekaufft) auf die hand gegeben (Mühlhausen 1659: 111)
- he hedde ehr ock ein stuecke goldes up de Hend gegeuen (Depenau 1613:64)

53 Wie Schumacher (1999) gezeigt hat, handelte es sich beim *Weinkauf* zunächst wohl tatsächlich um das entsprechende alkoholische Getränk, das nach Vertragsschluss von beiden Parteien gemeinsam getrunken wurde. In Anlehnung an den Rechtsbrauch der Arrha wurde die Bezeichnung dann auch im Sinne eines ‚trockenen Weinkaufs', d. h. eines Trinkgeldes verwendet (vgl. 416 f.)

54 Diese Form konnte im vorliegenden Korpus nicht nachgewiesen werden.

- Nach verrichter sachen hette derselb ihro zu steur ihre ellendtz etwaß in die handt gegeben, welches behaftin vermeint geldt zu sein (Neuerburg 1614: 155)
- habe ehr ihr das erstemahll 4 gr. ihn die handt gevenn (Wernigerode 1583/3: 11r)

Erneut wird hier der große Stellenwert der Hand im Vertragsbereich deutlich, wie er sich auch schon bei den Formen des rituellen Paktschlusses gezeigt hat.

Nicht in den geschäftlichen, sondern in den privaten bzw. kirchlichen Bereich verweisen die Bezeichnungen *dotengellt* (Bamberg 1628: 3r), *toden gelt* (Mergentheim 1629: 9), *gothgeld* (Wallhausen 1628: 200) sowie der *treue schatz* (Wallhausen 1628: 199). Während das Doten- bzw. Gotengeld Teil der Tauffeier ist und das Geschenk, das der Täufling bei der Taufe von seinen Paten erhält, bezeichnet, handelt es sich beim Treuschatz bzw. Trauschatz um die Arrha, die die Braut zur Festigung des Eheversprechens vom Bräutigam erhält. Auf dieses Brautgeschenk wird wohl auch verwiesen, wenn die Hexe als Teufelsbraut das Geld *auf die treu* (Hallenberg 1628: 155) bzw. *vf die trew* (Osnabrück 1636: 100v) bekommt.

Der Vertrag bzw. das Abkommen zwischen Teufel und Hexe wird somit in den Protokollen auf durchaus unterschiedliche und dennoch ähnliche Weise aufgefasst. Ob Dienstvertrag, Kaufvertrag, Ehegelöbnis oder Taufversprechen: In jedem Fall wird eine Arrha gezahlt, die das Abkommen symbolisch bekräftigen soll. Auffällig ist, dass dieses (fiktive) Mittel der Beweissicherung zum Verhörzeitpunkt nach Angabe der Angeklagten in der Regel nicht mehr existiert und somit nicht vor Gericht vorzeigbar ist. In nur sehr wenigen Fällen wird dabei angegeben, dass das Geld ausgegeben wurde (*darumb sie holtz vnnd Meel kaufft*, Laaber 1608: 37v). Häufiger berichten die Angeklagten, dass es verloren wurde (*wußtte nicht wo sie den gelaß[en]*, Bückeburg 1604: 2r) oder aus unerklärlichen Gründen verschwunden ist (*so aber deß andern morgens über alle berge gewesen*, Bremen 1603/1: 42). In den absolut meisten Fällen jedoch wird von den Angeklagten berichtet, dass sich das Geld bei näherer Betrachtung als etwas vollkommen Wertloses, als Staub oder Dreck, als Scherben oder gar als Fäkalie erwiesen hat:

(5.74) Letzlich ihr viel Geldt geben in ihren Schooß, und als der Teufel hinwegk, und sie nach dem Geld gesehen, sey es kein Geldt, sonder (s.v.) Pferdskodt gewesen (St. Maximin 1587: 308)

Die Vorstellung von der Verwandlung der Arrha ist in den westdeutschen Protokollen sehr stark verbreitet und tritt hier fast regelhaft auf, wohingegen sie in den östlichen (ond., omd., oobd.) Protokollen überhaupt nicht anzutreffen ist. Hier wird – wenn überhaupt vom weiteren Verbleib des Geldes berichtet wird – allenfalls sein Verschwinden konstatiert.

Die Verwandlungsschilderungen weisen in formaler Hinsicht große Ähnlichkeit auf. In der Regel folgen sie unmittelbar auf die Schilderung der Geldübergabe, wobei in vielen Fällen ein klarer zeitlicher Bezug durch die Verwendung temporaler Adverbialen (*folgends, darnach, hernach(er), alsbald, des andern tags* etc.) hergestellt wird. Häufig wird zudem, wie in obigem Beispiel (5.74), ein temporaler Adverbialsatz, meist eingeleitet durch die Konjunktionen *als* und (seltener) *wie, da*, zur zeitlichen Situierung vorangestellt:

- als sie es empfangen, seindt es nur hafenscherben gewest (Gengenbach 1573/6: 393)
- als Sie es hernacher wied[er] besehen, wehre es Pferdtsdreck gewesen, (Wittgenstein 1629: 2r)
- Do ehr aber wider von ihr kohmen, sei daraus eitel pferdedreck wordenn (Wernigerode 1583/1: 3)
- vnnd wie sy das wider wellen vsgeben. Seye das nichts dann staub. vnnd ein Lutteren betrug gewesen. (Rapperswil 1595: 2v)

Eine geraffte Darstellungsweise findet sich in den Fällen, in denen die Verwandlungsschilderung in Form eines Relativsatzes direkt an die Schilderung der Schenkung angehängt wird. Als einleitende Pronomina dienen *so* und *welcher/welches*:

<u>so</u>

- so ein PferdeDrek geworden (Werl 1630/1: 4)
- so zu pferdtreck worden (Oberkirchen 1630/1: 12v)
- so zu Pferdts koth worden (Lemberg 1630: 9v)
- so doch darnach dreckh gewesen (Essen 1589: 122)
- so doch hernach dreck gewesen (Blankenheim 1629: 4r)
- so nicht gedochtt, vnd in Pferdsdreck folgentz verwandelt (Arnsberg 1629: 349)
- so aber nur Ross koth war (Baden-Baden 1628: 70r)
- so aber bei deßen erofnung nur koth vnnd vnrath gewesen (Stein am Rhein 1667: 1)
- so aber deß Andtern tags. s. v. nur Rosskoth gewesen (Bamberg 1630/3: 207)

<u>welcher/s</u>

- welchs aber zu Pferdtsmist worden (Gerolstein 1601: 39)
- welches aber als zu Pferdtstreck word[en] (Wittgenstein 1629: 2v)
- welcher kuhdreck worden (Alme 1630/3: 10r)
- welches hernacher pferdts Koth gewest (Mandern 1625: 124)
- Welches aber nur Roßkoth geweße (Baden 1640/2: 1)
- welches doch hernach nur Hafenscherben gewesen (Rottweil 1631:437)

- welcher hernacher nur ein Scherben gewesen (Bamberg 1628: 3r)
- welches aber als Sy es hernach besichtiget nur papier gewesen (Bregenz 1628/1: 288v)

Betrachtet man die Liste der Beispiele, fallen insbesondere zwei Punkte ins Auge: Zum einen dominieren bei der Verbwahl deutlich zwei Verben, nämlich die Kopulaverben *sein* und *werden*, die scheinbar analog verwendet werden. Zum anderen dominieren bei den Prädikativa neben gänzlich anderen Formen (*Scherben, papier* etc.) in auffälliger Weise Varianten des Kompositums *Pferdemist* (*PferdeDrek, Rosskoth* etc.). Beide variablenartigen Strukturen lohnen eine kurze nähere Betrachtung.

5.3.1. Verwandlung vs. Sinnestäuschung: Zum Verhältnis von sein und werden

Die beiden dominierenden Verben *sein* und *werden* treten etwa zu gleichen Teilen in den Schilderungen der Verwandlung der Arrha auf. Sie werden – wie die Auflistung in Kapitel 5.3. zeigt – in sehr analoger Weise, quasi als Variablen, innerhalb des Musters verwendet (*welchs aber zu Pferdtsmist worden* vs. *Welches aber nur Roßkoth geweße*), weisen jedoch aufgrund ihres jeweiligen semantischen Werts dem eigentlichen Prozess der Verwandlung einen grundsätzlich verschiedenen Charakter zu.

Das Vorgangsverb *werden*, das eine Form von Entwicklung und Veränderung impliziert, kennzeichnet die Verwandlung der Arrha als einen real stattfindenden Prozess, an dessen Beginn ein Geldstück steht, dessen Materie dahingehend verändert wird, dass am Ende ein gänzlich anderer Gegenstand erscheint:

(5.75) Im anfang hette ir der boll 2 kopfstuck geben, so zu pferdtreck worden (Oberkirchen 1630/1: 12v)

Das Zustandsverb *sein* hingegen verweist auf einen quasi unveränderten Zustand: Bei der Arrha hat es sich von Beginn an nicht um Geld gehandelt, sondern um einen anderen, gänzlich wertlosen Gegenstand, der lediglich den Anschein eines Geldstückes erweckt. Es handelt sich somit um ein Trugbild, das bei späterer Betrachtung als solches entlarvt wird:

(5.76) darůber er Iro dan etlichs Gelt zugestelt, als sie aber selbigs besichtigen wollen, seyen es nuhr hafenscherben geweßen (Rottweil 1615: 432)

Hinter der Wahl der Verben *sein* und *werden* stehen somit zwei unterschiedliche Vorstellungskonzepte, im einen Fall das Konzept der Verwandlung, im anderen das der Täuschung. Wie Karte 5.9 zeigt, lassen sich bezüglich der Verbreitung dieser Konzepte regionale Unterschiede feststellen: Während sich die Verwandlung, ausgedrückt mit Hilfe des Verbs *werden*, vornehmlich in nord- und mitteldeutschen Protokollen findet, ist die Sinnestäuschung, verbalisiert durch *sein*, im gesamten (westdeutschen) Untersuchungsgebiet anzutreffen, schwerpunktmäßig jedoch im Südwesten, wo sie – bis auf eine Ausnahme[55] – als alleinige Variante vorherrscht.

Als Kern- und Entstehungsgebiet der Hexenverfolgung im deutschsprachigen Raum und als Zentrum der gelehrten Hexereidebatte ist zu erwarten, dass der Südwesten in Bezug auf den Hexenglauben stärker an den kirchlich-theologischen Vorgaben, wie sie sich u. a. in der Traktatliteratur darstellen, orientiert ist. Diese Erwartung wurde bereits bei der Untersuchung des rituellen Paktschlusses bestätigt, und sie bestätigt sich auch im vorliegenden Fall: Nach der kirchlichen Lehre ist die Fähigkeit, Wunder zu bewirken und somit auch die Fähigkeit, eine Verwandlung der Materie hervorzurufen, allein Gott vorbehalten. Wie Binsfeld (1590/2004) feststellt, ist es „in deß Teuffels Gewalt / nicht Wunderthat zu wircken" (45r/108). Um eine augenscheinliche körperliche Verwandlung herbeizuführen, muss der Teufel sich daher eines anderen Mittels bedienen, und zwar dem der „verblendung vn[d] gaucklerey", mit dessen Hilfe er „den eusserlichen sinnen spotten" kann:

> dann so der Sathan erscheinen kan / in einem angenommen Leib / warumb kan er dann nit anderer ding Gestalt erdichten / vnnd Menschlicher Sin[n]ligkeit vorhalten? (46r)

Ein wirklicher Eingriff in die Materie, eine tatsächliche Verwandlung von Geldstücken in Pferdemist, Scherben o. ä. durch den Teufel ist von gelehrter Seite undenkbar. Betont wird daher der Scheincharakter der Verwandlung, die Irreführung und Verblendung der Menschen durch den Teufel:

> Es haben nämlich die Dämonen von Natur aus, wie sich gezeigt hat, eine gewisse Macht über niedere Dinge, die sie ausüben können, wenn Gott es zuläßt, so daß dann auch die Gegenstände anders erscheinen als sie sind. (Hexenhammer 1487/2001: 270)

> Oder so sie [die Hexen] etwas finden, daß ist nur im schein golt oder gelt, wird alsbald zu kolen äschen scherben oder dergleichen, wie es in der warheit ist" (Lercheimer 1597/1888: 9)

> [...] und wen er [der Teufel] innen [den Hexen] schon öttwz under wylen gibt, so ist doch nüt und verschwynt innen under den händen (Bullinger 1570: 362r)

55 Die Ausnahme stellt das Protokoll Bräunlingen 1632/1 dar: *Also der böse Geist ihren Geld geben, daraus aber alsbalden Hafenscherben worden* (9).

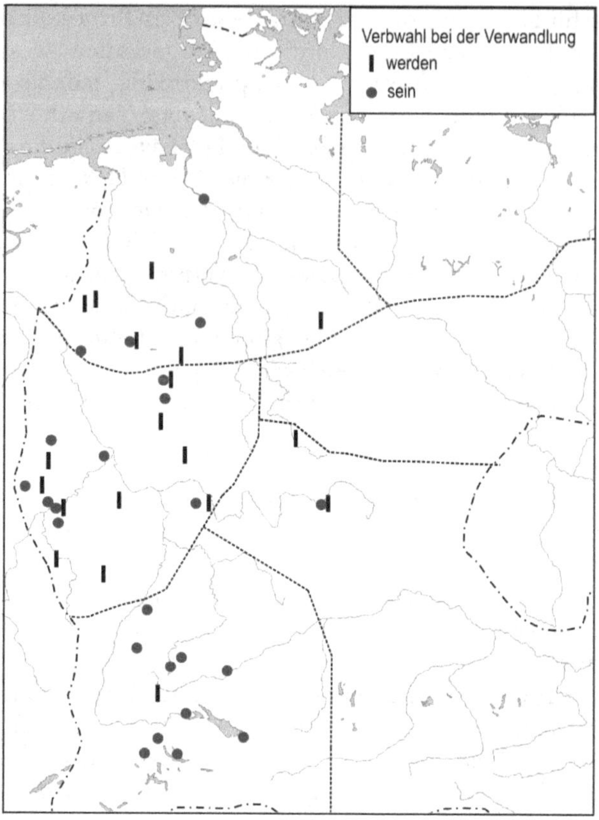

Karte 5.9: Verbwahl bei der Verwandlung

Der Scheincharakter der Arrha wird in den südwestdeutschen Protokollen nicht nur implizit durch die nahezu durchgängige Wahl des Verbs *sein*, oft noch verstärkt mit Hilfe des Adverbs *nur* (*so aber auch nur Ross koth geweß[en]*, Baden-Baden 1628: 70v) betont, sondern es sind auch verstärkt die südwestdeutschen Protokolle, in denen die Sinnestäuschung der Angeklagten durch einen expliziten Vermerk hervorgehoben wird. Besonders häufig sind – wie die nachfolgende Auflistung zeigt – Konstruktionen mit dem Verb *vermeinen/meinen*, die teils als Parenthese, teils mit relativischem Anschluss auf den Gegensatz von subjektiver Wahrnehmung und objektiver Realität, von Schein und Sein hinweisen:

- hab Er Iren (alls Si nit Anderst gmeynt) gellt geben. Vnnd wie Si das geschowet sige Es nützit Annders gsin dann (mit Züchten Zmellden) Rosßkadt (Bremgarten 1584: 2v)

- vnd [INT] ⌈habe⌉ Ir |zugest+ wie Sy vermaint, gellt geben (welches aber als Sy es hernach besichtiget nur papier gewesen) (Bregenz 1628/1: 288v)
- Er d[er] böse Gaist habe Ihren auch darauff (wie sie vermaint hat) gelt geben, alß ob es halbe halbe batz[en] weren. Alß Sie aber d[a]s gelt [...] auffheben wöllen, seye es nit gelt sond[er]n Ross Koth gewesen. (Baden-Baden 1627: 27v)
- dargegen Er Ihren (wie Sie bedaucht) viel goldt geben, so aber auch nur Ross koth geweß[en] (Baden 1628: 70v)
- hette derselb ihro zu steur ihre ellendtz etwaß in die handt gegeben, welches behaftin vermeint geldt zu sein; wie es aber in die handt bekommen wehre anders nicht dan lauff geweßen (Neuerburg 1614: 155)
- Bekennet, dat de Duvell ehr gelldt up echteschup gegeven, alls se gemeindt, datt idt gelldt, hadde se darna befunden, datt idt Perdedreck gewesen (Bremen 1603/2: 43)

Der Aspekt der optischen Täuschung wird zudem in den Fällen hervorgehoben, in denen ein Relativsatz mit dem Verb *sehen* die Arrha näher bestimmt:

- da habe er Ir ain stuckh weiß gelt geben, so einem Taler gleich gesehen, sey hernacher doch nichts gewesen (Riedlingen 1596: 626r)
- Damahlen habe er ihro in einem Papier etwas geben welches sie für gelt angesehen, es seie aber darnach Lautter Laub gewesen (Baden 1642: 1)

Auf eine Täuschung durch falsche Angaben von Seiten des Teufels verweisen die Fälle, in denen die Arrha in einem verschlossenen Beutel weitergereicht wird, so dass der Inhalt zunächst nicht sichtbar ist und allein den Worten des Teufels Glauben geschenkt werden muss:

- Habe Ihro der leidige Satan morndrigen tags hierauf ein Seckel[in] gegeben, darin[n]en seinem versprechen nach gelt sein sollen, so aber bei deßen erofnung nur koth vnnd vnrath gewesen (Stein am Rhein 1667: 1)
- habe er ihren auch Zwey oder dreimahl ein Priefflein geben In welchem etwas gelts Sein Sollen, Seie aber nur Ross-Koth geweßen (Baden 1640/1: 8r)

Während die südwestdeutschen und einige der westdeutschen Protokolle somit sehr eng den Vorstellungen der kirchlichen Lehre verhaftet sind, indem eine tatsächliche materielle Verwandlung des Geldes ausgeschlossen wird, weisen die mittel- und norddeutschen Protokolle einen deutlich größeren Einfluss volkstümlichen Zauberglaubens auf. Dass sie deswegen jedoch nicht weniger vereinheitlicht und standardisiert erscheinen, liegt wohl an der weit verbreiteten und von den Angeklagten akzeptierten und somit auch weitergegebenen Vorstellung von der Verwandlung des Geldes in Pferdemist.

5.3.2. Pferdedreck vs. Rosskot: Zur regionalen Lexik bei der Geldverwandlung

Der Glaube an die Verwandlung der Arrha in Pferdemist bzw. umgekehrt an das Vortäuschen von Geld mit Hilfe von Pferdemist ist, wie Karte 5.10, S. 161, zeigt, weit verbreitet, wenn auch die Bezeichnungen variieren. Abweichende Vorstellungen existieren nur wenige, sie stellen in der Regel lokale Sonderformen dar und sind nur durch Einzelnachweise belegt. So wird z. B. in Einzelfällen von der Verwandlung der Arrha in *kuhdreck* (Alme 1630/3: 10r), *schieferstein* (Wallhausen 1628: 200), *Staub* (Rapperswil 1595: 2v), *Kohle* (Meiningen 1659: 114, Friedberg 1620: 4), *Laub* (Baden 1642: 1, Neuerburg 1614: 155) und *papier* (Bregenz 1628/1: 288v) berichtet. Lediglich eine Variante ist häufiger belegt und weist einen klaren regionalen Bezug auf, und zwar die Vorstellung von der Vortäuschung des Geldgeschenks mit Hilfe von *Hafenscherben*, d. h. Topfscherben. Mit den Belegorten Bamberg, Bräunlingen, Gengenbach, Hechingen, Rosenfeld und Rottweil ist diese Vorstellung primär auf ein eng umgrenztes Gebiet im südwestdeutschen (schwäbischen) Raum beschränkt (vgl. Karte 5.10). Diesem Gebiet wird auch in sprachlicher Hinsicht Rechnung getragen, indem stets das ausschließlich im Oberdeutschen gebräuchliche Lexem *Hafen* (ahd. hafan, havan, mhd. hafen, haven) im Sinne von 'Topf, Gefäß' als Erstglied des Kompositums gewählt wird. Es finden sich weder hoch- oder regionalsprachliche Synonyme noch gänzlich andere Determinantien, so dass von einem stark standardisierten Gebrauch des Kompositums gesprochen werden kann. Die einheitliche Form und der einheitliche Gebrauch lassen darauf schließen, dass mit der Wahl des Gegensatzpaares *Geld – Hafenscherben* auf einen im oberdeutschen Raum traditionell verankerten sprachlichen Vergleich zum Ausdruck des Gegensatzes von Wertvollem und Wertlosem zurückgegriffen wurde, der auch außerhalb des Teufelspaktkontextes seine Anwendung fand. So tritt er unter anderem im französischen Simplizissimus (1683) auf („als ob das geld nur eitele hafenscherben wären"; vgl. DWB 10: 126, s.v. Hafenscherben) und hat sich in einem fränkischen Sprichwort erhalten: „Wenn *Hofaschärm* Batz'n wär'n! (Ergänze: dann hätt ich Geld genug!)" (vgl. Ruckert 1902: 81).[56]

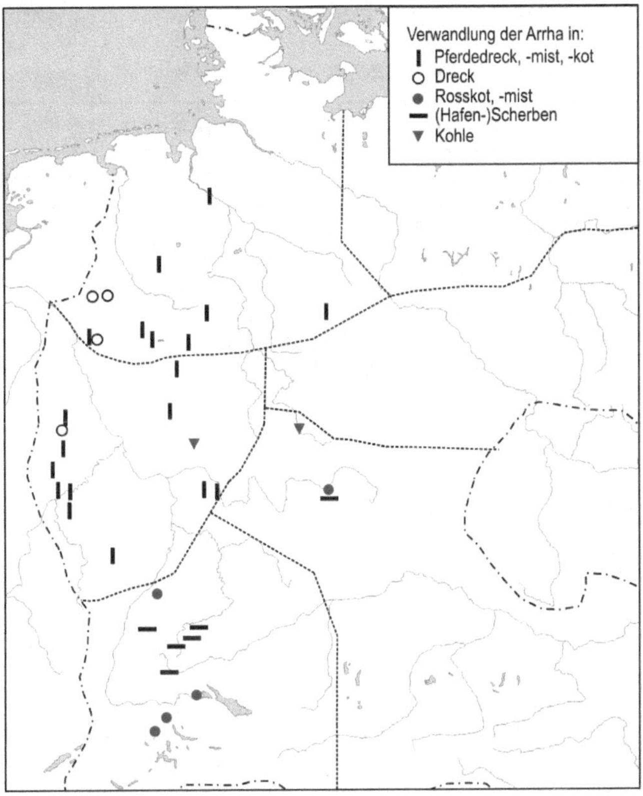

Karte 5.10: Regionale Varianten der Verwandlung

Quantitativ und auch räumlich weitaus stärker vertreten, jedoch in sprachlicher Hinsicht weniger vereinheitlicht ist die Variable *Pferdemist*. Wie Karte 5.10 zeigt, ist der Glaube an die Verwandlung der Arrha in Pferdemist im gesamten westdeutschen Raum (mit Ausnahme des Gebietes, in dem die Variante *Hafenscherben* dominiert) verbreitet. Sprachlich weist die Variable eine recht große Vielgestaltigkeit auf. Es existieren zahlreiche regional variierende Komposita, die sowohl in Bezug auf ihr Erstglied als auch in Bezug auf ihr Zweitglied Unterschiede aufweisen. Im Hinblick auf das

56 Vgl. auch die entsprechenden Belege in Fischers Schwäbischem Wörterbuch, so z. B. die Redewendung „Mit was kaufen/zahlen? Mit Hafenscherben?", die von Menschen in Geldverlegenheit benutzt wird; vgl. Schwäb. Wb. Bd. 3: 1023, s.v. Hafenscherbe.

Determinans müssen zunächst zwei grundlegende Varianten unterschieden werden, diejenige mit dem Erstglied *Pferd* und diejenige mit dem Erstglied *Ross*:

- welches aber als zu Pferdtstreck word[en] (Wittgenstein 1629: 2v)
- Welches aber nur Roßkoth geweße (Baden 1640/2: 1)

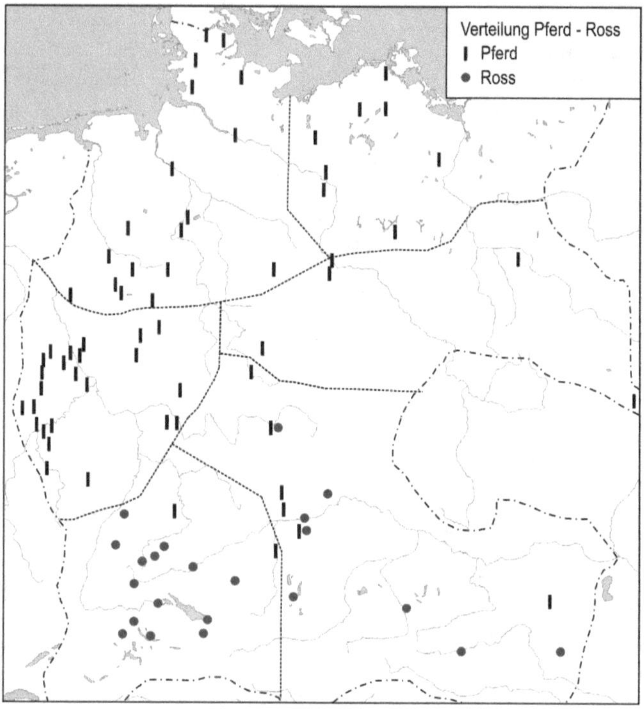

Karte 5.11: Verteilung *Pferd* – *Ross*

Während die Komposita mit *Pferd* den gesamten nord- und mitteldeutschen Raum bestimmen, sind die Komposita mit *Ross* nur im oberdeutschen Raum anzutreffen. Eine Ausweitung der Suche nach *Pferd(t)*/*Perd(t)* und *Ross*/*Roß* auf das gesamte Untersuchungskorpus zeigt, dass es sich hierbei um ein nicht nur für die Komposita, sondern auch für die beiden Simplexe allgemein zu beobachtendes Phänomen handelt (vgl. Karte 5.11) Hier bestätigen sich nicht nur die für die rezenten Umgangssprachen aufgezeigten Ergebnisse aus Eichhoffs Wortatlas (vgl. Karte 5.12),[57] es werden zugleich ihre Wurzeln in den Sprachverhältnissen des Frühneuhochdeutschen erkennbar: Während der schwäbische, alemannische und bai-

57 Vgl. Eichhoff: Bd. 2 (1978), Karte 99.

risch-österreichische Raum im 16./17. Jahrhundert eine klare Präferenz des Wortes *Ross* zeigen, wird das nord- und mitteldeutsche Sprachgebiet nahezu ausschließlich durch die Form *Pferd* (nd. *Perd*) bestimmt, so dass fast von einer komplementären Verteilung gesprochen werden kann.

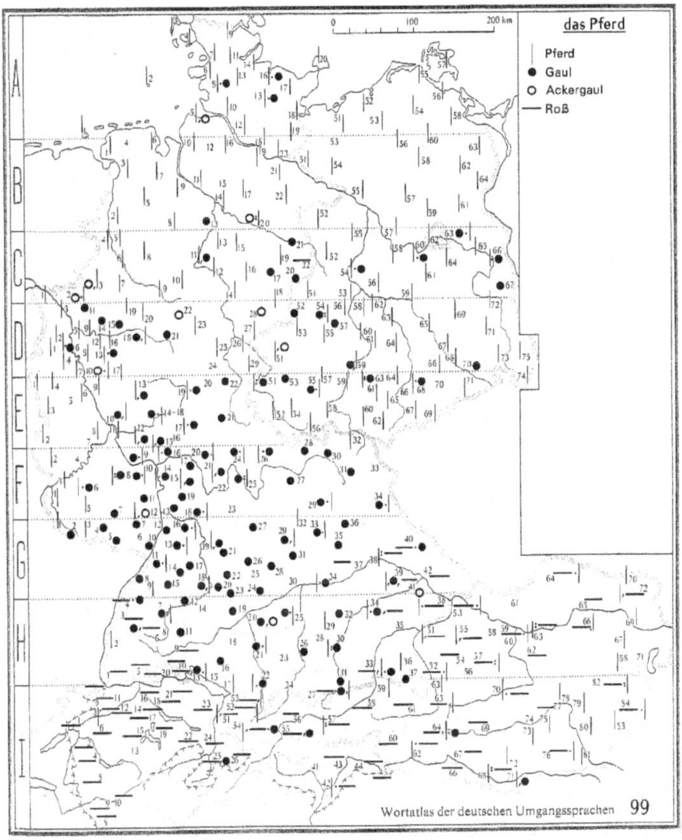

Karte 5.12: Verteilung *Pferd* – *Gaul* – *Ross* bei Eichhoff (1978)

Das Korpus wurde neben *Pferd* und *Ross* auch auf die dritte in Eichhoffs Wortatlas verzeichnete Variante *Gaul* hin überprüft. Diese konnte nur in drei Orten (Alme, Oberkirchen und Reichertshofen) nachgewiesen werden und fällt damit weder zahlenmäßig ins Gewicht noch ist sie regional klar lokalisierbar, weshalb sie bei der Darstellung ausgelassen wurde. Als vergleichsweise späte (14. Jahrhundert) und noch dazu häufig negativ konnotierte Form (spmhd. *gûl* 'schlechtes Pferd'; vgl. Kluge 2002: 334, s.v. Gaul) hatte *Gaul* zum Untersuchungszeitpunkt offenbar noch keine große

Verbreitung gefunden. *Pferd* und *Ross* hingegen können als regionalsprachliche Synonyme mit hohem Verbreitungsgrad gelten.

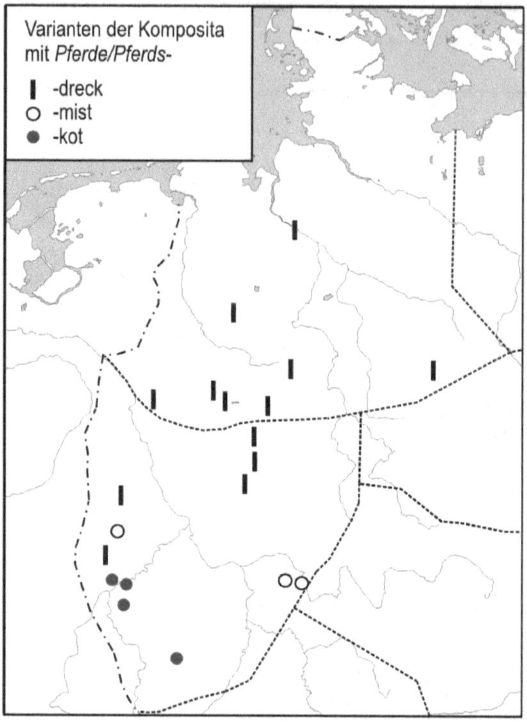

Karte 5.13: Varianten der Variable Pferdedreck

Im Hinblick auf die gebildeten Komposita kann festgehalten werden, dass die Komposita mit *Ross* im Gegensatz zu denjenigen mit Pferd nur eine sehr geringe Varianz aufweisen. In aller Regel lautet die zusammengesetzte Form zur Bezeichnung des Pferdemistes einheitlich *Rosskoth*. Lediglich in einem Protokoll, Stein am Rhein 1667, lautet die entsprechende Form *Roßmist*. Für den nord- und mitteldeutschen Raum, in dem das Wort *Pferd* die alleinige Vorherrschaft besitzt, sind im Hinblick auf den zweiten Gliedteil des entsprechenden Kompositums insgesamt drei Varianten belegt: *-dreck*, *-mist* und *-kot*.[58] Alle drei Varianten lassen sich – wie Karte 5.13 zeigt – klar regional verorten: Während die Komposita auf *-dreck* den

58 Als lokale Sonderform tritt im Dillenburg 1631 die Form *pferdts wiebeln* auf. Sie bezieht sich jedoch nicht auf den Pferdemist, sondern bezeichnet 'Mistkäfer, Rosskäfer' (vgl. DWB 14: 1248, s.v. Rosswiebel) und stellt somit auch in Hinblick auf den regionalen Hexenglauben eine Ausnahmeform dar.

norddeutschen und den nördlichen Teil des mitteldeutschen Raumes dominieren,[59] treten nach Süden hin einige wenige Belege für die Form auf -*mist* hinzu. Im südwestlichen Mitteldeutschen schließlich finden sich allein Formen auf *-kot*.

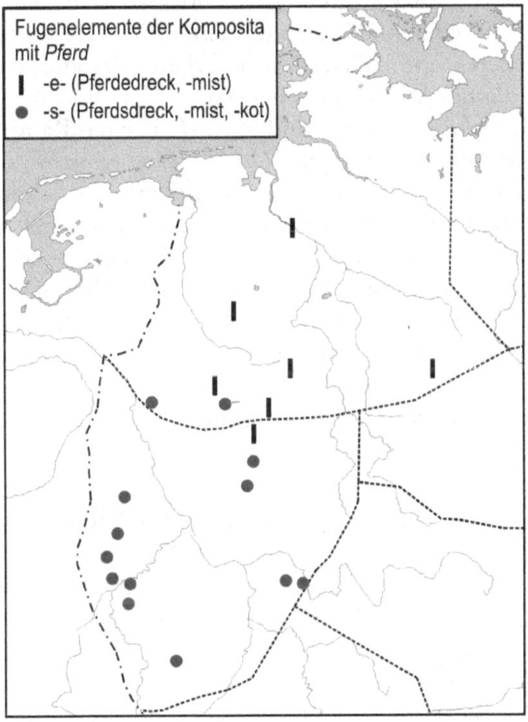

Karte 5.14: Verteilung der Fugenelemente

Neben dem Zweitglied variiert auch die Form des Fugenelements und lässt dabei regionale Bezüge erkennen: Während im norddeutschen Raum die Form mit Fugen-e dominiert (*Pferdedreck*), weist der mitteldeutsche Raum ausschließlich Kompositionen mit Fugen-s auf (*Pferdsdreck, Pferdsmist, Pferdskot*). Bildungen ohne Fugenelement (*pferdtreck*) ließen sich ausschließlich in den Protokollen aus Oberkirchen nachweisen. Insgesamt dominiert im Übrigen bereits klar die Zusammenschreibung vor der Ge-

59 Neben den Nachweisen von *Pferdedreck/Pferdsdreck* finden sich in weiteren vier Protokollen Belege für die einfache Form *Dreck* (vgl. nochmals oben Karte 5.10, S. 161). Da sämtliche Belege im Verbreitungsgebiet der Variable *Pferdedreck* liegen, kann davon ausgegangen werden, dass sie sich als verkürzte Form ebenfalls dieser Variable zuordnen lassen.

trenntschreibung (25:7), so dass von echten Kompositabildungen ausgegangen werden kann.

Der große Verbreitungsraum der Variable *Pferdedreck* bedingt somit – wie gezeigt – eine große Zahl von sprachlichen Varianten, wie sie z. B. bei einer derart lokal begrenzt auftretenden Form wie den *Hafenscherben* nicht festzustellen ist. Es handelt sich also um ein kulturell sehr stark gefestigtes und weit verbreitetes, sprachlich jedoch variables Muster, das je nach Region unterschiedliche Ausprägungen erfährt. Ob die Gegenüberstellung von *Geld* und *Pferdedreck* im nord- und mitteldeutschen Raum eine ähnliche Tradition hat wie das Gegensatzpaar *Geld - Hafenscherben* im oberdeutschen Raum bleibt – nicht zuletzt aufgrund der sprachlichen Variabilität – fraglich. Eine reine Beschränkung auf den Teufelspaktkontext scheint jedoch nicht bestanden zu haben. So äußert sich Luther in seiner kritischen Schrift *Wider das Papsttum* über Papst Paul III. wie folgt: „In des sehen und hö̊ren wir, wie der Bapst so ein meisterlicher Geuckeler ist. Denn gleich wie ein Geuckler den albern leuten ins maul gůlden gauckelt, Aber wenn sie es auf thun so haben sie pferds dreck drinnen, So thut auch dieser schendliche Lecker Paulus Tertius" (Luther 1545/1928: 207).

5.4. Der körperliche Paktschluss

Der körperliche Paktschluss, also die geschlechtliche Vereinigung mit dem Teufel, kann in der Regel – ähnlich dem rituellen Paktschluss – als physischer Vollzug des geistigen Paktes verstanden werden. Beim körperlichen Paktschluss handelt es sich jedoch, anders als beim verbalen, rituellen und materiellen Paktschluss, meist nicht um ein einmaliges Ereignis, sondern um eine sich fortsetzende körperliche Beziehung zwischen Teufel und Hexe, eine ‚Buhlschaft'. Sofern Angaben zur Dauer dieses Verhältnisses und zur Häufigkeit der Vereinigung gemacht werden, sind diese sehr unterschiedlich und reichen von genauen Angaben (*4. mahl, zweymahl, achtmahll*) über ungefähre Schätzungen (*eyn mal od. vier; fast zu 4 5 oder 6 wochen; vmbs monat*) bis hin zu sehr vagen Äußerungen (*etzliche mahl; öfters; zu underschidlichen malen; vnzahlbar villmahln*).

Die Schilderungen des körperlichen Paktes setzen sich in der Regel aus zwei Teilen zusammen: 1. aus der Schilderung des Vollzugs selbst (meist unter Angabe von Zeit und Ort) und 2. aus der Charakterisierung desselben:

(1) Folgendtz am abendt hab der teufel mit Ihr fur der straeß[en] im fenstern gebolirt

(2) so sehr kaltter vnnd harter natur geweßen (Werl 1630/5: 36r)

Während erstere in insgesamt 149 Protokollen nachgewiesen werden konnte, tritt letztere in immerhin 107 dieser Protokolle, also in mehr als zwei Drittel der Buhlschaftsschilderungen hinzu. Die sowohl auf syntaktischer als auch auf lexikalischer Ebene zu beobachtende Analogie der Buhlschaftscharakterisierungen lässt auf eine Musterbildung schließen, die teils starke regionale Bezüge erkennen lässt. Bei den Schilderungen des Vollzuges selbst tritt im Gegensatz zur regionalen Analogie eher die Varianz ins Blickfeld: Insbesondere die Verbwahl zeichnet sich durch eine große Vielgestaltigkeit aus und eröffnet den Blick auf ein umfangreiches Wortfeld.

5.4.1. Die Verbwahl

Im Hinblick auf die Verbwahl zur Schilderung der Buhlschaft weisen die Protokolle eine sehr große Polymorphie auf. Insgesamt ließen sich 52 Verben bzw. Verbalkonstruktionen ermitteln, die sich sämtlich dem frühneuhochdeutschen Wortfeld ‚Vollziehen des Geschlechtsverkehrs' zuordnen lassen. Die folgende Liste soll – unter Angabe der Zahl der Nachweise und in semantischer Bündelung – einen ersten Überblick bieten. Nachgewiesen werden konnten folgende Verben:

- Unzucht treiben (21x)
- Unzucht üben (4x)
- Unzucht vollbringen (3x)
- Unzucht betreiben, haben, verleben, verüben (je 1x)
- in Unzucht einlassen mit (1x)
- zur Unzucht bereden (1x)
- Unkeuschheit treiben (4x)
- Unehe treiben (1x)
- Ungebühr treiben, verüben (je 1x)
- Unlauterkeit treiben (1x)
- sündigen mit (1x)
- seines Willens pflegen (11x)
- seines Willens leben (1x)
- seines Willens tun (1x)
- (jm.) seinen Willen tun (5x)
- seinen Willen tun (mit/an jm.) (5x)
- seinen Willen schaffen mit (10x)
- seinen Willen treiben mit (3x)
- seinen Willen brauchen, haben, verrichten, vollbringen, zumuten (je 1x)
- seinen Mutwillen verbringen, vollbringen (je 1x)

- ein/sein Werk verüben, verrichten, vollbringen (je 1x)
- seine Schändlichkeit verrichten (1x)
- unehrliches Wesen zumuten (1x)
- zu tun haben mit (13x)
- zu schaffen haben mit (11x)
- zuhalten mit (4x)
- Gemeinschaft haben mit (1x)
- miteinander hausen (1x)
- zusammenkommen mit (2x)
- liegen bei (8x)
- schlafen bei (7x)
- Beischlaf zuweisen (1x)
- um Beischlaf bitten (1x)
- Wollust haben/treiben mit (2x)
- sich vermischen mit (16x)
- Vermischung treiben mit (1x)
- sich vermengen mit (1x)
- beschlafen (9x)
- überziehen (1x)
- buhlieren/bohlieren (22x)
- buhlen (9x)
- Buhlerei treiben (1x)
- Buhlschaft pflegen, treiben (je 1x)

Einen großen Anteil nimmt die Gruppe der Verben ein, die den Aspekt der Unsittlichkeit des außerehelichen und zudem unnatürlichen Geschlechtsverkehrs zwischen Teufel und Mensch betonen. Es handelt sich hierbei im Wesentlichen um Gefüge, deren nominaler Bestandteil mehrheitlich durch das Substantiv *Unzucht*, seltener auch durch *Unkeuschheit, Unehe, Ungebühr* und *Unlauterkeit* besetzt wird. Als verbaler Teil dominiert klar das Verb *treiben* (vor Verben wie *(ver)üben, vollbringen, haben* etc.), das allgemein häufig in Verbindungen verwendet wird, die die Ausübung von „unerlaubten fertigkeiten und neigungen" (DWB 22: 59, s.v. treiben) bezeichnen.

(5.77) Bekennet Vnd saget gefanginne, das der Schwarze Hund bey ihr gelegen, und mit ihr Vnzuchtt getrieben (Schwabstedt 1619: 106)

Die Belege dieser Gruppe finden sich über nahezu das gesamte Untersuchungsgebiet verbreitet, es kann keine regionale Präferenz festgestellt werden. Als sittlich wertende Ausdrücke weisen sie dem Verhältnis von Teufel und Hexe einen moralisch wie auch rechtlich bedenklichen Status zu. Stilistisch lassen sie sich – nicht zuletzt durch die nominale Form – der Ebene der Kanzlei- und Rechtssprachlichkeit zuordnen, indem sie eindeutig einen juristisch relevanten Straftatbestand, nämlich den der „unkeusch so wider die natur beschicht" (Carolina 1532/2000: 76), bezeichnen.[60] Ihr euphemistischer Charakter ist entsprechend gering: Auch in wörtlicher Bedeutung weist der 'Mangel an Zucht und Keuschheit' bereits auf den auf das Geschlechtliche verengten Anwendungsbereich von *Unzucht* und *Unkeuschheit* hin.

Einen weitaus stärker verhüllenden Charakter hat dagegen die ebenfalls große Gruppe von Gefügen mit dem nominalen Bestandteil *Wille(n)*. Sie zeichnet sich dadurch aus, das der Geschlechtsakt als gewissermaßen einseitiger Willensakt verstanden wird, wobei in diesem Fall der Wille des Teufels der maßgebliche ist. Das Aufzwingen des eigenen Willens wird dabei ausgedrückt durch die Verben *seinen Willen schaffen/treiben mit, seinen Willen tun mit/an, seinen Willen brauchen/haben/verrichten/vollbringen/zumuten.* Der Unterordnung unter den fremden Willen wird hingegen durch die Konstruktionen *seines Willens pflegen/tun/leben*, selten auch *jm. seinen Willen tun* Ausdruck verliehen. Auch bei dieser Gruppe weist die Form auf einen höheres Sprachregister hin, wobei der euphemistische Charakter der Wendungen einer bildungssprachlichen Tabuisierung Rechnung trägt.

Wie Karte 5.15 zeigt, sind die Gefüge mit nominalem *Willen* über weite Teile des Untersuchungsgebietes verbreitet, wobei Verwendungsschwerpunkte im Westen und Südwesten erkennbar sind. Diese zeichnen sich zugleich durch eine deutliche Bevorzugung spezifischer Wendungen aus: Während im Süden des Sprachgebietes klar die Wendung *seines Willens pflegen* dominiert, ist der Westen insbesondere durch die Formel *seinen Willen schaffen mit* bestimmt. Damit betonen die süddeutschen Protokolle den Aspekt der Gehorsamkeit und Hingabe von Seiten der Hexe, die hier den agentiven Part einnimmt, wohingegen die westdeutschen Protokolle den Teufel selbst ins Zentrum rücken und der Hexe als Patiens die Opferrolle zuweisen.[61]

60 Im entsprechenden Artikel in der Carolina wird die Konstruktion *unkeusch treiben* verwendet: „Item so eyn mensch mit eynem vihe, man mit mann, weib mit weib, vnkeusch treiben, die haben auch das leben verwürckt […]" (Carolina 1532/2000: 76; vgl. auch Abschnitt 3.3.).

61 Im Gegensatz zur Verführung (vgl. Abschnitt 5.1.1.) ist somit bei der Buhlschaft nicht immer der Teufel das Agens. Das Verhältnis der Agensanteile von Hexe und Teufel ist mit 63 zu 67 sogar recht ausgeglichen. Hinzu kommen 19 Protokolle, in denen – teils durch Mehrfachschilderung (*mitt welichem Sie dan[n] teüfelische werck verübt,* [...] *wellicher aber sich Ihro je mehr vnd mehr genahet, vnd leidige werck mitt ihro vollbracht*; Stein am Rhein 1667: 3–4), teils durch pluralisches Agens (*worauff Sie zusamen vffs bett gelegen Ihr vnzucht ein weil geiebet*; Leonberg 1641: 11) – beide Parteien den agierenden Part einnehmen.

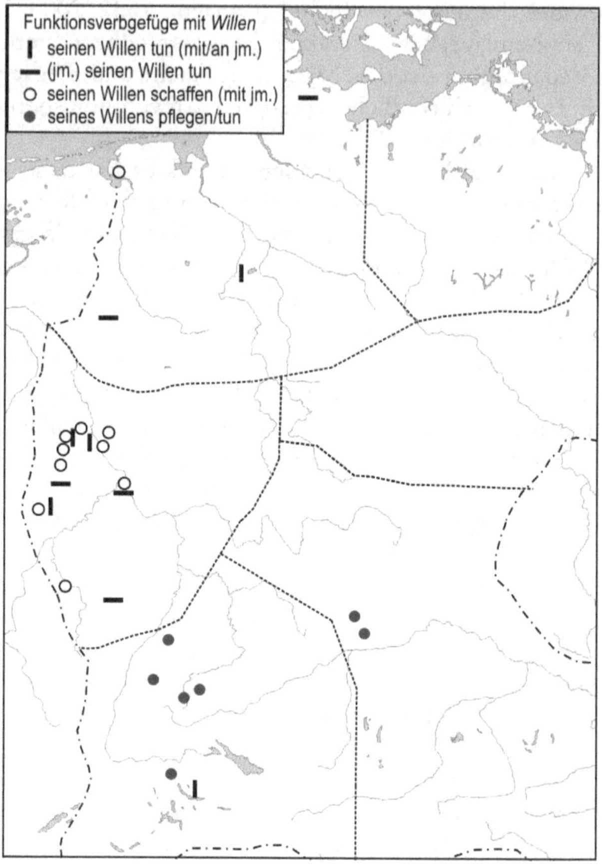

Karte 5.15: Gefüge mit *Willen*

(5.78) Vor Zway Jaren, als Sie zu Laufen in des Hansellshaus, uf dem Lotterbett uebernacht gelegen, seye Ir Buel zu Iro khummen, seines willens mit Ime gepflogen (Rottweil 1631: 438)

(5.79) sagt wehr durch ihren schwager zu Broell in ihrem hauß uff der kamer mit ihr uff dem bet seinen willen geschafft (Erpel 1631: 5)

Ebenfalls in den Bereich der Euphemismen, jedoch auf einer eher allgemein- bzw. volkssprachlichen Ebene, fallen die mit 11 bzw. 10 Nachweisen vertretenen Wendungen *zu tun haben mit* und *zu schaffen haben mit.* Sie drücken in ihrer Grundbedeutung ein sehr allgemeines, nicht näher spezifiziertes Verhältnis aus. Der Bezug zum Geschlechtlichen muss aus der Kenntnis des Kontextes erfolgen. Schon eher in Richtung eines Liebesverhältnisses deutet die Wendung *zuhalten mit.* Sie tritt in nur vier Buhlschaftsschilderungen auf, ist jedoch laut DWB seit dem 15. Jahrhundert zur Bezeichnung eines „vertraulichen verhältnis[ses] zwischen mann und weib auszerhalb der ehe" (DWB 32: 447, s.v. zuhalten) reichlich belegt. Auf ein vertrauliches Verhältnis deuten ferner die Einzelbelege *Gemeinschaft haben mit*, *miteinander hausen* und *zusammenkommen mit* hin, die den Schwerpunkt auf den gemeinschaftlichen Charakter, auf das Beisammensein legen.

Auch die Wendungen *liegen bei* und *schlafen bei* haben zu einem gewissen Grad einen verhüllenden Charakter, wobei sie bereits sehr viel deutlicher auf das geteilte Bett und damit auf das Beilager bzw. den Beischlaf verweisen. Das Wort *Beischlaf* selbst tritt lediglich in zwei Fällen auf (*Beischlaf zuweisen, um Beischlaf bitten*).

Das vergleichsweise häufig verwendete Reflexivum *sich vermischen mit* (bzw. *sich vermengen mit*) betont den Aspekt der körperlichen Vereinigung. Zusätzlich verstärkt wird dieser in mehreren Fällen durch das Adverb *fleischlich*:

(5.80) Mit welchem Ihrem bulen genant Lucifer Sie sich abschewlich vnd vnmenschlicher weiß mehrmals fleischlich vermischet (Memmingen 1665/2: 117v)

Dem Verb *vermischen*, das eine beiderseitige Handlung von Hexe und Teufel impliziert, kann das Verb *beschlafen* gegenübergestellt werden, das den Geschlechtsakt als eher einseitige Handlung präsentiert. Agens dieser Handlung ist stets der Teufel, der zudem in diesen Fällen immer in männlicher Gestalt auftritt:[62]

(5.81) Zum vierten bekennt, ihr beser Geist Hölderlin hab sie zu unterschiedlichen malen beschlafen. (Bräunlingen 1632/1: 9)

Beide Verben, sowohl *vermischen* als auch *beschlafen*, weisen in ihrer Verbreitung regionale Bezüge auf. Wie aus Karte 5.16 ersichtlich wird, findet das Verb *vermischen* nahezu ausschließlich in den Protokollen aus der Mitte und dem Norden des Untersuchungsgebietes, verstärkt in den westdeutschen Texten, Verwendung. Das Verb *beschlafen* hingegen ist allein in oberdeutschen, insbesondere westoberdeutschen Buhlschaftsschilderungen anzutreffen.

62 Im Falle des Verbs *vermischen* wird die Position des Agens variierend durch die Hexe oder den Teufel, den weiblichen oder den männlichen Part eingenommen.

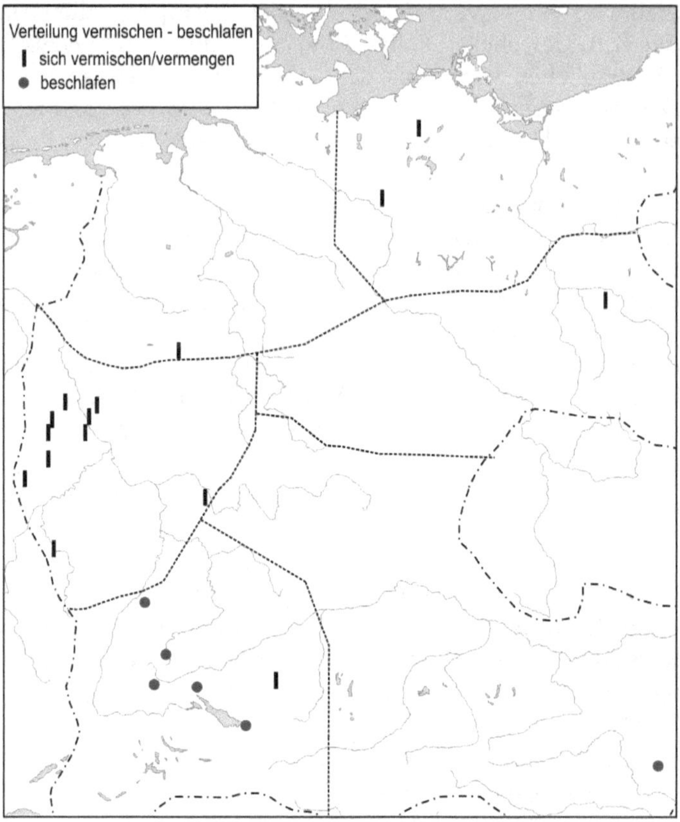

Karte 5.16: Verteilung vermischen – beschlafen

Ebenfalls klare regionale Bezüge weist die letzte hier zu untersuchende Gruppe von Verben auf, die durch die Verben *buhlieren* und *buhlen* sowie ihre niederdeutschen Formen *bohlieren* und *bohlen* gebildet wird.[63] In Analogie zur im gesamten Untersuchungsraum verbreiteten Bezeichnung des teuflischen Liebhabers als *Buhle* (vgl. Abschnitt 6.2.1.) treten sie in hoher Zahl in den Protokollen auf, jedoch beschränkt sich ihr Erscheinen ausschließlich auf die Protokolle des nord- und mitteldeutschen Raumes (vgl. Karte 5.17, S. 173). Innerhalb dieser Gebiete kann weiter differenziert werden: Während im westfälischen und nordniedersächsischen Raum

63 Als Normalformen wurden hier nach heutiger Konvention jeweils die Formen mit Dehnungs-h angesetzt. In den Originalen weisen die Schreibungen eine sehr große Bandbreite von Formen mit Dehnungs-h (variabel positioniert), Dehnungs-e oder ohne Dehnungszeichen auf, so z. B. *gebuhlet, gebhulett, geboelet, buhlirt, bohlirt, boliret, gebolirt* etc.

allein die Form *buhlieren/bohlieren* auftritt, dominiert im westmitteldeutschen sowie im ostdeutschen Raum einfaches *buhlen/bohlen*.

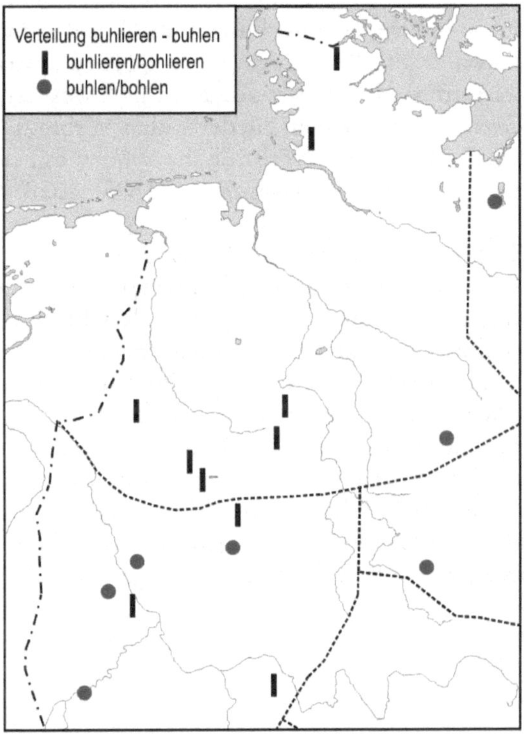

Karte 5.17: Verteilung *buhlieren – buhlen*

Beide Verben werden in den vorliegenden Protokollen quasi synonym verwendet und beziehen sich durchweg auf das Vollziehen des Geschlechtsverkehrs; in anderen Bedeutungen wie z. B. 'werben, freien, hofieren' u. ä. werden sie nicht verwendet:

(5.82) Darnacher bekenndt, er habe sie niddergeworfen, ihre Kleyder ufgehoben und mit ihr gebolet (1636/1: 74)

(5.83) habe irstmalß in Engelbertz Kampfe vor Bomhoffe mit ihr bohlirt, welches ohnnatuerlich Kalth zugangen. (Arnsberg 1629: 352)

Da es sich bei der *Buhlerei* bzw. der *Buhlschaft* stets um ein 'außereheliches Liebesverhältnis' handelt, beinhalten auch die Verben *buhlen* bzw. *buhlieren* den Aspekt des Heimlichen und Verbotenen. Ihre Beschränkung auf den nord- und westmitteldeutschen Raum ist wohl in erster Linie dem Einfluss des Niederdeutschen wie auch des Niederländischen geschuldet. Für das Mittelniederdeutsche sind sowohl die Formen *bolieren/bulieren* als auch *bolen* in der Bedeutung 'Buhlerei/Buhlschaft treiben' belegt (vgl. Schiller/Lübben Bd. 1: 380, s.v. bolen, bolieren; 449, s.v. bulieren). Während die einfache Form *bolen* ihre Entsprechung in mhd. *buolen* hat, einer Form, die jedoch laut DWB noch nicht in rein mhd. Quellen auftritt (vgl. DWB 2: 501, s.v. buhlen), muss die insbesondere im nordwestdeutschen Raum und somit im Grenzgebiet zu den Niederlanden verbreitete Form *bolieren/bulieren* wohl auf das mittelniederländische *boeleren* mit der Bedeutung 'Minnehandel drijven' (Verwijs/Verdam Bd. 1 (1885): 1338) zurückgeführt werden.[64]

Insgesamt lässt sich festhalten, dass es sich bei den Verben zur Bezeichnungen des 'Vollziehens des Geschlechtsverkehrs' um ein sehr breites Wortfeld handelt, das einen überaus großen Reichtum an euphemistischen Bildungen aufweist und teils regionalsprachliche Eigenarten und Präferenzen erkennen lässt. Trotz der Nähe zum Tabu kann das Thema jedoch in keiner Weise als Tabuthema bezeichnet werden:[65] Im Gegenteil wird die Buhlschaft auch außerhalb des Teufelspaktes in zahlreichen Protokollen teils mehrfach thematisiert, so u. a. im Zusammenhang mit anderen Liebschaften, mit Ehebrüchen, Prostitution etc. Auch die nachfolgend in den Blick rückenden Charakterisierungen des körperlichen Paktschlusses zeigen einen vergleichsweise freimütigen Umgang mit der Thematik.

64 Vgl. hierzu auch den entsprechenden Vermerk im DWB, wo die Form mit erweiterter Endung ebenfalls auf das Niederländische zurückgeführt wird: „wie auch nnl boeleren und für hoeren hoereren gesagt wird" (vgl. DWB 2: 507, s.v. buhlieren).

65 In den Bereich des Tabus fallen in den Protokollen in erster Linie Aussagen, die Körperausscheidungen oder aber gewisse Körperteile betreffen. Sie werden in der Regel durch die lateinischen Vermerke *salva venia, salva reverentia* u. ä. vom Schreiber als ungebührlich stigmatisiert: *ob sie dan auch gesehen daß die hexen ihm abscheiden vom danß dem Teuffel, salua venia, vor den hinderen kußen?* (Köln 1629: 3v); *Daher zu hauße gehen, vnnd sich hefftigl[ich] (salva reverentia) vbergeben od[er] brechen müßen* (Hildesheim 1628: 3). Stigmatisierte Schilderungen des körperlichen Paktschlusses finden sich lediglich in zwei Protokollen aus Rosenfeld und Celle: *vnnd gleich zu Ir Innß beth hinein gelegen vnnd Ir Reuerenter, vnehrlich wesen zugemuottet, deß sie Ime willfahrt* (Rosenfeld 1603: 1); *Sie habe mit ihrem Bulen dem Lukefatz etzliche mahll (mit zuchtenn zu schreiben) zu thun gehabt* (Celle 1570: 91r).

5.4.2. Charakterisierung

Bei der Charakterisierung des körperlichen Paktschlusses sind es insbesondere zwei Aspekte, die als typische Merkmale hervorgehoben werden: Zum einen das Merkmal der Kälte, das den Teufel selbst sowie den gesamten Akt beschreibt, und zum anderen das Merkmal der Unnatürlichkeit. Beide hängen unmittelbar zusammen und werden daher oft in direkte Beziehung zueinander gesetzt:

(5.84) Sagt wan er mit Ihr Zuschaffen gehabt, sey es nit natürlich wie sonsten gewesen, sondern kaltt (Rhens 1629: 99)

Das Merkmal der teuflischen Kälte tritt in insgesamt 92 der 107 nachgewiesenen Charakterisierungen auf und kann damit als Standard im gesamten Untersuchungsgebiet gelten (vgl. Karte 5.18, S. 176). Seine weite Verbreitung lässt sich darauf zurückführen, dass es sich um eine Vorstellung handelt, die sowohl vom Volk anerkannt wurde als auch in Einklang mit den Theorien der Scholastiker zur Bildung und Beschaffenheit eines dämonischen Körpers steht:

> Nach Ansicht dieser Scholastiker waren Dämonen ebenso wie die Engel reine Geister ohne Fleisch und Blut. Sie konnten jedoch das Aussehen von Menschen oder Tieren annehmen, indem sie verschiedene Ausdünstungen der Erde mit der Luft vermischten und so eine körperlich nicht gefestigte oder luftige Gestalt besaßen. Dieser Körper, der aus Elementen der Natur bestand, besaß eine physikalische Realität und konnte bestimmte körperliche Funktionen wie den Tanz oder den Geschlechtsverkehr ausüben. [...] Die besonderen Eigenschaften der Dämonenkörper erklären auch, warum nach den Beschreibungen der Teufel und seine zahlreichen *incubi* oder *succubi* während des Geschlechtsaktes als kalt beschrieben werden. (Levack 1999: 42)[66]

66 Vgl. hierzu Kramers detaillierte Ausführungen im Hexenhammer (1487/2001: 396 ff.), in denen er die geschilderte Auffassung vertritt und sie wie folgt auf den Punkt bringt: „Wenn daher gefragt wird, wie der Körper bezüglich der vom Dämon angenommenen Materie sei, so ist zu sagen, daß es eines ist, hinsichtlich des Anfanges der Annahme darüber zu reden, und ein anderes hinsichtlich des Endes, weil es am Anfang Luft ist, am Ende verdichtete Luft, die der Beschaffenheit von Erde nahekommt“ (397).

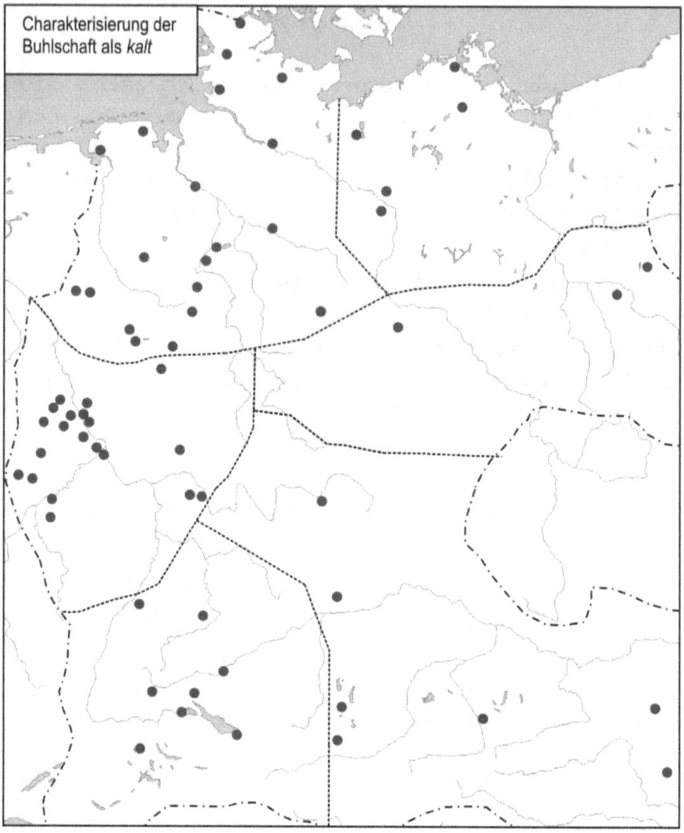

Karte 5.18: Charakterisierung der Buhlschaft als *kalt*

Das Fehlen des Blutes und die daraus resultierende körperliche Kälte galt somit als untrügliches Erkennungsmerkmal des Teufels und fungiert in den Paktschilderungen als Mittel der Enttarnung der wahren Identität des Buhlen:

(5.85) Vngefehr vber ein jahr darnach wehre genannter böß feyandt in gestalt einer manspersonen in schwartzen kleidern zu ihro, alleinigh in ihrem hauß sitzendt, bei tags zeitten kommen vnd begert, sie wolte ihren willen mit ihme schaffen; obwoll anfencklich behaftin sich deßen verweigert, hette gleichwol derselb vortgefahren, sie niderzulegen vnd sich fleischlich zu vermischen, wobey befunden, daß deßo sachen vnnatürlich vnd kalt geweßen vnd dahero gemerckt, daß sie betrogen. (Neuerburg 1614: 154)

Wie die wenigen überlieferten Fragen zeigen, wurde der Aspekt Kälte teils indirekt, teils direkt abgefragt und war somit Bestandteil des dämonologischen Hexereimusters:

(5.86) Q.: Wie sie die Vermischung befunden? R.: Kalt und unnatürlich. (Gerolstein 1633: 116)67

(5.87) Ob er warm geweßen? Nein Er wehre kalt gewesen. (Schwerin 1668: 3r)

Die Charakterisierung des körperlichen Paktschlusses als *nicht natürlich* bzw. *unnatürlich* ist implizit in seiner Beschreibung als *kalt* enthalten, sie wird jedoch zusätzlich in einer Reihe von Protokollen explizit hervorgehoben. Auffälligerweise sind es besonders die westmitteldeutschen Protokolle, die in ihren Schilderungen Gebrauch davon machen (vgl. Karte 5.19, S. 178):

(5.88) vndt seie eine betrogene sach vndt vnnaturlich werck gewessen (Flamersheim 1629/3: 168)

(5.89) die bulschafft mit d[er]selben getrieben, aber es gantzs vnnaturlich gewesen (Dillenburg 1631: 21r)

(5.90) endlich bekennt sie, 2 mal mit ihm zu Schönenberg zusammengekommen zu sein und nit natürlich gewesen seye (Wallhausen 1628: 199)

(5.91) welchen sie nit natürlich, sondern ganz kalt befunden (Siegburg 1636/2: 74)

Warum es gerade die Protokolle dieses Gebietes sind, die in höherem Maße Gebrauch von den Adjektiven machen, kann nicht erklärt werden. Offensichtlich haben sie sich jedoch in der Terminologie des westdeutschen Hexenglaubens derart eingebürgert, dass sie als standardisierte Beschreibungselemente gelten können. Sie gehen dabei konform mit der Terminologie zweier Hexereitraktate, deren Verfasser auf die Aussagen von Angeklagten in Hexenprozessen referieren:

> Ist kein natürlich werck noch wahrer natürlicher lust dabey, wie sie selbs bekennen, es sey inen nicht alß wann sie bey männern ligen, vnd sey der samen vnlieblich vnd kalt. (Lercheimer 1597/1888: 68)

> Item es sey kein natůrlich Werck / vnnd sie empfinden kein natůrliche Wollust / als wann sie mit jhren Månnern zuschaffen. (Gödelmann 1592: 230)

67 Dass nicht alle Angeklagten auf eine derart offene Frageweise wie gewünscht zu antworten wussten, zeigt das Beispiel der Stettiner Angeklagten Sidonia von Borck, die mit Unverständnis auf die Frage der Inquisitoren reagiert: *Ad 2 Wie es zugegangen respondit, das die Hl.* [Herren; I.H.] *es doch wißen, als wen ein Man mit der frawen zu thunde hat* (Stettin 1620: 2).

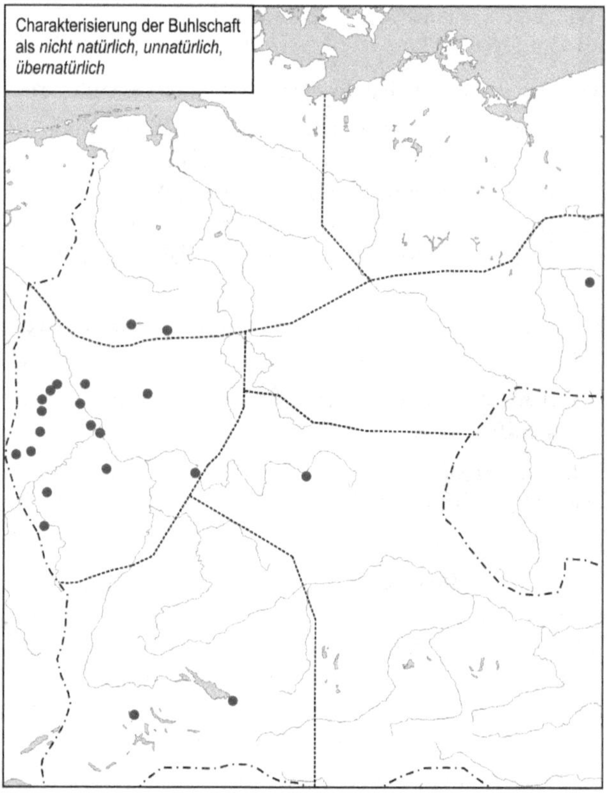

Karte 5.19: Verteilung *unnatürlich* etc.

Im Gegensatz zum Adjektiv *(un)natürlich* findet das Nomen *Natur* in auffällig hohem Maße Verwendung in den Protokollen auch anderer Gegenden. Es wird in den meisten Fällen in Beziehung zur Kälte gesetzt:

(5.92) hette woll 4. mahl mit ihr Zuschaffen gehabt were kalt von natur gewesen (Osnabrück 1636: 99r)

Das Wort *Natur* tritt in den Protokollen in zwei verschiedenen Bedeutungen auf: 1. bezeichnet es in einer abstrakten Bedeutung die 'Art und Weise' bzw. die 'körperliche Beschaffenheit' und 2. bezieht es sich in konkreter Bedeutung auf das 'männliche Glied' bzw. den 'Samen' (vgl. auch DWB 13: 429, s.v. Natur):

1) Wie sie Ihrem Bulen zugesworenn habe sie bei Ihme liggen muißen, vnder sei kaltter natur gewesen (Jever 1592: 44r)

2) Damahlen Sie in actu venerco wol gemerckht d[a]s sein Natur gar kalt vnd nit wie mit and[er]n Mannßbildern beschaffen (Baden-Baden 1627: 27v)

In der ersten Bedeutung ist das Wort *Natur* vornehmlich in nordwest- und westmitteldeutschen Protokollen anzutreffen (vgl. Karte 5.20, S. 179) und zeichnet sich durch einen sehr formelhaften Gebrauch aus. Wie die folgenden Beispiele zeigen, wird es verstärkt in der Wendung *kalter Natur* verwendet, wobei sich die Belege in den norddeutschen Protokollen zusätzlich noch durch eine auffällig analoge syntaktische Struktur (*vnd/ so kalter Natur gewesen, wäre/ sei kalter Natur gewesen*) auszeichnen:

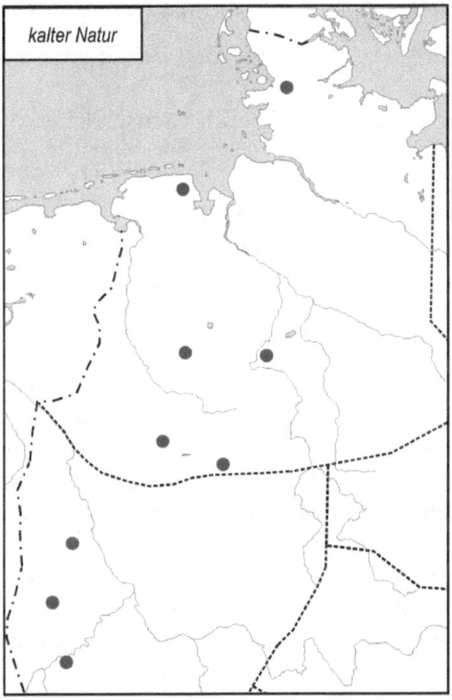

Karte 5.20: Regionalverteilung „*kalter Natur*"

- were kalter natur gewesen (Osnabrück 1636: 100v)
- sie kalter Natur gewesen (Bückeburg 1604: 2r)
- vnd sehr kaltter natur geweßen (Werl 1630/1: 5)
- vnd sehr kaltter natur gewess(en) (Werl 1630/3: 16)
- vnnd sehr kaltter natur gewess(en) (Werl 1630/4: 22)
- vnd kalter Natuer gewesen (Schwabstedt 1619/1: 101)

- vnd wehre Kalter Natur geweßen (Schwabstedt 1619/2: 106)
- vnder sei kaltter natur gewesen (Jever 1592: 44r)
- so sehr kaltter vnnd harter natur geweßen (Werl 1630/5: 36r)
- so kalter Natur gewesen (Alme 1630/3: 10r)
- so kalter Natur gewesen (Alme 1630/4: 12r)
- were kalter natur wie ein eyß die vermischung abgangen (Flamersheim 1629: 137)
- von kalter natur (Fell 1588: 13)
- unmenschlich kalter Natur (Gerolstein 1601: 39)

Weniger standardisiert und vereinheitlicht erscheinen die Belege für *Natur* in der zweiten Bedeutung. Sie treten, bis auf eine Ausnahme (Schönhausen 1588) ausschließlich in mittel- und oberdeutschen Protokollen auf.

- hette die Natur ganz Kalt und Also den Betrug befunden (Dieburg 1627: 75)
- nachdem er ir nit allein in Werkh menschlicher Natur waß khaldts (Eichstätt 1628: 49)
- die natur kalt gewest (Erpel 1631: 5)
- sein Nathur sey khalt gewesen (Garmisch 1590: 1)
- deßen Natur gar kalt (Grünberg 1663/2: 41)
- und ihm exerciren befunden, das die natur kalt gewesen (Rhens 1630: 2)
- und die natur kalt an ihme (Schoenhausen 1588: 95)

Die regionale Verteilung der Belege lässt folglich darauf schließen, dass das Wort *Natur* im norddeutsch-niederdeutschen Raum als Euphemismus für die Geschlechtsteile bzw. den Samen nicht verbreitet war. So ist das Wort für das Mittelniederdeutsche nur in der Bedeutung 'Art, angeborne Beschaffenheit; die sinnlich wahrnehmbare Schöpfung' (Lübben 1888/2005: 243, s.v. natûre) belegt.

In den Protokollen aller Gegenden wird ferner häufig das Mittel des Vergleichs zur Illustration und Verstärkung des unnatürlichen Charakters der Buhlschaft verwendet. So wird in den nord- und mitteldeutschen Protokollen der Körper des Buhlen häufig als kalt *wie Eis* und (seltener) als hart *wie Holz* beschrieben:

- sey aber solches so kalt alß eiß gewesen (Capellen 1629: 5)
- were geweßen wie Kalt Eyß (Friedberg 1620: 4)
- vnd wehre er kaltt gewesen als ein eiß (Stralsund 1630/2: 12)
- wäre nitt fleischlich, sondern wie Holz und kalt gewesen (Altenahr 1649: 458)
- were gewesen, als wens holz gewest (Oberkirchen 1630/1: 12r)

Ferner werden in vielen Schilderungen Parallelen zwischen dem Teufel und dem eigenen Mann/der eigenen Frau bzw. Frauen und Männern generell und somit der eigenen Lebenswirklichkeit und -erfahrung gezogen:

- den sey aber unnaturlich undt kalt, und nicht wie ihren man befunden. (Edingen 1630: 46)
- welches wereckh so Natürlich nit alß mit ihrem Hanß (Bamberg 1628: 2)
- mit welcher er ueber ahn stund seinen willen in unzucht gedriben, von kalter natur, nit wie sein weib (Fell 1588: 13)
- welcher aber nit gestellt gewesen wie ein natürlicher Mahn (Siegburg 1636/2: 74)
- es seye nit geweßen wie mit einem man (Meßkirch 1644: 156r)
- Ehr hette es nichtt gmachtt wie ein Ander kerle (Wernigerode 1597: 11r)

5.5. Die Teufelsbeschreibung und -benennung

Der Teufel steht als Verursacher alles Bösen im Zentrum der kirchlichen Hexenlehre und nimmt daher auch in den Verhören eine prominente Stellung ein. In nahezu allen Protokollen, in denen Aussagen der Angeklagten zu Teufelspakt und -buhlschaft verzeichnet sind, wird auch genauer auf die ‚Person' des Teufels Bezug genommen. Als Vertragspartner beim Paktschluss und Liebhaber resp. Buhle der Hexe wird der Teufel tatsächlich weniger wie ein geistiges Wesen, sondern vielmehr wie ein realer Mensch behandelt. Als solcher ist er durch seine äußere Erscheinung wie auch in vielen Fällen durch seinen Namen identifizierbar. Detaillierte Beschreibungen des Teufels, die u. a. die Farbe seiner Kleidung und seines Körpers, physische Abnormitäten und seinen Eigennamen einschließen, wurden wohl nicht nur abgefragt und aufgezeichnet, um ein genaues Bild des Mittäters und Drahtziehers zu erhalten und so den Tathergang möglichst genau zu rekonstruieren. Da diese Details auch in späteren Verhören erneut abgefragt werden konnten, dienten sie dem Untersuchungspersonal als ein probates Mittel um die Glaubwürdigkeit der Geständnisse zu überprüfen und sich somit gegen spätere Fehlurteile juristisch abzusichern (vgl. Rösler/Moeller 1999: 361). Wenn ein Angeklagter im gütlichen Verhör die Aussagen, die er unter Einwirkung der Folter gemacht hat, ohne größere Abweichungen wiederholen konnte und sie später noch einmal ratifizierte, galt sein Geständnis als gesichert und seine Schuld als bewiesen.

5.5.1. Allgemeines

In der absoluten Mehrzahl der Protokolle, in denen von einem Teufel die Rede ist, wird auch auf sein Aussehen Bezug genommen. Die Beschreibungen treten oft gleich zu Beginn des Verhörs bei der Schilderung der Verführung auf, also wenn der Teufel das erste Mal eingeführt wird, jedoch teils auch erst im Rahmen der Schilderungen von verbalem und körperlichem Paktschluss.[68] Die Beschreibungen sind teils sehr knapp gehalten und vermitteln nur einen sehr ungenauen, oberflächlichen Eindruck von seiner Gestalt, teils sind sie aber auch sehr detailliert und lassen ein genaues Bild vom Teufel entstehen. Insgesamt ließen sich in 143 Protokollen Teufelsbeschreibungen ermitteln, die zusammengenommen ein recht heterogenes Teufelsbild liefern. Entsprechend dem frühneuzeitlichen Glauben, dass der Teufel verschiedene Gestalten annehmen bzw. sie dem Menschen vorgaukeln kann, orientieren sich auch die Schilderungen in den Verhören an keinem festgelegten, allgemeingültigen Teufelsbild sondern bieten eine breite Palette sehr unterschiedlich gestalteter teuflischer Wesen.

Grundsätzlich kann man festhalten, dass der Teufel in der Regel entweder als Mensch oder als Tier beschrieben wird; Beschreibungen einer grotesken, keinem weltlichen Lebewesen zuzuordnenden Teufelsfigur, wie sie in der mittelalterlichen bildenden Kunst durchaus üblich war, sind nur selten zu finden.[69] Ein Ausnahme stellen die Beschreibungen des Teufels als *Drache* dar, die als eine lokal sehr begrenzte Erscheinung zu werten sind und wohl einem im Osten des Untersuchungsgebietes verbreiteten volkstümlichen Glauben entstammen, der Teufel würde in der Gestalt eines Drachen durch die Luft fliegen.[70] In zwei Protokollen wird der Teu-

---

68 Vgl. hierzu nochmal die beiden Beispiele in der Gegenüberstellung der Protokolle Meiningen 1659 und Lemgo 1632 in Abschnitt 4.1., S. 55: Während in den norddeutschen Protokollen, in denen die Verführung durch einen Teufelsgehilfen vorgenommen wird, der Teufel selbst meist erst später beim Paktschluss eingeführt und beschrieben wird, erfolgt die Beschreibung in den mittel- und oberdeutschen Protokollen, in denen der Teufels als Verführer auftritt, meist gleich zu Beginn.

69 Ausnahmen stellen in dieser Hinsicht z. B. die folgenden Beschreibungen dar: *Nach volbrachter vngebühr habe dieser vermainte Burger sich anfangs gar greülich zuuerendern, einen grossen schwartzen Kopff mit Hörnern bekommen, auch Hend gehabt, mit Klappen vnd Füeß, wie die Gaißfüeß* (Bamberg 1628-30/1: 2); *gesehn, das dirich Breuitzen witwe den teuffel In einer grawen gestalt mit einem Roden kopfe, ⌈vnd groiß[en] witte augen⌉ auf einen dornstage abent vor Iren kachelofen gehabt* (Perleberg 1588: 108r).

70 Belegt ist der Drache als Teufelsgestalt in Coburg, Georgenthal und Gommern. Hier hat sich das Wort *Drache* sogar als Gattungsname für den Teufel eingebürgert (vgl. Abschnitt 5.5.4.8.).

fel zudem als *Engel* beschrieben, was vielleicht mit der biblischen Vorstellung vom Teufel als gefallenem Engel zusammenhängt.[71]

Die Beschreibungen vom Teufel in menschlicher Gestalt (mit teuflischen Kennzeichen) überwiegen deutlich gegenüber den Tierbeschreibungen. Wird der Teufel in einem Protokoll als Tier beschrieben, tritt er oft an anderer Stelle, insbesondere im Zusammenhang mit der Teufelsbuhlschaft, als Mensch auf, da der Geschlechtsverkehr wohl besser mit einem menschenähnlichen Wesen vorstellbar war.

Die in den Protokollen ermittelbaren Tiergestalten sind vielfältig: Neben den ‚klassischen' Teufelstieren wie Bock, Hund, Katze, Schwein (*Zuchtel*), Pferd und Kröte (*breedtvoth*) werden von den Angeklagten auch Kalb und Hornisse genannt.[72]

Auch die Beschreibungen eines ‚menschlichen' Teufels weisen teils sehr große Unterschiede auf: Der Teufel ist ein *schöner iunger Geselle* (Wernigerode 1583/1: 2) oder ein *heßlicher Schubbert* (Siegburg 1636/1: 74), er tritt auf als *Pauersmann* (Wolframs-Eschenbach 1630: 126) oder als Frau *von Adel* (Eichstätt 1630: 88) und erscheint ganz in *schwartz* (Augsburg 1625: 109) oder *in grienen klaidern* (Rottweil 1629: 441). Es gibt somit keine Norm für den Teufel: Er kann als alter Bekannter, als furchteinflößender Fremder oder als anziehender junger Mensch auftreten, er ist alt oder jung, groß oder klein, hübsch oder hässlich, arm oder reich. Die einzelnen Beschreibungen sind somit sehr heterogen. Parallelen, die eine vergleichende Betrachtung ermöglichen, finden sich hinsichtlich der verwendeten Beschreibungskategorien. Beschrieben wird der Teufel nach:

a) Geschlecht
b) Alter
c) Attraktivität
d) Stand und Beruf
e) Kleidung und Farbe
f) Körperlichen Abnormitäten/Auffälligkeiten.

Hinsichtlich des Geschlechts dominiert der Teufel *in Mannsgestalt* deutlich vor dem *in Weibsgestalt*, was natürlich damit zusammenhängt, dass die

---

71 Vgl. Coesfeld 1632: 46: *Der Teuffel sei erst in gestaldt eines Engels gewaltig schön gewehsen;* Memmingen 1665/3: 120r: *Item daß ihr der böß Feind von Jugend auf hab zugesezt, Ihr in gestalt eines Engels erschienen.*

72 Vgl. u. a. *in eines Bokhs gestallt* (Bamberg 1628: 5v), *Ihn gestalt Eines kalfes* (Flensburg 1607: 237), *in gestalt einer hörneißen* (Mühlhausen 1659: 112), *in Gestalt eines Hundts* (Siegburg 1636/1: 74), *als ein schwarze khaz mit einem schwanz* (Golling 1677: 370), *ihn gestalt eines pferdtz* (Zülpich 1629: 2), *alß ein breedtvoth* (Meldorf 1618/1: 64r), *inn einer Zuchtel gestallt* (Hemau 1616: 1v).

Mehrzahl der Angeklagten weiblich war und ihnen somit ein ‚männlicher' Teufel zugedacht wurde. Häufig wird er zudem explizit als *jung* bezeichnet, vermutlich um den anziehenden, verführerischen Charakter des Teufels als junger Liebhaber bzw. Geliebte hervorzurufen:[73] Er ist ein *iunger geselle* (Wernigerode 1583/1: 2), hat die Gestalt *einer Jungen Manspersohn* (Baden 1642: 1) oder *eines jungen Medtgens* (Zülpich 1629/2: 3). Neben die Altersbestimmung treten in vielen Fällen qualifizierende Adjektive, die die Attraktivität des Teufels bewerten. Große Attraktivität wird u. a. durch die Adjektive *schön, hübsch, stattlich, ansehnlich, fein, vornehm, wacker, tapfer* und *sauber* ausgedrückt. Wird der Teufel als abstoßender Mensch beschrieben, was insgesamt seltener vorkommt, dominieren Adjektive wie *unflätig, ungestalt, abscheulich* und *gräulich*. Letztere können sich sowohl auf die Gesamterscheinung des Teufels (*welcher gar erschroekhlich ausgesehen*, Bamberg 1628-30/8: 213), als auch auf einzelne Körperteile beziehen: *hab auch gar unfletige füeß* (Bregenz 1628/2: 310r), *ein seltzam platt maul* (Oberkirchen 1630/2: 18r). Ein Wandel von attraktiv und schön zu hässlich und abstoßend ist jederzeit möglich.

Um das Aussehen des Teufels genauer beschreiben zu können, ziehen die Angeklagten als Hilfsmittel oft Standes- oder Berufsbezeichnungen heran, wodurch der zeitgenössische Zuhörer wohl direkt ein konkretes Bild bzgl. Kleidung und Statur der Person vor Augen hatte:

(5.93) Ihr buhle habe hergangen wie ein kohler (Wernigerode 1583/2: 5)

(5.94) sonsten sehe er wie ein starckher Pauersmann (Wolframs-Eschenbach 1630: 126)

(5.95) ir Buellteuffl in Gestalt eines Knappens uffgezogen (Eichstätt 1628: 59)

Die am häufigsten auftretende Berufsbezeichnung ist die des Bauern, die für die oft aus einfachen Verhältnissen stammenden Angeklagten wohl die naheliegendste war. Darüber hinaus bietet sich ein vielfältiges Bild, das alle gesellschaftlichen Schichten umfasst: Bauernknecht, Fuhrknecht, Schmiedknecht, Bäcker, Weisgerber, Bierbrauer, Chorschüler, Student, Schreiber, Herrendiener, Lakai, Bürger und Adliger sind nur einige der Berufe bzw. Stände, die von den Angeklagten angeführt werden, um das konkrete Aussehen des Teufels zu spezifizieren. Produktiv war diese Art der Teufelsbeschreibung vor allem in der südlichen Hälfte des Sprach-

73 Die Mehrzahl der Angeklagten ist hingegen deutlich fortgeschrittenen Alters, es handelt sich oft um verwitwete, ältere Frauen. Wird ihr teuflischer Buhle nun als *jung* beschrieben, wirft dies gleich ein doppelt schlechtes Licht auf die Angeklagte und der Verdacht der Hexerei erhärtet sich, denn eine alte Frau, die einen jungen Mann anzieht, musste zwangsläufig als Hexe gelten.

raums unterhalb von Main und Mosel,[74] wobei sich insbesondere die Eichstätter Protokolle durch einen sehr regen und vor allem einheitlichen Gebrauch dieser Beschreibungskategorie hervortun.[75]

Ein weiterer wichtiger Aspekt bei der Teufelsbeschreibung ist die Kleidung. Hier ist zunächst zu bemerken, dass der Teufel grundsätzlich bekleidet auftritt (im Gegensatz zu vielen mittelalterlichen Teufelsdarstellungen, in denen er häufig nackt abgebildet wird). Die Kleidung reicht von sehr einfacher, bäuerlicher Kleidung bis zu aufwändiger und kostspieliger adliger Kleidung. Teils wird nur sehr kurz und allgemein auf die vom Teufel getragene *Kleidung* oder *Kleider* Bezug genommen (*in gestalt einer manspersonen mit schwartzen kleidern*, Neuerburg 1614: 154), teils wird die Kleidung in aller Ausführlichkeit beschrieben: *der Böse geist zu Ir khommen, Ainen Schwarzen manttel, ein Bloder hoss, Schwarzen Huedl, und Feder darauff, Vnnd ein Bölzlein angehabt* (Augsburg 1590: 1).

Auch bei kurzen Beschreibungen wird neben der Kleidung in sehr vielen Fällen Bezug auf die Kopfbedeckung genommen: Der Teufel tritt auffallend oft mit Kopfschmuck auf, meist ist es ein *Hut*, seltener eine *Kappe* oder *Mütze* bzw. bei weiblichen Teufeln eine *Haube*. Oft ist der Hut mit *Federn* geschmückt, teils stellen *Federn* bzw. ein *Federbusch* den alleinigen Kopfschmuck dar.[76] Eine mögliche Ursache für die Schilderung des Teufels mit Kopfbedeckung könnte darin begründet liegen, dass der Hut dazu dient, von der wahren Identität des Teufels abzulenken und Teufelsmerkmale wie Hörner o. ä. zu kaschieren. Unterstützt wird diese Theorie durch einen Auszug aus dem Bregenzer Protokoll, in dem die Angeklagte aussagt: *Sy hab v[er]meint Er hab schön huet vnd feederrn auf als Sy es aber recht besichtigt seyen es hörner gewesen* (Bregenz 1628/1: 289r).

Die Kleidung, die der Teufel trägt, wird oft genauer charakterisiert, und zwar zum einen nach der Stoffqualität – *in Leinenkleidern* (Meiningen 1659: 114), *Sammiten und seitene kledere* (Jever 1592: 44r) –, zum anderen nach dem gewöhnlichen Träger – *in einem schwarzen buergerlichen kleidt* (Riegersburg 1689/1: 210), *schwartze Claidung wie ein Reutter* (Ellingen 1590: 1) –, sowie zum dritten und im absoluten Gros der Fälle nach der Farbe: *in*

---

74 Zu den Belegorten zählen im südlichen Westmitteldeutschen Trier, Mandern, Wallhausen, Lemberg, Höchst, im Oberdeutschen Bamberg, Wolframs-Eschenbach, Hechingen, Memmingen, Eichstätt, Rottenbuch, Garmisch und Gutenhag. Oberhalb des Mains konnten lediglich in drei Protokollen Nachweise gefunden werden, und zwar in Ostrau, Grünberg und Wernigerode.

75 In den Eichstätter Protokollen finden sich insgesamt 16 Belege, die alle sehr analog aufgebaut sind: Der Buhlteufel erscheint *in Gestalt eins Bierbrauers, in Gestalt eines Bekhens, in Gestaltt eines Schmidknechts, in Gestaltt eines Paurenkhnechts* etc. (zum formalen Aufbau vgl. den folgenden Abschnitt 5.5.2.).

76 Die äußere Erscheinung des Teufels mit Federn auf dem Kopf hat sich auch in zahlreichen Teufelsnamen (*Federbusch, Federhans* etc.) niedergeschlagen, vgl. hierzu Abschnitt 5.5.4.2.

blauwen kleidern (Alme 1630/3: 10r), *in grienen kleidern* (Jägerndorf 1653/2: 449). Grundsätzlich kann die Teufelskleidung fast jede Farbe aufweisen: Es finden sich sowohl Schilderungen von schwarzer, grüner, gelber, roter, blauer, brauner und grauer Kleidung, teils treten die Farben in Kombination auf, teils ist der Teufel schlicht einfarbig gekleidet. Vor allen Farben dominiert jedoch deutlich die Farbe schwarz, was insofern nicht weiter erstaunlich ist, als sie seit jeher das Böse, Abgründige, Finstere und den Tod symbolisiert.[77] Schwarze Kleidung kann also als ein erstes Anzeichen für die wahre, teuflische Identität der Person gesehen werden. Hinzu kommt, dass das Schwarze sich nicht nur auf die Kleider, sondern oft auch auf den Körper selbst oder einige Körperteile erstreckt:

(5.96) Si gestalt gewesen alse ein ander Mensche, Si schwart vnd Rugh, kort vnd· dick ock kalt gewesen (Flensburg 1607: 237)

(5.97) Ir Buhle heiss Hanns, sey gar schwartz, welches sie geseh[en], wann die Leed[en] off[en] gestand[en], vnnd der Mohn geschinen (Böblingen 1590: 7)

(5.98) hab Ein Kurtzen bart Vnd eine Kappen auff. Vnd daneben schwartze händ gehabt (Memmingen 1665: 116r)

(5.99) sonsten aber gar schwartz bekleidet, vnd in seinem angesichte gleich wie schwartz berähmet vndt ohne Bart gewesen (Grünberg 1663, 1: 36 f.)

Werden einzelne Körperteile als schwarz bezeichnet, sind es in der Regel, wie in den obigen Beispielen, die Hände oder das Gesicht, und zwar wohl deshalb, weil sie nicht durch Kleidung verdeckt werden.

Neben der schwarzen Farbe werden von den Angeklagten häufig weitere körperliche Auffälligkeiten geschildert, die den Teufel als solchen entlarven. Bezug genommen wird hier wiederum meist auf die Extremitäten, also auf Hände und Füße, die oft nicht direkt wahrgenommen werden, sondern erst bei genauerer Betrachtung auffallen. Ein Hauptkennzeichen sind die aus der abbildenden Kunst bekannten abnormen Füße des Teufels, die teils nur als merkwürdig geformt beschrieben wird (*es hat derselb teufel breide heßliche fueß*; Fell 1588: 13), meist jedoch mit der Form eines Tierfußes verglichen bzw. als solcher bezeichnet werden. In der Mehrzahl der Fälle werden Huftiere zur Beschreibung herangezogen, und zwar meist Paarhufer wie Kuh oder Ziege, selten Einhufer wie das Pferd.[78] Daneben wird der Fuß jedoch auch als Pfote eines Hundes oder – in einem Fall – eines Wolfes beschrieben.[79] Es können sowohl beide Füße, als

77 Vgl. Herder Lexikon Symbole 1978: 149, s.v. schwarz.

78 Vgl. u. a. *kuefuß* (Wernigerode 1583/1: 2), *Kuhefueß* (Dieburg 1627: 74), *köheklawen* (Neuerburg 1614: 156), *Gaißfüeß* (Leonberg 1641: 10), *Geiß fies* (Mergentheim 1629: 9), *Ziegen klauwen* (Lemgo 1632: 49r), *ziegenpoten* (Crivitz 1642: 8), *Pferde fueß* (Jever 1592: 44v).

79 Vgl. u. a. *hundes klawenn* (Celle 1570: 90r), *hunde fuß* (Stralsund 1630/2: 17), *Wolffs Fueß* (Gerolstein 1633: 118).

auch nur einer von beiden abnorm gestaltet sein: *seine füsse seien alß Pferde füsse gewesen* (Bückeburg 1604: 2r), *habe einen kuefuß und einen menschenn fues gehabtt* (Wernigerode 1583/1: 2). Im Bregenzer Protokoll berichtet die Angeklagte Katharina Zwiselerin von Füßen *wie stülzelin*, die einen auffälligen Klang beim Laufen verursachen: *In d[er] stuben hab Er mit hin- vnd wid[er] geen khnapplet, als wan[n] Er holzschuech anhette* (Bregenz 1628/1: 289r).

Auch die Hände sind oft außergewöhnlich und weisen (teils wie die Füße) *spitzige Nägl* (Ingolstadt 1618: 3), *große krall* (Braunau 1616: 289) oder sonstige *beyzeichen* (Zülpich 1629/1: 5) auf. Selten und auffälligerweise nur in süddeutschen Protokollen werden Hörner beschrieben,[80] und nur in einem Fall wird von einem Schnabel im Gesicht berichtet.[81]

Neben diesen körperlichen Deformitäten werden auch weitere physische Auffälligkeiten beschrieben, die den Teufel als solchen zu identifizieren helfen. Wichtige Merkmale sind die außerordentliche körperliche Kälte und die spezielle Beschaffenheit der männlichen Geschlechtsorgane, von denen in der Regel in den Schilderungen des körperlichen Paktschlusses berichtet wird:

(5.100) habe Sye Sich ein weyl gewehrt, entlich aber doch eingewilligt, [et] sich mit Ihme vermischt, seye semen nit natürlich sonder kaltt gewesen, vnnd daß |glie+ mannlich gliedt ettwas hartt vnndt Hornigk (Höchst 1631: 166r).[82]

Ein weniger offensichtliches, aber doch mehrfach genanntes Merkmal ist zudem die Stimme bzw. Sprache des Teufels, die recht unterschiedlich beschrieben, aber in jedem Fall als auffällig bewertet wird:

(5.101) der Teuffell hette ein grob sprach (Blankenheim 1629: 5v)

(5.102) Hab ain khlaine tim[m]ere stim[m] gehabt, das Sy Ine khaum versteeen khönnen (Bregenz 1628/1: 289r)

(5.103) He sprecke Denisch mitt Ehr (Flensburg 1607: 237)

(5.104) welches eines hundts stimmen vast gleich gewesen (Müddersheim 1630: 4)

(5.105) Vnd wehre seine Sprache dumpffig (Schwabstedt 1619: 101)

---

80 Belegt sind sie in Bamberg, Bregenz, Ingolstadt, Stein am Rhein und Wolframs-Eschenbach. Im ostmitteldeutschen Georgenthal wird die Angeklagte zwar nach Hörnern gefragt, weiß aber offenbar nicht, wie sie die Frage beantworten soll und redet sich daher geschickt heraus: *darnach habe sie weitter mitt der Allt[en] Heppen-Schmiden Von Benßhausenn getantzt, vnd ihr Geist Bellzebub sey vor an hingesprung[en] <...> vnd weil sie Alters halben nicht wol habe volgenn können, so habe sie nicht konnen erkennen Ob ihr Geist hörnner vffm kopff gehabt, dann sie nur zu schick genug gehabt, das sie hett für Ihro füsse sehenn können* (Georgenthal 1597: 4 f.)

81 Vgl. Oberkirchen 1630/1: *der teuffel in eins wackern jungen gestalt, gleichwoll mit einen schnabel fur der nasen, in bundten gewandt zu ir kommen, an den fußen klauwen habendt* (26).

82 Ausführlicher wird dieser Aspekt im Rahmen der Untersuchung des körperlichen Paktes (Abschnitt 5.4.) behandelt.

Alles in allem kann also festgehalten werden, dass es für den Teufel in frühneuzeitlichen Hexenprotokollen keine feste Norm gibt, sein Aussehen variiert teils beträchtlich. Wollte man dennoch einen Prototyp festlegen, ist es am ehesten der des jungen, gutaussehenden Mannes in schwarzer Kleidung, da dieser in den Verhören insgesamt am häufigsten beschrieben wird.

5.5.2. Die Formel „in Gestalt"

So heterogen die Teufelsbeschreibungen in ihrer inhaltlichen Ausgestaltung sind, so vielfältig ist auch ihre sprachliche Ausformung. Die im vorigen Abschnitt gegebenen Beispiele dürften dies hinreichend gezeigt haben. Eine formelhafte Wendung taucht jedoch immer wieder auf und zieht sich wie ein roter Faden durch die Teufelsbeschreibungen aller Regionen: die Formel *in Gestalt*. Sie konnte insgesamt 192-mal in den Protokollen nachgewiesen werden und dient in der absoluten Mehrzahl der Fälle dazu, den Teufel zu charakterisieren. Lediglich in 12 Fällen werden mit ihrer Hilfe auch die Hexe bzw. ihre Komplizen näher beschrieben.[83]

5.5.2.1. Syntaktische Merkmale

Um den Gebrauch der Formel zu erläutern sollen zunächst einige Verwendungsbeispiele gegeben werden:

(5.106) wehre d[er] boser feiandt ihn gestalt eines Manß hind[er] wichterich bey d[er] hegk[en] ihro ⌊vorkhomen+ [INT] ⌈erschien[en]⌉ (Zülpich 1629/1: 2)

(5.107) Nit lang darnacher [...] waere der Teufel in Gestalt eines schwarzen Manns kommen (Altenahr 1649: 459)

(5.108) hab ein Buellteufflin in Gestalt eines schoenen iungen Menschens bei sich gehabt (Eichstätt 1630: 85)

(5.109) Sie hab sich dem Teüfel Verbunden, seye In Ihrer Camer zu Ihr khumen in eines bauren gestalt (Hechingen 1648: 34)

(5.110) sey ein teufel in eines jungen mans gestalt in schwarzer kleidung zu im eins abentz kommen (Fell 1588: 13)

83 Im Zusammenhang mit der Hexe und ihren Komplizen tritt die Formel nur bei der Beschreibung von Tierverwandlungen auf, also wenn Hexen sich mit Hilfe des Teufels in Tiere verwandeln und z. B. *in wolffs gestalt* (Blankenheim 1629: 5r) Nutztiere reißen oder *in rabengestalt* (Oberkirchen 1630/1: 28) bzw. *in habich gestalt* (Riegersburg 1689/3: 215) durch die Luft fliegen etc.

(5.111) Bekendt ferner und sagt, ihr buhl sey uber ein kurtze zeitt hernacher in voriger gestalt in ihr hauß zu ihr kommen (Rhens 1630: 10)

(5.112) Der Teuffel habe ihm auffgenhommen vnd wegkgeführt, in schöener Gestaldt sei er allzeit gekommen (Coesfeld 1632: 47)

(5.113) Der Lahm Besthaun genannt sein Büehl gehe in weibß gestalt und sauber bürgerlichen Kleider (Dieburg 1627: 81)

(5.114) Der Boese sey zu Ihr kommen in Mansgestalt (Paderborn 1630: 38)

Grundsätzlich handelt es sich bei der Formel um eine Präpositionalphrase, die sich aus der Präposition *in* und dem Nomen *Gestalt* zusammensetzt. Die Wendung tritt stets mit einer attributiven Ergänzung auf, welche dem Bezugswort voran- oder nachgestellt sein kann. Je nach Stellung des Attributs ergeben sich zwei Grundtypen der Verwendung:

1. *in* + *Gestalt* + Attribut (Beispiel 5.106–5.108)
2. *in* + Attribut + *Gestalt* (Beispiel 5.109–5.114)

Beim nachgestellten Attribut handelt es sich stets um ein Genitivattribut (5.106–5.108), das vorangestellte kann entweder die Form eines Genitiv- (5.109, 5.110) oder die eines Adjektivattributs (5.111, 5.112) aufweisen. Zum Typ mit vorangestelltem Attribut werden zudem die Belege gerechnet, in denen das Wort *Gestalt* durch ein Determinativkompositum (5.113, 5.114) ersetzt ist. Hier sind Attribut und Nomen quasi zu einer Einheit verschmolzen, das Attribut ist dem Bezugswort gewissermaßen inhärent. Für die Form mit nachgestelltem Attribut ließen sich 100 Belege ermitteln, für die Form mit vorangestelltem Attribut konnten 89 Belege gefunden werden. Der erste Typus, der eine größere Einheitlichkeit aufweist, dominiert somit leicht. Ihm können zudem drei Fälle zugeordnet werden, in denen statt eines Genitivattributs ein Nebensatz angeschlossen wird.[84]

Zum ersten Verwendungstyp ist zunächst einmal anzumerken, dass die Präpositionalgruppe *in Gestalt* ausnahmslos in der hier vorgestellten Form auftritt. Das Substantiv schließt stets ohne Artikel direkt an die Präposition an, die grammatisch vollständigere Form *in der Gestalt* konnte nicht ein einziges Mal nachgewiesen werden, was für eine starke Idiomatisierung der Wendung spricht. Der nachgestellte Genitiv wird zudem in 85 von 100 Fällen durch einen unbestimmten Artikel eingeleitet (vgl. Beispiel 5.106–5.108), was den formelhaften Charakter zusätzlich verstärkt. Die übrigen 15 Belege weisen den bestimmten Artikel (5-mal), possessive (7-

84 Vgl. z. B. Flamersheim 1629/2: 160: *vnnd eins malh der boese feiendt, wie sie darnach (leider) erfaren, In gestalt alß wen es Grof Ian selbst gewessen, bei sie kommen*; Riegersburg 1689/3: 214: *Vnd habe der bese, welcher Caesperl gehaißßen, in gestalt, wie Er zu Traudtmanstorff angemallener aussicht, in Roeden Geschnofflet, Von ihr die Seel: Vnd die H. Dreyfaltigkheith zuuerlaeugnen Vnd ihme zudiennen begehrt.*

mal) und demonstrative (2-mal) Begleiter auf.[85] In einem artikellosen Fall schließt ein Name an (*in gestaltt Herr Niclaß Robuleri*, Rhens 1630). Von den 100 Belegen weisen ferner 56 einen einfachen Genitiv (5.106) auf, 44 einen erweiterten Genitiv mit einem (5.107) oder mehreren (5.108) Adjektivattributen.

Die Belege des zweiten Verwendungstyps zeigen eine deutlich größere Varianz als die des ersten. Von den insgesamt 89 Belegen werden 35 mit einem Genitivattribut gebildet, das, wie beim Verwendungstyp 1, in der Mehrzahl durch einen unbestimmten Artikel eingeleitet (5.109, 5.110) und zudem in 9 Fällen durch ein Adjektivattribut erweitert wird (5.111). In 10 Fällen steht an Stelle des unbestimmten Artikels ein possessiver oder demonstrativer Begleiter bzw. ein Pronomen,[86] in einem Fall wird das Genitivattribut durch einen artikellosen Eigennamen gebildet (*in Groffjans gestalt*, Flamersheim 1629). Statt eines Genitivattributs findet sich in 20 Fällen ein Adjektivattribut, das sowohl durch relationale Adjektive bzw. adjektivisch gebrauchte Partizipien[87] (5.111) als auch durch qualifizierende Adjektive[88] (5.112) geformt wird. Belege mit Determinativkompositum konnten insgesamt 34-mal ermittelt werden. Das Determinans ist stets ein Substantiv, das meist sehr allgemein auf die grundlegende Erscheinungsform des Teufels hinweist. Tritt der Teufel als Mensch auf, finden sich neben dem sehr allgemeinen *in Menschengestalt* (4-mal) auch Geschlechtszuweisungen wie *in Mannsgestalt* (15-mal), *in Weibsgestalt* (4-mal). Handelt es sich bei dem beschriebenen Wesen um ein tierähnliches, wird dieses genauer spezifiziert: *in wolffs gestalt, rabengestalt, katzengestaldt, hasengestalt, vosses gestaldt, habich gestalt.* In einem Protokoll (Wolframs-Eschenbach 1630: 126) wird ganz allgemein auf den Teufel *in allerlei Menschen und Viechsgestalt* Bezug genommen. Bei den Komposita herrscht deutlich die Getrenntschreibung der beiden Komponenten vor der Zusammenschreibung vor, das Verhältnis beträgt 21 zu 13. Dass es sich dennoch um Komposita und nicht einfach um Formen mit Genitivattribut handelt, wird zum einen durch den in 30 von 34 Fällen fehlenden Artikel deutlich (es fehlt also eine sonst übliche Genitivmarkierung, wodurch die gesamte Wendung stärker kontrahiert erscheint und mit dem einfachen *in Gestalt* korrespondiert) und zum anderen durch Eigenheiten der Groß- und Kleinschreibung: Bei getrennter Schreibung wird das zweite Glied bis auf eine Ausnahme stets klein ge-

85 Vgl. z. B. *in gestalt des ob. Wilhems* (Edingen 1630: 46), *in Gestalt ihres Manns* (Altenahr 1649: 459), *in Gestallt selbigen bekhenkhnechts* (Eichstätt 1637: 93).

86 Vgl. z. B. *in ihres mans gestalt* (Rhens 1630: 2), *in desselben gesellen gestallt* (Bamberg 1628-30/5: 209), *in ihrer gestalt* (Wittgenstein 1629: 2v).

87 So z. B. *in voriger/ selbiger/ obbeschriebener/ Vorbedeiter Gestalt.*

88 So z. B. *in Rother/ schwartzer/ schöener/ gantzer/ leiblicher/ menschlicher/ verschiedener Gestalt.*

schrieben,[89] das erste in immerhin der Hälfte aller Fälle groß. Groß- und Kleinschreibung muss wie die Getrennt- und Zusammenschreibung im Zusammenhang mit frühneuhochdeutschen Texten jedoch stets mit Vorsicht behandelt werden, da beide von den einzelnen Schreibern oft sehr eigenwillig gehandhabt werden. Ein verlässlicherer Hinweis dafür, dass auch getrennt geschriebene Komposita als solche gewertet werden können, zeigt ein Beispiel aus Wallhausen, in dem das getrennt geschriebene Kompositum durch einen unbestimmten Artikel begleitet wird, der nach dem Zweitglied gebeugt wird: *in einer bauern gestalt* (Wallhausen 1628: 199).[90]

Hinsichtlich der syntaktischen Einbindung der Präpositionalphrase in den Satz kann ferner festgestellt werden, dass sie, wie die oben angeführten Beispiele zeigen, fast durchweg eine adverbiale Funktion erfüllt (vgl. Beispiel 5.106, 5.107, 5.109–5.114) und nur äußerst selten – wie in Beispiel 5.108 – attributiven Charakter besitzt. Der Charakter der adverbialen Bestimmung ist durchweg modal; sie kennzeichnet die Art und Weise, in der der Teufel auftritt. Ihr Bezugswort kann sowohl vor- als auch nachgestellt sein.

Was die Art der Verben betrifft, die als Bezugswort dienen, lässt sich eine deutliche Bevorzugung von Bewegungsverben erkennen, die das Auftreten des Teufels beschreiben. Insbesondere ein Verb hebt sich hier durch sehr hohe Belegzahlen hervor: das Verb *kommen*. Mit insgesamt 74 Belegen dominiert es deutlich vor dem zweithäufigsten Verb *erscheinen* mit 22 Belegen. Beide Verben stellen zusammen über die Hälfte aller Nachweise, was auf einen überregional weitgehend standardisierten Gebrauch der Formel *in Gestalt* hinweist. Eine Spezialität der Eichstätter Protokolle sind zudem passivische Konstruktionen mit dem Partizip *aufgezogen*, die stärker auf die Kleidung und den Verkleidungscharakter hindeuten: *Ir Buellteuffl aber in gestald eines burgers uffgezogen* (Eichstätt 1628: 58). Sie treten geradezu reihenmäßig auf und lassen auf eine schematische Abfrage bzw. eine gezielte Überarbeitung von Seiten der Schreiber schließen.

Dass es sich bei der Formel *in Gestalt* grundsätzlich um eine standardisierte Formulierung handelt, die in den Verhören durch entsprechende

89 Im Meldorfer Protokoll (1618/2) konnte einmal die Form *in Menschen Gestaltt*, also mit Großschreibung beider Substantive, ermittelt werden.

90 In einigen Fällen konnte nicht mit Sicherheit entschieden werden, ob es sich bei der jeweiligen Form um ein Nomen mit Genitivattribut oder um ein Kompositum handelt, so z. B. bei *in einer Hornißen gestalt* (Mühlhausen 1659: 114) oder *in Ainer schwartzen Katzen gestallt* (Rosenfeld 1603: 6). In diesen Fällen von Getrenntschreibung, in denen beide Substantive Feminina sind und der Artikel sowohl nach dem ersten (was für ein Genitivattribut spricht), als auch nach dem zweiten Substantiv (was für ein Kompositum spricht) gebeugt sein könnte, wird die große Nähe der beiden Konstruktionen und ihre fließende Grenze deutlich. Derartige Fälle wurden hier zu den Genitivattributen gerechnet.

Fragen vorgegeben wurde, zeigen einige der überlieferten Interrogatorien, in denen es u. a. heißt:

(5.115) In waß Gestalt er zu ihr kommen? (Gerolstein 1633/2: 116)

(5.116) In weß form, gestalt und kleidung der böse geist ihr zum erstenmal erschienen? (Wallhausen 1628: 194)

(5.117) Gefragt, |wie+ [INT] ⌈in welcher gestaltt⌉ sich hannß bisweil[en] |sich+ habe seh[en] laß[en] (Stralsund 1630/2: 17)

Das letzte der drei Beispiele, in dem vom Schreiber das weniger spezifische *wie* nachträglich zu *in welcher gestaltt* korrigiert wird, deutet darauf hin, dass die Formel – vielleicht auch aus Gründen der juristischen Genauigkeit – wohl gezielt eingesetzt wurde.

5.5.2.2. Grammatischer Status

Die Phrase *in Gestalt* ist aufgrund ihres häufigen Auftretens und ihrer verhältnismäßig einheitlichen, formelhaften Verwendung, wie auch wegen ihrer grammatischen Eigenheiten ins Auge gefallen. Es handelt sich bei ihr um ein festes Syntagma, einen idiomatisierten Ausdruck, der jedoch nicht so starr ist, als dass er nicht eine variable Position des Attributs (vor oder nach dem Nomen) und somit zwei verschiedene Verwendungstypen erlauben würde. Die Fragen, die sich nun stellen, sind folgende: Kann man die Wortgruppe *in Gestalt* als idiomatische Wendung bzw. Phraseologismus bezeichnen, oder spricht die variable Stellung des Attributs und somit die ‚Durchbrechung' der Phrase dagegen? Und ist es überhaupt angebracht, von Lexikalisierung zu sprechen, oder handelt es sich nicht vielmehr um einen Prozess der Grammatikalisierung?

Betrachtet man die Belege des ersten Verwendungstyps genauer und hier insbesondere das Verhältnis der beiden Lexeme *in* und *Gestalt* zueinander sowie das Verhältnis der gesamten Phrase zum zugehörigen Genitivattribut, erscheint Letzteres nicht unwahrscheinlich: Durch das durchgängige Fehlen eines Artikels werden Präposition und Substantiv sehr stark zusammengerückt und bilden eine Einheit. Diese Einheit ist unveränderlich und kann nicht alleine stehen, sondern erfordert eine Ergänzung, die in der Mehrzahl der Fälle durch einen Genitiv gebildet wird. Das Ergebnis der Zusammenrückung ist eine Einheit, die in ihrer Funktion und ihren Eigenschaften einer Präposition gleicht: „Versteht man unter Präpositionen nichtflektierbare Einheiten, die ein substantivisches Nominal bezüglich Kasus regieren" (Eisenberg 2004: 196), könnte die Form *in Gestalt* in ihrer ersten Verwendungsform als solche gezählt werden: Als zusammengewachsene Präpositionalgruppe wird sie nicht flektiert und regiert ein substantivisches Nominal im Genitiv. Mit Diewald (1997: 66) könnte sie als „sekundäre, polylexematische Präposition" bezeichnet werden, die sich durch folgende Struktur auszeichnet:

> [Präposition + relationales Nomen + Nominalphrase mit Genitiv oder *von*] (ebd.).

Das Feld der mehrgliedrigen Präpositionen, das hier berührt wird, ist ein weites. Es handelt sich um eine offene Klasse, deren Grenzen zwar grob umrissen, aber nicht strikt abgezirkelt sind. Wellmann (1985: 381) spricht mit Recht von „grammatischen Halbelementen" und verweist auf eine Vielzahl an Übergangsformen, „von der Nominalgruppe mit spezifischer Bedeutung der Präposition über die lexikalisierte Präpositionalgruppe (LPG) bis zur grammatikalisierten Form des präpositionalen Präpositionalgefüges (PPG) und der festgewordenen Präposition". Die Klasse ist in sich und in ihrer Abgrenzung gegenüber anderen Klassen nicht eindeutig bestimmt. Nach Beneš (1974: 33) sind nicht „nur die Grenzen zwischen Zentrum und Peripherie einer Kategorie, sondern auch die zwischen zwei benachbarten Kategorien [...] offen und fließend, so daß zwischen diesen eine Übergangszone besteht". Eine strikte Einteilung derartiger Ausdrücke in Klassen von Phraseologismen und Präpositionen wäre somit kaum von Nutzen und würde die grammatische Bestimmung eher erschweren (vgl. Beneš 1974: 33; Gustafsson 1979: 99).

Wie in der IDS-Grammatik betont wird, ist die Wortklasse Präposition zudem synchron im Wandel begriffen. Bei Neubildungen ist insbesondere der „denominale Transfer" von Bedeutung, also „Zusammenrückungen aus Präposition und ‚bloßem' Nomen oder aus Verschmelzungen von Präposition und Artikel + Nomen" (Zifonun u. a. 1997: 2076), und somit genau die Art der Präpositionsbildung, die hier für die Wendung *in Gestalt* angenommen werden könnte. Als besonders produktiv im Hinblick auf die Bildung derartiger Nominalpräpositionen wird übrigens die Rechts- und Verwaltungssprache bezeichnet (vgl. Wellmann 1985: 381; Zifonun u. a. 1997: 2076), womit wiederum ein Bogen zur vorliegenden Untersuchung geschlagen wäre, deren zugrundeliegende Texte aus eben diesem Bereich stammen. Erstaunlich ist dies insofern nicht, als Nominalpräpositionen zur „sprachlichen Kondensierung und zur inhaltlichen Komprimierung" (Beneš 1974: 45) beitragen und den Nominalstil, der ein grundlegendes Merkmal von Rechts- und Verwaltungssprache ist, fördern.

Obwohl oder gerade weil es sich bei den mehrteiligen Präpositionen um eine offene Klasse handelt, wurden Versuche unternommen, Kriterien für die Bewertung einer Fügung als Präposition festzulegen. Beneš (1974) hat in seiner Arbeit neun Bedingungen genannt, die eine Wendung erfüllen muss, um als „präpositionswertige Fügung" zu gelten:

a. Das Substantiv der präpositionswertigen Fügung ist nur in dieser festen Verbindung üblich. Vgl. *in Anbetracht* - **der Anbetracht* : *mit Rücksicht auf – die Rücksicht auf.*

b. Das Substantiv der präpositionswertigen Fügung ist durch eine verschobene, verblasste oder zumindest verallgemeinerte Semantik gekennzeichnet. Vgl. *an Hand (= mit Hilfe)* : *an der Hand halten.*

c. Ein kongruentes Attribut ist beim Substantiv der präpositionswertigen Fügung unzulässig. Vgl. *im Laufe der Zeit – *im schnellen Laufe der Zeit.*

d. Ein Possessivpronomen bzw. ein vorangestellter Genitiv ist beim Substantiv der präpositionswertigen Fügung unzulässig. Vgl. *im Hinblick auf – *in seinem, jemands Hinblick auf*: *auf seine Veranlassung, auf jemands Kosten.*

e. Die präpositionswertige Fügung wird stabil und reihenmäßig zur Bezeichnung einer Beziehung verwendet. Vgl. *im Interesse des Lesers, der Käufer, der Öffentlichkeit.*

f. Die präpositionswertige Fügung ist am Sinnaufbau des Satzes nicht selbständig beteiligt, sondern nur in Gemeinschaft mit dem regierten Substantiv, das infolgedessen nicht mehr als Attribut zu bewerten ist, sondern als von einer Prässiton regierte Satzkomponente. Vgl. *im Hinblick auf die inhaltliche Nuancierung* (= Adverbialbestimmung) : *auf Wunsch des Publikums* (Adverbialbestimmung + Attribut).

g. Die präpositionswertige Fügungist mit einer einfachen Präposition synonym. Vgl. *im Laufe – während* : *auf Antrag – ?.*

h. Das Substantiv der präpositionswertigen Fügung wird klein geschrieben. Vgl. *von seiten, in bezug auf* : *mit Bezug auf.*

i. Die ganze präpositionswertige Fügung wird zusammen geschrieben. Vgl. *infolge, zuolge, inmitten, zuliebe, zuleide* : *anhand/an Hand*).[91]

Die Bedingungen erfüllt die Wendung *in Gestalt* nur teilweise: So wird sie zwar stabil und reihenmäßig zur Bezeichnung einer Beziehung verwen-

91 Leicht gekürzte Zusammentstellung nach Beneš (1974): 34 f.; vgl. auch Gustafsson (1979): 99 f.

det,[92] ist am Sinnaufbau des Satzes nicht selbständig beteiligt, sondern nur in Gemeinschaft mit dem regierten Substantiv[93] und lässt kein kongruentes Adjektivattribut beim Substantiv zu,[94] was für ihre Zugehörigkeit zur Klasse der Präpositionen spricht. Auf der anderen Seite tritt sie jedoch in ihrem zweiten Verwendungstyp auch mit einem Possessivpronomen bzw. mit vorangestelltem Genitiv auf, was nach Beneš Kriterien für Präpositionen unzulässig wäre.[95] Zu bedenken ist hier jedoch, dass es sich bei der vorliegenden Wendung um eine frühneuhochdeutsche handelt, und dass das Frühneuhochdeutsche im Hinblick auf die Stellung des Genitivattributs noch sehr viel freier war als das Neuhochdeutsche. Die Voranstellung eines Genitivs vor das zugehörige Nomen, die heute nur noch bei Eigennamen üblich ist, war im 16. und 17. Jahrhundert auch bei Gattungsnamen von Personen noch möglich und verbreitet (vgl. Ebert (Bearb.) in: Reichmann/Wegera 1993: 337) und ist ein in den Texten dieses Korpus auch in anderen Zusammenhängen zu beobachtendes Phänomen.[96]

Das Problem bei einer Klassifizierung der Wendung *in Gestalt* als Präposition ist weniger die in einer ganzen Reihe von Fällen zu beobachtende Voranstellung des Genitivs vor das Nomen, sondern eher die parallel auftretende Vor- und Nachstellung des Genitivs und somit die Frage: Kann eine präpositionswertige Fügung gleichzeitig Prä- und Zirkumposition sein?

---

92 Vgl. *in Gestalt eines Jungen, eines Menschen, einer Weibsperson, eines Bocks* etc. Beneš führt als Beispiel *im Interesse des Lesers, des Käufers, der Öffentlichkeit* an (vgl. Beneš 1974: 34).

93 Das Substantiv ist „infolgedessen nicht mehr als Attribut zu bewerten [...], sondern als von einer Präposition regierte Satzkomponente. Vgl. *im Hinblick auf die inhaltliche Nuancierung* (= Adverbialbestimmung) : *auf Wunsch des Publikums* (= Adverbialbestimmung + Attribut)“ (Beneš 1974: 35).

94 Zwar werden, wie oben in Beispiel 6.19 und 6.20 gezeigt, Adjektivattribute eingeschoben, jedoch nie bei gleichzeitiger Verwendung mit Genitiv: *in schöner Gestalt eines Mannes. Möchte man die Wendung *in Gestalt* als präpositionsartige Fügung betrachten, kann man die 20 Belege mit Adjektivattribut nicht hinzuzählen. Sie müssen als gesondertes Phänomen betrachtet werden. Dass dies nicht unbedingt im Widerspruch zu einer Qualifizierung der Phrase als Präposition stehen muss, zeigt Wellmann (1985). Er erklärt: „Der Kern eines präpositionalen Ausdrucks, der auf dem Weg zu einer Präposition ist, läßt sich oft durch das Ausgangssubstantiv wiederaufnehmen (vgl. z. B. ... aufgrund des Prüfungsergebnisses ... aus diesem Grunde ...)“ (382). Diese „Möglichkeit der verdeutlichenden Textweiterführung“ (ebd.) wird durch immerhin 11 der 20 Belege mit Adjektivattribut bewirkt, und zwar wenn der Teufel *in voriger/ selber/ selbiger/ obbeschriebener/ vorbedeiter Gestalt* erscheint.

95 Beneš unterscheidet präpositionswertige Fügungen wie *im Hinblick auf* – **in seinem, jemands Hinblick auf* von nicht-präpositionswertigen Fügungen wie *auf seine Veranlassung, auf jemands Kosten* (vgl. Gustafsson 1979: 99).

96 Vgl. z. B. *in des Mans abwesenheit* (Baden 1640/2: 1), *in des buttels hende* (Crivitz 1642: 5), *In des Gerichtschreibers wonbehausung* (Flamersheim 1629: 156), *in des verhafften aussagen* (Rottenbuch 1665: 963).

Im heutigen Deutsch gibt es einige Präpositionen, die in variabler Stellung auftreten können, jedoch nur in Bezug auf Prä- und Poststellung. Helbig/Buscha (2001) nennen u. a. *gegenüber, gemäß, wegen, zufolge*: „Gegenüber dem Chef / Dem Chef gegenüber saß die Sekretärin" (356). Zirkumpositionen sind im Neuhochdeutschen sehr selten, oft wird nur eine einzige, nämlich *um … willen*, angeführt. Im Frühneuhochdeutschen sind sie noch sehr viel häufiger. Ebert zählt eine ganze Reihe auf, darunter *gegen … über* sowie eine Vielzahl von Varianten mit *halb, wegen* und *willen*, z. B. *durch … willen, ob … wegen, um … halben, von … halb, um … willen, vor … wegen* etc. (vgl. Reichmann/Wegera 1993: 374). Viele dieser Zirkumpositionen existieren im heutigen Deutsch gar nicht mehr. Der Ausdruck *gegen … über*, im vorliegenden Korpus übrigens nur in drei Protokollen und nur in dieser Form belegt,[97] hat sich von der Zirkumposition zur Prä- bzw. Postposition *gegenüber* entwickelt. Dieser Wandel macht den prozessualen Charakter der Präpositionsbildung deutlich, die mehrere Entwicklungsstufen umfassen kann. Vielleicht dokumentiert auch die Form *in Gestalt* in den beiden vorliegenden Verwendungsarten gerade diesen Entwicklungsprozess von der Zirkum- zur Prästellung.

Die Voranstellung des Genitivs kann also mit Blick auf die variable Stellung des Genitivattributs in der Frühen Neuzeit und den stärkeren Gebrauch von Zirkumpositionen nicht als Argument gegen eine Klassifizierung der Wendung als Präposition gelten, ebenso wenig wie die bei Beneš angeführten Kriterien der Klein- und Zusammenschreibung, da derartige orthographische Bestimmungen im Frühneuhochdeutschen ebenfalls variabler gehandhabt wurden.[98]

Zwei Punkte bei Beneš gibt es jedoch, die deutlich gegen eine Klassifizierung der Wendung als Präposition sprechen:

1. Die Fügung *in Gestalt* ist <u>nicht</u> mit einer einfachen Präposition synonym.
2. Das Substantiv der Fügung ist <u>nicht</u> durch eine verschobene, verblasste oder verallgemeinerte Semantik gekennzeichnet.

Letzterer Punkt ist für Gustafsson (1979) bei seiner Untersuchung von Nominalpräpositionen in deutschen und niederländischen Urkunden von 1250–1550 allein ausschlaggebend dafür, ob eine Fügung als Präposition

97 Vgl. *gegen den Hopfenhause über* (Bremen 1603: 41), *ahm weier geg[en] dem Schloß vber, bej dem Crutz geg[en] dem Fahr Vber* (Linz 1631/8: 11), *gegen dem Schelzen vber* (München 1600: 6r).

98 Beneš selbst spricht den orthographischen Kriterien eine andere Geltung als den übrigen zu; sie seien „eher als soziolinguistische Informantentests aufzufassen", die Aufschluss über die „Bewertung einer Wortgruppe als Präposition von seiten der Sprachteilhaber" geben kann, wobei sich aber die Rechtschreibung zugleich „ziemlich willkürlich und inkonsequent verhält" (Beneš 1974: 35).

gelten kann oder nicht: „Nur wenn das Substantiv durch eine verschobene, verblaßte oder zumindest ganz verallgemeinerte Semantik gekennzeichnet ist, hat ein Präpositional den Status einer P[räposition]" (105).[99] Das Wort *Gestalt* ist bei Paul (1992) in den Bedeutungen 'Aussehen' und 'Form' belegt (vgl. 346, s.v. Gestalt), bei Grimm u. a. als die 'Art, wie etwas aussieht' und als 'Träger der Gestalt, Person, Wesen' (vgl. DWB 5: 4183, s.v. Gestalt). Von einer gravierenden Bedeutungsveränderung des Nomens in der Fügung kann also kaum die Rede sein. Wenn der Teufel *in Gestalt eines Mannes* erscheint, tritt er in der ‚Person', in der ‚Form' eines Mannes auf, er hat das ‚Aussehen' eines Mannes. Synonym zu *in Gestalt* wird in einem Protokoll tatsächlich die Wendung *in Forma* verwendet: *wehre er daselbst widderumb Anfangs in Gestalt eines Hundts, paldt aber in Forma eines Jungen mit dunkeln Kleider bekleidt erschienen* (Siegburg 1636/2: 74); in einem weiteren Fall konnten beiden Substantive in einer Paarformel nachgewiesen werden: *alles in gestalt undt forma des vorsch. Wilhems* (Edingen 1630: 46).

Von einer verblassten Bedeutung des Nomens kann man eigentlich nur in den Fällen sprechen, in denen Genitiv und Bezugswort zu einem Kompositum zusammengewachsen sind (*in Mannsgestalt, in Weibsgestalt* etc.). Dass diese Formen aus syntaktischen Gründen jedoch auf keinen Fall als Präpositionen gewertet werden können, liegt auf der Hand und wird auch von Wellmann (1985) betont. In seiner morphologischen Untersuchung der (Halb-)Präpositionen, in der er auf die große Fügungsenge hinweist, die bei der Präpositionsbildung durch das Entfallen des Artikels bzw. seiner assimilierten Form bewirkt wird, zieht er Formen wie *im Dringlichkeitsfalle* oder *im Streitfalle* dennoch aufgrund „der auffälligen semantischen Übereinstimmungen" (382) zum Vergleich heran. Auch Beneš (1974: 36) sieht in der Existenz solcher Varianten keinen Widerspruch zur Bewertung einer Phrase als Präposition. Er verweist auf „ähnliche Schwankungsfälle bei ‚echten' Präpositionen und Adverbien, die sich an der Peripherie der Kategorie befinden", wie z. B. *ordnungsgemäß – der Ordnung gemäß*: „Es handelt sich hier um Grenzfälle, in denen die Grenze mitten durch zwei ineinanderfließende Ausdrucksweisen läuft" (ebd.).

Die Bedeutungsverschiebung ist ein wichtiges Kriterium sowohl für die Grammatikalisierung/ Präpositionalisierung als auch – vielleicht noch stärker – für die Lexikalisierung. Streng genommen könnte man bei *in*

99 Gustafsson kommt zu dem Ergebnis, dass sich in seinem Korpus nur Fügungen aus adverbieller Präposition + willen und adverbieller Präposition + wegen, und auch diese nur in Verbindung mit nicht-belebten Größen strikt in die Kategorie Präposition einordnen lassen. Alle übrigen mehrgliedrigen Präpositionalien können „höchstens eine Übergangszone zwischen Verbindungen aus P[räposition] + Nomen und mehrgliedrigen Präpositionen ausmachen" (Gustafsson 1979: 102).

Gestalt also weder von dem einen, noch von dem anderen sprechen, da – außer in den Formen mit Kompositum – kein wirklicher Bedeutungswandel stattgefunden hat. Die Wendung entzieht sich also weiter einer strikten Kategorisierung, sie bleibt ein „Halbelement", eine Präpositionalfügung, die formal und in ihrer Funktion einer mehrgliedrigen Präposition ähnelt und die aufgrund ihres formelhaften Gebrauchs idiomatisiert, lexikalisiert erscheint, die jedoch ihre semantische Grundbedeutung nicht verloren hat. Beneš hat keine Skrupel, sie als „Halbpräposition" in seine Arbeit aufzunehmen,[100] und so bleibt letztendlich auch hier kaum eine andere Möglichkeit, als sie in die Peripherie der Wortart Präposition zu verweisen, irgendwo an die Grenze zum Phraseologismus.

5.5.3. Gattungsnamen

Das Verhältnis der Menschen zum Wesen ‚Teufel' ist seit frühester Zeit durch Angst geprägt. Als Personifizierung des Bösen und Schlechten stellte er eine immer präsente Bedrohung dar, mit der man leben, die man aber so weit als möglich meiden musste. Schon allein das Wort *Teufel* konnte Angst und Unwohlsein hervorrufen, und zwar nicht nur durch die mit ihm verbundenen negativen Konnotationen, sondern auch durch den verbreiteten Glauben, allein das Aussprechen seines Namens könnte den Teufel regelrecht herbeirufen.[101] Im Laufe der Jahrhunderte haben sich verschiedene Strategien entwickelt, mit der Angst vor dem Teufel umzugehen. So wurde im Mittelalter der Teufel in der Regel als groteske Figur dargestellt und dem Spott preisgegeben. In vielen Märchen ist er zwar der Böse, aber er ist nicht der Schlaueste, da er sich stets in seine eigenen Machenschaften verstrickt und schließlich von den Menschen überlistet werden kann. Im alltäglichen Leben wurden für den Teufel umschreibende Ersatznamen gewählt, die es erlaubten, vom Teufel zu sprechen, ohne ihn direkt beim Namen zu nennen. Bei diesen Namen handelte es sich um Euphemismen und Spottnamen, die primär dazu dienten, die Angst vor dem Teufel zu mindern.

In der Frühen Neuzeit und insbesondere mit Beginn der Hexenverfolgung änderte sich die Wahrnehmung der Bedrohung durch den Teufel, sie wurde als sehr viel konkreter und zugleich allgegenwärtiger angesehen. Vom Teufel ging nun nicht mehr allein eine geistig-seelische Gefahr aus,

100 Tatsächlich taucht die Wendung bei ihm explizit in seiner Gruppierung der „Halbpräpositionen" nach Bedeutungsgruppen auf und wird in der Gruppe der Modalverhältnisse kennzeichnenden Fügungen aufgeführt. Vgl. Beneš 1974: 38.

101 Luchtenberg (1975) spricht in diesem Zusammenhang von „Wortmagie" und verweist auf das Sprichwort „Wenn man den Teufel nennt, kommt er gerennt" (120).

sondern er wurde zugleich zu einer körperlichen Bedrohung: Schon der Verdacht, mit dem Teufel in Verbindung zu stehen, konnte eine Gefahr für Leib und Leben der jeweiligen Person bedeuten. Gerade in diesen Zeiten, möchte man meinen, in denen die Angst vorm Teufel besonders groß war, war auch die Angst, über ihn zu sprechen besonders ausgeprägt. Nun ging es jedoch in den Hexenverhören, die hier zur Debatte stehen, genau darum: Es musste über den Teufel gesprochen werden, wenn den Angeklagten eine Verbindung zu ihm nachgewiesen werden sollte. Es bestand also in gewisser Weise ein Benennungszwang, man musste das Kind (und somit den Teufel) beim Namen nennen.

In der Tat stellt in den Verhörprotokollen das Apellativum *Teufel* die häufigste Teufelsbezeichnung dar, jedoch in keiner Weise die einzige. So wird für den Teufel zusätzlich nicht nur das lateinisch-bildungssprachliche *Satan* verwendet, es werden auch zahlreiche Ersatz- und Tabunamen notiert, von denen einige sehr individuell und speziell erscheinen, andere jedoch gehäuft auftreten und einen hohen Bekanntheitsgrad und eine starke Festigung vermuten lassen. Zu letzteren zählen die Namen *Böser Feind/Böser Geist*, *Böser* und *Buhle*, die als euphemistische Benennungskonzepte neben *Teufel* und *Satan* genauer untersucht werden sollen.

5.5.3.1. Teufel

Im Korpus lassen sich insgesamt 740 Belege für das Wort *Teufel* als konkrete Teufelsbezeichnung nachweisen. Darüber hinaus tritt das Wort in zahlreichen Wortbildungen und Syntagmen auf, so dass die Gesamtzahl an Bildungen mit dem Wort *Teufel* 1324 beträgt.[102]

Das Wort *Teufel* ist ein Lehnwort griechischen Ursprungs, es wurde laut Kluge über das früh-romanische _*diuvalus_, einer Variante von lat. *diabolus*, aus griech. *diábolos* ('Verleumder') entlehnt. Aus as. *diuƀal*, ahd. *tiuval*, mhd. *tiufel* entwickelte sich in der Folge hd. *teufel*, das erstmals im 8. Jahrhundert belegt ist (vgl. Kluge 2002: 914, s.v. Teufel). Neben der heutigen standardsprachlichen Form existieren zahlreiche mundartliche Varianten und euphemistische Umbildungen (vgl. DWB 21: 265, s.v. Teufel).

Auch das vorliegende Korpus weist eine Reihe von lautlich-graphischen Varianten auf. Im Bereich des Vokalismus fallen zunächst die mundartlichen Unterschiede im Stammvokal auf. Im ganzen Sprachgebiet dominiert deutlich das hochsprachliche <eu> (1075 Belege). Daneben tritt zudem die graphische Variante <eü> (153 Belege), die laut Reich-

102 Auf Komposita mit dem Wort *Teufel* (z. B. *Teufelstanz*, *Teufelshure* etc.) entfallen insgesamt 248 Belege, auf die Adjektivableitung *teuflisch* 146 Belege, auf das Syntagma *in des Teufels Namen* 190 Belege.

mann/Wegera (1993: 61) besonders im Schwäbischen und Alemannischen des 15./16. Jahrhunderts verbreitet ist, im vorliegenden Korpus jedoch ein generell verstärktes Auftreten im gesamten oberdeutschen Raum zeigt. Im süddeutschen Raum sind zudem die Varianten <ei> und <ey> nachweisbar, die als Reflex oberdeutscher Entrundung gelten können. Mit 40 Belegen aus nur vier Orten (Eichstätt, Gutenhag, Leonberg, Mergentheim) sind sie jedoch verhältnismäßig schwach vertreten. Ähnliches gilt für die niederdeutschen Varianten mit Stammvokal <u>, für die sich insgesamt 51 Nachweise in drei Protokollen (Bremen, Osnabrück, Stromberg) finden. Aus dem Rahmen fällt die Variante *düffel* (5 Nachweise), die allein im schweizerischen Bremgarten auftritt.

Der Nebensilbenvokal wird in der Regel als <e> wiedergegeben und nur in verhältnismäßig wenigen Fällen ausgelassen. Die Synkope tritt erwartungsgemäß nur in oberdeutschen Protokollen auf, und zwar 193-mal in vier ostoberdeutschen Schreiborten (Eichstätt, Golling, Rottenbuch, Gutenhag). Sowohl Menge als auch Verbreitung sind somit begrenzt.

Im Bereich des Konsonantismus sticht insbesondere die Konsonantenverdopplung ins Auge. Von den insgesamt 1324 Teufels-Wortbildungen weisen 718 eine Verdopplung des intervokalischen <f> auf, womit die <ff>-Schreibungen einen Anteil von 54% einnehmen. Die Verteilung <f> – <ff> ist nicht nur im Verhältnis sehr ausgeglichen, sie lässt auch weder regionale noch zeitliche Dependenzen erkennen; beide Formen werden im gesamten Sprachgebiet und über den gesamten Zeitraum verwendet. Oft werden sie sogar innerhalb einzelner Protokolle oder an einzelnen Schreiborten parallel benutzt.

Auffälliger als die <ff>-Schreibungen ist die Verdopplung des auslautenden <l>. Zwar ist sie mit nur 160 Belegen weitaus seltener anzutreffen, sie weist aber dafür einen deutlich erkennbaren regionalen Bezug auf: Während die Dopplung <ll> im gesamten oberdeutschen Raum überaus selten vertreten ist (nur in einem Protokoll, Bregenz 1628/2), tritt sie gehäuft im Nordwesten, und hier insbesondere im rheinisch-westfälischen Gebiet auf.

Alles in allem lassen sich im Korpus 22 verschiedene Schreibformen für das Wort *Teufel* nachweisen. Wie Abbildung 5.1, S. 201, zeigt, sind von diesen Varianten zwei dominant, nämlich zum einen die heute standardsprachliche Form *Teufel* mit 342 Nachweisen und zum anderen die Variante *Teuffel* mit 335 Nachweisen. Gefolgt werden sie mit einigem Abstand von ihren synkopierten Varianten *Teufl* (97 Nachweise) und *Teuffl* (87 Nachweise).[103]

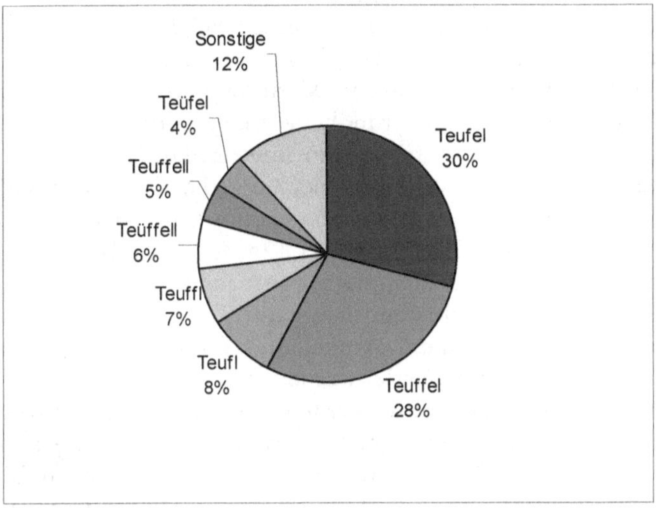

Abb. 5.1: Verteilung der Varianten von *Teufel*

Die hohen Belegzahlen und der große Variantenreichtum deuten schon daraufhin, dass es sich bei der Gattungsbezeichnung *Teufel* um eine weit verbreitete und viel genutzte Teufelsbezeichnung handelt. Bei der Sichtung der Belege konnten weder regionale noch zeitliche noch sonstige Erscheinungsbedingungen festgestellt werden. Im Gegenteil wird das Wort sowohl von Verhörenden als auch Verhörten zu jeder Zeit und in jeder Region sowie in jedem Kontext, in dem vom Teufel die Rede sein kann, verwendet.

Unterschiede in der Verwendung sind jedoch in semantischer Sicht erkennbar: Es lassen sich anhand der Belegstellen mindestens zwei verschiedene Bedeutungen von *Teufel* festmachen, wobei die genaue Zuord-

103 Ähnlich wie mit *Teufel* verhält es sich auch mit dem abgeleiteten Adjektiv *teuflisch*. Der Variantenreichtum ist mit 11 verschiedenen Schreibformen recht hoch und es dominieren, analog zu *Teufel*, die beiden Formen *teuflisch* (52 Nachweise) und *teufflisch* (35 Nachweise). Auffällig ist zudem der mit 22% recht hohe Anteil an Varianten mit erhaltenem Nebensilbenvokal im Stamm, also *teufelisch* u.ä.

nung nicht immer sicher zu treffen ist. Als Grundbedeutungen ließen sich ermitteln:

1. *Teufel* als Verkörperung der teuflischen Macht (im Gegensatz zur göttlichen Macht)
2. *Teufel* als Geist, Dämon

Während *Teufel* in der ersten Bedeutung als das personifizierte Böse schon fast abstrakt verwendet wird, kommt ihm in der zweiten Bedeutung eine sehr viel konkretere Rolle zu, denn es handelt sich hier um ein spezifisches Wesen, und zwar um ein Wesen der Gattung Teufel.

Auch das Frühneuhochdeutsche Wörterbuch nimmt im Eintrag *Teufel* eine Unterscheidung in zwei Grundbedeutungen vor, die der hier vorgefundenen sehr nahe kommt. Es wird in einer ersten Bedeutung der Teufel als „Widersacher Gottes und Herrscher über die Hölle; Personifizierung des Bösen" (FWB 5, Lfg. 2, in Vorb.) angeführt, in einer zweiten Bedeutung als „Dämon, böser Geist" (FWB 5, Lfg. 2, in Vorb.).[104] Während laut FWB *Teufel* in der ersten Bedeutung nur im Singular und mit bestimmtem Artikel (oder selten artikellos) auftritt, kann *Teufel* in der zweiten Bedeutung auch mit unbestimmtem Artikel und im Plural sowie mit unterschiedlichen Attributen verwendet werden (vgl. ebd.).

Im vorliegenden Textkorpus werden von 740 Belegen insgesamt 641 durch den bestimmten Artikel im Singular eingeleitet, das entspricht einem Anteil von 87%. Bei den restlichen 13%, die durch unbestimmte Artikel, Possessivpronomen, Zahlwörter etc. eingeleitet werden und die teils im Plural stehen, müsste es sich gemäß FWB somit um Belege von Teufel in der zweiten Bedeutung handeln. In der Tat hat eine genaue Durchsicht der Belegstellen dies bestätigt. In allen Fällen handelt es sich beim Teufel um ein spezifisches Wesen, um einen Geist, und zudem um einen Geist unter vielen, was sowohl durch den unbestimmten Artikel (5.118, 5.119), als auch durch die Negation *kein* (5.120, 5.121), die parallele Verwendung von maskuliner und femininer Form[105] (5.120) und den Gebrauch im Plural, oft mit Zahlwörtern (5.122, 5.123) deutlich wird. Es ist nicht der Teufel per se, sondern lediglich ein Teufel aus der großen Welt der Geister und Dämonen, weshalb Bezeichnungen wie *Geist* oder *Buhle* auch synonym verwendet werden (5.124, 5.125). In Bezug auf die

104 Ich danke Dr. Markus Denkler, dass er mir zu Recherchezwecken den noch nicht gedruckten Wörterbucheintrag sowie die entsprechenden Belege zur Verfügung gestellt hat.

105 Feminine Formen von *Teufel* kommen im Korpus nur sehr selten vor. Alles in allem konnten sie nur in vier Protokollen (Bamberg 1628, Eichstätt 1630, Fell 1588, Osnabrück 1636) mit insgesamt 8 Belegen nachgewiesen werden. Soll ein Teufel als weiblich gekennzeichnet werden, geschieht dies in der Regel mit Hilfe der Bezeichnungen *Buhlin* oder *Buhlteuflin* (vgl. die nachfolgenden Abschnitte 5.5.3.4 und 5.5.3.5).

Hexen handelt es sich zudem meist um einen persönlichen, den eigenen Teufel, was sich z.B. in der Verwendung mit Possessivpronomen (5.126, 5.127) und Genitivattribut (5.128, 5.129) zeigt.

(5.118) Indem sey paldt (Gott well unns gnedig darvor behüedten) ain teuffel zu ir khomen (Gföhl 1593: 37)

(5.119) und des andren tag [...] ist derselb teufel des nachts kommen und im ein teufline in einer schoner frauen gestalt vur sein beth brachten und ihm dieselbige geben (Fell 1588: 13)

(5.120) Der sagt, er hab weder den Teuffl noch die Teufflin gesehen. sei auch khein Teuffl bei oder umb Ime (Eichstätt 1630: 74)

(5.121) Er hette aber sein Lebtagh keinen Teuffell gesehen (Essen 1589: 125)

(5.122) Bekhhent Auf den Tänzen haben die Teüfel Ire bueln |in vnd oder+ nach dem Tanz hinder die stauden genom[m]en (Bregenz 1628/1: 291r)

(5.123) Sie wüsste unter den fünf Teufeln keinen mit Namen zu heissen (Braunau 1617: 289)

(5.124) Weiters hat Sie bekandt, daß Sie aldort auf dem blocksberge mit einem Geist oder Teuffel, welcher Hanßel geheißen, vndt in gestalt eines Pauren gewesen, sich in ein solch verbündnüs eingelaßen (Grünberg 1663: 41)

(5.125) Sie sagt sie habe vffn waßer nicht Zu thun, habe auch keinen teuffell oder Buelen (Osnabrück 1636: 96v)

(5.126) Vnd ihr teüffel hetts dem kalb eingeben (Alme 1630/1: 5r)

(5.127) sein teufel habe gesagt, er hab recht gethon (Reichertshofen 1629: 6r)

(5.128) das hette der Ideschen eigner Teuffel gethan (Crivitz 1642: 8)

(5.129) Ob nicht wahr, das Sie Jobst Borcken auch zweene teuffel alß ihren Chim und der Wolden teuffel, Churg genannd, aufs leib gewisen (Stettin 1620: 6)

Die insgesamt 21 Pluralformen, in denen das Wort *Teufel* belegt ist, treten zu einem großen Teil in Hexentanzbeschreibungen auf. Dies verwundert insofern nicht, als der Hexentanz der Anlass ist, an dem nicht nur die Hexen, sondern auch ihre jeweiligen persönlichen Teufel zusammenkommen und feiern. Im Rahmen der Hexentanzbeschreibung fällt zudem eine Verwendung von Teufel mit einem speziellen Adjektivattribut auf, nämlich der *oberste Teufel*, der nur in diesem Zusammenhang anzutreffen ist. Es handelt sich hierbei um das Oberhaupt der Geister und Dämonen, um den mächtigsten Teufel, dessen höhergestellte Position auch in den Beschreibungen deutlich wird:

(5.130) Der obrister teuffel seße auffm gloenden stuel vnd hab ein gloende schweppen in der handt, damit er sie geschlagen (Alme 1630/3: 10v)

(5.131) der obrist teuffel aufm platz sitze aufm bock, wafur sie sich geneigt und denselben angebetet (Oberkirchen 1630/2: 19r)

Der oberste Teufel auf dem Hexentanz hat eine exponierte Stellung und betrachtet stets von seinem erhöhten Platz aus das Treiben der Hexen, die ihm zudem durch rituelle Handlungen huldigen müssen. Man könnte vermuten, dass es sich beim obersten Teufel um den Teufel per se, den „Widersacher Gottes und Herrscher über die Hölle", also den Teufel gemäß Bedeutung 1 des FWB handelt. Es verwundert indes, dass die Form auch mehrmals mit unbestimmtem Artikel auftritt:

(5.132) sei auch allezeit ein oberster Teuffl vorhanden gewest, wie ein stattlicher vom Adl in roth, grien, blau vnd schwarz Klaidern, vnd einen Zepter in der hand der sei Stadthalter gewest. Dem sei ehr vnd reverenz beschehen (Eichstätt 1630: 82)

(5.133) Bey den Zusammenkünften seye iedesmahls ein Obrister teüfel gewesen, der iedem habe Zubefehlen gehabt, deme man allerley reverenz erzeigen, vnd so gar den hindern Küssen müssen (Bamberg 1628-30/1: 4)

Mit der Hierarchie in der Welt der Teufel und Dämonen scheint es somit nicht so einfach zu sein. Der oberste Teufel steht zwar über den anderen Teufeln, er gehört aber dennoch zur gleichen Spezies, er ist einer von ihnen, nur eben ein spezieller, womit die Belege ebenfalls in den Bereich der Bedeutung 2 fallen.

Auch ein Großteil der *Teufel*-Nachweise im Singular mit bestimmtem Artikel scheint eher der zweiten Bedeutung zuzufallen, da in den Hexenprotokollen der Teufel in den meisten Fällen als persönlicher Geist der Hexe auftritt und als konkretes Wesen mit den Hexen interagiert. Belege für das Wort *Teufel* in der ersten Bedeutung können im Wesentlichen im Zusammenhang des oftmals ritualisierten und formalisierten Teufelspaktes gefunden werden. Hier wird der Teufel zuweilen zu Gott in Kontrast gestellt:[106]

(5.134) Q.: Ob und wo sie Gott ab und dem Teuffel zugesagt? Antwortt: R.: Ja, in ihrem Hauß seie es geschehen. Da hab sie sich abermals mit ihm vermischet und darnach Gott ab- und dem Teuffel zugesagt (Gerolstein 1633/2: 117)

(5.135) Des gleichen hette sie ein alt weib zu Nauheim mit nahmen Huner Merg ins teuffels nahmen getauffet, das sie dem herrn Christo hette ab, vndt dem teuffel zu saagen mußen (Friedberg 1620: 4)

Daneben tritt das Wort *Teufel* in der ersten Bedeutung in der Formel *ins Teufels Namen* auf, die – wie im obigen Beispiel 6.43 – als Zauberformel fungiert und in den Protokollen mit insgesamt 190 Belegen sehr häufig auftritt.

106 Der Treueschwur wird jedoch auch häufig an den persönlichen Teufel und Buhlen gerichtet, vgl. Kapitel 5.2.2.

5.5.3.2. Satan

Mit insgesamt 107 Belegen in 32 Protokollen wird das Wort *Satan* im Vergleich zum *Teufel* von den Angeklagten eher selten als Teufelsbezeichnung verwendet. Die Belege sind jedoch weit über das gesamte Untersuchungsgebiet verstreut (vgl. Karte 5.21, S. 207).

Es dominieren zwei Schreibformen, *Satan* und *Sathan*, wobei die Formen mit th-Schreibung mit 59 Nachweisen etwas stärker vertreten sind als die Formen mit t-Schreibung, die 46-mal verzeichnet sind. Zwei Nachweise aus dem Bregenzer Verhörprotokoll weisen zudem eine Konsonantenverdopplung (*Sattan*) auf. Ferner tritt in Bremen und Wittgenstein dreimal die seltene Variante *Satanas*/*Sathanas* auf.

Das Wort *Satan* ist eine Entlehnung aus kirchenlateinisch *satan, satanās*, das wiederum aus neutestamentlich griechisch *satān, satanās*, hebräisch *śātān* mit der Bedeutung 'Feind, Widersacher (Gottes)' entlehnt wurde (vgl. Kluge 2002: 785, s.v. Satan). Die überlieferte Bedeutung von *Satan* korrespondiert mit der oben erläuterten ersten Bedeutung von *Teufel*, und auch in den hier vorliegenden Protokollen scheint das Wort zumindest teilweise in dieser Bedeutung verwendet zu werden. Es tritt nahezu ausschließlich in Verbindung mit dem bestimmten Artikel und stets im Singular auf (5.136), nur selten (6-mal) finden sich artikellose Konstruktionen (5.137):

(5.136) Vngefehrlig 14 dage darna wehre der Satan in der Tweschummeren by der olden schluese wedder by er gekamen (Meldorf 1618/1: 4r)

(5.137) Satan wäre vor 8 tage bey sie im garten noch gewesen. (Bremen 1603: 42)

In 28 Fällen findet sich zudem eine erweiterte Form mit Adjektivattribut. Hierzu dient in 26 Fällen das Adjektiv *leidig* (5.138), in zwei Fällen das Adjektiv *böse* (5.139):

(5.138) Habe Ihro der leidige Satan morndrigen tags hierauf ein Seckel[in] gegeben, darin[n]en, seinem versprechen nach gelt sein sollen, so aber bei deßen erofnung nur koth vnnd vnrath gewesen. (Stein am Rhein 1667: 1)

(5.139) Auf groenen Donnerstagh abendt sey zu letzt der boser Sathan ihn der Wachstuben bey ihm gewesen, unnd zu schlagc[n] betrawet fhals nit widderruffen wurdt (Zülpich 1629/2: 8)

Die Erweiterung von *Satan* zum *leidigen Satan* scheint somit eine durchaus gängige zu sein, immerhin weist mit 26 Nachweisen insgesamt ein Viertel aller *Satan*-Belege diese Attribuierung auf. Vergleicht man dies mit der Attribuierung von *Teufel* ist dies nicht wenig: Hier wird in nur 6 Fällen das Adjektiv *leidig* vorangestellt, was bei einer Gesamtzahl von 740 Belegen kaum ins Gewicht fällt.

Grundsätzlich lässt sich festhalten, dass es sich bei *Satan* um eine weit verbreitete und allgemein bekannte Teufelsbezeichnung handelt, wofür die breite geographische Streuung der Belege spricht. Als kirchensprachliche, biblische Teufelsbezeichnung ist sie den Angeklagten aus Predigten, Bibellektüre etc. mit sehr großer Wahrscheinlichkeit gut bekannt, was jedoch nicht bedeutet, dass sie von ihnen auch aktiv verwendet wird. Die verhältnismäßig geringe Verwendungszahl einer so bekannten Teufelsbezeichnung in den Protokollen lässt darauf schließen, dass sie entweder nicht zum Standardwortschatz der Angeklagten zählt, die in ihren mündlichen Äußerungen eher auf umgangssprachliche Umschreibungen oder das Wort *Teufel* selbst zurückgreifen, oder dass sie von den Angeklagten – vielleicht aus Angst vor der Kraft des Wortes – bewusst vermieden wird. Ob es sich nun um eine bewusste oder unbewusste Vermeidung handelt, besonders deutlich wird das ausweichende Sprachverhalten in den Fällen, in denen die Verhörenden nach dem *Satan* fragen, die Verhörten hingegen in ihren Antworten andere euphemistische Teufelsbezeichnungen verwenden:

(5.140) 5. Ob sie mit dem Sathan nicht Vnzucht getrieben? [...] 5. Hab mit dem bösen geist niemals vnzucht getrieben. (Laaber 1608: 36r; 37v)

(5.141) und gefragt, wie sie zu solchem leidigen deuflichen Pfall khomen sein, Gott dem Herrn ab und dem Satan zugesagt, und dieser bei sie khomen? Antwort: sie sei keine Zaubersche der ganzen Welt und Christenheit, der böse Feiandt wehre niemalen zu ihro khomen (Siegburg 1636/1: 67)

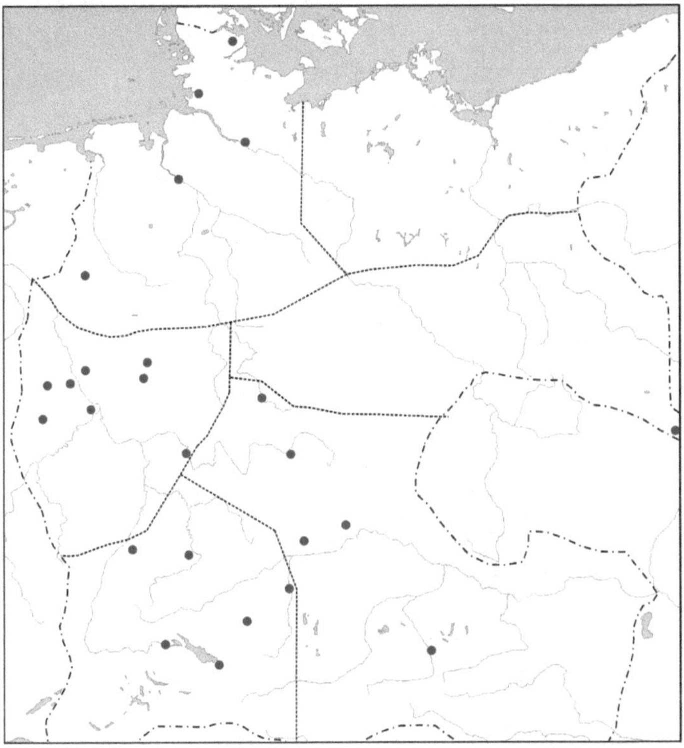

Karte 5.21: Regionalverteilung *Satan*

5.5.3.3. Böser Feind – Böser Geist – Der Böse

Die Bezeichnungen *Geist* und *Feind* sind als euphemistische Bezeichnungen für den Teufel im Korpus gut vertreten. Für den *Feind* finden sich insgesamt 292 Belege, für den *Geist* 283 Belege. Rein zahlenmäßig handelt es sich also um ein recht ausgewogenes Verhältnis, beide Formen werden etwa gleich häufig zur Benennung des Teufels verwendet.

Auch in geographischer Hinsicht sind beide Formen verhältnismäßig breit gestreut, es lassen sich aber regionale Tendenzen zur bevorzugten Verwendung der einen oder anderen Form feststellen: Insbesondere der deutsche Westen lässt eine größere Affinität zur Bezeichnung *Feind* erkennen. Im nördlichen Bayern wie auch in der Schweiz ist hingegen eine leichte Bevorzugung der Form *Geist* zu erkennen. (vgl. Karte 5.22).

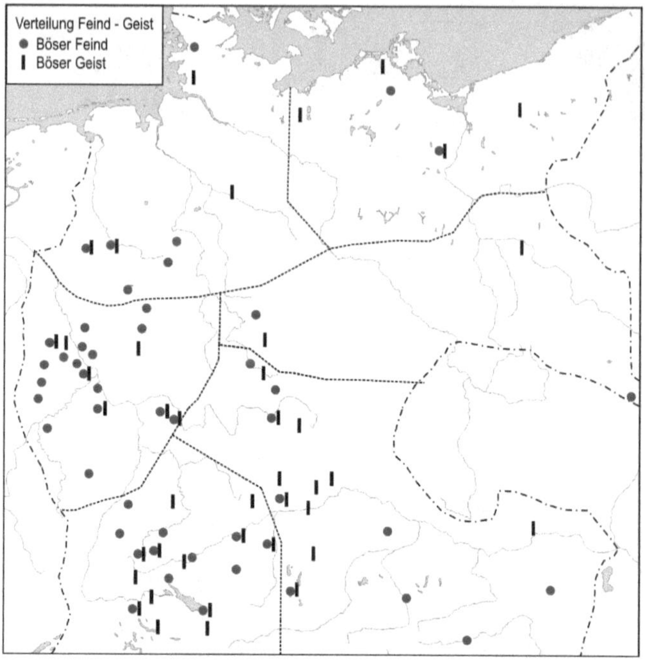

Karte 5.22: Regionalverteilung *Feind – Geist*

Die Schreibungen sind im Falle von *Geist* recht einheitlich. Sie variieren lediglich in der graphischen Umsetzung des Diphthongs, der in 213 Fällen als <ei>, in 70 Fällen als <ai> realisiert wird. Die ai-Schreibungen beschränken sich erwartungsgemäß auf den oberdeutschen Raum.

Bei *Feind* fällt die graphische Umsetzung deutlich vielgestaltiger aus. Variationen finden sich sowohl bei der Realisation des Diphthongs, der größtenteils als <ei> (236-mal), daneben aber auch im rheinisch-westfälischen Bereich als <eia> (35-mal), in Altenahr als <ia> (18-mal), sowie in Trier dreimal als <ai> wiedergegeben wird, als auch bei der graphischen Umsetzung des finalen Plosivs, der 199-mal als <dt>, 87-mal als <d> und nur 6-mal als <t> realisiert wird. In vier Fällen wird zudem das initiale <f> durch <v> ersetzt (je zweimal in Augsburg und Schönhausen).

Beide Teufelsbezeichnungen, also sowohl *Feind* als auch *Geist*, treten in der absoluten Mehrzahl der Fälle in Verbindung mit dem Adjektiv *böse* auf. Von den 292 *Feind*-Belegen geht 266 Belegen das Adjektiv *böse* voran, was einem Anteil von 91% entspricht; von den 283 *Geist*-Belegen treten 227 mit vorangestelltem *böse* auf, was immerhin noch 80% der Bildungen ausmacht. Es scheint sich also sowohl beim *bösen Feind* als auch beim *bösen Geist* um feste Syntagmen zu handeln, die als euphemistische Umschreibungen für den Teufel einen hohen Bekanntheits- und Verbreitungsgrad haben. Bei Grimm werden beide Syntagmen mit zahlreichen Belegen als gebräuchliche Wendungen für den Teufel angeführt (vgl. DWB 2: 250, s.v. böse), und auch Erich bezeichnet beide Formen als durch Euphemismus und Tabu bewirkte Ersatznamen (vgl. Erich 1936: 523).

Trotz des analogen formalen Aufbaus und der beiden Formen gemeinsamen Grundfunktion und -bedeutung (euphemistische Umschreibung des Teufels) lassen sich zwischen den beiden Syntagmen leichte semantische Unterschiede feststellen, die ihren Ausdruck u.a. in dem unterschiedlichen Lexikalisierungsgrad (91% vs. 80%) finden. Diese Unterschiede gründen im Wesentlichen auf dem Verhältnis von Adjektiv und Substantiv innerhalb der Phrasen. Rein formal gesehen setzen sich beide Syntagmen aus einem Substantiv und dem attributiv gebrauchten qualifizierenden Adjektiv *böse* zusammen. Die Funktion des qualifizierenden Adjektivs in Bezug auf das Substantiv ist jedoch in einem Fall die der Verstärkung, im anderen Fall die der Unterscheidung. Mit dem *bösen Feind* verhält es sich wie mit dem „weißen Schimmel“: Es gibt keinen *guten Feind*, genauso wenig wie es einen „schwarzen Schimmel“ gibt. Das Lexem *Feind* impliziert schon per se die Eigenschaft *böse*, das qualifizierende Adjektiv ist somit im Prinzip redundant, da die Information, die es liefert, bereits im Substantiv enthalten ist. Es hat somit keine unterscheidende Funktion im Hinblick auf gut und böse, sondern höchstens noch eine verstärkende Funktion. Wirklich unterscheidend fungiert es allein in Bezug auf *Feind* und *böser Feind*, indem es eine komplette Bedeutungsverschiebung hin zur idiomatischen Bedeutung bewirkt: Zwar kann auch das Wort *Feind* allein für den 'Teufel' stehen (vgl. DWB 3: 1457, s.v. Feind), in seiner Grundbedeutung bezeichnet es aber einfach den 'Gegner, Widersacher' und kann, je nach Kontext, zahlreiche verschiedene Arten von Feinden umfassen. Auch im Zusammenhang der Hexenprozesse könnte es neben dem Teufel einen menschlichen Feind, so z. B. einen Nachbarn, der dem oder der Angeklagten feindlich gesinnt ist, bezeichnen.[107] Der *böse Feind* jedoch ist im gesamten Korpus stets nur der Teufel, die Phrase ist in hohem Maße lexikalisiert und weist einen sehr viel engeren Bedeutungsrahmen als das Lexem *Feind* auf.

Beim *bösen Geist* hingegen verhält es sich anders, hier bleibt die unterscheidende Funktion des Adjektivs in Teilen erhalten: Als Gegenteil vom *bösen Geist* tritt im Korpus auch der *gute Geist* auf (vgl. Hildburghausen

107 Feindschaft ist ein häufiger Grund für Besagungen, und nicht selten wird eine Angeklagte gefragt, *ob sie mit jemand aus dieser gesellschaft in feindschaft stehe und gegen denselben aus gefaßtem haß und neid die unwahrheit vorbringe* (Wallhausen 1628: 196).

1629: 111), ferner finden sich Bildungen wie der *stumme Geist* (Stralsund 1630: 3) oder der *verdampte Gaist* (Leonberg 1641: 4), ganz zu schweigen natürlich vom *heiligen Geist.* Das Wort *Geist* deutet auf den geistigen (im Gegensatz zum weltlichen) Bereich hin, das Adjektiv *böse* dient der genauen Qualifizierung: Es handelt sich um ein böses geistiges Wesen (im Gegensatz zu guten geistigen Wesen), einen Dämon, einen Teufel. Die unbestimmte Form von Teufel ist hier bewusst gewählt, da sie einen weiteren Unterschied zwischen *Feind* und *Geist* verdeutlicht: Das Wort *Geist,* auch im Syntagma *böser Geist*, ist nicht so stark auf ein einzigartiges Wesen festgelegt. Im Gegensatz zum *Feind*, der – bis auf eine Ausnahme – nur im Singular auftritt, werden zum *Geist* auch Pluralformen gebildet, es gibt also mehrere *böse Geister* und somit mehrere Dämonen und Teufel, aber nur einen *bösen Feind*, den Teufel per se.

Ein weiterer Unterschied zwischen den beiden Formen wird deutlich, wenn man einen Blick auf den Kontext, genauer auf die zugehörigen Begleiter wirft: das *Feind*-Syntagma wird nahezu ausschließlich (zu 98%) durch den bestimmten Artikel eingeleitet, lediglich in 6 von 292 Fällen wird ein Pronomen bzw. ein Zahlwort vorangestellt. Das *Geist*-Syntagma weist im Gegensatz hierzu eine sehr viel größere Varianz in der Einleitung auf: Zwar dominiert auch hier der bestimmte Artikel (er tritt in 212 von 283 Fällen auf, also zu 75%), daneben existieren aber auch 71 Bildungen mit unbestimmtem Artikel, mit Possessiv-, Demonstrativ- und Indefinitpronomen, mit Genitivattribut, sowie gänzlich artikellose Bildungen. Alles in allem scheint die Gattungsbezeichnung *böser Geist* also formal deutlich flexibler verwendbar zu sein.

Blickt man zurück auf die Analyse des Wortes *Teufel*, fallen deutliche Parallelen zur formalen Beschreibung der Appellativa *böser Feind* und *böser Geist* ins Auge. Und auch in semantischer Hinsicht weisen die beiden Formen im Prinzip die gleichen Grundbedeutungen wie das Wort *Teufel* auf, wobei die eine Form, der *böse Feind*, eher in Richtung der ersten, die andere Form, der *böse Geist*, eher in Richtung der zweiten Bedeutung tendiert: Insbesondere die nicht mit bestimmtem Artikel eingeleiteten und die Pluralformen vom *bösen Geist* weisen verstärkt die Bedeutung 'Geist, Dämon' auf, wohingegen der *böse Feind* durch die fehlenden Pluralformen und den dominierenden bestimmten Artikel vielleicht eher in die Nähe der ersten Bedeutung, also 'Verkörperung teuflischer Macht' bzw. laut FWB 'Widersacher Gottes' gestellt werden kann. Es handelt sich hierbei jedoch nur um Tendenzen und keinesfalls um absolut zu setzende Bedeutungsunterschiede. Die Verwendungsrealität im Korpus zeigt einen weitgehend synonymen Gebrauch der beiden Teufelsbezeichnungen auf. Wirft man einen Blick in die Protokolle, in denen beide Euphemismen parallel verwendet werden (und dies ist in immerhin 22 Texten der Fall, wenn auch eine Form meist klar bevorzugt wird), stellt man schnell fest, dass beide Formen ohne Probleme austauschbar sind. So ist z. B. im Bekenntnis der Anna Barbara Neudecker zu lesen:

(5.142) Erstlicher hette Sie sich in einen Knaben verliebt gehabt, [...] welches hernach der boͤese feindt gewest, dene Sie an seiner abscheulichen gestallt erkennet.

(5.143) Habe auch zum andtern vff Deß boͤesen Geists betrohen vnndt Zureden Gott den allmåchtigen vndt die heilige Jungfrau Maria vnchristlicher weiß verlaugnet. (Bamberg 1630/1: 203)

Dass es sich insbesondere in den stärker überarbeiteten Bekenntnisprotokollen beim Wechsel der Formen vermutlich um ein Mittel der stilistischen Variation von Seiten der Schreiber handelt, zeigt der folgende Auszug aus dem Bekenntnis der Anna Huenckherin. Es werden jeweils nur die Anfänge der unmittelbar aufeinander folgenden Absätze wiedergegeben:

(5.144) Bald hernacher seie der boͤße Gaist beim Mispelhoͤlzlin wieder zu Iro kommen [...]

Vor ohngefahr 7 Jahren seie der boͤße Feuͦnd abermahls gegen abendt als die Schaaf eingefahren zu Iro khommen [...]

Ohngefahr vor 4 Jaren, seie Ir buel wieder zu Iro khommen und bevohlen, [...]

Baldt hernacher als Sie auf Irem hanfackher gehanffet, sey der boͤß gaist wieder zu Ihro khommen [...]

Ohnlang darauf seie der boͤße Feind wiederumb zu Iro khommen [...]

Vor ohngefåhr dreyen Jaren, seye Ir Verfuͦerer wider zu Iro khommen [...]

(Rottweil 1615: 232–34)

In diesem Text werden nicht nur der *böse Geist* und der *böse Feind*, sondern gleich eine Reihe weiterer Teufelsbezeichnungen quasi unterschiedslos nebeneinandergestellt. Sollten im Bewusstsein des Schreibers semantische Unterschiede zwischen den Euphemismen bestehen, scheinen sie so gering zu sein, dass sie zugunsten der stilistischen Variation außer Acht gelassen werden können.

Neben dem *bösen Geist* und dem *bösen Feind* findet sich in den Protokollen auch die Form *der Böse*. Sie lässt sich in insgesamt 108 Fällen als Euphemismus für den Teufel nachweisen. Die 108 Belege stammen aus 32 Protokollen aus dem gesamten Untersuchungsgebiet.

Die Vermutung liegt nahe, dass es sich bei *der Böse* um eine verkürzte Form der oben vorgestellten Syntagmen handelt, und tatsächlich wird der Name in 16 Protokollen parallel zum *bösen Feind*, in 4 Protokollen parallel zum *bösen Geist* und in 6 Protokollen parallel zu beiden Formen verwendet, was die These unterstützen könnte. In weiteren 6 Protokollen steht *der*

Böse jedoch alleine, also ohne die parallele Verwendung einer der anderen beiden Formen, was hingegen für eine gefestigte, eigenständige Teufelsbezeichnung spricht. Letzteres wird auch durch den fast durchgängigen Gebrauch des bestimmten Artikel (in 106 von 108 Fällen) gestützt, der, ähnlich wie beim *bösen Feind,* eine starke Idiomatisierung vermuten lässt.

5.5.3.4. Buhle

Mit 509 Nachweisen handelt es sich bei dem Wort *Buhle* um eine sehr häufige und zudem im gesamten Untersuchungsgebiet verbreitete Form der Teufelsbezeichnung (vgl. Karte 5.23, S. 213). Zum einfachen Simplex treten drei verschiedene, ebenfalls zur Teufelsbenennung verwendete Komposita (*Buhlteufel, Buhlgeist, Teufelsbuhle*), die mit insgesamt 117 Belegen gesondert behandelt werden (vgl. Abschnitt 5.5.3.5.).

Das Wort *Buhle* geht zurück auf mhd. buole, mndd. bo(u)le, mndl. boel, welche laut Kluge zu germ. *bōla 'Schlafplatz', anord. ból 'Schlafplatz, Schlafgenosse' gebildet wurden (vgl. Kluge 2002: 159), laut Duden jedoch aus der Lallsprache der Kinder stammen (vgl. Duden-Herkunftswörterbuch 2001: 119). Im Hoch- wie auch im Niederdeutschen diente es zunächst zur Bezeichnung eines nahen Verwandten oder einer eng vertrauten Person und wurde später in abwertendem Sinne für den Geliebten bzw. die Geliebte verwendet (vgl. ebd.; Schiller/ Lübben 1: 378 f.).

Im vorliegenden Korpus tritt das Wort in insgesamt 16 verschiedenen Schreibungen auf. Die Schwankungen betreffen insbesondere die Markierung des Langvokals, die sowohl durch Dehnungs-h (187-mal) als auch durch Dehnungs-e (154-mal) vorgenommen wird oder aber gänzlich fehlt (168-mal), sowie die Art des Stammvokals, also <o> (89-mal) vs. <u> (420-mal).

Die Wahl der Dehnungsmarkierung des Stammvokals <u> lässt teilweise regionalgebundene Präferenzen erkennen: Während die unmarkierte Dehnung (*bule*) im gesamten Sprachgebiet auftritt, wird das Dehnungs-h (*buhle*) verstärkt in der Mitte und im Norden, das Dehnungs-e (*buele*) schwerpunktmäßig im Süden des Sprachgebietes verwendet. Insgesamt betrachtet treten Formen mit Stammvokal <u> im gesamten Gebiet auf, wohingegen die niederdeutsch-niederländischen Formen mit <o> allein im ribuarischen, westfälischen und nordniedersächsischen Gebiet anzutreffen sind. Im Hinblick auf die Dehnungsmarkierungen lässt sich hier lediglich eine leichte Präferenz des Dehnungs-e (*boele*) im ribuarischen Raum erkennen. Als regionales Spezifikum des ostoberdeutschen Raumes lassen sich zudem 32 Belege mit verhärtetem Anlaut (*Puhla, Puel, Puell*) anführen.

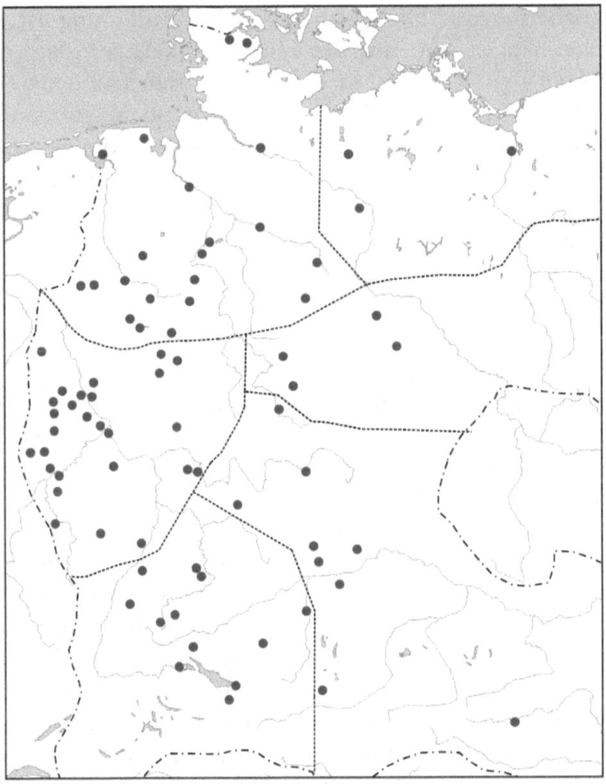

Karte 5.23: Regionalverteilung *Buhle*

Wie bei den im vorherigen Abschnitt behandelten Teufelsbezeichnungen handelt es sich auch beim Appellativum *Buhle* um einen Euphemismus für den Teufel, jedoch um einen Euphemismus von etwas anderer Qualität: Der *böse Feind/Geist* und der *Böse* haben als Teufelsbezeichnungen einen sehr hohen Bekanntheitsgrad und eine dementsprechend große Akzeptanz erreicht. Sie haben in ihrer Bedeutung 'Teufel' den Sprung ins Lexikon geschafft und sind damit nach Luchtenberg sogenannte langue-Euphemismen, also Euphemismen, die in den Wortschatz einer Sprache eingegangen sind. Als solche haben die ursprünglichen Bildungen eine Bedeutungsveränderung im Sinne einer Bedeutungsverengung erfahren, da sich die euphemistische Bedeutung gegen die ursprüngliche Bedeutung durchgesetzt hat (vgl. Luchtenberg 1975: 323).

Beim *Buhlen* verhält es sich da anders: Das Wort *Buhle* ist nur im Kontext des Hexereithemas als Euphemismus für den Teufel zu verstehen, wohingegen es in anderen Zusammenhängen eine grundlegend andere Bedeutung haben kann. Die euphemistische Bedeutung ist somit sehr stark kontextabhängig, und nur der Hörer resp. Leser, der ausreichende Kenntnisse über den Kontext, in diesem Fall den frühneuzeitlichen Hexenglauben, besitzt, kann das Wort in seiner euphemistischen Bedeutung verstehen. Nur wenn die Teufelsbuhlschaft als einer der zentralen Punkte der Hexenlehre bekannt ist, kann auch der *Buhle* als 'Teufel' erkannt werden.[108]

Obwohl es sich bei *Buhle* um keinen langue-Euphemismus handelt, lässt das gehäufte Auftreten in den Protokollen auf eine große Verbreitung und einen hohen Bekanntheitsgrad im Rahmen der Hexenverfolgung schließen. Es handelt sich sicherlich nicht mehr um eine rein okkasionelle Bildung, sondern um eine fast schon usuelle.[109] Im Korpus wird das Wort – wie die anderen Teufelsbezeichnungen auch – in allen Kontexten des Hexereithemas verwendet und ist nicht, wie man vielleicht vermuten könnte, auf den Zusammenhang der Teufelsbuhlschaft beschränkt. Es handelt sich, was die Verwendung angeht, um eine den anderen Bezeichnungen durchaus gleichberechtigte Form. Auffällig ist jedoch, dass mit *Buhle* der Teufel eine sehr viel persönlichere Note erhält. Der *Buhle* ist nun mal in erster Hinsicht der 'Liebhaber' und erst in zweiter Hinsicht der 'Teufel', wobei die Grundbedeutung durch die euphemistische Bedeutung nicht völlig aufgehoben wird, sondern gewissermaßen in ihr enthalten ist. Es findet eine Aspektbetonung[110] statt, d. h. es wird ein spezieller Aspekt des Teufels- bzw. Hexenglaubens hervorgehoben, und zwar die Buhlschaft, also die intime Beziehung von Teufel und Hexe, und diese Funktion des Teufels als Buhle steht nunmehr für den Teufel an sich.[111]

---

108 Dies soll nicht heißen, dass die Grundbedeutung von *Buhle* als 'Geliebte(r)' im Hexereikontext grundsätzlich zugunsten der euphemistischen Bedeutung aufgegeben wird. Im Ellinger Verhörprotokoll z. B. wird das Wort parallel in beiden Bedeutungen verwendet, wobei das nicht-übertragene *Buhle* auf die Hexe in ihrer Funktion als Geliebte des Teufels rekurriert: *Sagt es sey vhngefehr 20 Jar, d[as] sie von hieher auß nach höttingen vnnd anhaimbs gehen wöllen, bey der Martter Saul der bösse gaist zu Ir Khom[m]en, Inn gestalt eines schonen Mans Person [...], gesagt soll mit Ime In die haganaw gehen, vnndt sein buel werden* (Ellingen 1590: 1).

109 Unter usuellen Euphemismen werden hier, nach Luchtenberg, Euphemismen verstanden, die „weitgehend von allen Sprachteilnehmern in bestimmten Situationen gebraucht werden" (Luchtenberg 1975: 334). Im Gegensatz hierzu sind okkasionelle Euphemismen solche, „die gruppenspezifischem Sprachgebrauch angehören oder individuelle Sprechweise bezeichnen" (ebd. 334).

110 Zur Bildungsweise von Euphemismen vgl. Luchtenberg (1975): 296 ff.

111 Streng genommen könnte man schon bei der Grundbedeutung von *Buhle* von einer euphemistischen Bildung sprechen, da – wie oben dargestellt – das Wort zunächst für einen engen Freund, und erst später abwertend für den Geliebten/die Geliebte verwendet wurde. Beim *Buhlen* als 'Teufel' würde es sich somit um einen doppelten Euphemismus handeln.

Durch die Bezeichnung des Teufels als *Buhle* wird also das sehr enge Verhältnis von Teufel und Hexe hervorgehoben. Dieses Verhältnis wird auch formal durch den verstärkten Gebrauch einleitender Possessivpronomen deutlich: Von den insgesamt 509 Belegen werden 435 von einem Possessivpronomen begleitet, das entspricht 85,5% der Fälle. Im Vergleich zu den anderen bisher vorgestellten Teufelsbezeichnungen ist dieser Wert extrem hoch: beim Teufel sind es nur 3%, beim Feind 1%, beim Geist 12% und beim Bösen 2% aller Fälle. Der *Buhle* wird der jeweiligen Hexe somit persönlich zugeordnet, er ist ihr eigener, individueller Teufel, wobei Teufel hier wiederum in der zweiten Bedeutung, also als 'Geist, Dämon' zu verstehen ist. Insbesondere im Rahmen der Hexentanzbeschreibungen findet sich das Wort *Buhle* – ähnlich wie der *böse Geist* – auch in der Pluralform. In insgesamt 26 Fällen ist von *Buhlen* die Rede, die ihre Hexen zum Tanzplatz führen, mit ihnen umherstolzieren, tanzen und *buhlen* bzw. *buhlieren.*[112] Der Teufel als *Buhle* weist somit stark vermenschlichte Züge auf, er ist nicht mehr länger nur ein 'Geist', er ist ein 'menschenähnlicher Geist', indem er äußere Züge, Verhaltensweisen und Funktionen des Menschen angenommen hat. Zwar wird von den Angeklagten immer wieder von seiner Unnatürlichkeit, seiner Kälte und von abnormen Körperteilen berichtet, letzten Endes wird aber doch in der absoluten Mehrzahl der Fälle ein Mensch bzw. ein dem Menschen zum Verwechseln ähnliches Wesen beschrieben. Der *Buhle* ist somit ein 'persönlicher, vermenschlichter Geist', dem in vielen Fällen sogar ein konkretes menschliches Geschlecht zugewiesen wird.

Das Wort *Buhle* in seiner Grundbedeutung als 'Liebhaber, Geliebte' ist seit dem 15. Jahrhundert geschlechtsvariabel, es kann mit Differentialgenus sowohl für männliche als auch weibliche Personen verwendet werden, wobei die weibliche Form laut Duden selten geblieben ist (vgl. Duden-Herkunftswörterbuch 2001: 119). Auch in der euphemistischen Übertragung, wie sie im Korpus zu finden ist, wird eine Geschlechtsspezifikation vorgenommen, jedoch weniger mit Differentialgenus als vielmehr durch Movierung. Die weibliche Form *Buhlin* tritt in 5 Protokollen auf, in denen sie insgesamt 20-mal nachgewiesen werden konnte. Dies erscheint auf den ersten Blick sehr wenig, bedenkt man jedoch, dass der Männeranteil unter den Angeklagten mit 16% recht gering ausfällt, relativiert sich das Bild etwas. Die Form *Buhle* mit weiblichem Artikel ließ sich in keinem Fall nachweisen, was jedoch nicht bedeutet, dass *Buhle* nicht auch in der unmovierten Form auf das weibliche Geschlecht verweisen kann. So finden sich z. B. im Coesfelder Protokoll folgende Konstruktionen:

112 Die entsprechenden Verben werden im Rahmen der Untersuchung zum körperlichen Paktschluss behandelt (vgl. Abschnitt 5.4.1.).

(5.145) bei Kobbing habe sein Buele, die er Christina genennet, gesessen (Coesfeld 1632: 37)

(5.146) Sein Buele habe sich Greite nennen lassen, welche seidene Kleider ahngehabt, sei die allerschöenste gewehsen (Coesfeld 1632: 47)

In diesen beiden Beispielen bezieht sich *Buhle* zwar auf eine weibliche Person, wird jedoch mit maskulinem Possessivpronomen verwendet.[113] Die weibliche Spezifizierung erfolgt erst durch das nachfolgende weibliche Relativpronomen. Was hier grammatikalisch falsch erscheint, spiegelt vielleicht die Unsicherheit der insbesondere männlichen Angeklagten (und Schreiber) im Umgang mit der Teufelsbezeichnung *Buhle* wider. Das Wort in der nicht-movierten Form ist scheinbar nur als Maskulinum bekannt, das Differentialgenus, das der Duden ab dem 15. Jahrhundert feststellt, kann im hier zusammengestellten Korpus mit Texten des 16. und 17. Jahrhunderts nicht nachgewiesen werden.

5.5.3.5. Konzeptübergreifende Gattungsnamen

In den Bereich der konzeptübergreifenden Gattungsnamen fallen Komposita und feste Syntagmen, die sich aus jeweils zwei Elementen der oben angeführten Benennungskonzepte zusammensetzen. Von Bedeutung sind hier insbesondere die Elemente *Teufel*, *Buhle* und *Geist*.

Der mit 87 Belegen insgesamt häufigste konzeptübergreifende Gattungsname ist der Name *Buhlteufel*.[114] Im Gegensatz zum weit verbreiteten Simplex *Teufel* weist das Kompositum *Buhlteufel* in seiner Verwendung jedoch deutliche Restriktionen auf. Seine sprachgeographische Verbreitung ist auf den oberdeutschen Raum, und hier primär auf das Ostoberdeutsche beschränkt (vgl. Karte 5.24). Die Belege stammen zum größten Teil aus Eichstätt, zu geringeren Anteilen aus Ellingen, Eschbach, Garmisch und Reichertshofen.

Das Verbreitungsgebiet ist im Gegensatz zum *Teufel* somit deutlich eingeschränkt, und auch die Verwendung innerhalb der Protokolle weist klare Restriktionen auf: Das Kompositum wird fast ausschließlich im Zusammenhang mit Hexentanzschilderungen verwendet, was wohl durch

113 Dass es sich bei *sein* um eine apokopierte Form von *seine* handelt, ist eher unwahrscheinlich, zumal im selben Protokoll die movierte Form *Buhlin* mit weiblichem possessivem Begleiter auftritt: *seine Buelinne sei raw vmb den fuessen, vnd kaldt in den bolieren gewehsen* (Coesfeld 1632: 48).

114 Als Normalform wird hier die hochsprachliche Form *Buhlteufel* angesetzt. In den Protokollen wird jedoch fast durchweg eine Form mit Dehnungs-e, häufig mit doppelter Konsonantengemination und Synkope (*Buellteuffl*) gewählt. In seltenen Fällen finden sich zudem Formen mit Anlautverhärtung (*Puelteuffl*, *Puhlteuefel*).

seinen veränderten semantischen Wert bedingt ist. Während der *Teufel* als sehr weit gefasster Begriff das Böse in Person, den obersten Dämon und Gegenspieler Gottes, oder einen Geist bzw. Dämon bezeichnen kann, bezeichnet der *Buhlteufel* einen bestimmten Teufel, nämlich den dämonischen Tanz- und Sexualpartner der Hexe.[115] Die Bezeichnung tritt in Hexentanzschilderungen vermehrt auf, da hier in der Regel nicht nur ein, sondern viele Teufel auftreten, eben die *Buhlteufel,* die in der dämonischen Rangordnung Lucifer, dem *obristen Teufel*, untergeordnet sind. Der *Buhlteufel* ist – analog zum *Buhlen* – ein Teufel in der Funktion eines Liebhabers, er ist gewissermaßen der persönliche Teufel einer jeden Hexe. Wie schon beim *Buhlen* schlägt sich die stärkere Personalisierung und Vermenschlichung des Teufels formal in einer deutlich erhöhten Zahl an weiblichen Formen nieder: Alles in allem ließ sich 29-mal die weibliche Form *Buhlteuflin* nachweisen, was bei einer Gesamtzahl von 87 Belegen genau ein Drittel aller Belege ausmacht. Die *Buhlteuflin* scheint somit für die Verhörten eine gute Alternative zu sein, um die Bildung einer weiblichen Form von *Buhle*, sei es durch Movierung oder Differentialgenus, zu vermeiden. Erstaunlich ist die hohe Zahl an weiblichen Endungen jedoch insofern, als die Movierung im Falle des zugrundeliegenden Simplex *Teufel* weitgehend vermieden wird.[116]

Neben dem *Buhlteufel* finden sich noch zwei weitere Gattungsnamen, die aus den gleichen Elemente zusammengesetzt sind, nämlich zum einen der *Teufelsbuhle*[117] und zum anderen der *teuflische Buhle*[118]. Mit der Umkehrung der Wortstellung geht auch eine semantische Umkehrung einher: Beim *Teufelsbuhlen* und beim *teuflischen Buhlen* handelt es sich primär um einen Liebhaber, der teuflischer Natur ist, und nicht um einen Teufel, der die Funktion eines Liebhabers hat. Beide Bezeichnungen werden in den Protokollen teils parallel zur Bezeichnung *Buhle* verwendet. Für das Kom-

115 Ein bestimmter Teufel wird zudem durch die Komposita *gelltteuffel* (Hemau 1616: 1r) und *Rechtsteuffel* (Stettin 1620: 2) bezeichnet, die als Einzelnachweise und somit Sonderformen im Korpus auftreten. Während durch *Buhlteufel* die Funktion des Teufels als Liebhaber betont wird, hebt der *gelltteufel* den Aspekt des materiellen Helfers hervor, der *Rechtsteuffel* den Aspekt des Teufels als Rächer.

116 Wie beim *Buhlen* wird auch im Fall von *Teufel* unter Umständen die männliche Form zur Bezeichnung eines weiblichen Teufels gewählt, wodurch die Movierung vermieden wird: *und were der teuffel nach vier tagen bei ihnen aufm Langeschedt in blanken gezeug und eim haubttuch aufm kopf gekommen, Federwisch genandt, so zu ihm gesagt, wen er ihr wolte sein, wolte sie ihme viel und viel geben etc.* (Oberkirchen 1630/3: 19v).

117 Das Kompositum wird in den Protokollen durchweg getrennt geschrieben, wobei Groß- und Kleinschreibung der Komponenten variiert. Als Schreibungen finden sich im Einzelnen: *Teuffels Buhle* (Ostrau 1628: 82v), *teufelß buhlen, teuffels Bulen* (Stettin 1620:1; 6), *teuffels buhlen, teufels buhlenn* (Wernigerode 1583/3: 8 f.).

118 Als Schreibformen treten auf: *Teuffelsch[er] bole* (Erkelenz 1598: 3), *teufflischen bulen* (Edingen 1630: 114).

positum *Teufelsbuhle* ließen sich insgesamt 5 Belege aus drei Protokollen (Ostrau, Stettin, Wernigerode) ermitteln, die grob in den nordöstlichen Teil des Sprachgebietes fallen. Der *teuflische Buhle* tritt dreimal in zwei westmitteldeutschen Protokollen auf, Erkelenz und Edingen. Es scheint sich bei den beiden Formen also ähnlich wie beim *Buhlteufel* um wenig verbreitete regionale Varianten zu handeln (vgl. Karte 5.24).

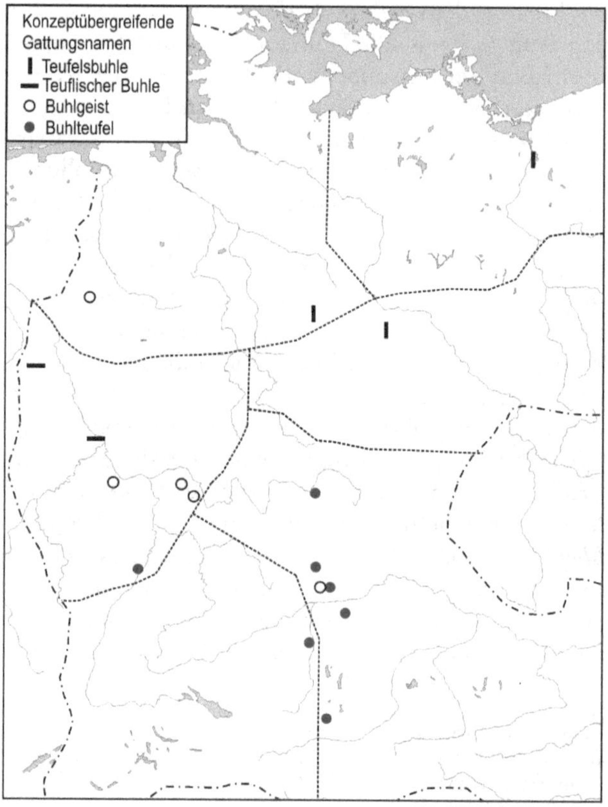

Karte 5.24: Konzeptübergreifende Gattungsnamen

Als ein weiterer konzeptübergreifender Gattungsname kann ferner das Kompositum *Buhlgeist*[119] angeführt werden. Analog zum *Buhlteufel* weist auch die Form *Buhlgeist* in ihrer Verbreitung eine regionale Bindung auf,

119 Unter den verschiedenen Schreibungen des Determinans *Buhl* finden sich sowohl solche mit Dehnungs-h als auch mit Dehnungs-e sowie mit beiden Dehnungsmarkierungen (*Buehlgeist*, Dieburg 1627: 76). Das Determinatum *geist* wird – bis auf eine Ausnahme – durchweg mit <ei> geschrieben.

sie tritt jedoch nicht im Südosten, sondern verstärkt im mittleren Westen auf. Von den insgesamt 25 Belegen aus fünf Protokollen stammen 21 aus den Orten Dieburg, Höchst und Wallhausen, die sämtlich sehr dicht beieinander liegen (vgl. Karte 5.24, S. 218).

5.5.3.6. Weitere Gattungsnamen

Neben den vorgestellten weiträumiger distribuierten Benennungskonzepten gibt es noch eine Reihe weiterer Teufelsbezeichnungen, deren Auftreten zahlenmäßig oder regional stark begrenzt ist. Ermittelt werden konnten insgesamt 12 weitere Gattungsnamen:

- Abgott (14-mal: Depenau 1613, Grünholz 1641, Meldorf 1618-19, Müddersheim 1630, Schwabstedt 1619)
- Beelzebub (2-mal: Bamberg 1628-30)
- Drache (9-mal: Coburg 1670, Georgenthal 1597, Gommern 1660)
- Folandt (2-mal: Braunau 1617)
- Freyer (2-mal: Braunau 1617)
- Galan (25-mal: Jägerndorf 1653)
- Gespenst (10-mal: Bregenz 1628/1/2, Golling 1677, Grünholz 1641, Hemau 1616, Köln 1629, Stralsund 1630, Trier 1592)
- Jamer (6-mal: Mandern 1626)
- Madamma (1-mal: Dillenburg 1631)
- Matreße (2-mal: Dillenburg 1631)
- Patron (2-mal: Flensburg 1607/1608)
- Verführer (3-mal: Eschbach 1630, Rottweil 1615)

Die Anzahl der Belege und Belegorte zeigt, dass es sich bei den meisten dieser Teufelsbezeichnungen um sehr individuelle, lokale Benennungsarten handelt. Hervorzuheben ist allein die Bezeichnung *Gespenst*, deren wenige Belege eine sehr weite geographische Streuung aufweisen, und zwar von Bregenz im äußersten Süden bis Grünholz im äußersten Norden des Sprachgebietes. Mit Hilfe des Wortes *Gespenst* wird der Teufel in seiner Rolle als geistiges, nicht-körperliches Wesen erfasst, womit der Gattungsname in die Nähe der Bezeichnung *Geist* rückt:

(5.147) und bekannt, daß inmittelst er die gueter zu Casell erkaufft, Ime ein mall ahn einem Bechlin zwischendt Casell und dem Gruenen Hauß ein gespenß vurkommen, In schein eines grosen Mans wie ein Burgers Man, Er hab sich gesegnet und gesagt, gehe due boeser Faindt, du schaffest nigst, und sey gleich darauff verschwonden (Trier 1592: 75).

Das Wort *Gespenst* hat einen sehr weit gefassten Bedeutungsrahmen, was zur Folge hat, dass seine Verwendung im Korpus nicht einheitlich ist. Während es in der Regel wie im obigen Beispiel als Bezeichnung für einen 'Teufel' oder 'Geist' verwendet wird, kann es auch als allgemeine Bezeichnung für teuflische Trugbilder und Erscheinungen verwendet werden:[120]

(5.148) Bekh[endt] Ir buel hab Sy mit Ime hin vnd wid[er] auf die Tänz od[er] Teüfels gespenst gefuert (Bregenz 1628/1: 290r)

(5.149) wie sie dan Selbst ⌈in der Nacht⌉ blawe liechter vnd gespenste, so als ein hase, derer 3. gewes[en], darin geseh[en], welche vmb sie herumb gelauff[en] aber ihm nits gethan (Stralsund 1630/2: 9)

Auf die Erscheinungsform des Teufels zielt auch die Bezeichnung *Drache* ab, deren Verwendung regional auf den Bereich des mittleren Ostens des Sprachgebietes beschränkt ist. Dass es sich hier tatsächlich um eine Teufelsbezeichnung und nicht einfach nur um eine Beschreibung der Teufelsgestalt handelt, zeigen die folgenden Belege, in denen der *Drache* synonym zum *bösen Feind* benutzt wird:

(5.150) Ob nicht der Drach oder Böße Feindt Gott sey bey Unß bey ihr underschiedlichen auß und einfliegen Thue? (Coburg 1670: 94)

(5.151) Ob sie sich mit dem Drachen oder dem bösen Feinde verbunden (Gommern 1660: 149)

Die Bezeichnungen *Freyer*, *Galan*, *Madamma*, *Matreße* und *Verführer* betonen sämtlich die Funktion des Teufels als Liebhaber und lassen sich daher mit dem Konzept *Buhle* vergleichen. Sie stellen allesamt lokal sehr begrenzte Varianten der Teufelsbezeichnung dar.

Einen ketzerisch-gotteslästerlichen Beigeschmack tragen die Namen *Patron* und *Abgott*. Beide Bezeichnungen treten nahezu ausschließlich im norddeutsch-niederdeutschen Sprachgebiet auf (eine Ausnahme bildet allein ein Beleg aus Müddersheim). Der *Patron* bezeichnet in erster Linie einen 'Schirm- und Schutzherren' und wurde sowohl im kirchlichen Bereich für die 'Schutzheiligen bzw. für Christus selbst' verwendet, als auch im weltlichen Bereich für einen 'Gönner' (vgl. DWB 13: 1505, s.v. Patron). Mit der Bezeichnung des Teufels als *Patron* wird seine Stellung als Beschützer und Helfer der Hexe hervorgehoben und zugleich der blasphemische Charakter des Teufelsbündnisses verstärkt. Ähnliches gilt für die Bezeichnung des Teufels als *Abgott*[121], durch die der Aspekt des Göt-

120 Vgl. hierzu auch die Etymologie des Wortes *gespenst*, das zurückgeht auf mhd. *gespenst, gespanst* 'Lockung, Trugbild', ahd. *gispensti, gispanst* 'Verlockung' (vgl. Kluge 2002: 353, s.v. Gespenst).

121 In Depenau und Meldorf wird die niederdeutsche Schreibweise *Affgott* (Depenau 1613: 64) bzw. *Affgodt* (Meldorf 1618/1: 64v) verwendet.

zendienstes und Aberglaubens in den Vordergrund gestellt wird. Beide Bezeichnungen zeigen deutlich die Nähe der Hexerei zur Ketzerei.

Mit *Beelzebub* und *Folandt* sind zwei klassische, tradierte Teufelsbezeichnungen vertreten. Ihrem seltenen Auftreten als Gattungsname steht ein verstärkter Gebrauch als Eigenname für den Teufel gegenüber, sie werden daher im nachfolgenden Abschnitt (5.2.2.) ausführlicher behandelt.

Der Gattungsname *Jamer* kann nicht genau zugeordnet werden. Er tritt nur in Mandern auf und kann somit als lokale Variante gewertet werden. Bei *Jamer* handelt es sich um eine laut DWB noch im 16. Jahrhundert verbreitete Schreibform von *Jammer*, das sowohl 'Not, Elend, Leid' und 'Klage', als auch 'Mitleid, Erbarmen' bezeichnen kann (vgl. DWB 10: 2250, s.v. Jammer). Da häufig beschrieben wird, dass den Angeklagten der Teufel in Situationen größter Not erschienen ist, kann hier ein Zusammenhang vermutet werden. Auch im Manderner Protokoll erscheint der *Jamer* zu einer Zeit, in der die Angeklagte Probleme mit ihrem Mann hat:

(5.152) Bekennt Ihr Man were fast verhurt gewest, undt der Jamer Beltzebock seye vor ungefeahr 40 Jahren in eines Jungen gesellen gestalt, schwartz gekleidt, zu ihr, in abweßen Ihres Mans, in ihrem Hauß Kommen, undt begert, sie sollte ihme folgen undt anhangen, er wolte ihr ehr undt gutt genug geben (Mandern 1616: 114)

Es ist somit anzunehmen, dass es sich bei *Jamer* um einen lokalen, vermutlich okkasionellen Euphemismus für den Teufel handelt, der nur in Mandern, und vielleicht auch hier nur bei wenigen Personen, gebräuchlich war.

5.5.3.7. Vergleichende Gegenüberstellung

Um einen abschließenden Überblick zu erhalten, sollen die ermittelten Gattungsnamen für den Teufel nun in ihrer Auftretenshäufigkeit verglichen werden. Im Säulendiagramm (Abb. 5.2, S. 222) werden die Belegzahlen der jeweiligen Appellativa nebeneinandergestellt, das Tortendiagramm (Abb. 5.3, S. 222) soll das prozentuale Verhältnis verdeutlichen.

Mit insgesamt 740 Belegen dominiert *Teufel* deutlich vor allen übrigen Bezeichnungen. Es folgen der *Buhle* mit 509 Nachweisen vor *Feind* und *Geist* mit 292 bzw. 283 Nachweisen. Alle weiteren Apellativa rangieren im Bereich von etwa 100 Belegen. Das Wort *Teufel* ist somit die mit Abstand am häufigsten verwendete Gattungsbezeichnung, ihr Anteil an Gesamtverwendung der Teufelsbezeichnungen beträgt 33%, also genau ein Drittel. Es ist also gerade die konkrete, nicht verhüllende Bezeichnung, die in den Protokollen im Einzelvergleich am häufigsten verwendet wird. Betrachtet man jedoch die prozentuale Verteilung im Ganzen fällt auf, dass die nicht-euphemistischen Bezeichnungen (*Teufel* und *Satan*) gerade einmal 38% an der Gesamtmenge der Belege ausmachen und die euphemistischen Bezeichnungen mit 62%[122] sehr klar überwiegen. Grundsätzlich werden also die verhüllenden Namen bevorzugt.

Die prozentuale Verteilung macht zudem deutlich, dass über 80% aller verwendeten Teufelsbezeichnungen durch nur vier verschiedene Gattungsnamen, nämlich *Teufel, Buhle, Feind* und *Geist* gestellt werden. Bedenkt man, dass in der Sekundärliteratur zum Teufelsglauben im Mittelalter und der Frühen Neuzeit eine überaus große Menge verschiedener Teufelsbezeichnungen angeführt werden, erscheint die geringe Zahl von nur vier Hauptbezeichnungen in den Protokollen recht wenig, so dass man wohl mit Recht von einem hohen Maß an Standardisierung sprechen kann.

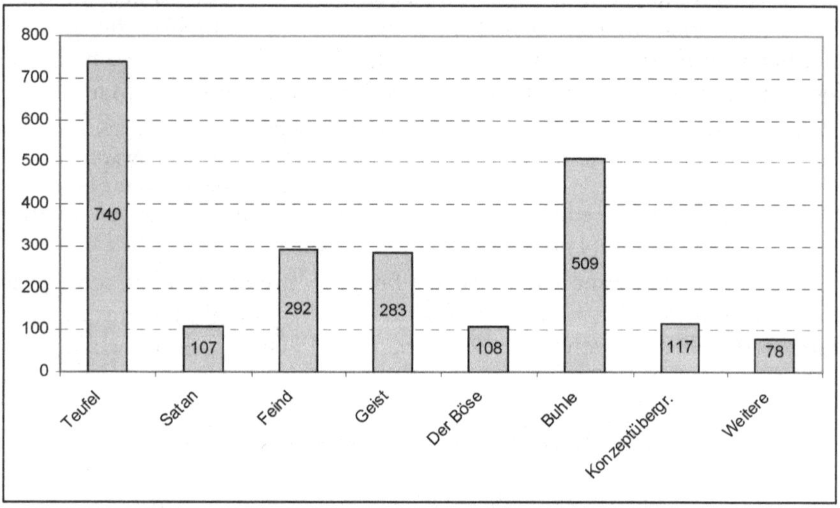

Abb. 5.2: Verteilung der Gattungsnamen nach Belegzahlen

122 Außer *Feind, Geist, der Böse* und den konzeptübergreifenden Namen wurden hier auch die weiteren Namen mit eingerechnet, da es sich bei ihnen größtenteils um euphemistische Namen handelt.

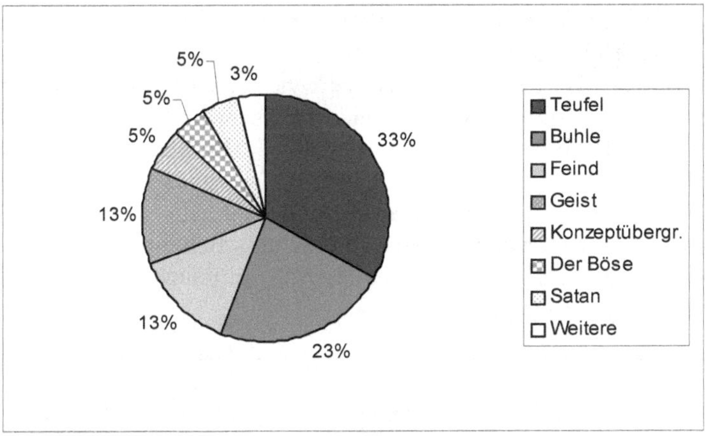

Abb. 5.3: Prozentuale Verteilung der Gattungsnamen

Ob die relative Einheitlichkeit in der Teufelsbezeichnung nun durch Konventionen im allgemeinen Sprachgebrauch von Verhörenden und Verhörten hervorgerufen wurde (abgesehen vom *Buhlen* handelte es sich bei den weiteren drei Bezeichnungen sicherlich auch um alltagssprachlich verwendete), ob die Bezeichnungen als Teil eines speziellen Fachvokabulars zum Themenbereich Hexenverfolgung gelten können, das vielleicht gerade von Seiten der Verhörenden in die Protokolle gelangt ist (dies ist insbesondere im Falle von *Buhle* zu vermuten), oder ob auch rechtliche Gründe wie die juristische Forderung nach Genauigkeit und Exaktheit eine Rolle bei der Standardisierung gespielt haben, kann nicht sicher entschieden werden – vermutlich hatten alle drei möglichen Ursachen ihren Anteil daran. Ein Gegengewicht zur relativ geringen Vielfalt an Gattungsnamen bildet der überaus große Reichtum an Eigennamen, mit denen der Teufel in den Protokollen versehen wird. Sie sollen im folgenden Abschnitt detailliert betrachtet werden.

5.5.4. Eigennamen

Zur Gattungsbezeichnung tritt mit zunehmender Personalisierung des Teufels – insbesondere in seiner Funktion als Liebhaber – in vielen Fällen ein Eigenname. Im vorliegenden Korpus konnten in insgesamt 137 Protokollen aus 91 Orten 166 Teufelsnamen nachgewiesen werden. Die Orte verteilen sich – mit den üblichen Lücken im Osten – recht gleichmäßig über das gesamte Untersuchungsgebiet (vgl. Karte 5.25). Die höhere Anzahl an Namen im Verhältnis zu Protokollen ergibt sich aus der Tatsache, dass von einigen Angeklagten gleich mehrere teuflische Buhlen angeführt und mit Namen belegt wurden.

Die Art der Namensgebung ist sehr vielgestaltig und weist nicht nur teils dämonologische und volkstümlich-traditionelle Wurzeln auf, sie gibt auch einen Einblick in frühneuzeitliche Rufnamenmoden und -konventionen. Bei aller Individualität und Diversität lassen sich zugleich aber auch gewisse Regelmäßigkeiten und deutliche Gruppenbildungen erkennen, die auf – teils regional gebundene – Benennungskonventionen hindeuten. Alles in allem konnten sieben Grundkonzepte der teuflischen Namensgebung ermittelt werden.

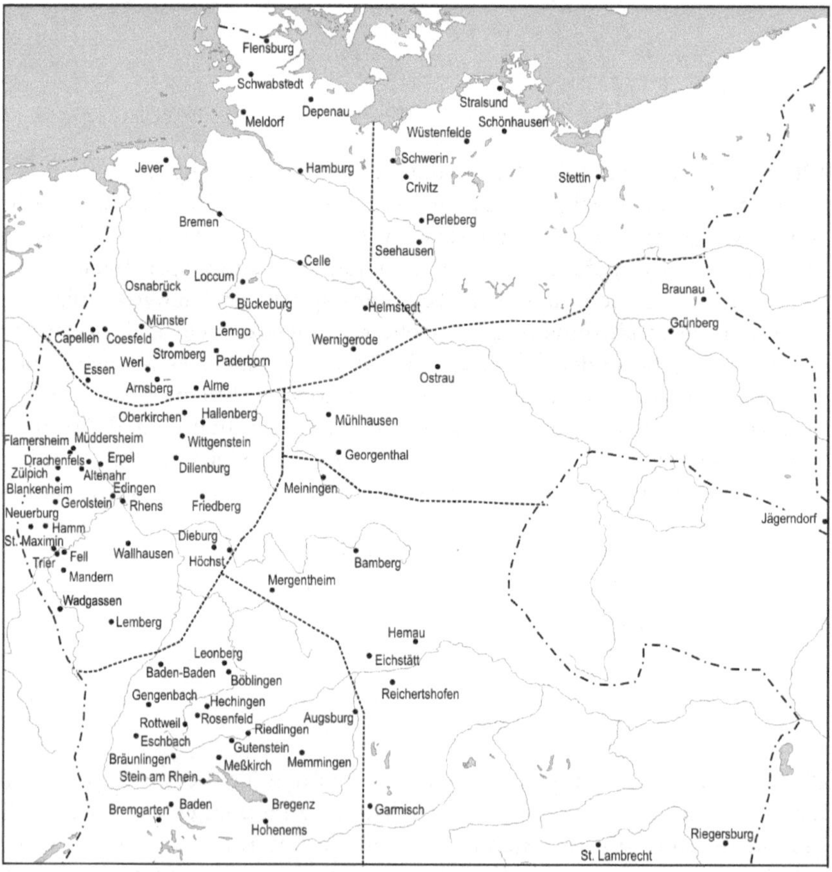

Karte 5.25: Protokolle, in denen ein Teufelsname genannt wird

5.5.4.1. Hans

Der Rufname Hans ist als Name für den Teufel nahezu im gesamten Untersuchungsgebiet verbreitet und stellt mit insgesamt 44 Nachweisen das am stärksten vertretene homogene Namensgebungskonzept dar (vgl. Karte 5.26). Bei dem Namen handelt es sich um eine seit dem ausgehenden Mittelalter gebräuchliche Kurzform des Namens Johannes (vgl. Duden-Vornamen 1998: 144), der als einer der beliebtesten Vornamen gegen Ende des Mittelalters den häufigsten aller kirchlichen Taufnamen darstellte. Der Name Johannes geht zurück auf das hebräische Wort Jochanan mit der Bedeutung 'Gott ist gnädig'. Seine große Verbreitung im deutschsprachigen Raum verdankt er laut Bahlow unter anderem der Tatsache, dass er der Name Johannes des Täufers ist, dem sämtliche Taufkapellen geweiht wurden (vgl. Bahlow 2004: 260). In seiner Vollform ist der Name Johannes im gesamten Korpus nur einmal als Name für den Teufel belegt, und zwar im omd. Mühlhausen. Ansonsten tritt er stets in abgekürzter Form auf und wird teils alleine, teils in Verbindung mit einem Nach- oder Beinamen von den Angeklagten als Teufelsname angeführt.

In insgesamt 11 Fällen wird der Vorname Hans als alleiniger Name des Teufels genannt, wobei sich folgende Schreibvarianten ermitteln ließen:

- Hanß (Jever 1592: 44r; Osnabrück 1636: 100v; Stein a.R. 1667: 3; Stralsund 1630: 11; Werl 1630/5: 36r)
- Hans (Crivitz 1642: 7; Meiningen 1659: 114; Ostrau 1628: 80r; Seehausen 1633: 682)
- hannß (Baden Baden 1627: 26v)
- hanns (Böblingen 1590: 1)

In weiteren 6 Fällen findet sich der alleinige Nachweis des Vornamens in regionaltypischer Diminutiv- bzw. Koseform:

- Hansken (Schwabstedt 1619: 101; wnd)
- Henschen (Münster 1635: 77v; wnd)
- Hanßel (Grünberg 1663/2: 41; omd)
- hänsli (Baden 1642: 1; wobd)
- Hänsl (Gutenstein 1641: 124; oobd)
- hänj (Bremgarten 1584: 2r; wobd)

Insgesamt 26-mal konnte der Name Hans in Verbindung mit einem Nach- bzw. Beinamen nachgewiesen werden. Hiervon stellen 17 Nachweise eine Verbindung mit dem zweiten Grundkonzept, dem Konzept Feder, dar (vgl. den folgenden Abschnitt 5.5.4.2.). Die Namensbestandteile Hans und Feder werden dabei in unterschiedlichen Varianten miteinander verknüpft, wobei der Name Hans sowohl voran- als auch nachgestellt auftritt:

- Hanß feder wisch (Rhens 1629: 97)
- Hanß fedderhanß (Wittgenstein 1629: 3r)
- Hanß Fedderbusch (Capellen 1629: 5, Lemgo 1632: 49r, Werl 1630/2/3/4: 9; 15; 22)
- Hanß Feddebusch / hans fedderbusch (Alme 1630/5: 17r)
- Hans Federbusch (Oberkirchen 1630/4: 38)
- hanß Fedderb. (Arnsberg 1629: 353)
- hannß Federle (Meßkirch 1644: 154r)
- Federhanssen (Höchst 1631: 166v); Feder Hanß (Gerolstein 1601: 39, Friedberg 1620: 4); Feder hannß (Riedlingen 1596: 625v), Fedderhanß

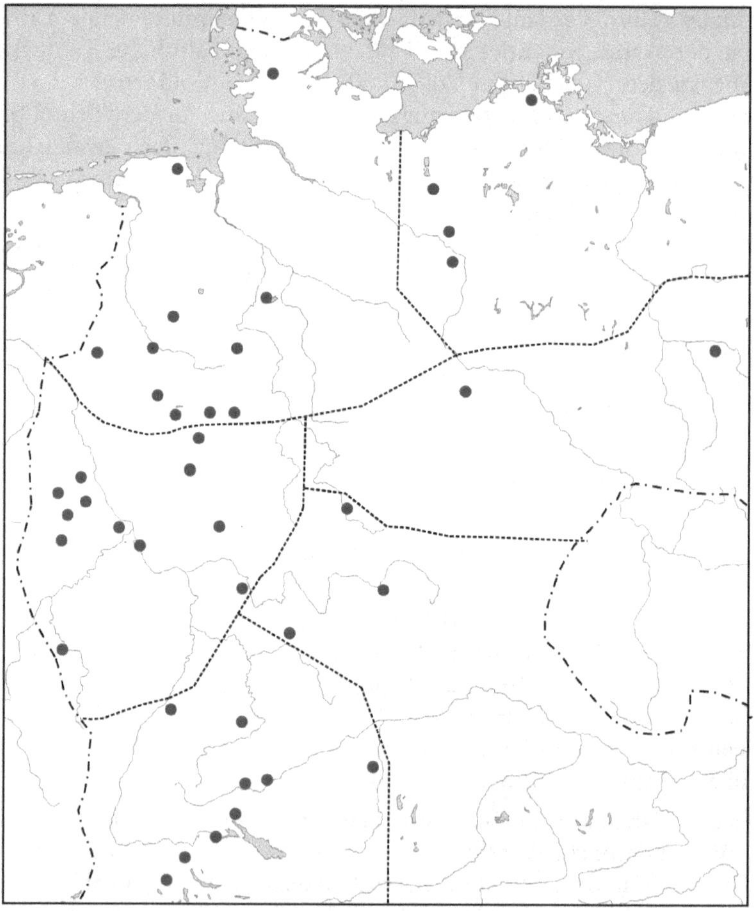

(Müddersheim 1630: 4; Zülpich 1629/1: 2)

Karte 5.26: Regionalverteilung *Hans*

In weiteren 10 Protokollen ist der Name Hans als Teufelsname in Verbindung mit einem deutlich individuelleren Nach- bzw. Beinamen aufgeführt:

- hanns Bock Cathrin (Wadgassen 1618: 361)
- hans dusent teuffel (Alme 1630/5 : 17r)
- hans ganß (Perleberg 1588 : 112r)
- Hanß Hunds Casperle (Augsburg 1625: 109)
- hans hure (Blankenheim 1627/1: 5)
- Hanß Lorenz (Mergentheim 1629: 9)
- Hans Ludigh (Edingen 1630: 46)
- Hanß Plum (Blankenheim 1627/2: 16)
- Hannß Rumpel (Bamberg 1628-30/4: 207)
- Hans Straus (Altenahr 1649: 464)

Die individuellen Nachnamen können dabei sowohl an realen Personen orientiert sein, wie dies z. B. beim Mergentheimer Beleg *Hanß Lorenz* der Fall ist. Hier wurde der Teufelsname von der Person übernommen, in deren Gestalt der Teufel der Angeklagten zum ersten Mal erschienen ist. Sie können jedoch auch frei erfunden (*hans dusent teuffel*) bzw. unter Umständen von der geschilderten äußeren Erscheinung des Teufels oder von traditionellen Teufelsbildern abgeleitet sein. Der Name *Hans Straus* zeigt vermutlich auch eine Verbindung zum Konzept Feder auf, da mit Strauß auch der 'Federbusch' bezeichnet wurde (vgl. DWB 19: 1015, s.v. Strausz).[123] Ähnliches gilt wohl auch für *Hanß Plum*, dessen Nachname wohl eine Ableitung von lat. pluma 'Flaumfeder' darstellt (vgl. Kluge 2002: 299, s.v. Flaum).

Die Ursache dafür, dass von den Angeklagten der Name Hans derart häufig als Name für den Teufel gewählt wurde, lässt sich in der zur Entstehungszeit der Protokolle sehr starken Verbreitung dieses Namens finden. Der Name Hans war ein Allerweltsname, und somit vermutlich der Name, der den Angeklagten als Erstes in den Sinn kam. Es handelte sich um einen vertrauten, wohlbekannten Namen, den man sich – auch im Hinblick auf spätere Verhöre – gut merken konnte. Bei aller Vertrautheit und Persönlichkeit, die die Kenntnis des Teufelsnamens suggeriert, ist der Name Hans zudem der Name, der durch seinen Allerweltscharakter ein hohes Maß an Anonymität mit sich bringt. Ein Hans konnte bald jeder sein. Der Name war so verbreitet, dass er seine Schärfe als Eigenname fast verlor und allgemein zur Bezeichnung männlicher Personen dienen konnte, „deren eigentlichen namen man nicht kennt oder nennen will" (DWB 10: 455, s.v. Hans). Im Deutschen Wörterbuch ist Hans explizit als Name

123 Die Vermutung, dass es sich hierbei nicht um eine rein zufällig gewählte Variante handelt, wird durch die Tatsache gestützt, dass in einem der Wernigeroder Protokolle als Teufelsname der Name *Strausse* (Wernigerode 1583/3: 8) verwendet wird, in einem Protokoll aus Loccum der Name *Friedericus Strauß* (Loccum 1638: 252).

für den Teufel belegt (vgl. ebd.), er ist vom Eigennamen zum Ersatznamen, Tabunamen avanciert und das, wie die Auswertung der Protokolle deutlich macht, im gesamten deutschen Sprachgebiet. Mit 39 Nachweisen sind mehr als ein Viertel aller Teufelsnamen im vorliegenden Korpus mit dem Namen Hans gebildet, was von einer überaus starken Konventionalisierung zeugt.

5.5.4.2. Feder

Teufelsnamen, die als Namensbestandteil das Wort Feder aufweisen, sind ebenfalls über weite Teile des Untersuchungsgebietes verbreitet. Insgesamt konnten 27 Teufelsnamen dieses Grundkonzeptes nachgewiesen werden, wobei häufig – wie gezeigt – Überschneidungen mit dem Grundkonzept Hans stattfinden.

Das Simplex Feder bildet als solches selten allein den Teufelsnamen. Es wird lediglich in drei Fällen als Name angegeben, und hier auffälligerweise stets in diminuierter Form und zusätzlich einmal mit dem Vornamen Hans:

- Federlin (Bräunlingen1632/2: 13)
- federlin (Gengenbach 1573/5: 392)
- hanns Federlin / hannß Federle (Meßkirch 1644: 155v; 154r)

Alle drei Belege liegen geographisch sehr eng beieinander, und zwar, wie das oberdeutsche Diminutiv bereits andeutet, im Südwesten des deutschen Sprachraums, genauer im Alemannischen (vgl. Karte 5.27, S. 229). Eine regionale Bindung ist somit unverkennbar.

Als Bestandteil eines Kompositums findet sich das Wort Feder in insgesamt drei verschiedenen Namensbildungen. Es tritt stets in der Position des Erstgliedes auf und nimmt somit die Funktion des Determinans ein. Die drei Varianten lauten *Federwisch*, *Federbusch* und *Federhans*, wobei insbesondere die letzten beiden Varianten gehäuft auftreten und eine deutliche regionale Bindung erkennen lassen.

Die erste Variante *Federwisch* findet sich im gesamten Korpus nur zweimal, davon einmal in Verbindung mit dem Vornamen Hans:

- Federwisch (Oberkirchen 1630/3: 36)
- Hanß feder wisch (Rhens 1629: 97)

Das mittelhochdeutsche Wort *vëderwisch* bezeichnet ursprünglich einen „Gansflügel zum Staubwischen" (Brechenmacher 1957: 439). In seiner Verwendung als Teufelsname ist es bereits im Jahr 1213 in einem Mainzer Fastnachtsspiel belegt (vgl. Bahlow 1967: 131; Brechenmacher 1957: 439). Es scheint sich also trotz seines verhältnismäßig seltenen Auftretens im

Korpus um einen tradierten Teufelsnamen zu handeln, der insbesondere in geistlichen Spielen anzutreffen war; so ist er laut Lampe im Alsfelder Passionsspiel (Anfang 16. Jhd.), im Hessischen Weihnachtsspiel (Anfang 16. Jhd.) und im Donaueschinger Passionsspiel (Ende 15. Jhd.) belegt (vgl. Lampe 1963: 126). Als eine Variante dieses Namens kann wohl auch der Name *Kehrwisch* angesehen werden, der im Dieburger Verhörprotokoll auftritt. Als *Kehrwisch* wird ein „flederwisch zum abkehren, z. b. des herdes, wie kehrbesen" (DWB 11: 429, s.v. Kehrwisch) bezeichnet. Auch er ist bei Grimm explizit als Teufelsname belegt (vgl. ebd.).

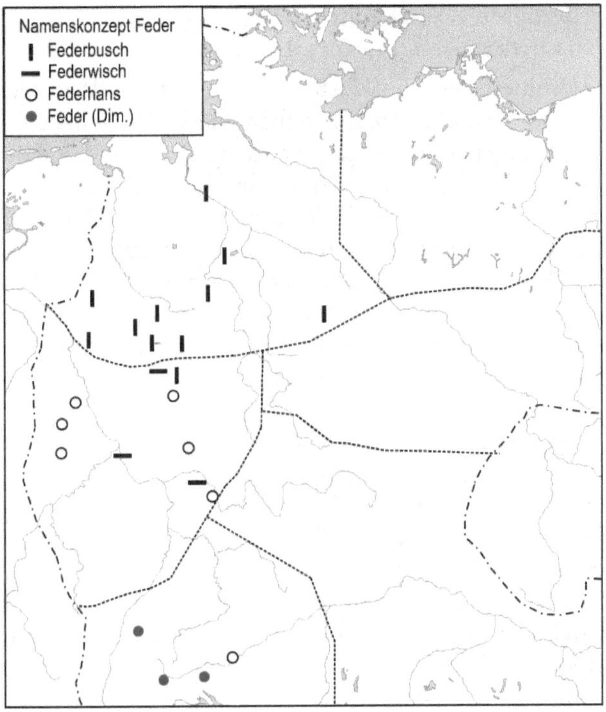

Karte 5.27: Regionalverteilung *Feder*

Weitaus häufiger, nämlich insgesamt 15-mal, tritt die Variante Federbusch in den Verhörprotokollen auf. Mit Federbusch wird ursprünglich das Federbüschel auf dem Kopf von Vögeln wie dem Pfau o.ä. bezeichnet, es steht aber auch für den Kopfschmuck, den „die menschen für sich und ihre rosse zum schmuck nachahmen" (DWB 3: 1398, s.v. Federbusch) und der beim Menschen insbesondere auf Helmen oder Hüten zu finden ist. Die Schreibung des Namens, der teils mit, teils ohne Vornamen verzeichnet ist, variiert:

- Federbusch (Oberkirchen 1630/2/6: 35, 41; Bremen 1603: 42)
- Federbuß (Essen 1589: 123)
- Fedderbusch (Oberkirchen 1630/2: 34)
- fledderbusch (Wernigerode 1597: 11r)
- Hanß Fedderbusch (Capellen 1629: 5; Lemgo 1632: 49r; Werl 1630/2/3/4: 9; 15; 22)
- Hanß feddebusch / hans fedderbusch (Alme 1630/5: 17r)
- hanß Fedderb. (Arnsberg 1629: 353)
- Hans Federbusch (Oberkirchen 1630/4: 38)
- Heinrichts Federbusch (Loccum 1638: 249)

Die Belege stammen, wie die Karte zeigt, vorwiegend aus dem westfälischen Raum und somit aus ursprünglich niederdeutschem Gebiet. Dies erklärt das Nebeneinander von hochdeutschen und niederdeutschen Schreibungen des Wortes Feder, wobei die niederdeutsche Variante *Fedder* deutlich über das hochdeutsche *Feder* dominiert. Das Wort *fledder* im Wernigeroder Beleg *fledderbusch* geht in seiner Form auf das mhd. Verb *vleder(e)n* mit der Bedeutung 'flattern' zurück. Es wurde vermutlich in Unwissenheit des genauen Wortlautes des konventionalisierten Teufelsnamens bzw. in Anlehnung an das Wort *Flederwisch* gebildet, das eine sekundär gebildete Variante des Wortes *Federwisch* darstellt (vgl. Kluge 2002: 300). Es könnte sich also unter Umständen um eine Vermischung der beiden Namenskonzepte handeln. Als weiterer Beleg mit dem Determinatum *busch* findet sich außerdem die Variante *Redderbusch* (Stromberg 1565: 146). Hier könnte erneut Unkenntnis des genauen Wortlauts als Ursache vermutet werden, da es sich bei dem Stromberger Protokoll jedoch um eine Fremdedition handelt, bei der das Original nicht hinzugezogen werden konnte, kann auch ein Transkriptionsfehler nicht ausgeschlossen werden.

Alle 15 Belege stammen aus einem deutlich abgegrenzten Gebiet, so dass der Name Federbusch als eine regional spezifische, konventionalisierte Bezeichnung für den Teufel gelten kann. Ähnliches trifft auch für den Teufelsnamen *Federhans* zu, der insbesondere im rheinischen Gebiet dominiert (vgl. Karte 5.27, S. 229). Es finden sich insgesamt 7 Nachweise in den folgenden Varianten:

- Federhanssen (Höchst 1631: 166v)
- Feder Hanß (Gerolstein 1601: 39; Friedberg 1620: 4)
- Feder hannß (Riedlingen 1596: 625v)
- Fedderhanß (Müddersheim 1630: 4)
- Fedderhanß (Zülpich 1629/1: 2)
- Hanß fedderhanß (Wittgenstein 1629: 3r)

Beim Teufelsnamen Federhans handelt es sich formal um einen Übernamen (Feder) mit angewachsenem Vornamen (Hans), der sich allerdings schon früh als feste Einheit etabliert hat und idiomatisch als „höhnische Bezeichnung des prahlerischen Kriegsmanns, der mit wallendem Federbusch stolziert, im ernsten Kampf aber nicht zu sehen ist" (Brechenmacher 1957: 438), dient.[124] Ein Federhans ist somit ein Prahler und Blender, jemand der vorgibt etwas zu sein, was er in Wirklichkeit gar nicht ist, genau wie der Teufel nach frühneuzeitlichen Vorstellungen jemand ist, der die Menschen verblendet, ihnen Dinge vorgaukelt, die nicht der Wirklichkeit entsprechen und sie durch sein falsches Wesen täuscht. Der Name scheint also wie geschaffen für den Teufel zu sein, und er ist es sogar gleich in doppelter Hinsicht, da er nicht nur den Charakter, sondern auch die äußere Erscheinung des Teufels widerspiegelt, der in einer Vielzahl der Protokolle als ein – meist gut gekleideter – Mann beschrieben wird, der einen Hut mit Federn trägt.

So unterschiedlich die vier verschiedenen Namensbildungen nach dem Grundkonzept Feder sind, gehen sie doch alle in dieser letzten Hinsicht zusammen, nämlich indem sie alle in unterschiedlicher Weise auf die äußere Erscheinung des Teufels, genauer seinen Kopfschmuck, die Federn, referieren. In der Art der Referenz sind leichte qualitative Unterschiede festzustellen. Während der Name *Federbusch* einen recht wertneutralen Übernamen nach dem Kopfschmuck des Teufels darstellt, lässt der Name *Federlin/Federle* durch die Diminuierung bereits eine wertende Komponente erahnen, wenn auch die genaue Richtung (liebevoller Kosename oder geringschätziger Spitzname) nicht festgelegt werden kann. Der Name *Federwisch* beinhaltet eine deutlich negative Wertung, da hier der Kopfschmuck mit einem Putzutensil, dem Staubwedel, gleichgesetzt wird, wodurch eine deutliche Abwertung des Namensträgers stattfindet. Mit dem spöttischen *Federhans* wird die Abwertung gewissermaßen auf die Spitze getrieben, wobei gleichzeitig durch die starke Idiomatisierung der Abstand zur äußeren Beschreibung, dem Federschmuck, am größten wird. In vielen Fällen scheint es ohnehin unerheblich zu sein, ob der Teufel von den Angeklagten tatsächlich als Mann mit Federn am Hut beschrieben wird, in einigen der Protokolle ist bei der Teufelsbeschreibung von Federn gar keine Rede mehr. Nur in etwa der Hälfte der Fälle, in denen der Teufel nach dem Konzept Feder benannt ist, wird er auch tatsächlich mit einer Feder am Hut beschrieben, so dass der Name tatsächlich als Übername nach der äußeren Erscheinung, als bildlich-ikonographische Abbildung verstanden werden kann. In allen anderen Fällen drückt sich der

124 Brechenmacher verweist auf einen Erstbeleg in dieser Bedeutung aus dem Jahr 1525, Grimm führt u.a. einen Beleg in der Form *Federleshans* aus dem Amadis von 1561 an. Vgl. Brechenmacher 1957: 438; DWB 3: 1405, s.v. Federhans.

bereits hohe Abstraktionsgrad aus, es handelt sich um eine konventionalisierte, standardisierte Benennung, die weitgehend unabhängig von der tatsächlichen äußeren Erscheinung ist.

Vergleicht man nun die beiden ersten Grundkonzepte ‚Hans' und ‚Feder', werden folgende Unterschiede deutlich: 1. bei *Hans* handelt es sich um ein überregionales Namensgebungskonzept, bei *Feder* um ein Konzept mit regionaler Bindung; 2. bei *Hans* handelt es sich um die Kurzform eines christlichen Rufnamens, der in vielen Fällen mit einem Nach- bzw. Beinamen verbunden wird, bei *Feder* handelt es sich um einen Übernamen, der in einigen Fällen in Verbindung mit einem Rufnamen als Nach- bzw. Beiname fungiert. Beide Konzepte scheinen sich nicht gegenseitig auszuschließen, sondern zu ergänzen, wie die vielen konzeptübergreifenden Fälle zeigen, in denen eine Verbindung zwischen den Namen *Hans* und *Feder* hergestellt wird. Dass diese Verbindung insbesondere von Seiten des Konzeptes ‚Feder' eine sehr enge ist, zeigt die Tatsache, dass in den Fällen, in denen der Name Feder in Verbindung mit einem Rufnamen auftritt, dieser mit einer Ausnahme immer durch den Namen Hans besetzt ist.[125] Das überregionale Konzept existiert somit nicht nur parallel zum regionalen, es nimmt auch auf die regionalen Formen Einfluss, so dass in diesen Gebieten auch innerhalb des regionalen Konzeptes eine Vermischung stattfindet.

5.5.4.3. Dämonologische Namen

Eine dritte Gruppe von Teufelsnamen bilden die traditionellen Bezeichnungen aus dem Bereich der christlichen Dämonologie. In diese Kategorie fallen insgesamt drei verschiedene Namen: *Beelzebub*, *Lucifer* und *Satan*.

Der Name *Beelzebub* ist der von den Angeklagten am häufigsten genannte dämonologische Teufelsname. Er geht auf eine Verunglimpfung des alttestamentarischen Gottes von Ekron zurück, der zum Dämonen abgewertet wurde und dessen ursprünglicher Name Baal Zebul (‘erhabener Herr’) zum spöttischen Baal Zebub (‘Herr der Fliegen’) abgewandelt wurde. Laut Simon (1996: 123) war der Name insbesondere aus der Lu-

125 Die einzige Ausnahme, in der nicht Hans als Vorname für den Nachnamen Feder gewählt wird, bildet der Beleg *Heinrichts Federbusch* (Loccum 1638: 249). Die Tatsache, dass gerade Heinrich an der Stelle von Hans auftritt, stellt eher eine Bestätigung der Regel als eine wirkliche Ausnahme dar, denn der Name Heinrich weist eine vergleichbare Funktion wie der Name Hans auf: Heinrich ist im Spätmittelalter ein Allerweltsname, er stellt in seiner Beliebtheit und Häufigkeit den Vorläufer des Namens Johannes/Hans dar, der ihn mit Beginn der Frühen Neuzeit als häufigster Rufname ablöst. Als Vorname für den Namen Federbusch hat Heinrich somit eine ähnlich nichtssagende, quasi anonymisierende Funktion wie der Name Hans.

ther-Bibel bekannt (hier in der Form BaalSebub, vgl. 2 Kön. 1,2) und wurde daher in vorwiegend protestantischen Regionen tradiert.

Der Name *Beelzebub* konnte in insgesamt 10 Protokollen nachgewiesen werden, die vorwiegend aus dem mittel- und norddeutschen Raum stammen (vgl. Karte 5.28, S. 234).

- Beelzebub (Alme 1630/2: 8r; Neuerburg 1614: 155; Perleberg 1588/1: 106r; Wüstenfelde 1590: 62)
- Bellzebub (Georgenthal 1597: 2)
- Belzezub (Hamm 1592: 49v)
- Beeselbub (Fell 1588: 5)
- Beltzebock (Lemberg 1630: 9r; Mandern 1626: 114)
- Belltzenbockh (Gengenbach 1573/4: 391)

Die unterschiedlichen Schreibungen sind durch das komplizierte Schriftbild des hebräischen Namens nicht weiter erstaunlich. Die Varianten *Beltzebock* und *Belltzenbockh* sind wohl – wie auch Simon (1996: 123) feststellt – auf eine Verschmelzung des Dämonennamens mit der volkstümlichen Vorstellung vom Teufel in Bocksgestalt zurückzuführen.

Mit insgesamt 8 Nachweisen stellt der Name *Lucifer* den zweithäufigsten Teufelsnamen aus dem Bereich der Dämonologie dar. Im Gegensatz zu Beelzebub ist der Name nicht hebräischen, sondern lateinischen Ursprungs und bezeichnet den 'Lichtbringer'. Er wurde für den gefallenen und zum Teufel gewordenen Engel verwendet. Die Schreibung des Namens ist in allen vorliegenden Belegen einheitlich (*Lucifer*), was auf einen hohen Bekanntheitsgrad und gute Lateinkenntnisse von Seiten der Schreiber schließen lässt. Als Belegorte ließen sich Bremen, Drachenfels, Memmingen, Müddersheim, Neuerburg und Wernigerode (3x) ermitteln. Bis auf Memmingen fallen all diese Orte ins mittel- und norddeutsche Gebiet, womit die Nachweise eine ähnliche räumliche Verteilung wie die *Beelzebub*-Belege aufweisen, was ebenfalls die Vermutung nahe legt, dass sie verstärkt in protestantischen Gebieten auftreten. In den Bereich der Lucifer-Nachweise fällt wohl auch die stark abgewandelte Form *Lukefatz* (Celle), die vermutlich eine Verballhornung des ursprünglichen Namens darstellt.

Der Name *Satan*, das hebräische Wort für 'Widersacher', tritt nur in einem Protokoll als Eigenname des Teufels auf, und zwar in Memmingen. Eine Abwandlung von *Satan* könnte zudem der Name *Satoloß* sein, der im Garmischer Protokoll verzeichnet ist. Zwar ist der Name *Satan* noch in einer Reihe weiterer Protokolle verzeichnet, in allen weiteren Belegen nimmt er jedoch nicht die Funktion eines Eigennamens, sondern die eines Gattungsnamens ein, er bezeichnet also den Teufel als Spezies und nicht als individuelle Person (vgl. oben Abschnitt 5.5.3.2.).

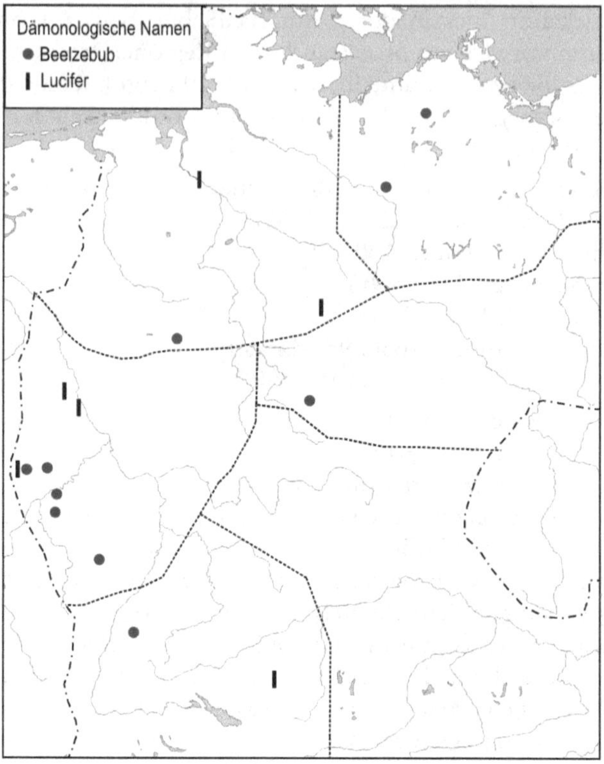

Karte 5.28: Regionalverteilung Dämonologische Namen

Ein Blick auf Karte 5.28 zeigt, dass es sich bei der Verwendung von Namen aus dem Bereich der christlichen Dämonologie zwar um ein sehr weit verbreitetes Prinzip handelt, das jedoch vornehmlich im Norden und in der Mitte, weniger im Süden des deutschen Sprachgebietes angewandt wurde. Die Gründe hierfür scheinen – wie bereits angedeutet – konfessionell bedingt zu sein. Die dämonologischen Teufelsnamen waren in eher protestantischen Gebieten durch die Lutherbibel allgemein bekannt und wurden anscheinend auch durch protestantische Hexenpredigten u. ä. weit verbreitet. Im Süden des deutschen Sprachraums mussten somit andere Benennungsprinzipien greifen.

5.5.4.4. Namen biblischer Figuren

In oberdeutschen Protokollen wird der Teufel von den Angeklagten mehrfach mit Namen biblischer Figuren versehen. Dominant ist hier vor allem der Name *Caspar*, der gleich viermal genannt wird:

- Caspar (Memmingen 1665/1: 116r)
- Caesperl (Riegersburg 1689/3: 214)
- schwarz Caspar (Bregenz 1628/1: 289v)
- Schwarz Caesperl (Riegersburg 1689/1: 211)[126]

Der Name *Caspar* stammt aus dem Persischen und hat die Bedeutung 'Schatzmeister'. Es ist der biblische Name von einem der drei Magier, die das neugeborene Christkind aufsuchten, um es anzubeten, und die in der Folge zu Königen erhoben wurden (vgl. Pischon 1857: 99). Im 9. Jahrhundert erhielten sie die Namen Kaspar, Melchior und Balthasar. Ersterer wurde in der bildenden Kunst seit dem 12. Jahrhundert häufig „als (junger) 'Mohr'" dargestellt und somit als Symbolfigur für Afrika (vgl. Simon 1996: 118).

So erstaunlich es ist, dass der Name einer eigentlich sehr positiv besetzten biblischen Figur als Teufelsname verwendet wurde, so gut scheint diese Figur dennoch zu dem in den Hexenverhören evozierten Teufelsbild zu passen. Zum einen handelt es sich beim biblischen *Caspar* um einen Magier, was ihn in die Nähe der Zauberei/Hexerei rückt, zum anderen handelt es sich um einen König, um eine Person, die über Macht und Reichtum verfügt (eben wortwörtlich um den 'Schatzmeister') und die Geschenke bringt, ebenso wie es der teuflische Buhle in den Hexenprotokollen tut. Zum dritten umweht den Weisen *Caspar* als Vertreter des Schwarzen Kontinents ein fremder, exotischer Hauch. Er ist von dunkler Hautfarbe, er ist ein Schwarzafrikaner, und gerade diese Eigenschaft ist es, die ihn rein äußerlich dem frühneuzeitlichen Teufel gleich werden lässt, der in vielen Protokollen als schwarzer oder zumindest schwarz gekleideter Mann beschrieben wird.[127] Die Vorstellung von körperlicher Schwärze ist so eng mit dem Namen *Caspar* verknüpft, das sie – wie die Belege aus Bregenz und Riegersburg zeigen – zum festen Namensbestandteil geworden ist. Der *schwarze Caspar* ist nach Kluge im 17. Jahrhundert eine durchaus gängige Teufelsbezeichnung (vgl. Kluge 2004: 475), und auch Grimm

126 Als Variante zu den Casparbelegen tritt in Augsburg (1625: 109) zudem die Form *Hanß Hunds Casperle* auf. Sie stellt eine Mischform mehrerer Konzepte dar und wird daher im folgenden Abschnitt (5.5.4.5.) im Zusammenhang mit den Tiernamen behandelt.

127 Auch in einigen Volksschauspielen wurde Kaspar als schwarzer Vertreter der Heiligen drei Könige durch seine dunkle Farbe zum Teufel umgedeutet, vgl. Lampe 1963: 101; Stumpfl 1930: 33.

vermerkt: „der schwarze Kasper heißt geradezu der teufel selbst" (vgl. DWB 11: 258, s.v. Kasper).

Ob und inwieweit der schwarzhäutige Vertreter der drei biblischen Magier nun tatsächlich als Anleihe für die Namensgebung des Teufels in den Hexenprotokollen gedient hat, kann nicht mit Sicherheit gesagt werden. Fest steht, dass es sich beim Namen *Caspar* zugleich um einen frühneuzeitlich beliebten Rufnamen gehandelt hat, der im vorliegenden Textkorpus in immerhin 30 Protokollen belegt ist, so dass auch – ähnlich wie bei Hans – die allgemeine Bekanntheit und Verbreitung des Namens Ursache für seine Verwendung als Teufelsname gewesen sein könnte.[128]

Neben *Caspar* finden sich noch zwei einzelne Belege von Teufelsnamen nach biblischen Figuren, und zwar zum einen der Name *Judas* (Hohenems) und zum anderen der Name *khain* (Reichertshofen). Der Name *Judas* geht auf die neutestamentarische Figur des Jüngers Judas Iskariot zurück, also auf den Jünger, der Jesus an die Behörden verrät, und *khain* auf die alttestamentarische Figur Kain, den ältesten Sohn Adams und Evas, der aus Neid seinen Bruder Abel erschlägt. Während bei der Figur *Caspar* wohl vor allem die äußere Erscheinung des ‚Mohren' zur Namensanleihe anregte, waren hierfür bei *Judas* und *khain* vermutlich eher ihre prägnant schlechten Charakterzüge verantwortlich: Als Prototypen des Verräters bzw. Mörders verfügen sie über einen derart hohen Bekanntheitsgrad, dass mit ihren Namen direkt das negative Bild der Namensträger verknüpft wird.

5.5.4.5. Pflanzen- und Tiernamen

Neben den biblischen Namen sind in oberdeutschen Protokollen vor allem Namen aus der Pflanzen- und Tierwelt von Bedeutung. Einen besonderen Stellenwert nehmen hierbei Namen mit dem Wortstamm *Gras* ein. Sie treten in einem sehr eng begrenzten Raum gleich mehrfach auf und werden stets aus dem Stamm Gras in Verbindung mit der oberdeutschen Diminutivendung -le/-lin gebildet. Als Belege lassen sich anführen:

- Gräßle (Hechingen 1648: 35)
- Graslin (Rosenfeld 1603: 2)
- gråßli (Rottweil 1615: 441)

128 Anzumerken ist hier, dass die 30 Protokolle, in denen Belege für *Caspar* als Rufname auftreten, aus dem gesamten deutschen Sprachraum stammen, wohingegen die Verwendung der Form als Teufelsname allein auf den ostoberdeutschen Raum beschränkt ist. Diese regionale Begrenzung könnte dafür sprechen, dass neben der (überregionalen) Bekanntheit und Beliebtheit des Namens noch andere Aspekte als Ursachen für die Wahl als Teufelsnamen in Betracht gezogen werden müssen.

In diese Gruppe fällt außerdem wohl der Nachweis *Braßlin* (Gengenbach 1573/6: 393). Aufgrund der ähnlichen Form und der lokalen Nähe zu den anderen Belegen kann davon ausgegangen werden, dass es sich bei der Majuskel ⟨B⟩ am Wortanfang mit großer Wahrscheinlichkeit um einen Transkriptions- bzw. Druckfehler in der Edition handelt und das Original ein ⟨G⟩, das häufig schwer zu lesen ist, verzeichnet. Die drei resp. vier Belege deuten an, dass es sich bei dem Teufelsnamen *Graslin* und seinen Varianten durchaus um ein tradiertes Benennungskonzept handelt, wie auch bei einem Blick in Grimms Mythologie deutlich wird, wo den Kräuter- und Blumennamen für den Teufel auch der Name „Gräsle" zugeordnet wird (vgl. Grimm 1968: 308). Seine Verbreitung scheint dieses Konzept insbesondere im deutschen Südwesten gefunden zu haben.

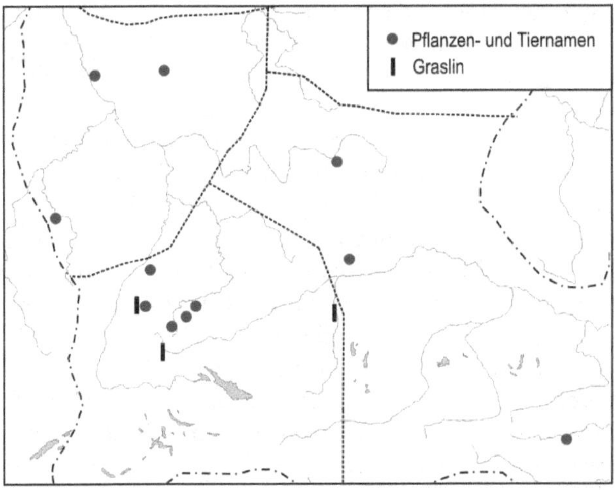

Karte 5.29: Regionalverteilung Pflanzen- und Tiernamen

Aus dem Bereich der Pflanzenwelt finden sich ferner die Namen:

- Hölderlin (Bräunlingen 1632/1: 9), eine Diminutivform von Holder 'Holunder'
- Kräuttlin (Gengenbach 1573/3: 391)
- Kherbl/Khierbl (St. Lambrecht 1602: 133)
- Roesgen (Erpel 1631: 7), eine Diminutivform von Rose, vielleicht aber auch als Koseform eines Vornamens[129]
- Fritz Laubpusch (Dillenburg 1631: 20r)

129 Auffällig ist, dass mit *Roesgen* nicht ein weiblicher, sondern ein männlicher Teufel bzw. Buhle bezeichnet wird. Die Form wird somit kaum von einem weiblichen Vornamen abgeleitet sein.

Aus dem Bereich der Tierwelt lassen sich die folgenden Namen anführen:

- füchßin (Bamberg 1628: 3r)
- Fixin (Eichstätt 1630: 76)
- Hundt (Baden-Baden 1628: 70v)
- gokhelhaan (Eichstätt 1637: 94)
- hanns Bock Cathrin (Wadgassen 1618: 361)
- Hanß Hunds Casperle (Augsburg 1625: 109)

Auffällig ist, dass der Fuchs stets in weiblicher Form auftritt und nur für weibliche Buhlteufel gewählt wird. Männliche Teufel werden durch Hund und Hahn bezeichnet, wobei der „gockelhahn" auch in Grimms Mythologie als Teufelsbezeichnung angeführt wird (vgl. Grimm 1968: 302) und somit Tradition zu haben scheint. In allen Fällen wird dem Teufel zwar ein Tiername zugeordnet, er tritt jedoch nicht in entsprechender Tiergestalt auf. Obschon es sich bei Hund, Hahn und Bock um typische Teufelstiere handelt, ist die Namensgebung in den vorliegenden Fällen also von der äußeren Gestalt des Teufels unabhängig.

Die beiden letzten Belege aus Wadgassen und Augsburg stellen erneut Mischformen verschiedener Konzepte dar. Auffällig ist dabei im Falle des Namens *hanns Bock Cathrin* die ungenaue Geschlechtszuordnung: Die Kombination aus einem männlichen Rufnamen, einem männlichen Tiernamen und einem weiblichen Rufnamen erscheint sehr ungewöhnlich und macht eine genaue Geschlechtsbestimmung unmöglich. Zurückzuführen ist dieser konfuse Name wohl auf die Unsicherheit des männlichen Angeklagten, der zunächst von einem männlichen Teufel und Buhlen spricht, bei der genauen Beschreibung des Buhlen und der Buhlschaft dann aber zwischen männlicher und weiblicher Form hin und her wechselt: *der Buhl seye gar schöne kommen, hab Spitzhauben und ein gesteiftes Blau Kröeß getragen da haben sein Willen mit ihm geschafft, hab sie nicht natürlich gefunden und seye so viel als nichts gewesen* (Wadgassen 1618: 361). Vermutlich wurde vom Angeklagten die Notwendigkeit empfunden, bekannte Konzepte (Teufelsname Hans, Tiergestalt Bock) mit seiner spezifischen Situation, die eigentlich eine weibliche Buhlin erfordert, zu verbinden.

Der Kategorie der Tiernamen lassen sich vermutlich noch zwei weitere Belege zuordnen, deren Bedeutung nicht hundertprozentig festgelegt werden kann. Es handelt sich hierbei um die Belege *Huntzenbock* (Gerolstein 1633/2: 117) und *Rabel* (Meldorf 1619: 96). Beim *Huntzenbock* könnte als Namensgeber der Hundsbock hergehalten haben, eine Milbenart, die insbesondere auf Jagdhunden zu finden ist (vgl. DWB 10: 1933, s.v. Hundsbock). Mit der Bezeichnung nach einem derartigen Ungeziefer hätte der Teufelsname somit einen deutlich negativen Charakter. Denkbar wäre aber auch, dass der Name *Huntzenbock* einfach eine Verbindung der beiden Vorstellungen vom Teufel als Hund und als Bock darstellt. Der Name

Rabel könnte auf den Rabenvogel zurückgehen, der in seiner schwarzen Gestalt durchaus als Namensgeber für den Teufel denkbar wäre. Merkwürdig ist jedoch die sprachliche Form, die den Namen als oberdeutsch-bairisch geprägten ausweist, weshalb er im stark niederdeutsch durchsetzten Meldorfer Protokoll etwas fehl am Platze wirkt. Zu erwarten gewesen wäre hier eher die niederdeutsche Form *Rave* o. ä. (vgl. Bahlow 2004: 126). Ob der Name *Rabel* in diesem Fall also tatsächlich auf das Tier zurückgeht oder nicht vielleicht einen anderen Ursprung hat, kann nicht genau geklärt werden.

5.5.4.6. Einfache Rufnamen

Im Kapitel Teufelsbeschreibung (Abschnitt 5.5.1.) wurde festgestellt, dass der Teufel bzw. der teuflische Buhle in den meisten Fällen als ein einfacher Mensch auftritt, der auf den ersten Blick wie ein ganz normaler, meist junger Mann aussieht und häufig die Gestalt einer bereits bekannten Person, z.B. eines Nachbarn, eines Ehemanns o.ä. annimmt. Es erscheint daher auch nicht erstaunlich, dass dieser sehr vermenschlichte Teufel in vielen Fällen mit einem einfachen, individuellen Rufnamen versehen wird. Dieser kann von der Person, deren Gestalt der Teufel angenommen hat, entliehen sein, es kann sich aber auch um einen frei gewählten Rufnamen handeln, der vielleicht gerade besonders beliebt und verbreitet war oder der sich aus sonstigen Gründen zur Benennung des Teufels anbot.

Insbesondere im Bereich der männlichen Rufnamen war diese Art der Teufelsbenennung sehr produktiv und weit verbreitet. Es lassen sich alles in allem 28 Nachweise von individuellen männlichen Rufnamen anführen:

- Bartholomeuß (Schwerin 1668: 5r): aramäisch ‘Sohn des Tholmai’; Name eines der 12 Apostel Jesu, als Märtyrer verehrt (vgl. Bahlow 1965: 12; Seibicke 2002: 148)
- Chim (Stettin 1620: 1): Kurzform von Joachim, einem biblischen Königsnamen nach hebr. Joakim ‘Gott richtet auf’ (vgl. Bahlow 2004: 259)
- Christen (Jägerndorf 1653/2: 449): schlesische Form von Christian, nach lat. Christianus ‘zu Christus (dem Gesalbten) gehörig’ (vgl. Bahlow 1967: 280)
- Churg (Stettin 1620: 6): evt. nd. Kurzform von Georg oder Konrad?
- Claß (Rhens 1630: 2): nd.-ndrhein. Nebenform zu Klaus (s.u.) (vgl. ebda.: 282)
- Clauß (Schwerin 1668: 4r): nd. Kurzform von Nik(o)laus, dem Patron der Schiffer und seefahrenden Kaufleute (vgl. ebda.: 282; Bahlow 1965: 61)

- Cortt (Jever 1592: 44v): nd. Kurzform von Konrad (vgl. Seibicke 2002: 157)
- Denkh (Eschbach 1630: 75r): Kurzform von Antonius oder Dank[wart] (vgl. Kunze 2002: 145)
- Florig (Wallhausen 1628: 200): Florich(s), ndrhein. Kurzform zum Heiligennamen Florentinus, einem niederrheinischen Märtyrer (vgl. Bahlow 2004: 137)
- Franz (Schwabstedt 1619: 106): nach dem heiligen Franciscus von Assisi (gest. 1220) (vgl. Bahlow 2004: 140)
- Frerichs (Stromberg 1565: 145): kontaminierte Form von Frederichs, der nd. Form von Fried(e)rich(s) (vgl. Bahlow 1967: 145, 147)
- Heinrich (Stralsund 1630: 16): germ. Hagin-rich bzw. Heim-rich (hag wie heim 'umhegte Wohnstätte', rich 'mächtig, Herrscher') (vgl. Bahlow 1965: 45; Bahlow 2004: 216)
- Jochim (Schwerin 1668: 3v): Nebenform von Joachim (s.o. bei Chim) (vgl. Bahlow 2004: 259)
- Johannes (Mühlhausen 1659: 111): (s.o. Abschnitt 5.5.4.1.) [130]
- Jürgen (Schwerin 1668: 2r): nd. Form von Georg, griech. 'Landmann, Bauer', Schutzpatron der Ritter (vgl. Bahlow 1965: 58; Bahlow 2004: 262)
- Luitger (Alme 1630/4: 12r): eigentlich Liudger (germ. liud 'Volk', ger 'Speer'); nach dem ersten Bischof von Münster (gest. 809), der als Missionar Frieslands und Westfalens hier als Heiliger verehrt wurde (vgl. Bahlow 1965: 67; Bahlow 2004: 321)
- Marten (Stralsund 1630: 16): nd. Form von Martin (vgl. Bahlow 2004: 326)
- Merten (Jägerndorf 1653/1: 446): obd.-schles. Form von Martin (vgl. ebda.)
- Niß (Flensburg 1607: 237): nd. Nebenform von Ni(e)ls, insbesondere im Hamburger und Schleswiger Raum verbreitet; geht zurück auf Nikolaus (vgl. Bahlow 2004: 353)
- Peter (Schwerin 1668: 4v): Name des Apostels Petrus, zu griech.-lat. petra 'Fels' (vgl. Bahlow 1965: 82; Bahlow 2004: 377)
- Petterlin (Baden 1640/1: 8r): Koseform von Peter (s.o.)
- Philips (Depenau 1613): zu Philip, griech. 'Pferdefreund', hellenistischer Name, Apostelname; Verbreitungsgebiet insbes. im Südwesten und am Rhein (vgl. Bahlow 1965: 83; Bahlow 2004: 377)

130 Obwohl es sich auch bei dem Namen *Hans* um einen einfachen Rufnamen handelt, wird er hier nicht noch einmal angeführt, da er in den Protokollen weniger die Form eines individuellen als vielmehr eines konventionalisierten Teufelsnamen hat (vgl. Abschnitt 5.5.4.1., S. 225). Bei der Vollform Johannes hingegen verhält es sich umgekehrt.

- Reinholt (Osnabrück 1636: 99r): germ.-altd. Ragin-, Regin-wald 'mit klugem Rat waltend' (Bahlow 1965: 85; Bahlow 2004: 409)
- Simichen (Schoenhausen 1588: 95): Simmig, ostdeutsch-slawische Variante von Simon (s.u.; vgl. Bahlow 2004: 477)
- Simon (Wüstenfelde 1590: 63): Apostelname, abgeleitet von hebr. Schimeon 'Erhörung' (vgl. ebd.)
- Sixtus (Helmstedt 1580: 37): lat. Umbildung von griech. Xystos 'der Glatte, Feine' (vgl. Seibicke 1977: 321); Papstname, der auf den Märtyrer Sixtus II., gestorben 285 zurück geht (vgl. Bahlow 2004: 478; Seibicke 2002: 234)
- Thies (Crivitz 1642: 7): nd.-ndrhein. Kurzform von Matthias (vgl. Bahlow 2004: 506; Seibicke 2002: 323)
- Thim (Crivitz 1642: 2): Kurzform von Dietmar (Thiedmar) (vgl. Bahlow 2004: 506)

An weiblichen Rufnamen finden sich deutlich weniger, was natürlich in erster Linie darauf zurückzuführen ist, dass der Großteil der Angeklagten Frauen waren, für die der teuflische Buhle immer ein männlicher war. Es konnten insgesamt 7 einfache weibliche Rufnamen für den Teufel ermittelt werden:

- Christina (Coesfeld 1632: 11)
- Gebeke (Jever 1592: 44v): nd. Koseform von Gerburg (vgl. Bahlow 1967: 159; Seibicke 1996: 120)
- Greite (Coesfeld 1632: 47): nd. Form von Grete, der Kurzform von Margarete, Schutzpatronin der Bauern und Schwangeren, pers.-griech. 'Perle' (vgl. Bahlow 1967: 185)
- Jetzabell (Oberkirchen 1630/7: 43): hebr. Isabel, Jezabel 'nicht heimisch', auch: 'keusch'; hebr. īzebel 'Gott (Baal) hat erhoben' (vgl. Wasserzieher 1979: 118; Seibicke 1996: 483, 558)[131]
- Jutta (Hallenberg 1628: 155): Kurzform von Judith(a) (vgl. Bahlow 2004: 262)
- Leene (Werl 1630/1: 4): Kurzform von Helene oder Magdalene (Wasserzieher 1979: 121)
- Sibilla (Dillenburg 1631: 21v): griech.-lat. Sibylle 'Wahrsagerin, Prophetin' (vgl. Bahlow 2004: 474)

131 Der Name verweist hier wohl auf die biblische Figur der Isebel / Jezabel, die durch Intrigen und Mord ihrem Mann Ahab, dem König von Israel, zu einem Weinberg verhelfen will und so den Zorn Gottes auf sich und ihren Mann, den sie zudem zum heidnischen Glauben der Phönizier verführt, zieht (vgl. 1 Kön 21, 1–29). Sie wird von Kramer im „Hexenhammer" als Beispiel für die zerstörerische Kraft der Frauen angeführt (vgl. Hexenhammer 1487/2001: 235).

Neben den aufgeführten Rufnamen für den Teufel lassen sich weitere fünf Fälle von teuflischer Namensgebung ermitteln, in denen der einfache Rufname mit einem sehr plakativen Beinamen, nämlich *Teufel* bzw. *Kobold*, kombiniert wird. Der Beiname tritt sowohl vor- als auch nachgestellt auf und lässt keinen Zweifel über die Natur seines Trägers offen, der in zwei Fällen weiblich, in drei männlich ist.

- Margreta Eluen teufel (Alme 1630/3: 10r)
- Margaretha Eluen teuffel (Alme 1630/5: 17r)
- Teufels George (Braunau 1617: 289)
- Baschi Teüffel (Baden 1640/2: 1): Baschi ist eine Kurzform von Sebastian, einem Märtyrer und Heiligen, der besonders im Süden und im Rheinland verehrt wurde (vgl. Bahlow 2004: 488)
- Achimke kobbolt (Perleberg 1588: 112v)

Die Aufstellung der Rufnamen, die von den Angeklagten als Teufelsname angegeben wurden, spiegelt deutlich zeitgenössische Namenmoden und Konventionen wider. Wie für das 16./17. Jahrhundert zu erwarten war, finden sich nur noch wenige Namen germanischer Herkunft, wie z. B. *Heinrich* und *Reinholt*, wohingegen Namen fremdsprachiger Herkunft und hier insbesondere christliche Rufnamen klar dominieren. Analog zum Konzept *Hans* wird auch bei der Benennung der Teufel mit individuellen Rufnamen auf gut bekannte, gebräuchliche Namen zurückgegriffen. Es handelt sich größtenteils um Namen aus dem täglichen Leben der Angeklagten, was u. a. an der oft regionalsprachlichen Ausprägung (z.B. bei *Frerichs, Jürgen, Niß*) und den vielen Kurzformen (wie z.B. *Chim, Clauß, Leene*) zu erkennen ist.

5.5.4.7. Bildhafte Namen

Eine weitere Gruppe von Teufelsnamen bildet diejenige der bildhaften Namen. In diese Kategorie fallen teils sehr unterschiedliche Formen von Übernamen, die den Teufel nach seiner äußeren Gestalt, nach Charaktereigenschaften, Handlungsweisen o.ä. beschreiben.

Eine Untergruppe bilden Namen, die Farbbezeichnungen enthalten oder eine Farbbezeichnung sind. Sie sind im vorliegenden Korpus ausschließlich in oberdeutschen Protokollen anzutreffen. Es lassen sich anführen:

- Grienheinzel (Hemau 1616: 2r)
- Grienlin (Gengenbach 1573/1: 390)
- Grienwadel (Eichstätt 1628: 51)
- Schwartz (Leonberg 1641: 12)

Als Mischformen könnten noch die Belege *schwarz Caspar* (Bregenz) und *Schwarz Caesperl* (Riegersburg) hinzugenommen werden, die bereits weiter oben behandelt wurden. Auch sie stammen beide aus oberdeutschen Protokollen, womit den Übernamen nach Farben eine deutliche regionale Bindung zukommt. Bei den beiden hier vertretenen Farben, schwarz und grün, handelt es sich um diejenigen Farben, die von den Angeklagten häufig bei der Teufelsbeschreibung, insbesondere bei der Beschreibung seiner Kleidung genannt werden.

Eine weitere Untergruppe der bildhaften Namen stellen Übernamen, die nach charakterlichen oder körperlichen Eigenschaften gebildet wurden. In diese Kategorie fallen die Belege:

- Großfickhel (Bamberg 1628-30/1: 3)
- Kranz (Schwabstedt 1619: 100)
- Liepgen (Fell 1588: 13)
- winneman (Alme 1630/1: 5r)

Zwei der Namen kennzeichnen ihre Träger nach körperlichen Eigenschaften: Der mit *Kranz* bezeichnete Teufel wird im Verhör als ein schwarzer Hund mit einem weißen Haarkranz um den Hals beschrieben, der Name *Großfickhel* weist wohl auf die Ausstattung des Namensträgers mit einem großen Geschlechtsorgan (*Fickel* hat laut DWB die Bedeutung 'membrum virile', vgl. DWB 3: 1617, s.v. Fickel) hin.[132] Der letzte der vier Namen ist nach einer charakterlichen Eigenschaft gebildet: Der *winneman* ist im Niederdeutschen der 'Gewinner' (vgl. DWB 30: 406, s.v. Winnemann). Das *Liepgen* schließlich ist eine Kosename für eine geliebte bzw. liebenswerte Person (vgl. DWB 12: 914, s.v. Liebchen).

Eine Gruppe sehr plastischer bildhafter Namen stellen zudem die Namen dar, die auf imperativische Kurzsätze zurück gehen. Sie sind im vorliegenden Korpus regional auf den norddeutsch-westfälischen Bereich beschränkt. Die insgesamt drei Belege lauten:

- Bleibdarnicht (Arnsberg 1629: 349)
- Krup durch den Zaun (Paderborn 1615: 38)
- Weckauff (Oberkirchen 1630/5: 39)

Auch Rösler/Moeller weisen in ihrem mecklenburgischen Korpus diese Art von Teufelsnamen nach (vgl. Rösler/Moeller 1999: 368), es könnte sich also möglicherweise um eine norddeutsche Spezialität handeln. Ob die Namen tatsächlich an Eigenschaften orientiert sind, die gemeinhin dem Teufel zugeschrieben wurden – also in diesen Fällen sein wiederhol-

132 *Fickel* hat laut DWB die Bedeutung 'membrum virile', vgl. DWB 3: 1617, s.v. Fickel. Der Name *Großfickhel* korrespondiert mit der Teufelsbeschreibung der Bamberger Angeklagten, die bei der Schilderung der Buhlschaft berichtet, dass *das glid gar groß gewesen* sei (Bamberg 1628-30/ 1: 2).

tes Auftauchen und Verschwinden (*Bleibdarnicht*), sein heimliches Betreten des Grundstückes (*Krup durch den Zaun* = 'Kriech durch den Zaun') und sein nächtliches Wecken und Abholen der Hexen zum Hexentanz (*Weckauff*) –, oder ob es sich um rein zufällige Phantasienamen handelt, kann nicht mit Sicherheit gesagt werden. Dass es sich aber bei dieser Benennungsart um diejenige mit dem deutlichsten fiktionalen Charakter handelt, steht fest.

5.5.4.8. Weitere Namen

Als weitere, keiner der obigen Gruppen zuzuordnenden Namen lassen sich die folgenden anführen:

- Balebuck (Wüstenfelde 1590: 63)
- Ballebas/Ballenbaß (Flamersheim 1629/1: 137)
- Blesse (Stromberg 1565: 146)
- dachele (Ingolstadt 1618: 8)
- Flader (Oberkirchen 1630/8: 43)
- volland (Gengenbach 1573/2: 390)
- Grunewalt (Wernigerode 1583/1: 2)
- Haemmerlein (Rottweil 1615: 437)
- Meister Hemerlin (Gengenbach 1590: 395)
- Kanenfaß (St. Maximin 1587: 308)
- Knipper Thulling (Trier 1592: 59)
- Koning Belbamer (Hamburg 1583: 145)
- Ruß (Wernigerode 1583/1: 2)
- Rusack/ Russack (Wernigerode 1583/3: 9)
- Schuefleckh (Bamberg 1628-30/8: 214)
- Turnus (Flensburg 1608: 252)
- vehling (Bückeburg 1604: 2r)
- walcherus (Bregenz 1628/2: 310v)

Unter den 17 angeführten Belegen finden sich drei, die auf tradierte Teufelsnamen zurückgehen. Hierbei handelt es sich zum einen um den Nachweis *volland*. Er geht auf das mhd. Wort *vâlant* zurück, das in der Bedeutung 'Teufel' u. a. im Nibelungenlied vorliegt (vgl. Bahlow 1967: 128; DWB 26: 453, s.v. Voland). Zum anderen stellen auch die Namen *Haemmerlein* und *Meister Hemerlin* tradierte Teufelsnamen dar. Bei *Hämmerlein* handelt es sich ursprünglich um einen Berufsnamen, der als Übername nach einem Werkzeug, dem Hammer, gebildet ist. Mit *Meister Hämmerlein* wurde der Schmied bezeichnet (vgl. Bahlow 1967: 202), zugleich jedoch auch – laut Grimm in Anlehnung an den Donnergott – der Henker und der Teufel (vgl. DWB 10: 317, s.v. Hämmerlein).

Alle weiteren oben aufgeführten Namen lassen viel Spielraum für Interpretationen. So handelt es sich bei *Grunewalt* wohl um einen Herkunftsnamen nach dem besonders im mitteldeutsch-schlesischen Raum häufigen Ortsnamen Grunewald (vgl. Bahlow 2004: 184; Duden-Familiennamen 2005: 295). Zu bedenken ist jedoch, dass zugleich auch das Farbmerkmal grün und der Bereich Natur in die Namensgebung mit hineinspielen könnten. Auch der Name *vehling* lässt sich dem Bereich der Herkunftsnamen zuordnen, mit ihm wird wohl der 'Fale', also der Ost- oder Westfale, bezeichnet (vgl. Bahlow 2004: 126; Kunze 2002: 89), ebenso wie mit *Rusack* wohl ein 'Russe' (in Analogie zu poln. (volkssprachlich) Rusek 'Russe') gemeint ist (vgl. Duden-Familiennamen 2005: 564). Der Name *Ruß* hingegen wird wohl weniger ein Herkunftsname als vielmehr ein Berufsübername sein, mit dem der Schmied oder Köhler bezeichnet wird, der jedoch auch Übername für einen schmutzigen Menschen sein kann (zu mhd. ruoz 'Ruß, Schmutz') (vgl. Duden-Familiennamen 2005: 564). Hier könnte also auch die schwarze Farbe des Teufels als Impuls für die Namensgebung gedient haben. Auch bei *walcherus* könnte es sich sowohl um einen Herkunftsnamen handeln – in diesem Falle stünde *walch* für 'welsch', also für einen Romanen (vgl. Kunze 2002: 89; Bahlow 2004: 531) – als auch um einen Berufsnamen, da *walcher* um eine oberdeutsche Variante von Walker, dem 'Tuchwalker', darstellt (vgl. Bahlow 2004: 531). In jedem Fall ist die Form latinisiert. Lateinische Wurzeln hat wohl auch der Name *Turnus*, der sowohl auf das lateinische Fremdwort in der Bedeutung 'festgelegte Abfolge, Wiederkehr' zurückgehen kann, welches laut Kluge im 17. Jahrhundert in die erweiterte Fachsprache gelangte (vgl. Kluge 2002: 936), das jedoch auch die latinisierte Form eines Wohnstättennamens, nämlich „Thurm, Thurn“ (vgl. Bahlow 2004: 508), darstellen kann. Der Name *Knipper Thulling* geht wohl zurück auf das Wort *Knipperdolling*, das im Rheinischen und Westfälischen als Bezeichnung für eine 'kleine Person', einen 'Knirps' verwendet wird (vgl. Piirainen 1992: 490; Müller 1938: Bd.4, 954). Es ist zudem der Name des Münsteraner Bürgermeisters Bernhard (Bernt) Knipperdolling, der 1534 zusammen mit Johann Bockelson die Schreckensherrschaft der Täufer in Münster errichtete und 1536 hingerichtet wurde. Ob nun das 'kleine Männchen' oder der berüchtigte Täufer als Namensgeber für den Teufel im Trierer Protokoll dienten, kann nicht mit letzter Sicherheit gesagt werden. Wahrscheinlicher ist die erste Möglichkeit, da der Teufel im Verhör explizit als *klein Mentgen* bezeichnet wird.

Die Komposita *Schuefleckh* und *Kanenfaß* scheinen von den Angeklagten recht willkürlich erdacht worden zu sein. Die Übernamen könnten sich indirekt auf Berufe beziehen (Schuster, Böttcher), die genaue Verbindung zu ihrem Namensträger, dem Teufel, ist jedoch unklar. Mit sehr viel größerer

Sicherheit handelt es sich bei dem Namen *Flader* um einen Berufsnamen, und zwar aus dem Bereich des Bäckerhandwerks. Das mhd. Wort *vlade* bezeichnet einen dünnen Kuchen, der Name *Flader* ist somit ein Übername nach dem gefertigten Produkt und bezeichnet den 'Fladenbäcker' oder 'Kuchenbäcker' (vgl. Kunze 2002: 115; DWB 3: 1708, s.v. Flader).

Der Name *Blesse* als Name einer weiblichen Buhlin wirkt in seiner Wahl weitgehend unmotiviert. Mit Blesse kann sowohl die Zeichnung auf der Stirn eines Tieres, als auch beim Menschen die Stirn selbst oder ein Muttermal gemeint sein (vgl. DWB 2: 71, s.v. Blesse). Der Ursprung und Sinn der Namen *Balebuck*, *Ballebas* und *Koning Belbamer* schließlich konnte nicht ermittelt werden. Ob es sich um reine Phantasienamen oder in irgendeiner Form tradierte Namen oder vielleicht sogar um Varianten von *Beelzebub* handelt, muss offen bleiben.

5.5.4.9. Vergleichende Gegenüberstellung und formale Strukturen

Trotz der aufgezeigten, deutlich erkennbaren Gruppenbildung kann die Teufelsbenennung insgesamt als sehr vielgestaltig und variantenreich erklärt werden. Neben den zwei großen, überregionalen Konzepten Hans und Feder eröffnet sich ein breites Spektrum an individuellen, teils sehr phantasievollen Benennungsstrategien und kleineren, lokal begrenzten Namenskonzepten.

Im Hinblick auf die formale Struktur der Teufelsnamen lässt sich eine deutliche Dominanz der Einnamigkeit über die Zwei- und Mehrnamigkeit feststellen. Von den 160 ermittelten Namen sind nur 29 mehrgliedrig, wobei die Art der Mehrgliedrigkeit variiert. So gibt es zweigliedrige Kombinationen wie <Beiname + Rufname> (*Schwarz Caspar*), <Standes-/Berufsbezeichnung + Rufname> (*Junckher Hans*), <Rufname + Nach-/Beiname> (*Hans Federbusch*), oder auch dreigliedrige Kombinationen aus Ruf- und Beinamen (*Margreta Eluen teufel*).

Die zweigliedrige Kombination aus Ruf- und Nach- bzw. Beinamen ist mit 17 Nachweisen die häufigste unter den mehrgliedrigen Namen. Die Belege stammen sämtlich aus der ersten Hälfte des 17. Jahrhunderts, im Mittel aus dem Jahr 1633. Zu dieser Zeit hatte sich die Zweinamigkeit im deutschen Sprachraum (und hier insbesondere im schriftlichen Bereich, im Bereich der Verwaltung) bereits weitgehend durchgesetzt, was auch die hier zugrundegelegten Protokolle sehr klar verdeutlichen: Von den insgesamt 230 namentlich benannten Angeklagten[133] werden 223 mit Ruf- und

133 Insgesamt handelt es sich um 233 Angeklagte, von diesen werden jedoch drei nur in anonymisierter Form, also als N.N. geführt.

Nach- bzw. Beinamen verzeichnet, lediglich 7 Angeklagte werden nur mit einem Namen angeführt. Dies entspricht einem Verhältnis von 97% Zweinamigkeit zu 3% Einnamigkeit. Auch die in den Protokollen aufgeführten Namen von Zeugen, von denunzierten Personen und vom Gerichtspersonal (Richter, Schöffen, Schreiber) sind fast durchweg zweigliedrig, was wohl durch die Notwendigkeit genauer Personenidentifizierung in juristischen Angelegenheiten bedingt ist.

Obwohl Zwei- bzw. Mehrnamigkeit also im öffentlichen / schriftlichen Leben des 17. Jahrhunderts durchweg die Regel ist, spielt sie bei der Namensnennung des Teufels nur eine sehr marginale Rolle. Über 80% der verzeichneten Teufelsnamen sind eingliedrig, es wird entweder nur ein Ruf- oder nur ein Beiname angeführt. Mögliche Ursachen hierfür könnten zum einen in der leichteren Memorierbarkeit eines eingliedrigen Namens begründet liegen, sie könnten jedoch auch durch den komplizierten Status der ‚Person Teufel' bedingt sein: Er ist zwar ein geistiges Wesen, er ist jedoch für die Menschen im 17. Jahrhundert zugleich real existent. Seine äußere Gestalt gleicht der des Menschen, und auch sein Verhalten, sein Charakter, seine Person sind stark vermenschlicht, er wird in den Verhören als eine reale Person dargestellt und behandelt. Aufgrund seiner geistigen Natur entzieht der Teufels sich jedoch zugleich vollkommen der Ebene der weltlichen Gerichtsbarkeit. Er ist real, aber er ist nicht fassbar. Als Vertragspartner, Anstifter und Mittäter ist er im Hinblick auf die Anklagepunkte mindestens ebenso schuldig wie die Angeklagten, er steht jedoch nicht vor Gericht und kann auch nicht vor Gericht gestellt werden. Eine genaue namentliche Identifizierung kann also nicht zu seiner Ergreifung führen, wie dies z. B. bei den denunzierten Personen der Fall ist. Sie kann lediglich, wie oben erklärt, dazu dienen, das Geständnis der Angeklagten zu überprüfen, wozu anscheinend ein einfacher Name als ausreichend angesehen wurde. Zudem handelt es sich bei den Teufelsnamen zu einem großen Teil um tradierte Namen, um Pseudonyme und Decknamen, oder um Phantasienamen, die sich der Teufel nach Angabe der Angeklagten selbst gegeben hat. Sein Name ist somit ebenso wie seine Gestalt nur angenommen, und wenn die Gengenbacher Angeklagte vom bösen Feind spricht, der *sich volgents gegen ir Meister Hemerlin genandt* (Gengenbach 1590: 395), verdeutlicht dies schon, dass er sich anderen Menschen gegenüber unter Umständen ganz anders nennen kann.

5.6. Zwischenfazit

Die Untersuchung des ‚Aussagemusters Teufelspakt' hat gezeigt, dass es sich um ein stereotyp gestaltetes Muster mit einem einheitlichen Überbau handelt, das im Wesentlichen durch die Hauptelemente des kumulativen Hexereikonzeptes (Teufelspakt und Teufelsbuhlschaft) bestimmt ist und sich in weitere Teilmuster (Verführung, ritueller und verbaler Paktschluss, materieller Paktschluss, körperlicher Paktschluss) untergliedern lässt. Im Hinblick auf den Aufbau kann somit von einer überregional sehr starken Vereinheitlichung gesprochen werden. In den Details der sprachlichen wie auch inhaltlichen Ausformung finden sich jedoch zahlreiche regionale Unterschiede, die in der Summe zu einer klaren Abgrenzung einzelner Gebiete im Hinblick auf ihren regional gültigen Teufels- und Hexenglauben sowie dessen sprachliche Umsetzung in den Protokollen führen. Als besonders klar umrissene Kultur- und Sprachräume heben sich insbesondere zwei Gegenden ab, und zwar im norddeutschen Raum das Gebiet Westfalens und im mitteldeutschen Raum das Rheinland. In klare Opposition hierzu treten zudem die Protokolle des süddeutschen Raums.

	Westfalen	**Rheinland**	**Süddeutschland**
Verführung	durch Teufelsgehilfen	durch den Teufel	durch den Teufel
rit. Pakt	dreifaches Zurücktreten	dreifaches Zurückstoßen	Blutsvertrag/ Handschlag
verb. Pakt	nur Absage	Ab- und Zusage	Ab- und Zusage
mat. Pakt	Verwandlung der Arrha	Verwandlung der Arrha	Sinnestäuschung
körp. Pakt	kalt	kalt und unnatürlich	kalt

Die Paktschilderungen in den westfälischen Protokollen lassen ein sehr einheitliches und geschlossenes Konzept regionalen Hexenglaubens erkennen und weisen auch in sprachlicher Hinsicht einen sehr hohen Standardisierungsgrad auf:

- die Verführung erfolgt stets durch einen Teufelsgehilfen und besteht in dem Angebot, dem Opfer *Zauberei lehren/lernen* zu wollen
- als Form des rituellen Paktes dient das *drei-Schritte-zurücktreten*
- der verbale Pakt ist eingliedrig und besteht aus der Aufforderung, das Opfer *solle Gott versaken/verlaugnen/verlassen*

- der Vollzug des Paktes wird bestätigt durch die Wendung *welches er/sie getan*
- von der Arrha wird berichtet, dass sie sich in *Pferdedreck* verwandelt
- der körperliche Pakt mit dem Teufel ist *kalter Natur*
- Hexe und Teufel *buhlieren/bohlieren*
- häufige Teufelsnamen sind *Hans* bzw. *(Hans) Federbusch*

Ähnliches gilt für die rheinischen Teufelspaktschilderungen: Auch sie lassen ein homogenes Grundkonzept und deutliche sprachliche Vereinheitlichungstendenzen erkennen:

- die Verführung erfolgt durch den Teufel selbst, der *zu ihr gekommen und gesagt* ...
- als Form des rituellen Paktes dient das dreimalige Zurückstoßen am *Kreuz*
- der verbale Pakt ist zweigliedrig, es wird *Gott ab- und dem Teufel zugesagt*
- die Arrha verwandelt sich in *Pferdsdreck, -mist, -kot*
- der körperliche Pakt mit dem Teufel wird als *kalt und nit natürlich* empfunden
- Hexe und Teufel *vermischen sich/buhlen* bzw. der Teufel *schafft/tut seinen Willen mit/an* der Hexe
- häufige Teufelsnamen sind *Hans* und *Federhans*

Etwas heterogener gestalten sich die Paktschilderungen in den süddeutschen Protokollen:

- die Verführung erfolgt durch den Teufel, der *zu ihr gekommen und gesagt* ...
- der rituelle Paktschluss wird durch Handschlag oder Blutsvertrag vollzogen
- der verbale Pakt ist zweigliedrig, es wird *Gott verleugnet* und *sich dem Teufel ergeben/versprochen/verschrieben*
- die Arrha erweist sich als Trugbild und wird als *Rosskot* bzw. *Hafenscherben* erkannt
- der körperliche Pakt mit dem Teufel ist *kalt*
- die Hexe *pflegt seines Willens* bzw. wird vom Teufel *beschlafen*
- häufige Teufelsnamen sind *Hans, Federlin, Graslin* etc.

Vergleicht man nun die Paktschilderungen in den Protokollen der drei Gegenden miteinander, lässt sich festhalten, dass sich insbesondere die norddeutschen Schilderungen in mehrfacher Hinsicht von den süddeutschen absetzen:

- Grundlage der Verführung ist in den norddeutschen Protokollen die Lehre der Zauberei, also die Weitergabe magischen Wissens ganz im Sinne des traditionellen Zauberglaubens; sie wird ergänzt durch die Vermittlung eines teuflischen Buhlen und erhält so den Charakter einer Ehestiftung. Während die entsprechenden Verführungsschilderungen damit klar an den Erfahrungshorizont der Angeklagten angepasst sind, tritt in den süddeutschen Texten der Teufel als der biblische Verführer und zugleich Retter in der Not auf, der materielle Sicherheit verspricht.

- In den norddeutschen Protokollen wird sowohl in Hinblick auf den rituellen als auch auf den verbalen Paktschluss der Schwerpunkt klar auf den Abfall von Gott gelegt; durch das dreifache Zurücktreten sowie die mündliche Abschwur wird die Verleugnung Gottes ins Zentrum gestellt. In den süddeutschen Paktschilderungen wird dagegen durch den Blutsvertrag bzw. Handschlag als Form des rituellen Paktschlusses sowie die meist zweigliedrige verbale Zu- und Absage der Bündnis- und Vertragscharakter des Paktes hervorgehoben, womit er über die rein spirituelle Ebene hinaus einen stärker rechtsbindenden Charakter erhält; zugleich werden klare literarische Bezüge (Teufelsbündnerlegenden, Traktatliteratur) erkennbar.
- Beim rituellen Paktschluss symbolisieren in allen Fällen der Körper bzw. einzelne Körperteile den ganzheitlichen, also auch physischen Charakter des Paktschlusses. Während dies in den westfälischen Schilderungen durch die körperliche Rückwärtsbewegung auf sehr bildhafte und plastische Weise geschieht, weisen die süddeutschen Schilderungen bereits einen stärkeren Abstraktionsgrad (Hand bzw. Blut als pars pro toto) auf, der auf einen gelehrten Hintergrund schließen lässt.
- Sind verbale Paktschlüsse in direkter Rede wiedergegeben, weisen diese in den norddeutschen Protokollen einen sehr formelhaften und zugleich bildhaften Charakter ähnlich eines Zauber- oder Bötespruchs auf (*Ick kike in die stern vnd versake Gott den herrn*). In den mittel- und süddeutschen Texten erscheinen sie hingegen formalisierter und deutlich nüchterner, wobei ein stärkerer Schwurcharakter sichtbar wird (*Ich sage Gott im himel vnd seinem heer ab, vnd will hinfür den teüfel für meinen Gott erkennen*).
- Die Arrha wird in den norddeutschen Texten häufig als sich realiter verwandelndes Geld begriffen *(sei daraus eitel pferdedreck worden)*, womit dem Teufel große magische Fähigkeiten zugesprochen werden; in den süddeutschen Texten hingegen wird sie als teuflisches Trugbild erkannt *(so aber nur Ross koth war)* und steht somit in größerem Einklang mit der dämonologischen Theorie, nach welcher der Teufel keine Materie verändern kann.
- Der körperliche Pakt wird in den westfälischen Protokollen oft als beiderseitiges Verhältnis mit Hilfe des Verbs *buhlieren* beschrieben; in

den süddeutschen Protokollen dominieren Verben, die ein einseitiges Dominanzverhältnis betonen *(beschlafen, seines Willens pflegen)*.

Wie die Zusammenstellung zeigt, weisen die norddeutsch-westfälischen Paktschilderungen insgesamt einen recht starken volkstümlichen Charakter auf; durch ihre Bildhaftigkeit, ihre Orientierung an volksmagischen Vorstellungen sowie am Erfahrungshorizont der ländlichen Bevölkerung unterscheiden sie sich deutlich von den süddeutschen Paktschilderungen, die durch vielfältige biblische, literarische und dämonologische Bezüge sowie ihren stärkeren Abstraktionsgrad einen größeren gelehrten Einfluss erkennen lassen. Die westdeutschen Paktschilderungen stehen nicht nur geographisch zwischen den nord- und den süddeutschen Protokollen, sie tendieren auch im Hinblick auf ihre Darstellung des Teufelspaktes teils in die eine, teils in die andere Richtung. Während die Verführung und der verbale Paktschluss analog zu den oberdeutschen Texten gestaltet sind und auch die Schilderung des körperlichen Paktschlusses Bezüge zur Traktatliteratur aufzeigt,[134] weist der rituelle Paktschluss mit seiner Bildhaftigkeit eher in Richtung der norddeutsch-volkstümlichen Schilderungen.

Starker Einfluss der gelehrten Hexereivorstellungen im Süden im Gegensatz zu deutlicherem Einwirken volkstümlicher Hexereivorstellungen nach Norden hin: Dies kann als ein erstes Fazit aus der Untersuchung des ‚Aussagemusters Teufelspakt' gezogen werden. Die daraus erwachsenden Konsequenzen für die Versprachlichung des Teufels- und Hexenglaubens in den Protokollen der unterschiedlichen Regionen sollen an einer weiteren Untersuchung verdeutlicht werden, die als geradezu symptomatisch gelten kann: der Verbreitung von Wörtern mit dem Stamm *hex-* (*Hexe, Hexerei, hexen* etc.) im Gegensatz zu denen mit Stamm *zauber-* (*Zauberin, Zauberei, zaubern* etc.).

134 Parallelen zeigen sich hier insbesondere durch die auffällig häufige Verwendung des Adjektivs *(un)natürlich*, vgl. S. 177.

6. Hexerei vs. Zauberei: Bezeichnungsinnovation und Bezeichnungstradition

Als Abschluss und zugleich Vertiefung der vorhergehenden Untersuchungen wird in diesem letzten Analysekapitel der Blick auf die variierenden Bezeichnungsarten im Bereich der allgemeinen Versprachlichung des ‚Hexereidelikts' und der ‚Hexereidelinquenten' gerichtet. Insbesondere das Verhältnis der konkurrierenden Wortbildungen auf *hex-* und *zauber*, die als Ausdruck sprachlicher Innovation und Tradition zugleich als symptomatisch für das Verhältnis von neuen Hexereilehren und alten Zaubereivorstellungen gesehen werden können, gestaltet sich als derart interessant und aufschlussreich, dass seine Dokumentation und Analyse eine sinnvolle und fruchtbare Ergänzung der bisherigen Untersuchung darstellt.

6.1. Bezeichnungsproblematik

In der modernen Hexenforschung wird der Unterscheidung und Abgrenzung der Begriffe Hexerei und Zauberei – wie oben bereits kurz angesprochen (vgl. Abschnitt 3.1.) – eine nicht geringe Bedeutung beigemessen, da sie neben weiteren Aspekten als grundlegend für eine Differenzierung von Hexen- und Zauberprozessen angesehen wird. Der Begriff der Hexerei umfasst nach heutiger Definition stets Verbrechen gemäß dem kumulativen Konzept der kirchlichen Lehre (also Teufelspakt, -buhlschaft, Schadenzauber etc.), der Begriff der Zauberei hingegen richtet sich auf weiße und schwarze Magie, also auf traditionelle Formen von Magie wie z. B. das Wahrsagen, das Wicken, Böten und Fluchen, den Liebeszauber etc.

Beide Gebiete, die Hexerei und die Zauberei, liegen sehr nah beieinander und überlappen sich in einem Punkt: dem Schadenzauber. Er stellt die Klammer dar, die beide Vorstellungen eng miteinander verbindet und die eine rigorose Abgrenzung der Begrifflichkeiten geradezu unmöglich macht. Selbst die strikteste Definition von Hexerei, die den Begriff auf ein Verbrechen beschränkt, das alle vier Hauptpunkte der christlichen Hexenlehre umfassen muss (vgl. oben Abschnitt 3.1.), schließt den Aspekt des

Zaubers, genauer des Schadenzaubers, mit ein, da dieser als einer der vier Hauptaspekte der Hexerei gilt. Das Problem der genauen Differenzierung von Hexerei und Zauberei ist somit kein triviales, weder vom heutigen Standpunkt aus noch vom historisch-zeitgenössischen des 16. und 17. Jahrhunderts. Für die Menschen der Frühen Neuzeit war Zauberei ein wohlbekannter Teil ihres Lebens, etwas Althergebrachtes, Vertrautes, Normales. Hexerei hingegen war etwas Neues, sie stellte mit der klaren Fokussierung des Teufel und des Teufelsbündnisses etwas Ungewöhnliches, vielleicht sogar Unheimliches dar. Gottesverleugnung und Teufelsanbetung war für die oft tiefgläubigen Menschen ein nahezu unvorstellbarer Frevel, weshalb es wohl zunächst im Wesentlichen der Punkt des Schadenzaubers war, über den das neue Verbrechen dem Volk zugänglich werden konnte. Der Schadenzauber und somit auch die Zauberei im Allgemeinen spielen in nahezu allen Prozessprotokollen eine große Rolle. Fehlen in einigen Protokollen in den Schilderungen der Angeklagten auch einzelne Elemente wie die Teufelsbuhlschaft, der Hexenflug oder der Hexentanz, um das geschilderte Hexereiverbrechen vollständig erscheinen zu lassen, der Zauber fehlt so gut wie nie. Da er eine durchweg bekannte Größe darstellt, wird er von den Angeklagten häufig ausführlicher und detaillierter beschrieben oder auch vehementer abgestritten als alle anderen Punkte.

Doch mit dem Zauber war nicht nur die Sache an sich, sondern auch ihre Bezeichnung besser und länger bekannt, was sich in den hier untersuchten Protokollen klar widerspiegelt: Wortbildungen mit dem Stamm-Morphem *zauber* sind in weitaus stärkerem Maße vertreten als solche mit *hex*. Das Wort *Zauber* geht zurück auf mhd. *zouber*, ahd. *zoubar*, mnd./mnl. *tover* und weist Wurzeln ins Germanische, genauer zu germ. **taubrá* mit der Bedeutung 'Zauber, Zauberei, Zaubermittel, -spruch' auf (vgl. Kluge 2002: 1004, s.v. Zauber; Pfeifer u. a. 1989: 2006 f., s.v. Zauber). Dem ahd. Erstbeleg aus dem 8. Jahrhundert schließt sich eine große Fülle von Nachweisen an, es handelt sich also nicht nur um ein sehr altes, sondern zudem um ein sehr frequentes und gebräuchliches Wort. Bis in die Neuzeit hinein hat es nur einen vergleichsweise geringen lautlichen und semantischen Wandel erfahren. Das Wort *Zauber* kann somit im 16./17. Jahrhundert sowohl im hoch- als auch im niederdeutschen Sprachraum (hier in der nd. Form *tover*, *töver* bzw. in den Übergangsformen *zober*, *zeuber*) als weit verbreitet und allgemein bekannt gelten. Anders verhält es sich beim Wort *Hexe*, das auf mhd. *hecse*, ahd. *hazussa, hazissa, hagazussa* zurückgeht und wohl in wgerm. **haga-tusjō* wurzelt (vgl. Kluge 2002: 411, s.v. Hexe; Pfeifer

1989: 686, s.v. Hexe).[1] Das Wort, dessen ahd. Erstbeleg aus dem 10. Jahrhundert stammt, das jedoch bis zum 14. Jahrhundert nur selten nachweisbar ist, hat sich in der Bedeutung 'Hexe' (im Sinne der Hexenprozesse) erst verhältnismäßig spät im deutschen Sprachraum verbreitet. Ihren Ausgang nahm die Verbreitung nach Bächtold-Stäubli im alemannisch-schweizerischen Sprachraum, wo das Wort erstmals im Jahr 1419 im Protokoll eines Luzerner Zauberprozesses belegt ist. Ab dem 15. Jahrhundert drang es infolge der von Süden nach Norden fortschreitenden Hexenverfolgung nach und nach in die weiteren Gebiete des deutschen Sprachraums vor (vgl. Bächtold-Stäubli 3: 1834, s.v. Hexe).

6.2. Die Stamm-Morpheme *hex* und *zauber*: Verbreitung und Diffusion

Die auf theoretischer Grundlage beschriebenen Eigenschaften der Wörter *Zauber* und *Hexe* hinsichtlich ihres Bekanntheitsgrades und ihrer Verbreitung im 16./17. Jahrhundert sollen nun anhand des hier untersuchten Korpus empirisch überprüft und genauer bestimmt werden. Hierzu wird zunächst ein Blick auf die Belegzahlen von Wörtern mit dem Stamm-Morphem *zauber* und solchen mit dem Stamm-Morphem *hex* geworfen, der deutliche quantitative Unterschiede ans Licht bringt: Einer Menge von 861 Belegen von Wörtern mit dem Stamm *zauber* stehen gerade einmal 343 Belege von Wörtern mit dem Stamm *hex* gegenüber, also nicht einmal

1 Einen Abschnitt über das Wort *Hexe* findet man in nahezu jeder zweiten Abhandlung zur Hexenverfolgung, wohl nicht zuletzt deswegen, weil die bis heute teils unklare Etymologie und Semantik immer wieder zu Spekulationen anreizt. Um das Thema nicht überzustrapazieren, sei hier nur kurz auf die gängigsten Thesen verwiesen: Dem Wort *Hexe* liegt wohl ursprünglich ein Kompositum (*haga-zussa*) zugrunde. Der erste Bestandteil dieses Kompositums wird mit an Sicherheit grenzender Wahrscheinlichkeit durch das Wort *hag* gebildet, das die Bedeutung 'Zaun' bzw. 'Landgut, Feld, Flur' (vgl. DWB 10: 137, s.v. Hag; 1299, s.v. Hexe; Bächtold-Stäubli 3: 1838, s.v. Hexe) hat, bei Kluge (2002: 411, s.v. Hexe) genauer 'das an das Gehöft angrenzende, aber nicht mehr voll zu ihm gehörende Gebiet'. Der zweite Bestandteil des Kompositums ist unklar. Grimm führt es auf ags. *tesu, teosu* in der Bedeutung 'verderben' bzw. *tesvian* in der Bedeutung 'in Nachteil setzen, schädigen, verderben' zurück. Die *Hexe* (*hagazussa*) ist für ihn somit 'die das Landgut, Feld und Flur Schädigende' (vgl. DWB 10: 1299, s.v. Hexe). Pfeifer und Kluge verweisen auf einen möglichen Bezug zu voreinzelsprachlich **dhwes-* 'Geist', lit. *dvasià* 'Geist', mhd. *getwās* 'Gespenst', sowie auf gall. *dusius* 'Dämon', westf. *dus* 'Teufel'. In semantischer Analogie zu anord. *túnriđa*, mhd. *zunrite* 'Zaunreiterin, Hexe' handelt es sich somit um eine 'Unholdin, die auf Zäunen lauert und die eingefriedete Wohnstätte zu gefährden sucht' (vgl. Kluge 2002: 411, s.v. Hexe; Pfeifer 1989: 686, s.v. Hexe).

halb so viele Nachweise.[2] Bildungen mit dem altbekannten Stamm *zauber* sind somit, wie die theoretischen Kenntnisse erwarten ließen, deutlich stärker vertreten als solche mit dem neuen Stamm *hex*. Eine Übersicht über alle im Korpus auftretenden Wortbildungen mit den beiden Stämmen bietet die Tabelle auf S. 257.

Schon auf den ersten Blick wird deutlich, dass der Stamm *hex*, wenngleich insgesamt deutlich schwächer vertreten, im Hinblick auf die Anzahl der Wortbildungen produktiver ist als sein Gegenstück *zauber*. Dies gilt insbesondere für den Bereich der Komposita: Mit 29 verschiedenen Bildungen kann die Kompositionsproduktivität von *hex* als deutlich höher gelten als die von *zauber*, mit dessen Hilfe nur 20 verschiedene Komposita gebildet werden. Betrachtet man im Gegenzug die mittels Derivation gebildeten Wörter ergibt sich ein umgekehrtes Bild. Hier dominieren Ableitungen mit dem Stamm *zauber* über solche mit dem Stamm *hex*: Im Falle von *zauber* ließen sich 9 Derivate ermitteln, im Falle von *hex* nur 5. Insbesondere bei den Personenbezeichnungen zeichnet sich *zauber* durch vielfältige Ableitungsvarianten (*zauberer, zauberin, zaubersche, zauberchen*) aus, wohingegen *hex* in diesem Bereich durch eine verstärkte Kompositabildung (*hexenweiber, -person, -leute, -mann, -frau, -pfeifer*) auffällt.

Es stellt sich nun die Frage, warum das Wort *Hexe*, trotz der deutlich schwächeren Belegzahlen, im Bereich der Komposition sehr viel produktiver ist als das Wort *Zauber*. Ein möglicher Grund hierfür könnte in der für das Frühneuhochdeutsche typischen „Kompositionsfreudigkeit" (Nübling 2006: 84) liegen,[3] die auf das Wort *Hexe* stärker wirkte als auf den *Zauber*. Da es sich, wie gezeigt, bei *Hexe* um ein recht neues, junges Wort handelt, das erst ab dem 15. Jahrhundert, also erst in frühneuhochdeutscher Zeit, nach und nach Verbreitung fand, war die sprachliche Experimentierfreude mit diesem noch nicht so stark gefestigten Wort vielleicht stärker ausgebildet, so dass sich in den Texten des vorliegenden Korpus eine größere Anzahl an Komposita als beim alteingesessenen *Zauber* findet. Während neue Wortbildungen wie z. B. *hexenfrau* und *hexenmann* den wohl noch unsicheren Umgang mit dem Wort *Hexe* wi-

2 Bei der Auswertung wurden alle graphischen Varianten von *zauber-* und *hex-* berücksichtigt (also z. B. auch *zeuber-, zober, hechs-, hexs-*) sowie im Falle von *zauber* die niederdeutschen Äquivalente (*tover-, töver* etc.).

3 Die frühneuhochdeutsche Zeit zeichnet sich nach Wegera/Prell (2000: 1598) durch eine klare „Vorliebe für Substantivverbindungen" aus, die ihre Ursache in syntaktischen Wandelvorgängen hat: Im Gegensatz zum Alt- und Mittelhochdeutschen tritt das Genitivattribut im Frühneuhochdeutschen hinter das Bezugsnomen, was zur Folge hat, dass feste syntaktische Verbindungen als Komposita reanalysiert werden. Dieser Vorgang der „Univerbierung" diente als Vorbild für die Bildung weiterer analoger Zusammensetzungen (vgl. Nübling 2006: 84 f., Wegera/Prell 2000: 1597).

derspiegeln,[4] kam die Bildung analoger Zusammensetzungen wie *zauberfrau* und *zaubermann* den Menschen vor dem Hintergrund der altbekannten und gebräuchlichen Wörter *zauberin* und *zauberer* vermutlich gar nicht erst in den Sinn.

Man könnte nun zudem vermuten, dass verstärkt Komposita mit *hex* gebildet wurden, da diese den Bezug zur kirchlichen Hexenlehre, eben zur ‚Hexerei' im Gegensatz zur ‚Zauberei' besser ausdrücken. Dies kann jedoch nur bedingt der Fall sein. Sicherlich zielen Bildungen wie *hexenzeichen* und *hexenplan* eindeutig auf Elemente der Hexenlehre ab, doch werden auch mit Hilfe von *zauber* zahlreiche Wörter gebildet, die eher dem neuartigen Hexenglauben denn dem alten Zauberglauben entsprechen, wie z. B. *zaubertanz*, *zauberplatz*, *zaubergesellschaft* etc. Insbesondere die vielen analog gebildeten Komposita wie z. B. *zaubertanz* – *hexentanz*, *zauberschmiere* – *hexenschmiere*, *zauberwerk* – *hexenwerk*, *zauberlaster* – *hexenlaster* etc. zeigen, dass in sprachlicher Hinsicht keine strikte Trennung von Zauberei und Hexerei vorgenommen wurde. Gerade die analog gebildeten Konkreta wie *hexensalbe* und *zaubersalbe* haben eindeutig den gleichen Sachbezug, ihre Bestimmungswörter sind in semantischer Hinsicht quasi austauschbar.

Natürlich soll mit der in diesem Kapitel vorgenommenen Gegenüberstellung von *zauber* und *hex* nicht behauptet werden, dass es sich bei beiden Morphemen um hundertprozentige Synonyme handelt, die eins zu eins verglichen werden können. Dies ist schon insofern nicht möglich, als, wie oben gezeigt, hinter beiden Begriffen eine andere Weltanschauung steht (magisch-mythisch vs. kirchlich-religiös). Wohl aber kann der direkte Vergleich zeigen, dass es sich bei ihnen um zwei sich überlappende Begriffe handelt, die, wenn sie auch im Grunde nicht synonym sind, zur Untersuchungszeit doch häufig so verwendet wurden. Eine strikte Trennung der Begriffe Zauberei und Hexerei trat wohl – wenn überhaupt – eher im gelehrten Diskurs und in sachlicher Hinsicht zu Tage. Im Sprachgebrauch hingegen wurde sie nicht unbedingt vorgenommen. Auch innerhalb ein und desselben Textes wurden die Wörter häufig parallel verwendet, so z. B. in den Wendungen *Hexer- vnndt Zauberey* (Grünberg 1663/1: 35), *hex-*

4 Unsicherheit über den ‚richtigen' Gebrauch des Wortes *Hexe* herrschte wohl insbesondere im Hinblick auf das Geschlecht der zu bezeichnenden Person. Das Femininum *Hexe* wurde anscheinend in einigen Fällen für die Bezeichnung weiblicher Personen als nicht ausreichend markiert empfunden, was nicht nur Komposita wie *hexenfrau* und *hexenweiber* deutlich machen, sondern auch und im Besonderen die in Loccum (1638) gebräuchliche Ableitung *hexin*, bei der die weibliche Endung *-in* den femininen Charakter noch verstärkt. Männliche Personenbezeichnungen mit *hex* sind äußerst selten. Die in der Literatur zu findende Ableitung *Hexer* tritt in keinem Fall auf, und auch das Kompositum *hex(en)mann* ist äußerst selten. Zur Bezeichnung männlicher Hexen wurden eindeutig die Formen *zauber* (13 Nachweise) bzw. *zauberer* (40 Nachweise) bevorzugt.

und zauberey-khunst (Golling 1677: 374), *Hex vnd Zauberin* (Chur 1658: 1), *Zauberer undt Hexenmänner* (Hildburghausen 1629: 111) etc.

Stamm-Morphem *zauber*	**861**	**Stamm-Morphem *hex***	**343**
zauberei	263	hex(e)/hexin	110
zaubern	241	hexerei	83
zauber/er/in/sche	170	hexentanz	43
zauber(ei)laster	48	hexen	20
zauber(ei)kunst	35	hexensalbe	11
zauberisch	34	hexenwerk	11
zauberduppen	18	hexen/hexereilaster	8
zaubertanz	12	hexenwesen	5
zaubergesellschaft	6	hexenweiber	5
zauberschmiere	5	hexenschmiere	5
zauberplatz	4	verhexung	4
zauberhexe	3	hexisch	4
zauberwerk	3	hexenperson	4
verzauberung	2	zauberhexe	3
zaubergespielen	2	hexenplan	3
zauberhure	2	hexenleute	2
zaubertaten	2	hex(en)mann	2
zaubersamen	2	hexentaten	2
zaubersack	1	hexenzusammenkunft	2
zauberhandel	1	hexereisache	2
zaubereisünd	1	hexenfrau	1
zauberstücke	1	hexenpfeifer	1
zaubereitanzplatz	1	hexengeschlecht	1
zaubersalbe	1	hexengesellschaft	1
zauberenbrennen	1	hexkunst	1
zauberhaft	1	hexereisünde	1
zauberchen	1	hexenrecht	1
		hexenmittel	1
		hexgeist	1
		hexenweise	1
		hexenzeichen	1
		hexebrennen	1
		hexenprothocollum	1
		hex gestroy[5]	1

5 Bei diesem Nachweis aus dem Protokoll Jägerndorf (1653, 1: 447) handelt es sich mit großer Wahrscheinlichkeit um einen Lesefehler in der verwendeten Edition (Lambrecht 1995, vgl. Quellenverzeichnis). Die korrekte Lesart dürfte wohl *gast(e)rey* lauten, was soviel bedeutet wie 'Gastmahl, Gastung' (vgl. DWB 4: 1475, s.v. Gasterei).

Um das Verhältnis von *zauber* und *hex* noch genauer zu bestimmen, müssen neben den quantitativen Merkmalen auch und vor allem räumliche und zeitliche Aspekte genauer in den Blick genommen werden. Über die regionale Verteilung der Belege geben die Karten 6.1–6.3, S. 259, Auskunft. Karte 6.1 verzeichnet die Herkunftsorte der Protokolle, in denen ausschließlich Bildungen auf *zauber-* auftreten, Karte 6.2 hingegen diejenigen, in denen allein Bildungen auf *hex-* anzutreffen sind. In Karte 6.3 schließlich sind die Protokolle abgebildet, in denen von beiden Formen Gebrauch gemacht wird. Der Vergleich der drei Karten lässt deutliche regionale Schwerpunktsetzungen zugunsten einer der beiden Varianten erkennen: Während im gesamten norddeutschen und im westmitteldeutschen Sprachraum noch verstärkt Protokolle zu finden sind, in denen allein Bildungen auf *zauber-* verwendet werden, sind Protokolle, in denen allein Bildungen auf *hex-* verwendet werden, nahezu ausschließlich im oberdeutschen Raum und hier verstärkt im westoberdeutschen Gebiet zu finden.

Die deutliche Polarisierung, die sich in dieser (synchronen) Momentaufnahme des deutschen Sprachraums im 16./17. Jahrhundert erkennen lässt, deutet bereits darauf hin, wie in etwa die Verbreitung des Wortes *Hexe* in diachroner Sicht verlaufen sein dürfte: Das alemannisch-schwäbische Gebiet gibt sich klar als Schwerpunkt- und Ausgangsgebiet zu erkennen, von dem aus sich das Wort *Hexe* wohl nach Norden und Osten hin ausgebreitet hat. Über den oberdeutschen Raum hinaus wird das Wort kaum als alleinige Variante verwendet, sondern stets durch *zauber*-Bildungen begleitet (vgl. Karte 6.3). Den äußersten Nordosten hat die *Hexe* zum Zeitpunkt der Erhebung (obwohl es sich bei diesem Raum ebenfalls um ein Kerngebiet der frühneuzeitlichen Hexenverfolgung handelt) noch nicht erreicht.[6]

6 Die einzige Ausnahme bildet im äußersten Nordosten das Protokoll aus Schivelbein (1637). Hier ist *hex* jedoch bezeichnenderweise nur in dem Kompositum *Zauberhexe* belegt.

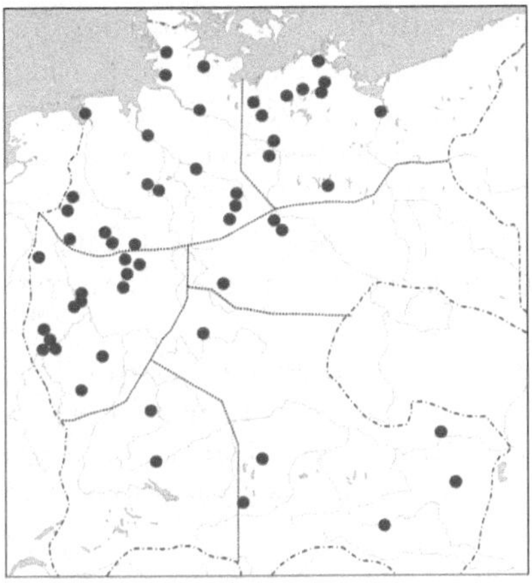

Karte 6.1: Protokolle, in denen ausschließlich Bildungen auf *zauber-* auftreten

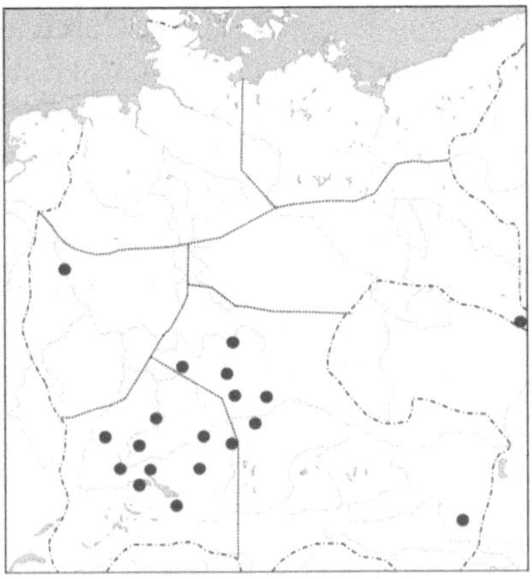

Karte 6.2: Protokolle, in denen ausschließlich Bildungen auf *hex-* auftreten

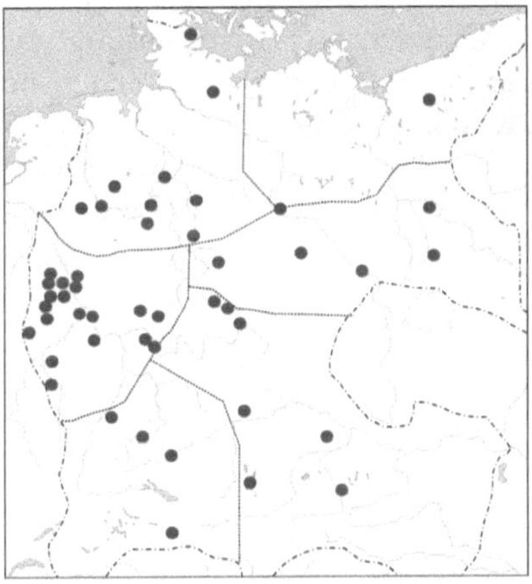

Karte 6.3: Protokolle, in denen Bildungen auf *hex-* und *zauber-* auftreten

Um noch größere Klarheit über den genauen Verbreitungsweg des Wortes *Hexe* zu erlangen, als dies durch eine rein synchrone Betrachtung der Gesamtbelege möglich ist, wurden die einzelnen Nachweise zeitlich geordnet und in fünf Zeitschnitte gegliedert. Die Karten 6.4–6.8, S. 261, zeigen den jeweiligen Stand der Diffusion von Wörtern mit dem Stamm *hex* vom Erstbeleg im Jahr 1573 bis zu den Jahren 1600, 1620, 1630, 1640 und schließlich bis zum letzten Beleg aus dem Jahr 1689. Die Einteilung in Zeitschnitte wurde nicht streng schematisch vorgenommen, sondern orientiert sich an der Belegdichte.

Das Ergebnis, das die Karten präsentieren, ist eindeutig: Bis zum Jahr 1600 ist das Wort *Hexe* im vorliegenden Korpus ausschließlich in einem sehr eng umgrenzten Gebiet im deutschen Südwesten belegt, von wo aus es sich schrittweise zunächst primär in Richtung Norden ausbreitet. Neben einer weiteren Verbreitung und Festigung im südwestdeutschen Raum dringt das Wort zunächst ins Westmitteldeutsche vor und hat bis 1630 insbesondere das Rheinland erfasst. Erste Belege finden sich zu diesem Zeitpunkt auch bereits im Westniederdeutschen, einen starken Zuwachs findet die Verbreitung hier jedoch erst im folgenden Zeitabschnitt. Bis 1640 sind West- und Ostfalen erfasst, zum Ende des Zeitschnitts treten zudem bereits vereinzelte Belege in den östlichen nord- und mitteldeutschen Gebieten hinzu. Während es im Nordosten bei einem einzigen Belegort bleibt, wird nach 1640 schließlich – wenn auch nur spärlich – der ostmitteldeutsche sowie der äußerste ostoberdeutsche Teil (also insbesondere Österreich) erreicht.

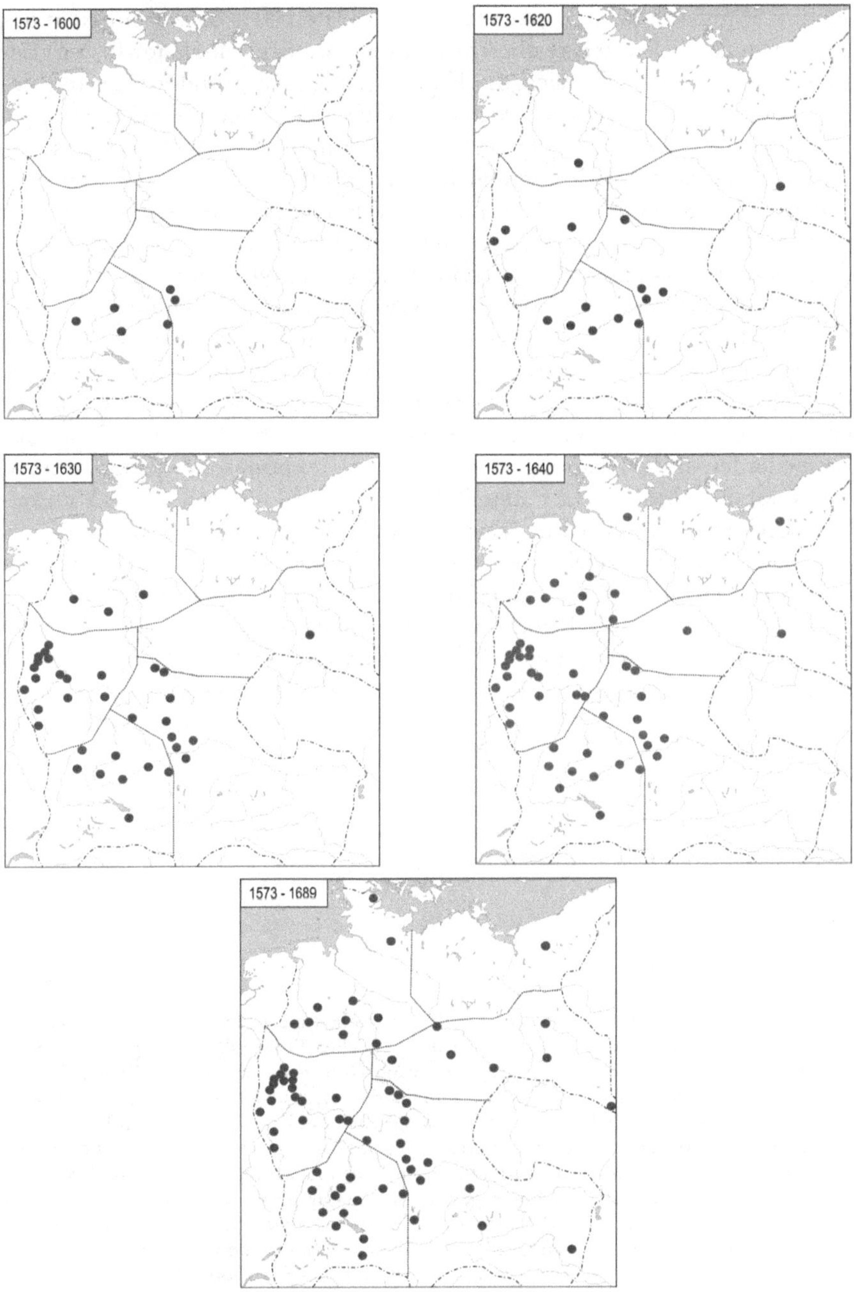

Karten 6.4, 6.5, 6.6, 6.7, 6.8: Diffusion „Hex“

Natürlich müssen bei den hier vorgelegten Daten stets die Eigenheiten des Korpus (das im Westen reicher mit Texten bestückt ist als im Osten) berücksichtigt werden. Da sich die Ergebnisse jedoch grundsätzlich mit denen der Sekundärliteratur decken – nämlich indem sich das Alemannisch-Schwäbische als Ausgangsgebiet zu erkennen gibt, von wo aus die Verbreitung nach Norden seinen Lauf genommen hat – ist es zumindest wahrscheinlich, dass der Verbreitungsweg recht getreu nachgezeichnet werden konnte. Auffällig ist, dass die Verbreitung nicht fächerförmig verlief, sondern dass das Wort erst seinen Weg nach Norden nahm und dann später den Osten erfasste. Man kann also eine klare Verbindung zwischen dem Verbreitungsweg der Hexenverfolgung in den deutschen Gebieten (vgl. oben Abschnitt 2.2.) und der Diffusion des Wortes *Hexe* erkennen, die sehr deutlich den engen Zusammenhang von Kultur- und Sprachgeschichte aufzeigt. Auch die sprachgeschichtliche Sonderstellung des ostniederdeutschen Raumes, der bis zum Erhebungsende einen weißen Fleck auf der *Hexen*-Karte darstellt, lässt sich wohl teils mit seiner kulturellen Sonderstellung erklären: Zwar handelt es sich bei Mecklenburg um eines der verfolgungsreichsten Gebiete, die bisherigen Untersuchungen haben jedoch gezeigt, dass der Hexenglaube im Norden insgesamt sehr viel stärker dem Volksglauben und alten Zaubereivorstellungen verhaftet blieb als im Rest des Untersuchungsgebietes, weshalb wohl auch *zauber*-Bezeichnungen sehr viel länger und deutlicher vorherrschten.[7]

7 Dass im Nordosten das Wort *Hexe* im 17. Jahrhundert nicht gänzlich unbekannt war, hat Rösler (2004) in ihrem Aufsatz zu mecklenburgischen Prozessakten gezeigt. Sie verweist jedoch bezüglich des Auftretens auf eine anfänglich textsortenspezifische Bindung: So begegnet das Wort wohl „zuerst, Ende des 16. Jahrhunderts, in den Belehrungen der Juristenfakultäten, setzt sich dann aber auch in den Verhörsprotokollen und weiteren Prozeßakten durch“ (29). Bei den von ihr angeführten Belegen für *Hexe* ist leider nicht ersichtlich, welcher Textart sie entnommen sind und ab wann genau sie in den Verhörprotokollen auftreten. Zwei von ihr angeführte Interrogatorien aus Belehrungen der Juristenfakultät Rostock aus den Jahren 1671 und 1702 lassen jedoch vermuten, dass eine verstärkte Nutzung und Verbreitung erst sehr spät stattfand: So weist erst das Interrogatorium vom Beginn des 18. Jahrhunderts die Wörter *hexen* und *Hexerey* auf – *1. Ob sie hexen könne? [...] 15. Ob sie andern die Hexerey wieder gelehrt?*) –, während der Text aus dem Jahr 1671 an den entsprechenden Stellen noch *zaubern* und *Zauberei* verwendet: *1. Ob sie Zaubern konne?[...] 11. Ob sie nicht die Zauberei andern leuten wieder gelehrnt?* (vgl. ebd. 24 f.).

6.3. Sach- und Personenbezeichnungen

6.3.1. *Hexerei/Zauberei* vs. *Hexe/Zauberin*

Dass es sich bei der Übernahme von Bildungen mit dem Wortstamm *hex* in die Protokolle um einen Vorgang handelt, der wortgebunden unterschiedlich verlief, zeigen die folgenden Karten 6.9 und 6.10, S. 265. Sie bilden das Ergebnis einer spezielleren, lexemorientierten Suche ab, und zwar wurde die Suche im einen Fall allein auf die Sachbezeichnungen *Hexerei – Zauberei*, im anderen Fall allein auf die Personenbezeichnungen mit Stamm *hex* und *zauber*, also auf *Hexe/in – Zauberin/sche* etc.[8] beschränkt.

Schon auf den ersten Blick lässt sich erkennen, dass die bereits für die Wortstämme beobachtete Regionalverteilung mit dem auffälligem Südwest-Nordostgefälle für den Stamm *hex* in den beiden Karten in noch deutlicherem Maße zu Tage tritt: In beiden Fällen wird der gesamte westoberdeutsche wie auch der nördliche Teil des ostoberdeutschen Raumes klar durch die Bildungen *Hexerei* und *Hexe* dominiert, wohingegen der mittel- und norddeutsche Raum sowie das südliche ostoberdeutsche Gebiet durch die Formen *Zauberei* und *Zauberin/sche* etc. bestimmt werden. Nimmt man die beiden Verteilungen genauer in den Blick, lassen sich im Vergleich weitere Auffälligkeiten feststellen: Die Personenbezeichnung *Hexe* beherrscht klar den gesamten oberdeutschen Raum. Nur in vier oberdeutschen Orten sind Personenbezeichnungen auf *zauber* belegt, und auch hier nur als parallele Nebenformen zur Bezeichnung *Hexe*. Bei den Sachbezeichnungen sieht die Situation hingegen etwas anders aus: Zwar dominiert auch hier im Süden deutlich die neuere Form *Hexerei*, das alte *Zauberei* ist jedoch mit insgesamt 15 Belegorten noch deutlich präsenter. Die traditionelle Sachbezeichnung *Zauberei* ist somit im Gegensatz zur Personenbezeichnung *Zauberin* im oberdeutschen Raum eindeutig besser vertreten. Im mittel- und norddeutschen Raum fällt auf, dass die Personenbezeichnung *Hexe* bereits eine sehr viel stärkere Verbreitung erlangt hat als die korrespondierende Sachbezeichnung *Hexerei*: Hier stehen 24 Belegorten für *Hexe* nur 14 Belegorte für *Hexerei* gegenüber. Grundsätzlich lässt sich also festhalten, dass sich im Untersuchungszeitraum die Personenbezeichnung *Hexe* bereits sehr viel weiter verbreitet hat als die Sachbezeichnung *Hexerei*. Doch nicht nur an der Regionalverteilung, auch an

8 Neben den Varianten *hex*, *hexe* und *hexin* wurden bei den Personenbezeichnungen mit Stamm *hex* auch die Komposita *hexenfrau*, *-mann*, *-person*, *-leute*, *-weiber* und *zauberhexe* berücksichtigt. Die Personenbezeichnungen mit Stamm *zauber* umfassen die Varianten *zauber*, *zauberer*, *zauberin*, *zaubersche* und *zauberchen* sowie die Komposita *zauberhexe*, *-hure* und *-sack*.

den Gesamtbelegzahlen (vgl. nochmals die obenstehende Tabelle, S. 257) lässt sich die stärkere Verbreitung von *Hexe* im Gegensatz zu *Hexerei* ablesen. Zwar ist das Wort *Hexe* mit 110 Nachweisen nur wenig häufiger belegt als das Wort *Hexerei* mit 83 Nachweisen, vergleicht man die Belegzahlen jedoch mit den korrespondierenden Werten von *Zauberin* und *Hexe*, wird die im Verhältnis stärkere Durchsetzungskraft des Wortes deutlich: Den 83 *Hexerei*-Belegen stehen 263 *Zauberei*-Belege gegenüber, was etwa einem Verhältnis von 1:3 entspricht. Den 110 *Hexe*-Belegen stehen hingegen nur 172 *Zauberin*-Belege gegenüber, das entsprechende Verhältnis liegt somit bei 2:3.

Im Vergleich fallen die Nachweise von *Hexe* also insgesamt deutlich stärker ins Gewicht als die von *Hexerei*, die *Hexe* ist also gegenüber der *Zauberin* vergleichsweise stärker verbreitet als die *Hexerei* gegenüber der *Zauberei*. Die Ursachen hierfür sind vermutlich komplex. Zunächst einmal muss festgehalten werden, dass beide Sachbezeichnungen, also sowohl *Hexerei* als auch *Zauberei*, sich auf das Gesamtdelikt, also den Verdachts- und Anklagepunkt im Allgemeinen beziehen: Die Angeklagten werden *verdechtiger Hexerey halber* (Eichstätt 1628: 44) oder *wegen beschuldigter zauberey* (Rosenburg 1618: 17r) verhaftet und somit gleichermaßen *der Hexer- vnndt Zauberey bezüchtiget* (Grünberg 1663/1: 35). Während das Wort *Hexerei* sich jedoch fast ausschließlich und sehr allgemein auf das Gesamtdelikt bezieht, wird das Wort *Zauberei* zugleich zur Bezeichnung konkreter Zauberhandlungen und -fälle verwendet, so z. B. in der Frage *ob einiche Zauberei oder vergifftigungen mit Iro begangen, wie vnd welcher gestalt* (Flamersheim 1629/1: 152) oder wenn geschildert wird, dass eine Frau *durch zauberey erkrümmet* (Golling 1677: 374) wurde. Da sich das Wort *Zauberei* somit nicht nur auf das gesamte, kumulative Verbrechen gemäß der kirchlichen Hexenlehre, sondern zudem auf einen Teil des Verbrechens, den Schadenzauber, beziehen kann, der in nahezu allen Protokollen thematisiert wird, hat es einen insgesamt breiteren Bedeutungsrahmen und einen erweiterten Anwendungsbereich und kann sich auch in Gegenden, in denen ansonsten bereits Bildungen mit *hex* dominieren, halten.

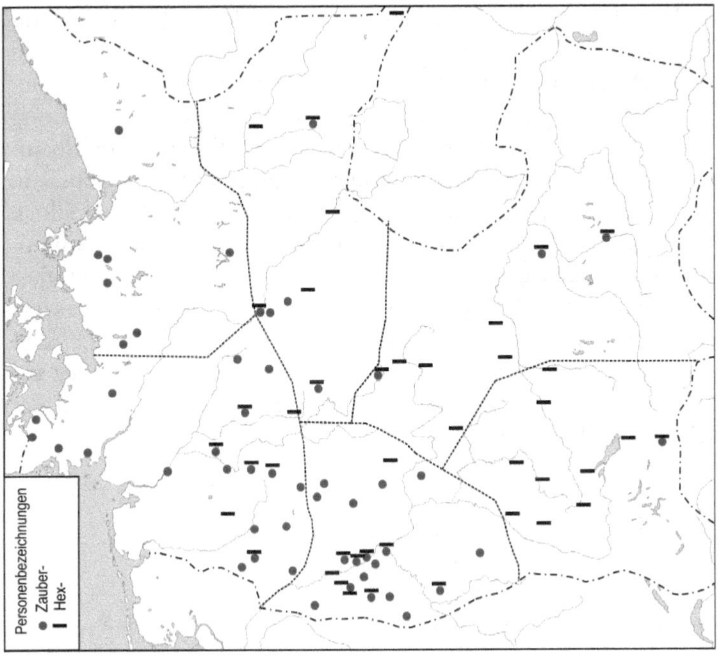

Karte 6.9: Personenbezeichnungen mit Stamm *zauber-* und *-hex*

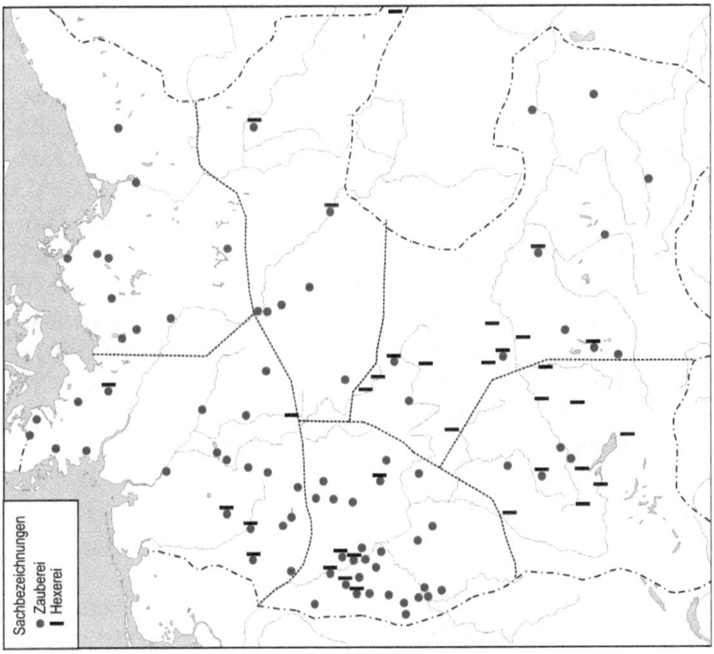

Karte 6.10: Sachbezeichnungen mit Stamm *zauber-* und *-hex*

Die Tatsache, dass sich die *Hexe* im Vergleich zur *Hexerei* bereits deutlicher gegenüber den analogen *zauber*-Bildungen durchsetzen kann, hat wohl zum einen zeitliche Gründe – das Abstraktum *Hexerei* ist als Ableitung von *Hexe* wohl erst später entstanden, so dass auch die Verbreitung erst später eingesetzt hat –, zum anderen müssen im Bereich der Personenbezeichnungen jedoch auch stärker dialektgeographische Ursachen in Betracht gezogen werden, als dies bei den Sachbezeichnungen der Fall ist. Insbesondere in den Protokollen des süddeutschen Raums treten regionale Hexenbezeichnungen wie z. B. *Unholdin, Drute* u. ä. auf, die ein starkes Gegenwicht zur *Hexe* und *Zauberin* darstellen und die vermuten lassen, dass es im oberdeutschen Raum Gegenden gab, in denen auch vor dem Aufkommen von *Hexe* die *Zauberin* nicht allein dominant war. Über die Arten und das Verbreitungsgebiet der regionalen Bezeichnungen wird der folgende Abschnitt 6.2.2. Auskunft geben.

6.3.2. Regionale Personenbezeichnungen: *Drute, Unholdin, Teufelshure*

Regionale Hexenbezeichnungen bilden mit insgesamt 77 Nachweisen einen nicht zu verachtenden Anteil an der Gesamtzahl der Hexenbezeichnungen (365). Rein quantitativ von größter Bedeutung sind die Bezeichnungen *Unholdin, Drute, Teufelshure* und *Milchdiebin.* Mit ihrer Hilfe werden zudem in 19 Fällen diverse Komposita wie z. B. *vnholdentanz, vnholdenwesen, drutenzeichen, drutenrockh, truttenwerk* und *Millich diebin Tantz* geformt. Hinzu kommen ferner einige, teils sehr spezielle Einzelnachweise von Hexenbezeichnungen wie z. B. *teuffelsbrauth* (Höchst 1631: 166v) oder *Zuchtel Reiterin*[9] (Hemau 1616: 6v).

Den größten Beleganteil (58) wie auch den größten Verbreitungsraum hat das Wort *Unhold/in.* Wie Karte 6.11, S. 268, verdeutlicht, tritt es verstärkt im Südwesten und im Rheinland auf. Seine Verbreitungsschwerpunkte, insbesondere die Zentrierung im Süden, weisen unverkennbare Parallelen zu denen des Wortes *Hexe* auf. Das Wort *Unhold/in* geht zurück auf mhd. *unholde*, ahd. *un(a)holda* 'Dämonin, Teufelin' und ist erstmals im 8. Jahrhundert belegt (vgl. Kluge 2002: 942). Seit dem 16. Jahrhundert ist laut Grimm die weibliche Form *Unholdin* vielfach in der Bedeutung 'Hexe' belegt (vgl. DWB 24: 1069). Das Fehlen jeglicher Nachweise von *Zauberin* sowie das verstärkte Auftreten der Bezeichnungen *Unhold/in* und *Hexe* in einem klar umgrenzten Gebiet im Süden des Sprachraumes legen die

9 Unter *Zuchtel* versteht man das 'Mutterschwein', die *Zuchtel Reiterin* als Hexenbezeichnung leitet sich somit von der Vorstellung ab, dass die Hexe auf einem Schwein zum Hexentanz reitet (vgl. DWB 32: 263).

Vermutung nahe, dass es sich bei *Unhold/in* gewissermaßen um ein süddeutsches Gegenstück zum Wort *Zauberin* handelt, dass es sich also ebenfalls um eine ältere Bezeichnungstradition handelt, die im Laufe der Hexenverfolgung nach und nach durch das neuere Wort *Hexe* überlagert wurde. Wie im Norden die Bezeichnung *Zauberin* wird auch im Süden die *Unholdin* parallel zur *Hexe* weiter verwendet. Auffällig sind jedoch die deutlich geringeren Belegzahlen von *Unholdin* im Gegensatz zur *Zauberin.* Diese könnten dem Umstand geschuldet sein, dass die Verbreitung des Wortes *Hexe,* wie gezeigt, im alemannisch-schwäbischen Gebiet ihren Ursprung genommen hat und sich das Wort zum Untersuchungszeitpunkt im Süden bereits stärker durchgesetzt hat als im Norden, weshalb die Bezeichnung *Unholdin* unter Umständen bereits stärker verdrängt wurde, als dies im Norden bei der *Zauberin* der Fall ist. Des weiteren könnten semantische Unterschiede zwischen *Hexe* und *Unholdin* eine Rolle gespielt haben, und zwar in der Hinsicht, dass das Wort *Unholdin* u. U. als nicht mehr stark genug empfunden wurde, um das volle Ausmaß des Hexereidelikts auszudrücken. Einen Hinweis hierauf gibt der Zeitgenosse Georg Gödelmann in seinem Hexereitraktat aus dem Jahr 1592, in dem er die *Unholden* als die „alten Weiber" bezeichnet, die „vom Teuffel mit Betrug hindergangen / mit Gewalt vnd Furcht gedrungen / auff Irrthumb vnnd Vnwissenheit gebracht [worden sind; I.H.] zu diesem ergaͤuckeltem / oder vermeinetem Zauberbund", und ihnen „die Zaͤuberer vnd Gifftbereitterin" entgegensetzt, die „fuͤrsetzlich / vnnd auß gutem Rath / auß vngebuͤrlichen Fuͤrwitz bewegt / mit Leib vnd Seel" (Gödelmann 1592: 166) einen Bund mit dem Teufel eingehen.

Als weitere regionale Hexenbezeichnung tritt im Süden das Wort *Drute/Trutte* (mhd. *trute*) auf. Mit nur 14 Nachweisen aus drei Belegorten (Bamberg, Wolframs-Eschenbach und Reichertshofen) weist es eine starke regionale Begrenzung auf ein kleines Gebiet im ostfränkischen und nordbairischen Sprachraum auf (vgl. Karte 6.11, S. 268). Wie die *Unholdin* verweist auch die *Drute* ursprünglich auf ein dämonisches Wesen. Simon Roth definiert sie in seinem Fremdwörterbuch aus dem Jahr 1571 als „ein sondre gattung der nacht gespenst / welche die Leut sollen drucken" (Öhmann 1936: 307), also durch Druck auf die Brust eines Schlafenden bei diesem Alpdrücken verursachen. Roth stellt aber noch im gleichen Atemzug seinen Zweifel an der Existenz dieser Wesen heraus: „Acht aber es sey nichts anders dann des Menschen eygen schweres bluͤt / so dem hertzen vberlegen / vnd dasselb also druckt / darum moͤcht mans wol nennen die *Drucht*" (ebd.). Die genaue Herkunft des Wortes *Drute* (auch *Trude, Trute, Drude* genannt) ist unklar. Bächtold-Stäubli vermutet einen etymologischen Zusammenhang mit got. *trudan*, anord. *troda* 'treten, stoßen' (vgl. Bächtold-Stäubli 8: 1173, s.v. Trude), in ähnlicher Weise wie

Kluge (2002: 218, s.v. Drude), für den das Wort ebenfalls mit dem Verb *treten* in Verbindung stehen könnte. Ein Zusammenhang mit *Druide*, wie ihn Roth 1571 vermutet (und das vermeintlich französische Wort daher in sein Fremdwörterbuch aufnimmt), besteht wohl nicht.

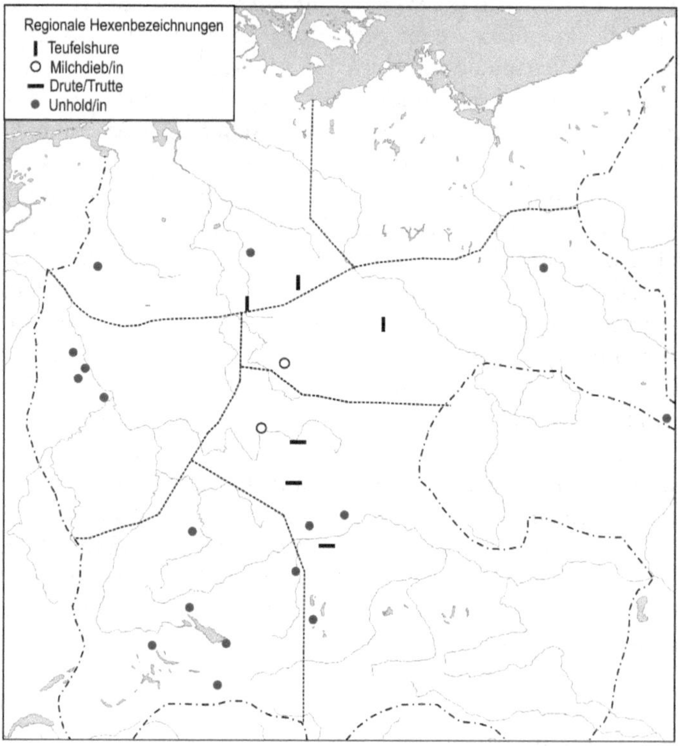

Karte 6.11: Regionale Hexenbezeichnungen

Der Drutenglaube entstammt der bairisch-österreichischen Mythologie, seine Verbreitung ist somit auf den „S[üd-]O[sten] des Sprachgebietes, soweit die bayr.-österreichische Mundart reicht, aber auch darüber hinaus" (Bächtold-Stäubli 8: 1173, s.v. Trude) beschränkt. In Verbindung mit dem Hexenglauben wurde der Drutenglaube wohl erst später, mit zunehmender Verbreitung der Hexenverfolgungen gebracht. Die *Drute* ist demnach „eine von jener Art Hexen oder Unholdinnen, deren besondre Liebhaberey es ist, sich schlafenden Personen in allerley furchtbaren Gestalten recht breit und schwer auf die Brust zu setzen und ihnen die ängstliche Empfindung zu verursachen, die man anderswo den Alp oder das Alpdrücken nennt“ (Schmeller I, 1: 648, s.v. Trud, Drud).[10] Das typische Vergehen der *Druten*, das sogenannte ‚Drucken‘, ist auch im vorliegenden Korpus als typisches Hexenverbrechen belegt. Nachgewiesen werden konnte es in Protokollen aus Augsburg, Eichstätt, Ellingen, Gengenbach und Memmingen, also sämtlich in süddeutschen Texten und somit auch im Verbreitungsgebiet von *Drute*, auffälligerweise jedoch in keinem der Protokolle, in denen *Drute* als Hexenbezeichnung belegt ist. Ein Zusammenhang zwischen der Hexenbezeichnung *Drute* und dem Hexenvergehen des ‚Druckens‘ ist also wohl grundsätzlich existent, ein gemeinsames Auftreten beider Elemente ist in den hier vorliegenden konkreten Fällen jedoch nicht zwingend nötig. Das Wort *Drute* wird im Korpus weitgehend synonym zu *Hexe* benutzt, wie z. B. die Paarformeln *Hexen oder Truttenwerck* (Wolframs-Eschenbach 1630: 125) und *Hexententzen vnd dergleichen Drutenzusamenkhunfften* (Bamberg 1628-30/4: 207) zeigen. Als regionale Bezeichnung mit Wurzeln im traditionellen Zauber- und Gespensterglauben ist es jedoch bei weitem nicht so verbreitet wie das Wort *Unholdin*, was vielleicht auch damit zusammenhängt, dass das Wort *Drute* einen – zumindest ursprünglich – begrenzteren Bedeutungsrahmen hatte, indem es weniger die Hexe an sich, als vielmehr eine bestimmte Art von Hexe bezeichnet. Das Wort wird lediglich in einem einzigen Fall als Simplex verwendet (*als sein Lehrmeisterin den New Beckh und die andern Trutten alle ihme zuegesprochen*, Wolframs-Eschenbach 1630: 126) und tritt ansonsten stets als Erstglied in diversen Komposita auf. Belegt sind die Wörter *drutenzeichen* (6-mal), *drutenweiß* (2-mal), *drutenentzen, drutenthauff, druten rockh, drutenzusamenkhunfften* und *truttenwerck*. Insbesondere ersteres tritt in diversen Schreibungen (*drutenzeichen, drutenzaichen, trudtenzaichen*) gehäuft auf, wohl nicht zuletzt weil es sich beim *Drutenzeichen* nicht nur um ein Element des neuen Hexenglaubens, sondern auch um einen Bestandteil des alten Drutenglaubens handelt.

Die geringe, lokal sehr begrenzte Verbreitung des Wortes *Drute* im Korpus soll nicht darüber hinwegtäuschen, dass es sich vermutlich um ein im gesamten südöstlichen Sprachraum des 16./17. Jahrhunderts sehr verbreitetes Wort handelte. Als stark dialektales und zudem dem alten Gespensterglauben verhaftetes Wort könnte es bei der Verfassung der Hexenprotokolle von den Schreibern bewusst gemieden worden sein, in der Volkssprache jedoch durchaus lebendig gewesen sein. Anlass für diese Vermutung bieten z. B. die Akten des Bamberger Bürgermeisters Johannes Junius, die neben dem Verhörprotokoll auch einen von ihm selbst

10 Die Worterklärung im Bayrischen Wörterbuch Schmellers ist auch insofern interessant, als sie alle drei im Bayrischen vertretenen Hexenbezeichnungen (*Hexe, Unholdin* und *Drute*) beinhaltet und durch die Nebeneinanderstellung von *Hexe* und *Unholdin* deren semantische Nähe nochmals betont.

verfassten Brief an seine Tochter enthalten, in dem er das Verhör schildert. In diesem Zeugnis privater Schriftlichkeit verwendet Junius gleich mehrfach die Bezeichnung *Druttner*, so z. B. in der Schilderung des ersten Verhörs: *Hort Ir sagt er ~~wolt~~ Ir seyt ein druttner, wolt Ir es gutwillig gestehen wo nit so wirdt man euch ~~Zeg~~ Zeug herstellen vnd den hencker an die seyten* (Kassiber Bamberg 1628: 1r; zitiert nach Topalović/Hille 2007). Im zugehörigen Verhörprotokoll tritt das Wort hingegen an keiner Stelle auf, dort ist ausschließlich von *hexerei* die Rede, ein Wort, das man in Junius Brief vergeblich sucht.[11]

Bei den letzten beiden Bezeichnungen, *Milchdieb/in* und *Teufelshure,* handelt es sich ebenfalls um sehr stark lokal begrenzte Formen der Hexenbezeichnung.[12] Sie sind auf enge Gebiete im mittleren Osten des Sprachraumes begrenzt (vgl. Karte 6.11, S. 268). Die *Milchdiebin* ist mit insgesamt 9 Belegen nur in zwei Orten (Georgenthal und Schweinfurt) als Hexenbezeichnung belegt, die *Teufelshure* mit nur 5 Belegen in drei Orten (Göttingen, Leipzig, Wernigerode). Bei beiden Bezeichnungen handelt es sich um eine Art Übernamen, die von Eigenschaften der bezeichneten Personen abgeleitet sind. Der Name *Milchdieb/in* verweist klar auf den Milchzauber, eine besondere Form des Schadenzaubers, bei der die Hexe durch Zauberei die Milch von Kühen anderer Leute an sich bringt oder aber sie zum Versiegen bringt. Beim Milchzauber handelt es sich um ein überregionales Phänomen, er ist vom nördlichen Flensburg bis ins südliche Gutenhag verbreitet. Während der Name *Milchdieb/in* also auf ein Element aus dem traditionellen Zauberglauben verweist, bezieht sich der Name *Teufelshure* auf ein Element der kirchlichen Hexenlehre, die Teufelsbuhlschaft, laut der die Hexe als Geliebte des Teufels gesehen wird. Bei der *Teufelshure* handelt es sich also wohl um eine neuere Bezeichnung. Sie konnte erst mit der Verbreitung des gelehrten Hexenglaubens entstehen, wohingegen die *Milchdiebin* auch schon aus dem alten Zauberglauben heraus früher erwachsen sein kann.

Die nachfolgende Karte 6.12 verzeichnet als regionalsprachliche Hexenbezeichnungen ferner zwei niederdeutsche bzw. niederdeutsch beeinflusste Varianten von *zauber*, nämlich *tover/ töver* und *zeuber* sowie die hieraus gebildeten Ableitungen. Auch bei diesen beiden Varianten ist die geographische Verteilung auffällig: Die niederdeutschen Formen *tover /töver* sind fast ausschließlich im Nordniedersächsischen anzutreffen, die Form *zeuber* hingegen, die als Übergangsform zum Hochdeutschen charakteri-

11 Zum Verhältnis von Verhörprotokollen und Kassibern vgl. Topalović 2007 und Topalović/Hille 2007.

12 Beide Wörter sind im DWB belegt, jedoch ohne Hinweis auf einen möglichen regionalen Bezug. Vgl. DWB 12: 1291, s.v. Milchdiebin (hier explizit mit der Bedeutung 'Hexe') und DWB 21: 285, s.v. Teufelshure.

siert werden kann,[13] tritt gehäuft im Mecklenburgischen sowie im Ostfälischen auf.[14] In beiden Gebieten ist auch bereits das hochdeutsche *zauber* vertreten.

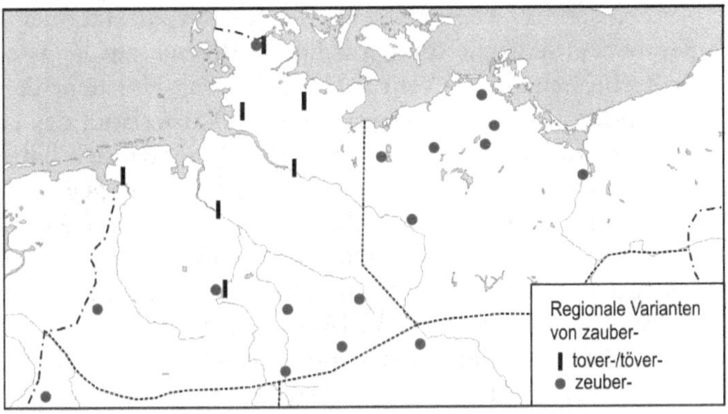

Karte 6.12: Regionale Varianten von *zauber-*

Die Mehrzahl der Belege kommt, wie zu erwarten war, aus der ersten Hälfte der Untersuchungszeit, also etwa aus den Jahren 1565–1620. Sie stammen somit aus einer Zeit, in der der Übergang zum Hochdeutschen auf niederdeutschem Gebiet noch nicht vollständig abgeschlossen ist. Zwischen den Belegen der jeweiligen Formen liegen keine auffällig großen Zeitunterschiede: Das nd. *tover/töver*[15] ist in Protokollen aus den Jahren 1565, 1583, 1603, 1607/8, 1613, 1614 und 1618/19 belegt, die Übergangsform *zeuber* in Protokollen aus den Jahren 1580, 1583, 1587, 1588, 1608, 1614, 1620, 1628, 1630, 1631 und 1649. Beide Formen können somit schwerpunktmäßig in einem Zeitraum von etwa 1580 bis 1620 nachgewiesen werden, die Form *zeuber* hält sich allerdings noch Jahre darüber hinaus. Das Bild, das sich in Karte 6.12 bietet, stellt gewissermaßen eine Momentaufnahme des niederdeutschen Sprachraums zum Ende des 16./Anfang

13 Der Form *zeuber* lag wohl das niederdeutsche *töver* zugrunde, dessen Umlaut *ö* beim Übergang zum Hochdeutschen zu *eu* diphthongiert wurde (vgl. nd. *bom* – hd. *baum*, nd. *boeme* – hd. *bäume* u.ä.). Beide Formen konnten durchaus innerhalb eines Textes parallel verwendet werden, wie das Protokoll Flensburg 1608 zeigt. Hier wird in der Überschrift Anna Kockes als *Ein Zeuberinne* bezeichnet, im Text hingegen ist von *töuerien* die Rede. Gleiches gilt auch für die Formen *tover* und *zauber*, die z. B. in zwei Bremer Protokollen aus dem gleichen Jahr (1603) in den Formen *Zauberei* und *toverie* zu finden sind.

14 Eine Sonderform stellt zudem die Form *zober-* dar, die nur in einem Ort, dem ostniederdeutschen Perleberg, belegt ist.

15 Die niederdeutsche Form mit Umlaut (*töver*) ist lediglich in zwei nordniederdeutschen Orten belegt, in Flensburg und Meldorf, ansonsten findet sich stets die Form ohne Umlaut (*tover*).

des 17. Jahrhunderts dar, an welcher sich der momentane Stand der Verdrängung der niederdeutschen durch die hochdeutsche Schriftsprache in den Protokollen am Beispiel der Variable *zauber* deutlich ablesen lässt. In Übereinstimmung mit den Erkenntnissen Gabrielssons (1983) gibt sich das nordwestdeutsche Küstengebiet als die Region zu erkennen, in welcher sich das Niederdeutsche im schriftlichen Bereich am längsten gegen das Hochdeutsche behaupten konnte. In Schleswig-Holstein, das im 16. und 17. Jahrhundert noch dänisch war, und in Ostfriesland, das enge kulturelle und wirtschaftliche Beziehungen zu den Niederlanden hatte, konnte sich das Hochdeutsche im äußeren Schriftverkehr erst gegen Ende des 16. Jahrhunderts, im inneren Kanzleibetrieb sogar erst um die Mitte des 17. Jahrhunderts gegen das Niederdeutsche durchsetzen. Ähnliches gilt für die großen Handelsstädte Hamburg und Bremen, die sich in kommerzieller und kultureller Hinsicht ebenfalls lange Zeit stark in Richtung Nordwesten, also in Richtung der Niederlande ausrichteten, so dass das von Südosten einströmende Hochdeutsche erst spät im Schriftverkehr Fuß fassen konnte (vgl. Gabrielsson 1983: 137 ff.).[16] Die hier für die Variable *zauber* erstellte Verteilung (vgl. nochmals Karte 6.11) kann stellvertretend für den generellen Sprachduktus der norddeutschen Protokolle gesehen werden: In der Tat sind es die *tover/töver*-Protokolle, also die Protokolle aus den Orten Flensburg, Meldorf, Depenau, Hamburg, Bremen und Uphusen,[17] die den stärksten niederdeutschen Charakter besitzen, die also als noch weitgehend niederdeutsche Texte mit hochdeutschen Interferenzen gelten können.

6.4. Tätigkeitsbezeichnungen: *hexen* und *zaubern*

Um die in diesem Kapitel vorgenommene vergleichende Gegenüberstellung von Wörtern und Wortbildungen aus dem Bereich Zauberei und Hexerei zu komplettieren und zugleich abzuschließen, soll ein letzter Blick auf die mit Hilfe der Stamm-Morpheme *zauber* und *hex* gebildeten Tätigkeitsbezeichnungen, also auf die Verben *zaubern* und *hexen* geworfen werden. Mit 241 bzw. 20 Nachweisen stehen sie an zweiter resp. vierter Stelle

---

16 Laut Gabrielsson ist der Übergang zum Hochdeutschen im inneren Kanzleibetrieb in Hamburg erst um 1620 abgeschlossen, in Bremen sogar erst um 1642 (vgl. dazu die tabellarische Übersicht in Gabrielsson 1983: 149). Die hier untersuchten Protokolle stammen aus den Jahren 1583 (Hamburg) und 1603 (Bremen), der vollständige Übergang zum Hochdeutschen hat also noch lange nicht stattgefunden.

17 Eine Sonderstellung hat das Protokoll Minden (1614). Hier kann ein wechselnder Sprachduktus festgestellt werden, da hochdeutsche und niederdeutsche Passagen alternieren (vgl. hierzu Nolting 2002).

in der Rangliste der häufigsten Wortbildungen (vgl. nochmals die Tabelle auf S. 255), sie haben also beide in ihrer jeweiligen Liste eine recht hohe Position und sind somit insgesamt stark vertreten. Im direkten Vergleich der beiden Wörter überwiegt das Verb *zaubern* natürlich klar über das Verb *hexen*, es wird alles in allem 12-mal so häufig verwendet. Dieser Unterschied ist ohne Zweifel enorm, jedoch nicht unbedingt erstaunlich. Da beide Tätigkeitsbezeichnungen sich weniger auf das Gesamtdelikt beziehen als vielmehr auf den Bereich des Schadenzaubers, also auf die aktive Ausübung schädigender Magie, ist es nicht weiter verwunderlich, dass das ältere, schon im Althochdeutschen belegte Wort *zaubern*, das die Bedeutung 'Schadenzauber ausüben' semantisch nach wie vor voll abdeckt, dem Verb *hexen*, das erst im 16. Jahrhundert nachgewiesen werden kann,[18] vorgezogen wird.

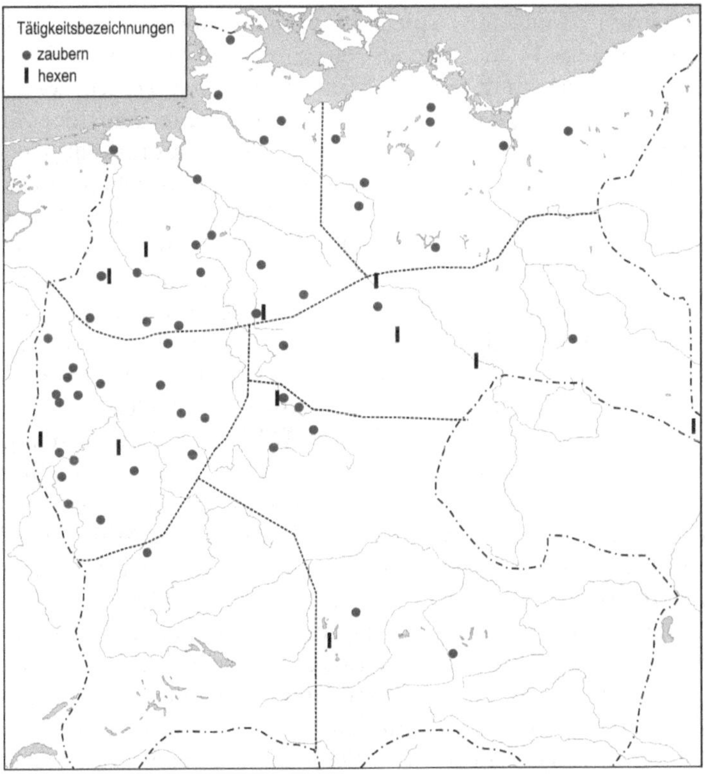

Karte 6.13: Tätigkeitsbezeichnungen: *zaubern* vs. *hexen*

18 Paul (1992) verweist auf einen literarischen Frühbeleg aus dem Jahr 1525 (vgl. 406).

Als überaus auffällig kann jedoch die geographische Verteilung der Belege gelten, wie sie sich in Karte 6.13 darstellt.[19] Schon auf den ersten Blick fällt ein überaus großer weißer Fleck ins Auge, der nahezu den gesamten südwestdeutschen sowie weite Teile des südostdeutschen Raumes erfasst. Nahezu der gesamte alemannische, schwäbische und nordbairische Raum zeichnet sich durch ein völliges Fehlen der Verben *zaubern* und *hexen* in den Protokollen aus, ein Umstand, der umso schwerer ins Gewicht fällt, wenn man sich die sehr dichte Verteilung der beiden Tätigkeitsbezeichnungen im gesamten nord- und mitteldeutschen Sprachraum vor Augen hält. Zieht man zum Vergleich nochmals die Verteilungskarten der Sach- und Personenbezeichnungen heran, fällt zudem auf, dass es gerade das Hauptverbreitungsgebiet von *Hexerei* bzw. *Hexe* ist, das hier durch eine völlige Abwesenheit des zugehörigen Verbs gekennzeichnet ist.

Um dieses Phänomen zu erklären, müssen mehrere Dinge berücksichtigt werden. Zum einen spielt die verhältnismäßig späte Entstehung des Verbs *hexen* im 16. Jahrhundert eine große Rolle: Bei der Durchsicht der Belege des Verbs und seiner Ableitungen in den Texten des Untersuchungskorpus fällt auf, dass die Nachweise größtenteils aus der Mitte des 17. Jahrhunderts stammen, genauer aus dem Zeitraum 1630–1660, und das Verb *hexen* somit erst vergleichsweise spät und selten auftritt. Der früheste Nachweis stammt aus dem Jahr 1614, vorher kann *hexen* in diesem Korpus als nicht belegt gelten. Durch das erst späte Aufkommen des Verbs und die somit erst langsam einsetzende Verbreitung in den Texten kann zunächst einmal die insgesamt sehr geringe Zahl von nur 20 Belegen erklärt werden. Das völlige Fehlen des Verbs *hexen* in den südwestdeutschen Texten wäre jedoch durch die späte Verbreitung nur dann zu erklären, wenn der zur Debatte stehende Raum ausschließlich durch zeitlich frühere Protokolle (also Protokolle vor 1614) abgedeckt wäre. Dies ist jedoch nicht bzw. nur teilweise der Fall: Zwar stammt die Mehrzahl der Protokolle in diesem Gebiet vom Ende des 16./Anfang des 17. Jahrhunderts, es gibt aber durchaus auch spätere Texte aus der Mitte des 17. Jahrhunderts (z. B. aus Gutenstein aus dem Jahr 1641 oder aus Messkirch aus dem Jahr 1644). Da es sich beim südwestdeutschen Gebiet um das Kern- und Ausgangsgebiet der Verbreitung von *Hexe* handelt, würde man doch vermuten, dass, wenn das Verb auftritt, es gerade in diesen oberdeutschen Texten belegt ist und nicht in mittel- und norddeutschen. Da dies nicht der Fall ist, muss die Ursache für die fehlende Verbreitung in anderen Zusammenhängen gesucht werden. Da nicht nur das Wort *hexen*, sondern auch das Wort *zaubern* in keinem südwestdeutschen Protokoll nachzuwei-

19 Neben einfachem *zaubern* wurden auch die präfigierten Formen *be-*, *ver-*, *an-*, *ab-* und *zuzaubern* berücksichtigt, jedoch nicht speziell ausgewiesen. Gleiches gilt für präfigierte Formen von *hexen* (*be-* und *verhexen*).

sen ist und daneben auch keinerlei regionalsprachliche Verben mit der Bedeutung 'Zauberei/Hexerei ausüben' aufzufinden sind, ist die einzig logische Erklärung, dass ein derartiges Verb in den südwestdeutschen Protokollen im Gegensatz zu den Protokollen aller anderen Gebiete schlichtweg nicht benötigt wurde, da entweder andere Ausdrucksmöglichkeiten bestanden oder aber das Zaubern bzw. Hexen als Handlungsform gar nicht thematisiert wurde.

Wirft man zunächst einen Blick auf die Texte des nord- und mitteldeutschen Bereichs, in denen *zaubern* und *hexen* gut belegt sind, stellt man schnell fest, dass die Frage nach Zauberkenntnissen ein zentraler Punkt ist, der in Hexenverhören nahezu immer angesprochen wird. Die Frage *Ob sie zaubern könne?* (Ostrau 1628: 80r) war hier wohl fester Bestandteil eines jeden Verhörs und wurde oft von Fragen wie *Von wem sie solche zauberey gelernt?* (Mühlhausen 1659: 98), *Wie lange solches sey?* (Schwerin 1668: 2r) und *Ob Sie auch andere das Zaubern gelehret und wer dieselben wehren?* (Mühlhausen 1659: 98) begleitet. In vielen Fällen dient die Schilderung der Zaubereilehre gewissermaßen als Einstieg in das Verhör, der erklärt, wie die Angeklagten überhaupt zu diesem Laster geraten konnten und wer sie die Künste gelehrt hat (vgl. Abschnitt 5.1.2.). In den meisten Fällen wird das Verb *zaubern* daher auch mit Bezug auf allgemein vorhandene Zaubereikenntnisse und -fähigkeiten benutzt – so z. B. in den zahlreich vorhandenen Abstreitungen der Art *sie wisse von den Dingen nitt, koennte nitt Zaubern* (Altenahr 1649: 457) – und tritt oft in substantivierter Form auf: *bekent freiwillig, daß Johannis Mejers frauwe ihr das zaubern gelehret furm Jhar in Ihrer der Mejerschen stuben* (Lemgo 1632: 47v). In Bezug auf die konkrete Zauberausübung wird das Verb *zaubern* nur äußerst selten verwendet, so z. B. in Braunau 1617: *Aberwurzel und Widerthon vor die Thüre geworfen, da das Vieh aus- und eingegangen, damit gezaubert, dass es Blutt oder Matten vor Milch gegeben* (228). Sollen konkrete Handlungen ausgedrückt werden, werden fast ausschließlich präfigierte Formen wie z. B. *bezaubern, anzaubern, abzaubern* und *verzaubern* verwendet:

(6.1) Item Hermans Greitgen vor 12 jahr ein schwartz unnd weiße köhe, welche palt kalben soll, bezaubert, welcher sie ein inficiirt kohelblath eingeben (Drachenfels 1630: 7v)

(6.2) Affirmat, hette Nicol Braunschweigern die Kranckheit vermittels eines Pulvers angezaubert (Mühlhausen 1659: 116)

(6.3) vnd nicht sein tage von Ihr gehöret, das sie sollte Etwas böses gethan, oder Jemandt beleidiget haben, viel weinig[er] das sie dem kraseman solte vier kühe abgezauberdt haben (Borgfeld 1587: 322v).

(6.4) Daruf bekandt, sie wer zwar ein zauberin, hette aber Nimandt verzaubert, wise auch nit, ob die ander weiber Jmandt verzaubert hetten (Friedberg 1620: 11).

Ähnliches gilt auch für das Verb *hexen*: Wird auf die Hexenkünste im Allgemeinen verwiesen, findet sich in der Regel einfaches *hexen*, wird auf spezielle Handlungen Bezug genommen, steht präfigiertes *verhexen* oder *behexen*:

(6.5) sie gefraget; ob sie den hexen könne? welches sie verneinet (Göttingen 1649: 46)

(6.6) Yber das anndere fragstuckh erzelt Er, auf waß weiß Er des wierths kindt Zu Rottenbuech verhext vnnd erkhrümpt habe (Rottenbuch 1665: 966)

(6.7) Ob sie sich nicht der Zauberei beflissen und Hans Brosen Kind behext, dass es krank worden und davon gestorben sei? (Gommern 1660: 149).

Auch in den süddeutschen Protokollen ist der Schadenzauber ein wichtiger Aspekt, der nahezu durchgängig thematisiert wird, jedoch auf eine andere Art und Weise. Zum einen hat der Aspekt der Zaubereilehre in den oberdeutschen Protokollen einen deutlich niedrigeren Stellenwert als in nord- und mitteldeutschen Protokollen, da an ihre Stelle häufig die Schilderung der Verführung durch den Teufel tritt (vgl. hierzu Abschnitt 5.1.1.). Diese regional differierende Ausprägung des Hexenglaubens und somit auch des ‚Hexenmusters' bewirkt zunächst einmal, dass ein in den nord- und mitteldeutschen Protokollen gesetzter thematischer Schwerpunkt, der verbale Ausdrücke mit der Bedeutung 'Zauberei/Hexerei ausüben' erforderlich macht, in den oberdeutschen Texten durch einen anderen Schwerpunkt ersetzt wird, für den dies nicht der Fall ist. Da der Aspekt Zaubereilehre also nicht unbedingt fester Bestandteil süddeutscher Verhöre war, fällt ein Themenbereich in dem die Verben *zaubern* und *hexen* regelmäßig zur Anwendung kommen können, weitgehend weg.

Es gibt jedoch natürlich durchaus auch einige oberdeutsche Texte, in denen der Erwerb von Hexenfähigkeiten angesprochen wird. Dies geschieht jedoch nie unter der Verwendung der Verben *zaubern* oder *hexen*, sondern fast ausschließlich mit Hilfe nominaler Konstruktionen. Insbesondere das Nomen *Hexerei* sowie zahlreiche mit dem Stamm-Morphem *hex* gebildete Komposita wie *Hexenkunst, Hexenwerk* etc., werden in Präpositionalphrasen eingebunden, mit deren Hilfe Hexenkenntnisse und -fähigkeiten thematisiert werden:

(6.8) Bey dem 1ten Articul. wie lang sie im Laster der Hexerei lebe? Sagt, seye Lediger weiß Unnd ungeveherlich vor 30 Jaren durch den Laidigen Sathan Zue dem Hexenwerckh gerathen. (Augsburg 1590:1)

(6.9) Nach deme Sie, Den 27. Januarii, zwischen 8 vnd 9 Vhren Vormüttag biß umb halb Ailf Vhren. Küentzlerin, ein stundt ahn der Tortur gestanden, hat

> Sie nit bekhennen wollen, daß Sie mit dem bösen Feündt einen Pact gemacht, Vilweniger Ihr von der hexerey etwas bewusst. (Hechingen 1648: 34)

Anstelle verbaler Formulierungen wie z. B. wie lang sie hexen könne oder vilweniger könne sie hexen stehen also nominale Konstruktionen der Form wie lang sie im Laster der Hexerei lebe oder vilweniger Ihr von der hexerey etwas bewusst, wodurch der gesamte Sprachduktus einen sehr viel offizielleren und gehobeneren Anstrich erhält.

Schilderungen konkreter Schadenzaubereien finden sich in den oberdeutschen Protokollen genauso wie in mittel- und norddeutschen auch, jedoch wird die Tätigkeit hier nie durch verbale Ableitungen von *zaubern* oder *hexen*, sondern stets mit Hilfe konkreter, die jeweilige Handlung beschreibender Verben ausgedrückt. Die Verbwahl ist dabei so vielgestaltig wie die Schadenzauberarten selbst: Die Opfer (egal ob Mensch oder Tier) werden mit gesalbten Stöckchen *geschlagen*, mit der Hand *angegriffen*, mit Salbe *geschmiert*, es wird ihnen Gift *eingegeben*, sie werden *angeblasen* und es werden Stöckchen *gelegt* oder Pulver *gestreut*. Als Ergebnis dieser Handlungen sind die Opfer meist lahm oder verkrümmt, werden krank und/oder sterben. Dass all diese Vorgänge durch Zauberei bzw. Hexerei bewirkt sind, versteht sich wohl schon durch die Anwendung von Teufelssalben oder Teufelspulver, so dass eine explizite Kennzeichnung der Handlung als magische meist nicht stattfindet. Diese konkrete Form der Schadenzauberschilderungen findet sich jedoch nicht nur in den süddeutschen Protokollen, sie stellt also keine rein süddeutsche oder gar südwestdeutsche Spezialität dar, die das komplette Fehlen der Verben *hexen* und *zaubern* in diesem Gebiet erklären kann, sondern sie findet sich in den Protokollen aller Gegenden. Auch existieren im oberdeutschen Raum keine regionalsprachlich-dialektalen Synonyme zu den beiden Verben, wie dies z. B. bei den Personenbezeichnungen (*drute* u. ä.) der Fall war, so dass die Frage, warum die Opfer in den südwestdeutschen Protokollen nie *verhext* oder *bezaubert* werden, letztendlich nicht beantwortet werden kann.

6.5. Fazit

Wie bereits die Analysen zur Versprachlichung des Teufelspaktes haben auch die Untersuchungen von Bildungen mit den Wortstämmen *hex-* und *zauber-* deutliche Unterschiede hinsichtlich der regionalen Verbreitung und Verwendung sprachlicher Formen aus dem Kontext des Teufels- und Hexenglaubens ans Licht gebracht. Insbesondere die in den vorherigen Untersuchungen bereits festgestellte Opposition zwischen den Texten des oberdeutschen und denen des mittel- und norddeutschen Raumes hat sich erneut bestätigt und eine zusätzliche Bekräftigung erfahren:

- generell weisen die Texte des oberdeutschen Raums verstärkt Bildungen mit dem Stamm-Morphem *hex-* auf, wobei sich insbesondere der deutsche Südwesten als Kern- und Ausgangsgebiet der Verbreitung der Formen zu erkennen gibt; in den Texten des mittel- und norddeutschen Raums ist hingegen eine starke Dominanz von *zauber-*Bildungen zu beobachten
- bei der Verbreitung von Bildungen auf *hex-* lassen sich zudem lexemgebundene Unterschiede erkennen: im Bereich der Personenbezeichnungen (*Hexe*) ist die Verbreitung nach Norden hin zum Untersuchungszeitpunkt deutlich weiter fortgeschritten als im Bereich der Sachbezeichnungen (*Hexerei*)
- Tätigkeitsbezeichnungen auf *zauber-* und *hex-* finden sich fast ausschließlich in der Mitte und im Norden, wo zudem das Verb *zaubern* klar über das Verb *hexen* dominiert

Anhand des Beispiels der Diffusion von Bildungen auf *hex-* im deutschen Sprachraum wird wie an keinem anderen Beispiel exemplarisch deutlich, dass die Verbreitung der Hexenverfolgung, die Verbreitung der Inhalte des kumulativen Hexereikonzepts und die Verbreitung eines spezifischen ‚Hexen-Wortschatzes' Hand in Hand gehen, dass sie sich gegenseitig bedingen und beeinflussen. Die Wortbildungen auf *hex-* markieren durch ihr schwerpunktartiges Auftreten im südwestdeutschen Raum das Kerngebiet des dämonologischen Diskurses und somit das Gebiet, das wesentlich für die Herausbildung des neuartigen Hexereikonzepts verantwortlich ist.[20] Sie sind zugleich Ausdruck dieses neuen kirchlich-religiösen Konzeptes, indem sie als jüngere, moderne Formen dem magisch-mythischen Sinnbereich der *zauber-*Bildungen entgegentreten und diesen teilweise überlagern.

Die klare Dominanz von *zauber-*Bildungen im nord- und mitteldeutschen Raum weist dagegen auf einen in diesem Gebiet noch deutlich spürbaren Einfluss eines magisch-volkstümlichen Weltbilds hin, wie es sich bereits bei der Versprachlichung verschiedener Elemente des Teufelspaktes gezeigt hat.

---

20 Die Hexereiproblematik drang schon recht früh von Frankreich und der Schweiz aus in den Süden Deutschlands vor, weshalb dieses Gebiet nicht nur als der Ausgangspunkt der Hexenverfolgungen auf deutschsprachigem Raum angesehen werden muss, sondern auch als Zentrum der Hexereidiskussionen und Ort der Entwicklung und Vollendung des kumulativen Hexereikonzeptes (zur Ausbreitung der Verfolgungen in Europa vgl. Behringer 1987: 134 ff.). Hier enstanden nicht allein die größten und wirkungsvollsten Schriften wie Kramers „Hexenhammer" (vgl. Hexenhammer 1487/2001), hier hatten sie auch zunächst ihren größten Verbreitungs- und Bekanntheitsgrad.

7. Resümee und Ausblick

Ausgangspunkt für die vorliegende Untersuchung war die Beobachtung auffälliger Parallelen bezüglich der inhaltlichen und sprachlichen Ausgestaltung von Elementen des frühneuzeitlichen Teufels- und Hexenglaubens in Hexenverhörprotokollen des 16. und 17. Jahrhunderts: Eine Sichtung von mehr als 200 Protokollen aus dem gesamten deutschen Sprachraum hat gezeigt, dass nicht allein gewisse Vorstellungen von Teufelspakten, Buhlschaften, Hexentänzen u.a.m. immer wieder in den protokollarisch dokumentierten Aussagen der Angeklagten auftreten, sondern dass sie sich in ihrer jeweiligen Versprachlichung zugleich durch auffällig analoge Darstellungsweisen und einen spezifischen Sprachgebrauch auszeichnen, so dass man von regelrechten textübergreifenden Musterbildungen und -strukturen sprechen kann.

Als geistige Grundlage dieser ‚Muster' muss das im Rahmen des dämonologischen Diskurses bis zum Ende des 15. Jahrhunderts entwickelte ‚kumulative Hexereikonzept' gelten, eine systematisch aufgebaute Hexentheorie, die an der Schnittstelle von scholastischen Lehren auf der einen und volkstümlichen Hexereivorstellungen auf der anderen Seite ein grundsätzlich ‚neues' Bild von der Hexe als ketzerische Teufelsbündnerin und Mitglied einer schadenstiftenden Hexengemeinschaft begründet (vgl. Kapitel 3.). Nach dieser Lehre, die in der gebildeten Schicht insbesondere durch den 1487 erstmals erschienen „Malleus Maleficarum" des Inquisitors Heinrich Kramer zunehmende Bekanntheit erlangte (vgl. Hexenhammer 1487/ 2001) und die sich nach und nach zur geistigen Grundlage eines ausgedehnten Verfolgungswahns in den deutschen Gebieten entwickelte, umfasst das Hexereidelikt im Wesentlichen vier Kernpunkte: 1. den Teufelspakt, d. h. die Errichtung eines Bündnisses zwischen Teufel und Hexe, das zugleich eine Gottesverleugnung beinhaltet; 2. die Teufelsbuhlschaft, also die geschlechtliche Beziehung von Teufel und Hexe; 3. die Teilnahme am Hexensabbat, durch welche die Hexe Teil einer ketzerischen, sektenartigen Gemeinschaft wird und 4. den Schadenzauber, d. h. das bewusste Schädigen Dritter mit Hilfe des Teufels.

Den in Hexereiverdacht geratenen Personen diese vier Vergehen nachzuweisen und ein mehr oder minder freiwilliges Geständnis zu erwirken kann als das Hauptziel des frühneuzeitlichen Inquisitionsprozesses gelten, weshalb sich in nahezu jedem Verhör und somit auch in den auf ihrer Grundlage erstellten Protokollen Fragen und Aussagen zu den genannten Themenbereichen nachweisen lassen. Insbesondere die Schilderungen von Teufelspakt und Teufelsbuhlschaft, die gewissermaßen die Basis und das Zentrum der neuen Hexereivorstellungen bilden,[1] geben sich in den Protokollen häufig als geschlossener Aussagekomplex zu erkennen, der zudem durch eine ausgeprägt musterhafte Struktur gekennzeichnet ist. Die Dokumentation und Analyse dieses ‚Musters' bildete im Folgenden das Zentrum der Untersuchungen. Hierzu wurde in einem ersten Schritt aus den Texten ein ‚Aussagemuster Teufelspakt' herausgearbeitet (vgl. Abschnitt 4.1.), das in weitere Teilmuster untergliedert werden konnte. Als grundlegende Bausteine dieses Musters können gelten: 1. die Verführung, 2. der verbale und rituelle Paktschluss, 3. der materielle Paktschluss und 4. der körperliche Paktschluss.

Verführung:
Alß Scheper Godert mit geringer folter vorgenommen, bekendt er d[as] ihmen vor 3 Jahren Funcken Olmes vor in seinem schoppen daß Leidige Zauberen gelert, auß Vrsachen daß seine Schaffe keinen grindt haben sollen.
↓
verbaler und ritueller Paktschluss:
habe 3 fueß ins Teuffelß Nahmen zuruck gehen Gott, Alle heiligen, seinen Rhadt Vnd thadt verleuchnen Vnd sich dem Teuffel ergeben mußen, welches er gethan.
↓
materieller Paktschluss:
Daruff sein Bule zu ihm kommen in schwartzen seiden kleideren, mit Nahmen luitger ⌈in weibes gestalt⌉ welche ihm 1 th[ale]r geben Vnd sei perdedreck worden,
↓
körperlicher Paktschluss:
Mit welcher er zuthuen gehabt, so kalter Natur gewesen.
(Alme 1630, 4: 12r)

1 Das Eingehen eines geistigen und körperlichen und somit ganzheitlichen Bündnisses mit dem Teufel wurde als Grundlage für alle weiteren Vergehen angesehen: Erst durch das Bündnis mit dem Teufel wird die Hexe dazu befähigt, Schadenzauber auszuüben, erst durch die Abschwörung Gottes kann sie Teil der Hexengemeinschaft werden. (Vgl. Abschnitt 4.1., S. 54)

Die sich anschließende Frage nach der Entstehung dieser stereotypen Strukturen (Abschnitt 4.2.) hat gezeigt, dass die Musterbildung als ein multikausaler Prozess gelten muss, der durch das Zusammenwirken mehrerer Faktoren aus dem Entstehungsumfeld der Texte bestimmt ist, wobei insbesondere zwei maßgeblich beteiligte Bereiche und Instanzen unterschieden werden müssen: zum einen das Verhör als grundlegende Entstehungssituation der Protokolle und zum anderen die Protokollierung als Form der Texterstellung.

Das Verhör im frühneuzeitlichen Inquisitionsverfahren ist aufgrund seiner spezifischen Form und Zielsetzung in besonderem Maße zur Aussagesteuerung geeignet: Da sein primäres Ziel weniger in der Wahrheitsfindung als vielmehr in der ‚Wahrheitsbestätigung', d. h. in der Bestätigung der in den Voruntersuchungen ermittelten und bereits verifizierten Verdachtspunkte begründet liegt, sind die Verhörmethoden entsprechend auf das Erlangen eines gewissermaßen ‚vorformulierten' Geständnisses im Sinne des kumulativen Hexereikonzeptes ausgerichtet. Im artikulierten Verhör, also dem Verhör nach vorgefertigten Frage- und Beweisartikeln, wird den Angeklagten das für ein Geständnis benötigte Wissen nicht allein wie im nicht-artikulierten Verhör durch tendenziöse Frageformen suggeriert, sie werden durch das Verlesen der Beweisartikel auch direkt mit den entsprechenden Inhalten konfrontiert. Die mehrfache Repetition von Fragen führt zur Festigung der entsprechenden Kenntnisse, das Druckmittel der Folter schließlich leistet sein Übriges zur Erlangung des gewünschten Geständnisses. Den Angeklagten bleibt für ihr Geständnis im Wesentlichen die Reproduktion von ‚Hexenwissen', sei es das aus den Verhören selbst gewonnene oder das bereits vorab durch allgemeinen Dorftratsch, durch Predigten, durch die Teilnahme an Endlichen Rechtstagen früherer Angeklagter u. ä. bekannt gewordene.

Zwischen die im Verhör produzierten standardisierten Aussagen und die im Protokoll aufscheinenden Aussagemuster tritt schließlich noch die Person des Schreibers, der als eine Art Filter fungiert und durch seine spezifische Wahrnehmung und Interpretation des Gehörten und Gesehenen stets bewusst wie auch unbewusst Eingriffe in Struktur und Inhalt der protokollierten Aussagen vornimmt. Unter den zahlreichen im Verschriftlichungsprozess vorgenommenen Modifikationen der originären Aussagen[2] sind drei in besonderem Maße an der Evozierung von Musterstrukturen beteiligt: 1. die gezielte Selektion derjenigen Aussageteile, die in ideel-

2 Gemeint sind hier z. B. die zahlreichen Modifikationen, die bei der Übertragung von direkter in indirekte Rede (Personenverschiebung, Moduswechsel etc.) oder bei der Übertragung von der Mundart in die Hochsprache vorgenommen werden müssen; vgl. Abschnitt 4.2.2., S. 82 f.

ler wie auch juristischer Hinsicht für Hexereigeständnisse als relevant gelten müssen, 2. die Reformulierung von Aussagen in Hinblick auf eine größtmögliche Kohärenz und zugleich Kompatibilität mit gängigen Hexereitheorien und 3. die Standardisierung, oft im Sinne einer rechtssprachlichen Überformung mit dem Ziel der juristischen Verwertbarkeit und Eindeutigkeit der Aussagen. Das Zusammenwirken all dieser Verfahren aus dem Verhör- und Protokollierungsprozess schließlich ist es, dass als grundlegend für die Entstehung und Entwicklung der Musterstrukturen in den Protokollen angesehen werden muss.[3]

In einem zweiten Analyseschritt wurde das aus den Texten herausgearbeitete ‚Aussagemuster Teufelspakt' einer detaillierten vergleichenden Analyse unterzogen (Kapitel 5.). Neben den einheitsstiftenden Strukturen rückte nun vor allem der Aspekt der Divergenz ins Blickfeld der Betrachtung. Dem ermittelten Aufbau des Musters folgend wurden seine einzelnen Teilelemente (Verführung, verbaler und ritueller Paktschluss, materieller Paktschluss, körperlicher Paktschluss), ergänzt durch das Gebiet der Teufelsbeschreibung, in Hinblick auf ihren Aufbau und Inhalt sowie ihre sprachliche Ausgestaltung untersucht. Als Ergebnisse der Analyse lassen sich folgende festhalten:

1. Die Schilderungen des Teufelspaktes zeichnen sich durch eine Reihe allgemein und überregional zu beobachtender konventionalisierter Darstellungsformen aus, die den Mustercharakter hervorrufen bzw. verstärken. So fungiert z. B. die Verführung in der Regel als Einleitung zur Paktschilderung und umfasst neben der Darstellung des eigentlichen Verführungsaktes auch alle relevanten Orts-, Zeit- und Umstandsangaben; der Paktschluss ist oft zweigliedrig, d. h. rituell und verbal; der verbale Paktschluss wird in der Mehrzahl der Fälle als Redeteil des Teufels realisiert und kann sowohl eine Absage von Gott als auch eine Zusage an den Teufel als auch beides umfassen; der materielle Paktschluss hat die Form einer Arrha,[4] deren symbolischer Wert durch ihre wahre zugrundeliegende Konsistenz (Dreck, Fäkalien etc.) deutlich gemacht wird; der körperliche Paktschluss wird als kalt beschrieben, wodurch der unnatürliche Charakter des Geschlechtsaktes mit einem geistigen Wesen hervorgehoben wird; bei der Teufelsbeschreibung wird der Teufel nach Kategorien wie Alter, Geschlecht, Kleidung etc. bestimmt und in vielen Fällen namentlich benannt.
2. Die zu beobachtenden überregionalen sprachlichen Konventionalisierungen verweisen oft auf einen rechtssprachlichen Hintergrund, wie

3 Vgl. hierzu nochmals das zusammenfassende Schaubild (Abb. 4.1), S. 87.

4 Bei der Arrha handelt es sich um ein Draufgeld bei Abschluss eines Vertrages (vgl. S. 152).

z. B. an der Verwendung der Formel sein sein bei der Schilderung des verbalen Paktschlusses deutlich wird, die mit großer Wahrscheinlichkeit auf die römische Manzipationsformel (meum esse ...) zurückgeht. Ebenfalls vor juristischem Hintergrund müssen wohl die beim Paktschluss häufig auftretenden Relativsätze gesehen werden, mit deren Hilfe bestätigt wird, dass die Hexe der Aufforderung des Teufels zum Paktschluss Folge geleistet hat (welches sie getan hätte) und der Vollzug somit tatsächlich stattgefunden hat. Neben der Konstitution eines rechtlich eindeutigen Tatbestandes und somit der juristischen Absicherung haben die Relativkonstruktionen zugleich eine aussageverkürzende und textraffende Funktion. Ihr schriftsprachlicher Charakter zeugt von starken Eingriffen des Schreibers, wie sie sich z. B. auch in der regelhaften Verwendung der Formel in Gestalt bei der Teufelsbeschreibung gezeigt haben.

3. Innerhalb der allgemein zu beobachtenden Musterstruktur lassen sich Divergenzen in der Versprachlichung des Teufelspaktes feststellen, die größtenteils regionale Bezüge aufweisen. Sie lassen sich auf verschiedene Ursachen zurückzuführen:
   a. auf allgemein mundartliche Einflüsse: Hierzu zählen z. B. die Variablen *Pferd* – *Ross* (nord-/mitteldeutsch – oberdeutsch), *lehren* – *lernen* (norddeutsch – oberdeutsch), *versaken* – *absagen* (norddeutsch – mittel-/oberdeutsch), *buhlieren* – *buhlen* (norddeutsch – mitteldeutsch) etc.
   b. auf konfessionelle Einflüsse: Anzuführen ist hier z. B. die Absage an *Gott und alle Heiligen* in Protokollen katholischer Gebiete oder der Teufelsname *Beelzebub* als primär protestantisch tradierter.
   c. auf Einflüsse regional divergierenden Hexen- und Teufelsglaubens: So ziehen z. B. unterschiedliche Vorstellungen von der Form des rituellen Paktschlusses bei der Versprachlichung des verbalen Paktes eine unterschiedliche Verbwahl nach sich (*verschreiben* bei der Vorstellung vom Blutsvertrag, *versprechen*/*zusagen* u. ä. beim Handschlag); der im oberdeutschen Raum verbreitete Drutenglaube spiegelt sich in der nur hier anzutreffenden Hexenbezeichnung *Drute* wider, ebenso wie die im Nordosten des Sprachraums verbreitete Vorstellung vom Teufel als Drache eine entsprechende Teufelsbezeichnung *Drache* mit sich bringt etc.
4. Daneben finden sich zahlreiche regionalgebundene Konventionalisierungen, die sich auf einen in diesen Gebieten standardisierten Sprachgebrauch zurückführen lassen, ohne dass dessen Ursache genauer bestimmt werden kann. In den oberdeutschen Protokollen z. B. hat sich bei der Schilderung der Abrenuntiation das Verb verleugnen als Standard herausgebildet, wohingegen der westmitteldeutsche Raum

eine klare Präferenz des Verbs absagen (oft in Kombination mit zusagen) zeigt. Bei der Schilderung des körperlichen Paktschlusses tritt nur in oberdeutschen Protokollen das Verb beschlafen auf, wohingegen das Verb vermischen primär im westmitteldeutschen Raum anzutreffen ist etc.

5. Zusammengenommen lassen die Divergenzen in der inhaltlichen und sprachlichen Umsetzung der Teilmuster mindestens drei mehr oder minder klar abgrenzbare Gebiete eines regional gefärbten ‚Aussagemusters Teufelspakt' erkennen: den Raum Westfalen, das Rheinland und den süd(west)deutschen Raum, wobei die westfälischen und rheinischen Protokolle sich durch eine große Homogenität und ein hohes Maß an sprachlicher Standardisierung von den vergleichsweise weniger standardisierten süddeutschen Protokollen abgrenzen.[5] Erstere weisen zudem einen sehr viel deutlicheren volkstümlichen Einfluss auf (so z. B. in der Beschreibung der Verführung als Zaubereilehre, in der bildhaft-plastischen Form der rituellen Paktschlüsse, in der Vorstellung von der Verwandlung der Arrha in Pferdedreck etc.), während letztere vermehrt gelehrte Züge aufzeigen (z. B. in der Darstellung des Teufels als biblischer Verführer, durch die Orientierung an literarischen Teufelsbündnermotiven beim Paktschluss etc.).

Die Untersuchung der Diffusion von Wörtern mit dem Stamm *hex-* im deutschen Sprachraum (Kapitel 6.) hat schließlich nochmals exemplarisch verdeutlicht, welch enger Zusammenhang zwischen der historischen Ausbreitung der Hexenverfolgung, der Entwicklung und Verbreitung des kumulativen Hexereikonzepts und seiner Versprachlichung in den Protokollen besteht: Während der deutsche Südwesten als Zentrum des dämonologischen Diskurses und Ausgangsgebiet der Verfolgungen auch in sprachlicher Hinsicht dem ‚neuen' Hexereikonzept stark verpflichtet ist, erweist sich der erst später von den Vorstellungen ergriffene nord- und mitteldeutsche Raum auch in sprachlicher Hinsicht als konservativer.

Über die Analyse überregionaler Standardisierungstendenzen und regionaler Variation hinaus hat die Untersuchung einen generellen Einblick in den Wortschatz des frühneuzeitlichen Hexen- und Teufelsglaubens ermöglicht. So konnten ganze Wortfelder wie z. B. das der Verben der Zusage (*zusagen, zuschwören, versprechen, verschreiben* etc.), der Verben der Absage (*absagen, verleugnen, verschwören, versaken, verlassen* etc.), der Verben der Buhlschaft (*buhlen, sich vermischen, jmds. Willens pflegen, Unzucht treiben* etc.), der Teufelsbezeichnungen (*Teufel, böser Feind/Geist, Buhle, Satan* etc.) und der Hexenbezeichnungen (*Hexe, Zauberin, Zeubersche, Unholdin, Drute* etc.) er-

5 Vgl. hierzu nochmals die zusammenfassende Aufstellung in Abschnitt 5.6., S. 248 ff.

schlossen und im Hinblick auf ihre regionalsprachlichen und kulturellen Bezüge analysiert werden. Die Untersuchung der Teufelsnamen (*Hans, Federhans, Federbusch, Beelzebub, Graslin* etc.) hat neben einer weiteren Vertiefung der Untersuchung sprachlicher Verfestigungen im Bereich des Teufels- und Hexenglaubens zugleich einen kleinen Einblick in allgemeine Charakteristika frühneuzeitlicher Namengebung (Namenmoden, Einnamigkeit – Zweinamigkeit) erlaubt.

Die Fokussierung auf ein sehr eng umgrenztes Untersuchungsgebiet, nämlich auf die Darstellung des Teufelspaktes in frühneuzeitlichen Hexenverhörprotokollen, hat eine sehr detaillierte und kleinschrittige Analyse des ermittelten ‚Aussagemusters' ermöglicht. Eine derartige Untersuchung an Aussagen zu den beiden verbleibenden Kernpunkten des kumulativen Hexereikonzepts, dem Hexentanz und dem Schadenzauber, vorzunehmen ist möglich, da auch sie in nahezu allen vorliegenden Protokollen mit überaus hoher Frequenz auftreten und sich ebenfalls in vielerlei Hinsicht durch einen spezifischen Sprachgebrauch auszeichnen. Ihrer stärkeren Verwurzelung in den Vorstellungswelten des Volksglaubens (vgl. Kapitel 3.) ist jedoch wohl die Tatsache geschuldet, dass sie sich in ihrer inhaltlichen Ausgestaltung durch eine deutlich größere Heterogenität als die Teufelspaktschilderungen auszeichnen, was eine vergleichende Analyse erschwert.

Ähnlich wie die Teufelspaktschilderungen lassen sich jedoch auch die Hexentanz- und Schadenzaubersequenzen in den Protokollen weiter untergliedern: So können als typische Teilelemente des Hexentanzes der Tanz selbst, das Hexenmahl, die Teufelsverehrung, die Hostienschändung, der Flug zum Tanz sowie in einigen Fällen die Hexentaufe und die Kennzeichnung durch ein Teufelsmal gelten. Die Schadenzauberschilderungen lassen sich – je nach beschriebener Zauberart – verschiedenen Gruppierungen zuordnen, wie z. B. dem Milchzauber, dem Wetterzauber, dem Giftzauber (Veneficium) usw. Aus den jeweiligen Teilgebieten lassen sich mögliche sprachliche Vergleichspunkte ableiten, die weitere Einblicke in den Wortschatz des frühneuzeitlichen Hexen- und Teufelsglaubens bieten: Untersucht werden könnten z. B. die Substantive zur Bezeichnung des Hexentanzes (*tanz/dantz,Teuffelsdanz, Zauberdantz, nachtdantze, abendantz, hexendantz, zaubersche Dänntze, teuflische Zusammenkunft/Versammlungh, Sabbat* etc.) und die Substantive zur Bezeichnung der Mitglieder der Hexengemeinschaft (*Gespielen, mitgespiellen, geferten, Mitgesellen, Complices, Companischen* etc.) wie auch z. B. Verben aus dem Bereich des Giftzaubers (*vergiften, vergeben; eingeben, beibringen, zubringen* etc.) oder zur Beschreibung des Hexenfluges (*fahren/ausfahren, fliegen, reiten, ziehen, führen, bringen* etc.). Dass auch hier in vielen Fällen auffällige regionale Präferenzen festzustellen sind, zeigen die Karten 7.1 und 7.2, S. 288, in denen die Regionalverteilung einiger Verben, die zur Darstellung des Hexenfluges verwendet werden, präsentiert wird. Insbesondere das Verb *fahren*, teils auch in der präfigierten Form *ausfahren*, kann häufig nachgewiesen werden:

(7.1) Sey auch bey den däntz[en] geweßen wiße aber nit wo, sey vff einem steckhen darzue gefahren (Meßkirch 1644: 154v)

(7.2) Seje offt mit Ihrer muetter ausgefahren alle Zeit Zuem galg[en] hinaus, da habe man gedantzt, geessen vnd getrunkh[en] (Augsburg 1625: 109)

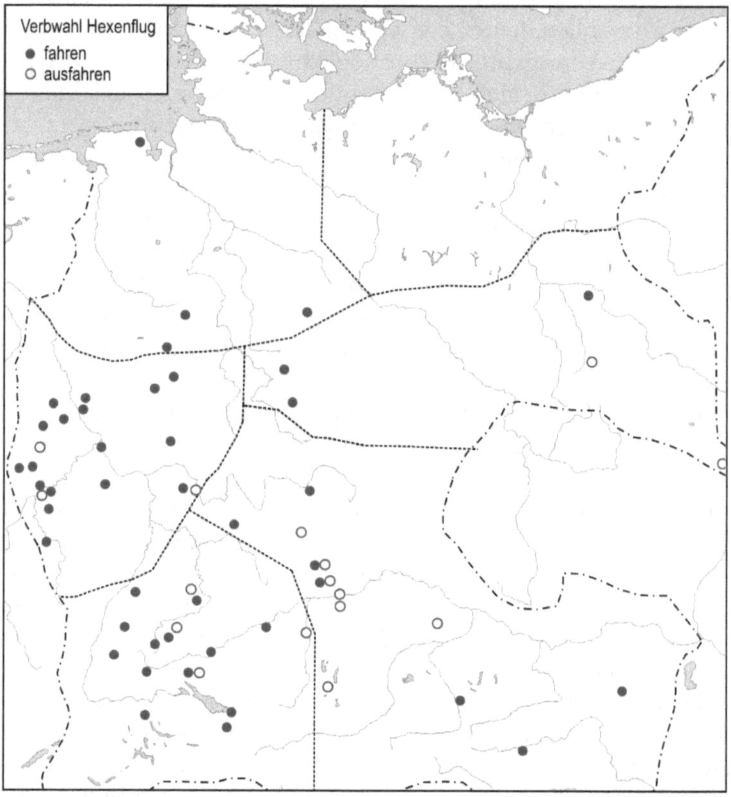

Karte 7.1: Verbwahl Hexenflug: *fahren – ausfahren*

Wie Karte 7.1 zeigt, treten sowohl *fahren* als auch *ausfahren* nahezu ausschließlich im süd- und mitteldeutschen Raum auf. Als vergleichsweise abstraktes Bewegungsverb kann das Verb *fahren* verschiedene Arten der Fortbewegung mit Hilfe von Transportmitteln bezeichnen.[6]

6 Vgl. DWB 3: 1247, s.v. fahren: „*der mensch* [...] fährt zu wagen, karrn, nachen, schiffe, auf dem schlitten, eis, auf der eisenbahn. *die mechanische vorrichtung fördert ihn schneller.*" Auch im

Gemein ist all diesen Arten, dass sie in der Regel ein gewisses Maß an Schnelligkeit implizieren, so dass auch weitere Strecken (zu entfernten Hexentanzplätzen) zurückgelegt werden können. Das Verb *ausfahren*, dessen Verbreitungsgebiet deutlich stärker auf den süddeutschen Raum begrenzt ist, betont weniger den Transport zu einem Ort als vielmehr die Wegbewegung von einem Ort, das Verlassen des Hauses für einen bestimmten Zeitraum, für eine *Ausfahrt* (bzw. einen 'Ausflug') zum Hexentanz. Daneben kann und muss es in den dämonologisch-biblischen Kontext gestellt werden: Grimm konstatiert seine häufige Verwendung in Zusammenhang mit „engeln und teufeln" (DWB 1: 852, s.v. ausfahren) und führt zahlreiche Bibelbelege sowohl aus dem alten als auch dem neuen Testament an, in denen vom Ausfahren des Teufels bzw. der Dämonen die Rede ist: „ich wil ausfaren und ein falscher geist sein" (2 Chron. 18, 21); „da fuhr der satan aus vom angesicht des herrn." (Hiob 2, 7); „und der teufel fuhr aus von im" (Matth. 17, 18).

In den norddeutschen Protokollen finden sich generell weniger Schilderungen von Hexenflügen. Diejenigen, die nachgewiesen werden können, zeichnen sich durch eine vielgestaltige Verbwahl aus (vgl. Karte 7.2), wobei die einzelnen Verben die jeweilige Fortbewegungsart deutlich konkreter bestimmen als dies beim *fahren* bzw. *ausfahren* der Fall ist: Die Hexen *reiten*, *ziehen* oder *fliegen* zum Tanzplatz, oft werden sie auch von ihrem Teufel dorthin *geführt*:

(7.3) Item noch hefft se wider bekant, wanner se tom danse plegen to rheen, flegen se in der luft up einen swarten perde (Stromberg 1565: 145)

(7.4) It[em] ihr dantz Platz sei zu Paderborn auff Closterhof gewesen, wohin sie der Teüffel auffm Esell gefürt (Alme 1630/2: 8v)

Abstrakt vs. konkret, gelehrt vs. volkstümlich: Bereits der kurze Ausblick auf die Verbwahl im Zusammenhang der Hexenflugschilderungen zeigt erneut die klaren Unterschiede zwischen süd- und norddeutschem Sprachgebrauch auf, die als typisch für die Versprachlichung des Teufels- und Hexenglaubens in den Verhörprotokollen gelten können. Dass es sich bei der sprachlichen Umsetzung weiterer Elemente des kumulativen Hexereikonzepts ähnlich verhalten könnte, steht zu vermuten. Das Untersuchungskorpus bietet in jedem Fall eine reichhaltige Grundlage für weitere Folgeuntersuchungen.

Kontext des Hexenglaubens treten verschiedene Fortbewegungsmittel auf, so z. B. die Gabel, der Stecken, der Bock, die Kutsche, das Pferd etc.

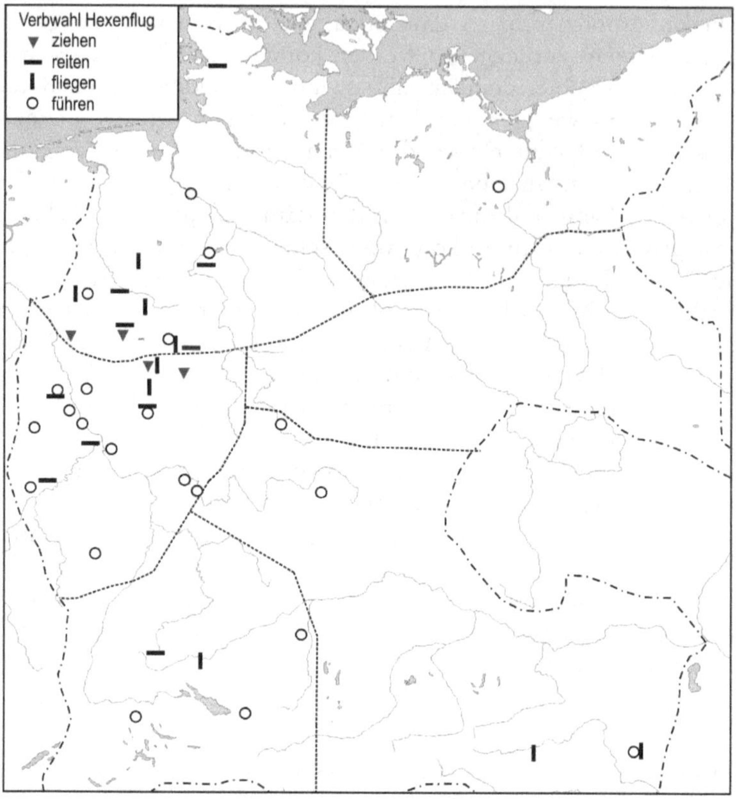

Karte 7.2: Verbwahl Hexenflug: ziehen, reiten, fliegen, führen

Einen Kontrastpunkt zum vergleichsweise formalisierten und – insbesondere regional – standardisierten Sprachgebrauch, wie er in der vorliegenden Untersuchung herausgearbeitet wurde, stellt sicherlich die Versprachlichung traditioneller Zaubereivorstellungen dar, die in teils noch großem Maße in den Aussagen der Angeklagten anzutreffen sind. Segens- und Heilsprüche, mündliche und dingliche Schutz- und Bannzauber gehörten in der Frühen Neuzeit zum alltäglichen Leben eines Großteils der Bevölkerung, ebenso wie die Inanspruchnahme magischer ‚Dienstleistungen' wie der des Wahrsagens (Wickens). Als Teil der magischen Vorstellungswelt von Angeklagten und Untersuchenden nehmen derartige Schilderungen Eingang in die Protokolle, da sie jedoch nicht zum Kanon des gelehrten, in den Verhören ‚abgefragten' Hexenglaubens gehören, erscheinen sie weniger angepasst und damit näher an den originären Aussagen der Angeklagten. Eine entsprechende Auswertung und Analyse des Textmaterials könnte eine sinnvolle Ergänzung zur hier vorgenommenen Dokumentation der Versprachlichung des Teufels- und Hexenglaubens darstellen und zugleich nähere Einblicke in eine mutmaßlich weniger verfremdete Sprache der Angeklagten und somit des einfachen Volkes im 16. und 17. Jahrhundert bieten.

8. Verzeichnisse

8.1. Abbildungen

8.2. Karten

8.3. Quellen

Ahaus 1608

Anzahl Protokolle: 1
Angeklagte: Hille Blomers
Archivnachweis: Staatsarchiv Münster, Altertumsverein Nr. 317c, fol. 96v–100r (Archivzählung).
verwendete Edition: Kanzleisprache 2005, S. 1–9.

Alme 1630

Anzahl Protokolle: 5
Angeklagte: Erlingh Reineke (1630/1), Annen Janus (1630/2), der Alteman (1630/3), Schäfer Godert (1630/4), Funcken Olmes (1630/5)
Archivnachweis: Archiv Graf von Bocholtz-Asseburg, Akte F 28, fol. 4r–17v (Archivzählung).
verwendete Editionen: Kanzleisprache 2005, S. 10–18; Transkriptionen im Rahmen des Projekts Kanzleisprache des 17. Jahrhunderts.

Altenahr 1649

Anzahl Protokolle: 2
Angeklagte: Elsen Simons Thönissen Frau (1649/1), Steinen Laurenzen Frau (1649/2)
verwendete Edition: Eichhoff, Johann Peter (Hrsg.) (1781): Beytrag zur Geschichte der Hexereyen im Erzstifte Köln. In: Materialien zur Geist= und weltlichen Statistick des niederrheinischen und westphaelischen Kreises und der angraenzenden Leander nebst Nachrichten zum Behuf ihrer aelteren Geschichte. Ersten Jahrganges. Erster Band. 3tes Stück. Erlangen. S. 448–484; vgl. auch CD-ROM in: Kanzleisprache 2005.

Andernach 1632

Anzahl Protokolle: 1
Angeklagter: der Hanen
Archivnachweis: Landeshauptarchiv Koblenz, Bestand 612, Nr. 2696, S. 144–151.
verwendete Edition: Transkription im Rahmen des Projekts Kanzleisprache des 17. Jahrhunderts.

Arnsberg 1629

Anzahl Protokolle: 2
Angeklagte: Walburgh die Muscherdische (1629/1), Dillicke Cordes Moritz Frau (1629/2)
verwendete Edition: Lomberg (Hrsg.) (1781): Fragmente zur Geschichte der Hexerey im HerzogthumWestphalen. (Buchtstaeblich aus den Original-Protocollen). In: Materialien zur geist- und weltlichen Statistick des niederrheinischen und westphaelischen Kreises und der angraenzenden

Laender nebst Nachrichten zum Behuf ihrer aelteren Geschichte 1, Heft 4. S. 341–343, 348–354.

Augsburg 1590/1625
Anzahl Protokolle: 2
Angeklagte: Barbara N. (1590), Maria Bräunin (1625)
Archivnachweis: Stadtbibliothek Augsburg, 8° H.V. 3, S. 1–13; Stadtarchiv Augsburg, Bestand Reichsstadt, Urgichten K 204, S. 109–113, 115–117 (Archivzählung).
verwendete Editionen: Hortzitz, Nicoline (Hrsg.) (1990): Hexenwahn. Quellenschriften des 15. bis 18. Jahrhunderts aus der Augsburger Staats- und Stadtbibliothek. Mit einer Einführung von Gertrud Roth-Bojadzhiev. Stuttgart (=Silberburg Wissenschaft/Geschichte; 280). S. 100–106; Kanzleisprache 2005, S. 328–336.

Baden 1640/1642
Anzahl Protokolle: 3
Angeklagte: Ursula Küng (1640/1), Ursula Frölich (1640/2), Barbel Maria Rittereisen (1642)
Archivnachweis: Historisches Museum Baden, Stadtarchiv, Bestand A 38.22. Seitenzählung der drei Dokumente: Baden 1640/1: fol. 8r–9r (Archivzählung); Baden 1640/2: S. 1–5 (eigene Zählung); Baden 1642: S. 1–5 (eigene Zählung).
verwendete Edition: Wilke 2006, S. 511–518.

Baden-Baden 1627/1628
Anzahl Protokolle: 2
Angeklagte: Margaretha Brasings (1627), Appolonia Kagen (1628)
Archivnachweis: Generallandesarchiv Karlsruhe, Abt. 61, Nr. 5047 I, fol. 26r–34v, fol. 70r–73v (Archivzählung).
verwendete Editionen: Wilke 2006, S. 499–510; Kanzleisprache 2005, S. 337–343.

Bamberg 1628 / 1628-30
Anzahl Protokolle: 9
Angeklagte: Johannes Junius (1628), Anna Keurin (1628-30/1), Anna Barbara Neuedeckherin (1628-30/2), Heinrich Wentzel (1628-30/3), Gertraut Keylin Bekhin (1628-30/4), Catharina Lagerin (1628-30/5), Helena Wentzelin (1628-30/6), Dorothea Pfisterin (1628-30/7), Vrsula Bleidtnerin (1628-30/8)
Archivnachweis: Staatsbibliothek Bamberg, R.B. Msc. 148, Nr. 299, fol. 1r–5v (Archivzählung).
verwendete Editionen: Kanzleisprache 2005, S. 412–321 (1628); Lamberg, Graf von (1835): Criminal-Verfahren vorzüglich bei Hexenprozessen im ehemaligen Bisthum Bamberg während der Jahre 1624–1630. Aus actenmäßigen Urkunden gezogen. Nürnberg. S. 1–5, 207–215 (1628-30); vgl. auch CD-ROM in Kanzleisprache 2005.

Barby 1641

Anzahl Protokolle: 1
Angeklagte: Barbara Heß
Archivnachweis: Landeshauptarchiv Sachsen-Anhalt, Abt.Wernigerode, Rep. A 31a, Grafschaft Barby, Nr. 738, fol. 8r–17r (Archivzählung).
verwendete Edition: Wilke 2006, S. 519–531.

Blankenheim 1627/1629

Anzahl Protokolle: 3
Angeklagte: Nießgen Philips Theißen Hausfrau (1627/1), Pfaffens Mareychen (1627/2), Johann Schrentzges (1629)
Archivnachweis: (3) Landeshauptarchiv Koblenz, Bestand 29A, Nr. 491, fol. 2r–5v (Archivzählung).
verwendete Editionen: Breiden, Heribert (1954): Die Hexenprozesse der Grafschaft Blankenheim von 1589–1643. Diss. Bonn. Anhang S. 12–23; Kanzleisprache 2005, S. 184–191.

Blankensee 1619

Anzahl Protokolle: 1
Angeklagte: Ursula Riecken
Archivnachweis: Brandenburgisches Landeshauptarchiv Potsdam, Rep. 4 D, Schöppenstuhl zu Brandenburg/Havel, Nr. 66, fol. 676r–682r und 701r–702v (Archivzählung).
verwendete Edition: Kanzleisprache 2005, S. 134–143.

Böblingen 1590

Anzahl Protokolle: 1
Angeklagte: Agathae Wollhartin
Archivnachweis: Hauptstaatsarchiv Stuttgart, Bestand A 210 I, Bü 162, S. 1–9 (eigene Zählung).
verwendete Edition: eigene Transkription, vgl. Anhang B.1.

Borgfeld 1587

Anzahl Protokolle: 1
Angeklagter: Steffan Wordergk
Archivnachweis: Brandenburgisches Landeshauptarchiv Potsdam, Pr. Br. Rep 4D, Schöppenstuhl zu Brandenburg/Havel, Nr. 24, fol. 317v–324v (Archivzählung).
verwendete Edition: Transkription im Rahmen des Projekts Kanzleisprache des 17. Jahrhunderts.

Braunau 1617 (heute: Broumov)

Anzahl Protokolle: 1
Angeklagte: Eva, sonst Backofenfraw genandt, Erasmen Eybners Tochter

verwendete Edition: Zwei Hexenprozesse zu Braunau (1895). In: Mittheilungen des Vereins für Geschichte der Deutschen in Böhmen 33, S. 287–290.

Bräunlingen 1632
Anzahl Protokolle: 2
Angeklagte: Verena Hornung (1632/1), Magdalena Schwenckh (1632/2)
verwendete Edition: Balzer, Eugen (1910): Die Bräunlinger Hexenprozesse. In: Alemannia. Zeitschrift für alemannische und fränkische Volkskunde, Geschichte, Kunst und Sprache Heft 2, 3. Folge, S. 9–15, 18.

Bregenz 1628
Anzahl Protokolle: 2
Angeklagte: Katharina Zwiseler (1628/1), Maria Kellhoferin (1628/2)
Archivnachweis: Stadtarchiv Bregenz Akt 202, fol. 285r–292v, fol. 309r–315v (Archivzählung).
verwendete Edition: Transkriptionen im Rahmen des Projekts Kanzleisprache des 17. Jahrhunderts.

Bremen 1603
Anzahl Protokolle: 2
Angeklagte: Gretke Kramers (1603/1), Pelleke Stubben (1603/2)
verwendete Edition: Tardel, Hermann (1938): Ein bremischer Hexenprozeß vom Jahre 1603. In: Niederdeutsche Zeitschrift für Volkskunde 16, S. 41–47.

Bremgarten 1584
Anzahl Protokolle: 1
Angeklagte: Katherina Hirttin
Archivnachweis: Stadtarchiv Bremgarten, A 16 Fasz. 3, fol. 1r–4r (Archivzählung).
verwendete Edition: Transkription im Rahmen des Projekts Kanzleisprache des 17. Jahrhunderts.

Bückeburg 1604
Anzahl Protokolle: 1
Angeklagte: Ilseken Mollers
Archivnachweis: Niedersächsisches Staatsarchiv Bückeburg, Dep. 3b IV Nr. 3488, 2r–3v .
verwendete Edition: Transkription im Rahmen des Projekts Kanzleisprache des 17. Jahrhunderts.

Capellen 1629
Anzahl Protokolle: 1
Angeklagte: Catharina Prumers
Archivnachweis: Archiv Nordkirchen, Schloß Cappenberg Kasten 172, Nr. 3, S. 1–7 (eigene Zählung).
verwendete Edition: Transkription im Rahmen des Projekts Kanzleisprache des 17. Jahrhunderts.

Celle 1570
Anzahl Protokolle: 1
Angeklagte: Ilsche Luders
Archivnachweis: Stadtarchiv Celle, 12 B 52, fol. 88r–91v (Archivzählung).
verwendete Edition: Kanzleisprache 2005, S. 19–25.

Chur 1655
Anzahl Protokolle: 1
Angeklagte: Anna Weyland
Archivnachweis: Stadtarchiv Chur, AII/2.0091, S. 1–12 (eigene Zählung).
verwendete Edition: Transkription im Rahmen des Projekts Kanzleisprache des 17. Jahrhunderts.

Coburg 1670
Anzahl Protokolle: 1
Angeklagte: Elsa Henneberger
verwendete Edition: Friedrich, Egbert (1995): Hexenjagd im Raum Rodach und die Hexenprozeßordnung von Herzog Johann Casimir. Spezieller Beitrag zur Geschichte des Coburger Landes. Coburg (=Schriften des Rodacher Rückert-Kreises e.V. 19). S. 92–98.

Coesfeld 1632
Anzahl Protokolle: 1
Angeklagter: Georg Köbbing
verwendete Edition: Niesert, Joseph (1827): Merkwürdiger Hexen-Process gegen den Kaufmann G. Köbbing an dem Stadtgerichte zu Coesfeld im Jahre 1632 geführt. Vollständig aus den Original-Acten mitgetheilt und mit einer Vorrede begleitet. Coesfeld, S. 45–53.

Crivitz 1642
Anzahl Protokolle: 1
Angeklagte: Dorothea Dunckers
Archivnachweis: Landeshauptarchiv Schwerin, 2.12-2/3 Gesetze und Edikte in Zivil- und Kriminalrechts-, Fiskalats- und Polizeiangelegenheiten, Nr. 2039, S. 1–12 (eigene Zählung).
verwendete Edition: Kanzleisprache 2005, S. 144–155.

Depenau 1613
Anzahl Protokolle: 1
Angeklagte: Anneke Basche
verwendete Edition: Meier (1799): Hexenprozesse in Holstein im 17. Jahrhundert. In: Schleswig-Holsteinische Blätter für Polizei und Kultur 1, Heft 1, S. 64 f.

Dieburg 1627
Anzahl Protokolle: 1
Angeklagte: Anna Padt
verwendete Edition: Steiner, Johann Wilhelm Christian (1829): Geschichte der Stadt Dieburg und Topographie der ehemaligen Centen und Aemter Umstadt, Babenhausen und Dieburg. Darmstadt (=Alterthuemer und Geschichte des Bachgaus im alten Maingau 3), S. 71–90; vgl. auch CD-ROM in Kanzleisprache 2005.

Dillenburg 1613
Anzahl Protokolle: 1
Angeklagter: Hans Holttschenhäwer
Archivnachweis: Hessisches Hauptstaatsarchiv Wiesbaden, Abt. 369, Nr. 44, fol. 14v–17v (Archivzählung).
verwendete Edition: Kanzleisprache 2005, S. 192–199.

Drachenfels 1630
Anzahl Protokolle: 1
Angeklagte: Trein Aßenmechers
Archivnachweis: Archiv Graf von Mirbach-Harff (Drachenfels XI, Nr. 72), 3v–8v und 10v–11v (Archivzählung).
verwendete Edition: Transkription von Dr. Peter Arnold Heuser.

Edingen 1630
Anzahl Protokolle: 1
Angeklagte: Neeß Salmon Brenders Frau
Archivnachweis: Archiv der Herzöge von Arenberg, Sectie D 2658, S. 45–52.
verwendete Edition: Transkription von Dr. Peter Arnold Heuser.

Eichstätt 1590/1628/1629/1630/1637
Anzahl Protokolle: 5
Angeklagte: Barbara N. (1590), N.N. (weiblich, 1628), Johann Gebhardt (1629), N.N. (männlich, 1630), N.N. (weiblich, 1637)
verwendete Editionen: Abano, Petrus de (1811): Abdruck aktenmaeßiger Hexenprozesse, welche in den Jahren 1590, 1626, 28, 30 und 1637 gerichtlich verhandelt worden. Eichstätt. S. 1–13 (1590), 14–43 (1628), 68–89 (1630), 90–115 und 118–120 (1637); vgl. auch CD-ROM in Kanzleisprache 2005.

Bacherler, Michael (1929): Über Eichstätter Hexenprozesse. In: Heimgarten. Beilage Eichstätter Volkszeitung – Eichstätter Kurier 10, Heft 45, S. 178; Heft 46, S. 181–182; Heft 47, S. 185–186 (1629); vgl. auch CD-ROM in Kanzleisprache 2005.

Ellingen 1590
Anzahl Protokolle: 2
Angeklagte: Katharina Weillundt (1590/1), Margaretha Praunen (1590/2)
Archivnachweis: Stadtarchiv Weißenburg, A 1057, S. 1–10 (eigene Zählung), fol. 6v–12r.
verwendete Editionen: Kanzleisprache 2005, S. 422–431; Transkription im Rahmen des Projekts Kanzleisprache des 17. Jahrhunderts.

Erkelenz 1598
Anzahl Protokolle: 1
Angeklagte: Stynn und Mergen Knoicken
Archivnachweis: Stadtarchiv Erkelenz, Bestand 1C 22c, S. 1–8 (eigene Zählung).
verwendete Edition: Kanzleisprache 2005, S. 200–207.

Erpel 1631
Anzahl Protokolle: 1
Angeklagte: Catharina Nurbergs
Archivnachweis: Landeshauptarchiv Koblenz, Bestand 2, Nr. 1752, S. 1–18.
verwendete Edition: Transkription von Dr. Peter Arnold Heuser.

Eschbach 1630
Anzahl Protokolle: 1
Angeklagte: Christine Gassenschmidin
Archivnachweis: Generallandesarchiv Karlsruhe, Abteilung 79/3387, fol. 74r–76r.
verwendete Edition: eigene Transkription, vgl. Anhang B.2.

Essen 1589
Anzahl Protokolle: 3
Angeklagter: Heine In der Holtbecken (1589/1), Gerdten Hutmans (1589/2), Diederich im Heerßkamp (1589/3)
verwendete Edition: Seemann, Otto (1886): Über einige Hexenprozesse im Stift Essen. In: Beiträge zur Geschichte von Stadt und Stift Essen, Heft 10, S. 119–125; vgl. auch CD-ROM in Kanzleisprache 2005.

Fell 1589/1593
Anzahl Protokolle: 2
Angeklagte: Merch die alte Schmieden (1589), Bartzen Peter (1593)
verwendete Edition: Richel, Arthur (1898): Zwei Hexenprozesse aus dem 16. Jahrhundert. In: Beiträge zur Kulturgeschichte. Ergänzungs-

hefte zur Zeitschrift für Kulturgeschichte, Heft 2, S. 4–8, 12–17; vgl. auch CD-ROM in Kanzleisprache 2005.

Flamersheim 1629
Anzahl Protokolle: 3
Angeklagte: Elß Misselers, Appolonia Peltzers (1629/1), Grossjans Aelh (1629/2), Barbara in der Rischgassen, Linden Zilch (1629/3)
verwendete Edition: Eckertz, G. (1861): Hexenprocesse. In: Annalen des historischen Vereins für den Niederrhein 9/10, S. 135–165, 167–168.

Flensburg 1607/1608
Anzahl Protokolle: 2
Angeklagte: Kistina Netelers (1607), Anna Kockes (1608)
Archivnachweis: Stadtarchiv Flensburg, Bestand A 33a, Blatt 237–239, 250–256 (Archivzählung).
verwendete Editionen: Transkription im Rahmen des Projekts Kanzleisprache des 17. Jahrhunderts; Kanzleisprache 2005, S. 26–33.

Friedberg 1620
Anzahl Protokolle: 1
Angeklagte: Elisabeth Geyer
Archivnachweis: Hessisches Staatsarchiv Darmstadt, Bestand E 9, Nr. 1730, S. 1–12 (eigene Zählung).
verwendete Edition: Kanzleisprache 2005, S. 208–218.

Garmisch 1590
Anzahl Protokolle: 1
Angeklagte: Anna Lidl
verwendete Edition: Kuisl, Fritz (2002): Die Hexen von Werdenfels. Hexenwahn im Werdenfelser Land. Rekonstruiert an Hand der Prozeßunterlagen von 1589–1596. Garmisch-Partenkirchen. S. 20–21.

Gaugrehweiler 1610
Anzahl Protokolle: 1
Angeklagte: Appolonia Hess
Archivnachweis: Landesarchiv Speyer, Bestand C 41, Nr. 23/1, fol. 10r–12r (Archivzählung).
verwendete Edition: Kanzleisprache 2005, S. 219–224.

Gengenbach 1573/1590
Anzahl Protokolle: 8
Angeklagte: Veronica Saur (1573/1), Margredt Burschin (1573/2), Margredt Müller (1573/3), Brigita Vogler (1573/4), Brigita Studers (1573/5), Brigita Braun (1573/6), Anna Schneiderin genant Stenglerin (1573/7), Margretha Kinig (1590)
verwendete Edition: Hellinger, Karl (1912): Die Carolina und die Hexenverfolgung in Gengenbach. In: Archiv für Strafrecht und Strafprozess 59, S. 389–396; vgl. auch CD-ROM in Kanzleisprache 2005.

Georgenthal 1597

Anzahl Protokolle: 1

Angeklagte: Christina Thymen

Archivnachweis: Stadtarchiv Zella Mehlis, HA 6479, S. 1–7 (Archivzählung).

verwendete Edition: Kanzleisprache 2005, S. 290–298.

Gerolstein 1601/1633

Anzahl Protokolle: 3

Angeklagte: Margreth Schmitz (1601), Grete Schmidt (1633/1), Deutz Gerden (1633/2)

verwendete Edition: Kettel, Adolf (1986): Von Hexen und Unholden. Hexenprozesse in der West- und Zentraleifel. Prüm. S. 39–42, 106–109, 115–118.

Gföhl 1592

Anzahl Protokolle: 2

Angeklagte: Barbara Stierpaur (1592, 1), Margarete Greis (1592, 2)

verwendete Edition: Winkelbauer, Thomas (1986): Robot und Steuer. Die Untertanen der Waldviertler Grundherrschaften Gföhl und Altpölla zwischen feudaler Herrschaft und absolutistischem Staat (vom 16. Jahrhundert bis zum Vormärz). Horn. (=Forschungen zur Landeskunde von Niederösterreich 25.) S. 36–43.

Golling 1677

Anzahl Protokolle: 1

Angeklagte: Maria Klee

Archivnachweis: Landesarchiv Salzburg, Golling CA 3/12/11-12, Bayerisches Hauptstaatsarchiv München, HeA 10a, f. 468r - 476r, HeA 10b, f. 225r-231v.

verwendete Edition: Dienst, Heide (1992): Von Sinn und Nutzen multidisziplinärer Auswertung von Zaubereiprozeßakten. Zur Entstehung einer diesbezüglichen Datenbank in Österreich. In: Mitteilungen des Instituts für österreichische Geschichtsforschung. Bd. 100, Heft 1–4 (1992), S. 363–375.

Gommern 1660

Anzahl Protokolle: 1

Angeklagte: Anna Even

verwendete Edition: Röhner, Regina (2000): Hexen müssen brennen. Geschichten vom Hexenwahn in Sachsen. Chemnitz. S. 149–154.

Göttingen 1649
Anzahl Protokolle: 1
Angeklagte: Margarete Timann
Archivnachweis: Stadtarchiv Göttingen, Altes Aktenarchiv, Recht, Criminalia, Nr. 33, S. 44–51 (eigene Zählung).
verwendete Edition: Kanzleisprache 2005, S. 34–41.

Grünberg 1663/1664 (heute: Zielona Gora)
Anzahl Protokolle: 7
Angeklagte: Anna Glichin (1663/1), Sabina Graßin und Anna Neumannin (1663/2), Elisabeth Crutzigern (1664/1), Barbara Marschner (1664/2), Dorothea Neumann (1664/3), Dorothea Becker (1664/4), Elisabeth Bramkin (1664/5)
Archivnachweis: Naczelna Dyrekcja Archiwów Panstwowych Warsaw, Bestand Extract: Protocolli Judicij Grünbergensis, 1 G a11, S. 35–41, S. 120–129 (Archivzählung).
verwendete Edition: eigene Transkription, s. Anhang B.3; Wilke 2006, S. 532–538.

Grünholz 1641
Anzahl Protokolle: 1
Angeklagte: Maria Tiels, Mette Johnes
verwendete Edition: Bremer (1847): Ein Hexen-Proceß aus dem Jahre 1641. In: Biernatzki, Hermann (Hrsg.): Schleswig-Holstein-Lauenburgische Landesberichte, 1847, März–April, Altona, S. 66–75.

Günzburg 1613
Anzahl Protokolle: 1
Angeklagte: Margaretha Götz
Archivnachweis: Stadtarchiv Günzburg, Bestand SAG 5.276, S. 17–20 und 77–79 (eigene Zählung).
verwendete Edition: Kanzleisprache 2005, S. 344–350.

Güstrow 1615
Anzahl Protokolle: 1
Angeklagte: Trine Vielhueten (die alte Polchowsche)
Archivnachweis: Stadtarchiv Güstrow L VI b, fol. 11r–14v sowie S. 1–5 (Archivzählungen).
verwendete Edition: Kanzleisprache 2005, S. 156–164.

Gutenhag 1661
Anzahl Protokolle: 1
Angeklagte: Margaretha Kheyditsch
verwendete Edition: Zahn , J. von (1882): Von Zauberern, Hexen und Wolfsbannern. Actenstücke, Processe wider Zauberer und Hexen betreffend, 1602–1701. In: Steiermärkische Geschichtsblätter. III. Jahrg. 3. Heft, Juli–Semptember, S. 138–144.

Gutenstein 1641
Anzahl Protokolle: 1
Angeklagte: Brigida Prandtstetter
verwendete Edition: Newald, Johann (1868): Hexenprozess aus dem Jahre 1641. In: Blätter des Vereines für Landeskunde von Niederösterreich II, Heft 9, S. 124–125.

Hallenberg 1628
Anzahl Protokolle: 1
Angeklagte: Henrich Stoffregen
verwendete Edition: Schreiber, Fritz (1984): Hexenprozesse im Amt Medebach. In: Bruns, Alfred (Bearb.): Hexen. Gerichtsbarkeit im kurkölnischen Sauerland. o.O. (=Veröffentlichungen des Schieferbergbaumuseums zur Landesgeschichte; 43). S. 149–157.

Hamburg 1583
Anzahl Protokolle: 1
Angeklagte: Abelke Bleken
verwendete Edition: Trummer, Dr. C. (1844): Vorträge über Tortur, Hexenverfolgungen, Vehmgerichte, und andere merkwürdige Erscheinungen in der Hamburgischen Rechtsgeschichte. Gehalten in der juristischen Section des geschichtlichen Vereins in Hamburg. Erster Band. Mit vielen bisher ungedruckten Urkunden und Criminalfällen. Hamburg. S. 145–147.

Hamm 1592
Anzahl Protokolle: 1
Angeklagte: Trein Jonckers
Archivnachweis: Archives nationales de Luxembourg, Abt. 15, Nr. 233, fol. 49r–50v (Archivzählung).
verwendete Edition: Kanzleisprache 2005, S. 225–232.

Hechingen 1648
Anzahl Protokolle:1
Angeklagte: Anna Küentzler
verwendete Edition: Thele (1881/82): Ein Hexenprozeß zu Hechingen a. 1648. In: Mitteilungen des Vereins für Geschichte und Altertumskunde in Hohenzollern 15, S. 32–42.

Helmstedt 1578
Anzahl Protokolle: 1
Angeklagte: Geße Frücken
Archivnachweis: Stadtarchiv Helmstedt, B VII 23, S. 37–41 (Archivzählung).
verwendete Edition: Kanzleisprache 2005, S. 42–47.

Hemau 1616
Anzahl Protokolle: 1
Angeklagte: Euphrosina Koler
Archivnachweis: Bayerisches Hauptstaatsarchiv München, Hexenakten 20, fol. 1r–2v, 4r–7v (Archivzählung).
verwendete Edition: Kanzleisprache 2005, S. 432–440.

Hildburghausen 1629
Anzahl Protokolle: 1
Angeklagter: Caspar Herold
verwendete Edition: Friedrich, Egbert (1995): Hexenjagd im Raum Rodach und die Hexenprozessordnung von Herzog Johann Casimir. Spezieller Beitrag zur Geschichte des Coburger Landes. Rodach (=Schriften des Rodacher Rückert-Kreises e.V. 19). S. 109–112.

Hildesheim 1628
Anzahl Protokolle: 1
Angeklagte: die Lehnesche
Archivnachweis: Stadtarchiv Hildesheim, Best. 100–38, Nr. 109, 23–36, S. 1–13 (eigene Zählung).
verwendete Edition: Kanzleisprache 2005, S. 48–57.

Höchst 1631
Anzahl Protokolle: 1
Angeklagte: Ursula Daus
Archivnachweis: Staatsarchiv Würzburg, Aschaffenburger Archivreste, Fasz. 360/X, Nr. 2, fol. 165r–168r (Archivzählung).
verwendete Edition: Kanzleisprache 2005, S. 233–240.

Hohenems 1630
Anzahl Protokolle: 1
Angeklagte: Frena Fenkartin
Archivnachweis: HoA 76,1.
verwendete Edition: Tschaikner, Manfred (2004): Hexenverfolgung in Hohenems. Konstanz (=Forschungen zur Geschichte Vorarlbergs 5 N.F.). S. 74–76.

Ingolstadt 1618
Anzahl Protokolle: 1
Angeklagter: Alexander Niclaß
Archivnachweis: Bayrisches Hauptstaatsarchiv München, Bestand Hexenakten, Nr. 7a, 1618 V, 22–23, S. 1–12 (eigene Zählung).
verwendete Edition: eigene Transkription, vgl. Anhang B.4.

Jägerndorf 1653 (heute: Krnov)
Anzahl Protokolle: 2
Angeklagte: Susan Thomann (1653, 1), Marina Zwierkolschin (1653, 2)

Archivnachweis: Hausarchiv Stiftung Fürst Liechtenstein, Karton H 1095, S. 1–9 (eigene Zählung).
verwendete Edition: Lambrecht, Karen (1995): Hexenverfolgung und Zaubereiprozesse in den schlesischen Territorien. Köln (=Neue Forschungen zur Schlesischen Geschichte; 4). S. 445–451.

Jever 1592
Anzahl Protokolle: 1
Angeklagte: Rixte Gralefs
Archivnachweis: Staatsarchiv Oldenburg, Bestand 90-6, Nr. 43, fol. 43r–46v (Archivzählung).
verwendete Edition: Kanzleisprache 2005, S. 58–66.

Köln 1629
Anzahl Protokolle: 1
Angeklagte: Christina Plom
Archivnachweis: Stadtarchiv Köln, Verfassung und Verwaltung G187, fol. 2r–6r (Archivzählung).
verwendete Edition: Kanzleisprache 2005, S. 242–247.

Kronach 1617
Anzahl Protokolle: 1
Angeklagte: Margarethe Tümler
verwendete Edition: Horst, Georg Conrad (Hrsg.) (1821): Zauber-Bibliothek oder von Zauberei, Theurgie und Mantik, Zauberern, Hexen, und Hexenprocessen, Daemonen, Gespenstern, und Geistererscheinungen. Zur Beförderung einer rein-geschichtlichen, von Aberglauben und Unglauben freien Beurtheilung dieser Gegenstände. Zweiter Theil. Mainz, S. 222–227, 229–231; vgl. auch CD-ROM in Kanzleisprache 2005.

Kruft 1629
Anzahl Protokolle: 1
Angeklagter: Paulß Eschbach
Archivnachweis: Archiv Herzog von Arenberg, D 5395, S. 1–12 (eigene Zählung).
verwendete Edition: Transkription im Rahmen des Projekts Kanzleisprache des 17. Jahrhunderts.

Laaber 1608
Anzahl Protokolle: 1
Angeklagte: Maria Walther
Archivnachweis: Bayrisches Hauptstaatsarchiv München, Bestand Hexenakten, Nr. 18 (Pfalz Neuburg), fol. 36r–38r (Archivzählung).
verwendete Edition: Wilke 2006, S. 549–552.

Leipzig 1640
Anzahl Protokolle: 1
Angeklagte: Margarethe Petzsch
Archivnachweis: Stadtarchiv Leipzig, Bestand Richterstube – Strafakten, Rep I, Nr. 475, fol. 21r–26r (Archivzählung).
verwendete Edition: Kanzleisprache 2005, S. 299–308.

Lemberg 1630
Anzahl Protokolle: 1
Angeklagte: Eva Schmehlich
Archivnachweis: Bistumsarchiv Trier, Abt. 95, Nr. 268 Varia Analecta, F. 4, fol. 8v–11v (Archivzählung).
verwendete Edition: Kanzleisprache 2005, S. 249–255.

Lemgo 1632
Anzahl Protokolle: 1
Angeklagte: Ermgard Roleffs
Archivnachweis: Stadtarchiv Lemgo, A 3693 (Hexenprozessakte Ermgard Roleffs), fol. 47r–52r (Archivzählung).
verwendete Edition: Kanzleisprache 2005, S. 67–77.

Leonberg 1641
Anzahl Protokolle: 1
Angeklagte: Maria Kautz und ihre Tochter Maria
Archivnachweis: Hauptstaatsarchiv Stuttgart, Bestand A 309, Bü 234, S. 1–13 (eigene Zählung).
verwendete Edition: Kanzleisprache 2005, S. 353–362.

Lindheim 1631
Anzahl Protokolle: 1
Angeklagte: Anne Pomp
verwendete Edition: Horst, Georg Conrad (1826): Zauber-Bibliothek oder von Zauberei, Theurgie und Mantik, Zauberern, Hexen und Hexenprocessen, Dämonen, Gespenstern und Geistererscheinungen. Band 1. Mainz, S. 183–204; vgl. auch CD-ROM in Kanzleisprache 2005.

Linz 1631
Anzahl Protokolle: 1
Angeklagte: Giertgen Hemmeßem, Elisabeth Hilgenhaupt
Archivnachweis: Stadtarchiv Linz , Bestand F4, S. 4–11 (Archivzählung).
verwendete Edition: Kanzleisprache 2005, S. 257–264.

Loccum 1638
Anzahl Protokolle: 1
Angeklagte: Ilsche Giesekingk
verwendete Edition: König, Bruno Emil (1966): Hexenprozesse. Ausgeburten des Menschenwahns im Spiegel der Hexenprozesse und der Autodafés. Wiesbaden. S. 246–253.

Mandern 1626
Anzahl Protokolle: 1
Angeklagte: Gertraud Krämer
verwendete Edition: Wyttenbach, H.J. (1825): Abermaliger Beytrag zur Geschichte der Hexen-Processe. In: Trierische Chronik 10, S. 114–116, 124–126; vgl. auch CD-ROM in Kanzleisprache 2005.

Meiningen 1611/1659
Anzahl Protokolle: 2
Angeklagter: Erhard Dreißigacker (1611), Else von der Linden (1659)
Archivnachweis: (1611) Thüringisches Staatsarchiv Meiningen, Bestand Gemeinschaftlich Hennebergisches Archiv (GHA), Sektion VI Nr. 705, fol. 65r–67r (Archivzählung).
verwendete Editionen : Kanzleisprache 2005, S. 441–445.2; Mötsch, Johannes (2003): Archivalien zu den Hexenverfolgungen in der Grafschaft Henneberg. In: Meininger Museen (Hrsg); Andrea Jakob (Red.): Hexen und Hexenverfolgung in Thüringen. Begleitbuch zur Ausstellung „Hexen in Thüringen" im Schloß Elisabethenburg Meiningen vom November 2003 bis April 2004. Bielefeld. (=Südthüringische Forschungen 32; Hexenforschung 8.) S. 110–115.

Meldorf 1618/1619
Anzahl Protokolle: 3
Angeklagte: Wiben Maes Telse (1618/1), Carstens Hans Grete (1618/2), Rips Aleke (1619)
Archivnachweis: (1) Landesarchiv Schleswig-Holstein in Schleswig, Abt. 102.1, Nr. 163, fol. 64r–66r (Archivzählung).
verwendete Edition: (1) Kanzleisprache 2005, S. 79–83; (2) und (3) Hansen, Reimer (1927): Hexen- und andere Kriminalprozesse zu Meldorf 1616–1642. In: Jahrbuch des Vereins für Dithmarscher Landeskunde Bd. 7 (1927), S. 93–95, 96–98.

Memmingen 1665
Anzahl Protokolle: 3
Angeklagte: Barbara Bachmann (1665/1), Barbara Beltzer (1665/2), Barbara Fischer (1665/3)

Archivnachweis: Stadtarchiv Memmingen, A Bd 43C, fol. 116r–121v (Archivzählung).
verwendete Edition: Kanzleisprache 2005, S. 363–370.

Mergentheim 1629
Anzahl Protokolle: 1
Angeklagte: Anna Mazeth
Archivnachweis: Staatsarchiv Ludwigsburg, B 262 Bü 98, Urgicht Anna Matzet, S. 1–18 (eigene Zählung).
verwendete Edition: Kanzleisprache 2005, S. 446–460.

Meßkirch 1644
Anzahl Protokolle: 1
Angeklagte: Dorothea Burger
Archivnachweis: Generallandesarchiv Karlsruhe, Abt. 65/728, fol. 153r–158r (Archivzählung).
verwendete Edition: Kanzleisprache 2005, S. 371–383.

Minden 1614
Anzahl Protokolle: 1
Angeklagte: Grete Seveker, Gesche Pawesting
Archivnachweis: Kommunalarchiv Minden, Bestand Stadt Minden B, Nr. 245 (alt), Hexenprozesse 1611–1630, fol. 19r–21v.
verwendete Edition: Kanzleisprache 2005, S. 85–90.

Müddersheim 1630
Anzahl Protokolle: 1
Angeklagte: Margaretha Kemmerlings
Archivnachweis: Archiv Freiherr von Geyr Burg Müddersheim, Blatt 1–8 (eigene Zählung).
verwendete Edition: Transkription von Dr. Peter Arnold Heuser.

Mühlhausen 1660
Anzahl Protokolle: 1
Angeklagte: Anna Fuhrer
verwendete Edition: Kauffungen, Kunz von (1906/07): Mühlhäuser Hexenprozesse aus den Jahren 1659 und 1660. Ein Beitrag zur deutschen Kulturgeschichte. In: Mühlhäuser Geschichtsblätter. Zeitschrift des Altertumsvereins für Mühlhausen in Thüringen und Umgegend 7, S. 97–116.

München 1600
Anzahl Protokolle: 1
Angeklagter: Paulus Pämb
Archivnachweis: Bayerisches Hauptstaatsarchiv München, Hexenakten 2, fol. 1r–1v; 3r–7r (Archivzählung).
verwendete Edition: Kanzleisprache 2005, S. 461–471.

Münster 1630/1635
Anzahl Protokolle: 2
Angeklagte: Marie Aldenroxel genannt Eggers (1630), Greta Bünichmann (1635)
Archivnachweis: Stadtarchiv Münster, Kriminal-Protokolle, Abt. B, Bd. V (1621–1630), S. 378–381, 383–387, 390, Abt. B II, Kriminal-Protokolle Bd. VI, fol. 74r–75r; 76r–79r, Abt. A II, Nr. 20, Bd. 67 (1635), fol. 132r; 134v–135r (Archivzählung).
verwendete Editionen: Kanzleisprache 2005, S. 93–100; Transkription von Sabine Alfing M.A.

Neuerburg 1614
Anzahl Protokolle: 1
Angeklagte: Scheider Mergh
verwendete Edition: Schüller, A. (1914): Ein Eifeler Hexenprozeß vom Jahre 1614. In: Trierische Chronik N.F. 10, Heft 9/10, S. 143–145, 154–158; vgl. auch CD-ROM in Kanzleisprache 2005.

Nördlingen 1593
Anzahl Protokolle: 1
Angeklagte: Maria Holl
Archivnachweis: Stadtarchiv Nördlingen, Hexenakte Maria Holl, S. 1–4 (eigene Zählung).
verwendete Edition: Kanzleisprache 2005, S. 384–389.

Oberkirchen 1630
Anzahl Protokolle: 8
Angeklagte: Christinichen Teipeln (1630/1), Gretha Moller (1630/2), Johan Volmers (1630/3), Grethe die alte Schultische (1630/4), Peter Arndtz (1630/5), Dorothea Schortens (1630/6), Peter Gilsbach genandt Figgen (1630/7), Johann der gewesener scheffer zu Westveldt (1630/8)
verwendete Edition: Bruns, Alfred (1984): Die Oberkirchener Hexenprotokolle. In: Ders. (Bearb.): Hexen. Gerichtsbarkeit im kurkölnischen Sauerland. o.O. (=Veröffentlichungen des Schieferbergbaumuseums zur Landesgeschichte 43.) S. 11–90.

Oldesloe 1639 (heute Bad Oldesloe)
Anzahl Protokolle: 1
Angeklagte: Gretie Dwengers
verwendete Edition: Kanzleisprache 2005, S. 103–105.

Osnabrück 1636
Anzahl Protokolle: 1
Angeklagte: Anna Ameldung, Anna Modemann
Archivnachweis: Niedersächsisches Staatsarchiv Osnabrück, Dep. 3b IV Nr. 3488, fol. 94r–102r (Archivzählung).

verwendete Editionen: Kanzleisprache 2005, S. 107–119, Topalović 2003a, S. 245–247.

Ostrau 1628
Anzahl Protokolle: 1
Angeklagte: die Körttingin
Archivnachweis: Universitäts- und Landesbibliothek Halle, Handschriftenabteilung, Peinliche Zaubersachen die Körtingin betreffend, ThSGV 3103, fol. 80r–85v (Archivzählung).
verwendete Edition: Kanzleisprache 2005, S. 309–316.

Paderborn 1658
Anzahl Protokolle: 1
Angeklagte: Engel N.
verwendete Edition: Rautert, Fr. (1827): Etwas Naeheres ueber die Hexen-Prozesse der Vorzeit, aus authentischer Quelle. Essen. S. 38–47; vgl. auch CD-ROM in Kanzleisprache 2005.

Passow 1577
Anzahl Protokolle: 3
Angeklagte: Die Ehefrauen von Chun Wender (1577/1), Thomas Til (1577/2) und Bartohlmeus Merr (1577/3)
Archivnachweis: Brandenburgisches Landeshauptarchiv Potsdam, Pr. Br. Rep 4D Schöppenstuhl zu Brandenburg/Havel Nr. 19, fol. 107r–108r (Archivzählung).
verwendete Edition: Wilke 2006, S. 553–555.

Perleberg 1588
Anzahl Protokolle: 1
Angeklagte: Catharina Peters, Witwe des Berndt Bohnen
Archivnachweis: Brandenburgisches Landeshauptarchiv Potsdam, Pr. Br. Rep 4D Schöppenstuhl zu Brandenburg/Havel Nr. 30, fol. 106r–114v (Archivzählung).
verwendete Editionen: Kanzleisprache 2005, S. 165–172.

Rapperswil 1595
Anzahl Protokolle: 1
Angeklagte: Anna Spörin
Archivnachweis: Stadtarchiv Rapperswil
verwendete Edition: Transkription von Dr. Anja Wilke.

Reichenberg 1653
Anzahl Protokolle: 2
Angeklagte: Georg Kilian (1653/1), Anna Maria Keller (1653/2)
Archivnachweis: Bayerisches Hauptstaatsarchiv München, Hexenakten 6, 1r–7v, 9r–10v (Archivzählung).
verwendete Edition: Kanzleisprache 2005, S. 472–484.

Reichertshofen 1629
Anzahl Protokolle: 1
Angeklagter: Hans Zollner
Archivnachweis: Pfarrarchiv Reichertshofen, Fach I, 3 (Mikrofilm im Diözesanarchiv Ingolstadt),
fol. 2r–9r (Archivzählung).
verwendete Edition: Kanzleisprache 2005, S. 485–498.

Rhens 1629/1630
Anzahl Protokolle: 2
Angeklagter: Sophia Bech (1629), Maria Faust (1630)
Archivnachweis: Landeshauptarchiv Koblenz, Bestand 27, Nr. 592, S. 97–104, Bestand 612, Nr. 2695, S. 1–14 (Archivzählung).
verwendete Editionen: Kanzleisprache 2005, S. 266–270; Transkription von Dr. Peter Arnold Heuser.

Riedlingen 1596
Anzahl Protokolle: 1
Angeklagte: Catharina Merckh
Archivnachweis: Stadtarchiv – Spital Riedlingen, Strafsachen, Kopialbuch Nr. 191*, fol. 624v–629r
(Archivzählung).
verwendete Edition: Kanzleisprache 2005, S. 390–396.

Riegersburg 1689
Anzahl Protokolle: 3
Angeklagte: Susanna Pindterim (1689/1), Maria Laedlerin (1689/2), Vrsula Gindlin (1689/3)
verwendete Edition: von Hammer-Purgstall, J. (1845): Die Gallerin auf der Riegersburg. Historischer Roman mit Urkunden, 3 Bde. Darmstadt. S. 210–215 (Quellen 151–153).

Rosenburg 1618
Anzahl Protokolle: 1
Angeklagte: Christina Ziesing
Archivnachweis: Landeshauptarchiv Sachsen-Anhalt, Abteilung Magdeburg, Rep. A 31a, Nr. 504, fol. 17r–23r (Archivzählung).
verwendete Edition: Kanzleisprache 2005, S. 317–326.

Rosenfeld 1603
Anzahl Protokolle: 1
Angeklagte: Margretha Stainer
Archivnachweis: Hauptstaatsarchiv Stuttgart, Bestand A 209, Bü. 1753, S. 1–17 (eigene Zählung).
verwendete Edition: Kanzleisprache 2005, S. 397–409.

Rottenbuch 1665
Anzahl Protokolle: 1
Angeklagter: Simon Altseers
verwendete Edition: Hörger, Hermann (1975): Wirtschaftlich-soziale und gesellschaftlich-ideologische Aspekte des Hexenwahns. Der Prozeß gegen Simon Altseer aus Rottenbuch 1665. In: Zeitschrift für bayerische Landesgeschichte, Heft 38, S. 963–966.

Rottweil 1615/1629/1631
Anzahl Protokolle: 3
Angeklagte: Anna Huenckherin (1615), Anna Gritzerin (1629), Agneß Montelin (1631)
verwendete Edition: Langen, Karl von (1821): Beiträge zur Geschichte der Stadt Rotweil am Neckar. Rottweil, S. 431–444; vgl. auch CD-ROM in Kanzleisprache 2005.

Schivelbein 1647 (heute: Swidwin)
Anzahl Protokolle: 1
Angeklagte: Engel Möhden
verwendete Edition: Jarcke, Karl Ernst (1928): Ein Hexenprozeß, aus dem in der Mitte des 17ten Jahrhunderts zu Schiefelbein verhandelten, etwas beschädigten Originalakten mitgetheilt, und mit einer Nachricht über das Verbrechen der Zauberei begleitet. In: Annalen der deutschen und ausländischen Criminal-Rechtspflege 1, S. 435–443.

Schönhausen 1588
Anzahl Protokolle: 1
Angeklagte: die Eggertschen
verwendete Edition: Stölzel, Adolf (Hrsg.) (1901): Urkundliches Material aus den Brandenburger Schöppenstuhlsakten. Dritter Band. Berlin. S. 95–97; vgl. auch CD-ROM in Kanzleisprache 2005.

Schwabstedt 1619
Anzahl Protokolle: 2
Angeklagte: Grete Wedelman (1619/1), Meye Muhl (1619/2)
verwendete Edition: Meyer, H. (1935): Drei Hexenprozesse in Schawbstedt. In: Jahrbuch Nordfriesland 22, S. 100–106; vgl. auch CD-ROM in Kanzleisprache 2005.

Schweinfurt 1616
Anzahl Protokolle: 1
Angeklagte: Susanne Pfister, Niclaus Knies, Lorenz Knies
Archivnachweis: Stadtarchiv Würzburg, Reichsstadt Schweinfurt, Sig. 7/75 I, fol. 7r–14r (Archivzählung).
verwendete Edition: Kanzleisprache 2005, S. 499–509.

Schwerin 1620/1668
Anzahl Protokolle: 2
Angeklagte: Dorothea Trapp (1620), Ilse Giesenhagen (1668)
Archivnachweis: Landesarchiv Schwerin, Akte 2023, S. 1–4 (eigene Zählung); Akte M9199, S. 1–16 (eigene Zählung).
verwendete Edition: Transkriptionen im Rahmen des Projekts Kanzleisprache des 17. Jahrhunderts.

Seehausen 1633
Anzahl Protokolle: 1
Angeklagte: Maria Vagts
verwendete Edition: Stölzel, Adolf (Hrsg.) (1901): Urkundliches Material aus den Brandenburger Schöppenstuhlsakten. Band 2. Berlin, S. 682–685; vgl. auch CD-ROM in Kanzleisprache 2005.

Siegburg 1636
Anzahl Protokolle: 3
Angeklagte: Konrad Leyendeckers Frau (1636/1), Peter Meurers Frau, Kündtgen genannt (1636/2), Tringen Genß-Koppers Herman Knütgens Frau (1636/3)
verwendete Editionen: (1) Diwo, Joseph (1948): Die Hexenprozesse in der Stadt Siegburg. Eine strafrechtliche und strafprozeßrechtliche Untersuchung. Diss. Bonn. Anhang S. 1–13; (2 und 3) Gansen, Peter (1959): Die Hexenprozesse des 17. Jahrhunderts in Siegburg. In: Heimatblätter des Siegkreises. Zeitschrift des Geschichts- und Altertumsvereins für Siegburg und den Siegkreis 76, S. 73–76, 79–81.

St. Lambrecht 1602
Anzahl Protokolle: 3
Angeklagter: Dyonisy (1602/1), Bärbels Tochter Greschl (1602/2), Hannssl von der Metznitz (1602/3)
verwendete Edition: Zahn, J. von (1882): Von Zauberern, Hexen und Wolfsbannern. Actenstücke, Processe wider Zauberer und Hexen betreffend, 1602–1701. In: Steiermärkische Geschichtsblätter. III. Jahrg. 3. Heft, Juli–Semptember, S. 129–133.

St. Maximin 1587
Anzahl Protokolle: 1
Angeklagte: Feylen Suin
verwendete Edition: Haupt, Th. von (1823): Ein Hexen-Proceß aus dem Moselthal. In: Mosella. Eine Monatsschrift 10, Heft 3, S. 307–315; vgl. auch CD-ROM in Kanzleisprache 2005.

Stein am Rhein 1667
Anzahl Protokolle: 2
Angeklagte: Catharina Olbrecht
Archivnachweis: Stadtarchiv Stein am Rhein, J 217/218, S. 1–9 (eigene Zählung).
verwendete Edition: eigene Transkription, vgl. Anhang B.5.

Stettin 1620 (heute: Szczecin)
Anzahl Protokolle: 1
Angeklagte: Sidonia von Borck
verwendete Edition: Oelrichs, D. (1788): Beschluß des Beitrags zur Ergänzung der so berüchtigten Hexengeschichte, von der verbrannten Pommerschen Klosterfräulein, Sidonia von Borck. In: Historisches Portefeuille auf das Jahr 1787 7, Stück 4, S. 484–488; Stück 5, S. 552–561.

Stralsund 1630
Anzahl Protokolle: 1
Angeklagte: Trine Fehrmans
Archivnachweis: Stadtarchiv Stralsund Rep. 3 Nr. 6364, S. 1–20 (eigene Zählung).
verwendete Editionen: Kanzleisprache 2005, S. 173–181 (S. 1–8); eigene Transkription (S. 9–20), vgl. Anhang B.6.

Stromberg 1565
Anzahl Protokolle: 1
Angeklagte: Aleke in der Wormstrate, Katherina Koldeweggesche
verwendete Edition: Niehues, Bernhard (1875): Zur Geschichte des Hexenglaubens und der Hexenprozesse vornehmlich im ehemaligen Fürstbistum Münster. In: Jahresbericht des historischen Vereins zu Münster zum 43jährigen Stiftungs-Feste den 14. März 1875, S. 144–147; vgl. auch CD-ROM in Kanzleisprache 2005.

Trier 1592
Anzahl Protokolle: 1
Angeklagte: Hanß Reulanth
verwendete Edition: Liel, A.F.J. (Hrsg.) (1833): Merkwürdige Hexenprozesse. In: Archiv für rheinische Geschichte 1, S. 58–61, 73–79; vgl. auch CD-ROM in Kanzleisprache 2005.

Uphusen 1565
Anzahl Protokolle: 1
Angeklagte: Gertrud Focken
verwendete Edition: Hahn, Louis (1938): Uphuser Hexenprozesse. In: Jahrbuch der Gesellschaft für bildende Kunst und vaterländische Altertümer zu Emden 26, S. 57–83; vgl. auch CD-ROM in Kanzleisprache 2005.

Wadgassen 1618

Anzahl Protokolle: 1

Angeklagte: Sondag von Chrichingen

verwendete Edition: Tritz, Michael (1901): Geschichte der Abtei Wadtgassen. Zugleich eine Kultur- und Kriegsgeschichte der Saargegend. Wadgassen. S. 359–363; vgl. auch CD-ROM in Kanzleisprache 2005.

Wallhausen 1628

Anzahl Protokolle: 1

Angeklagte: Christine Jung

verwendete Edition: Baumgarten, Achim R. (1987): Hexenwahn und Hexenverfolgung im Naheraum. Ein Beitrag zur Sozial- und Kulturgeschichte. Frankfurt (Main) (=Europäische Hochschulschriften. Reihe III: Geschichte und ihre Hilfswissenschaften 325) (Ausschnitt: S. 191; 194–197; 199–203). Baumgarten folgt Graef (1924/25): Ein Hexenprozeß vor dem Gericht zu Wallhausen. Teil I und II. In: Kreuznacher Heimatblätter. Beilage zum Öffentlichen Anzeiger, Heft 4 (22.05.1924) S. 1–3, Heft 5 (26.02.1925), S. 1–2.

Werl 1630

Anzahl Protokolle: 5

Angeklagte: Wilhelm Hewer (1630/1), Trinen Krampen (1630/2), Gerdruden Stoitgen (1630/3), Enneken Rheebeinß (1630/4), Agatha vf der Öuertrifft (1630/5)

Archivnachweis: Nordrhein-Westfälisches Staatsarchiv Münster, Mscr. VI, 264 A, fol. 20r–32r, 35r–37r (Archivzählung).

verwendete Editionen: (1–4) Transkriptionen im Rahmen des Projekts Kanzleisprache des 17. Jahrhunderts; (5) Kanzleisprache 2005, S. 120–126.

Wernigerode 1583/1588/1597

Anzahl Protokolle: 5

Angeklagte: Mette Flistischin (1583/1), Margrethe Ludewigs (1583/2), die Volgemensche (1583/3), Margrethen Hintzen (1588), Katharina Bernburg (1597)

Archivnachweis: (5) Landeshauptarchiv Sachsen-Anhalt, Abteilung Magdeburg Rep. H Gutsarchiv Stolberg-Wernigerode C 138a Fach 7 Nr. 8, fol. 11r–12v (Archivzählung).

verwendete Editionen: Transkription von Dr. Georg v. Gynz-Rekowski, Wernigerode 1972, S. 1–15; (5) Kanzleisprache 2005, S. 127–131.

Westerburg 1624
Anzahl Protokolle: 1
Angeklagte: Gretha Ortleben
Archivnachweis: Landeshauptarchiv Sachsen-Anhalt, Abteilung Wernigerode, Rep. Da, Westerburg,
Nr. 268, fol. 5r–12v (Archivzählung).
verwendete Edition: Transkription von Dr. Anja Wilke.

Wittgenstein 1629
Anzahl Protokolle: 1
Angeklagte: Elsa Leisen
Archivnachweis: Archiv zu Sayn-Wittgenstein-Hohenstein, C 82, 2r–6r (Archivzählung).
verwendete Edition: Kanzleisprache 2005, S. 272–280.

Wolframs-Eschenbach 1630
Anzahl Protokolle: 1
Angeklagter: Hans Steinlein
verwendete Edition: Geidner, Oskar (2003): „... aus Pein und Marter bekhendt ...“ Hexenverfolgung in der Stadt und im Vogteiamt Eschenbach. Selbstverlag des Heimatvereins Wolframs-Eschenbach e.V. Wolframs-Eschenbach. S. 125–128.

Wüstenfelde 1590
Anzahl Protokolle: 1
Angeklagte: Margaretha Schorsow
verwendete Edition: Beyer, Carl (1903): Kulturgeschichtliche Bilder aus Mecklenburg. Zauberei und Hexenprozesse im evangelischen Mecklenburg. Unter den Elenden und Ehrlosen. Berlin, S. 62–64; vgl. auch CD-ROM in Kanzleisprache 2005.

Zülpich 1629
Anzahl Protokolle: 2
Angeklagte: Anna Meurer (1629/1), Johann, Christian Krämers Sohn (1629/2)
Archivnachweis: Stadtarchiv Zülpich, Bestand I B, Akte 209, S. 1–8 (Archivzählung), Akte 210, S. 1–9 (eigene Zählung).
verwendete Editionen: Kanzleisprache 2005, S. 282–287; Transkriptionen im Rahmen des Projekts Kanzleisprache des 17. Jahrhunderts.

8.4. Literatur

8.4.1. Primärliteratur

Binsfeld, Peter (1590/2004): Tractat von Bekanntnuß der Zauberer und Hexen. Ob und wie viel denselben zu glauben. Herausgegeben und eingeleitet von Hiram Küper. Trier.

Bodin, Jean/ Johann Fischart (1586): De Magorum Daemonomania. Vom Außgelaßne[n] Wütigen Teuffelsheer Allerhand Zauberern / Hexen und Hexenmeistern [...] Straßburg.

Breucker, Fritz (1904): Gedichte Brunos von Schonebeck. In: Jahrbuch des Vereins für niederdeutsche Sprachforschung 30 (1904), 81–146.

Bullinger, Heinrich (1570): Wider die schwarzen Künste. In: http://www.unizh.ch/irg/schwarzkunst.html (Stand: 24.02.2008)

Carolina (1532/2000): Die Peinliche Gerichtsordnung Kaiser Karls V. (Carolina). Herausgegeben und erläutert von Friedrich-Christian Schroeder. Stuttgart.

Faust (1587/1999): Historia von D. Johann Fausten. Text des Druckes von 1587. Kritische Ausgabe. Mit den Zusatztexten der Wolfenbütteler Handschrift und der zeitgenössischen Drucke. Herausgegeben von Stephan Füssel und Hans Joachim Kreutzer. Stuttgart.

Gödelmann, Georg (1592): Von Zaͤuberen Hexen vnd Vnholden / Warhafftiger vnd Wolbegruͤndter Bericht [...] Frankfurt/Main.

Hexenhammer (1487/2001): Kramer (Institoris), Heinrich: Der Hexenhammer. Malleus Maleficarum. Neu aus dem Lateinischen übertragen von Wolfgang Behringer, Günter Jerouschek und Werner Tschacher. Herausgegeben und eingeleitet von Günter Jerouschek und Wolfgang Behringer. 2. Auflage. München.

Lercheimer, Augustin (1597/1888): Christlich bedencken vnd erinnerung von Zauberey, [...] In: Augustin Lercheimer (Prof. H. Witekind in Heidelberg) und seine Schrift wider den Hexenwahn. Lebensgeschichtliches und Abdruck der letzten vom Verfasser besorgten Ausgabe von 1597. Sprachlich bearbeitet durch Anton Birlinger. Herausgegeben von Carl Binz. Strassburg.

Luther, Martin (1545/1928): Wider das Papsttum zu Rom, vom Teufel gestiftet. In: D. Martin Luthers Werke. Kritische Gesamtausgabe. 54. Band. Weimar. 206–299.

Meder, David (1605): Acht Hexenpredigten / von des Teuffels Mordkindern / der Hexen / Vnholden / Zauberischen / Drachenleuten / Milchdieben etc. [...] Leipzig.

Spee, Friedrich (1649/1992): Sämtliche Schriften. Historisch-kritische Ausgabe. Bd 3: Cautio Criminalis. Herausgegeben von Theo G. M. van Oorschot. Tübingen, Basel.

Stieler, Caspar von (1681): Teutsche Sekretariat Kunst. Erster Band. Nürnberg.

Strauch, Philipp (Hrsg.) (1900): Jansen Enikels Werke. 1. Abt.: Die Weltchronik. Hannover. (=Monumenta Germaniae Historica. Deutsche Chroniken und andere Geschichtsbücher des Mittelalters 3, 1.)

Taufbüchlein (1523/1936): Liturgische Texte IV: Martin Luthers Von Ordnung Gottesdiensts, Taufbuechlein, Formula Missa et Communis. Herausgegeben von Hans Lietzmann. Berlin. (=Kleine Texte für Vorlesungen und Übungen 36.)

Weier, Johann (1586): De praestigiis daemonum. Von Teuffelgespenst / Zauberern vnd Gifftbereytern / Schwartzkünstlern / Hexen vnd Vnholden [...] Frankfurt/Main.

8.4.2. Sekundärliteratur

Ahrendt-Schulte, Ingrid (1995): Weise Frauen – böse Weiber. Die Geschichte der Hexen in der Frühen Neuzeit. 2. Aufl. Freiburg i. B.

Bächtold-Stäubli, Hanns (Hrsg.) (1927–42): Handwörterbuch des deutschen Aberglaubens. 10 Bde. Berlin, Leipzig. (=Handwörterbücher zur deutschen Volkskunde. Abteilung 1: Aberglaube.)

Bahlow, Hans (2004): Deutsches Namenlexikon. Herkunft und Bedeutung von 15000 Vor- und Nachnamen. Bindlach.

Bahlow, Hans (1967): Deutsches Namenlexikon. Familien- und Vornamen nach Ursprung und Sinn erklärt. München.

Bahlow, Hans (1965): Unsere Vornamen im Wandel der Jahrhunderte. Limburg/Lahn. (=Grundriß der Genealogie 4.)

Baron, Frank (1991): Die Hexenprozesse und die Entstehung des Faustbuchs. In: Auernheimer, Richard und Frank Baron (Hrsg.): Das Faustbuch von 1587: Provokation und Wirkung. München. 59–73.

Baufeld, Christa (1988): Zum Sprachgestus in Greifwalder Amtsprotokollen des 17./18. Jahrhunderts. In: Manfred Lemmer (Hrsg.): Beiträge zur Sprachwirkung Martin Luthers im 17./18. Jahrhundert. Halle/Saale. (=Wissenschaftliche Beiträge 1988/5, F 77.) 76–94.

Behringer, Wolfgang (2002): Hexen. Glaube, Verfolgung, Vermarktung. 3., durchgesehene Aufl. München.

Behringer, Wolfgang (1997): Hexenverfolgung in Bayern. Volksmagie, Glaubenseifer und Staatsräson in der Frühen Neuzeit. 3., verbesserte und um ein Nachwort ergänzte Aufl. München.

Behringer, Wolfgang (1987): „Erhob sich das ganze Land zu ihrer Ausrottung ..." Hexenprozesse und Hexenverfolgung in Europa. In: Dülmen (Hrsg.) (1987), 131–169.

Behringer, Wolfgang und Günter Jerouschek (2001): „Das unheilvollste Buch der Weltliteratur?" Zur Entstehungs- und Wirkungsgeschichte des Malleus Maleficarum und zu den Anfängen der Hexenverfolgung. In: Hexenhammer (1471/2001): 9–98.

Beneš, Eduard (1974): Präpositionswertige Präpositionalfügungen. In: Engel, Ulrich und Paus Grebe (Hrsg.): Sprachsystem und Sprachgebrauch. Festschrift für Hugo Moser. Düsseldorf. (=Sprache der Gegenwart 33.) 33–52.

Rudolf Bentzinger (2000): Die Kanzleisprachen. In: HSK 2.2, 1665–73.

Besch, Werner (2003): Die Entstehung und Ausformung der neuhochdeutschen Schriftsprache/Standardsprache. In: HSK 2.3 (2003), 2252–2296.

Besch, Werner (1980): Frühneuhochdeutsch. In: Althaus, Hans Peter, Helmut Henne und Herbert Ernst Wiegand (Hrsg.): Lexikon der Germanistischen Linguistik. 2., vollständig neu bearbeitete und erweiterte Auflage. Tübingen. 588–97.

Beyer, Christel (1986): „Hexen-Leut, so zu Würzburg gerichtet". Der Umgang mit Sprache und Wirklichkeit in Inquisitionsprozessen wegen Hexerei. Frankfurt/Main, Bern, New York. (=Europäische Hochschulschriften. Reihe 1: Deutsche Sprache und Literatur. 948.)

Biesel, Elisabeth (2002): „Dann da die Weiber in Betrübnussen / Widerwertigkeiten vnnd Kümmernussen einfallen". Gelehrte und volksnahe Vorstellungen von Teufelspakt und Hexensabbat. In: Beier-de Haan, Rosmarie, Rita Voltmer und Franz Irsigler (Hrsg.) (2002): Hexenwahn. Ängste der Neuzeit. Begleitband zur gleichnamigen Ausstellung des Deutschen Historischen Museums. Berlin, Kronprinzenpalais. 3. Mai bis 6. August 2002. Wolfratshausen. 120–27.

Blauert, Andreas (1989): Frühe Hexenverfolgungen. Ketzer-, Zauberei- und Hexenprozesse des 15. Jahrhunderts. Hamburg. (=Sozialgeschichtliche Bibliothek bei Junius 5.)

Boldt, Hans (1994): Deutsche Verfassungsgeschichte. Politische Strukturen und ihr Wandel. Band 1: Von den Anfängen bis zum Ende des älteren deutschen Reiches 1806. 3. Aufl. München.

Brechenmacher, Josef Karlmann (1957): Etymologisches Wörterbuch der Deutschen Familiennamen. 2., von Grund auf neugearbeitete Aufl. der „Deutschen Sippennamen" (=Bände 5–9 der Sippenbücherei). Lieferung 1–10. 1.Bd. 1957–1960. A–J. Görlitz.

Brockhaus (1998): Der Brockhaus in 15 Bänden. [red. Leitung: Marianne Strzysch und Joachim Weiß] Leipzig, Mannheim.

Buchda, G. (1971): Artikelprozeß. In: HRG, Bd. 1, 234–235.

Busse, Dietrich (2000). Textsorten des Bereichs Rechtswesen und Justiz. In: Text- und Gesprächslinguistik. Ein internationales Handbuch zeitgenössischer Forschung, herausgegeben von Klaus Brinker, Gerd Antos, Wolfgang Heinemann und Sven F. Sager. Berlin/New York (=Handbücher zur Sprach- und Kommunikationswissenschaft 16.1). 658–675.

Dahl, Johannes (1988): Die Abtönungspartikeln im Deutschen. Ausdrucksmittel für Sprechereinstellungen mit einem kontrastiven Teil deutsch-serbokroatisch. Heidelberg. (=Deutsch im Kontrast 7.)

Diewald, Gabriele (1997): Grammatikalisierung. Eine Einführung in Sein und Werden grammatischer Formen. Tübingen.

Dinzelbacher, Peter (1988): Die Realität des Teufels im Mittelalter. In: Segl, Peter (Hrsg.): Der Hexenhammer. Entstehung und Umfeld des Malleus maleficarum von 1487. Wien. (=Bayreuther Historische Kolloquien 2.) 151–75.

Döhring, Erich (1953): Geschichte der deutschen Rechtspflege seit 1500. Berlin.

Duden-Familiennamen (2005): Duden. Familiennamen. Herkunft und Bedeutung von 20 000 Nachnamen. Bearbeitet von Rosa und Volker Kohlheim. 2., völlig neu bearb. Auflage. Mannheim, Leipzig, Wien, Zürich.

Duden-Grammatik (2005): Duden. Die Grammatik. 7., völlig neu erarbeitete und erweiterte Auflage. Mannheim, Leipzig, Wien, Zürich.

Duden-Herkunftswörterbuch (2001): Duden. Das Herkunftswörterbuch. Etymologie der deutschen Sprache. Bearbeitet von Anette Auberle. 3., völlig neu bearbeitete und erweiterte Auflage. Mannheim, Wien, Zürich.

Duden-Vornamen (1998): Duden. Lexikon der Vornamen. Herkunft, Bedeutung und Gebrauch von mehreren tausend Vornamen. Bearbeitet von Rosa und Volker Kohlheim. 3., neu bearbeitete und erweiterte Auflage. Mannheim, Wien, Zürich. (=Duden-Taschenbücher 4.)

Dülfer, Kurt (1957): Urkunden, Akten und Schreiben in Mittelalter und Neuzeit. Studien zum Formproblem. In: Archivalische Zeitschrift 53, 11–53.

Dülmen, Richard van (1995): Theater des Schreckens. Gerichtspraxis und Strafrituale in der frühen Neuzeit. 4., durchgesehene Aufl. München. (=Beck'sche Reihe 349.)

Dülmen, Richard van (Hrsg.) (1987): Hexenwelten. Magie und Imagination vom 16.–20. Jahrhundert. Frankfurt/ Main.

Dülmen, Richard van (1987): Imaginationen des Teuflischen. Nächtliche Zusammenkünfte, Hexentänze, Teufelssabbate. In: Dülmen (Hrsg.) (1987), 94–130.

DWB: Grimm, Jacob und Wilhelm: Deutsches Wörterbuch. 33 Bde. Leipzig 1854–1971. Nachdruck München 1999.

Eckhardt, Hans Wilhelm, Gabriele Stüber und Thomas Trumpp (1999): „Thun kund und zu wissen jedermänniglich". Paläographie – Archivalische Textsorten – Aktenkunde. Köln.

Eerden, P.C. van der (1995): Der Teufelspakt bei Petrus Binsfeld und Cornelius Loos. In: Franz, Gunther und Franz Irsigler (Hrsg.) (1995): Hexenglaube und Hexenprozesse im Raum Rhein-Mosel-Saar. Trier. (=Trierer Hexenprozesse. Quellen und Darstellungen 1.) 51–71.

Eichhoff, Jürgen (1977–2000): Wortatlas der deutschen Umgangssprachen. 4 Bände. Bern, München.

Eisenberg, Peter (2004): Grundriß der deutschen Grammatik. Band 2: Der Satz. 2., überarbeitete und aktualisierte Auflage. Stuttgart, Weimar.

Erich, Oswald A. und Richard Beitl (1936): Wörterbuch der deutschen Volkskunde. Leipzig.

Erler, Adalbert (1971): Handfeste. In: HRG, Bd. 1, 1960.

Erler, Adalbert (1971): Handschlag. In: HRG, Bd. 1, 1974.

Fehr, Hans (1962): Deutsche Rechtsgeschichte. 6., verbesserte Aufl. Berlin. (=Lehrbücher und Grundrisse der Rechtswissenschaft 10.)

Fischer, Christian (1999): Zwischen Vision und tradiertem Erzählstoff. Zur Schilderung der Teufelsbuhlschaft in Hexenverhörprotokollen des 16. und 17. Jahrhunderts. In: Brandt, Gisela (Hrsg.): Historische Soziolinguistik des Deutschen IV. Soziofunktionale Gruppe – kommunikative Anforderungen – Sprachgebrauch. Internationale Fachtagung Rostock 13.–16.09.1998. Stuttgart. (=Stuttgarter Arbeiten zur Germanistik 372.) 89–102.

Frenz, Theodor (1998a): Urkunde (rechtlich). In: HRG, Bd. 5, 574–76.

Frenz, Theodor (1998b): Urkundenlehre. In HRG, Bd. 5, 584–91.

Fried, Johannes (1985): Wille, Freiwilligkeit und Geständnis um 1300. Zur Beurteilung des letzten Templergroßmeisters Jacques de Molay. In: Historisches Jahrbuch 105, 388–425.

Fuchs, Ralf-Peter (2001): Protokolle von Zeugenverhören als Quellen zur Wahrnehmung von Zeit und Lebensalter in der Frühen Neuzeit. In: Prozessakten als Quelle. Neue Ansätze zur Erforschung der Höchsten Gerichtsbarkeit im Alten Reich, herausgegeben von Annette Baumann, Siegrid Westphal, Stephan Wendehorst und Stefan Ehrenpreis. Köln, Weimar, Wien 2001. (=Quellen und Forschungen zur Höchsten Gerichtsbarkeit im Alten Reich 37.) 141–64.

Füssel, Ronald (2003): Die thüringischen Hexenverfolgungen – Eine Einführung. In: Hexen und Hexenverfolgung in Thüringen. Begleitbuch zur Ausstellung ‚Hexen in Thüringen' im Schloß Elisabethenburg Meiningen vom November 2003 bis April 2004. Hrsg. von den Meininger Museen. Meiningen, Bielefeld. (=Südthüringer Forschungen 32; Hexenforschung 8.) 12–36.

FWB: Goebel, Ulrich und Oskar Reichmann (Hrsg.) (1989 ff.): Frühneuhochdeutsches Wörterbuch. Begründet von Robert R. Anderson, Ulrich Goebel, Oskar Reichmann. Bd. 1 ff. Berlin/New York.

Gabrielsson, Artur (1983): Die Verdrängung der mittelniederdeutschen durch die neuhochdeutsche Schriftsprache. In: Handbuch zur niederdeutschen Sprach- und Literaturwissenschaft. Hrsg. von Gerhard Cordes und Dieter Möhn. Berlin. 119–153.

Gardt, Andreas, Ulrike Haß-Zumkehr, Thorsten Roelcke (1999): Vorwort. In: Dies. (Hrsg.): Sprachgeschichte als Kulturgeschichte. Berlin, New York (=Studia Linguistica Germanica 54).

Geeraedts, Loek (1984): Die Stockholmer Handschrift Cod. Holm. Vu 73: Edition und Untersuchung einer mittelniederdeutschen Sammelhandschrift. Köln, Wien. (=Niederdeutsche Studien 32.)

Georges, Karl Ernst (1983): Ausführliches Lateinisch-Deutsches Handwörterbuch. Unveränderter Nachdruck der achten verbesserten und vermehrten Auflage von Heinrich Georges. Darmstadt.

Grimm, Jacob (1922): Deutsche Rechtsalterthümer. Vierte, vermehrte Ausgabe. Neuer Abdruck. 2 Bde. Leipzig.

Grimm, Jacob (1968): Deutsche Mythologie. Um eine Einleitung vermehrter Nachdruck der 4. Auflage, besorgt von Elard H. Meyer, Berlin 1875–78. 3 Bände. Graz.

Grössing, Helmuth (1998): Hexenwesen und Hexenverfolgung in wissenschaftshistorischer Sicht. Wien.

Gustafsson, Leif (1979): Nominalpräpositionen untersucht besonders an Hand deutscher und niederländischer Urkunden 1250–1550.Uppsala. (=Acta Universitatis Upsaliensis. Studia Germanistica Upsaliensia 24.)

Haag, Herbert (1974): Teufelsglaube. Mit Beiträgen von Katharina Elliger, Bernhard Lang und Meinrad Limbeck. Tübingen.

Hägerström, Axel (1927): Der römische Obligationsbegriff im Lichte der allgemeinen römischen Rechtsanschauung. Bd. 1. Uppsala, Leipzig. (=Skrifter utgivna av K. Humanistiska Vetenskaps-Samfundet i Uppsala. 23.)

Hagenthurn, Endre (2006): *...aufs fleißigste zu Papier zubringen.* Zur Sprache von Hexerei-Prozessakten aus dem frühneuzeitlichen Schäßburg/Siebenbürgen. Diss. Münster. In: http://miami.uni-muenster.de/servlets/DerivateServlet/Derivate-3722/01_diss_ hagenthurn.pdf [Stand: 28.08.2009]

Hansen, Joseph (1963): Quellen und Untersuchungen zur Geschichte des Hexenwahns und der Hexenverfolgung im Mittelalter. Mit einer Untersuchung der Geschichte des Wortes Hexe von Johannes Franck. Hildesheim.

Harmening, Dieter (1988): Hexenbilder des späten Mittelalters – Kombinatorische Topik und ethnographischer Befund. In: Segl, Peter (Hrsg.): Der Hexenhammer. Entstehung und Umfeld des Malleus maleficarum von 1487. Wien. (=Bayreuther Historische Kolloquien 2.) 177–94.

Hartweg, Frédéric und Klaus Peter Wegera (2005): Frühneuhochdeutsch. Eine Einführung in die deutsche Sprache des Spätmittelalters und der frühen Neuzeit. 2., neu bearbeitete Aufl. Tübingen. (=Germanistische Arbeitshefte 33.)

Helbig, Gerhard (1999): Deutsche Grammatik. Grundfragen und Abriß. 4., unveränderte Aufl. München.

Helbig, Gerhard und Joachim Buscha (2001): Deutsche Grammatik. Ein Handbuch für den Ausländerunterricht. Berlin u. a.

Herder Lexikon Symbole (1978). 2. Aufl. Freiburg, Basel, Wien.

Holly, Werner (1981): Der doppelte Boden in Verhören. Sprachliche Strategien von Verhörenden. In: Wolfgang Frier (Hrsg.): Pragmatik. Theorie und Praxis. Amsterdam. (=Amsterdamer Beiträge zur Neueren Germanistik 13.) 275–319.

Honegger, Claudia (1978): Die Hexen der Neuzeit. Analysen zur anderen Seite der okzidentalen Rationalisierung. In: Honegger, Claudia (Hrsg.): Die Hexen der Neuzeit. Studien zur Sozialgeschichte eines kulturellen Deutungsmusters. Frankfurt/Main. 21–151.

HRG (1971–1998): Handwörterbuch zur deutschen Rechtsgeschichte, hrsg. von Adalbert Erler und Ekkehard Kaufmann unter philol. Mitarb. von Ruth Schmidt-Wiegand. 5 Bände, erschienen 1971–1998. Berlin.

HSK 1.2 (1983): Dialektologie. Ein Handbuch zur deutschen und allgemeinen Dialektforschung, hrsg. von Werner Besch, Ulrich Knoop, Wolfgang Putschke und Herbert Ernst Wiegand. Berlin/New York. (=Handbücher zur Sprach- und Kommunkationswissenschaft 1.2.)

HSK 2.2 (2000): Sprachgeschichte. Ein Handbuch zur Geschichte der deutschen Sprache und ihrer Erforschung, hrsg. von Werner Besch, Anne Betten, Oskar Reichmann und Stefan Sonderegger. 2. Teilband. 2., vollst. neu bearb. und erw. Aufl. Berlin/New York. (=Handbücher zur Sprach- und Kommunikationswissenschaft 2.2.)

HSK 2.3 (2003): Sprachgeschichte. Ein Handbuch zur Geschichte der deutschen Sprache und ihrer Erforschung, hrsg. von Werner Besch, Anne Betten, Oskar Reichmann und Stefan Sonderegger. 3. Teilband. 2. Aufl. Berlin/New York. (=Handbücher zur Sprach- und Kommunikationswissenschaft 2.3.)

Irsigler, Franz (1998): Hexenverfolgungen vom 15. bis 17. Jahrhundert. Eine Einführung. In: Franz, Gunther und Franz Irsigler (Hrsg.) (1998): Methoden und Konzepte der historischen Hexenforschung. Trier. (=Trierer Hexenprozesse. Quellen und Darstellungen 4.) 3–20.

Jilg, Waltraut (1988): „Hexe“ und „Hexerei“ als kultur- und religionsgeschichtliches Phänomen. In: Schwaiger, Georg (Hrsg.): Teufelsglaube und Hexenprozesse. 2., durchgesehene Aufl. München. 37–56.

Kästner, Hannes, Eva Schütz und Johannes Schwitalla (2000): Die Textsorten des Frühneuhochdeutschen. In: HSK 2.2 (2000), 1605–23.

Kanzleisprache (2005): Macha, Jürgen, Elvira Topalović, Iris Hille, Uta Nolting und Anja Wilke (Hrsg.): Deutsche Kanzleisprache in Hexenverhörprotokollen der Frühen Neuzeit. Band 1: Auswahledition. Berlin, New York 2005.

Kirsten, Hans (1960): Die Taufabsage. Untersuchung zur Gestalt und Geschichte der Taufe nach den altkirchlichen Taufliturgien. Berlin.

Kleinheyer, Gerd (1979): Zur Rolle des Geständnisses im Strafverfahren des späten Mittelalters und der frühen Neuzeit. In: Gerd Kleinheyer und Paul Mikat (Hrsg.): Beiträge zur Rechtsgeschichte. Gedächtnisschrift für Hermann Conrad. Paderborn u. a. 367–84.

Kluge, Friedrich (2002): Etymologisches Wörterbuch der deutschen Sprache. Bearbeitet von Elmar Seebold. 24., durchgesehene und erweiterte Aufl. Berlin, New York.

Krobisch, Volker (1997): Die Wolfenbütteler Sammlung (Cod. Guelf. 1203 Helmst.): Untersuchung und Edition einer mittelniederdeutschen Sammelhandschrift. Köln, Weimar, Wien. (=Niederdeutsche Studien 42.)

Kühnel, Harry (Hrsg.) (1992): Bildwörterbuch der Kleidung und Rüstung. Vom alten Orient bis zum ausgehenden Mittelalter. Stuttgart.

Kunze, Konrad (2000): dtv-Atlas Namenkunde. Vor- und Familiennamen im deutschen Sprachgebiet. Mit 115 Abbildungsseiten in Farbe. 3. Aufl. München.

Labouvie, Eva (1987): Hexenspuk und Hexenabwehr. Volksmagie und volkstümlicher Hexenglaube. In: Dülmen (Hrsg.) (1987), 49–93.

Labouvie, Eva (1991): Zauberei und Hexenwerk. Ländlicher Hexenglaube in der frühen Neuzeit. Frankfurt/ Main.

Lampe, Hans-Sirks (1963): Die Darstellung des Teufels in den geistlichen Spielen Deutschlands. Von den Anfängen bis zum Ende des 16. Jahrhunderts. Eine theaterwissenschaftliche Untersuchung. München.

Lasch, Agathe (1974): Mittelniederdeutsche Grammatik. 2., unveränderte Aufl. Tübingen.

Lasch/Borchling: Lasch, Agathe und Conrad Borchling (1956): Mittelniederdeutsches Handwörterbuch. Fortgeführt von Gerhard Cordes. 1. Bd. A–F/V. Neumünster.

Levack, Brian P. (1999): Hexenjagd. Die Geschichte der Hexenverfolgungen in Europa. 2. Aufl. München.

Luchtenberg, Sigrid (1975): Untersuchung zu Euphemismen in der deutschen Gegenwartssprache. Diss. Bonn.

Lübben, August (1888/2005): Mittelniederdeutsches Handwörterbuch. Reprografischer Nachdruck. Darmstadt.

Lurker, Manfred (Hrsg.) (1983): Wörterbuch der Symbolik. Stuttgart.

Macha, Jürgen (2006): Sprachgeschichte und Kulturgeschichte. Frühneuzeitliche Graphien als Indikatoren konfessioneller Positionierung. In: ZGL 34 (2006), 104–130.

Macha, Jürgen (2005): Redewiedergabe in Verhörprotokollen und der Hintergrund gesprochener Sprache. In: Norbert Richard Wolf, Sabine Krämer-Neubert (Hrsg.), Tagungsband zur Internationalen Konferenz Bayerische Dialektologie vom 26.–28. Februar 2002 in Würzburg. Heidelberg. 424–31.

Macha, Jürgen (2003a): Regionalität und Syntax: Redewiedergabe in frühneuhochdeutschen Verhörprotokollen. In: Raphael Berthele u. a. (Hrsg.): Die deutsche Schriftsprache und die Regionen. Entstehungsgeschichtliche Fragen in neuer Sicht. Berlin/New York. 181–202.

Macha, Jürgen (2003b): Unvollendetes zu ›afiniten Konstruktionen‹: Diachronische Skizzen zu einer Erscheinung der Kanzleisyntax. In: Niederdeutsches Wort 43. 25–36.

Macha, Jürgen (2003c): Ein erfundenes Hexereiverhör: Zu CAPVT V. der INSTRUCTION des Heinrich Schultheiß (1634). In: Moeller/Schmidt (Hrsg.) (2003), 24–32.

Macha, Jürgen (1991). Kölner Turmbücher. Schreibsprachwandel in einer seriellen Quelle der frühen Neuzeit. In: Zeitschrift für deutsche Philologie 110, 36–61.

Macha, Jürgen (1998): Schreibvariation und ihr regional-kultureller Hintergrund: Rheinland und Westfalen im 17. Jahrhundert. In: Besch, Werner und Hans Joachim Solms (Hrsg.) (1998): Regionale Sprachgeschichte. Berlin. (=ZfdPh 117. Sonderheft.) 50–66.

Macha, Jürgen (1992): Anmerkungen zur Schreibsprache eines Kölner „Hexenprothocolls“ aus der Mitte des 17. Jahrhunderts. In: Rheinische Vierteljahrsblätter 56, 325–37.

Macha, Jürgen und Wolfgang Herborn (Hrsg.) (1992): Kölner Hexenverhöre aus dem 17. Jahrhundert. Köln/Weimar/Wien. (=Mitteilungen aus dem Stadtarchiv von Köln 74.)

Maßmann, H.F. (1969) (Hrsg.): Die deutschen Abschwörungs-, Glaubens-, Beicht- und Betformeln vom achten bis zum zwölften Jahrhundert. Reprografischer Nachdruck der Ausgabe Quedlinburg und Leipzig 1839. Hildesheim.

Mettke, Heinz (1970): Altdeutsche Texte. Ausgewählt und kommentiert von Heinz Mettke. Leipzig.

Meyers Konversationslexikon (1885–1892). 4. Auflage. Leipzig, Wien. In: retro-Bibliothek. URL: http://www.retrobibliothek.de/retrobib/stoebern.html?werkid=100149 [Stand: 28.08.2009]

Mihm, Arend (1995): Die Textsorte Gerichtsprotokoll im Spätmittelalter und ihr Zeugniswert für die Geschichte der gesprochenen Sprache. In: Gisela Brandt (Hrsg.), Historische Soziolinguistik des Deutschen II. Sprachgebrauch in soziofunktionalen Gruppen und in Textsorten. Internationale Fachtagung Frankfurt/Oder 12.–14. 9. 1994. Stuttgart. (=Stuttgarter Arbeiten zur Germanistik 324.) 21–57.

Mihm, Margret (1994): Die Protokolle des Duisburger Notgerichts 1537–1545. Mit einer Einführung und einem Glossar. Duisburg.

Moeller, Katrin und Burghart Schmidt (2003): Realität und Mythos. Hexenverfolgung und Rezeptionsgeschichte. Hamburg. (=Veröffentlichungen des Arbeitskreises für historische Hexen- und Kriminalitätsforschung in Norddeutschland 1.)

Mühlmann, W. E. (1986): Ritus. In: RGG (Religion in Geschichte und Gegenwart), Bd. 5, 1127 f.

Müller, Josef (Hrsg.) (1928–1971): Rheinisches Wörterbuch. 9 Bände. Bonn.

Neumann, Almut (1997): Verträge und Pakte mit dem Teufel. Antike und mittelalterliche Vorstellungen im „Malleus maleficarum". St. Ingbert. (=Saarbrücker Hochschulschriften 30: Grundlagen- und Geschichtswissenschaften.)

Niehaus, Michael (2005): Wort für Wort. Zu Geschichte und Logik des Verhörprotokolls. In: Niehaus/Schmidt-Hannisa (2005a), 27–74.

Niehaus, Michael und Hans-Walter Schmidt-Hannisa (Hrsg.) (2005a): Das Protokoll. Kulturelle Funktionen einer Textsorte. Frankfurt/Main.

Niehaus, Michael und Hans-Walter Schmidt-Hannisa (2005b): Textsorte Protokoll. Ein Aufriß. In: Niehaus/Schmidt-Hannisa (2005a), 7–23.

Nolting, Uta (2003): Nah an der Realität – Sprache und Kommunikation in Mindener Hexenverhörpotokollen von 1614/1615. In: Moeller/Schmidt (Hrsg.) (2003), 33–55.

Nolting, Uta (2002): „Jch habe nein toueren gelernet." – Mindener Hexenverhörprotokolle von 1614. In: Niederdeutsches Wort 42, 55–116.

Nübling, Damaris (2006): Historische Sprachwissenschaft des Deutschen. Eine Einführung in die Prinzipien des Sprachwandels. Tübingen.

Öhmann, Emil (Hrsg.) (1936): Simon Roths Fremdwörterbuch. In: Mémoires de la Société Néo-Philologique des Helsingfors XI. 225–370.

Ogris, W. (1971): arrha. In: HRG, Bd. 1, 230–32.

Paul, Hermann (1992): Deutsches Wörterbuch. 9., vollständig neu bearbeitete Auflage von Helmut Henne und Georg Objartel. Tübingen.

Peilicke, Roswitha (1980): Zur Literatursprache von Mühlhäuser Verhörsprotokollen aus der Zeit des großen Deutschen Bauernkriegs. Syntaktisch/stilistische Untersuchungen. In: Joachim Schildt (Hrsg.), Syntaktisch-stilistische und lexikalische Untersuchungen an Texten aus der Zeit des Großen Deutschen Bauernkrieges. Berlin. (=Linguistische Studien, Reihe A, 70.) 1–37.

Penzl, Herbert (1984): Frühneuhochdeutsch. Bern, Frankfurt/Main, Nancy, New York. (=Germanistische Lehrbuchsammlung 9.)

Pfeifer, Wolfgang u.a. (1989): Etymologisches Wörterbuch des Deutschen. Berlin.

Piirainen, Elisabeth und Wilhelm Elling (1992): Wörterbuch der westmünsterländischen Mundart. Vreden.

Pischon, F.A. (1857): Die Taufnamen. Eine Weihnachtsgabe. Berlin.

Plenzat, Karl (1926): Die Theophiluslegende in den Dichtungen des Mittelalters. Berlin. (=Germanistische Studien 43.)

Puntschart, Paul (1905): Treuklausel und Handtreue im altdeutschen Gelöbnisrecht. In: Zeitschrift der Savigny-Stiftung für Rechtsgeschichte Bd. 26 = 39 (1905), 165–194.

Ramge, Hans (1999): Dialoge im Rechtsprotokoll: Ein Wetzlarer Erbstreit a. 1309 und die Entstehung einer neuen Textsorte. In: Andreas H. Jucker et al. (Hrsg.): Historical Dialogue Analysis, hrsg. von Andreas H. Jucker, Gerd Fritz and Franz Lebsanft. Amsterdam/Philadelphia. (=Pragmatics & Beyond New Series 66.) 371–98.

Reichmann, Oskar (2000): Die Diagliederung des Frühneuhochdeutschen. In: HSK 2.2 (2000), 1623–46.

Reichmann, Oskar und Klaus Peter Wegera (1993): Frühneuhochdeutsche Grammatik. Tübingen. (=Sammlung kurzer Grammatiken germanischer Dialekte: A, Hauptreihe; Nr. 12.)

Reincke, Heinrich (1919): Die Bedeutung der Gelöbnisgebärde. In: Zeitschrift der Savigny-Stiftung für Rechtsgeschichte, Bd. 40 = 53 (1919), 280–282.

Roelcke, Thorsten (Hrsg.) (2001): Periodisierung. Die zeitliche Gliederung der deutschen Sprachgeschichte. Frankfurt/ Main. (=Dokumentation germanistischer Forschung 4.)

Rösler, Irmtraud (2004): „… dergleichen malefiz Persohn …“. Mecklenburgische Prozeßakten als Quellen sprachhistorischer Beobachtungen. In: George, Marion; Rudolph, Andrea (Hrsg.) (2004): Hexen. Historische Faktizität und fiktive Bildlichkeit. Dettelbach (=Kulturwissenschaftliche Beiträge 3.) 19–34.

Rösler, Irmtraud (1997): „Ich soll als eine Zauberinne vorbrannt werden...“. Zur Widerspiegelung populären Zauberwissens in mecklenburgischen Hexenprozeßprotokollen und zur Sprachform der Verhörsprotokolle. In: Harmening, Dieter und Andrea Rudolph (Hrsg.) (1997): Hexenverfolgung in Mecklenburg: regionale und überregionale Aspekte. Dettelbach. (=Quellen und Forschungen zur europäischen Ethnologie 21.) 167–90.

Rösler, Irmtraud (1997): Niederdeutsche Interferenzen und Alternanzen in hochdeutschen Verhörsprotokollen. Zum Problem des Erschließens gesprochener Sprache aus schriftlich überlieferten Texten. In: Klaus J. Mattheier et al. (Hrsg.), Gesellschaft, Kommunikation und Sprache Deutschlands in der frühen Neuzeit, herausgegeben von Klaus J. Mattheier, Haruo Nitta und Mitsuyo Ono. München. 187–202.

Rösler, Irmtraud (1996): „... mit zauberej behafftete persohnen“. Zur Selbst- und Fremddarstellung der wegen Hexerei beschuldigten Personen. In: Brandt, Gisela (Hrsg.) (1996): Bausteine zu einer Geschichte des weiblichen Sprachgebrauchs II. Forschungsberichte – Methodenreflexion. Internationale Fachtagung Lübben/Spreewald 16.–19.07.1995. Stuttgart. (=Stuttgarter Arbeiten zur Germanistik 341.) 13–30.

Rösler, Irmtraud (1987): Zu sprachlichen Interferenzen in den Verhörprotokollen der mecklenburgischen Kanzleien im 16./17. Jahrhundert. In: Große, Rudolf (Red.) (1987): Zur jüngeren Geschichte der deutschen Sprache. Beiträge zum internationalen Kolloquium „Sprache in der sozialen und kulturellen Entwicklung. Zum 100. Geburtstag von Theodor Frings vom 22. bis 24. Juli 1986 in Leipzig. Leipzig. 37–47.

Rösler, Irmtraud und Katrin Moeller (1999): Der Teufel und sein Name. Frühe Zeugnisse für Hexen- und Teufelsglauben in mecklenburgischen Gerichtsakten. In: Homo narrans: Studien zur populären Erzählkultur. Festschrift für Siegfried Neumann zum 65. Geburtstag. Hrsg. von Christoph Schmitt. Münster u.a. (=Rostocker Beiträge zur Volkskunde und Kulturgeschichte 1.) 357–69.

Roskoff, Gustav (1991): Geschichte des Teufels. Eine kulturhistorische Satanologie von den Anfängen bis ins 18. Jahrhundert. Bd. 2. Ungekürzte Ausg., unveränd. Nachdr. der Ausg. Leipzig, Brockhaus, 1869. Frankfurt/Main, Berlin.

Ruckert, Alois (1902): Unterfränkische Mundart. Beiträge zu einer Sammlung von Ausdrücken, Redensarten und Sprichwörtern in unterfränkischer Mundart. Würzburg.

Scharff, Thomas (1999): Auf der Suche nach der ‚Wahrheit‘. Zur Befragung von verdächtigen Personen durch mittelalterliche Inquisitoren. In: Esders, Stefan und Thomas Scharff (Hrsg.): Eid und Wahrheitssuche. Studien zu rechtlichen Befragungspraktiken in Mittelalter und früher Neuzeit. Frankfurt/Main u. a. (=Gesellschaft, Kultur und Schrift. Mediävistische Beiträge 7.) 139–162.

Schiller/Lübben: Schiller, Karl und August Lübben (1875–81): Mittelniederdeutsches Wörterbuch. 6 Bde. Bremen.

Schmeller, Johann Andreas (1872–77): Bayrisches Wörterbuch. 4. Neudruck der von G. Karl Frommann bearbeiteten 2. Ausgabe. München. 2 Bde. München, Wien 1983.

Schmidt-Wiegand, Ruth (1998): Urkundensprache. In: HRG, Bd. 5, 593–602.

Schormann, Gerhard (1996): Hexenprozesse in Deutschland. 3., durchgesehene Aufl. Göttingen.

Schumacher, Meinolf (1999): ‚Weinkauf' und ‚Lei(t)kauf' zwischen Rechtssprachgeographie, Mentalitätsgeschichte und Historischer Metaphorologie. In: Germanistische Linguistik 147/148 (1999), 411–25.

Schwäb. Wb: Fischer, Hermann (1904–1936): Schwäbisches Wörterbuch. 6 Bände. Tübingen.

Seemann, Otto (1886): Über einige Hexenprozesse im Stift Essen. In: Beiträge zur Geschichte von Stadt und Stift Essen, Heft 10. 111–13.

Seibicke, Wilfried (2002): Vornamen. 3., vollständig überarbeitete Auflage. Frankfurt/Main.

Seibicke, Wilfried (1996–2007): Historisches deutsches Vornamenbuch. 5 Bände. Berlin, New York.

Sellert, Wolfgang (1997): Gewohnheit, Formalismus und Rechtsritual im Verhältnis zur Steuerung sozialen Verhaltens durch gesatztes Recht. In: Duchardt, Heinz und Gert Melville (Hrsg.): Im Spannungsfeld von Recht und Ritual. Soziale Kommunikation in Mittelalter und Früher Neuzeit. Köln, Weimar, Wien. 29–47.

Sellert, W. (1971): Gottespfennig, Gottesheller. In: HRG Bd. 1: 1766–1769.

Simon, Irmgard (1996): *Düüker, Droos, Budde, Klaonenkaser, Belzebuck* … Über niederdeutsche Teufelsnamen und ihre Verwendung. In: Niederdeutsches Wort 36, 107–133.

Spáčilová, Libuše (2000): Das Frühneuhochdeutsche in der Olmützer Stadtkanzlei. Eine textsortengeschichtliche Untersuchung unter linguistischem Aspekt. Berlin. (=Germanistische Arbeiten zur Sprachgeschichte 1.)

Spicker-Beck, Monika (1995): Räuber, Mordbrenner, umschweifendes Gesinde. Zur Kriminalität im 16. Jahrhundert. Freiburg.

Stellmacher, Dieter (Hrsg.) (1965–95): Niedersächsisches Wörterbuch. 4 Bde. Neumünster.

Stumpfl, R. (1930): Schauspielmaske des Mittelalters und der Renaissancezeit. Berlin. (=Schriften der Gesellschaft für Theatergeschichte 41.)

Thurmair, Maria (1989): Modalpartikeln und ihre Kombinationen. Tübingen.

Topalović, Elvira (2007): „O du herzlieber schaz wie geschicht meinem herz". Mündlichkeit und Schriftlichkeit in historischen Geheimbriefen und Verhörprotokollen. In: Elspaß, Stephan (Hrsg.): Neue Sprachgeschichte(n). Themenheft der Zeitschrift „Der Deutschunterricht". Heft 3/07. 29–42.

Topalović, Elvira (2004): „Ick kike in die Stern vndt versake Gott den herrn". Versprachlichung des Teufelspaktes in westfälischen Verhörprotokollen des 16./17. Jahrhunderts. In: Augustin Wibbelt-Gesellschaft. Jahrbuch 20, 69–86.

Topalović, Elvira (2003a): Sprachwahl – Textsorte – Dialogstruktur. Zu Verhörprotokollen aus Hexenprozessen des 17. Jahrhunderts. Trier.

Topalović, Elvira (2003b): Konstruierte Wirklichkeit. Ein quellenkritischer Diskurs zur Textsorte Verhörprotokoll im 17. Jahrhundert. In: Moeller/Schmidt (Hrsg.) (2003), 56–76.

Topalović, Elvira (2003c): Zwischen Nähe und Distanz. Vertextungstraditionen im Osnabrück der Frühen Neuzeit. In: Niederdeutsches Jahrbuch 2003, 53–83.

Topalović, Elvira und Iris Hille (2007): Perspektivierung von Wirklichkeit(en) im Hexenprozess. Geheimbrief und Verhörprotokolle im Vergleich. In: historicum.net. URL: http://www.historicum.net/themen/hexenforschung/thementexte/unterrichtsmaterialien/hille/ [Stand: 28.08.2009]

Verwijs, E. und Verdam, J. (1885–1941): Middelnederlandsch Woordenboek. 's-Gravenhage.

Vismann, Cornelia (2001): Akten. Medientechnik und Recht. 2. Aufl. Frankfurt/Main.

Wasserzieher, Ernst (1979): Hans und Grete. 2500 Vornamen erklärt. 19., durchgesehene Auflage. Bonn.

Wegera, Klaus-Peter (1991): Textsorten des Frühneuhochdeutschen. Zur Typologie der Literatur des 14.–16. Jahrhunderts. In: Germanistik II (1991), 163–92.

Wegera, Klaus-Peter und Heinz-Peter Prell (2000): Wortbildung des Frühneuhochdeutschen. In: HSK 2.2, 1594–1605.

Wellmann, Hans (1985): Aus Anlaß einer Feier. Grammatische Halbelemente im Umfeld der Präpositionen. In: Koller, Erwin und Hans Moser (Hrsg.): Studien zur deutschen Grammatik. Johannes Erben zum 60. Geburtstag. Innsbruck. (=Innsbrucker Beiträge zur Kulturwissenschaft. Germanistische Reihe 25.) 375–93.

Wiesinger, Peter (1983): Die Einteilung der deutschen Dialekte. In: HSK 1.2 (1983), 807–900.

Wilke, Anja (2006): Redewiedergabe in frühneuzeitlichen Hexenprozessakten. Ein Beitrag zur Geschichte der Modusverwendung im Deutschen. Berlin/New York. (=Studia Linguistica Germanica 83.)

Wolf, Hans-Jürgen (1990): Hexenwahn. Hexen in Geschichte und Gegenwart. Herrsching.

Woordenboek der Nederlandsche Taal (1882ff.). 's-Gravenhage, Leiden.

Zelger, Renate (1996): Teufelsverträge. Märchen, Sage, Schwank, Legende im Spiegel der Rechtsgeschichte. Frankfurt/Main. (=Rechtshistorische Reihe 149.)

Zifonun, Gisela u. a. (1997): Grammatik der deutschen Sprache von Gisela Zifonun, Ludger Hoffmann, Bruno Strecker und Joachim Ballweg, Ursula Brauße, Eva Breindl, Ulrich Engel, Helmut Frosch, Ursula Hoberg, Klaus Vorderwülbecke. Berlin/New York. (=Schriften des Instituts für deutsche Sprache 7.1–7.3.)

Anhang

A Editorische Grundprinzipien

Die im Folgenden präsentierten Texte wurden gemäß den Transkriptionsrichtlinien in Kanzleisprache (2005) eingerichtet (vgl. XXII–XXIV). Dies erschien insofern als sinnvoll, als sich die vorliegende Arbeit in den gleichen Entstehungskontext, nämlich das Münsteraner DFG-Projekt zur Kanzleisprache der Frühen Neuzeit, einordnen lässt. Da sich die hier veröffentlichten Quellen gewissermaßen als Ergänzung zu den bereits publizierten Quellen des münsterschen Korpus verstehen, wurde ein weitgehend homogenes Erscheinungsbild angestrebt. Für einen schnellen Überblick seien hier die wichtigsten editorischen Grundprinzipien kurz angeführt:

1. Die Seiten werden zeilen-, jedoch nicht seitengetreu abgebildet. Seitenwechsel in der Vorlage werden durch die Angabe der Folio- oder Seitenzahl in eckigen Klammern gekennzeichnet. Im Original überlange Zeilen sind linksseitig eingerückt.
2. Marginalien werden, im Gegensatz zum Fließtext, nicht zeilengetreu wiedergegeben, wenn durch die zeilengetreue Wiedergabe das Layout beeinträchtigt wird.
3. Die Zeilenzählung dient in erster Linie als Orientierungshilfe. Aus diesem Grund werden Leerzeilen und überlange Zeilen mitgezählt.
4. Wörter, die in der Vorlage abweichend zur Normalschrift (Kanzleikursive) in Antiqua geschrieben sind, werden kursiv wiedergegeben, Wörter in Frakturschrift werden durch Sperrung markiert.
5. In Interpunktion und Orthographie der Originaltexte wird – soweit möglich – nicht eingegriffen. Ausnahme: Im Original nicht unterscheidbare Graphien für <I> und <J> werden nach heutiger Konvention wiedergegeben. Gleiches gilt für nicht unterscheidbare Groß- und Kleinschreibungen, und zwar insbesondere bei <Z/z> und <H/h>.
6. Abkürzungen werden in eckigen Klammern aufgelöst.
7. Zeitgenössische Klammern, Trenn- und Bindestriche werden zur heutigen Form vereinheitlicht.

Innerhalb der Texte gelten die folgenden Kennzeichnungen:

[2r], [7] Folio- oder Seitenangaben
[?] unsichere Lesart
[!] „Versehen" in der Vorlage
[xxx] Auflösung von Abkürzungen
[…] Auslassung
<…> unlesbare Stelle
⌈xxx⌉ marginale Ergänzung (an vorgesehener Stelle im Text eingefügt)
[INT]⌈xxx⌉ Interlineare Einfügung
|xxx+ Streichung
|…+ unlesbare Streichung

B Edition ausgewählter Quellen

B.1 Böblingen 1590

[1]
Actum .22ten *Aprilis* *A*[nn]*o* 1590.

Deputierte
Hanns Wolff von A..
D[octor] Osiander.
D[octor] Haug.

Es D[octor] Osiander das Meidlin erInnert, das es etwan hieuor sachen von Leüthen außgesagt, |vollgendts dasselbig+ ⌈welches sie nachmals⌉ widerruoffen, deroweg[en] solle sie die warheit anzeigen,

Zue Gerlingen seie |es In deß Meidlins hauß vur+ ein Schuchmacher gewesen ⌈welcher ein döchterlin gehabt⌉ gang[en], habe, seie sollich Meidlin In die keller ganng[en], das Agathlin seie mitgang[en]. habe die Schloß mit ainem höltzlin geöffnet, |sie+ vnnd das flaisch so sie genom[m]en, zunachts Kocht vnnd geessen, vnnd ainsmals In ainer nacht seie ainer khom[m]en In die Stuben habe der Mon geschinen, vnnd |gesagt+ der Mann gesagt ob sie |sein+ wollen sein, sein, sie gesagt Jha, habe er Iren gellt geb[en], so ein batz gewesen, an Pfennig vnd andern, waist doch nit wieuil ein batz Pfennig hat Zu Gerlingen habe Ir Mueter gewöllt das sie vff der Bönin ligen soll, Es sei Ir Buol der hanns zu Ir Inns beth geleg[en], Ir Muetter habe begert vnnd sie In die Stuben eingespert, sie soll ein reiffe

22 *batz*: Münze im Wert von 4 Kreuzern (= 16 Pfennigen), im 15./16. Jahrhundert in Süddeutschland sehr verbreitet.
25 *Bönin*: 'Bühne, Decke, Boden'; vgl. auch Zeile 44 *Binin*
28 *reiffe*: 'Reif, Rauhreif'

mach[en],
vnnd habe sie die ZimerAnna |wölle+
lernen wollen reiffen vnd reg[en] mach[en],
die Magdt Magdalena habe sie zwungen
das sie sagen soll, was sie könde,

[2]
die Magdt |hat+ wie auch die Muetter habe
etwan sie gefragdt Ob Ir kratz Aberlein [?]
abermalen bej Ir gewesen,
das Meidlin habe einsmals ein Par schuh zu
Gerling[en] Ins Schuhmachers haus trag[en],
alda sie zu des Schuhmachers döchterlin
|khom[m]en+ ⌈In⌉ khundtschafft kom[m]en,
Es hab sie Ir Magdt aus der Stub[en] gestoss[en]
seie sie vf die Binin gang[en], hab es gesehen das
|es+ ⌈etwas⌉ gar feurig gewes[en],
Sie seien die stieg[en] [INT] ⌈ainsmals⌉ leins |auff
vnd+ [INT] ⌈herab⌉ abgang[en],
nachdem sie |et+ gedanntzt [?],
|die+

No: Es ist sollich ageidlin In seinen reden eben vnbestendig, vnd laufft Ime In Vilem selbs zuwider. Allso das man nichtz gewiss vnd lautters, darauff man Ie endtlich füeß[en]vnd gehn mechte, daraus vernem[m]em khan.

Als die weiber zu Ir khom[m]en, habe sie der Böß
heißen vffstehn,
hab das gellt In ainem bletzlin gehn Bulach
getrag[en].
Der Böß |ha+ wan er zornig |gewes[en]+ [INT]
⌈worden⌉ sej er schwartz
geweßen,
Vatter
⌈Sein⌉ Magt, Maria so von Herenberg vnd 4
woch[en]
bej Ime gewesen, hab gesagt des Eßichs fraw
sej ein hex. weil |sie+ er sie ab[er] dorfür nit
halt hab er sie geurlaubt.

[3]
Verzeichnuß ettlicher Puncten
auff welche d[as] bewußte
Töchterlin, so hexenwerckhs

52 *bletzlin*: 'Tüchlein, Läppchen'

v[er]dacht, zubefrag[en] sein
möchte.

1. Wie lang sie solche sach[en] getriben.

2. Wie sie dazukommen, von wem vnnd *qua occasione* sie solches glehrnet, *et quo* <…>, *uel qua magistrâ* <…> *sit.*

3. *Quomodo hec tam diu potuerit celare suos Parentes.*

4. Ob sie auch bett[en] khönne, w[as] sie bette, vnnd wie offt, v[nd] ob es auch mit andacht geschehe.

5. *An coacta sit abiurare Deum, (*<…> *fidem dedit in Baptismete) et comunionem sanctor[um].*

6. *An credat in Christum Mundi Saluatorem qui nos e Diaboli faucibus recipuit.*

7. *An doleat se incidisse in istos Sathanæ laq[u]os: an cupiat inde liberari et saluari.*

8

[4]

8. W[as] Ir Buhle (von dem sie sage) für ein Namen gehabt; wie er geseh[en]; ob sie nicht ab Ime erschrockh[en]; w[as] er mit Ir gehandlet ⌈*An cum ipsa rem habuerit*⌉ warumb sie Iren Eltern solches nicht geklagt habe.

9. Ob sie an Jetzo rhu von Ime hab.

10. *An eos in faciem accusare uelit, quos impietatis sue socios et socias allegat.*

11. Wo, wann vnnd wie offt solche Personen zusamen kommen, w[as] sie beysamen gethan: woh[er] sie die Speysen,

so sie mitteinand[er] verzehret, zweg[en] gebracht. Vnnd ob sie auch mitt Inen gefahren sey.

12. Ob Ir nicht ettwa d[er]gleich[en] möchte getrawmet, od[er] sie d[er]gleich[en] sach[en] von and[er]n Leüt[en] gehöret, vnnd Ir selbigs also steiff eingebildet hab[e].

13. Ob sie nicht ettwa von bösen Leütten, angezogne Personen In d[er]gleich[en] beschwärlich[en] verdacht zu bring[en], informirt vnnd angwiß[en] word[en].

Dise Artickhel seind eins gut[en] Theyls (sonnd[er]lich da *ad speciem* geganng[en] wirt) auss Ires Vatters Bericht vnd Supplication gezog[en].

[5]

NB. Diß Töchterlin soll 13 Jahr alt sein ~.

Agathæ Wollhartin Bekhantnuß vnnd Antwort auff vorgesetzte *Interrogata*.

1 Auff d[as] erst Interrogatum ~ Es sey vngefahrlich zwey Jahr, d[as] sie es angefang[en], vnnd hab es getriben, biß sie vor wenig woch[en] Ires Vatters Magd solches eröffnet. Als sie gefragt word[en], ob sie ettwa nuhr schertzweis dergleich[en] Reden geg[en] der Magd getriben, sagt sie Nein, es sey Ir wahrlich ernst gweße.

2 Auff den andern Puncten ~ Sie hab es zu Gerling[en] vor zweyen Jahren von eines Schumachers Maidlin gelernet, Welches mit einem heltzlin die schloß auffthun können: sey daßelbig auff den Abend zu | Ire+ [INT] ⌈ Ir

106 *zweg[en]*: 'zuwege'
110 *getrawmet*: 'geträumt'
123 *Supplication*: 'Bittschrift, Gesuch'
142 *heltzlin*: 'Hölzlein, Stöckchen'

(Agatha) ⌉ kommen alß sie zu bett gehn wöllen, mit “ vermeldung, wann sie gerächt, wölle sie “ es Ir wid[er] sag[en]. Hatt aber von Ir (Agatha) nicht mög[en] gebracht werd[en], wie solche Red[en] zuuerstehn. Volgendts aber hab Jenes Maydlin ein keller mitt ein heltzlin geöffnet. Welches sie doch gar titubanter fürgebracht, vnnd nicht sag[en] wöllen, wo od[er] wann solches gescheh[en].

3. Auf die dritte frag. Sie hab nichts dörff[en] dauon sagen, dann |…+ [INT] ⌈Ir⌉ Buel hab Ir getrawet,

[6] getrawet, wo sie es sag, wöll er sie erstech[en].

4. Auff den 4t[en] Punct[en]. Sie khönne nichts bett[en] dann den glaub[en] vnnd d[as] Vatter Vnnser: hab auch morgens vnnd abents gebettet, Vnd sey Ime ernst dazu gweßt. Alß sie vom H[eyligen] Tauff gefragt, vnnd Ime d[er]selbig explicirt worden, sagt sie, d[as] sie solches nicht verstand[en], auch nicht gwußt, ob sie getaufft sey oder nicht. Findet sich aber, d[as] sie des Catechismi vnnd gebetts wenig geachtet: dara[n] villeicht die Eltern nicht wenig schuldig sein möcht[en].

5. Auff den fünffte Puncten ~ Es sey Ir dergleichen nie zugemuttet worden.

6. Auff den Söchsten ~ sie verstehe es nicht, Ist Ir explicirt worden, welchs Ir, wie vns bedunckht, nicht sonderlich zu hertz[en] gang[en].

---

151 *titubanter*: ‘schwankend, zweifelhaft, unbeständig’

157 *getrawet*: ‘gedroht’

7. Auff d[as] Sibend Fragstuckh ~ Es sey Ir nicht leyd, reüe sie auch nicht, d[as] sie mitt dem Teüffel zu schaff[en] gehabt. Doch begere sie seiner ledig zu werd[en]. Ist Ir angezeigt word[en], was diss für ein greüliche sünd ~ hatt enttlich gesagt, sie möcht leyden, es wer nicht gescheh[en].

Auff

[7]

8. Auff d[as] Achte Interrogatum ~ Ir Buhle heiss Hanns, sey gar schwartz, welches sie geseh[en], wann die Leed[en] off[en] gestand[en], vnnd der Mohn geschinen: sey nicht wenig ob Ime erschrockh[en]. Er hab zu Ir gsagt, wann sie sein wölle sein, wöll er Ir gelt geben, hab Ir auch ein batz[en] geben, [INT] ⌈welchs⌉ khein gellt oder müntz gewes[en].

Der Zeitt, wann solches gescheh[en], wiße sie sich nicht mehr zuerinnern.

Es sey auch solcher Ir Buhle ein mahl od[er] zwey bey Ir In Irem bett, Vnnd auff Ir geleg[en], sey gar kalt; hab Ir ab[er] nichts gethan dann d[as] er sie gekhußt.

Warumb sie es Iren Eltern nicht gekhlagt, ist droben bey dem dritt[en] fragstuckh vermeldet word[en].

9. Auff den Neüntten Puncten ~ sie hab an Jetzo gutte Rhu vor Ime, weyl sie nicht mehr zu Bulach, sond[er] bey Irer Schwester, die ein Küefferknecht hatt zu Herrenberg.

10. Auff die zehende Frag ~ Sie wöll es denen Leütten von Bulach p[erge] so auff Ires Vatters Bihne zu Ir kommen, vnnd[er] aug[en]

195 *Leed[en]*: '(Fenster-)Läden'; *Mohn:* 'Mond'

214 *Küefferknecht*: 'Küfer-, Böttcher-, Fassbinderknecht'

sag[en], es khomme hin, wo es wöll. Dann
sie könne nicht anderst sag[en]. Vnnd ⌈(auff vilfeltigs
vnd ernstlichs v[er]manen)⌉ sie
thue niemand hierinnen vnrecht.

Auff

[8]

11. Auff d[as] Eylffte Interrogatum ~ Es seyen
die Personen, deren In der Supplication
meldung geschicht, ettwa vber die ander nacht
auff Ires Vatters Bihne zusamen kommen,
haben allda |von+ (ehe sie zusamen gesess[en]) ein
Tantz gehalten, dazu d[as] knappen kheterlin die
maultrummen gschlagen, darauff seyen sie
zusamen gesess[en] auff dem bod[en], vnnd haben
gebrattens vnnd sonst fleisch, ettwa auch nuhr
kraut gehabt: vnnd weylens brott, ab[er] nicht
allweg[en]. Hatt auch anfangs gemeldet, d[as]
sie saltz dabey ghabt, solches ab[er] bald her-
nach wid[er]ruff[en].
Den wein hab der Stattknecht, d[er]
auch In Irer Company, auss der Göttz[en] keller
gebracht. Wo d[as] ander her kommen, wiss
sie nicht. dess[en] hab sie sich gleichwol zuer-
innern, d[as] die weyb[er] gesagt, sie hab[en]
die Braten gestohlen.
Auff dem bod[en], nicht an eim Tisch hab[en]
sie geess[en], vnnd nicht auss Bechern oder
glesern, sond[er] auss kantt[en] getrunckh[en].
wo ab[er] selbige herkhommen, hat sie nicht
sag[en] wöllen. Vnd hab solch zech[en] vnd
Tantz[en] gewehrt
gemeinlich biß vmb <…> ⌈Eylff⌉ vhr in d[er]
Nacht.
Nach essens haben sie wid[er]umb getantzt,
vnnd hab Ir Buhle vnnd d[er] Stattknecht
auch ein Tantz mitt Ir gethan.
Alss sie gefragt word[en], wie sie ab[er]

---

236 *weylens*: 'zuweilen'
237 *allweg[en]*: 'immer'
248 *kantt[en]*: 'Kannen; Weingeschirr'

zusamen kommen, hat sie geanttworttet, sie seyen auff gablen, die sie mit einer schwartz[en]

[9]
schwartz[en] salben geschmirt, zu dem laden auss vnnd eingefahren, vnnd sie sey auch ein mahl oder zwey daselbst[en] auss vnnd eingefahren.
Hernach ab[er] hatt sie ettw[as] anderst hieuon red[en] wöllen, nemlich d[as] solche Ir gesellschafft |zu+ ⌈durch⌉ ein Loch In Ires Vatters hause hinein geschlupfft.

12. Auff die zwelffte Frag ~ sie wiße wol d[as] Ir solches nicht getraumet od[er] sie Ir solches ver-gebenlich eingebildet habe: sond[er] es sey alles In der warheit also beschaff[en].

13. Auff d[as] Dreyzehend Fragstuckh ~ anttworttet sie rund, Nein.

⌈Es hatt diß Meydlin zimlich keckh, auch zuletst indigna-bunde vnnd ettw[as] trotzig respondirt: auch zum weynen sich nicht beweg[en] lass[en], man hab Ime zuge-sproch[en], wie man wölle. Ist ein schön, lustig vnnd holdselig Töchterlin ~ ⌉

Ist hierauff d[as] Meydlin nach gebür-licher Erinnerung wid[er]umb dimittirt word[en].

282 *indignabunde*: ‘unwirsch, unleidlich’

B.2 Eschbach 1630

[74r]

Vrgicht Vnd Bekandtnus
Christine Gassenschmidin, des Martin
Hemaues Im Eschbach Ehefrawen, vnd was
Sie den 20.[ten] vnd 22.[ten] 8bris dis 1630.[ten]
Jahrs, so guet- so peünlich bekandt,
vnd Ausgesagdt.

1. Christine Gassenschmidin, Ires Alters, Ohngefehr Dreissig Sieben Jahr, sagdt erstens wahr sein, das Martin Hemauwes, Ir Ehemann vor 11 Jahren Im Früeling, nach Osteren, Im hinderen Eschbach Im wirtzhauß gezecht habe, vnd weillen Er gegen Abendt nicht haimb khumen wöllen, Sie <...> nach bethzeyt Ihn darauß ab [INT] ⌈zu⌉ hollen ausgangen seye; vnd als Sie vff des Schneider Hansen Garten khommen, begegne Iren, wie Sie vermainte Ir Ehewürth vnd begere gleich von Iren, Sie solle seines willens pflegen, oder Er wölle sonsten mit Iren nit haimb gehen, vnd obgleichwollen Sie diser sach woll hete mögen geübriget sein, so habe Jedoch Sie seinem begehren ⌈ein genüegen⌉ gethan, vnd Ihme beym Hag, am Pfad, den beyschlaff zugwössen, auch gleichmals befunden, das es nicht recht zugehe, neben dem das dise Manspersonn nach verrichtem handell, zu Iren gesagdt, Sie möge jetzt hingehen wo Sie wolle, seye also Ir Pfad vortgangen, biß In das wurthshauß, alda Sie noch Iren rechten Mann gefunden, vnd haimbgeführt.

2. Vber Acht tag hernach, an einem Mitwochen, als Sie vmb halb Sieben, Zu Iren <...> In grundt gangen, seye Iren diser Leydige verführer widerumben vff den hinderen Garten In weissen <...> [INT] ⌈an⌉ gethan begegnet, vnd habe sich gleich zu erkhennen geben, das Er [INT] ⌈der⌉ Jenig wehre Sie Neülichen vff das Schneider hansen Garten beschlaffen, vnd begehert Sie solle Gott vnd alle Liebe Heylligen verleignen, vnd als Sie dises nicht thuen wöllen sey Er in Abscheulicher formb für Sie gestanden, vnd habe nach

[74v]

Iren grüffen, doch nicht berürdt auch gesagt, Er weichte nit von Iren, wofern Sie es nicht thun werde, wolle Er Sie verreißen, vnd verzehren.

3. Also habe Sie darauff Leider Gottes vnd aller Lieben Heilligen verleignett, vnd abgesagdt, vnd disen bösen gäist anzuhangen, vnd In

16 *Ehewürth*: 'Ehewirt, Ehemann'

allem hinfüro zugehorsammen versprochen, Darüber Er wider von Iren Entwichen, vnd Sie Iren weg auch weiters fortgangen.

4. Gleich In der nechsten wochen hernach, habe Sie mit disem gesellen auff des Meyers Ackher Im Eschbach, Ob dem Hauß zu nacht Hochzeytt halten Müessen, gestalten, dan Er Iren es Abendts, wie Sie vsm grundt haimbgegangen, zwischen Irer Scheüeren, Vnd Martin Gantzen hauß, am Stein, der durch das Pfadt gehedt, anzeigdt, auch befollen, Sie solle bis zu gedachtes Meyers hauß herüb gehen, werde daselbsten noch andere geferten antreffen, das habe Sie gethan, vnd alda ein gute Compagnie gefunden, mitt der[er]

Sie ⌈vff⌉ ein Weisbaum In 1000 teüffell nammen geseßen, vnd vff be<…> Platz, neben Irem Bösen, so vorhergeseßen, gefahren.

5. Vnd wie Sie herauff khommen, seyen eben zwey weibs- und zwey Mannspersonnen daneben gwest, die bereiths gessen, vnd thrunckhen, zu dennen Sie sich gesetzt; Ir böser gäist oben, Sie neben Ihm: was Sie darbey versucht, seye Iren alles gar vngeschmakht, gewesen.

6. Weyllen den dise versamblung wegen Irer Hochzeytt beschehen, als haben Michell Andereß Im Eschbach, Sie vnd Iren bösen am tisch mit einanderen Vermehelt, vnd erstens Sie beyde ein anderen heissen die händt geben, hernacher gesagdt Er geb Sie zusammen, Ins teuffells Nammen, Sie Christine müeste ein mahll sein weib sein, biß in Ewigkheitt, vnd thuen was Er, nit Gott wölle, das Sie Inen Newendingen [?] versprochen. Darüber Sie noch ein weill gezecht: hernacher widerumben vffm Weysbaum, biß zu Meher gedachter Meyers hoff gefahren.

[75r]

7. Nach dem Sie nuhn Abgeständen [?], habe diser böß Sie biß vff das Claus Eckmans Garten bekleydedt, vnd aldo als die vnzucht mit Iren getrieben, auch gesagdt Er heise Denkh, mit seinem Nammen.

8. Er habe Ir auch damahllen ein Weisgeschelten höslinen Steckhen, vnd ein Pulffer in einem höltznen püxlin geben, vnd gesagdt, Sie solle darmit In seinem Nammen Leüthen vnd Vieh, was Er Sie heisen werde, schaden zuefüegen.

9. Vff Ermeltem Weysbaum, seye Sie so offt Sie hab ausfahren müessen, alle zeit

80 *bekleydedt*: 'begleitet'

86 *püxlin*: 'Döschen'

gesessen, vnd darauff erstens vff den Candell vier mahll in allen gereist [?] das erste mahll vor 9 oder Mehr Jahren, Im Spödling zu einem dantz am heüberen tag das andermahll vor Siben Jahren früelings zeytt an einem Vormitag, zu einem Hagel der starckh vber S. Peter, vnd Rohr |gangen+ ausgangen, vnd aber mehr In Wildem Feldt, als angelläembdten Äckhern schaden gethan, das drite mahll vor vier Jahren, Herbstzeytt, alda Sie habe helffen Nebell, vnd Schneckhen machen, allent-halben In den thällern die Sömmen abzufressen. Das Leste vnd vierdte mahll vor einem Vüerdell Jahr, nachts zu einer Zech vnd dantz gefahren.

10. Item vff des Michell Anderesen aber seye Sie drey mahll gewesen das erste mahll zwischen dreyen vnd vier Jahren früelings zeytt, bey einem Hagell, so vber die <…> hinauf büs Wildh- vnd Gloderthall geschikt worden die Sommen vnnd bluest zu verderben, habe grossen schaden in they [?] Orthen gethann. Das ander vnd drite mahll alle zeyt zu einem dantz allein khommen.

11. Item Im Scheuer wäldelin ist Sie zwey mahll erstens vor drei |mahll+ Jahr Sommers Zeit, bey einem dantz allein, das andermahl vmb Jacobi nechsthen, bey einem dantz, vnd wied[er] so zu abwerffung des |blüsts+ Obst vnd ⌈blüsts an⌉ Sommer-fruchten gemacht worden ⌈getan sein⌉ habe wenig schaden gethan.

12. Item Im <…> Ein mahllen, vor zwey Jahren in [INT] ⌈…⌉ zu einem dantz khömmen.

13. Mit vorgeregdtem stöckhlin, so Sie von Irem Buhllteüffell empfangen, habe Sie vor Sechs oder mehr Jahren, Wintters Zeytt Claus Eckmann ein grauwe weisliche gaiß hinder seiner scheüeren an den Hänsen fressend, In Ires Buhl teuffells Nammen mit Irem stukhlin geschlagen, das Sie kranckh, vnd darumben gemetzget worden.

[75v]

14. Dem Michell Andersen Im Eschbach, habe Sie vor fünff oder Sechs Jahren Im

---

101 *Sömmen*: 'Getreidesaat'

109 *bluest*: 'Blüte'

beysein, sein, vnd seiner frawen, ein zwey Jährige Rote Zuchtkalbellen, vor dem hauß mit Irem weisen steckhen helffen schlagen: das Sie gestorben.

15. Dem Hanß Schäffer Im Eschbach, habe Sie vor zwey Jahren zu Morgen früe, mit einem Rüetlin, das Iren der böß, In deme Sie auß des Hallers haus alda Sie habs gefordert, herabgangen In seinem Stall helffen schlagen, darvon es ausgeserbet.

16. Hanß Schneideren Im Eschbach, habe Sie vor Sieben, oder Acht Jahren In deme Sie In die Müllin Weisbrott zu hollen gangen, ein Schaff, vff seinem Ackher, gegen Michell Andersen guth hinüber, mit dem <...> In Ires buhll teüffells Nammen |geschlossen+ gestossen das es Auch serben Müsen.

17. Catharina |...+ [INT]⌈Cätenerin⌉ von S. Peter habe Sie ohngefehr vor vier Jahren, weyllen Sie beym Hans Schrein Im Eschbach gedient, Vrsachen Sie gar Vbellmächtig, beneben Ir die Christinen <...> verfüeren, auch Maß vnd Ordnung geben wöllen, In Ires buhll Teüffells Nammen angeblassen, das Sie lang serbendt herumben gangen, entlichen bey einschleichung der bösen sucht, gar gestorben.

18. Einem Knecht, Martin genandt, so bey Iren gedient, sonsten zu Oberrieth gebürthig, habe Sie Vrsachen Er vnder weyllen was vnwillig, vnd gehorsam gewesen, In dem Sie In habe heisen zum tisch gehen In Ires bull teüffells Nammen an ein handt griffen, das Er seher kranckh daran worden, demenach vnd aber Er Sie vmb hilff, vnd rath angesprochen, habe Sie Ihme ethliche kräuter gesucht, solche gesotten, vnd In dem selben Ihme die händt geweschen, auch darvon Vbergebunden das [INT]⌈Er⌉ Innerhalb drey wochen, daran wider - ganz ge sundt worden.

19. Item Ires gedenckhens möchte Sie Ir Buhll teüffell vff das nacht zehen mahll beschlaffen haben; zweiffle aber nicht wenn Sie nit so beständig Schwanger wehre gewesen, auch sonsten Ir beschwerliches anligen nicht gehabdt, Er habe an Iren Vil mehr seinen Mutwillen Volbracht, auch sonsten Sie zu anderem Bösen

134 *Zuchtkalbellen*: 'Zuchtkalb'; gemeint ist eine Färse, also ein junges weibliches Kalb, das noch nicht gekalbt hat.

141 *ausgeserbet*: 'dahingesiecht, gestorben'; vgl. Zeile 118 *serben* 'siechen'

braucht, In massen Er dan Iren nit nur ein mahll deswegen starckh |…+ getrawet.

[76r]

20. Endtlichen bekandt Sie auch wahr sein, das Sie von Zeytt an Irer Irrefoehrung |der <…> leib vnd bluth Jesu Christi vnsers herrn, vnd Selligmachers+ [INT]⌈so offt Sie zugegen [?], die Heilige Hostien⌉ niemahllen aus anstifftung Ires Buhllen habe genossen, sond[er] alzeyt |die H[eilige] Hostien+ [INT]⌈dieselbe⌉ wider mit einem tüchlin aus dem Mundt heimlich gezogen, also das Sie dan in die 14 zusammen gebracht, welche Sie vor acht wochen In einem Lümplin eingebunden, zu kirchzarten In den Öhlberg hinein hinder den Mittleren Apostell verborgen habe.

Dise vorgeschriebene 20 Articull hatt Christine Gassenschmidin nach dem Iren solche den 9 [ten] 9bris dis 1630 [ten] Jahres, Im Schloß Ebnett In dem Sommerhauß aller banden Frey vff einem stull sitzendt vorgelessen worden mit words Ja wahr zu sein bekandt, vnd wehre alß gezeügen darbey Caspar Köbele der Vogdt zu Ebnett, Hanns Heintz, Hans Mergen, Sinen Jacob, Georg Haünlin, Conradt Linden Georg Köferen [?],

B.3 Grünberg 1663

[35]

N[umero]: 10

|: Anna Glichin :|

Waß vom Gerichtsfrohn, der Christoff Hampin Halber alß Sie todt verbrennet, abgelesen word[en].

Anno 1663 den 5. *Novembris*, ist folgends durch den frohnen, auf offentlichem Marckte abgelesen, vndt die Anna Glichin oder Hampin genandt bey der Gerichtsstatt, todt mit sambt Ihrer Hexensalbe, alß *confessa & convicta* laut vrthel *sub* *N*[umero] 65 verbrennet worden.

Kundt vndt zue wißen Sey in krafft dieses Jeder Männiglichen, daß Anna Glichin, sonst die Christoff Hampin genandt, so eine Zeitlang sich alhier bey dieser Stadt aufgehalten, vnndt vorhin zue Scherttendorff wie auch in Pohlen gewohnet, sonst aber von Nieteritz auß der Herrschafft Warttenberg gebürtig; Nach dehme Sie von dreyen vnterschiedlichen Personen der Hexer- vnndt Zauberey bezüchtiget, vndt zwar anfangs güttlichen Nichtes zu gestehen wollen; doch aber bey der durch vrtel vnndt recht, Peinlichen mit Ihr vorgenommen, Frage,

[36]

Endlichen auch güttlichen, Ihr grausames vnChristliches laster vnnd böse thaten, In vnd Außerhalb der *tortur* bestendig bekennet, vnd Ausgesaget, Hierauff aber gestern Morgen den 4. *Novembris* im gefängnüs auf Ihrem Lager Todt, vndt sonder zweifel weilen Sie bekennet, daß Ihr Teuffel seinen sitz im Halse hätte, vom Teuffel erwürget vnndt erstecket, vnndt also Ihr Halß gantz wackelnde vndt würgend gefunden word[en]. Wann Sie dann vors Erste bekennet, daß

37 *erstecket*: 'erstickt'

Sie deß Lasters der Hexer- vndt Zauberey schuldig, vndt vor zehen vndt wohl mehr Jahren hero, Jährlichen, den Abend vor Philippi vndt Jacobi mit Ihrer Lehrmeistern der H a n u l e n zue Pferde auf dem Blocksberge gewesen sey. Vors ander bekennet, daß Sie daselbst mit einem Teuffel, welcher einem Jungen Pauer knechte, sonsten aber gar schwartz bekleidet, vnd in seinem angesichte

[37]
gleich wie schwartz berähmet vndt ohne Bart gewesen, ein solch verbündtnüß mit Ihme gemachet, vnndt aufgerichtet, daß Er Ihr zwar geldt zu bringen versprochen; Sie aber Ihme Hingegen Ihre Seele zusagen, vndt dabey den Christlichen Glauben, die Hey[ligen] *Sacramenta*, v[ndt] den Bundt der Hey[ligen] Tauffe schmähen vndt verläugnen müßen, Mit welchem Sie zu vier vnterschiedlichen [INT]⌈mahlen⌉, bey tage, auch wann Ihr Mann nicht daheime, übernatürliche vnzucht getrieben; Drittens hat sie bekennet, wenn Sie Jährlichen auf dem blogsberge auf Ihrem Pferde gefahren, Sie sich zu vorhero mit Hexensalbe geschmieret, auch bekennet, daß Sie dergleichen Hexensalbe von einer *materi*, so Ihr die dorff Türckin von Ihrem eigenen selbst ertödteten vngetaufften kinde oder knaben gegeben, selbst zugerichtet vndt noch ein theil vnterschiedlicher Art in der alten Grütznerin keller, an angezaigtem Ohrte, stehen hette,

[38]
(welche auch gefunden, vndt Hiermit Jedermänniglichen vorgezeiget wirdt) Mit welcher Salbe Sie viel baume verterbet, raupen vndt ander vnziefer gemacht hette, welche die fruchtbare bäume den stumpen bösen gleich abgefreßen hetten.

---

52 *berähmet*: 'berußt, beschmutzt'

Vierdtens, weilen Sie nebst andern auch bekennet, das Sie Matz Scholtzen zue Scherttendorff, welcher bereits mit den seinigen gestorben, eine kuhe verterbet hat. Vndt dannenhero Ihme grausamb Laster der Zauber- vndt Hexerey ihr teuffels verbündnüß vndt andere Zauberische thaten erweißlich gennugsam, auch ihre teuffels vndt Hexensalbe gegenwertig vnd Männiglichen vorzuzeig[en] ist. Alß soll dieser Zäuberischen verzweifelten Anna Glichin Leib zusambt dieser gegenwertigen Ihrer Hexe Salben draußen bey der Gerichtsstatt vndt Galgen, offentlich nach allgemeinen Kayser[lichen] Rechten, durchs feuer zu staub vndt aschen verbrennet werden, von rechtswegen.

[39]

N[umero]: 11.

Ingleichen auch waß wegen der Alten Vllman vndt Stauderten Halber, alß Sie Todt verbrennet abgelesen worden vom Gerichtsfrohnen.

Anno 1663 den 8. *Novembris* Ist folgendes durch den frohnen auf offentlichem Marckte abgelesen vndt Sabina Graßin, wie auchen Anna Neumannin, weil Sie den 6. *Novemb*[ris] zuvor im gefängnüs verrecket, beim Gerichte oder Galgen alß *confessa*, besage vrthel *sub* *N*[umero]: 65 verbrennet worden.

Kundt vndt zu wißen, sey in krafft dieses Jedermänniglichen, daß Sabina Graßin oder Alte vlmannin, so wohl alß die Anna Neumannin, Nach dehme Sie von vnterschiedenen Pershonen, der Hexer- vndt Zauberey bezüchtiget, Vnndt zwar Anfangs beyderseits Güttlichen nichts zu gestehen wollen, doch aber bey der, durch vrthel vndt recht, Peinlichen mit Ihr vorgenommen, Frage vndt endlichen auch Güttlichen, Ihr grausames vnChristliches Laster vndt böse thaten, beständig bekennet, v[ndt] ausgesaget,

[40]

Hierauf aber Gestern vndt langer alß drey tage nach der Peinlichen frage alle Beyde auf dem Lager einen wiewohl fast nicht natürlichen Todt erhalten. Indem die Sabina Graßin In vndt Außerhalb der *Tortur* bekennet, daß Sie deß grausamen Lasters der Hexer- vndt Zauberey schuldig, vndt vor zehen vndt wohl mehr Jahren hero, wie auch Jährlich[en] dann nebst andern Hexen, bey der ziegelscheuer vndt aufm blocksberge gewesen sey? Hette auch mit dem Teuffel ein verbündnüs gemachet, welcher Ihr einen [thaler] [?]: Sie aber Ihme Hingegen einen Nelckenkrantz vndt dabey Ihme Ihr leib vndt seele zusagen müßen. Ferner hat Anna Neumannin ebenermaßen bekant, daß Sie der Hexer- vndt Zauberey schuldig vndt gleicher gestaldt vor zehen vndt wohl mehr Jahren, mit der Ofenkrücken Nach dehme die Hanulen Sie mit Hexensalbe auf der stirne vndt brust geschmieret, auf den blogsberg gefahren, von welcher Hexen salbe Sie noch etwas draußen, unter den

[41]

Kirschbäumen verborgen hette, so aber noch nicht gefunden werden können, Weiters hat Sie bekandt, daß Sie aldort auf dem blocksberge mit einem Geist oder Teuffel, welcher Hanßel geheißen, vndt in gestalt eines Pauren gewesen, sich in ein solch verbündnüs eingelaßen, daß Er Ihr versprochen, Es solte Ihr nichtes mangeln, Sie hette aber Ihme Ihre Seele zusagen, vndt darauf die Handt geben müßen, auch sich hernach mit Ihme, alß auch einmahls im felde übernatürlicher weise fleischlichen vermischet, deßen Natur gar kalt, vnd Ihr darauf iederzeit sehr übel gewesen. Endlich nebst andern auch mehr bekandt, daß Sie der vorigen Hoffmannin in der Crampe auch eine kuhe verterbet, dieser grausamen bekanten Laster der Zauberey, Teuffelsverbünd- vndt solcher bösen begunsten [?] vndt be-

141 *Ofenkrücken*: 'Schürhaken'

kandten Mißethaten halber, sollen dero Zauberischer Leiber draußen bey der Gerichtsstatt vndt Galgen offentlich, nach allgemeinen kayser[lichen] rechten durchs feur zu staub vnd aschen verbrennet werden, von rechtswegen.

B.4 Ingolstadt 1618

[1]
Auf Heündt dato .22t[en] *Maij a*[nn]*o p*[erge] 618.
In beysein Fer[ner] [?] de[rer] in Bayen [?] ver-
ordneten Räthe, der Edl Hochgelerth
vnd Veesten Herrn Veith Schol[er] beed[er]
Recht[en] doct[oren] Johann Femeln,
vnd Eüstachii Freymann, |Aller+
|<...>de[rer] Räthe+ zu Ingolstadt.
Ist Alexand[er] des Soldaten Lorentz
Niclaßen Sohne, in d[er] Schergen
Fragstuckh -stuben ⌈auf beyliegende Fragstuckh⌉ examinirt word[en]
|wie volgt+ [INT]⌈der hat bekhannt wie volgt.⌉

No.
.1. Sagt [INT]⌈Anfangs⌉ khönn nit Ausfahren. Jedoch
hernach bekhenntt [INT]⌈ja⌉ er, khönn auß-
fahren.

.2. |Der Lüppel habe Ins gelernth, vnd
Auch sein Philippls Mutter.+
Sein Mutter habe Ihme das Auß
fahren gelernth, sej d[er] Philippl Mauen [?]
vnd sein Mutt[er] ⌈wie Auch die helena, sein Schweßt[er],
die weberin⌉ darbej gewes[en]
sey bej d[er] Nacht, in seinem hauß be-
schehen,

.3. Hab ein griene Salben zum Ausfahr[en]
gebraucht, vnd solche An die Gabl
gestrich[en], nichts darzu gesagt, [INT]⌈die salbe⌉
hab schändtlich geschmäckht, ⌈zum außfaren hab sag[en]
mussen, hej Aus vnd nirgent An, in d[er] Kuch[en]
ist ein brett, stett ein Mott darauf, wenn Ich
Ausfahre bacht mir mein Mutt[er] Küchel, vnd *as*
|...+ [INT]⌈*ante*⌉ *cœlis, sunt properum* vnd hab die gabl

---

10 *Schergenstuben*: 'Gefängnis'

11 *auf beyliegende*: Die graue Hinterlegung kennzeichnet hier wie auch im Folgenden Korrekturen, die von einer fremden Hand nachträglich mit roter Tinte eingefügt wurden.

18 *Lüppel*: Kurzform von Philipp

zwisch[en] die füess genom[m]en, vnd dauon gefahren, hab im nit gefürchtet.⌉

.4. Seine Mutt[er] habe Ime die Salbe gegeben, wiss ab[er] nit, who herr [INT]⌈solche⌉ sein Mutt[er] genom[m]en.

[2]

Fragst[uckh]

.5. Seye d[as] erste mahl in einen kheller gefahren, Als Pauls Schneid[er]s, sonst[en] Erlenmüllers, Gast gebens |sejen+ Sein Mutt[er], dann sein Schwest[er] Helena [INT]⌈It[em] d[er] Philippl vnd sein Mutt[er] dann⌉ |Item+ die Weberin, Verner die Hutterin bey dem Creützthor, Er sej auf d[er] Gassen bej |seinem+ ⌈des Philippels⌉ Haus Aufgesessen,

.6. Vmb .12 Vhr in d[er] nacht, im Som[m]er, |ge+ [INT]⌈vnd⌉ |schehen+ [INT]⌈wie⌉ vermaint sej bey einem Jhar, bescheh[en] vnd ⌈seien dazumal⌉ verpliben biß geg[en] dem tage, Alsdann wider heimgefahr[en], vnd Jedes bej seinem haus wid[er]umb Abgesessen.

.7. Sey |Mutt[er]+ sonsten niemandt dabey gewes[en]. allß obbemelte personen

.8. Haben |geessen vnd getrunckhen+ weis vnd schwartz brott |geessen+ Auch gesotten fleisch in einer Schüssl geessen, Vnd Wein Aus einer khan[n]den getrunckh[en], dene sein Mutter heraus gelassen, vnd hab[en] im Keller getanntzt.
Auf Anfrag[en] wer Inen [INT]⌈dazu⌉ geleücht? |vnd d[er] böß Geist hab Inen das Liecht

---

61 *Sey*: nachträglich korrigiert aus *Sein*
62 *obbemelte:* 'oben erwähnte'
66 *gesotten*: 'gekochtes'

gemacht, vnd ein Rörl in dem Maul gehabt, dardurch das Liecht gescheinet.+ Sein Mutt[er] hab, d[as] erst mahl das Liecht in Paul Schneid[er]s kheller durch ein Rörl geblassen, An einen khörtz[en], welche khörtz[en] sein Mutt[er] mit Ir genom[m]en vnd d[er] böß Geist, hab Inen geleicht, sey [INT]⌈aber⌉ | nach Inen khom[m]en+ [INT]⌈erst nach Inen dahin khom[m]en⌉

[3]
Auf Anfrag[en], wie er den bös[en] Geist gekhennet? Sagt | sej+ ⌈dieweil es⌉ ein lanng schwartz ding geweßen, vnd habe Lannge Hörner Auf dem Khopff gehabt, er d[er] böße hab auch Im keller gedanntzt, vnd | dieweil+ ⌈entzwischen⌉ sein Mutt[er] das liecht gehöbt, der böße habe An hen[n]dt vnd füessen spitzige Nägl gehabt, Seyen nit Lanng in dem keller gebliben,

Fragst[uckh] .9.
Die Salben habe er vntt[er] sein Bött-statt vnd | die Gabl in ein klein wünckhelein gestöckht+ so wol seiner Mutter vnd Schwestern Gabln, in die Kuch[en] gestölt, Aber zuuor mit einem hadern Abgewüscht, damit es der Vatt[er] nit mörkhe, das | sie+ [INT]⌈selbige⌉ geschmirbt geweßen seye, wann er etwan in die kuch[en] gehe, vnd seine Schuch schmirben thue./.

---

73 *Rörl*: 'Röhrchen'
80 *geleicht*: 'geleuchtet'
98 *Böttstatt*: 'Bettstatt, Bettstelle, Bett'
102 *Kuch[en]*: 'Küche'
103 *hadern*: 'Lappen, Fetzen, Lumpen'
107 *Schuch*: 'Schuhe'

.10. Seyen den And[er]en tag gleich her- nach widerumb Außgefahren, in einen Biehrkheller: bey |…+ der Bachmairin vber [INT]⌈so⌉ ein Eckh- hauß, geg[en] dem Creützthor zuegeleg[en].

.11. Die Schweitzerin Landtskhnechtin sej mitgefahren, Item die Roßl huetterin, Sein vnd des Lüpls Mutt[er], die Weberin, wie auch der Lüppl [INT]⌈selbst⌉ vnd sein Schwest[er] helena ⌈Verner die dauben Caspärlein⌉ Sein dazumahl bey d[er] Schweitzerin Landtskhnechtin so sy ge- holt, |Aufgesessen+, Auf d[er] Gassen bej dem |thor+ hoofthor |Am h+ Auf- gesessen.

⌈N. bleibt yber |beschehen+ starckhes zuesprech[en]ob er niemand vnrecht thue, auch bescheh[en] streich[en]mit der rutt[en] auff diser ussag bestendig⌉

[4]

Fragst[uckh]

.12. Sej sonst[en] niemandt dahin khom[m]en.

.13. Haben Biehr Alda getrunckh[en] welches |vnd+ Auß dem Faas die Weberin ⌈|solches+⌉ herauß gelassen, vnd schwartzes Brodt geessen, sej d[er] böß Geist Auch dabei geweßen, derselbe habe Inen durch das Rhörl ein Liecht An die khörtzen geblassen, solche khörtzen hab sein Muetter hergeben, |vnd+ [INT]⌈Denn sy⌉ dazumahl selbs khörtzen gedaucht vnd [INT]⌈zu⌉ viel gehabt, Auf Vernerzuprech[en], gibt er für, d[er] böß Geist hab ein schwartz ding gehabt, vnd gebeunen, Daruber weil er Alexand[er] *uarirt*, Ist er zum And[er]n mahl mit Rutt[en] wol *castigirt* word[en], bleibt [INT]⌈doch⌉ bestendig, das |es+ der böße Geist d[as] Liecht gemacht habe,

.14. Er sej wol in die 20 mahl Aus gefahren, ehr vnd dann man Ine eingelögt. |Alls vntt[er] And[er]m in des Schiestls *Sartorij* [?], It[em] Nadlers Auch Femels keller+

.15. In des Pauls Schneid[er]s keller sej er .2. od[er] .3. Mahl gewes[en], In dem Biehrkheller .2 mahl. In des Schiestls, od[er] *Sartorij* [?] .4 mahl. In Niclas Mairs keller .4 mahl. In des Femels keller .3 mahl. Sej sonst[en] in khein keller mehr ge-fahren Aber zum danntz für

[5]
für d[as] Thonauthor, zum wacht heüßl, in die .8. mahl.

.16. Sein obbemelte P[er]sohnen sambt d[er] Tauben Cäsperlein in Allen Kellern gewes[en] [INT]⌈It[em]⌉ sein auch sonsten noch zwey vnbekhantte weib[er] darzue khom[m]en, Aine in einem schwartz[en]: die And[er] in einem bloen Rockh, mit schwartz[en] Stockhhauben, |NB <…>+ |NB hat+ |NB+ |Bekand [?] d[as] er dißmal yber starkhes zuesprech[en] ob |er+ sonst[en] niemand dabey gewesen, weil[en] er heuer mehr weiber genannt, |auff+ andere nichts+

.17. Auf den Tanntz |blög[en]+ [INT]⌈blatz⌉ haben sie getanntzt, vnd einand[er] in die höhe aufgehöbt, Er hab mit seiner Schwest[er], wie auch d[er] Lüpl |damit+ ge danntzt, Die and[er]n mit dem böß[en] Geist, |gedanntzt+

158 *eingelögt*: 'in Haft genommen, ins Gefängnis gebracht'

Sey nur Ain böß[er] Geist bej solch[en]
danntz geweßen,
Er habe auch mit den weibern
gedanntzt ⌈vnd selbige nit Aufhöben khönnen, d[er] böß
Geist⌉sey schwartz ge-
khlaidt gewes[en], |…+ vnd habe
Die weiber gekhusst: |vnd+ vn-
zucht getriben, vnd gar
Auf dem Bod[en] zusam[m]en gelögt.

[6]
haben auch bej dem Tanntz ⌈Brott vnd Küchl⌉ geess[en]
vnd [INT]⌈Biehr⌉ getrunckh[en], |h+ Ein Jedwed[er]s
hab sein Brodt selbs mitpringen
müessen, Sein Mutter habe Ain
mahl Küchl mitbracht, die habe
sie gebach[en], Als d[er] Vatter nit da-
heimbs, sond[er] auf d[er] Wacht, |des+
⌈beim⌉ Creützthor gewesen, deßgleich[en]
Andere Weiber auch mit gebracht,
das Biehr haben sie bej dem |Lu+
vorgemelt[en] Breyen [?], Aus dem kell[er]
in eine grosse kupfferne Stützen
genom[m]en, welche Stützen seinen
Vatt[er] zugehörig. Sie haben auch

⌈bey dem tantz |habens+ ein Liecht
gehabt, sey ein braitt ⌈schwartz rings [?]⌉ ding
|vnd+ [INT]⌈ |gewesen+⌉
aber khein khörtzen |gehabt+ [INT]⌈gewesen⌉, zu
zeit[en] d[er]böß Geist, bißweil[en] die weiber
vnd Auch Er selbs Alexand[er] geleüchtet,
Ein Bub hans Gergl ⌈auf vnd Ins gemein Bärbel
Gergl genannt⌉ habe ein
höltzerne grosse Pfeiffen gehabt,
vnd zu danntz gemacht,
|Sein Mutt[er] habe+ Sy haben den

216 *Stützen*: größeres Gefäß

220 Die sehr lange Ergänzung zu Artikel 17 ist im Original nach Artikel 18 eingefügt. Sie ist durch ein Einfügungszeichen und eine gestrichelte Linie, die zum Ende von Artikel 17 führt, als Ergänzung kenntlich gemacht und erstreckt sich noch auf die nachfolgende Seite.

Buben |auch+ selbs zum dan[n]tz geholt,
er sej auch mit gefahr[en], vnd sein Alex-
and[er]s Mutt[er], habe Ime d[as] Ausfahr[en]
gelernth, vnd [INT] ⌈Er Georgl⌉ ein schwartz khlaidt
An-
gehabt, dessen Mutt[er] sej bej dem
GottsAckh[er] Innen [?], Neben einem Weib
so Auf der Steltzen geth, gefragt
word[en]

[7]
worden, obs des Bueben Mutt[er]
⌈gewüsst⌉ |Dass+ das derselbe mitgefahren,
Antwort er, d[er] Georgl habe
Ime gesagt, sein Mutt[er] hab ein
solches Innen word[en], er Aber
sej nichts destowenig[er] mitgefahr[en],⌉

[6]
18.
Wann sie von dem Tantz geschaid[en],
haben sich v[er]glichen, wann sie [INT] ⌈ |...+⌉ wid[er]
zusamen khomen wollen.

[7]

Fragst[uckh]
.19. Wann sie sein in die Keller gefahren,
habe sein Mutter ein Schlüssel gehabt,
vnd bej Pauls Schneid[er] Aufgethan,
die And[er]n weib[er] and[er]s who auf-
gespörth ⌈vnd haben⌉ |die händt Einand[er] ge-
truckht Am Schloß damit Aufge-
macht + An [INT] ⌈dem⌉ Schlos |die+ [INT] ⌈mit den⌉ henndt
|einand[er]+ getruckht vnd [INT] ⌈Also⌉ Aufgemacht,

.20. Sey Ain mahl Außgefahren An
⌈Carfreitag⌉ weil er Im Ambthaus lige.

.21. Der Böß Geist habs schon mach[en]
khönnen |vnd d[er] böß Geist sej+ [INT] ⌈sintemal⌉
⌈ |...+ vnd seie also zugang[en] Allß er In d[er]
nacht auffgestanden, vnd d[as] wasser von sich

267 *weil*: 'während'; *lige*: 'einsitze'

lassen wöll[en], seie d[er] böß geist⌉ für
die Cam[m]er khom[m]en vnd Angkhlopfft,
|⌈Alls⌉ d[as] wasser von Ime gelassen+
|vnd+ [INT]⌈vnd allß er⌉ Ime Aufgethan, |d[er] teüfel+
[INT]⌈habe er |ges+⌉
gesagt, wöll In An ein gar
guts orth führen, da habe Er
Alexand[er] sich [INT]⌈in⌉ d[er] Stuben Ange-
lögt, der böß gesagt, |weil+ [INT]⌈Solle d[as] ding⌉
[INT]⌈so⌉ er |ein *Agn*[us] *DEj*+ Am hals habe,
|solches+ von Ime thon |solle+ ⌈welches er auch von Ime
gethan, vnd Auf das Brettl in besagt[er] stuben
gelögt⌉ darub[er]
Auf den Cass[en] gang[en], hint[er] Ine
Auf ein Gabl gesessen, vnd zur
Cass[en] thur hinaus gefahren.

[8]
.22. +Sey damahls in des Mairs+
Will Anfangs nit wissen in
welch[en] Keller er gefahren sej,
doch letztlich Als Ime mit d[er]
Rutten wid[er] gethroet word[en],
sagt er sej in Niclas Mairs Nad
-lers Keller gefahren.

.23. Der böße Geist hab Ine gefürth,
sonst[en] [INT]⌈damals⌉ niemandts mitgefahren.

.24. Sej Auch dazumahl niemandts
im Keller gewest./.

.25. Haben Im Keller wein ge-
trunckh[en] vnnd Bachuisch |gewest+ [INT]⌈geessen,⌉
|d[er]+ einand[er] eins gebracht, |der böß Geist
gesagt Gsenng [?] Gott Knöbl, vnd er
bößer Geist Ime gesagt, Er haiß
dachele [?] Dann habe er Ime vom
keller auß+ ##

|Nachfolgendts den 23t[en] Maii a[nn]o p[erge] 618 verner vormittag

306 *Bachuisch*: 'Backfisch' [?]

| 26.+*examinirt*
.+ist
desweg[en]
wid[er]
gestrich[en]
word[en]:
bleibe aber
bej diese
aussag be-
stendig.

[9]
/No 25.
##
gefracht wan Ime der böse gaist uich [?]
gebracht wie er gesagt, | …+ Antwortet Alex
and[er] will die uich [?] bring[en]. daruff er geant-
wortet. Gesegne Gott Knöbl <…>
er Alexander Ime bösen geist uich gebracht
habe | daselbs+ er gesagt Dachele [?] ich bring dir
uich [?] (dan also habe d[er] böse geist sich
genennt) daruff derselbe auch geantwortet Gesegne
Gott | des+ Knobl: Von dannen habe der böse
geist Ine fur/

[8]
für d[as] Thonauthor, zu der
vnttern Scherffhütten hinab gefürth,
vnd [INT]⌈daselbs⌉ miteinander vmbgesprung[en].

.26. ⌈Er⌉ khönne | noch wol mehr khünst, Alls+
Meüß mach[en],

.27. Solches hab in d[er] Philippl gelernth,
der hab Im ein schwartz dün[n]es ding
geben, Als wann es ein pappen were,
welchs d[er] Lüppl, in einem Pappir ge-
habt, darauß haben sie Meüß gemacht,
⌈vor dem thor:⌉ Am erst[en] den khopff, hernach die
Aug[en] vnd
füess. solche lauffen Lassen, welche im
Veldt in die Löch[er] geloffen- und geschloffen.

[10]
.28. In die .3 od[er] .4 mahl, vor dem
Creützthor die Meüss gemacht,
Auf 1 mahl .6. vnd auch [INT]⌈mal⌉ in die
20. souil sie solches dünes ding
gehabt,

.29. Sey sonnst[en] niemandts dabey
geweßen so Inen geholffen.

313 Artikel 25 wurde vom zweiten Schreiber auf einem separaten Blatt ergänzt.
321 *uich* [?]: 'Fisch' [?]

.30. gesteht d[er] räd[en], d[as] ers gesagt, vnd
es sey wahr, es thüe Ime nit All
wegen wehe, dann d[er] böß Geist,
habe vor dem Thonauthor An Ine
begerth, er soll sein sein, welches
er Alexand[er] d[as] erste mahl verneindt,
doch hab er endtlich |…+ ver-
williget, er wöll sein sein, dar
auf Ime d[er] böß v[er]sproch[en], er wöll
Ime sein Lebenlanng zu essen
vnd trinckh[en] genuch geben, vnd
daruor sein, das Ime khein schlag[en]
wehe thue: gestern hab Im d[as]
schlag[en] mit d[er] Rutten wehe gethon,
wisse Aber nit, warumb Ime
d[er] böß Geist nit geholffen habe.

den 23 Maij vor mittag ist Alexand[er] auff |die+ gestelte frag starkh |…+ [INT]⌈weiter⌉ examinirt |wor+ Zuuor aber was er vorig[en] tag außgesagt be fragt word[en]. der hat alles vnd .31. Jedes, wie er es den vorig[en] tag ausgesagt gehabt er [?] deutlich repetirt

Habe |…+ *Agnus DEi* An dem Hals
⌈Alzeit [INT]⌈ge⌉ tragen,⌉ |so er den h[er]n Jesuiten sehen Lass[en],
vnd das Legt Aus+

.32. +Wer Ime solche geb[en] sein v+
[INT]⌈habe Ime⌉ sein vatt[er] [INT]⌈geben⌉, vnd
P<…> Stotz vor dißem Auch Ains, wie
Auch dißes so er [INT]⌈noch⌉ Am Halß trägt ge- [INT]⌈geben⌉

[11]

.33. Wie er Aus dem Ampthaus ge-
fahren, habe d[er] Böß geist ge-
sagt, er solle d[as] ding Am Hals
hinweckh thun, darauf er d[as]
Agnus Dei vom hals ⌈gethan vnd⌉ in d[er] Stub[en]
Auf d[as] Bröttl gelögt.

.34. Er hab wöllen sehen was Innwendig
darInn sej, solches hab in der böß
Geist geschafft, darauf ers auf
getrenntt.

.35. Hab ein gelb wachs, darInn ge-
fundten, dann S. Johans *Euangelj*

vnd .2 Bildtlein, das wachs
hab er auf den [INT]⌈<...>⌉ Mösst geworff[en],

#. 36. N. diese stuckh[en] sein auß beuelch H. P. Stotz ver-Brant word[en]

Aus beuelch des bössen Geists, aber
die beede bildtlein, vnd S. Johans
Euangel. des Amptkhnechts tocht[er]
Bärbl zugestölt.
|yber+

|37.+

|Ob er sonsten nichts mer gelernth,
vnd d[er] böß Geist Ime sonst[en] nichts
mehr Angemuettet, vnd ob dis
Alles wahr sej, was er bish[er]
Außgesagt? ⌈So will er doch⌉ Will er ein mehrers
nit bekhennen+ ⌈37. will yber starckhes zuesprech[en]⌉
vnd ob er schon darub[er]
mit

[12]
mit d[er] Ruetten mehrmal
gehauen worden, ⌈mehrers nichts bekhennen⌉, beharrt
|er Auch+ [INT]⌈<...>⌉ Auf vorig[er] seiner Röde,
er wisse nit mehr, dann w[as]
er gesagt, |sej Alles wahr+
Solches aber seie alles whar,

Weilen alexander gesagt Er sey an
Charfreitag In d[er] nacht außgefharn ist des
Ambtkhnechts tochter, so by Ime ligt ob
sie selbige nacht nichts gespüert gefragt
word[en] die Sagt, Er seie sonst[en] bey
d[er] nacht ruhelig [?] vnd still aber selbige
nacht, seie er |...+ ⌈was⌉ vnrhuelig [?] gewesen,
was die vrsach, wisse sie nit.

N. denen von Ingolstad möchte geschribe werd[en]
bey dem, mair Schiestl Erl müller Femel
auch dem breyen [?] erfharung ainzuzieh[en] ob sie
Innehalb eins Jars |nit+ ⌈In Iren Kellern⌉ [INT] ⌈khain⌉
abgang an wein

397 *Mösst*: 'Mist'
399 *Aus beuelch*: 'auf Befehl'

brott fleisch od[er] andern dergleich[en] Sach[en] verspüert.

B.5 Stein am Rhein 1667

Verhörprotokoll

[1]

Catharina Olbrechtin auß dem Oberdorff ist den 10. [ten] *Aug*[usti] *A*[nn]*o* 67 wegen Hexerei eingezogen, vnd selbigen tag von den hierzu verordneten Nachgengeren H[errn] pfleg[er] Spengler, H[errn] Saltzm[eier] Bartholome Schneblin, H[errn] Saltzm[eier] Conrad Etzweiler, vnd Heinerich kochen Statt Schreiberen, auff folgende puncten güetlichen befraget worden.

1. wie eß sich verhalte mitt Christen wallenbergers knäblin, [INT]⌈als⌉ deßen ellender Zustand von etlichen Ömbdlin, welliche Sie Ihm[m]e solle gegeben haben, herrühren | solle+ thüege.

R[espondet] daß seine Schwesteren Ömlin gnu[m]en [?] ist Sie gstehndig, d[as] sie aber mitt selbigen etwaß vngepührends vorgenom[m]en, seige beim wenigist[en] nit g[estendig] vnd d[as] Sie ein bsonderbar ömlin als ein kindlein zusam[m]en gemacht, vnd in daß körblin gelegt, habe Sie solliches nitt gethan, sond[er] vlrich Landerbs Betha, nachgendts habe Sie ihrem eignen kind auch dergleich[en] gemacht, eß aber selbige verlohren vnd geweinet, haben Sie Ihm[m]e hierauff d[as] jenige so in dem körblin gewesen, gesucht vnd geben.

2. wegen deß alten Rappenwirts leüthen, w[as] Sie daselbsten gleichergestalten mitt den Ömlin angerichtet.

R[espondet] seige gleicher gestalten nichts, vnd habe Sie aber von selbigen Öm-

4 *Nachgengeren*: 'nachfolgenden Personen'
5 *Saltzm*[eier]: 'oberster Salzbeamter, Salinenvorsteher'
12 *Ömbdlin*: 'Sauerkirschen'

[2]
lin Lienhartt Sulgers frau ein handtvoll geben. d[en] Buben von Basel habe Sie nit gseh[en]: vnder den ömlin seigen etliche |gsein+ zwey an ein anderen gsein, welliche d[ie] frau verschicken woll[en] wüße ab[er] nitt wohin, worüber d[ie] tochter gredt, wurde vermeinen daß Sie zwey haben müesten.

3. daß Ihr Man[n] darauff gestorben, habe seinen ellend[en] zustand von niemandem anderen als ihro.

R[espondet] Sie habe ihren Man[n] gliebet biß an sein end, vnd Er hinwüder Sie, wie Er dan[n] kurz vor seinem end ihro vmb d[en] halß gefall[en].

4. Beken[n]e deß Schindler spalters frau d[as] Sie ein schad[en] von ihro an d[ie] arm empfang[en], als Sie ihro auff ein zeith d[as] leid ergezt.

R[espondet] wüste niemal[en] d[as] Sie in ihrem hauß gewesen, noch auch, d[as] |S+ ihro iemand gestorb[en].

Diß *examen* geschach morgens nach 7. vhren.

Vmb 3. vhren nach mittag ist Sie dem Scharffen [?] *examini* vbergeben word[en] da Sie bekandt

D[as] nach dem[m]e Ihr Man[n] sel[iger] gestorben, seige ohngefahr |2+ [INT]⌈5⌉ wuchen darnach, der böse Geist nachts zu ihro in die Kam[m]er vnd auff daß beth kom[m]en, da alles sehr schwer gewesen,

[3]
vnnd Sie angesproch[en], wolle Ihr Man[n] sein, mitt wellichem Sie dan[n] teüfelische werck verübt, seige aber genzlichen kalt gsein, habe vermeint gebe ihro gelt, so seige eß Roßmist gewesen, Ihr bull heiße Hanß.
In d[ie] Ömlin so Sie in deß Alten Rappenwirts hauß getrag[en] habe Sie in deß teüfels nam[m]en geblas[en].

---

37 *gsein*: 'gewesen'

40 *gredt*: 'geredet'

In d[ie] anderen aber darvon deß Christen Wellenbergers knab geeß[en], habe Sie in deßelben nam[m]en gegriff[en].

Auff der Egerten seige Sie nur etliche mahl gsein, alwo Ihr Schwester vnd d[as] Sautweiblin auch erschien[en].

begehrt deß H[errn] pfarrers dem[m]e Sie ein mehrers eroffn[en] wolle.

[4]

den 12[ten] *Augusti A*[nn]*o* 67. hatt Sie bekandt. der böse Geist seige ohngefahr 5. wuchen nach ihres Mans todt zu ihro kom[m]en, vnd Sie Lieben woll[en] da Sie erschrocken vnd wiechen woll[en], wellicher aber sich Ihro je mehr vnd mehr genahet, vnd leidige werck mitt ihro vollbracht; Morgens habe Er ihro ein Seckl[in] geben, darin[n] | Sie+ gelt sein sollen, welliches aber bei dess[en] erofnung nur vnflath vnd vnrath gewesen; alß Er Morndeß wid[er] kom[m]en habe Sie müesen sag[en] wilck [?], vnd er Lohn, seige hierauf mitt Ihm[m]e auff den Heüberg kom[m]en, allwo man gsprungen vnd tanzet darbei auch böllen weiber gewesen. Hierauff habe Er Sie gezwung[en] vnd[er] d[ie] kuhe herd zu gahn vnd in s[einem] nam[m]en angriff zu thun, welliches Sie ab[er] niemal[en] ins werck sez[en] kön[n]en. Mitt den Ömlin pleibt Sie bei dem vorig[en] der böse Geist habe Sie ermanet vlrich öfelins kind zu schedig[en], welliches Sie aber an dem Käzlin vollbracht, da ihro der teüfel ein sälblin an d[ie] handt gstrich[en]. Item deß Müllers im Oberdorf hund habe Sie gelämm[m]et.

d[en] beid[en] ihrer Schwöster vnd Sauwiblin hat Sie <…> widerrecht than. Wurde auch Ihr gewüssen vnd seel höchlich beschwer[en] wan Sie bei d[er] aussag pleiben wölle.

78 *Egerten*: 'Acker, Brachland'

94 *Morndeß*: 'morgens'

110 Der letzte Absatz auf Seite 4 wurde von einer anderen, sehr fahrigen Hand geschrieben.

111 *widerrecht*: 'unrecht'

[5]
d[ie] anderen beid wollend gar nichts gsthan, begehr[en] d[as] man Sie zu der ander[en] führen solle.

d[as] Sauweiblin gibt ihr[en] Man[n] d[ie] schuld, hette gern ein ander weib, wan[n] man alle d[ie] wolte nen[n]en so im verdacht müeste d[ie] halbe statt herhalten.

d[as] kind ist vielfaltig, vnd auff allerlei formb *examiniert* word[en], will aber im gringsten nichts wüßen, da auch d[ie] wächter bekendt, d[as] Sie von Ihm[m]e nitt d[as] wenigste in erfahrung bringen kön[n]en.

Nach Mittag vmb 3. vhren ist Sie auff vorgegangne güetliche vnnd peinliche *examinierung*, bei diser aussag genzlichen verpliben.

Den 13[ten] *Aug*[usti] erkendt: d[as] beide entschlagne sollen ledig
ge-
lassen | wer+, vnd ihnen mitt ernst zugesproch[en] werd[en], sich
vor
allem argwohn böser dingen zu vergauen.

wegen der Olbrechtinen kind ist erkendt: d[as] selbiges dem Bättelvogt solle vberlass[en] werd[en], darmitt eß in der Gottsfurcht
mocht auff-
erzogen werd[en].

weitter ist erkendt: d[as] auff donstag d[ie] *execution* solle
vorgenom[men]
werd[en].

---

131 *entschlagne*: 'los gesprochene Personen'

135 *vergauen*: 'hüten, schützen' (vergaumen)

Bekenntnisprotokoll

[1]

A[nn]*o* .1667.

Alsdan[n] Catharina Olbrechtin, daß arme Mentsch, so allhier gegenwertig stath, auff schweren argwohn, vnd neülich zugetragenen traurigen anlaaß, in der from[m]en, Ehrenvesten, fürsüchtigen vnnd weisen Herren Burgermeister vnnd Raths allhier zu Stein, meiner Gnädigen Herren gefengnuß vnnd bandt kommen, hatt Sie hierauf in sollicher ihrer verstrickung vnnd der kammer deß Reichs, mitt vnd ohne Marter, frey ledig aller banden offentlich bekendt, vnnd vergehen.

1. Daß ohngefahr 5. Wuchen, nach ihres Mans sel[igen] todt, als Sie in vnmuth ⌈vnd mitt ihrer Schwester in vneinigkeitt |gelebt+⌉ gelebt, der leidige Satan nachts zu ihro in die Cam[m]er vnd daß beth kom[m]en, darab Sie erstlichen erschrocken, auff sein zusprechen aber daß Er fürohin ihr Man[n] sein, auch ihro gelt geben wollen, habe Sie mitt Ihm[m]e, vnnd nachgendts so woll tags als nachts vielmahlen Teüfelische werck verůͤbt, da Er Sie iedes mals, zwahren ihrem vermeinen nach, in schöner gestalt besucht, nachgendts aber in gestalt eines wüesten schwarzen Mans mitt hörneren vnd klauwen widerumb verlaßen.

2. Habe Ihro der leidige Satan morndrigen tags hierauf ein Seckel[in] gegeben, darin[n]en, seinem versprechen nach gelt sein sollen, so aber bei deßen erofnung nur koth vnnd vnrath gewesen.

---

14 *vergehen*: 'ausgesagt, bekannt'

28 *nachgendts*: 'nachher, hierauf, später' (*nachgehends*)

32 *morndrigen tags*: 'am morgigen (folgenden) Tag'

|3+ Ausgelaßen. Als der leidige Satan selbigen tags zu ihro kom[m]en, habe Sie bei seiner ankumfft zu Ihm[m]e sagen müesen wilch, Er aber Ihro geantwortet Lohn.

3. |4.+ Seige Sie auff einer gablen, so der leidige Satan angesalbet, vnd auff einem Geißbock, so der leidige teüfel selbsten gewesen, zu etlichen mahlen auff die Egerten, vnd den

[2]

heüberg kom[m]en, allwo Sie gesprungen vnnd getanzet, |darbei dan[n] etliche Bollinger, vnd Böllenweiber gewesen+

4. |5.+ Habe Sie der leidige Satan gezwungen zum öfteren vnder die kuheherd zegahn, vnnd schaden zethun, welliches Sie aber niemalen ins werck sezen kön[n]en.

5. |6.+ Habe Sie der leidige Teüfel vermanet M[eister] Vlrich Öfelin ein kind zu läm[m]en, ihro auch zu dem endt ihr hand mitt einem selblin bestrichen, welliches Sie aber an deßelben käzlin, so hiervon auffgeschwollen, vnd darauff gangen verrichtet habe.

6. |7.+ Habe Sie deß Müllers im Oberdorff Hund, so ihro im Hauß vberlegen gewesen, in deß teüfels nam[m]en geschlagen, daß Er darauf gehen müesen.

7. |8.+ Habe Sie in die Ömlin darvon Hanß Jerg Wellenberger geeßen, vnd seinen ellenden zustand bekom[m]en, in deß teüfels nam[m]en gegriffen. In die anderen aber, worvon M[eister] Jacob Schmuckers leuth genoßen, vnnd gleicher gestalten in ellende ⌈traurige⌉ leibs schwachheitt gerathen, in deß teüfels nam[m]en geblaßen.

8. |9.+ Weilen Sie vielmalen dem leidigen Satan in seinem begehren, vnd antriben nitt willfahren wollen, so habe Sie deßwegen |H+ viel vngemach vnnd streich von Ihm[m]e erleiden müeßen.

46 *Bollinger, vnd Böllenweiber*: 'vermummte Personen', evt. auch 'Poltergeister, Teufel'

73 *streich*: 'Schläge'

9. |10.+ In der Nacht, als man[n] Sie beifangen wollen, seige der leidige Satan bei ihro gsein, Sie deßen erin[n]eret, vnd

[3]
ermanet nur standthaft zu sein, wolle Sie schon erretten, dancke aber dem Lieben Gott, daß Er Sie auß deßen stricken gnädiglich erlöset habe.

Endet hiermitt Ihr außag.

[4]
Vrgicht
Catharina Olbrechten im
Oberdorff vom 10.[ten] *Aug*[usti]
biß auff d[en] 15. *A*[nn]*o* 1667.

B.6 Stralsund 1630

[9]
Veneris 9. Julii
Sej Judices abermal[en] mit dem gefangen[en] weibe in
güte gerehdet vnd sie ermahnet die warheitt zu
bericht[en] vnd nits zuuerschweig[en], dan so d[as] nit
geschen wurde, muste sie an |de+ [INT]⌈ein⌉ ander[en]
ortt, da es vieleicht mit ihr vbel abgeh[en]
wurde, gebracht werd[en].
Illa sie wuste nit mehr zu sag[en], als sie schon
bekantt;
Gefragt, wehme sie mit der Christall[en] gedient
Illa, dem Jonasch[en] hette sie damit gedientt,
Gefragt wo sie gewohnet, Illa alhie hette
ihr[en] Man zum hedinghag[en] gefreyet welcher ein
schiffer gewesen, |er+ ihre Nahrung hette sie
vom Krauttrag[en] gehabt, hette noch .2.
Schwestern, |wehre alhie+ davon die eine
zu Dortmuß [?] hinte wolgast wehre, von der
ande[rn] wuste sie nit;
Gefragt, ob sie wol geltt grab[en] konte,
Illa Nein, Sonst[en] berichtet sie, d[as] die
Magt, so newlich fastigiret [?], gesagt, d[as] in
Peter Stappenbekes Keller viele schnak[en]
|wehren+ auch brennende liechter wehren,
wie sie dan [INT]⌈Selbst⌉ in der Nacht⌉ blawe⌉ liechter vnd gespenste, so
als ein hase, derer 3. gewes[en], darin
geseh[en], welche vmb sie herumb gelauff[en]
aber ihr nits gethan, vnd muttmaßte
sie, daß da vielleicht ein schetz vergrab[en]
wehre; Sonst[en] wehren selbige hasen hernach wieder [INT]⌈verschwunden,⌉
Bekantt, d[as] sie von Peter Stappenbeken
hausprad[en] ein duttich bekom[en], zu dem
ende, d[as] sie zuseh[en] solte, was da
vielleicht vergrab[en] wehr[e],
Gefragt, wie sie erst mit *Anna* Kitzerod[en]
bekantt word[en], Illa vor Semmelod[en]
thor[n] sei sie zu ihr kom[en];

---

34 *duttich*: Münze von geringem Wert

Gefragt, wie viel laken ihr *Anna* Kitzerod[en]
zuuerkauffen gebracht, Illa 4. laken, davon
sie 3. verkaufft, |d[as] vierd k+ einß der krullen,
d[as] ander |an+ den Muntzer |knechte+ geselle, 3. hette
Pawl vehrman bekom[en], d[as] 4. hette <…>

[10]
selbst behalt[en] vnd ihrem breuttigamb davon
hembde gemachet;
2. <…> hette sie auch dem Muntzmeister
vekaufft.
Die Maria so vor diesem alhie enthauptet
hette ihr gelobet, d[as] sie ihr einen hasen
an den Satel hengen wolte, welch[en]
sie kaum ablasen solte, berichtet
auch, d[as] selbige Maria gesagt, Sie
wüste nit, ob sie die Zeuberej von
ihr, oder die vermansche von Maria
gelernet hette;
Hernach [INT]⌈wie⌉ sie vf Tortur gebracht [INT]⌈vnd angezogen
word[en]⌉, hatt sie
bekantt, d[as] wan sie leut[en], so etwas ge-
stol[en] nachrichtung geb[en] solte, hette sie
|vorige+ <…> bej solcher christall[en]
gebrauchet;
It[em] hette sie der danen feldersch[en] am Nyen
Marckte nachrichtung gegeb[en], |wer+ wo ihr
gestol[en] sach[en] wehr[en], vnd solches hette
sie durch [INT]⌈die⌉ Christalle zu wege gebracht
dan sie den Mensch[en] [INT]⌈so es gestol[en]⌉ in der Christalle
geseh[en], vnd solches wehre im dan[en]feldisch[en]
hauße gesch[en], vnd wehre der |Me+ dieb
selbst gekom[en] vnd ihr die gestolene
sach[en] wiedergebracht;
Die Middel so sie zu solch[en] sach[en] weiter
gebraucht wehren diese, Sie hette 9.
NegNädel |vnd+ 9. Negel weinig Saltz
vnd [INT]⌈mit⌉ laufen d[en] waßer [INT]⌈genomen⌉, daß hette sie
2 donnerstag |nach+ vnd einen Sontag
vnter |der+ [INT]⌈gehalten⌉ predige, in einen topff ge-
sotten vnd solches nit allein |gek+

---

65 *Nyen*: 'neuen'

in aller teufel vnd diebs nahm[en]
gekaufft, besond[en] auch in deroselb[en]
Nahm[en] d[as] waßer gesott[en].

[11]
Sonst[en] hette sie die Jonasch[en] fur den
Stummen teufel diesen seeg[en] gebracht,
die droß vnd die Mordt; vnd der h. *Jesus*,
giengen zugleich durch ein[en] fortth, daß
die leidige droß wie der dahlschlug
vnd die h. Jesus wieder aufhub im
Nahm[en] p[erge].
⌈Gefragt wie⌉ Die hasen im Keller | hette sie beschwor[en]+
herfur kom[en], | Illa+ ob sies auch beschwor[en]
Illa ⌈wehro gespenst gewesen vnd ⌉ wie die hasen vmb sie herrumb
gelauff[en], hette sie gesagt, pfui dich
an du teuffel, sie hette ihm in der | todt+
taufe abgesagt, vnd | hette sie+ den Teufel
beschwor[en], d[as] sie ihn nits habe thun
konn[en],
d[as] Mennich[en] so in der Christall[en] gestand[en], hette
hanns geheiß[en], vnd hette ihr denselb[en]
der Soldat ⌈so ihr solche verehret⌉ geweist.
der Soldat sonst[en] hette ihr dabej annders
nit gelernet, als das sie vorige beschwe-
rung gebrauchen vnd alle, so im hause
doselbst der diebstall geschen, dabej nen[en]
solle;
Gefragt, ob Hanß auch bej ihr geschlaff[en]
Illa Nein, der teufel hette bej ihr nit
geleg[en].
die hasen so im keller gewesen wehr[en] graw
vnd ser Mager gewesen,
| der+ hernach bekantt der Schwede hette ihr
den teufel vertrawet vf Hardersch[en] ihrem
böhne.
Gefragt wie die vertrawung gesch[en]
Sie hette ihme die handt vonrucke

88 *droß*: 'Teufel'
116 *vertrawet*: 'angetraut'
118 *vertrawung*: 'Verlöbnis, Vermählung'

zu gegeb[en], vnd wehre grun gekleidet
gewes[en];

[12]
Gefragt waß für wortt |ten+ der teufel wie-
derumb zu ihr gebrauchet, Illa hette
ein Ringe gehabt, daran sie greiff[en]
vnd Drey mal sag[en] muß[en] Ich Greiffe
an diesen ringk vnd verlaße Gott
vnd Marien kindt vnd solche ver-
trawung wehre vorm Jahre |…+
des Sontags zwisch[en] 11 vnd 12 gesch[en]
Daieg[en] hette der teufel ihr wiederumb
zu gelobet, |d[as] sie+ Ihr alles was sie be-
gerte, |wiederumb haben solte+ [INT]⌈wieder fare zu laß[en]⌉,
vnd solte sie ihn wan sie seiner
bedurfftig, [INT]⌈folgender gestaltt⌉ auch ruff[en], Hannß kom
herab, vnd hilf mir;

Gefragt, wanner hanns bej ihr gewes[en]
Illa, seithero d[as] sie zu Gottes dische gegang[en]
|habe+ wehre er nit bej ihr gewesen;
Bekentt, d[as] der hannß vor diesem ehe
sie zu Gottes dische gewes[en], 9. mahl
mit ihr zu schaff[en] gehabt, vnd wehre er
kaltt gewesen als ein eiß;
Sonsten hette ihr bißweilen geldt gebracht
baldt 1 f[loren], baldt ein halb[en] f[loren], so er
den leut[en] genomm[en];
It[em] |bekantt, d[as] …+
Bekantt, d[as] sie einen Mann Claws drewes |zum zitterhag[en] ⌉
genannt ⌈so sie geschlag[en]⌉, einem pferdt durch den teufel
den halß vmb dreyen laß[en];
Sie hette auch eine Christalle vor 8. Jahr[en]
gehabt vnd selbige von der dummesch[en]
bekom[en], welche ihr die kunst gelehret,

152 *vmb dreyen*: ‘umdrehen’

[16]

vnd wehren sie mit ihr <…> S. Johannis Kirchtur gegang[en] vnd sagen muß[en], hier greiff ich an den <…> vnd verlaße Gott vnd Ma<…> vnd im Begin[en] hauß vf der <…> hette die dummesche ihr <…> vertrawet. diese kunst hette sie auch ihr Schwester Ilse vehrmanß wiederumb gelehret, vnd dem teufel so Mart[en] geheiss[en] vnd rott gekleidet gewesen, ihr vertrawet. Ihr tochter |kon+ wuste es auch woll vnd heisste ihr teufel heinrich, denselb[en] hette sie ihr zur Ramben [?] vor der Kirchtüehr vertrawet; Bekantt, wie sie zu Gottes dische gegang[en] hette sie den oblatt nem[en] vnd selbig[en] |den se+ ihren hannß bring[en] muß[en], hette selbig[en], wie sie entpfang[en], in den Nesetuch wiederumb fall[en] laß[en] vnd hette hanns ihr dafur ein stempel [?] verehret; It[em] bekannt, d[as] die hasen [INT]⌈vnd katzen⌉ so im keller gewesen, gehießen Carst[en] vnd Gerg[en], It[em] Bekantt, d[as] der teufel am verschien[en] ⌈Sontag vnd⌉ donnerstag nacht bej ihr gewes[en] vnd ihr ihre ende |ge+ des lebens gewicket;

[17]

It[em] bekantt d[as] sie den stumm[en] Geist der fraw[en] mit hulff ihres hannses abgetrieb[en]. Gefragt, worumb Maria d[as] blutt vf die erde nit habe fall[en] laß[en] woll[en],

159 Da das Blatt im oberen Teil stark beschädigt ist, sind einzelne Wörter im ersten Absatz leider nicht lesbar.

161 *Begin[en]*: 'Laienschwestern'

177 *Nesetuch*: 'Schnupftuch, Taschentuch'

185 *gewicket*: 'weisgesagt, vorhergesagt'

Illa d[as] sie ihre zeuberkunste |da+ bejbehalten möchte

Lunæ 12. Julii

Sej Judices alle bekanttnuß[en], so in der tortur gesch[en], [INT]⌈ihr abermal vorgehalt[en] vnd⌉ repetire den puncten mit der dann[en]feldersch[en] non potu [?] negare, vnd sein die gestolene sach gewes[en] eine kette vnd rieme; die Cristalle hette sie warhafftig |ge+ weggeworff[en]. Gefragt wer der gewesen, so Jonasch[en] den Stummen teufel vfs leib geweist, Illa d[as] wuste sie nit, |besondern+ [INT]⌈im vbrigen⌉ ist sie bej voriger außage verplieb[en], vnd hette sie sothane beschwerung von einen Herr den hinrich Schmitt ⌈nunmehr aber todts verblich[en]⌉ zum |...+ Kordeßhag[en] gelernet; Gefragt ob ihr hannß vnter den hasen mit gewes[en] Illa Nein; Gefragt, ⌈wie+ [INT]⌈in welcher gestaltt⌉ sich hannß bisweil[en] |sich+ habe seh[en] laß[en], Illa in eines Mensch[en] gestaltt mit einem Mensch[en] fuß, woruber er ein Schue angehabt, der ander[en] mit einem hunde fuß; Gefragt wie offte |sie+ er bej ihr geschlaf[en] Illa vor diesem 9. Mahl, Alhie aber in der gefengknuß 2. Mahl am Sontag vnd donnestag Nacht |bericht+ bekentt ferner dabej d[as] ihr der Teüfel angemuhtet sie solte sich vmbs leb[en] bring[en], welches sie aber nit thun woll[en].

[18]

Vom pferde sey wahr; Die [INT]⌈beste⌉ Christalle |hette sie+ so braun gewes[en] hette sie von der dennersch[en], die ande[re] aber, wie vorhin angezeit [!], Vom Schwed[en] bekommen; Weg[en] der vertrawung *o*[mn]*ia confessa.* D[as] sie das pferdt so schwartz gewes[en], durch d[en]

206 *sothane beschwerung*: 'solche Beschwörung'

teufel vmbbring[en] laß[en], daran wehre ihr
Schwester schuldig, vnd da Sie darumb sterb[en]
solte, mustte sie auch sterb[en].
Wegen der vertrawung so die dennersche
zu wege gebracht, wehre also wie zuuor |ge+
bekentt, zugang[en], vnd hette sie die
vorige wortt 3 Mahl sag[en], wie
auch |mit+ allezeit sie dabej 1 mahl
vnrecht vmbgeh[en] muß[en]; hernach wehre
sie von der dummersch[en] in d[as] begien[en] hauß
bej S. Johannis vf d[as] weschehaus gefuhrt
vnd ihr der |st+ teufel wie zuuor bekantt

vf der lede vertrawet word[en], |...+
|vor diesem bekantt+
vnd hette der teufel ihr dabej zugesagt, So
lange sie lebete, sie zubeschirmen.
Ihr Schwester hette die Kunst von Maria
Mollerß gelernet.
Was sie von ihrer tochter bekantt d[as]selbe
hatt sie revociret vnd geleugnet vnd
d[as] sie in die tortur bekantt wehre es
darumb gesch[en], d[as] sie all ihre vnd der
Schwester sach[en] weggebracht vnd damit
|de+ davon gelauff[en], ihr Man heiße
Gerg[en] Wichel[en] vnter oberst[en] Leßle [?],

[19]
d[as] sie zu Gottes dische gewesen, hette ihre
tochter sie dazu geraht[en]. |hette+
⌈Das sie⌉ Mit dem ablatt |wehre+ also procediret
sei wahr sei aber vor 2. Jahr[en]
in S. Jacobs Kirche gesch[en], |hette es+
ihr teufel hette es ihr vom Nese-
tuch weggenom[en].
Weg[en] der hasen |ihre+ [INT]⌈hatt sie⌉ voriges repetiret
vnd hette der 3. [INT]⌈ge⌉ heißen heinrich;
vnd wie sie dieselb[en] beschwor[en], hette
sie erfahr[en], d[as] es teufel gewesen, Wie
sie den auch selbst[en] geantwortet, vnd sich
bej Nahm[en] genennet;

---

241 *1*: korrigiert aus 3.

246 *lede*: '(Tür)Schwelle'

Die beschwerung ist diese gewesen,
Ich beschwere dich bej dem lebendig[en] Gode,
bejm vnschuldig[en] leid[en] vnd todte, bej
teur bahrem [?] fleisch vnd blute, bej
Godes heilig[en] [INT]⌈funf⌉ wund[en], bistu was
guts so sprich, bistu was böses
so weiche von mir dieser Stunde
Im nahm[en] etc.
Daß sie den stumm[en] Geist von der Fraw[en]
mit hulffe ihres hannßes abgetrieb[en]
hatt sie |wieder+ revociret vnd wieder
geleugnet.
Wie [INT]⌈man⌉ die Kreuter kenn[en] lernete, hette sie solches
erfahr[en] von der Burmeistersch[en] zum Lenderßhag[en]
wan die Schafe eil[en] hab[en], so pflegte sie Schwartze
Schnick[en] [?] nem[en] vnd selbige ein saltz[en] vnd darnegst
vf |die+ eine ballige leg[en], vnd laß[en] die schaffe
davon lick[en].
vnd wehre dis ein wehrendes recipe [?] vor
die podagra; wen man Sprock <…>
vnd wormutth in einen vnbenutt[en] beutel
thete, denselb[en] beuegete vnd hernegst ein
[20]
waßer vnd bier kochete vnd da
von der podagricus, was ihn geliebe
truncke, probatum.
hierauff sie à Deo remissionem pell<…>
torum, vnd d[as] sie mit dem Schwerte
begnadet werd[en] mochte, gepet[en].

Decretum in senatu den 13. *Julii*
a[nn]*o* 1630 d[as] gefangene Trine Vehr-
mans Wegen begangener vnd bekanter
mißthaten im falle sie bey gethaner
bekantniß fur gesagtem ofnen gericht
beharren Wirt mit dem fewer vom
leben zum todt solle gebrachtt werden.

---

288 *eil[en]*: Gemeint ist wohl eine Art Zahnschmerz

293 *podagra*: 'Gicht'; *Sprock*: 'Reisig'

298 *podagricus*: 'Gichtkranke'

Lunae 19. *Julii*
A[nn]*o* 1630

Ist Trine Vehrmanß fur das gesagte gerichte gebracht, | vnd+ ihr bekanttnuß Vorgeles[en], vnd weil sie bej sothaner bekanttnuß verplieb[en], ist obberürte vrth[eil] an ihr exe[qui]ret word[en].

C Tabellen

C.1 Quellenauswertung I: Verhörart, Protokollart, Fragenkataloge

Quelle	Fragen/Artikel		Verhörart		Protokollart	
	Katalog	im Text	gütlich	peinlich	Verhör-prot.	Bekennt-nisprot.
Ahaus 1608	x		x		x	
Alme 1630/1			x	x		x
Alme 1630/2			x	x		x
Alme 1630/3			x			x
Alme 1630/4			x	x		x
Alme 1630/5			x	x		x
Altenahr 1649/1		x	x	x	x	
Altenahr 1649/2		x	x	x	x	
Andernach 1632		x	x		x	
Arnsberg 1629/1		x		x	x	
Arnsberg 1629/2				x	x	
Augsburg 1590		x				x
Augsburg 1625	x		x		x	
Baden 1640/1			x	x		x
Baden 1640/2			x	x		x
Baden 1642			x	x		x
Baden-Baden 1627				x	x	
Baden-Baden 1628			x	x	x	
Bamberg 1628				x	x	
Bamberg 1628-30/1			x	x	x	
Bamberg 1628-30/2			x	x		x
Bamberg 1628-30/3			x	x		x
Bamberg 1628-30/4			x	x		x
Bamberg 1628-30/5			x	x		x
Bamberg 1628-30/6			x	x		x
Bamberg 1628-30/7			x	x		x
Bamberg 1628-30/8			x	x		x
Barby 1641	x		x		x	
Blankenheim 1627/1		x	x	x	x	
Blankenheim 1627/2		x	x	x	x	
Blankenheim 1629			x		x	

Quelle	Fragen/Artikel		Verhörart		Protokollart	
	Katalog	im Text	gütlich	peinlich	Verhör-prot.	Bekennt-nisprot.
Blankensee 1619			x		x	
Böblingen 1590	x		x		x	
Borgfeld 1587	x		x		x	
Braunau 1617			x	x	x	
Bräunlingen 1632/1				x	x	
Bräunlingen 1632/2				x	x	
Bregenz 1628/1			x	x		x
Bregenz 1628/2				?		x
Bremen 1603/1			x	x		x
Bremen 1603/2			x	x		x
Bremgarten 1584			x			x
Bückeburg 1604				x		x
Capellen 1629				x	x	
Celle 1570			x	x		x
Chur 1655		x		x	x	
Coburg 1670		x	x		x	
Coesfeld 1632	x		x	x	x	
Crivitz 1642	x		x		x	
Depenau 1613				x		x
Dieburg 1627				x	x	
Dillenburg 1631		x	x	x	x	
Drachenfels 1630				x	x	
Edingen 1630			x		x	x
Eichstätt 1590		x	x	x	x	
Eichstätt 1628		x	x	x	x	
Eichstätt 1629				?	x	
Eichstätt 1630		x	x	x	x	
Eichstätt 1637		x	x	x	x	x
Ellingen 1590/1			x	x		x
Ellingen 1590/2			x	x		x
Erkelenz 1598		x		x	x	
Erpel 1631				x	x	
Eschbach 1630			x	x		x
Essen 1589/1				x	x	
Essen 1589/2				x	x	
Essen 1589/3				x	x	
Fell 1588			x			x
Fell 1593				x		x
Flamersheim 1629/1				x	x	
Flamersheim 1629/2			x	x	x	
Flamersheim 1629/3			x	x	x	
Flensburg 1607				x		x
Flensburg 1608				x		x
Friedberg 1620			x	x	x	
Garmisch 1590			x	x		x

Quelle	Fragen/Artikel		Verhörart		Protokollart	
	Katalog	im Text	gütlich	peinlich	Verhör-prot.	Bekennt-nisprot.
Gaugrehweiler 1610			x		x	
Gengenbach 1573/1						x
Gengenbach 1573/2						x
Gengenbach 1573/3						x
Gengenbach 1573/3						x
Gengenbach 1573/4						x
Gengenbach 1573/5						x
Gengenbach 1573/6						x
Gengenbach 1573/7						x
Gengenbach 1590			x	x		x
Georgenthal 1597			x	x	x	
Gerolstein 1601			?	?		x
Gerolstein 1633/1			x	x	x	
Gerolstein 1633/2			x	x	x	
Gföhl 1592/1			x	x		x
Gföhl 1592/2			x	x		x
Golling 1677		x	x	x	x	x
Gommern 1660	x		x	x	x	
Göttingen 1649			x	x	x	
Grünberg 1663/1			x	x		x
Grünberg 1663/2			x	x		x
Grünberg 1664/1		x		x	x	
Grünberg 1664/2		x		x	x	
Grünberg 1664/3		x		x	x	
Grünberg 1664/4		x		x	x	
Grünberg 1664/5		x		x	x	
Grünholz 1641			x		x	
Günzburg 1613	x		x		x	
Güstrow 1615	x		x		x	
Gutenhag 1661			x	x		x
Gutenstein 1641			x	x		x
Hallenberg 1628	x		x	x	x	
Hamburg 1583				x		x
Hamm 1592		x		x	x	
Hechingen 1648				x	x	
Helmstedt 1580			x	x		x
Hemau 1616	x		x		x	
Hildburghausen 1629		x		x	x	
Hildesheim 1628	x		x		x	
Höchst 1631				x	x	
Hohenems 1630			?	?		x
Ingolstadt 1618			x	x	x	
Jägerndorf 1653/1			x	x	x	
Jägerndorf 1653/2			x	x	x	
Jever 1592			x	x	x	

Quelle	Fragen/Artikel		Verhörart		Protokollart	
	Katalog	im Text	gütlich	peinlich	Verhör-prot.	Bekennt-nisprot.
Köln 1629		x		x	x	
Kronach 1617	x		x	x	x	
Kruft 1629			x	x	x	
Laaber 1608	x		x		x	
Leipzig 1640	x		x		x	
Lemberg 1630				x	x	
Lemgo 1632			x	x	x	
Leonberg 1641	x		x		x	
Lindheim 1631		x		x	x	
Linz 1631			x	x	x	
Loccum 1638		x	x		x	
Mandern 1626				x	x	
Meiningen 1611			x	x		x
Meiningen 1659	x		x	x	x	
Meldorf 1618/1				x		x
Meldorf 1618/2				x		x
Meldorf 1619				x		x
Memmingen 1665/1			x	x		x
Memmingen 1665/2			x	x		x
Memmingen 1665/3			x	x		x
Mergentheim 1629			x	x	x	
Messkirch 1644			x	x	x	
Minden 1614				x	x	
Müddersheim 1630			x		x	
Mühlhausen 1659		x	x	x	x	
München 1600	x		x	x	x	
Münster 1630		x	x		x	
Münster 1635		x	x	x	x	
Neuerburg 1614			x	x	x	
Nördlingen 1593			x		x	
Oberkirchen 1630/1			x		x	
Oberkirchen 1630/2			x	x	x	
Oberkirchen 1630/3				x	x	
Oberkirchen 1630/4			x		x	
Oberkirchen 1630/5				x	x	
Oberkirchen 1630/6			x		x	
Oberkirchen 1630/7				?	x	
Oberkirchen 1630/8				x	x	
Oldesloe		x	x	x	x	
Osnabrück 1636			x		x	
Ostrau 1628	x		x		x	
Paderborn 1615			x	x	x	
Passow 1577/1				x		x
Passow 1577/2				x		x
Passow 1577/3				x		x

Quelle	Fragen/Artikel		Verhörart		Protokollart	
	Katalog	im Text	gütlich	peinlich	Verhörprot.	Bekenntnisprot.
Perleberg 1588	x		x	x	x	x
Rapperswil 1595			x	x		x
Reichenberg 1653/1			x		x	
Reichenberg 1653/2			x		x	
Reichertshofen 1629			x	x	x	
Rhens 1629		x	x	x	x	
Rhens 1630			x	x	x	
Riedlingen 1596			x			x
Riegersburg 1689/1			x	x		x
Riegersburg 1689/2			x	x		x
Riegersburg 1689/3			x	x		x
Rosenburg 1618	x		x		x	
Rosenfeld 1603				x		x
Rottenbuch 1665				?	x	
Rottweil 1615				?		x
Rottweil 1629				?		x
Rottweil 1631				?		x
Schivelbein 1647		x		x	x	
Schönhausen 1588			?	?		x
Schwabstedt 1619/1			x	x		x
Schwabstedt 1619/2				x		x
Schweinfurt 1616			x		x	
Schwerin 1620			?	?		x
Schwerin 1668				x	x	
Seehausen 1633			x	x	x	
Siegburg 1636/1			x	x	x	
Siegburg 1636/2			x	x	x	
Siegburg 1636/3			x	x	x	
St. Lambrecht 1602/1				x		x
St. Lambrecht 1602/2			x			x
St. Lambrecht 1602/3			x	x		x
St. Maximin 1587			x	x		x
Stein am Rhein 1667		x	x	x	x	x
Stettin 1620	x		x	x	x	
Stralsund 1630		x	x	x	x	
Stromberg 1565			x	x		x
Trier 1592			x	x	x	
Uphusen 1565	x		x	x	x	
Wadgassen 1618			x	x	x	
Wallhausen 1628	x		x	x	x	
Werl 1630/1	x		x	x	x	
Werl 1630/2	x		x	x	x	
Werl 1630/3	x		x	x	x	
Werl 1630/4	x		x	x	x	
Werl 1630/5	x		x	x	x	

Quelle	Fragen/Artikel		Verhörart		Protokollart	
	Katalog	im Text	gütlich	peinlich	Verhör-prot.	Bekennt-nisprot.
Wernigerode 1583/1			x	x		x
Wernigerode 1583/2			x	x		x
Wernigerode 1583/3			x			x
Wernigerode 1588			x			x
Wernigerode 1597			x			x
Westerburg 1624	x		x		x	
Wittgenstein 1629			x		x	
Wolfr.-Esch. 1630			x		x	
Wüstenfelde 1590			x	x		x
Zülpich 1629/1			x	x	x	
Zülpich 1629/2			x			x

C.2 Quellenauswertung II: Elemente der kirchlichen Hexenlehre in den Quellen

Quelle	Teufelspakt	Buhlschaft	Flug	Tanz	Schadenzauber
Ahaus 1608					<x>
Alme 1630/1	x	x	x	x	x
Alme 1630/2	x	x	<x>*	x	x
Alme 1630/3	x	x	x	x	x
Alme 1630/4	x	x	x	x	x
Alme 1630/5	x	x	x	x	x
Altenahr 1649/1	x	x	x	x	x
Altenahr 1649/2	x	x	x	x	x
Andernach 1632					
Arnsberg 1629/1	x	x			x
Arnsberg 1629/2	x	x			x
Augsburg 1590	x	x	x	x	x
Augsburg 1625	x	<x>	x	x	
Baden 1640/1	x	x	x	x	x
Baden 1640/2	x	x	x	x	x
Baden 1642	x	x	x	x	x
Baden-Baden 1627	x	x	x	x	x
Baden-Baden 1628	x	x		x	x
Bamberg 1628	x	x	x	x	x
Bamberg 1628-30/1	x	x	x	x	x
Bamberg 1628-30/2	x			x	x
Bamberg 1628-30/3	x	x		x	x
Bamberg 1628-30/4	x	x		x	x
Bamberg 1628-30/5	x	x	x	x	
Bamberg 1628-30/6	x	x		x	
Bamberg 1628-30/7	x	x		x	<x>
Bamberg 1628-30/8	x	x		x	
Barby 1641					
Blankenheim 1627/1	x	x	x	x	x
Blankenheim 1627/2	x	x	x	x	x
Blankenheim 1629	x	x	x	x	x
Blankensee 1619					
Böblingen 1590	x	x	x	x	
Borgfeld 1587					<x>
Braunau 1617	x	x	x	x	x
Bräunlingen 1632/1	x	x	x	x	x

* In spitze Klammern gesetzte Kreuze markieren zwar im Verhör abgefragte, jedoch von den Angeklagten nicht gestandene Elemente.

Quelle	Teufelspakt	Buhlschaft	Flug	Tanz	Schadenzauber
Bräunlingen 1632/2	x	x	x	x	x
Bregenz 1628/1	x	x	x	x	x
Bregenz 1628/2	x	x	x	x	x
Bremen 1603	x	x	x	x	x
Bremgarten 1584	x	x			x
Bückeburg 1604	x	x	x	x	x
Capellen 1629	x	x		x	x
Celle 1570		x	x	x	x
Chur 1655				<x>	
Coburg 1670		<x>			<x>
Coesfeld 1632	x	x	x	x	x
Crivitz 1642	x	<x>		x	x
Depenau 1613		x		x	x
Dieburg 1627	x	x	x	x	x
Dillenburg 1631	x	x	x	x	x
Drachenfels 1630	x	x	x	x	x
Edingen 1630	x	x	x	x	x
Eichstätt 1590	x	x	x	x	x
Eichstätt 1628	x	x	x	x	x
Eichstätt 1629	x	x	x	x	x
Eichstätt 1630	x	x	x	x	x
Eichstätt 1637	x	x	x	x	x
Ellingen 1590/1	x	x	x	x	x
Ellingen 1590/2	x	x	x	x	x
Erkelenz 1598					
Erpel 1631	x	x	x	x	x
Eschbach 1630	x	x	x	x	x
Essen 1589/1	x		x	x	x
Essen 1589/2	x		x	x	x
Essen 1589/3	x		x	x	x
Fell 1588	x	x	x	x	x
Fell 1593	x	x	x	x	x
Flamersheim 1629/1		x		x	x
Flamersheim 1629/2	x	x			
Flamersheim 1629/3	x	x	x	x	x
Flamersheim 1629/4	x	x	x	x	x
Flamersheim 1629/5	x	x		x	x
Flensburg 1607		x			x
Flensburg 1608		x			x
Friedberg 1620	x	x	x	x	x
Garmisch 1590	x	x			x
Gaugrehweiler 1610					<x>
Gengenbach 1573/1	x				x

Quelle	Teufelspakt	Buhlschaft	Flug	Tanz	Schadenzauber
Gengenbach 1573/2	x	x			x
Gengenbach 1573/3	x			x	x
Gengenbach 1573/4	x		x	x	x
Gengenbach 1573/5	x			x	x
Gengenbach 1573/6	x	x		x	x
Gengenbach 1573/7	x	x	x	x	x
Gengenbach 1590/8	x				x
Georgenthal 1597	x	x	x	x	x
Gerolstein 1601	x	x	x	x	x
Gerolstein 1633/1	x	x	x	x	x
Gerolstein 1633/2	x	x	x	x	x
Gföhl 1592/1					x
Gföhl 1592/2					x
Golling 1677	x	x	x	x	x
Gommern 1660					
Göttingen 1649					
Grünberg 1663	x	x	x	x	x
Grünberg 1663/1	x	x	x	x	x
Grünberg 1663/2	x	x	x	x	x
Grünberg 1664/1				<x>	
Grünberg 1664/2				<x>	
Grünberg 1664/3				<x>	
Grünberg 1664/4				<x>	
Grünberg 1664/5				<x>	
Grünholz 1641/1					<x>
Grünholz 1641/2					<x>
Günzburg 1613	<x>	<x>		<x>	<x>
Güstrow 1615					x
Gutenhag 1661	x	x	x	x	x
Gutenstein 1641		x	x	x	x
Hallenberg 1628	x		x	x	x
Hamburg 1583	x	x	x	x	x
Hamm (Eifel) 1592	x	x	x	x	x
Hechingen 1648	x	x	x	x	x
Helmstedt 1578		x		x	x
Hemau 1616		<x>	<x>	<x>	<x>
Hildburghausen 1629				<x>	<x>
Hildesheim 1628					<x>
Höchst 1631	x	x	x	x	x
Hohenems 1630	x	x	x	x	x
Ingolstadt 1618			x	x	
Jägerndorf 1653/1	x	x	x	x	x
Jägerndorf 1653/2	x	x	x	x	x

Quelle	Teufelspakt	Buhlschaft	Flug	Tanz	Schadenzauber
Jever 1592	x	x	x	x	x
Köln 1629	<x>	<x>	x	x	<x>
Kronach 1617					<x>
Kruft 1629	x	x		x	x
Laaber 1608	x	x	x	x	
Leipzig 1640		<x>			<x>
Lemberg 1630	x	x	x	x	x
Lemgo 1632	x	x		x	x
Leonberg 1641	x	x	x	x	<x>
Leonberg 1641					
Lindheim 1631					<x>
Linz 1631/1	x	x			<x>
Linz 1631/2	x	x		x	
Loccum 1638	x	x	x	x	x
Mandern 1625	x	x	x	x	x
Meiningen 1611	x				x
Meiningen 1659	x	x	x	x	x
Meldorf 1618/1	x			x	x
Meldorf 1618/2	x	x		x	x
Meldorf 1619	x			x	x
Memmingen 1665/1	x	x			x
Memmingen 1665/2	x	x		x	x
Memmingen 1665/3	x	x			x
Mergentheim 1629	x	x		x	<x>
Meßkirch 1644	x	x	x	x	x
Minden 1614				<x>	<x>
Müddersheim 1630	x	x	x	x	x
Mühlhausen 1659	x	x	x	x	x
München 1600					x
Münster 1630				<x>	<x>
Münster 1635	x		x	x	x
Neuerburg 1614	x	x	x	x	x
Nördlingen 1593	<x>			<x>	
Oberkirchen 1630/1			x	x	x
Oberkirchen 1630/2		x	x	x	x
Oberkirchen 1630/3	x	x	x	x	x
Oberkirchen 1630/4	x	x	x	x	x
Oberkirchen 1630 /5	x	x	x	x	x
Oberkirchen 1630/6	x	x	x	x	x
Oberkirchen 1630/7	x	x	x	x	x
Oberkirchen 1630/8	x	x	x	x	x
Oldesloe 1639					x
Osnabrück 1636	x	x	x	x	x

Quelle	Teufelspakt	Buhlschaft	Flug	Tanz	Schadenzauber
Ostrau 1628	x	x			x
Paderborn 1658	x	x	x	x	x
Passow 1677/1	x				x
Passow 1677/2			x	x	x
Passow 1677/3					x
Perleberg 1588		x			x
Rapperswil 1595	x	x		x	x
Reichenberg 1653/1	x		x	x	x
Reichenberg 1653/2					
Reichertshofen 1629	x	x	x	x	x
Rhens 1629	x	x	x	x	x
Rhens 1630	x	x	x	x	x
Riedlingen 1596	x		x	x	x
Rieggersburg 1689/1	x		x	x	
Rieggersburg 1689/2	x		x	x	x
Rieggersburg 1689/3	x	x	x	x	
Rosenburg 1618					x
Rosenfeld 1603	x	x	x	x	x
Rottenbuch 1665	x	x	x	x	x
Rottweil 1615	x		x	x	x
Rottweil 1629	x		x	x	<x>
Rottweil 1631	x	x	x	x	x
Schivelbein 1635					x
Schönhausen 1588	x	x			
Schwabstedt 1619/1		x		x	x
Schwabstedt 1619/2	x	x	x	x	x
Schweinfurt 1616					x
Schwerin 1620					
Schwerin 1668	x	x			x
Seehausen 1633	x	x			x
Siegburg 1636/1	x	x	x	x	x
Siegburg 1636/2	x	x	x	x	x
Siegburg 1638/3	x	x	x	x	x
St. Lambrecht 1602/1			x	x	x
St. Lambrecht 1602/2					x
St. Lambrecht 1602/3					x
St. Maximin 1587	x	x	x	x	x
Stein am Rhein 1667		x	x	x	x
Stettin 1620	x	x			x
Stralsund 1630	x	x			<x>
Stromberg 1565			x	x	x
Stromberg 1565		x		x	
Trier 1591	x	x		x	x

Quelle	Teufelspakt	Buhlschaft	Flug	Tanz	Schadenzauber
Uphusen 1565	<x>	<x>			<x>
Wadgassen 1618	x	x	x		x
Wallhausen 1628	x	x		x	x
Werl 1630/1	x	x	x	x	x
Werl 1630/2	x	x	x	x	x
Werl 1630/3	x	x	x	x	x
Werl 1630/4	x	x	x	x	x
Werl 1630/5	x	x	x	x	x
Wernigerode 1583/1	x	x			x
Wernigerode 1583/2	x	x			x
Wernigerode 1583/3		x			x
Wernigerode 1588					x
Wernigerode 1597	x	x	x	x	x
Westerburg 1624					x
Wittgenstein 1629	x	x	x	x	x
Wolfr.-Eschenbach 1630	x		x	x	x
Wüstenfelde 1590	x	x			x
Zülpich 1629/1	x	x	x	x	x
Zülpich 1629/2	x	<x>	x	x	x

FSC
www.fsc.org
MIX
Papier | Fördert gute Waldnutzung
FSC® C083411

Kolibri 360 GmbH
Ferdinand-Jühlke-Straße 7
99095 Erfurt, Deutschland
produktsicherheit@kolibri360.de